はしがき

　高校改革の一環として，県立学校のあり方の見直しについての言及がなされたのは，2008年3月の『新しい行政改革の方針―県行政の経営改革―』（滋賀県）においてであった。以来6年半にわたり，滋賀県教育委員会を主体に県立高校再編計画の原案や案が検討・作成され，発表された。幾多の紆余曲折を経て，滋賀県教育委員会で「滋賀県立高等学校再編基本計画及び同実施計画」が全会一致で承認可決されたのは，2012年12月20日であった。

　滋賀県および滋賀県教育委員会が，あまりにも性急にこの計画を推進しようとしたため，統廃合の対象となった高校を抱えている関係自治体もこの計画に異議申し立てを行った。その結果，滋賀県議会は再編計画の検討期間を設ける決議案を全会一致で可決，滋賀県教育委員会はこの議決を受け入れ，2度にわたり計画策定の延期を行った。その後，再編計画に基づいて，長浜・彦根に統合新校設置懇話会が2013年度および2014年度に設置され，統合新校開設準備室は統合新校のあり方等について両校関係者委員および関係自治体委員から意見を求めた。結果，2016年4月に開校された統合新校のあり方は，懇話会での意見を一定参酌したものになっている。

　今回の県立高校再編に関するこれら一連の軌跡の内実については，各章で詳細に論じているが，ここで少し述べておきたいことがある。私は，今回の再編計画で統廃合の対象となった長浜北高校の出身である。本文でも述べているが，滋賀県教育委員会が2011年7月11日に母校を統廃合の対象と位置づけた再編計画原案を唐突に発表した時は，正直激しい「憤り」を覚えた。この原案では母校が一方的に長浜高校に吸収統合されるような内容だったこともあるが，それも含めて県立高校再編の実施時期や視点や手続き等に全く納得がいかなかったからである。しかし，私は，湧き上がる私情を出来うる限り封印し，社会学を専攻する一研究者としてこの「問題」に向き合おうとしてきた。たまたま，私が本学の学内紀要に書いた再編計画原案に関する研究ノートが長浜市職員の目に留まり，それが縁で，長浜の未来を拓く教育検討委員会に副委員長として関わることになった。約1年間，大石眞委員長（京

都大学大学院法学研究科教授）のもと，同委員会は「未来を担う子どもたち」のことを最優先に考えながら，議論に議論を重ね，2度にわたり提言書をまとめ，滋賀県および滋賀県教育委員会に提出した。提言書の内容は，一定再編計画に反映されている。

　また，私がこの「問題」にこだわり続けた大きな理由は，長浜北高校が2010年10月9日に行った創立100周年記念事業と関わりがある。創立記念事業は盛大に行われ，関係者の誰もが今後も母校が地域の高校として存続・発展していくと思っていたであろうことは想像に難くない。この式典では，当時の嘉田知事も末松教育長も祝辞を述べている（祝辞が披露されている）。両者は，それぞれ次のような言葉で祝辞を締めくくっている。「これからも，様々な時代の変化に柔軟に対応でき，主体的に行動できる人材に御尽力いただくとともに，時代を超えた『不易』の部分も大切にしながら，社会の発展に寄与しうる有為な人材を育成していただくことを期待します。長浜北高等学校が地域とともに育つ高校として更なる飛躍をされますことを心からお祈りし，お祝いの言葉といたします」（嘉田知事）。「最後になりましたが，本校の発展のために御支援・御尽力いただきました各方面の皆様に改めて深く感謝を申し上げますとともに，滋賀県立長浜北高等学校が，その輝かしい歴史と伝統をもとに，今後なお一層魅力ある湖北に冠たる名門校として充実・発展されますことを祈念し，お祝いの言葉とさせていただきます」（末松教育長）。この祝辞は，『長浜北高百年史』（滋賀県立長浜北高等学校創立100周年記念事業実行委員会記念誌部会編集，2011年3月1日発行）に掲載されている。この祝辞が述べられている裏で，長浜北高校が統廃合の対象とみなされていた，あるいは，既にこの段階で統廃合に向けて議論されていたなどと，誰が想像できたであろうか。私自身も水面下でこのような動きがあったなどということは，全く想像していなかった。嘉田知事や末松教育長が，あの祝辞をどのような思いでしたため述べたのか私にはわからないが，祝辞と原案との間のギャップの大きさに非常な違和感を持った。そのことが，私がこの「問題」にこだわり続けた大きな要因の一つになっていることも，また事実である。

　2016年4月から，統合新校はそれぞれ長浜北高校，彦根翔西館高校とし

てスタートし，統合する高校がこれまで培ってきたそれぞれの伝統の上に，あるいはまた，これらの伝統を超越して新しい歴史を刻み，学校文化を育んでいく。今回の統廃合に対して，それぞれの同窓会や後援会等の関係者の中には断腸の思いを持って受け入れた人もいるであろうし，依然として違和感を持ち続けている人もいるであろう。私もそのような思いを持っている者の一人であるが，そのような思いを抱きつつも，他方で，「未来を担う子どもたち」を最優先に考えたとき，今ある現実を直視し，「魅力と活力ある学校」を具現するために，両校関係者，滋賀県や滋賀県教育委員会等とともに何ができるのか，何をしなければならないのかということについても思いをいたすことが必要だと思っている。

　それとともに，今一つ心しなければならないことがある。それは，今回の県立高校再編は高校改革のスタートに過ぎないということである。今回，小規模校（1学年5学級以下）という理由で長浜と彦根の4校が統廃合されたが，今後人口減少とともに，中学校卒業予定者数も減少していく。それは，今後も小規模校が統廃合される可能性があることを示唆している。私は，今後，これまでに経験したことのない人口減少・超少子高齢社会が到来し，自治体経営も困難になる事態が高い確率で予測されることを鑑みたとき，聖域なき行財政改革は必要だと考えている。だが，未来を担う子どもたちを育てる役割を担う教育分野の改革においては，それを計画し実施する場合，よほど慎重であるべきだとも思っている。特に統廃合・再編を伴う高校改革を行う場合，大きな痛みを伴うため，推進主体は県民本位の視点から統廃合の対象校，対象校の関係団体（者），関係自治体，教育関係団体（者），さらには県民（地元民）や保護者，各種関係団体等と滋賀県教育委員会等の推進主体とが，相応の時間をかけて議論を重ね，その上でコンセンサスを得ることが必要だ。これが，今回の県立高校再編問題から学ぶべき教訓だ，と私は思っている。

　『朝日新聞』（2016年3月7日付）に，「三日月大造知事は，3月末で任期満了を迎える河原恵教育長の後任に，青木洋総務部長を（60）起用する方針を固めた。人事案を開会中の県議会2月定例会最終日の18日に提案し，同意を経て，正式に任命する」との記事が掲載されている。滋賀県議会は，

2月定例会最終日の3月18日に青木洋総務部長を次期教育長とする人事案を可決した。青木新教育長は，末松教育長時代に教育次長として今回の県立高校再編計画推進の中心的位置にあった人である。であるが故に，高校改革については関心が高いであろうし，今回の再編問題から多くの教訓を学んでおられるものと思われる。その意味で，私は，青木新教育長の「教育長」としての手腕に注視したい。

さて，長々と私の思いを書き連ねてしまったが，本書は，私がこれまでに発表してきた諸論稿と書き下ろしとから成っている。また本書は，今回の県立高校再編問題の一連の流れを，長浜の未来を拓く教育検討委員会での体験と各社新聞資料および滋賀県教育委員会，長浜市，彦根市等がホームページ等で公表した諸資料，滋賀県議会会議録等を基にしてまとめている。巻末には膨大な関連資料を掲載している。その意味では「記録書」的な性格を持つものである。

本書を構成する諸章の初出は，次の通りである。これらを本書に収録するに当たって，一部改題し，あるものは文体や註の形式を統一するなど必要な加筆修正を行ったが，各章は，その都度著された論考であるため，文章表現は基本的にそのままとしている。

第1章 「滋賀県の高校再編問題─財政問題および定時制高校・課程を中心に─」『人間文化』第30号，滋賀県立大学人間文化学部，2012年2月。

第2章 「県立高校再編問題の展開─長浜市の第一次提言を中心に─」『人間文化』第32号，滋賀県立大学人間文化学部，2012年10月。

第3章 「県立高校再編問題の新展開（1）─長浜市の第二次提言を中心に─」『人間文化』第34号，滋賀県立大学人間文化学部，2013年10月。「県立高校再編問題の新展開（2）─長浜市の第二次提言を中心に─」『人間文化』第35号，滋賀県立大学人間文化学部，2014年3月。

第4章 「滋賀県教育委員会の県立高校再編計画(案)」『人間文化』第37号，滋賀県立大学人間文化学部，2014年10月。

第 5 章 「県立高校再編計画の決定とその後の展開」『人間文化』第 38 号，滋賀県立大学人間文化学部，2015 年 3 月。
第 6 章 書き下ろし。
補　章 「職業人としての教員を考える」『人間文化』第 13 号，滋賀県立大学人間文化学部，2003 年 3 月。

　なお，本書の出版に当たっては，サンライズ出版株式会社社長の岩根順子さん，専務の岩根治美さん，およびスタッフの皆さんには大変お世話になった。サンライズ出版からはこれで 5 冊目の単著となるが，いつもながら遅筆の私に辛抱強くお付き合いいただき，快くこの世に成果物を出していただけることに心から感謝し，厚くお礼を申し上げたい。
　また，私を長浜の未来を拓く教育検討委員会のメンバーの一人として迎え入れていただいた藤井勇治長浜市長はじめ，伊藤宏太郎教育長（当時），北川貢造教育長，田中省吾企画部長（当時）他，関係職員の皆様，また，大石眞委員長はじめ，委員会のメンバーの皆様にも心から感謝申し上げたい。委員会では自由に意見や思いを述べ，自由闊達に議論を交わし，2 度にわたる提言書作成に関わらせていただく機会を与えていただいた。このような貴重な機会を与えていただいたことが，本書を執筆する大きな動機づけの一つになっている。

2016 年 4 月

春暖の候に彦根市の研究室にて
大橋松行

目　次

はしがき

第1章　滋賀県の県立高校再編問題—財政問題および定時制高校・課程を中心に—

第1節　はじめに………………………………………………………………… 10
第2節　なぜ県立高校再編「問題」なのか…………………………………… 11
　　　　県立高校再編原案の発表／県立高校再編原案の内容と問題性
第3節　行財政改革の一環としての県立高校再編計画……………………… 16
　　　　財政問題と県立高校再編計画との関係性／彦根市の公開質問状と
　　　　嘉田知事の回答／長浜市の公開質問状—財政問題／県立高校再編
　　　　は滋賀県行財政改革の一環
第4節　定時制高校・課程の統廃合問題……………………………………… 21
　　　　定時制高校・課程の統廃合の内容／県立学校のあり方検討委員会
　　　　の報告／滋賀県産業教育審議会の答申／長浜市および彦根市の公
　　　　開質問状と滋賀県教育委員会の回答／彦根市の再質問と滋賀県教
　　　　育委員会の再回答／定時制高校・課程の統廃合問題の論点整理
第5節　まとめ…………………………………………………………………… 29
【付論】滋賀県議会決議以降の県立高校再編問題 ………………………… 38

第2章　県立高校再編問題の展開—長浜市の第一次提言を中心に—

第1節　はじめに………………………………………………………………… 46
第2節　第一次提言の趣旨……………………………………………………… 48
第3節　提言1：滋賀の明日を創る未来志向型の高校教育ビジョンについて… 49
　　　　新しい高校教育のビジョンの策定／地域と共に創る高等学校／未
　　　　来を担う子どもたちのことを最優先に考えた高校改革／知事部局
　　　　と滋賀県教育委員会との連携強化
第4節　提言2：県民本位の視点に立った計画策定手続について…………… 52
　　　　県民参画の仕組みづくり／各地域との対話による計画づくり／学
　　　　校現場と連携できる仕組みづくり
第5節　提言3：拙速を避けた慎重かつ丁寧な計画づくりについて………… 56
　　　　未来ある子どもたちへの配慮／十全な時間の確保と適切な実施時
　　　　期の検討
第6節　行政側の都合で教育が論じられ，再編計画原案が策定された……… 59

第7節　「適正規模」の設定に学問的正当性はあるのか………………… 62
　第8節　おわりに……………………………………………………………… 64

第3章　県立高校再編問題の新展開—長浜市の第二次提言を中心に—
　第1節　はじめに……………………………………………………………… 72
　第2節　第一次提言に対する県側の対応…………………………………… 72
　第3節　河原教育長の一連の答弁発言問題………………………………… 74
　第4節　アンケート調査問題………………………………………………… 77
　第5節　「地域の高等学校教育のあり方に係る意見を聴く会」での滋賀県教育委員会の発言………………………………………………………… 80
　　　　　「新」再編計画原案の構想内容／最終計画決定時期
　第6節　藤井長浜市長の新校建設用地発言と滋賀県・滋賀県教育委員会の対応………………………………………………………………………… 85
　第7節　長浜市の第二次提言案の検討過程………………………………… 87
　第8節　長浜市の第二次提言の内容………………………………………… 88
　　　　　はじめに／提言の基本的事項／学校活力の維持向上について／魅力と特色ある学校づくりの推進について／定時制課程の維持発展について／中高一貫教育校設置の方向性について／さらなる検討を求める事項について／おわりに

第4章　滋賀県教育委員会の県立高校再編計画
　第1節　はじめに……………………………………………………………… 114
　第2節　再編基本計画原案と再編基本計画案との相違点………………… 114
　第3節　湖北地域……………………………………………………………… 118
　　　　　長浜高校と長浜北高校の統廃合・中高一貫教育校の設置／定時制課程／福祉学科から福祉系列へ
　第4節　湖東地域……………………………………………………………… 122
　　　　　彦根西高校と彦根翔陽高校の統廃合／定時制課程
　第5節　関係自治体および関係団体の反応………………………………… 123
　第6節　再編計画案の問題点と課題………………………………………… 125
　第7節　新計画案の説明会と県民政策コメント…………………………… 130
　　　　　新計画案の説明会開催状況／県民政策コメントの実施結果／説明会および県民政策コメントにおける主な意見等に対する滋賀県教育委員会の考え方
　第8節　まとめ………………………………………………………………… 134

第 5 章　県立高校再編計画の決定とその後の展開（１）
　　　　　─2013年度統合新校設置懇話会での議論を中心に─
　　第 1 節　はじめに…………………………………………………… 138
　　第 2 節　再編計画の基調と変更点………………………………… 138
　　第 3 節　統合新校設置懇話会……………………………………… 140
　　　　　　長浜統合新校設置懇話会／彦根統合新校設置懇話会
　　第 4 節　まとめ……………………………………………………… 154

第 6 章　県立高校再編計画の決定とその後の展開（２）
　　　　　─2014年度統合新校設置懇話会での議論を中心に─
　　第 1 節　はじめに…………………………………………………… 158
　　第 2 節　長浜統合新校設置懇話会………………………………… 158
　　第 3 節　彦根統合新校設置懇話会………………………………… 166
　　第 4 節　懇話会から見えてきたもの……………………………… 172
　　第 5 節　まとめ……………………………………………………… 174

補　　章　教員の資質と定時制教育
　　第 1 節　教員とは何か……………………………………………… 180
　　　　　　教員と教師とは異なる概念／教員免許状と教員の種類
　　第 2 節　「不適格」教員の増加 …………………………………… 183
　　第 3 節　教員の適性………………………………………………… 185
　　第 4 節　教員の社会的使命………………………………………… 190
　　　　　　第 1 の社会的使命／第 2 の社会的使命
　　第 5 節　定時制高校の変遷と教員像……………………………… 192
　　　　　　定時制教育の変遷／2000年前後の定時制高校／定時制高校の教員
　　　　　　／定時制教員としての自分を振り返って

巻末資料 …………………………………………………………………… 205

第1章
滋賀県の県立高校再編問題
―財政問題および定時制高校・課程を中心に―

第1節　はじめに

　滋賀県では，これまでにさまざまな高校改革を行ってきた。第1に，「学科改編」である。これは，社会や生徒のニーズに対応するために行われたもので，具体的には商業科，国際経済科，情報処理科を総合ビジネス科，情報システム科に，また，工業化学科を環境化学科に改編したというものである（前者：大津商業高校，後者：八幡工業高校）。第2に，「特色ある学科」を設置したことである。具体的には，福祉学科（長浜高校），理数学科（膳所高校，米原高校），体育学科（草津東高校），音楽学科（石山高校），美術学科（栗東高校），国際学科（北大津高校，水口高校），総合学科（国際情報高校，甲南高校，日野高校，彦根翔陽高校，長浜北星高校，安曇川高校）などである。特に，総合学科は生徒の進路希望に応じた科目選択が可能となるような，普通教育と専門教育を総合的に行う学科で，1997年度に設置された。第3に，「中高一貫教育校の設置」である。これは，中学校および高校における教育を一貫して行う学校で，2003年度に河瀬中学・高校，守山中学・高校，水口東中学・高校が設置された。第4に，「全県一区制度」である。これは，これまでの6通学区域制（1985～2005年度。大津地域，湖南地域，甲賀地域，湖東地域，湖北地域，湖西地域）を廃止して，2006年度から導入されたもので，自分にあった高校，学びたい高校を，県下全域から，生徒自らが主体的に選択できるよう，通学区域をなくし，全県一区にしたものである。その他にも，高校と大学が連携し，出張講義や出前講座などを行い，生徒の進路意識や職業観の育成等を図る取り組みである「高大連携」，また，特別支援学校の高等部と県立高校を同一敷地内に併設し，交流を図る「高等養護学校併設」（長浜高校）などがある[1]。

　これらの諸改革は，多少の混乱はあっても自治体を巻き込んでの激しい異議申し立て運動は発生しなかった。しかし，2011年7月11日に，滋賀県教育委員会が発表した県立高校再編原案は，これまでとは様相を異にしている。県立高校再編が検討されている段階から一部の市民団体等から問題が指摘されていたが，発表後は県立高校再編「問題」として，再編（特に統廃合）の

対象となった高校や，その高校が所在する自治体を中心に激しい白紙撤回運動等が展開されているのである。原案によれば，100年の伝統をもつ私の母校も事実上廃校となる。また，私がかつて勤務したことのある2つの定時制高校・課程が統廃合される。私は何らかの形での高校改革の必要性は認めるものの，今回の県立高校再編計画に対しては，正直なところ個人的には激しい「憤り」を覚えている。それは，原案に示されている県立高校再編の根拠が，実に曖昧なものであるからだ。そのことについての詳細は，次節以降で指摘したい。

　この論考では，沸きあがる私情を封印し，社会学を専攻する一研究者として冷静に現実を直視して，考察を進めていくことにしたい。ここでの主テーマは，財政問題および定時制高校・課程の再編問題である。全日制高校をも含めた全体的な県立高校再編問題については，その重要な部分について概説的に述べるにとどめておきたい。また，この論考は，2011年8月22日に大学サテライト・プラザ彦根で行った，平成23年度滋賀県高等学校教育研究会定時制通信制部会夏季研究協議会での講演（演題：「変わりゆく定時制高校―体験者としての語りを中心に―」）の一部をベースにしたものであることを断っておく。

第2節　なぜ県立高校再編「問題」なのか

1．県立高校再編原案の発表

　滋賀県教育委員会は，2011年7月11日に「魅力と活力ある県立高等学校づくりに向けて―滋賀県立高等学校再編基本計画（原案）について―」および「魅力と活力ある県立高等学校づくりに向けて―滋賀県立高等学校再編実施計画（原案）―」を発表した。この再編基本計画原案および再編実施計画原案には具体的な再編内容が盛り込まれている。そこには，「魅力ある学校づくり（多様な学校選択肢等の提供）」と「活力ある学校づくり（豊かな教育環境の提供）」という2つの観点から，具体的な再編の形態，再編対象校，再編のスケジュール等が記されている。

　滋賀県教育委員会が打ち出したこの県立高校再編案が，根拠が明確で説得

力をもち,しかも文字どおり「魅力ある学校づくり」や「活力ある学校づくり」を結果すると想定されるものであるならば,県民の間に多少の戸惑いや異議申し立てがあったとしても,私を含め大方の理解は得られたのではないかと思われる。しかし,現実はどうか。新聞等でも報じられているように,長浜市および彦根市では再編対象高校の同窓会や市民団体だけでなく,ＰＴＡ連絡協議会や連合自治会,自治体や自治体議会をも巻き込んだ形で,原案の白紙撤回を求める運動が展開されている[2]。特に,この２つの自治体で激しい異議申し立て運動が展開されている主な理由は,両自治体に設置されている全日制高校が統廃合され,かつ定時制課程が廃止されるということにある。そして,なによりもこの原案が,長浜市が公開質問状（７月25日付）で指摘しているように,「県民,生徒,保護者や教職員等に対し,十分な説明や意見聴取が行われ」て策定されたものとは言いがたく,「さらに地域や高校の現状などについて,高校,中学,地元教育委員会や自治体等の考え方を聞き取り,まとめられたものでは」ないことにある。

２．県立高校再編原案の内容と問題性

　具体的に原案の内容を見ておこう。まず,全日制高校についてであるが,長浜市では,長浜高校（１学年５学級：普通科４学級,福祉学科１学級）と長浜北高校（１学年５学級：普通科）が統合の対象になっている。2014年度に長浜北高校を実質的に廃止して,１学年７学級（普通科,福祉学科,高等養護学校併置）にするというものである。彦根市では,彦根西高校（１学年４学級：普通科２学級,家庭学科２学級）と彦根翔陽高校（１学年５学級：総合学科）が統合の対象になっている。こちらも,2014年度に彦根西高校を実質的に廃止して,１学年６学級（総合学科：普通・商業・家庭の系列を設置）にするというものである。また,甲賀市では,甲南高校（１学年３学級：総合学科）と信楽高校（１学年３学級：普通科１学級,工業学科２学級）が統合の対象になっている。これは,2014年度に信楽高校を甲南高校の分校とし,本校は１学年４学級（総合学科）,分校は１学年２学級（普通科,セラミック・デザイン科）にするというものである。全日制課程と定時制課程の統合に関しては,2014年度に瀬田工業高校と瀬田高校との統合が提示さ

れている（1学年…全日制課程7学級：機械科，電気科，化学工業科，定時制課程1学級：機械・電気科）。他方，定時制課程については，長浜市では長浜北星高校の定時制課程（1学年1学級：商業科），彦根市では彦根東高校（1学年1学級：普通科）および彦根工業高校（1学年1学級：工業学科機械科）が，2014年度に総合単位制高校の設置（能登川高校の改編）に伴って廃止されるというものである。

　その他に，計画原案では「学科改編・コース設置等」および「教育内容の充実等」についても再編内容を提示している。前者では，次のような内容になっている。①農業学科の小学科改編（2014年度に再編）：長浜農業高校（1学年3学級：農業科，食品科，園芸科），湖南農業高校（1学年3学級：農業科，食品科，花緑科），八日市南高校（1学年3学級：農業科，食品科，花緑デザイン科），②工業学科の小学科改編および小学科集約（2014年度に再編）：瀬田工業高校（1学年7学級：機械科，電気科，化学工業科），彦根工業高校（1学年6学級：機械科，電気科，建設科），八幡工業高校（1学年6学級：機械科，電気科，環境化学科），③国際文化コースの設置（2013年度に再編）：北大津高校（1学年6学級：普通科，国際文化コース），水口高校（1学年6学級：普通科，国際文化コース），④福祉健康コースの設置（2013年度に再編）：石部高校（1学年3学級：普通科，福祉健康コース），⑤長浜北星高校総合学科にまちづくり系列を設置（2014年度に再編：1学年6学級）。また，後者では，特別支援学校との交流の推進が提示されている（2013年度に実施）。石部高校（1学年3学級）と三雲養護学校高等部分教室（1学年3学級），伊吹高校（1学年4学級：普通科）と長浜養護学校高等部分教室（1学年2学級），愛知高校（1学年4学級：普通科）と高等養護学校（1学年2学級）である。

　全日制高校間の再編という名の統廃合の対象校は，長浜高校と長浜北高校および彦根西高校と彦根翔陽高校の2ケースだけであるが，いずれの高校も県北部に位置している。滋賀県教育委員会は，県立高校の再編による環境整備が必要な理由として，次のようなことを指摘している。①社会の変化，生徒の多様化，②生徒の志望や進路状況の変化，③定時制・通信制課程の役割の変化，④中学校卒業（予定）者数の推移と学校規模の変化である。このよ

うな理由の中で特に問題とされているのが④である。

　まず，生徒数の推移であるが，2010 年 3 月の生徒数（14,439 人）がピーク時（1990 年 3 月：20,747 人）に比べて約 6,000 人減少したというものである。しかし，学校基本調査（2010 年 5 月 1 日）や県人口推計（2010 年 4 月 1 日付）によれば，2011 年以降の推移は一時的に上昇した後，緩やかな減少傾向に転じている。地域別で見れば，湖東地域はほぼ横ばい状態，湖北地域は横ばいから 2018 年以降は緩やかな減少傾向を示している。減少傾向を示しているのは，湖北地域だけでなく大津地域，甲賀地域，湖西地域もそうである。この生徒数をめぐる問題点は，推移の起点をどこに置くかということに差異が存在することにある。滋賀県教育委員会は，直近のピークに当たる 2014 年を起点に「減少に転じる」と強調して県立高校再編を急ぐのに対して，「県立高校の統廃合を考える会」や原案に異議申し立てをしている長浜市や彦根市などは，2011 年を起点に「今年以下の水準に落ち込むのは 10 年後」であるとして統廃合を急ぐ必要はないとの立場を強調している[3]。

　次に，学校規模についてであるが，1 学年当たり 5 学級以下となる学校数は大幅に増加したとある。1990 年度では 45 校のうち 4 校であったのが，2011 年度には 46 校のうち 22 校にまでなったということである。このため，生徒同士の切磋琢磨する機会が減少し，また，選択科目の開設や部活動などの集団活動に制約が生じ，学校活力が低下するとしている。しかし，ここにも大きな問題点がいくつかある。第 1 は，該当する高校が湖北地域や湖東地域に多いとはいうものの，なぜ統廃合の対象校がこの両地域の高校のみなのかということである。ちなみに，22 校の内訳であるが，大津地域 2 校，湖南地域 3 校，甲賀地域 3 校，湖東地域 7 校，湖北地域 7 校となっている。第 2 に，事実上廃校となる対象校は，いずれも 100 年以上の伝統をもつ地域に根づいた老舗の高校であるということだ。そして第 3 に，なぜ適正規模が 1 学年 6 ～ 8 学級であって，それに満たない高校は適正ではないのかといった，適正規模に関する問題である。つまり，この 1 学年 6 ～ 8 学級という数字を適正規模とするどのような正当的根拠が存在するのであろうか。視点を変えていうと，1 学年 5 学級以下であるならば適正規模ではないとする根拠はどこにあるのかということである。文部科学省が都道府県等からの報告を

まとめた高校の再編整備計画によると，適正規模について具体的に明記しているのは滋賀県を除く46都道府県中9県で，そのうち1学年4～8学級としているのが6県（山形県，茨城県，山梨県，和歌山県，広島県，山口県），3～8学級が1県（三重県），6～8学級が1県（大分県）で，兵庫県は普通科6～8学級（ただし，生徒数の減少が続く地域においては3学級以上），総合学科4学級以上，職業学科3学級以上となっている[4]。他の都道府県が適正規模を明記していないので断定的なことは言えないが，ここから限定的に読み取れることは，1学年6～8学級を適正規模とする広域自治体は極めて少数派であるということである。さらに，県の再編基本計画原案では，「多様な科目の開設など幅広い教育課程の編成，生徒が切磋琢磨する機会の確保，学校行事・部活動など集団活動の円滑な実施」のために1学年6～8学級を標準とするとある。つまり，「学校活力の維持向上」のために当該規模が最適だというのである。この論理の裏側には，5学級以下の「標準に満たない小規模校」では，「学校活力の維持向上」が非常に困難か不可能であるという，「教育委員会的理解」が横たわっている。しかし，これまで1学年5学級以下（特に4～5学級）の県下の県立高校で，実際に「学校活力」がなくなったところはあるのだろうか。滋賀県教育委員会は，該当する全ての高校を綿密に実地調査して，具体的にそのような確証を得たうえで，これらを再編の根拠としているのであろうか。そこのところは，極めて曖昧である。曖昧であるどころか，そのような調査は実施していない，と言っていい。実施していれば，再編基本計画原案にその旨を明記しているはずであるからだ。だが，再編基本計画原案には，そのことは一言も書かれていないし，『教育しが』（2010年12月特別号）には，県民意見聴取会（大津市，米原市）やホームページで県民の意見を聞いたことが書かれているだけである。このようなことを考慮に入れれば，滋賀県教育委員会が提示している適正規模の根拠は，大いに説得力を欠いていると言わざるを得ない。

　さらに重要なことは，今回の県立高校再編の推進は，県の行財政改革の一環として位置づけられているにもかかわらず，財政上の問題について再編基本計画原案では，「限られた教育資源を最大限に活用しつつ，より効果的・効率的な学校運営を行うとともに，教育予算の効果的な投資」(p.3) という

ような，婉曲的な表現で示されているということである。この財政上の問題については，次節でより詳細に検討することにしたい。

第3節　行財政改革の一環としての県立高校再編計画

1．財政問題と県立高校再編計画との関係性

　これまで滋賀県も滋賀県教育委員会も今回の県立高校再編（特に統合の要因）が，県の財政問題とリンクしていることを認めてこなかったが，ついに末松史彦教育長も嘉田由紀子知事も財政問題が県立高校再編に関わっていることを認めた。特に，要望書を提出した長浜市ＰＴＡ連絡協議会に対して，「私は財政のことは申し上げていない。財政問題を入れてもらっては困る」[5]と否定していた嘉田知事は，滋賀県議会本会議での代表質問で富田博明県議（自民党県議団）の「（再編の原因には）行財政改革の一環の側面があるのではないか」との質問に対して，県立高校再編は「あくまで教育の質的充実と学校活力の向上を図るため」であって，県の財政難が主因ではないことを強調しつつも，県立高校再編を行財政改革方針に位置づけている旨の答弁をしている[6]。

　このように，原案発表当初は，県立高校再編が滋賀県の行財政改革の一環としての位置づけを明確にせず，むしろ意図的に否定的なニュアンスを漂わせていたと思われるのであるが，県議会や関係自治体等の追及によって，今回の県立高校再編の狙いの一つが行財政改革にあることが明らかになったと言える。

2．彦根市の公開質問状と嘉田知事の回答

　財政問題に関しては，特に，彦根市が踏み込んだ質問をしているので，それについて見ておくことにしたい。彦根市の公開質問状では財政主導の原案であるとして，次のような質問をしている。①知事は，今回の高校再編原案を読んだとき，余りにも財政主導の原案であると考えなかったのか（p.6）。②「県が平成23年3月に策定した，県政の仕組みの改革と財政の健全化のための改革を一体的に示した『滋賀県行財政改革方針』では，本県の厳しい

財政状況などに伴い，県立高等学校の再編を推進するとあり，県教育委員会が平成22年8月および11月に県内各地で県民や保護者を対象に行った説明会に用いた資料および『教育しが』平成22年12月特別号でも県の厳しい財政状況について触れている」。③「基本計画では，『限られた教育資源を最大限に活用しつつ，より効果的・効率的な学校運営を行うとともに，教育予算の効果的な投資』との表現等に留めているが，再編本計画においては，特に湖東・湖北地域の生徒や保護者に様々な負担を強いる内容となっており，県教育委員会としての生徒や保護者など住民の目線においた計画とは到底言い難く，県知事による財政主導の計画であると言わざるを得ない」。④「この計画が財政主導のものであることは明白であり，当然，県の財政状況を好転させる効果があるものと推察するが，この計画による財政削減効果を具体的に金額で示されたい」（以上 p.7）。

　この彦根市の公開質問状の主な内容は，第1に，今回の県立高校再編原案は財政主導であると認められること，第2に，県立高校再編は，これまでの滋賀県および滋賀県教育委員会の取り組みやその成果物（報告，答申等）から行財政改革の一環であることは明白であること，第3に，であるならば，県立高校再編による財政効果はどうなのか，というものである。これに対して，嘉田知事は8月5日付の「公開質問状への回答」で，「教育委員会においては，魅力と活力ある県立高等学校づくりに向けて検討いただいており，財政主導の原案であるとは考えていません」（p.1）とか，「今回の再編では，魅力と活力ある学校づくりを念頭に，検討を進め原案としてまとめた段階であり，今後，再編を進めていく中で必要となる経費もあり，トータルで差し引きいくら財政効果があるかは，現時点では明確にできません」（p.2）と回答したため，彦根市は8月19日付で再度公開質問状を提出し，その中で次のような再質問を行った。「県教委の予算編成および予算執行の権限については，滋賀県知事が有しており，『滋賀県事務決裁規程の制定等について（通知）』8（1）のなお書きでは，財政課への合議は滋賀県財務規則によるもののほか，毎年度の予算執行通達により示されるとあり，実際の合議区分の詳細は不明であるが，この再編原案のような将来の予算編成，予算執行に重大な影響を及ぼす計画の策定については，財政課と合議し，知事まで上げら

れるのが通常である。その際に財政課に対して，今後の歳出削減効果および再編に伴い発生する財政需要についての基礎資料を用意し説明することは常識ではないだろうか。具体詳細にわたる積算資料は示せないのであれば，現時点での財政削減効果を示した資料の有無について問う。また，当該資料があれば明示されたい」(p.16)。この再質問に対して嘉田知事は，「少なくとも例えば2校を1校に統合する場合においては，1校あたりの光熱水費等の管理費，校長や事務長等の人件費で約7,000万円（年間）の歳出削減が考えられます。一方，再編に伴う施設・設備等の整備に必要な経費については，カリキュラムに関わることであり，どれだけの規模で，どういうものにするかについて，今後詰めていくことになることから，現時点でお示しすることはできません」(p.4)と回答している（8月31日）。

3．長浜市の公開質問状―財政問題

他方，長浜市も公開質問状で，財政問題について次のような指摘をしている。「この5年間で究極の行政改革といえる市町合併を2度も行い，旧1市8町の広域合併で最も恩恵を得たのは滋賀県ではないでしょうか。本来この湖北地域の支援を全力で行うべきところと考えますが，現状は逆にさらなる財政削減の対象として集中的に攻撃されている印象を拭い得ません。……。今回の県立高等学校再編もこの延長上として，まさに県域として著しく不均衡かつ財政削減の視点のみで進められたとしか認められないものです。決して財政優先の考え方で教育を語ることなく，未来の地域と日本を担う子どもたちの教育について，広く県民の理解と支持を得て進められるべきと考えます」(pp.2-3)。

4．県立高校再編は滋賀県行財政改革の一環

このように，彦根市も長浜市も今回の県立高校再編は明らかに行財政改革の一環として位置づけられており，しかも財政削減が主因であるとの認識を示している。他方，滋賀県や滋賀県教育委員会は，県立高校再編は行財政改革とリンクしていることは認めながらも，それが主因であるとの認識は示していない。両者の間には，行財政改革が県立高校再編の主因であるかどうか

の認識上の差異が認められるのであるが，私自身は前者に近い認識を持っている。その根拠について具体的に触れておこう。

　まず第1に，『新しい行政改革の方針―県行政の経営改革―』（滋賀県，2008年3月）の実施計画で「県立学校のあり方の見直し」について，次のように述べている。「平成20年度において県立学校あり方検討委員会を設置し検討を行います」。「県立学校あり方検討委員会の検討結果を踏まえ，平成21年度より対応を検討し順次取り組みます」(p.59)。

　第2に，『今後の県立学校のあり方について（報告）』（県立学校のあり方検討委員会，2009年3月30日）である。まずこの報告の第1章「県立学校を取り巻く現状と課題」の「危機的な財政状況」の項で，次のような指摘をしている。①「新しい行政改革の方針」の策定：本県の財政は危機的な状況にあり，平成20年3月に策定された「新しい行政改革の方針」において，社会環境の変化や県の役割を踏まえた組織・機構の見直しの中で，県立学校を含む複数配置の機関については，組織の統合・再編を含めそのあり方を見直すという方針が示されました。②教育予算の効果的・効率的な執行：子どもたちの教育にかける予算は，本県の将来への投資である一方で，危機的な財政状況を踏まえ，限られた教育資源を最大限有効に活用しながら，効率的な執行をすることが求められています。県立学校においては，山積する教育課題に対し，教育内容や教育環境が低下することのないように十分に配慮をしながら，より効果的・効率的な学校の運営方法をはじめ，様々な観点から，見直しに取り組むことが求められています(p.5)。それを受けて，第2章「今後の県立学校のあり方」の「基本的な考え方」の項で，「検討の視点」として，「県立学校を取り巻く現状と課題に鑑み，生徒等からの視点をはじめ，学校経営，産業教育，県域・地域のバランス，県財政の5つの視点を基本に，今後の県立学校のあり方について検討する必要がある」(p.6)としている。特に，県財政の視点については，次のように述べている。「本県の危機的な財政状況の中で，県立学校においても組織の統合・再編を視野に入れ，そのあり方を見直すこととされています。このような中で，教育水準の維持向上ならびに教育内容の質的な充実を図るためには，現有の教育資源を有効に活用しながら，より効果的・効率的に学校教育を展開する方策を検討する必要があると

考えます」(p.7)。また，図表 12「県立高等学校における学校規模から見た教員・生徒のイメージ」で，学校規模別の生徒定員一人当たりの経費が盛り込まれている。それによると，1 学年 4 学級規模の学校が 77 万円，6 学級規模が 61 万円，8 学級規模が 55 万円，10 学級規模が 51 万円となっている(pp.30-31)。

第 3 に，『教育しが』2010 年 12 月特別号では，厳しい県の財政状況について次のように述べている。「県財政の大幅な改善はしばらくの間見込まれないことから，施設・設備面での環境改善が遅れることが予測されます」(p.3)。

そして第 4 に，『滋賀県行財政改革方針—変革を先導する県政経営—』(滋賀県，2011 年 3 月) の第 4 章「改革の方策(実施項目)」の中の「組織の活性化と地域課題の解決を目指す県政の推進」の項で，「情報化・グローバル化の進展や産業を取り巻く社会・経済の急激な変化をはじめ，生徒数の減少傾向や生徒の多様化が進むこと，さらには本県の厳しい財政状況などに伴い，子どもたちの教育環境を整え，学校活力の維持向上を図るため，地域とのつながりを一層強めていくという視点を持ちながら県立高等学校の再編を推進する」(p.20) と記されている。

さて，今回発表された県立高校再編基本計画原案は，『今後の県立学校のあり方について(報告)』，滋賀県産業教育審議会の答申『社会の変化に対応した新しい職業教育の在り方について』(2010 年 9 月 10 日)，そして「魅力と活力ある県立高等学校づくりに向けた意見を聴く会」(2010 年 8 月，会場：大津市，米原市) を踏まえて策定したとある (p.1)。そうであるならば，財政の視点が前面に出てきてもよいはずである，少なくとも危機的な県財政の問題を明記してもよいはずであるが，しかし，既に指摘したように，この基本計画原案には財政問題が婉曲的な表現でしか触れられていない。ここで 1 つの大きな疑問点が浮かび上がってくる。なぜ，滋賀県教育委員会は，今回の県立高校再編には財政問題 (行財政改革) が根底に存在しているにもかかわらず，それを明記せず，頑なに否定しようとしたのか，また，そのようなことをする必要性がどこにあったのか，という素朴な疑問である。財政問題を明記することに，どのような不都合や抵抗感があったのだろうか。財政問

題を明示すれば，県民の理解や賛同が得にくくなると判断したからなのであろうか。結局，末松教育長も嘉田知事も途中で財政問題がリンクしていることを認めたが，そうであるならば，最初から再編基本計画原案に，今回の県立高校再編は行財政改革の一環である旨を明記すべきだったのではないだろうか。

第4節　定時制高校・課程の統廃合問題

1．定時制高校・課程の統廃合の内容

　次に，定時制高校・課程の統廃合問題について見ておこう。原案では，次のような内容になっている。1つは，「新しいタイプの学校の設置」ということで，総合単位制高校の設置（能登川高校の改編：1年次 全日制課程3学級，定時制課程〔午後・夜間〕2学級）に伴って，彦根東高校，彦根工業高校，長浜北星高校の定時制課程を廃止するというものである。これについては，①生徒の多様な学習ニーズに対応した柔軟な学びのシステムの構築，②生徒の主体的な科目選択による学習や，様々な学習歴を持つ生徒の「学びあい」を通して，互いの人間性を高め，自己実現に向けて挑んでいく意欲を育む教育の推進，といった目的が掲げられている。2つは，「全日制高校と定時制高校の統合」ということで，瀬田工業高校と瀬田高校を統合するというものである。これについては，①同一敷地内に設置されている瀬田工業高校（全日制）と瀬田高校（定時制）を統合し，全日制・定時制を併置した工業学科として，両校が持つノウハウの蓄積や施設・設備を有効に活用し，専門学科としての教育内容の充実を図る，②併せて，定時制課程の機械科と電気科を機械・電気科とする，という説明がなされている。

　瀬田工業高校と瀬田高校の統合に関しては，統合に伴って専門性を異にする定時制課程の2つの科を，充足率が相対的に高いにもかかわらず，なぜ1つの科にするのかという問題がある。滋賀県教育委員会のこれに対する説明（特に①）は一定首肯できるが，しかし，その根底に財政問題が存在しているにもかかわらず，その点に関する言及が明確になされていないことは問題である。もう1点重要だと思われる問題は，総合単位制高校の設置に伴って，

県北部の3つの高校の定時制課程が廃止されることである。しかも，総合単位制高校が設置される能登川高校は，県中南部に位置している。このことについては，彦根市や長浜市が公開質問状（再質問を含む）で指摘し，それに対して滋賀県教育委員会（末松教育長）が回答しているので，ここでは主としてそれに依拠してこの問題を詳しく考察しておく必要があると考えるが，その前に，滋賀県教育委員会が県立高校再編原案を策定する際に依拠した各種委員会や審議会での定時制課程等の見直し論について具体的に見ておくことにしたい。

2．県立学校のあり方検討委員会の報告

最初に，県立学校のあり方検討委員会（藤田弘之会長）の報告，『今後の県立学校のあり方について』から見ておこう。まず，第1章「県立学校を取り巻く現状と課題」，第2節「生徒の多様化」，第5項「定時制・通信制課程での多様な対応」で，次のように述べている。「定時制や通信制の高等学校は，従来の勤労青少年のための学校という色合いが薄れ，中途退学者や不登校経験のある生徒をはじめ，多様な生徒が入学しており，学び直しの学校として一定の役割を果たしています。しかしながら，ここ数年の定員充足状況を見ると，通信制課程ではほぼ充足しているものの，定時制課程では県南部地域の学校が7割を超す状況であるのに対し，県北部地域の学校では5割前後の状況が続いており，課程・地域により大きな差があります」（p.3）。それを受けて，第2章「今後の県立学校のあり方」，第2節「今後のあり方」，第1項「課程のあり方」で，次のような方向性を示している。「勤労青少年だけでなく，様々な学習動機や学習歴を持つ生徒が増加する中で，多様な履修形態による高等学校教育を提供し，高等学校教育の普及と機会均等を実現する課程として，引き続き設置が必要であると考えます。ただし，現状においては各学校の定員の充足などに課題があることから，生徒のニーズ，学校経営，県域・地域のバランスなど様々な角度から，学校のあり方について見直すことが必要であると考えます」（p.7）。そして，さらに具体的な見直しの方法について，次のように提示している。①県北部地域の定時制課程：「各学校とも大幅な定員未充足の状況にあることから，通学の利便性などの様々な条

件を考慮した上で，定員が充足し，集団の中での活力ある学びが可能となるよう，統廃合を行う必要があると考えます」。②県南部地域の定時制課程：「概ね定員は充足していますが，一部に定員未充足の学校もあることから，学科のあり方を含め，より生徒のニーズにあった学校への再編について，検討が必要であると考えます」(p.8)。

3．滋賀県産業教育審議会の答申

　次に，滋賀県産業教育審議会（谷口吉弘会長）の答申，『社会の変化に対応した新しい職業教育の在り方について』を見ておこう。まず，第1章「本県高等学校における職業教育の現状と課題」，第1節「職業教育の現状と課題」で，次のように指摘している。「定時制課程については，社会情勢の変化等により，様々な学習動機や学習歴を有する生徒が増える傾向にあることから，定時制職業学科に対するニーズがあるかどうかという観点も踏まえたうえで，職業学科としての必要性も含めた定時制課程の在り方についての検討が望まれる状況にあります」(p.3)。そして，第2節「各学科の現状と課題」で，「定時制課程の職業学科は，3校に工業学科と商業学科が設置されていますが，現状においては，定員未充足の学校もあります。定時制課程については，社会情勢の変化等により，様々な学習動機や学習歴を有する生徒が増える傾向にあります。中学校卒業予定者の進路志望状況や高等学校における学び直しの機能等の観点から考えると，必ずしも職業学科である必要はないということも考えられます」(p.7) と指摘している。それを受けて，第2章「社会の変化に対応した新しい職業教育の在り方について」，第1節「今後の職業教育における専門学科の教育内容について」で，「定時制の職業学科に関しては，社会の変化や中学校卒業予定者の進路志望状況，高等学校卒業後の進路状況などを踏まえ，職業学科としての必要性があるかどうかという観点も視野に入れながら，今後のあり方について改善の方向で検討することが必要と考えます」(p.10) と，今後の方向性を示している。

　これら2つの報告および答申では，主として次のようなことを提示している。①今日の定時制課程は，勤労青少年のための学校というよりも，「学び直しの学校」である。②生徒の多様化やニーズに対応した学校への転換が必

要で,そのために,これまでの職業系専門学科としてのあり方を見直す必要がある。③定員未充足を改善する必要がある。このような指摘に依拠して今回の県立高校再編原案が作成・発表されて,既に指摘したような具体的な再編内容が明らかにされたのである[7]。この原案に対して,長浜市や彦根市が公開質問状という形で異議申し立てを行っているので,次にそのことについて見ておくことにしたい。

4. 長浜市および彦根市の公開質問状と滋賀県教育委員会の回答

まず,長浜市の公開質問状では,次のような質問をしている。「長浜北星高校定時制課程は滋賀県の最北地域をカバーするものであり,当該機能を県中南部の能登川高校に廃止移転することは,様々な事情により定時制高校に進学せざるを得ない生徒にとっては,教育機会の剥奪以外の何物でもありません。現下の定時制高校のセーフティネット的な機能を尊重し,総合単位制高等学校とするなら,既存の長浜北星高等学校等にその機能を付加すれば事足りることです。集約するならば既存校であるはずと考えます。長浜北星,彦根東,彦根工業高校に現存する定時制課程を,ノウハウを全く持たない能登川高等学校(4学級)に新設することは,効率的にも地理的(通学)にも全く意味がわかりません。その理由をお伺いします」(p.3)。それに対して,末松教育長は次のように回答している。「長浜北星高等学校定時制廃止に伴い,今後湖北地域から定時制課程への入学を志望する生徒の通学距離は長くなりますが,一方,生徒の多様な学習スタイルや学習ペースに応えられる全日制・定時制の柔軟な学びのシステムを持つ学校を新たに設置することで,今以上の生徒の主体的な学習が望めるとともに,様々な学習歴を持つ生徒の『学びあい』を通して,自己実現に向けて挑んでいく意欲を育む教育の推進を図ることができると考えています。なお,設置場所については,全県的な配置バランス,交通の利便性を考慮したものです」(p.2)。

次に,彦根市の場合を見ておこう。まず,公開質問状で,「今回の定時制課程の廃止・変更については彦根市および彦根市教育委員会は絶対に反対する」(p.5)として,その理由を2点挙げている。①廃止としている彦根東高校,彦根工業高校および長浜北星高校の入学者数の多数は湖東・湖北地域出

身者が占めていると指摘して，具体的に各校の 2011 年度入学者に占める湖東・湖北地域出身者の割合を提示している…彦根東高校 82%，彦根工業高校 65%，長浜北星高校 100%。②定時制高校本来の主旨は，「働きながら学ぶ青年に対し，教育の機会均等を保障」（高等学校の定時制教育及び通信制教育振興法第 1 条）するものであるとの視点を失ってはならない（pp.5-6）。その上で，次の 2 点を質問している。①「実施計画にある能登川高等学校の定時制課程への入学を希望するものは，上記のデータにより大半は湖東・湖北出身者が占めることが予想されるが，このような廃止・変更により，生徒が通学に費やす経済的・時間的負担の増大について見解を示されたい」。②「勤労者への学習機会を提供するならば，定時制課程は企業が集積する自治体にある高等学校に設置するのが，企業にとっても生徒にとっても最も利便が図られるのであるが，彦根東高等学校，彦根工業高等学校および長浜北星高等学校の定時制課程を廃止し，湖東・湖北地域から通学する生徒を能登川高等学校に集約するのは，まさに理念に逆行するものである。なぜ，敢えて逆行しようとするのか，その理由を明確に示されたい」(p.6)。それに対して，末松教育長は次のように回答している。「ご指摘のとおり，地域によってはこれまでと比べ，通学に費やす経済的・時間的負担が増すことが考えられます。一方で，生徒の多様な学習スタイルや学習ペースに応えられる全日制・定時制併置の柔軟な学びのシステムを持つ学校を新たに設置することで，今以上に生徒の主体的な選択が可能となるとともに，様々な学習歴を持つ生徒の『学びあい』を通して，自己実現に向けて挑んでいく意欲を育む教育の推進を図ることができると考えています。経済的な負担については，必要に応じて既存の奨学金制度の活用をしていただければと考えています」(pp.6-7)。

原案を撤回し，再考を求める要望を退けた末松教育長のこのような回答に反発した藤井長浜市長および獅山彦根市長は回答の受け取りを拒否し，口頭で 8 月 10 日を期限に再回答を求めた[8]。しかし，末松教育長は，「再回答の要望は，正式なものとは受け止めておらず，再回答は考えていない」[9]と述べたため，両市長は，「県教委の対応には誠意がない。改めて再回答をもとめていく」[10]として，8 月 19 日付で公開質問状（再質問）を提出した（彦根市）。その再質問と滋賀県教育委員会の再回答（2011 年 8 月 31 日付）の

内容は次の通りである。

5．彦根市の再質問と滋賀県教育委員会の再回答

まず，経済的・時間的負担の増大についてであるが，彦根市は次のような再質問をしている。「上記回答では県教委は，経済的・時間的負担が増大することを認識したうえで，既存の奨学金制度の活用を勧奨している。奨学金や授業料の減免制度などが存在することは言うまでもないが，その殆どは所得制限等，一定の基準を満たしたものを対象としており，また，通学距離によって奨学金の受給が決定されたり金額が増減するような制度の例は知らない。県又は県教委はそのような制度を考えているのか，回答されたい。彦根市，長浜市，米原市等に在住している生徒で，再編計画で廃止される定時制課程への進学を希望するものは，奨学金の支給を受けられるもの，要件を満たさず支給が受けられないものに関係なく，通学にかかる経済的な負担は増大する。この負担増により，希望する進学をあきらめざるを得ない生徒が出てくるに違いない。また，通学にかかる時間的な負担が，特に地理的条件に不利な地域に居住する生徒に極端にのしかかり進学の希望を挫かれる懸念が強い。本市の質問はこのことを念頭に県の見解を問うたものであり，経済的な負担は既存の奨学金で賄えと言うのは県民の福祉向上を忘れ県の財政しか考えていない暴論である。通学者の立場に立った回答を再度求める」(pp.11-12)。これに対する末松教育長の回答は次のようなものである。「県立高等学校を，すべての生徒に通学費等の負担がない形で配置することは困難でありますが，その負担が少しでも緩和されるような既存の奨学金制度を活用いただければとの考えをお示ししたものです。なお，定時制通信制課程に在学する勤労青少年で，経済的理由により修学することが困難な生徒に対しては，滋賀県高等学校定時制課程および通信制課程修学奨励金貸与条例が定められており，経常的収入を得る職業に就いている者等一定の条件の下に奨学金が貸与され，一定の条件で卒業しますとその返還が免除される制度でもあります。こうした制度等を活用することにより，負担は軽減されると考えており，再編の内容とともに，こうした制度の活用についても周知に努めてまいりたいと考えております」(pp.12-13)。

次に，定時制高校の理念についてであるが，彦根市の再質問と末松教育長の再回答は次の通りである。再質問：「定時制高校について，『働きながら学ぶ青年に対し，教育の機会均等を保障』（高等学校の定時制教育及び通信制教育振興法第1条）するとの理念は（変化し）失われたとの認識であるとの回答であるが，これが県および県教委としての認識であることに間違いがないか，確認しておきたいので，再確認の意味で回答を求める。また，今後，就労しながら学習を希望する生徒の進学を断念させる可能性が大きいと考えるが，県立高等学校の定時制課程在学者のうち，勤労学生の割合を示した上で，県および県教委は反対の見解を有しているのか，回答されたい」（p.12）。再回答：「定時制高校については，現実として多様な学習歴を持つ生徒が多く入学している学校に変化していると認識しているものの，その理念が失われたとは考えていません。定時制高校入学後にパートやアルバイト等している生徒は相当数いますが，定職を持って定時制高校に入学する生徒は，北部定時制3校を合わせても数名であると認識しています」（p.13）。

6．定時制高校・課程の統廃合問題の論点整理
　ここで，県立高校再編原案や長浜市および彦根市の公開質問・再質問，滋賀県教育委員会の回答・再回答等から導き出される論点を整理しておきたいと思う。
　まず，滋賀県や滋賀県教育委員会の底流にある一貫した論理は，次のようなものである。第1に，定時制高校・課程の役割が変化したという認識である。つまり，これまでの構成主体であった勤労青少年がマイナー化し，さまざまな学習動機や学習歴を持った生徒が増大した。それに伴って，定時制高校・課程も「勤労青少年のための学び舎」から「学び直しの学び舎」へと変容していった。第2に，さまざまな学習動機や学習歴を持った多様な生徒に対応するためには，多様な履修形態による高校教育の提供が必要である。そこで，生徒の普通科志向の高まりに伴って，職業系専門学科の必要性を見直す。第3に，1学年40人という定員充足を達成する。そのためには，特に慢性的な定員未充足状況にある県北部の定時制課程を廃止して，総合単位制高校の1課程（1学年2学級）として統合する必要がある。

しかし，滋賀県や滋賀県教育委員会のこのような論理には，いくつかの大きな問題点がある。第1に，県北部の3校の定時制課程を廃止することの問題である。これら3校は，これまで主として当該地域（湖北・湖東）の生徒に就業と教育を受ける機会を保障してきた。定職を持っている生徒であろうと，パートやアルバイトをしている生徒であろうと，「働きながら学ぶ」生徒であることに変わりはない。彦根市の指摘にあるように，定時制課程在校生の大多数は湖北・湖東地域に居住し，就労していることを鑑みれば，定時制課程の廃止は，このような「働きながら学ぶ」生徒の教育の機会を剥奪することになりかねない。

　第2は，県北部の3校を集約するために，総合単位制高校を県中南部に位置する能登川高校に新設することの問題である。たとえ，改革の必要性と新しいスタイルの高校として総合単位制高校を設置することの意義は認められるとしても，なぜ，能登川高校に新設するのかという設置場所の問題である。設置場所に関していえば，さまざまなノウハウの蓄積を持つ定時制課程を併設している湖北・湖東の既存の高校に併置する方がはるかに合理的である。また，再編実施計画原案では，「配置バランスおよび交通の利便性を考慮」（p.1）して設置場所を決めたとあるが，その「考慮」なるものは，特に湖北地域の生徒の実態を理解していない「机上の考慮」にすぎない。通学の保障の問題—それは経済的・時間的負担の増大ともリンクするが—は，既に指摘したように，特に「働きながら学ぶ」生徒にとっては，まさに教育の機会均等が保障されるかどうかの重要な問題—その意味では一義的な問題—であって，それは，滋賀県教育委員会が提示している「生徒の主体的な選択が可能であること」や「自己実現」といった「メリット」をはるかに超えるものである[11]。通学の保障なくして，「主体的な選択」も「自己実現」も，また，各種奨学金制度の活用もあり得ないということである。

　そして第3は，定員充足の問題である。学級定員については，公立高等学校の適正配置及び教職員定数の標準等に関する法律により，40人が標準（全日制課程・定時制課程）とされている。この法律では，あくまでも1学級の定員の「標準」が規程されているのであるから，状況によって定員数を柔軟に設定することは可能である。特に，定時制高校・課程に学ぶ生徒の多くは，

滋賀県教育委員会も指摘しているように中途退学者や不登校経験者である。彼らの多くは，40人学級に「適応」しきれなかった生徒であり，彼らは心の奥底に教師不信，学校不信あるいは生徒不信を多分に内包していると考えられる。このような生徒に対して，定時制高校・課程が「学び直しの学び舎」として機能するために必要な条件とは何なのか。私の18年間に及ぶ定時制高校教師としての体験から，次のようなことが言える。一言で言えば，定時制高校・課程に全日制高校の教育の論理が必ずしも適合するとは限らない，全日制高校と同じ論理で学校経営・学級経営はできない，ということである。つまり，定時制高校・課程においては，全日制高校以上に，①教師が「権力者」としての鎧を脱ぎ捨てて，「一人の人間」として，生徒との間に双方向性の「関係の構造」を構築する必要があること，②教師と生徒とが，場合によっては「対等」な立場で向き合うことが求められるということである。教師と生徒にとって必要なのは，他者（教師から見れば生徒，生徒から見れば教師）と自分（教師自身，生徒自身）との対話的実践（＝互いが互いを認め合う）であり，この対話的実践を学校教育の中に組織化して，教師と生徒との間に，相互理解と信頼関係を形成・維持することである。また，教師集団に生徒全員に対する共通認識と共通理解が存在し，教師全員が個々の生徒に十分に対応できる教育環境を整備することも必要である。そのためには，小規模校で，しかも1学級20人規模（標準の半分程度）が最適であると考える[12]。このような視点からすれば，定員充足の達成を至上命題であるかのように位置づけている原案は，多分に財政上の問題をベースにしており，まさに「森を見て木を見ない」（見方によっては「森も木も見えていない」と言えるかもしれない）ものであり，「机上の論理」であるという感じが否めない。

第5節　まとめ

　最後に，これまでの考察および今後の展望を踏まえて，今回の県立高校再編問題（全日制・定時制）についてまとめておきたい。まず，県内7会場で7～8月に開かれた県立高校再編計画の説明会で，原案への反対意見が約9割を占めたこと，また，8月22日まで約1ヵ月間募集していたパブリック

コメントでも同様の傾向があったことが新聞報道されている[13]。参加者の多くが，統廃合対象校の関係者（教員，保護者，自治体など）であることを考えると，少なくとも原案はこれらの人びとには受け入れられていないことがわかる。受け入れられていないということは，県立高校再編原案に問題があるということだ。具体的な問題点については，私なりに既に指摘してきた。

にもかかわらず，長浜市連合自治会が原案を白紙に戻し再検討するよう求める要望書を提出した際に，嘉田知事は，「私たちはこれがベストと思っている。これ以上のベストはない」と，再検討に否定的な発言をしている[14]。また，長浜市ＰＴＡ連絡協議会が，原案の抜本的な見直しを求める要望書を提出した際にも，嘉田知事は，「他府県での統廃合事例を参考に，滋賀県に合ったベストの対応をすると聞いている。県教委には，納得していただけるよう説明してもらう」[15]とか，「今の高校現場の課題を見ると現計画はベストの案と考えている」などと発言している[16]。嘉田知事のこの一連の発言は，何を根拠にしてのものなのだろうか。私には，滋賀県教育委員会から受けたであろう原案の説明のみを主たる根拠にしているようにしか思えない。だが，既に指摘したが，末松教育長が滋賀県議会本会議で「定時制集約に一定の課題がある」ことを認めたことによって原案の「ベスト神話」が崩れた今，嘉田知事の一連の発言は説得力を失ったと言っていい。

県立高校再編原案に対する異議申し立て運動が，長浜市や彦根市，それに甲賀市[17]などの自治体を巻き込んで展開されている中，滋賀県や滋賀県教育委員会は再編案の見直しを否定して，年度内に計画策定を行い，2012年度の早い時期までに条例改正を行うべく事を急いでいる[18]。滋賀県教育委員会が，9月2日に，計画原案の実施を想定して中学3年生の進路希望調査を各市町教育委員会に求めた[19]のは，既成事実を積み上げることによって既定路線を推し進めることを意図したものとも受けとめられる。

県立高校再編原案が諸々の問題を内包していることについては，関係自治体や各種団体等が指摘し，また，私自身も可能な限り提示してきた。末松教育長も「一定の課題」があることを認めた。この事実は，明らかに原案に「問題」があるということを意味している。しかし，嘉田知事は，10月3日の定例記者会見で，「（長浜，彦根両市に定時制がなくなることで）通学が遠くなる

など，一定の課題がある」として，計画原案の一部見直しの可能性に言及しつつも，原案全般については，「原案は教育現場の声を受けた対応。撤回は逆に行政の不作為となる」[20]と述べて，県立高校再編計画案の見直しをしない考えを強調した。私には，この会見での発言の意図や意味がよく理解できない。繰り返しになるが，いかなる根拠を持って「原案は教育現場の声を受けた対応」などと断言できるのか。「教育現場の声」とは具体的に何を意味しているのか[21]。また，「撤回は逆に行政の不作為となる」と述べているが，私には，「原案撤回という行為こそ行政の最良の作為である」ように思える。

　嘉田知事の政治信条は，「対話と共感」であったはずだ。嘉田知事は1期目の選挙の際に作成したマニフェストで，次のようなことを述べている。「対話と共感によるひとりずつの気づき，足もとをみつめながら，ないものねだりではなく，あるものを探し，磨き，そして生かす政策こそ，かだ由紀子が求める政治姿勢です」。「対話の前提は，生活者の視点，生活現場からの発想です」。「滋賀県政を改革するシナリオは，まず，県職員が生活現場の問題と人びとの思いに耳をかたむけ対話の能力を高め，そこから生み出される共感をばねに，共に汗を流す自治と協働の仕組みを生み出すことです」[22]。また，1期目のマニフェストの教育政策では，政策4-2「より充実した県立高校を作るための体制を整えます」で，「それぞれの地域人々に支えられた特色のある県立高校にするため，学科，定数を地域の意見を聞いて再編します。ただし，高校の統廃合は行いません」(p.20)と，明記している。2期目のマニフェスト『もったいないプラス＋』(第2版，2010年6月23日)では，これらのことについては一切触れていないので，今回の統廃合を含む県立高校再編原案を積極的に容認・支持しても，マニフェストの不履行とは言えないかもしれない[23]。しかし，頑なな原案見直しの否定は，「生活者の視点」，「生活現場からの発想」とは大きくかけ離れており，「対話と共感」とは程遠い政治姿勢であると言わざるを得ない。

　私は，滋賀県が約1兆円の県債残高を抱え，県財政が危機的な状況にあることを鑑みたとき，聖域なき行財政改革は必要であると考えている。だが，特に未来社会を背負って生きていく子どもたちを育てる役割を担う教育分野の改革においては，それを計画し実施する場合，よほど慎重であるべきだと

も思っている。嘉田知事の1期目のマニフェストに記されていたように、まずは、「県職員が生活現場の問題と人びとの思いに耳をかたむけ」て、共感を生み出す取り組みが必要であろう。今回の県立高校再編について言えば、統廃合や再編の対象校の関係者（生徒、保護者、教職員など）や対象校が所在する地域（自治体、自治会など）の人びとを一方的に「説得」するのではなく、一旦計画案を留保あるいは白紙に戻し、時間をかけて「対話」を重ね、協働作業の結果として一定の方向性を導き出すことが、滋賀県や滋賀県教育委員会が今なすべき最も重要なことの一つであろう。嘉田知事は、原案の見直しを訴える団体に対して「対案」を求めたが[24]、見方によっては、それはアンフェアである。なぜなら、滋賀県および滋賀県教育委員会は、既に指摘したように、年度内に計画策定を行い、来年度の早い時期に条例改正を前提にしたシナリオを推し進めようとしているからである。つまり、嘉田知事がいう「対案」の提示要求は、このシナリオに沿ってのものであり、この枠組みを維持した上でのものである。フェアな形で「対案」を示すには、少なくとも滋賀県教育委員会が、原案作成に要したのと同じスパンを保障することが必要である。同じ量の時間をかけて、関係者や自治体等が自由闊達に議論し、一定の方向性を「対案」という形で提示することこそフェアな在り方であろう。それは他方で、滋賀県や滋賀県教育委員会の描いているシナリオの組み換えを要求することを意味する。

　もう1点重要なことは、財政上の問題である。これも既に指摘したことだが、彦根市の公開質問状（再質問）で、嘉田知事は、「少なくとも2校を1校に統合した場合、年間の光熱水費や人件費約7,000万円を削減できる」と明言した[25]。原案では2校を統廃合することになるので、年間約1億4,000万円の削減となる。行財政改革を推進していかなければならない県にとっては、確かに、これはこれで大きな額である。しかし、財政削減が目的の1つであるならば、教育予算を削減する前に、もっと無駄な事業をあぶり出し、経費節減に努力をすべきであろう。例えば、厳しい経営が続く管理型産業廃棄物最終処分場「クリーンセンター滋賀」は、㈶滋賀県環境事業公社（理事長・嘉田知事）が運営しているが、建設当初から運営上の問題が指摘されていた。新聞報道によると、7月11日の環境・農水常任委員会で経営改善に

向けて「公社運営方式をあと5年間継続する」という基本方針を示したとある[26]。新聞に掲載されている資料では，平成20～22年度実績はそれぞれ5億9,300万円，11億300万円，10億5,600万円の赤字で，滋賀県は地域振興費（3年間で6億1,200万円），長期借入金（19億5,800万円），同利息（3億8,000万円）等を補填している。このような状況では，公社が今後運営を続けても，収支改善にはつながらないことは明白である。であるならば公社を廃止して，運営を民間業者に委ねれば，その分県費の支出を抑えることができるはずだ。そうすれば，少なくとも財政的理由で統廃合の対象校（2校）を廃止せずにすむ。

　それでも，滋賀県や滋賀県教育委員会が既定路線を推し進めていくならば，あとは滋賀県議会で県立高校の改廃に関する条例改正案等を審議し，決議することになるので，その場合には滋賀県議会や政党・会派あるいは個々の議員の「良識」に委ねざるを得ない。10月6日，滋賀県議会最大会派の自民党県議団は，2010年12月，県立高校再編について，合意形成に向けて慎重な検討を求める決議を可決したが，現状は決議が求める姿からは程遠いと指摘して，年度内の計画策定方針にとらわれず，少なくとも今後1年以上かけて慎重に検討して地元の理解を得るよう，嘉田知事と高橋教育委員長に申し入れた[27]。ただし，自民党県議団の三浦治雄代表が述べているように，この申し入れは，必ずしも原案の修正を求めているわけではなく，地元合意を前提としてのものである[28]。今回の県立高校再編は，諸々の問題があるからこそ自治体を巻き込んで異議申し立て運動が起こった。問題があるということは，その先に当然，異議申し立て運動をしている側からの「対案」の提示，それを受けて滋賀県教育委員会による原案の「修正」（場合によっては協働作業による原案の「修正」）というプロセスが存在する。だが，自民党県議団の申し入れは，その肝心なところがすっぽりと抜け落ちている感じである。自民党県議団は，この申し入れ書と同様の決議案を12日の滋賀県議会に提出，全会一致で可決された[29]。ただ，決議に法的拘束力はないため，2014年度からの実施とした滋賀県教育委員会の県立高校再編計画スケジュールがどの程度影響を受けるのかは未定であるし，また，高校統廃合の手続で校名や設置位置を滋賀県議会に諮る「学校の設置管理にかかる条例」改正案も提

案時期が未定であるため,今後一定期間を置いて唐突に計画が決定される可能性もある[30]。

嘉田知事は,自民党県議団の申し入れに対して,「首長の意見を尊重」[31]すると述べたり,滋賀県議会の「議決を重く受けとめる」[32]としているので,今後は異議申し立てを行っている自治体(長浜市,彦根市,甲賀市など)の首長が,いかに地元の意見を最善の方向で集約し,それを県民が共有できる「対案」として提示できるかにかかっていると言えよう。ある意味,ボールは首長に投げ返されたのであるが,滋賀県教育委員会が依然として統廃合による新校の設置を志向している[33]ので,そこを見据えての対応が求められるであろう。

【註】
1)『教育しが』滋賀県教育委員会,2010年12月特別号,p.1。
2) 県立高校再編異議申し立て運動の主な取り組みについて具体的に記しておきたい。2011年7月25日,藤井勇治長浜市長と獅山向洋彦根市長が,共同で嘉田知事および滋賀県教育委員会(委員長:高橋政之)に公開質問状を提出。同年8月5日,藤井長浜市長,獅山彦根市長ともに滋賀県と滋賀県教育委員会の回答の受け取りを拒否し,口頭で10日を期限に再回答を求める。同年8月19日,獅山彦根市長は嘉田知事および高橋教育委員長に再度公開質問状を提出。同年9月1日,長浜市議会は9月定例会で,「高校再編計画の白紙撤回を求める意見書」および滋賀県議会に対して「白紙に戻す決議」を求める意見書を全会一致で採択。同年9月3日,「長浜北高校の存続を求める保護者の会」が開かれ,統廃合の白紙撤回を求める決意表明を行う。同年9月12日,長浜市連合自治会(425自治会)が,県立高校再編計画原案を白紙に戻し再検討するよう求める要望書を嘉田知事および末松教育長,家森茂樹滋賀県議会議長に提出。同年9月20日,長浜市内の幼稚園,小中学校59校のPTAでつくる長浜市PTA連絡協議会が,「保護者の声に耳を傾ける」「子どもに最高の計画になるよう議論を尽くす」の2点を内容とする要望書を嘉田知事,末松教育長,家森県議会議長に提出。同年9月22日,長浜市議会は総務文教常任委員会(浅見勝也委員長)の協議会を開き,地元選出の県議会議員4人を招いて県立高校再編計画原案について意見交換。彦根市議会は,嘉田知事と末松教育長に県立高校再編計画原案の白紙撤回を求める意見書,ならびに家森県議会議長に白紙撤回を求める議決と計画を議会の議決事項とする条例制定を求める意見書を全会一致で採択。彦根西高校の同窓会とPTA,後援会は,同校存続を求める陳情書を26日に滋賀県や滋賀県教育委員会,滋賀県議会に提出することを決定。同年9月27日,甲賀市議会は,住民団体が提出した「県立信楽高校の分校化反対を求める請願書」を採択し,同様の内容で議員提案された「県立信楽高校の分校化反対を求める意見書」を可決。同

年9月30日,信楽高校の同窓会や地場産業の信楽焼振興協議会など8団体でつくる「信楽高等学校を守り,より発展させる会」が,嘉田知事と末松教育長に分校化の撤回を求める要望書を提出。同年10月1日,「湖北の高校を守る会」「彦根・愛知・犬上の高校を守る会」「信楽高等学校を守り,より発展させる会」「ゆきとどいた教育をすすめる会」「県立高校の統廃合を考える会」の5団体が,県立高校再編計画の白紙撤回を求める初の全県集会を開く。同年10月7日,彦根市内の幼稚園,小中学校のPTAで構成する彦根市PTA連絡協議会が,具体的な内容の説明や再編時期の先送りを求める提言書を末松教育長に提出した(『朝日新聞』,『読売新聞』,『毎日新聞』,『中日新聞』,『京都新聞』等を参照)。
3)「波紋の現場から―高校再編計画を巡って3―」『毎日新聞』2011年10月26日付。ちなみに,2014年の中学校卒業予定者は14,746人,2011年の中学卒業者は13,772人。
4)『高等学校教育の改革に関する推進状況について』文部科学省,2010年11月,pp.125-141。「小規模高校に関する基礎的研究―北海道での調査から―」(辻村貴洋・大久保良次・佐坂真由美・佐藤結実・豊沢淳子・長井梓・月居由香)では,1学年4〜8学級が28都道府県,5〜8学級が2県,6〜8学級が9県,その他が8県となっている(『公教育システム研究』北海道大学,2006年,p.38)。
5)『中日新聞』2011年9月21日付。これは,長浜市PTA連絡協議会の役員が,末松教育長が統合の要因に県の財政改革を明言したことを挙げて,嘉田知事に対しても,「財政的な問題もあるのでは」と述べたことに対して発言したもの。
6)『読売新聞』2011年9月22日付,『中日新聞』2011年9月22日付。
7)再編計画原案では,次のように述べている。①定時制・通信制課程の役割の変化:「定時制や通信制の高等学校は,従来の勤労青少年のための学校という色合いが薄れ,中途退学者や不登校経験のある生徒をはじめ,多様な生徒が入学しており,学び直しの学校としての役割が強まっています。ここ数年の定員充足状況を見ると,通信制課程ではほぼ充足しているものの,定時制課程では,地域,学科,昼間・夜間の別により大きな差があり,特に職業系専門学科を希望する生徒は少なくなっています。このような状況を考え合わせると,定時制課程については必ずしも職業系専門学科である必要はないと考えられ,生徒のニーズに対応した見直しが必要となっています」(pp.2-3)。②定時制課程の見直し:「従来の勤労青少年のための学校という色合いが薄れ,様々な学習動機や学習歴を持つ生徒が入学していることや,職業系専門学科を希望していて入学する生徒が少なくなっていること,単位制による全日制課程および定時制課程を併置した新たな総合単位制高等学校を設置することなどを踏まえて,廃止や学科の改編等を行います」(p.5)。
8)『毎日新聞』2011年8月6日付,『中日新聞』2011年8月6日付。
9)『毎日新聞』2011年8月11日付。
10)『読売新聞』2011年8月11日付。
11)9月21日,滋賀県議会本会議における富田博明県議(自民党県議団)の質問に対する答弁で,末松教育長は県立高校再編計画原案で県北部の定時制高校が全廃されること

に「(地理的に)一定の課題がある」という認識を初めて示した(『毎日新聞』2011年9月22日付、『中日新聞』2011年9月22日付)。
12) 小川正人は、「学級規模を学習効果という点からいえば1学級20人以下、生徒指導面では30人以下で効果が顕著に期待できるということが多くの研究から指摘されている点を考慮すると、やはり日本の学級規模の大きさは問題とせざるをえない」と指摘している(小川正人「教師の勤務状況と人事」佐伯胖・黒崎勲・佐藤学・田中孝彦・浜田寿美男・藤田英典編集『教師像の再構築』[岩波講座 6 現代の教育] 岩波書店、1998年、p.97)。
13) 『毎日新聞』2011年9月8日付。滋賀県教育委員会によると、説明会には計382人が参加し、84人が発言したとある。長浜市では最多の121人、彦根市は60人が参加している。
14) 『京都新聞』2011年9月17日付。
15) 『京都新聞』2011年9月21日付。
16) 『中日新聞』2011年9月13日付。
17) 甲賀市議会は9月27日の最終日、住民団体が提出した「県立信楽高校の分校化反対を求める請願書」を採択し、同様の内容で議員提案された「県立信楽高校の分校化反対を求める意見書」を可決した(『朝日新聞』2011年9月28日付)。
18) 末松教育長が獅山彦根市長に提出した公開質問状および公開質問状(再質問)への回答には、次のようなことが書かれている。「今後、県民政策コメントや各地域での説明会等を通じて県民の皆さんから広く御意見をいただき、県議会においても質疑等を通じて御意見をいただいた上で、今年度中の計画策定を目指していきたいと考えています」(公開質問状への回答、p.4)。「条例改正の提案については、計画策定後となるため、時期は未定です。ただし、原案にお示ししたとおり平成26年度から統合を行う場合には、平成24年度の早い時期までの条例改正が望ましいと考えています」(公開質問状[再質問]への回答、p.7)。
19) 『中日新聞』2011年9月13日付、『京都新聞』2011年9月14日付、『毎日新聞』2011年9月28日付。
20) 『読売新聞』2011年10月4日付、『毎日新聞』2011年10月4日付。
21) 彦根市の公開質問状(再質問)に対して、末松教育長が、統廃合の対象校を滋賀県教育委員会職員が訪問したと回答しているので、そのことを受けての言葉とも思われる。しかし、公開質問状(再質問)への回答では「訪問した」という事実だけが記されているのみで、それをもって、「教育現場の声」とするのは論理的に飛躍しているように思われる。
22) 『かだ由紀子マニフェスト』2006年、pp.3-4。
23) だが視点を変えれば、次のようなことが言える。確かに県立高校再編原案の発表は嘉田県政2期目に行われた。しかし、原案検討作業は嘉田県政1期目で行われており、しかも原案作成過程で既に統廃合を前提とした議論がなされていることを鑑みると、これは明らかに1期目のマニフェストに掲げられた「高校の統廃合は行わない」という政治的契約が反故にされたことになる。このように理解すれば、嘉田知事は契約不履行を行っ

たと見なされてもやむをえない。
24) 9月12日，長浜市連合自治会が，「一度白紙にして地元の意見を聴き，議論を尽くしてほしい」と要望したのに対し，嘉田知事は，「逆に提案してほしい」と「対案」を求めた（『毎日新聞』2011年9月13日付）。
25) この中には「校舎の改修費」は含まれていない。滋賀県教育委員会によると，2017年度までに耐震化工事が必要な20校のうち，長浜北高校は約20億円と最大規模である。統合相手の長浜高校は2〜3億円の見込みで，統合後の校舎を長浜高校とすれば，多額の工事費を使わずにすむというわけである（「波紋の現場から―高校再編計画を巡って3―」『毎日新聞』2011年10月26日付）。しかし，滋賀県および滋賀県教育委員会は，財政主導の県立高校再編との批判を危惧してか，このことについては今だ県民には公表していない。
26) 『滋賀報知新聞・長浜市民ニュース』2011年9月30日付。
27) 『朝日新聞』2011年10月7日付，『毎日新聞』2011年10月7日付，『京都新聞』2011年10月7日付。
28) 『朝日新聞』2011年10月7日付，『毎日新聞』2011年10月7日付，『読売新聞』2011年10月7日付。
29) 『毎日新聞』2011年10月13日付，『中日新聞』2011年10月13日付。全会一致で可決されたとは言うものの，会派によってスタンスが異なっている。検討期間に関しては，自民党県議団が「1年以上」としたのに対し，親嘉田勢力の対話の会や民主党・県民ネットワークは，「早急に検討」とか「期限を区切って速やかに対応」といった発言からも理解できるように，これらの会派は県立高校再編計画の早期実施を念頭に置いており，会派間に大きな認識上の相違が存在する。

なお，滋賀県議会の「県立高等学校の再編に関する決議」（決議第2号）の全文は，次の通りである。「決議第2号　県立高等学校の再編に関する決議　本県議会は，平成22年12月22日，『県立高等学校の再編について慎重な検討を求める決議』を可決した。同決議は，再編計画が生徒や保護者をはじめとする県民の間に不安と動揺を与えていることに鑑み，拙速な議論に陥ることなく，県民合意の形成に向けた慎重な検討を行うことを県議会の総意として求めたものである。しかるに，現状は，説明会の場では保護者から疑問や批判の声が続出し，関係市町からは公開質問状や再質問が相次いで出されるなど，決議が求める姿から程遠いものであることは，誠に遺憾と言わざるを得ない。このまま県民や市町の理解を得ることなく事を進めるようなことがあれば，子どもと地域の将来に禍根を残すことは必至であり，本県議会としても看過できるものではない。よって，県当局においては，今年度内の計画策定という方針に拘泥することなく，少なくとも今後1年以上の時間をかけ，更に慎重な検討とともに生徒や県民への説明，理解を十二分に得るよう，強く求める。以上，決議する。平成23年10月12日　滋賀県議会」。
30) 『近江毎夕新聞』（PR版）2011年10月19日付。
31) これに対して，嘉田知事は，「一番大事なのは地域経営を担う首長。首長の意見を尊重しながら，来年の進路志望に悪影響が出ない形での判断を教委と相談したい」と応じ

た（『毎日新聞』2011 年 10 月 7 日付）。
32）『毎日新聞』2011 年 10 月 13 日付。
33）滋賀県教育委員会は，10 月 4 日の滋賀県議会文教・警察委員会で，彦根翔陽高校と彦根西高校，長浜高校と長浜北高校を統廃合してできる新校の基本理念について，長浜は「大学進学の牽引」，彦根は「多様な学びの提供による多様な進路の実現」を軸に検討し，11 月にも「学校像」をまとめ，県民向けに説明会を開く方針であることを説明した（『読売新聞』2011 年 10 月 5 日付）。また，定時制高校の廃止問題について末松教育長は，「定時制はどこかの高校の廃止を撤回するのではなく，北部の生徒が近くの高校で受け入れてもらえるような制度を考えたい」と述べ，「原案を変更するということではない」と強調している（『中日新聞』2011 年 10 月 5 日付）。

【付論】滋賀県議会決議以降の県立高校再編問題

　2011 年 10 月 12 日，滋賀県議会で県立高校の再編問題について 1 年以上の時間をかけて検討することを求める決議が全会一致で可決されて以降の動向について述べておこう。

　まず，市民団体の動向であるが，10 月 14 日，計画原案に反対する「湖北の高校を守る会」（教員，保護者，長浜市議らで構成）が，計画原案の見直しを求めて 11 月末までに 3 万人を目指して署名活動を続ける方針を表明。同席した押谷憲雄長浜市議も，10 月 19 日に開かれる市議会の会派代表者会議で，県立高校再編についての議論を各会派に呼びかけることを表明した。さらに，教職員などでつくる「県立高校の統廃合を考える会」も再編計画の白紙撤回を求めて署名活動を続けることを表明した[1]。

　また，藤井長浜市長と獅山彦根市長は，10 月 19 日に嘉田知事と末松教育長に対して検討期間を要望する申し入れ書を提出した。申し入れ書では，「状況の変化を踏まえ，慎重な検討を行う期間を設ける」，「現在の中学 3 年生には，原案を想定せずに進路指導を行う」，「決定プロセスの中に地域の意見を反映させる仕組みを作る」ことを求めている[2]。

　他方，滋賀県および滋賀県教育委員会の対応であるが，まず，10 月 21 日の定例会見で末松教育長は，再編スケジュールを見直す可能性を示唆し，12 月までに滋賀県教育委員会としての方向性を出す考えを明らかにした。しかし，原案見直しについては，長浜，彦根両市の対案次第で内容の見直しがあ

りうることに言及しながらも,「県教委としては原案で進めていく」との姿勢は崩していない[3]。

その後,滋賀県教育委員会は,嘉田知事の県立高校再編計画の先延ばし提案[4]を受け入れ,11月9日の定例教育委員会で,県民の十分な理解が得られていないとして計画策定を来年度に延期し,2014年度から予定していた統廃合も繰り延べにすることを全委員が了承して決定した。再編計画の先送りは2010年度に続いて2度目だが,その主な理由として,滋賀県教育委員会は,第1に,7月に提示した再編計画原案に対し,統廃合の対象校がある長浜,彦根両市の住民を中心に白紙撤回を求める要望や申し入れが相次いだこと,第2に,滋賀県議会で再編計画に1年余りの検討期間を設ける決議案が全会一致で可決されたこと,第3に,中学3年生の進路決定が目前に迫っていること,などを挙げている[5]。計画策定を1年延期すると決定したものの,滋賀県教育委員会は計画原案のうち県北部の定時制課程の集約については地元市町の意見も聞くとしながらも,長浜,彦根両市の4校の統廃合は変更しないとしており,「あくまで原案が基本」との姿勢は崩していない[6]。また,実施時期については,統合は条例改正などの手続が必要なため1年延期し,それ以外は今後検討するとした[7]。

この決定を受けて,藤井長浜市長および獅山彦根市長は,一方的な決定のプロセスや,地元の意見が反映されていないという主張を滋賀県教育委員会が受けとめたことを評価しつつ,それぞれ次のような意向を示した。①藤井長浜市長:「県と信頼関係を結び,再編案を提案したい」と述べ,地元代表や教育専門家らからなる「長浜地域の県立高校のあり方検討委員会」を設置し,県教委にも参加を要請する。検討委員会の中で統廃合がありえるのかという点から議論をスタートさせる。策定時期にはこだわらない。②獅山彦根市長:対象校の同窓会やPTA,市教委などから再度意見を聞き,必要であれば同様の委員会の設置を検討する[8]。

ここで,今後の課題や展望も含めて,県立高校再編問題の要諦についてまとめておきたい。今回の県立高校再編が問題化した主要因として,嘉田知事や滋賀県教育委員会は,「原案の発表に唐突感があった」[9]とか,「新校のイメージや(統合対象校で)後輩がいなくなったときの対応などを具体的に

示せなかった」[10]などと述べて，地元への説明不足を挙げている。しかし，これは，「問題化」の枝葉末節部分であって本質を突いたものではない。「問題化」の根幹部分は，以下に示す点にある。

　第1に，なぜこの時期に県立高校再編（統廃合）なのかという問題である。特に，統廃合を急ぐ理由は何なのかということである。これは，一つには，中学校卒業予定者数の推移と密接に関係しているが，特に，減少に転じる起点をどこにするかという点に関する見解の相違が大きく作用している（滋賀県教育委員会：直近のピークに当たる2014年，異議申し立て運動側：大きく落ち込んでいる2011年）。どちらの起点に依拠するかによって再編の緊急度は大きく異なるので，まず，起点に関する見解の統一を図ることが必要である。その際，問題となるのは，なぜ滋賀県教育委員会が2011年ではなく2014年を起点としたのかということである。考えられることの一つは，中学校卒業予定者数の減少傾向を際立たせることによって，再編計画の緊急性や正当性を県民に強く印象づけることにあったのではないか，ということである。2011年を起点とすれば，2014年までは中学校卒業予定者数は増加傾向にあるので，そのロジックは説得力を持たなくなる。つまり，滋賀県教育委員会が指摘している諸々の問題点や課題およびそれらを前提としての諸改革案は，中学校卒業者数の減少に付随してのものであるため，中学校卒業予定者数が増加傾向にあったり，あるいは2011年時点を下回らない状況下では説得力を持たなくなるということである。今一つは，高等学校の学校・学科の再編統合等に関する計画について，「これまでに策定したことがない」のは都道府県レベルでは滋賀県だけという事実である（政令都市を含めると1県7市）。この事実を早期に解消したいということが，統廃合を急ぐ理由の一つであるとするならば，それは論外である。

　第2に，統廃合の対象基準としている適正規模の問題である。滋賀県教育委員会は1学年6～8学級を適正規模とし，5学級以下の高校を統廃合の対象とした。しかし，文部科学省が都道府県等からの報告をまとめた高校の再編整備計画によれば，適正規模を1学年6～8学級としているのは1県（大分県）のみである（兵庫県は普通科6～8学級であるが，生徒数の減少が続く地域においては3学級以上としている）。滋賀県教育委員会が，全国的に

極めて少数派の基準を適用する根拠は何なのか，それに関する言及はなされていない。また，1学年5学級以下の高校は，生徒同士の切磋琢磨する機会が減少し，選択科目の開設や部活動などの集団活動に制約が生じ，学校活力が低下するとしているが，現実に滋賀県教育委員会は該当する全ての高校を綿密に実地調査して，具体的にそのような確証を得てはいないということである。この点については，まずは時間をかけて対象校全てに対して綿密な実地調査をすべきである。さらに，例え1学年5学級以下の高校を再編の対象にするとしても，なぜ再編対象校が湖北・湖東地域の4校で，しかも廃校の対象校が100年以上の伝統を持つ地域に根ざした老舗の高校なのか。この点に関して滋賀県教育委員会は明確な見解を示していないので，それに対する説明責任を果たす必要がある。

　第3に，事態の流れから見て，今回の県立高校再編は明らかに行財政改革の一環として位置づけられている可能性が極めて高いにもかかわらず，滋賀県および滋賀県教育委員会はそのことに言及することをことさらに避けようとしてきたという問題である。このことに関しては，財政削減が主因であるとする長浜市や彦根市と，県立高校再編は行財政改革とリンクしていることは認めながらも，それが主因であるとは認識していない滋賀県および滋賀県教育委員会との間に見解の相違があるが，いずれにしても財政削減が今回の県立高校再編の一因になっていることは事実である。であるならば，それを踏まえた議論が必要であるが，現段階において滋賀県教育委員会にその意思が窺えない。

　第4に，滋賀県教育委員会は再編計画策定を2012年度に持ち越すことを決定したものの，見直しに消極的で，依然として「原案に固執」しているという問題である。特に，現計画案のうち長浜，彦根両市の4校の統廃合は変更しないとしている[11]。このような頑なな姿勢では，統廃合の是非も含めて議論し，再編の対案を提示するとしている長浜市や彦根市の意向を全く軽視することになる。また，1年間延期する意味が全くなくなるだけでなく，4校の統廃合に異議申し立てをしている両市の理解を得ることは極めて困難である。

　私は，再編を含めた高校改革の必要性は認めるものの，以上に示した問題

点や課題をクリヤーできない限り，県民の大方の理解を得て（特に，長浜，彦根両市をはじめ地元の理解を得て），県立高校再編を進展させることは極めて困難であると言わざるを得ない。今後の展開を注視したい。

【註】

1）『中日新聞』2011年10月15日付，『京都新聞』2011年10月15日付。
2）『京都新聞』2011年10月20日付。なお，この申し入れに対して嘉田知事は，「教育委員会での議論を踏まえ，できるだけ早く方向性を示したい」と述べ，末松教育長は，「（再度の）説明会の持ち方も含め，早く決定してお話ししたい」と述べた。
3）『毎日新聞』2011年10月22日付，『中日新聞』2011年10月22日付。その後，藤井長浜市長は記者会見で，「（見直し決定が）12月では遅すぎる。既に進路指導は始まっており，生徒や教師，保護者に不安が広がっている」として，「（県教委は）一日も早く計画の見直しを表明してほしい」と述べた（『毎日新聞』2011年10月27日付）。
4）嘉田知事は，11月8日の記者会見で，県立高校の再編計画について「いったん立ち止まるよう教育委員会にお願いしていた」と述べ，本年度内に策定するとしていた滋賀県教育委員会の再編計画を先延ばしするよう提案していたことを明らかにした。また，嘉田知事は「ベストと思うから7月に原案を示したが，地元にさまざまな意見がある。県立高校は地域にとって大事な教育の拠点。地元から提案をいただける時間をとってほしいとお願いしている」とも述べている（『毎日新聞』2011年11月9日付，『中日新聞』2011年11月9日付）。

　　このことに関する知事定例記者会見（県政記者クラブ主催，11月8日）での記者（中日新聞）とのやりとりは，次の通りである。記者：高校再編についてなんですけれども，明日の教育委員会で恐らく先送りが決まるのではないかと言うことなんですけれども，知事はこれまで原案通りがベストだというようなことをおっしゃっておられたと思うんですけれども，改めてご意見をお聞かせいただければと思います。嘉田知事：ベストだと思うから7月に原案を示させていただいたわけですね，しかし，地元の方で様々な意見がございます。市町，市長さん，同窓会，議会など，様々な意見いただいております。10月19日には，長浜市長，彦根市長，お二人が申し入れを持ってきていただいております。そういう中で教育委員会にお願いをしておりますのは，少しここで立ち止まって，地元からのご提案をいただけるようにしてほしいと，教育委員会にお願いをしております。県立高校というのは地域にとって大変大事な教育の拠点ですので，地域の皆さんが自分たちの学校だと，自分たちの地域の活力の原点なんだと思っていただけるような，そういう提案を出してもらえる時間をとっていただくことを教育委員会にお願いしております。明日の教育委員会で何らかの方向が出ると思いますが，その方向を私としては見守らせていただきたいと思います。記者：事前に県として，教育委員会に先延ばしするようにお願いしていたということでよろしいでしょうか。嘉田知事：立ち止まっていただけたらということは，お願いをしました（http://www.pref.shiga.jp/chiji/

kaiken/files/20111108.html 確認)。
5)『朝日新聞』2011 年 11 月 10 日付,『読売新聞』2011 年 11 月 10 日付,『毎日新聞』2011 年 11 月 10 日付,『中日新聞』2011 年 11 月 10 日付,『京都新聞』2011 年 11 月 10 日付。
6)『読売新聞』2011 年 11 月 10 日付,『毎日新聞』2011 年 11 月 10 日付。
7)『毎日新聞』2011 年 11 月 10 日付。
8)『毎日新聞』2011 年 11 月 10 日付,『中日新聞』2011 年 11 月 10 日付,『京都新聞』2011 年 11 月 10 日付。これに対して,末松教育長は,「長浜や彦根など地域と相互理解の下で進めるため,積極的アプローチが必要。原案には定時制廃止など解決が必要な課題があり,いい提案があれば修正していく」としながらも,長浜市が設置する検討委員会については,「県教委は原案を主張する立場」として現時点で参加する考えはないことを表明した。その後,藤井長浜市長は,11 月 25 日,京都府と滋賀県の学識経験者や文部科学省元調査官,元高校長,小中学校長,市内の連合自治会,ＰＴＡ連絡協議会,学校運営協議会,商工会議所,農業・福祉分野の従事者など 15 人程度で構成する「長浜の未来を拓く教育検討委員会」の設置を表明した。滋賀県教育委員会もオブザーバーで参加する。委員会は 12 月から月 1 回程度開催し,市の教育・人材育成のあり方と市内の県立高校のあり方を検討する。来年 1 月には中高生とその保護者を対象にしたアンケート,2 月には教育フォーラムを開く予定である(『朝日新聞』2011 年 11 月 26 日付,『毎日新聞』2011 年 11 月 26 日付,『中日新聞』2011 年 11 月 26 日付,『京都新聞』2011 年 11 月 26 日付)。
9)これは嘉田知事の発言(『中日新聞』2011 年 10 月 6 日付)。末松教育長も,「再編の必要性は認識されているが,どの学校かという点で唐突感があり,説明不足で不安を招いた」と述べている(『京都新聞』2011 年 11 月 10 日付)。
10)『毎日新聞』2011 年 11 月 10 日付。
11)『読売新聞』2011 年 11 月 10 日付。

第2章
県立高校再編問題の展開
―長浜市の第一次提言を中心に―

第1節　はじめに

　本稿での主要な目的は，長浜市と長浜の未来を拓く教育検討委員会（以下，長浜教育検討委員会とする）が，2012年6月12日に嘉田知事および河原恵教育長に提出した第一次提言書（「魅力と活力ある高等学校づくりに向けて―滋賀県立高等学校の再編手続に関する提言―」）の内容の検討にある。この提言は，再編手続（＝総論）に関するものであって，再編計画の内容（＝各論）については同年9月25日に第二次提言として取りまとめられたので，それについては別の機会に検討することにする。そこでまず，長浜教育検討委員会の立ち上げと，第一次提言書の提出までの経緯，ならびにこの間の滋賀県教育委員会の動向を簡潔に述べておくことにする。

　滋賀県教育委員会が，2011年11月9日の定例教育委員会で，県立高校再編計画の先送りを決定したことを受けて，藤井長浜市長は定例会傍聴後の記者会見で，地元代表や教育専門家らからなる検討委員会を市独自で設置する意向を示した[1]。その後，長浜市は，同年12月16日に長浜教育検討委員会を設置，有識者4人を含む委員15人を委嘱した。同年12月21日の第1回委員会開催（協議事項：今後の取り組み及びスケジュールについて）[2]以降，第一次提言書作成まで計7回行われたが，その日時と協議事項は次の通りである。第2回（2012年1月27日）：①アンケート調査の実施について，②市内県立学校からのヒアリング（長浜高校，長浜高等養護学校，長浜北高校，長浜農業高校，長浜北星高校，虎姫高校，伊香高校，長浜養護学校）。第3回（同年2月24日）：①教育関係団体からのヒアリング（長浜市ＰＴＡ連絡協議会，長浜市学校運営協議会，長浜市小中学校長会，湖北の高校を守る会），②長浜教育みらいフォーラムの開催について。第4回（同年3月21日）：提言に向けた論点整理について。第5回（同年4月16日）：①経済団体からのヒアリング（長浜商工会議所），②提言書の構成について。第6回（同年5月8日）：第一次提言書の骨子（案）について。第7回（同年5月24日）：第一次提言書（案）について。その間に，市民に対するアンケート調査（同年2月1～17日），および長浜教育みらいフォーラム（同年3月18日）を

実施している[3]。また，滋賀県議会議員が地域に出向き，重要課題について住民と意見を交わす初の「県民参画委員会」が開催され，滋賀県議会文教・警察常任委員会の委員と長浜教育検討委員会の委員との意見交換が行われた（同年6月5日）[4]。

　このような長浜市の取り組みに対して，滋賀県教育委員会は，「県教委は原案を主張する立場」としながらも，これまで毎回オブザーバーで参加している。これは，藤井長浜市長の要請を滋賀県教育委員会が受け入れた結果によるものである。2012年4月1日に就任した河原教育長は，着任会見で「少子化で生徒数が減少しているが，高校教育は幅広い人間との関わりが必要で，一定の学校規模は維持しなければならない」と再編の必要性を説いて，末松前教育長の事業を引き継ぐとし，今夏を目途に一定の提案をする意向を示した。その一方で，地域に足を運んで，市長や地域の意見を聞く考えも明らかにした[5]。実際に，河原教育長は，同年4月27日に藤井長浜市長，同年5月2日に獅山彦根市長，同年5月10日に中嶋甲賀市長，同年5月17日に谷畑湖南市長，同年6月11日に泉米原市長とそれぞれ意見交換を行っている。これらの自治体は，再編計画原案ではいずれも再編の対象校を抱えている（全日制高校の統廃合および新しいタイプの学校の設置等：長浜市，彦根市，分校化：甲賀市，新しいコース等の設置等：湖南市，特別支援学校との交流の推進：米原市）。また，同年5月29日には滋賀県教育委員会と彦根市教育委員会との間で意見交換が行われている[6]。

　このように，長浜市の一連の取り組みと並行して，滋賀県教育委員会も再編計画実現に向けて具体的な行動を展開している。これは，これまでの滋賀県教育委員会の在り方からすれば新しい動きではあるが，しかし，その根底には，できるだけ昨年の再編計画原案に沿った形で県立高校再編を早期に実現したいという思惑が横たわっている[7]。

　次節以下では，長浜市と長浜教育検討委員会がとりまとめた第一次提言の内容を簡潔に説明し，あわせて高校改革に当たっての思いや滋賀県教育委員会に対する主張を私なりに解釈して提示しておくことにしたい。

第2節　第一次提言の趣旨

　まず、この第一次提言の趣旨について要点をまとめておこう。教育は、国の礎であり、国家百年の大計であるから、「学校の改革」は慎重かつ十分に検討し、県民への丁寧な説明と十分な理解のもとで進められるべきものである。ところが、これまでの滋賀県教育委員会の進め方はあまりにも拙速かつ粗略であり、県民本位の視点に立った手続は踏まれておらず、その内容も、到底、県民の支持や理解を得られるものではなかった。このような認識に立って、長浜教育検討委員会は、滋賀県のこれからの高校教育を考えるに当たり、最も尊重され、議論の根底に置くべき地域ニーズや意見を、地域の総意として滋賀県および滋賀県教育委員会に対して届けることを主眼として検討してきた。長浜教育検討委員会では、市内の県立高校のあり方全般について検討することとしているが、地域の意見として要約できた総論（＝手続論）に関わる内容についてまず提言する。この提言は、県民本位の視点に立った手続によって、検討と議論を積み重ねた成果であるがゆえに、滋賀県教育委員会は、再編計画原案に決して拘泥することなく、改めて検討を進め、県下全域の共通課題として、この提言に盛り込まれた諸項目を実現することが必要不可欠である。滋賀県教育委員会は、滋賀県の未来の高校教育に禍根を残すことがないように、今一度、教育の原点に立ち返り、県民が参画でき、誰もが納得できる手順を踏まえながら、しっかりと検討を重ねることが必要である。本提言は、どの事項についても、地域の意見を集約し、要約したものであるので、滋賀県および滋賀県教育委員会は、これらを十分に重んじ、県民的な合意形成に向け、速やかに具現することを強く求める（pp.2-3）。

　この提言の趣旨に盛り込まれている内容は、長浜市や有識者および地域を代表する関係分野（大学関係,高校関係,ＰＴＡ連絡協議会,学校運営協議会,小中学校長会、連合自治会、商工業［商工会議所］、地域活動［青年会議所］、福祉、児童文化、農業）のメンバーなどから構成されている長浜教育検討委員会の思いや総意であるとともに、これまでの滋賀県教育委員会の再編計画原案策定に当たっての手続上の問題点を指摘したものである。

第3節　提言1：滋賀の明日を創る未来志向型の高校教育ビジョンについて

1．新しい高校教育のビジョンの策定

　再編計画原案では，「魅力と活力ある県立高等学校づくり」というテーマのもと，「魅力ある学校づくり（多様な学校選択肢等の提供）」と「活力ある学校づくり（豊かな教育環境の提供）という2本の目標が立てられている。しかし，提示された再編計画原案には，確固たる教育理念や哲学はもとより，県民が夢や希望の持てる高校教育のビジョンが語られていないため，到底，広く県民の理解や支持を得られるものではない。滋賀県教育委員会は，今一度，十分に議論と検討を積み重ねて，県民や地域社会の期待や夢・希望に応えることのできる新しい高校教育のビジョンを示す必要がある（p.4）。

　ここでの主張は，滋賀県教育委員会が広く県民の理解と支持が得られる新しい高校教育のビジョンを示すことなく，唐突に再編計画原案を発表したことに対する異議申し立てである。これは，滋賀県教育委員会が教育論よりも財政論（＝行財政改革）を優先させる立場から再編計画の策定作業を進めてきたとの認識に基づいている。実際に，滋賀県教育委員会は，統廃合してできる新校（彦根西高校と彦根翔陽高校，長浜高校と長浜北高校）の基本理念を検討することを再編原案の発表後に明らかにしている[8]。また，県立高校再編計画を1年延期することを決定した2011年11月9日の定例教育委員会で，当時の末松教育長は，「今後は新しい学校のイメージ像などを分かりやすい形で詰めていきたい」[9] と発言していることからも，この再編計画原案は，第一義的に教育論に基づいて策定されたものとは言いがたい。

2．地域と共に創る高等学校

　高校改革の検討をするに当たっては，地域と高校との深い関係性について認識を新たにするとともに，全県一区制度の検証を行った上で，「地域を支える高校」，「地域に支えられる高校」，「地域をつくる高校」を実現するためのビジョンについて，地域とともにつくり上げることが必要である（p.5）。

　ここでは，高校の再編・運営には，人材育成の観点から地域も深く関係し

ていることを前提に，地域とともに高校づくりに取り組むことの必要性を主張している。地域の置かれた現状を把握し理解するためには，2006年度から導入された全県一区制度を検証する必要があるが，滋賀県教育委員会はその必要性や見直しを認めていない[10]。そこで，全県一区制度導入が，特に湖北地域の県立高校にどのような影響を与えたのか，少し検証しておこう。

　滋賀県教育委員会は，2006年度からこれまでの6通学区制に変えて全県一区制度を導入した。全県一区制度導入の狙いは，自分にあった高校，学びたい高校を，県下全域から生徒自らが選択できる，すなわち，子どもたちの進路選択の幅を広げることにあった。しかし，現実は気象条件や地理・地形，公共交通機関の整備状況などで，やむを得ず不利な通学条件を受忍することで，限られた高校選択を余儀なくされている生徒も多いのではないか，つまり，教育の機会均等が実質的に保障されているのかという指摘がある。

　そのことは，全県的に見た場合，各地域に存在する県立高校に地殻変動が起こっているのではないかということを連想させる。より具体的には，①生徒の他地域への流出と他地域からの流入，特に名門国立大学への進学を志望する成績優秀な生徒の湖北地域からの流出（北から南への「玉突き現象」）によって，湖北地域の老舗の進学校，とりわけ長浜北高校が進路実績の面で大きな影響を受けている。ちなみに，全県一区制度導入前後の国公立大学進学者数・進学率（現役）は，次の通りである（2008年度からが全県一区制度導入後の数字）。2006年度：46人，19.3％，2007年度：50人，25.3％，2008年度：29人，12.8％，2009年度：32人，16.3％，2010年度：25人，10.6％，2011年度：37人，18.8％。一方，虎姫高校は，2006年度：111人，46.3％，2007年度：95人，40.0％，2008年度：107人，44.8％，2009年度：74人，38.1％，2010年度：73人，37.2％，2011年度：85人，43.1％となっており，数字の上では長浜北高校ほど影響を受けているとは言いがたい状況だ。しかし，旧帝大への進学者について見てみると，明らかにその数は減少している[11]。その他に，②学校間格差の助長，③地域と高校との関係の希薄化などといった問題も指摘されている。

3．未来を担う子どもたちのことを最優先に考えた高校改革

　今回の再編計画原案についても，子どもたちの教育環境の充実を最優先に考えられた結果とは，到底，思えないものである。滋賀県教育委員会は，再編計画策定に先駆けて，県立学校のあり方検討委員会を設置したが，同委員会への検討の依頼段階から，教育分野における行財政改革の必要性について示唆しており，議事録においても財政問題に関する発言が大きな比重を占めるなど，行財政改革を大前提として，県立学校の統合および再編の検討が進められたことは明白である。また，今後における高校生徒数の減少や，厳しい県の財政状況もそれなりに理解できるものの，効率重視の「適正規模論」を根拠として，大人の都合で教育を論じ，そのしわ寄せを子どもたちが受けることは，断じて許されるものではない。滋賀県教育委員会は，今一度，教育の原点に立ち返って，再検討することを強く求めるものである (pp.6-7)。

　ここでは，行財政改革の視点のみで教育を語るのではなく，未来を担う子どもたちのことを最優先に考えるべきであることを強く主張している。滋賀県教育委員会が，行財政改革を大前提として，財政論の立場から県立学校の統廃合および再編の検討を進めてきたことは明白であるが，これは大きな課題でもあるため，そのことを証明する具体的な事項については後述することにしたい。

4．知事部局と滋賀県教育委員会との連携強化

　知事部局においても，人材こそ地域発展の鍵であり，地域に活力をもたらす「地域力」の源泉であることを，今一度，強く認識する必要がある。嘉田知事自らも，2期目のマニフェストで掲げている未来成長戦略を実現するためにも，その原動力となるのは人材であるとの認識に立って，積極的に今回の高校改革に関わっていく必要がある (pp.7-8)。

　ここでは，知事自らも人材育成が県政の最重要課題であることを再認識し，知事部局と滋賀県教育委員会とが連携を強化し，教育環境づくりを進めるべきであることを強く主張している。本来，県知事は県教育行政に関わる予算案や条例案の議会への提案，教育財産の取得・処分，さらには教育委員の任免などに関する権限を有しているわけであるから，適切な役割分担の下に，

地方自治体における教育の振興に関する施策の充実を図ることが求められると言えるのではないか。

第4節　提言2：県民本位の視点に立った計画策定手続について

1．県民参画の仕組みづくり

　県立高校の再編を行うには，県民の意見を十分に聴いた上で，慎重に検討し，出された意見を十分に反映することにより，県民の理解と納得を得ながら，計画を策定し，実施することが必要不可欠である。しかし，これまで滋賀県教育委員会は，県民からの意見を十分に聴き取ることもなく再編計画原案を唐突に発表し，その後も，県民に対して十分な説明も行っていない。このように，県民に十分な判断材料も示されず，また県民の意見が反映される手段も確保されないまま，再編計画が粗略に策定されることがあれば，県民本位の視点に立った計画策定手続とは到底言えず，極めて遺憾だと言わざるを得ない。したがって，県立高校再編については，県民との強固な信頼関係のもと，教育関係者はもとより県民や保護者，各種関係団体の声が計画に反映できるよう，地域ごとに意見集約できる機会や場所を設定することによって，「県民参画」と「県民本位」に立脚した，開かれた計画策定の仕組みを構築することが必要である（pp.9-10）。

　さて，滋賀県教育委員会は再編計画原案を策定するに当たって，どれだけ地域や現場の声を聴き，それをどのように原案に反映させたのか。滋賀県教育委員会会議録には次のようなやりとりが記載されている。高橋委員長：「去年，県議会でいろんな質問もあり，各地で高校再編に関する意見聴取会もやってきたと思うが，ここに具体的に反映しているところはあるのか」。猪田教育企画室長：「いろいろと御意見を頂戴してきたが，大きくは，地域性を考慮すべきだという声が結構あった。そのようなことから，地理的な条件に十分配慮した再編としている。それから，そのような統合だけでなく教育の中身をもう少し充実させていくべきではないかという御意見があった。それについては，新しいタイプの学校をつくる，あるいは学科の改編，コースの設置ということで特色ある学校づくりを進めたい」[12]。

滋賀県教育委員会としては，教育関係者や県民の意見を聴き，その声を再編計画原案に反映したとしているが，同原案発表（2011年7月11日）までに実際に実施したのは次のようなことである。①市町教育委員会への説明・意見聴取（2010年8月2日），②「県民の皆さんから魅力と活力ある県立高等学校づくりに向けたご意見を聴く会」の開催（大津市，米原市：2010年8月7, 8日），③魅力と活力ある県立高等学校づくりに向けた意見の募集開始（ホームページ：2010年8月），④中学校長会（部会長会）からの意見聴取（2010年8月20日），⑤滋賀県ＰＴＡ連絡協議会執行部会からの意見聴取（2010年8月21日），⑥保護者向け情報誌『教育しが』11月号に県立高校再編に向けた取り組みについて掲載・意見募集（2010年11月21～28日），⑦県立高校再編に向けた考え方を特集した『教育しが』12月特別号（20万部）を発行・意見募集，⑧県立高等学校の再編等にかかる懇談会（中学校長会：2010年12月17日），⑨産業界有識者からの意見聴取（2011年3月24, 28日）[13]。この実態からは，地域住民，保護者，各種関係団体，教育現場の教職員，小・中学校，さらには市町教育委員会の意見が十分に反映され，連携して取り組むことができる仕組みが構築されているとは到底思えない。

　むしろ，2011年に発表された再編計画原案は，滋賀県教育委員会の事務局主導によって策定された感が強い。再編計画原案は教育委員全員一致で可決されたのではあるが，ところが，原案そのものは委員会開催時に初めて委員に示されている[14]。子どもの将来を大きく左右する重要な案件であればこそ，前もって原案を委員に提示し，委員が熟慮する時間を確保すべきであったと思われるのであるが，それへの配慮もなされていない。

2．各地域との対話による計画づくり

　高校生の通学を考える上で，気象条件や地理・地形，公共交通機関の整備状況などさまざまであり，限られた進路選択を余儀なくされている生徒も多く存在している。このような地域の実情を認識するために，滋賀県教育委員会自らが地域に入り，県民から丁寧に意見を聴取することが必要である。高校の改革という非常に重要な課題であるからこそ，滋賀県教育委員会は地域特性や地域事情を十分に踏まえ，時間をかけて，裾野の広い対話を重ねるべ

きである (p.10)。

　ここでは，県内にはさまざまな特性を持った地域があるため，生徒の未来に大きな影響を与える高校改革を実施するに当たっては，地域住民や地域を代表する各種団体との十分な対話は必要不可欠であることの意味内容が含まれている。とりわけ，湖北地域における教育環境の劣悪さに対する認識と，それに基づくよりよい地域の高校教育の未来図を描くことの必要性を主張している。

3．学校現場と連携できる仕組みづくり

　高校改革を考えるに当たっては，現場の実態を直視して議論を積み上げることが求められる。しかしながら，今回の再編計画原案には，高校教育現場の教職員の声や小学校や中学校，市町教育委員会の意見を届ける仕組みは設けられておらず，事前の説明も皆無であった。生徒や保護者，地域の声を最も熟知し，問題意識を持っているのは学校長であり，教育現場の第一線で奮闘している教職員である。したがって，高校改革に当たっては，実際に学校を運営している学校現場と滋賀県教育委員会とが真に連携し，現場の声がしっかり反映される仕組みを構築することが必要である（pp.10-11）。

　これに関しては長浜教育みらいフォーラム（2012年3月18日）で先進的な事例発表があったので，それについて見ておきたい。「各高校で改革を行ってこられたが，その際，現場の高校と教育委員会との協力体制はどのような関係であったか？」というコーディネータの質問に対して，パネリストであるそれぞれの学校長は，次のような発言をしている[15]。

[1] 荒瀬堀川高校長
・教育委員会は学校に対してこうしなさいと言わないといけないが，重要な部分については，学校がどう考えているのか問うべきである。学校と教育委員会との「緊張関係」はそうやって生まれる。
・緊張関係とはレベルの高いもので，ものを生み出す力になるものでないといけない。学校に対してどう考え，学校がどう答えていくかが重要となる。
・堀川高校は平成11年からスタートした。その前の8年に教育委員会内部に京都市立高等学校21世紀構想委員会が3年かけて，どういう教育をし

ていくのか検討してきた。当時の教育委員会は校舎の改築等の予算を確保するための仕掛として，各界各層から市長が煙たがる人を15人程度入れて，これからはこういう教育が必要だから予算を付けなさいと言った。
・ただ，教育委員会は，教育を変えるという思いで平成8年に動き出していた。現場である学校でも話し合いがなされ，どういう教育がいいのか，どうしたらできるのかなど，日々議論がなされた。それを教育委員会も見ていて，どういう条件を付ければいいか，予算はどれくらい必要かなど，現場の教師に聞くくらいの本気度で取り組まれた。教育改革は互いに本気でないとできない。
・教育委員会は組織として学校を管理している。設置者として人事権も持っている。現場の学校も，自分たちの生徒に対してどういう力を身に付けさせたいのか，そのためにどういう学校づくりが必要かなど，教育委員会に言っていかないといい学校はできない。

[2] 関目西京高校長
・人事も含めた教育環境の整備は教育委員会が責任を持ち，教育内容の構築とその経過審議，結果については現場の校長が責任を負うという棲み分けが必要である。

[3] 高田伊賀白鳳高校長
・三重県では地域ごとに推進協議会を立ち上げ，保護者の代表，県教育委員会，市や企業の代表などにお集まりいただき討議を重ねていき，その結果として，再編案が出され，パブリックコメントもされた。地域における危機感の中で改革はなされるものである。
・ある程度，県も方向性を出さないといけない。学校は，再編活性に関わっていくとなった場合，その学校の必要性を教員が考えないといけない。
・生徒の人数，地域の事情がどうなのか，それを教員がしっかり捉え，きちっと教育委員会に言っていかないといけない。

　これらの先進的な取り組みから読み取れることは，①教育委員会と学校現場の教職員とが真剣に向き合い，高校改革に対して活発に議論する必要があることと，その仕組みが確立しているということ，②基本計画策定から新校設置まで相応の時間をかけているということである（ちなみに，伊賀白鳳高

校は9年間)。これらの先進的な取り組みと比較して、滋賀県の場合は、学校現場の教職員と意見交換や議論を交わすこともなく、また基本計画策定から実施計画実行までの期間も2～3年間と非常に短いと言わざるを得ない。

第5節　提言3：拙速を避けた慎重かつ丁寧な計画づくりについて

1．未来ある子どもたちへの配慮

　高校改革により最も大きな影響を受けるのは高校への進学を控えた中学生やその保護者であることから、その影響をできる限り少なくするための最大の配慮が必要不可欠である。とりわけ、中学卒業後における進路選択の大多数を占める高校への進学は、子どもたちにとって、その後の将来をも左右する重要な意味を持っている。したがって、高校への進学を控える生徒やその保護者が、進路選択について、的確な判断材料を丁寧に示すなど、十分な時間のゆとりをもって熟慮することができるよう、所要の対応をすることが必要である（p.12）。

　ここでは、拙速な再編計画の策定・実施は、教育現場はもとより、これから進学しようとする子どもたちに大きな影響を及ぼすので、地域の未来を担う子どもたちに対して最大限の配慮をすべく、万全を期した手順を踏むことを滋賀県教育委員会に求めている。

2．十全な時間の確保と適切な実施時期の検討

　滋賀県教育委員会は、2010年度の再編計画策定を予定していたようであるが、さまざまな異論によって頓挫した。その後も、具体的な議論の場や機会を設けることなく、わずか1年後の2011年7月に再編計画原案を唐突に発表するに至った。このような進め方は、極めて拙速で短兵急な取り扱いと言わざるを得ない。再編計画原案に示されたスケジュールでは、2011年度内に再編計画を策定し、計画策定から2年後の、2013年度から順次、計画に基づいた学校の改革を実施することとしており、とりわけ、統廃合を含む学校の改革については、2014年度から実施するなど、余りにもスケジュー

ルが性急である。また，この再編計画原案についても，基本的な考え方を示す「県立高等学校再編基本計画」と，具体的な再編・統廃合校等を示す「県立高等学校実施計画」とが同時に発表されるなど，通常では考えられない安直な取扱がなされている。本来であれば，まず，基本計画で示した考え方について，県民や地域，教育現場の教職員などの多様な意見を十分に聴き，それを踏まえた上で，実施計画が策定されるべきである。しかし，滋賀県教育委員会は，本来行うべき手順を踏まず，それが結果として，教育現場や地域などに大きな混乱を招くことになった。さらに，滋賀県教育委員会は，再編計画原案は，2014年3月から中学校卒業予定者数が減少に転じることを根拠として，高校の統廃合の時期を設定したとしている。しかしながら，中学校や小学校に現に在籍する生徒・児童数を基に，県全体における今後の高校入学予定者数の推移を見ると，2012年を基準とした場合，2019年まで増加傾向にあり，減少に転じるのは2020年からである。したがって，既に示されている再編計画原案やスケジュールに拘泥することなく，県民が期待する「魅力と活力ある県立高校づくり」の実現に向けて，今一度，教育の原点に立ち返って，慎重かつ丁寧な計画づくりを行うべきである（pp.12-14）。

　ここでの主張の主眼は，滋賀県教育委員会の再編計画策定の進め方が，極めて拙速で短兵急であり，計画実施までのスケジュールも余りにも性急であるということである。このように主張する主要な根拠として，次の2点を指摘しておこう。第1点は，滋賀県教育委員会は，基本的な考え方を示す再編基本計画と，具体的な統廃合等を示す再編実施計画とを同時に発表したということである。提言書に指摘されていたように，通常は，手順として，まず基本計画で高校改革の考え方を示し，その後，県民や地域，教育現場の教職員などの意見を十分に聴き，反映させるべきものは原案に取り入れながら慎重に検討を進め，実施計画が策定されるべきである。しかし，滋賀県教育委員会は，この手順を全く無視している。

　第2点は，滋賀県教育委員会は，何故中学卒業生徒数が減少に転ずる起点を2014年にしたのか，ということに関わるものである。これに関しては，まず教育委員会議での事務局の発言を見ておくことにする。
［1］青木教育次長の発言[16]

・「特に，今減ってきているが，これから将来を見ても減るのが，湖北地方，湖東地方ということになる」。
・「将来的に生徒が減っていくのは湖北であり，湖東である」。

［2］猪田教育企画室長の発言[17]

・「さらに平成 20 年度から県立学校のあり方検討委員会を始めているが，この頃からさらにその先を見ると，一層減少傾向が出てくるということが明らかになる」。

　これらの発言の根底には，次のような意図があると考えられる。中学卒業生徒数は 2014 年が 2011 年以降のピーク時なので，中学校卒業予定者数の減少傾向を際立たせることができる。そのことによって，再編計画の緊急性や正当性を県民に強く印象づけることができる，ということである。

　しかし，これらの発言には，重大な事実誤認がある。見方によっては，最初から湖北および湖東地域の県立高校の統廃合を視野に入れた意図的な発言とも受け取れる。これらの発言の何が問題なのか具体的に指摘しておこう。2011 年を起点とした場合，湖北地域は 2014 年まで，湖東地域は 2013 年までは中学校卒業予定者数は増加し，将来的には湖南地域以外は全て減少に転じる。ちなみに，減少に転じるのは湖西地域：2012 年，甲賀地域：2017 年，湖北地域：2018 年，湖東地域：2019 年，大津地域：2024 年，滋賀県全体：2021 年である。これらのことから，次のことが言える。第 1 に，2011 年を起点とした場合，教育論的な観点から県立高校を再編しなければならない緊急性は決して高くはないということである。第 2 に，したがって，相応の時間をかけて，高校改革について各界各層との意見交換や議論を行うことは十分に可能であるということである。

　にもかかわらず，滋賀県教育委員会がこれほどまでに早期実施にこだわるのはなぜなのかという，非常に大きな疑問が発生する。滋賀県教育委員会は，「受験生（中学 3 年生）の進路選択に影響が出ないように」とか，「生徒に不安を与えないように」といった点を早期に再編計画案を策定する理由としてきている[18]。これは一見，本質的な根拠であるかのように見えるが，果たしてそうだろうか。不安な思いをするのは，今年度高校進学を控えた中学 3 年生やその保護者だけではなかろう。拙速に事を進めて，その結果，「親が

自分たちの子どもを入れたいと思う学校，子どもたちがやりがいを感じる学校」[19)] をしっかりと提示できなければ，受験生に続く全ての中学生や小学生たち，およびその保護者にも大きな不安を与えることになる。今年度の受験生に「不安を与えない」，「進路選択に影響が出ないようにする」というのであれば，藤井長浜市長や長浜市教育委員会が主張しているように，「来年の再編はない」旨を明らかにするのが本来であろう[20)]。

しかし，再編実施を急ぐ本質的な理由は別のところにある。それは財政問題である。いみじくも，河原教育長は8月21日に行われた長浜市ＰＴＡ連絡協議会との「地域の高等学校教育のあり方に係る意見を聴く会」で，再編計画の11月決定を目指す理由について，「建物（校舎）などの予算の問題がある」と発言した[21)]。この発言は，財政問題が県立高校再編を急ぐ大きな理由の一つであることを示唆してはいないだろうか。

そこで，その財政問題の中核をなすものが何なのか検討する必要があるが，それについては節を改めて言及することにしたい。

第6節　行政側の都合で教育が論じられ，再編計画原案が策定された

2011年に発表された再編計画原案も，今回策定中の再編計画原案も，ともに子どもたちの教育環境の充実を最優先に考えられたものではなく，第一義的には行政側の都合，特に財政問題への対応を大前提にしたものであると言わざるを得ない。その中核をなすものが，県立高校の耐震化に必要な予算，事業費を捻出する，あるいはまた削減することにあるのではないかということである。これは，あくまでも一つの可能性であるが，滋賀県教育委員会の会議で，事務局がそのことについて具体的に発言しているので，私はその可能性は非常に高いと思っている。以下で，なぜ県立高校再編計画の策定は財政主導なのか，その根拠を具体的に提示していくことにしたい。

滋賀県教育委員会が，2011年に発表した再編計画原案策定までの一連のプロセスの根底には「行財政改革」が横たわっていたことは明白であるということについては，第1章で既に指摘しているが，その後，新たに判明した事実について記述しておきたい。第3回長浜教育検討委員会で，毎回オブ

ザーバー出席している猪田教育企画室長が県立高校再編の必要性を説明した際に，①高い高校進学率と多様なニーズに対応した魅力ある学校づくりの必要性，②人口減少社会に対応し，学校規模確保による地域全体の活力向上を図る必要性がその背景にあると発言した後，③厳しい財政状況により効率的で効果的な投資を行う必要性に触れ，滋賀県教育委員会として初めて公式の場で財政問題に言及した[22]。

しかし，財政問題の核心的な部分は，滋賀県教育委員会会議録に記載されているので，それを詳細に見ていくことにしたい。核心的な部分とは，県立高校の耐震化に関わるものであり，それをからませて再編計画が議論され，原案が策定された，ということである。以下で，具体的に教育委員会議での教育委員や事務局の発言について記述しておく。

[1] 青木教育次長の発言

「その次に，県にお金がどんどんはいってくるときであれば，新たに学校を造れるが，そのような状況にもないということで，どちらかの校舎を使わなければならない。どちらの校舎を使うかということでは，学校，校舎の広さがひとつの要素になる。もうひとつは，今耐震性についてよく話題になっているが，老朽化している学校もある。そのようなことを勘案して，どちらの校舎を使うかということになる。……。……。長浜と長浜北については，長浜北が非常に老朽化しており，耐震化工事についてもかなりの金額になるので，この2校の場合は長浜高校の校舎，校地を使おうと考えている」[23]。

ちなみに，再編計画原案では廃止の対象校である長浜北高校の耐震改修費（概算見積）は，総額約26億円である。内訳は，耐震補強工事（特別教室棟，屋内運動場，武道場）1.7億円，改築（建替）工事（普通教室棟）24.3億円である[24]。

[2] 高橋政之委員長の発言

「耐震対策ができていない学校も多いような気がする。これをなんとか造り替えていくという大きなテーマがあるのではないかと思う。そのテーマは教育委員会ではできないかもしれないけれども，多くの皆さんに訴えていかないといけない。公開していかないといけないと私は思う。公開することによって皆さんに認識していただき，そして教育に対するお金はなんとか作り

出していかなければならないのではないか。もちろんいろんな再編の仕方があり，また違う再編もやらなければいけないが，その根底にあるのは，そのような面が強いと思う」[25]。

[3] 木村教育総務課長の発言

「当然ながら金目という話しもある。例として出た耐震で説明すると，県立高校でまだ着手できていない学校が49校中20校ある。そのうち今年度設計に着手しているのが4校あるので，残り16校については，平成24年度以降に設計を行う。地震防災プログラムの中で平成29年度が耐震化完了の年度になっているので，そこを目指してやっていきたい。未着手の20校と継続中の学校を併せると相当な予算，事業費が必要になってくることも事実である」[26]。

「『再編して耐震の金が一部浮くから，こちらに回す』というストレートな図式にはならないと思うが，十分に意を尽くして予算の投資も考えていかなければならない」[27]。

これらの発言からは，県立高校再編は教育環境の整備・充実といったことが第一義ではなく（もちろん，彼らは教育環境の整備・充実が第一義だとは言っているが[28]），「耐震問題の解決ありき」という考え方が根底に横たわっていることが明確に読み取れる。滋賀県教育委員会の高橋啓子委員は，このことを的確に指摘している。「耐震の問題に触れているが，耐震の問題を解決するために再編ありきという考え方は間違っていると思う。そのような危ない学校に子どもを通わせること自体，この教育委員会が機能していないということである。その命を守る義務は我々にあるので，この議論はおかしいと思う。……。『学校が崩れる，だから再編する』という言い方は，教育委員会としてはやってはいけない議論だと思うし，またそのようなことはないと信じている。計画通り進んでいると聞いているので，そのようなことではない。何が問題かと言うと，先々子どもの数の変動に伴って，どのようなかたちで学校をつくっていき，機能させていくかということである」[29]。まさに正論である。耐震化の問題は，予算執行権を持っている知事部局が責任を持って解決すべきであり，教育委員会がそれを前提として，あるはそれを主要な課題として県立高校再編計画を策定することは筋違いであろう。

もう1点問題なのは，「適正規模」に関することである。これも財政問題とリンクしているが，これについては節を改めて論じておきたい。

第7節　「適正規模」の設定に学問的正当性はあるのか

　滋賀県教育委員会は，再編計画原案で適正規模を1学年6～8学級に設定しているが，それは，県立学校のあり方検討委員会の報告を受けて設定したものである。しかし，同委員会の報告書では，ただし書きがあって，そこには次のように書かれている。「ただし，地域ごとの生徒数の増減や地理的条件などの地域性，教育内容等に応じた規模の妥当性，生徒の志望状況，学校の実情なども考慮する必要があると考えます」[30]。これは，兵庫県の場合と類似している。兵庫県の場合は，普通科6～8学級（ただし，生徒数の減少が続く地域においては3学級以上），総合学科4学級以上，職業学科3学級以上となっている。滋賀県教育委員会は，このただし書きを考慮するどころか，全く無視して，ある意味適当に「適正規模」を設定している観があるし，また，財政論的視点から再編計画を策定しようとする意図が横たわっていると受け取ることもできる。ちなみに，青木教育次長は，次のような発言をしている。「昨年，ご意見を聴く会で基本的な考え方を説明したように，一つには規模の問題がある。県立学校のあり方検討委員会の中で6～8学級という話があった。学校の勉強やいろんな活動を含めて考えれば，これくらいがいいのではないかという話がまずある。これは私達としてもそのようなことだと考えている」[31]。

　もう1点問題なのは，なぜ滋賀県教育委員会が1学年5学級以下を小規模校と位置づけたのか，ということである。県立学校のあり方検討委員会の報告書では，小規模校を1学年3学級規模の学校と位置づけている[32]。また，4学級規模の学校については若干触れられているが，5学級規模については一切触れられていない。つまり，報告書では，5学級規模については全くグレーゾーンになっている。にもかかわらず，滋賀県教育委員会は1学年5学級以下を小規模校と位置づけた。これは，多分に統廃合を意図してのことであると考えられる。

滋賀県教育委員会は，学校規模が小さい（＝1学年5学級以下）と「学校活力が低下する」と断じているが，果たしてそうだろうか。これについても，具体的に事務局や教育委員の発言を見ておこう。

［1］猪田教育企画室長の発言
・「既に学校規模が小さくなっている学校の実情を聞かせてもらうと，かなり部活動編制をするのに困っているということも聞いている。さらに今後，生徒減少が進んで学校規模が縮小するようになると，このような懸念がもっと大きくなってくる」[33]。
・「更にもう1点は規模ということである。かなり学校規模が縮小してきて，活力がなくなりつつある。そのような課題認識の基に再編計画を策定してきたという経緯がある」[34]。

　このような事務局の見解に対して，疑問を呈しているのが小倉明浩委員である。

［2］小倉委員の発言
・「資料『滋賀県立高等学校再編計画（原案）について』の始めに，現状認識として『県立高等学校の現状と課題』ということで社会と高校で学ぶ生徒の変化という視点，それから右側に中学卒業予定者数の推移として生徒が減っているという量的な問題，この2つが掲げてある。左側はわかりやすいが，右側の最後に『生徒同士の切磋琢磨する機会の減少』，『選択科目の開設や部活動などの集団活動に制約が生じ，学校活力が低下』というマイナス評価がある。教育委員としていろんな高校を訪問させていただく機会があり，現場でがんばっている校長や教員，あるいは生徒の姿を見ると，なかなかこの面が現状として感じられない」[35]。
・「現状では，教員やそこに通う生徒たちが一生懸命学校活動に勤しむことで私たちが訪問したレベルではマイナス面が見えない」[36]。
・「高校の統合について，この案に反対ではない。ただ，クラス数と活力の関係について，あり方検討委員会で教育の専門家の先生がそのように結論付けられたので，ある程度根拠があることだとは思うが，この間，国立教育政策研究所のいろんなデータベース，論文を見ても，クラス数と学校の教育成果との間には明確な相関関係はない。欧米の研究でもあまり発見さ

れていない。小規模の方がいいという研究結果もあれば、大規模の方がい
いという研究結果もあるという状況である。だから、個人的には、クラス
数を6～8確保したら活力が出るというものではないと思う」[37]。

　これらのことから言えることは、事務局と教育委員との間に「適正規模」
に関して認識上のズレがあるということと、適正規模については、明確な学
問的根拠が存在しないということである。これに関して、滋賀県教育委員会
は、最近「適正規模」という表現を避けて「標準規模」という言葉を使用し
ている[38]。この一事からも、「適正規模」という言葉がいかに曖昧で、根拠
が希薄なものであったかが理解できる。

第8節　おわりに

　第一次提言でも指摘しているように統廃合・再編を伴う高校改革は、日本
の未来を担っていく子どもたちの今後の進路に大きな影響を与える。そうで
あるがゆえに、基本計画および実施計画を策定する際には、主体者は慎重の
上にも慎重を期す必要があろう。とりわけ、統廃合の対象校やそれが所在す
る自治体、教育関係団体（者）、さらには県民や保護者、各種関係団体等と
滋賀県教育委員会とが、相応の時間をかけて議論を重ねることが必要である。
その上で、滋賀県教育委員会は教育専門家を含む審議会を設置して、ゼロベー
スで見直しを行い、改革案を策定するのが本来であろう。このことについて
は、藤井長浜市長が、これまでに何度か記者会見で発言している[39]。しか
しながら、滋賀県教育委員会は、この提言に全く耳を貸さず、あくまでも教
育委員会が単独で審議し、最終決定する方針を明確にしている[40]。私には、
これが本来のあり方とはとても思えない。そう考えているのは、私だけでは
ないであろう。

　県立高校再編問題は、今正念場を迎えている。滋賀県教育委員会が9月中
に再編計画原案を発表するからである。滋賀県教育委員会が、長浜市および
長浜教育検討委員会がまとめた第二次提言の内容を再編計画原案にどこまで
盛り込むのか、どの程度反映させるのか、注視することにしたい。

【註】

1）『毎日新聞』2011年11月10日付，『中日新聞』2011年11月10日付，『京都新聞』2011年11月10日付。
2）第1回委員会で，委員長に大石眞京都大学法科大学院教授，副委員長に大橋松行滋賀県立大学人間文化学部教授がそれぞれ選出された。
3）長浜教育みらいフォーラムは，長浜教育検討委員会主催，長浜市・長浜市教育委員会共催で行われた。「地域の教育の未来を考える」というテーマで，第1部では藤原和博東京学芸大学客員教授が「つなげよう！ 学校と地域社会」という演題で基調講演を行った。藤原教授は，㈱リクルートを経て，2003年より5年間，東京都内では義務教育初の民間校長として杉並区立和田中学校校長を務め，2008年には橋下前大阪府知事特別顧問を歴任している。第2部では「魅力と活力ある高等学校とは」をテーマに，パネルディスカッションが行われた（コーディネーター：大橋松行滋賀県立大学人間文化学部教授）。パネリストは荒瀬克己京都市立堀川高校長，関目六左衛門京都市立西京高校長・附属中学校長，高田宏司三重県立伊賀白鳳高校長の各氏であった。堀川高校は，京都市の高校改革パイロット校で，1999年に普通科に加え，新たに普通系専門学科である探究科を新設し，例年京都大学合格者数30～40人を輩出するまでになり，全国の教育関係者から「堀川の奇跡」と呼ばれ注目を集めている。西京高校は全日制・定時制・附属中学校を併設する中高一貫校である。2003年に商業高校から大学進学を目指す中高一貫校に転身，普通系専門学科として未来社会創造学科エンタープライジンング科を創設し，全国的な注目の中で，今日まで順調な成長を遂げている。伊賀白鳳高校は，伊賀地域の全日制県立高校3校（上野工業高校，上野農業高校，上野商業高校）を統合して2009年に開校した三重県で初めての総合専門高校である。地域唯一の専門学科高校として，工業科・農業科・商業科・福祉科の4分野の13コースを設置し，2学期制を採用してユニークなキャリア教育を実践している。
4）県民参画委員会は，議会改革に取り組む滋賀県議会が，開かれた議会の実現と委員会の活性化を目的に2012年4月に制度化したものである。各常任，特別委員会が年1回程度実施する。今回は県民参画委員会から，野田藤雄委員長（自民党県議団）はじめ8人の委員が参加した（今江政彦副委員長〔民主党・県民ネット〕，吉田清一〔自民党県議団〕，赤堀義次〔自民党県議団〕，山本進一〔自民党県議団〕，谷康彦〔民主党・県民ネット〕，富波義明〔対話の会・しがねっと〕，粉川清美〔公明党〕）。長浜教育検討委員会からは，大石委員長以下，10人の委員が参加した。この意見交換会では，長浜教育検討委員会の委員から，次のような意見が出た。「県民や教育現場の声を十分に聞くことを，県教委に求めたい」。「（県教委が昨年示した県立高校再編原案は）プロセスが性急で，十分に地域の声を聞き取る時間がなかった」。「単に合併ではなく，高校教育のビジョンが必要」。「再編計画は行財政改革の色合いが濃く，もっと魅力あるものに」。「計画を見直し，県教委は教育専門家らによる審議会を設置すべきだ」。これに対し，委員の県議らは，「高校再編には，慎重な手順が必要」，「県民の意見を広く聞く手順を踏むべきだ」，「県教委がやるべき（計画策定の）手順を踏んでいない」，「審議会の設置は必要」などと答えた

（『朝日新聞』2012年6月6日付，『中日新聞』2012年6月6日付，『京都新聞』2012年6月6日付）。

5）『産経新聞』2012年4月3日付，『朝日新聞』2012年4月4日付，『中日新聞』2012年4月4日付。

6）この会議は非公開で行われ，彦根市教育委員会は市内の学級数維持を求め，「昨年とは違う計画案を期待する」とした。一方，滋賀県教育委員会は，過去20年間で中学生が3分の2に減ったとして，各校で中規模の学級数を確保する必要性を説明した（『毎日新聞』2012年5月30日付）。

7）獅山彦根市長との会談での河原教育長の次の発言に，そのことが如実に示されている。「市や市教委との協議を進めながら，5月をめどに市内の全小中学校長やPTAなどから『多くの意見を聞いた上で，必要ならば原案に固執せずに具体案を検討したい』」（『中日新聞』2012年5月3日付）。

8）滋賀県教育委員会が，新校の基本理念について，長浜は「大学進学の牽引」，彦根は「多様な学びの提供による多様な進路の実現」を軸に検討していることを，滋賀県議会文教・警察常任委員会で説明した（『読売新聞』2011年10月5日付，『毎日新聞』2011年10月5日付）。

9）『朝日新聞』2011年11月10日付。また，猪田教育企画室長は，「新校のイメージや（統合対象校で）後輩がいなくなった時の対応などを具体的に示せなかった」と地元への説明不足を認めている（『毎日新聞』2011年11月10日付）。

10）第11回長浜教育検討委員会（2012年9月7日）で安田教育次長は，「全県一区制度の見直しの予定はない」と発言している（「長浜の未来を拓く教育検討委員会（第11回）における委員意見の要旨（速報版）」p.3）。

11）「滋賀県教育委員会事務局提供資料」（第10回長浜教育検討委員会，2012年8月22日）。

12）『滋賀県教育委員会7月臨時教育委員会会議録（2011年7月11日開催）』（滋賀県教育委員会ホームページ）pp.9-10。

13）「再編計画（原案）にかかる補足資料」滋賀県教育委員会，第2回長浜教育検討委員会参考資料，2012年1月27日。

14）西田淑美委員は次のように述べている。「今日の原案，今日初めて見た」（『滋賀県教育委員会7月臨時教育委員会会議録』p.27）。

15）「長浜教育みらいフォーラム概要」長浜市，第4回長浜教育検討委員会報告資料2，2012年3月21日。

16）『滋賀県教育委員会7月臨時教育委員会会議録』p.19。

17）『滋賀県教育委員会7月臨時教育委員会会議録』p.24。

18）例えば，次のような発言がある。「中学3年生の進路選択に影響を与えないよう，7月には新たな高校再編計画を示したい」（2月24日の第3回長浜教育検討委員会での猪田教育企画室長の発言）『読売新聞』2012年2月26日付。「（策定のめどとした）7月にはこだわらないが，中学生の進路調査（9月ごろ）や進路決定（11月ごろ）に間に合うようにある程度の案を示し，生徒に不安を与えないようにしたい。12月では遅す

ぎる」（5月2日の獅山彦根市長との会談での河原教育長の発言）『毎日新聞』2012年5月3日付。「高校在学中に影響を受ける、現在の中学3年生の進路決定に間に合うよう『遅くとも9月中には結論を示す』」（6月13日の滋賀県議会文教・警察常任委員会での河原教育長の答弁）『京都新聞』2012年6月14日付。「中学3年生の進路決定に影響しないよう遅くても9月中旬までに行いたい」（6月18日の定例会見での河原教育長の発言）『産経新聞』2012年6月19日付。「現在の中学3年生が再編の全容を分かった上で進路を選べるように、進路調査前の9月中ごろまでに計画案を出したい」。その上で「説明会を繰り返し、修正しながら、11月には最終計画にしたい」（7月31日に行われた長浜市教育委員会および同市小中学校運営協議会との意見交換会での河原教育長の発言）『中日新聞』2012年8月2日付。また、同会で、策定を急ぐ理由について、「中学3年生の進路選択の時期が迫っており、11月がぎりぎりの時期」と発言している（『毎日新聞』2012年8月2日付）。
19)「長浜教育みらいフォーラム」での荒瀬堀川高校長の発言。
20) 6月12日に第一次提言書を嘉田知事と河原教育長に手渡した藤井長浜市長は、「今月中にも『来年の再編はない』と明言することが進学を控えた子どもたちの安心につながる」と抜本的見直しを求めた（『毎日新聞』2012年6月13日付）。また、長浜市教育委員会も7月31日の「地域の高等学校教育のあり方に係る意見を聴く会」で、中学生が進路に不安を抱いていることに触れ、「現在の中学3年生が高校を卒業するまで現行のままであることをはっきりさせてほしい」と訴えた（『中日新聞』2012年8月2日付）。
21) ＰＴＡの役員から早期策定に批判的な意見が出たことに対して、河原教育長は、「9月提案後、修正すべきものは修正して、11月には決定したい。建物や学校運営の予算（次年度以降）上の問題があり、来春の決定は考えていない」と述べた（『毎日新聞』2012年8月23日付）。
22)「第3回長浜の未来を拓く教育検討委員会議事録」p.10。『朝日新聞』2012年2月27日付。
23)『滋賀県教育委員会7月臨時教育委員会会議録』p.20。
24)「第2回長浜の未来を拓く教育検討委員会資料」滋賀県教育委員会、p.2。長浜高校の耐震改修費が2～3億円であるから、長浜北高校を廃校にすれば、単純計算で約10校分の事業費を捻出することができることになる。
25)『滋賀県教育委員会11月定例教育委員会会議録（2011年11月9日開催）』（滋賀県教育委員会ホームページ）p.11。
26)『滋賀県教育委員会11月定例教育委員会会議録』p.11。再編実施計画原案では、統廃合を対象とした高校の再編年度はいずれも2014年度であり、これが計画通り実施されれば耐震化完了年度の1年前に県立高校再編が完了することになる。また、耐震完了年度に間に合わせるとしたら、再編年度としては2015年がリミットである。ここに、滋賀県教育委員会が、県立高校再編を急ぐ大きな理由の一つがある、と私は理解している。
27)『滋賀県教育委員会11月定例教育委員会会議録』p.12。
28) 例えば、木村教育総務課長は、次のような発言をしている。「ただ、我々としては単に、金を惜しんで再編をやるということではなしに、まずはどのように教育環境を良くする

かということである。教育環境にはハードだけでなくもちろんソフト，あるいは学校そのものの魅力といったこともあるので，そういったものをまず考えていきたい」(『滋賀県教育委員会11月定例教育委員会会議録』pp.11-12)。
29) 『滋賀県教育委員会11月定例教育委員会会議録』p.12。
30) 『今後の県立学校のあり方について（報告）』県立学校のあり方検討委員会，2009年3月30日，p.11。
31) 『滋賀県教育委員会7月臨時教育委員会会議録』p.19。
32) 『今後の県立学校のあり方について（報告）』p.11。
33) 『滋賀県教育委員会7月臨時教育委員会会議録』p.3。
34) 『滋賀県教育委員会11月定例教育委員会会議録』p.18。
35) 『滋賀県教育委員会7月臨時教育委員会会議録』pp.2-3。
36) 『滋賀県教育委員会7月臨時教育委員会会議録』p.3。
37) 『滋賀県教育委員会7月臨時教育委員会会議録』p.26。
38) 「意見を聴く会」（長浜市ＰＴＡ連絡協議会，2012年8月21日）での滋賀県教育委員会の次のような答弁にそれが見られる。「6～8クラスというのは一つの標準」（第10回長浜教育検討委員会追加資料3，2012年8月22日）。また，第11回長浜教育検討委員会での私の質問に対して，猪田教育企画室長は，「県教委としてはこれを標準規模ということで設定させていただいたものである」と答えている（「長浜の未来を拓く教育検討委員会（第11回）における委員意見の要旨（速報版）」p.2)。
39) 第1回目は，2012年5月25日の定例記者会見で発言している。「（新たな）再編計画は県教委の事務方がつくるのではなく，教育の専門家で審議会を立ち上げ審議し，計画案をつくるのが本来の改革案だ」（『京都新聞』2012年5月26日付）。「県教委は，実施計画をゼロベースで見直す教育専門家らの審議会を設置する必要がある」，「県教委だけで決める問題ではない。専門家による審議会を立ち上げてもらいたい」（『毎日新聞』2012年5月26日付）。第2回目は，第一次提言書を嘉田知事および河原教育長に提出した後の記者会見で発言している。「『県教委の事務方だけで再編案を作るのは，荷が重いのではないか。各界の代表者が議論した方が県民の意見が反映できる』と審議会設置の必要性を説いた」（『朝日新聞』2012年6月13日付）。
40) 長浜市ＰＴＡ連絡協議会との「意見を聴く会」で，ＰＴＡ役員と河原教育長との質疑応答の中に，そのことが明確に示されている。役員：「有識者も入って再検討すべきでは」，河原教育長：「修正はするが，私たち（県教委）が決める」。役員：「どこが最終決定するのか」，河原教育長：「(11月に開く）県教育委員会」（『毎日新聞』2012年8月23日付）。教育委員の中にも，そのような考え方を強く持っているメンバーもいる。例えば，西田委員は，次のような発言をしている。「ところで，この仕事は県教育委員会の仕事である。長浜市でも彦根市でもなく，県教育委員会の権限で，県民の皆さんの県教育委員会に対する信頼を後ろに背負いながら，先を見通して県教育委員会がリードしてやっていく。そこをはっきりさせたい」（『滋賀県教育委員会11月定例教育委員会会議録』p.14)。
41) 滋賀県教育委員会は，10月1日に開いた臨時教育委員会で，県立高校再編に関する

新計画案を提示した(『朝日新聞』2012 年 10 月 2 日付,『毎日新聞』2012 年 10 月 2 日付,『読売新聞』2012 年 10 月 2 日付,『産経新聞』2012 年 10 月 2 日付,『中日新聞』2012 年 10 月 2 日付,『京都新聞』2012 年 10 月 2 日付)。

第3章
県立高校再編問題の新展開
―長浜市の第二次提言を中心に―

第1節　はじめに

　本稿での主な目的は、長浜教育検討委員会が、2012年9月26日に嘉田知事および河原教育長に提出した第二次提言書（「魅力と活力ある高等学校づくりに向けて―滋賀県立高等学校のあり方に関する提言―」）提出に至るまでの経緯とこの提言の検討にある。この提言は、再編内容（＝各論）に関するものである。以下で、まず長浜教育検討委員会が第一次提言書を提出してから第二次提言書提出に至るまでの経緯、ならびにこの間の滋賀県教育委員会の動向とそれに対する長浜市や長浜市議会、および市民団体などの動き等についてその概略を述べておきたい。

第2節　第一次提言に対する県側の対応

　第一次提言書は、2012年6月12日に大石長浜教育検討委員会委員長および藤井長浜市長名で嘉田知事と河原教育長に、また、連名で佐野高典滋賀県議会議長に対して提出された。この提言に対して、嘉田知事は次のような主旨の発言をしている。「教育は嘉田県政の柱」[1]、「提言を重く受け止める」[2]、「教育委員会の独立性は尊重しなければならないが、県教委とよく相談したい」[3]、「湖北のまちづくりに貢献できる高校に再編できるよう、知事の責任を果たす」[4]。この発言内容から推察する限り、嘉田知事は第一次提言に対して一定前向きの姿勢を示しているかのように受け取れる。

　一方、河原教育長は、「提言をしっかりと受け止める」[5]、「しっかり受け止め、地域の意見を聴いて説明する段取りを踏む」[6]と第一次提言に前向きな発言をしながらも、「魅力と活力のある学校作りのための案をできるだけ早く示したい」[7]、「おかしいところは指摘してもらい、できるだけ早く計画案を示したい」[8]と述べて、従来通り早期に計画案を出すことを示唆している。

　ここで肝要なことは、第一次提言は県立高校再編そのものに異議申し立てをしているのではなく、それが子どもや保護者、教育関係者だけでなく、地

域のあり方にも大きな影響を与えるきわめて重要な課題であるにもかかわらず，滋賀県教育委員会が県民からの意見を十分に聴き取ることもなく，拙速に再編計画策定手続きを推し進めようとしてきたことに対して異議申し立てをしているということである[9]。藤井長浜市長が提言書提出後の記者会見で，「県教委の事務方だけで再編案をつくるのは荷が重いのではないか。各界の代表者が議論した方が県民の意見が反映できる」[10]と専門家や地域の代表が議論する場として審議会設置の重要性を強調したのは，第一次提言の核がこの点にあるからである。第一次提言書には次のように書かれている。「県立高等学校の再編については，今一度，県民との強固な信頼関係のもと，決して一方的で，機械的に進めるのではなく，教育関係者はもとより県民や保護者，各種関係団体の声が計画に反映できるよう，地域ごとに意見集約できる機会や場所を設けることにより，『県民参画』と『県民本意』に立脚した，開かれた計画策定の仕組みを構築することが必要であると考える」[11]。

しかしながら，河原教育長は，具体案については「県教委の仕事」[12]と述べ，審議会設置には否定的な態度を示した。そのことを明確に示したのが，2012年8月21日に長浜市内で開かれた長浜市PTA連絡協議会との「地域の高等学校教育のあり方に係る意見を聴く会」での河原教育長の次の発言である。「また『有識者も入って検討すべきでは』との質問には『修正はするが，私たち（県教委）が決める』。『どこが最終的に決定するのか』との質問に『（11月に開く）県教育委員会』と答えた」[13]。

この河原教育長の発言から，県立高校に関する案件は滋賀県と滋賀県教育委員会の専権事項であるため，問題点があれば一部修正には応じるが，何を問題と認識するかということ，修正範囲・規模をどうするかといったことに対する判断およびそれに基づく計画策定は，あくまでも滋賀県教育委員会が単独で行うとの姿勢を強く打ち出していることを窺い知ることができる。

そのことを如実に示しているのが，第一次提言書が提出された翌日（6月13日）に開催された滋賀県議会文教・警察常任委員会での河原教育長の一連の答弁発言である。これについては節を改めて論じることにする。

第3節　河原教育長の一連の答弁発言問題

　滋賀県議会文教・警察常任委員会で委員の質問に答えて，河原教育長は，まず統廃合の対象校については，「この組み合わせが妥当」，「他の組み合わせを考えることはない」[14]と述べて，従来の原案を基本とすることを強調し，見直す考えがないことを明言するとともに，統廃合の実施時期も原案通り2014年度と説明した[15]。また，計画全体については，「（現行計画は）地域のことをよく考えたもの。地域の意見を踏まえ，一部修正できる部分を見いだしたい」[16]と述べて，現行計画を一部修正することで地域の意見を反映し，地元の理解を得たいとの考えを示した。さらに，見直し案の公表時期については現在の中学3年生の進路決定に間に合うよう「遅くとも9月中には結論を示す」との方針を明らかにした[17]。

　さて，この河原教育長の一連の答弁発言の何が「問題」なのかということであるが，1点目は，現行計画（原案）は「地域のことをよく考えたもの」としているが，既に指摘しているように，この根拠はきわめて薄弱であるということ[18]，2点目は，この段階で滋賀県教育委員会が構想していた「新」再編計画案なるものは，これまでの計画原案を一部焼き直した程度のものであり，河原教育長の答弁はそれらをベースにしたものであったということである。当初からこのような意図が滋賀県教育委員会にあったとするならば，それは長浜市の第一次提言を蔑ろにするものであったと言わざるを得ない。

　2012年6月18日に，この発言「問題」をめぐって河原教育長と藤井長浜市長が意見交換を行った。実際には，藤井市長が河原教育長の滋賀県議会文教・警察常任委員会での答弁発言の真意をただしたと言った方が実態に近い。河原教育長の常任委員会での答弁の発言内容が，第一次提言書を受理した際の発言内容と大きく乖離していたため，長浜市民，長浜市，長浜教育検討委員会等の滋賀県教育委員会に対する不信感を一層増幅させてしまったからである。意見交換は大部非公開で行われたが，中心課題は統廃合の組み合わせ（長浜高校と長浜北高校）と計画案の発表時期（「遅くとも9月中旬までに」）であった。結果的に双方の主張は平行線をたどったのであるが，その点につ

いて概略説明をしておこう。

　まず前者に関してであるが，河原教育長は次のような発言をしている。「地域の声を聞き，（長浜北，長浜両高校の）統廃合そのものに反対ではなく，統合のあり方，教育内容が見えないことに懸念を抱かれていると感じた」[19]，「統合の対象校自体に大きな反対があるのではなく，統合のあり方が見えないことに対して，心配を示されているのではないか」[20]，「統合校の対象校に大きな反対があるのではなく，どのような教育をするのか姿が見えないと心配されている」[21]。各新聞社の記事に多少のニュアンスの違いはあるが，これらの発言から河原教育長の認識は，長浜市民，長浜市，長浜教育検討委員会等は，①統廃合そのもの，およびその対象校に対して大きな反対をしているわけではない，②統合のあり方（手続き）や統合後の新校の教育的ビジョンが明示されていないことに対して懸念している，といったところにあると言える。しかしながら，地域の声は，一義的に中学校の生徒数が減少していない現段階での統廃合そのもの，および対象校に対して強く異議申し立てをしており，河原教育長の認識とは大きく乖離している。このことについては，後述する長浜市の第二次提言書で，次のように明記していることからも理解できる。「平成32年以降においては，高校入学予定者数が著しく減少していくことが予想され，こうした状況下での高校教育のあり様を考えると，近い将来，地域における高校のあり方を抜本的に見直していかなければならないと考える。しかし，その見直しにあたっては，再編計画（案）に見られるように，安直に生徒数の減少を理由として，統廃合ありきで進めるべきではなく，トータルとして，新しい高校教育のビジョンを示すなか，新しい高校の姿を明確にした上で，学校の集約等を含む高校配置や設置形態について，慎重に考慮すべきものと考える」(p.3)。

　また，後者に関しては，河原教育長は，「遅くとも9月中に計画案を示し，十分に理解を得ていきたい」[22]，「9月中旬には計画案を示し，理解を得るため説明に全力を費やしたい」[23]などと述べている。この発言は，①9月中旬には再編計画案を発表するという発表時期の問題（＝性急なスケジュールに拘泥），②滋賀県教育委員会が早期に単独で策定した（というより従来の原案を一部焼き直した，その意味では従来の原案に拘泥した）再編計画案

で地域住民を説得する,といった点で長浜市の第一次提言を無視していると言わざるを得ない。第一次提言書には,「高校再編計画(原案)に拘泥することなく,相応の時間をかけて各界各層との意見交換や議論などを行うことにより,計画の中身について,しっかりした検討を重ねるべきである」(p.12)とある。

さらにもう1点重要な指摘をするならば,第一次提言はサブタイトルにもあるように「再編手続に関する提言」であって,計画策定のプロセス・手続きの問題点を整理したものである。計画の中身についての個別具体の問題点の整理は第二次提言で行うというのが,長浜市と長浜教育検討委員会の方針であった。従って,第一次提言では統廃合に関する事項についても個別具体の事例は記載されていない。手続論であるため,あえてそうしていないのである。しかし,根底には長浜高校と長浜北高校の統廃合問題を念頭において,検討委員会の議論がなされてきたことは言うまでもない。長浜教育検討委員会に毎回滋賀県教育委員会の職員がオブザーバー出席していたので,そのあたりの実情については逐一河原教育長に報告されていたことは容易に推察できる。このような状況判断を考慮すると,「統合の対象校自体に大きな反対があるのではな」い,との河原教育長の発言は極めてご都合主義的なものであったと言わざるを得ない。藤井長浜市長が,「しっかりと検討委の意見をくみとって手順をまちがえないようにしてほしい」[24)]と河原教育長に強く主張したのは,この点を認識した上での発言であったのではないか。また,この件に関しては長浜市議会も滋賀県知事および滋賀県教育委員会教育長宛,抗議意見書を全会一致で採択している(2012年6月22日)[25)]。

2012年7月11日の第8回長浜教育検討委員会で,この件が大きな議題となり,私も含め複数の委員から批判と疑念の声が上がった。この委員会には安田全男滋賀県教育委員会事務局教育次長も出席し,委員の質問に答弁しているので,委員会議事録に基づいて該当部分を確認しておきたいと思う。

① 〔副委員長〕:「今回の県議会における県教育長の発言は,県教育委員会と長浜市および当検討委員会との信頼関係を断ち切るものである。また,県教育委員会は統合を大前提とされているが,統合しないという選択肢も踏まえるべきである」。〔安田教育次長〕:「昨年度に提示した計画(原案)に

ついては，多くの方が反対されており，統合を前提とすることについても反対意見があることは十分認識している。しかし，これまでの意見を分析してみると，統合自体に反対する意見もあるものの，多くの意見は統合のあり方に対するものであり，県としては統合を視野に入れた再編を検討すべきと考えている」。〔副委員長〕：「今の説明では全く納得できない」(p.4)。
②〔委員〕：「報告資料３の基本的な考え方の(4)で，『統合の対象校自体に大きな反対があるのではなく，統合のあり方や統合後の教育の姿が見えないことに心配や懸念が示されたものであると考えている』とあるが，これは県教育委員会の都合のいい思い込みであり，県教育長の議会答弁は不適切である」。〔安田教育次長〕：「確かにそのように答弁している。決して反対意見が無いと答弁したものではなく，統合のあり方について不安を示された意見があることから，そのように答弁したものである」。〔委員〕：「都合よく解釈し，誘導するような県議会答弁はいかがなものかと思う」(p.4)。

他方，彦根市議会においても滋賀県議会文教・警察常任委員会での河原教育長の答弁発言に対して議員が質問し，市当局は次のような答弁を行っている。「県教育長は，５月に聞いた話とは違う説明を県議会文教警察委員会でしており，強い疑念を感じる。今後も県教委，教育長，知事に県の教育コンセプトを問いただし，こどもや保護者が納得できる環境整備を求めたい」[26]。このように河原教育長の滋賀県議会文教・警察常任委員会での答弁発言は，長浜市および彦根市の市民や関係機関，近隣自治体等に強い疑念と不信感を与えたのである[27]。

第４節　アンケート調査問題

その後，滋賀県教育委員会は長浜市内の中学校２年生とその保護者を対象に，県立高校再編に関するアンケート調査を実施しようとした。先述した７月11日の長浜教育検討委員会で，安田教育次長は調査理由，調査目的，調査対象，調査項目，実施時期等に関して次のように説明している[28]。

〔調査理由〕：「これまでは能動的な人から意見が数多く寄せられているが，サイレント・マジョリティの人からの意見を聞き取ることも重要であると考

えることから，今回，アンケート調査を行うものである」。

〔調査目的〕：「長浜市において高校教育全般に関するアンケート調査を実施されており，その結果を参考にさせていただくが，再編に関するより詳細な内容についての意向を確認したいことから，県教育委員会においても，アンケート調査を実施したいと考えている」。

〔調査対象〕：「アンケート調査の対象は，市内の全中学2年生とその保護者を予定している」。

〔調査項目〕：「アンケート調査により把握したい項目は，①定時制高校の必要性について，②総合学科や農業学科の充実について，③小規模校の必要性について，④再編後の新校の姿について，⑤再編後の新校での教育内容について，⑥再編後の新校の場所や校舎について，⑦統合のあり方について，の7点である。

〔実施時期〕：「アンケート調査は夏休み前までに実施し，8月中頃までに結果を取りまとめたいと考えている」。

このアンケート調査は，実に種々の問題点を含んでおり，検討委員会で多くの委員から批判が続出した。委員会議事録からその一部を紹介しておこう。

①〔副委員長〕：「アンケート調査票2ページの問5の※印注釈[29]」について，回答を誘導するものであり削除すべきであると考える」。〔安田教育次長〕：「指摘をいただいた問5の※印注釈については，決して誘導を意図するものではない」(p.4)。

②〔委員長〕：「アンケート配布の時期にも関係するが，アンケート調査票の内容について，修正の余地はあるのか。以降において各委員から様々な意見が出されると思うが，実りあるアンケートとするためには，誘導と受け取られる表現は見直すべきと考える」。〔安田教育次長〕：「問5の※印注釈については，修正の検討をさせていただく」(p.4)。

③〔委員〕：「アンケート調査票3ページの問7において，『新校は最寄りのJRの駅から徒歩で何分……』とあるが，なぜ徒歩だけなのか，あたかも駅から近いところが求められるという結果が出るよう，誘導しているのではないか。さらに，6～8学級が適正であるとすれば，現在，その規模に達しない高校では十分な教育が行えていないことを，県教育委

員会自らが認めていることとなるのではないか」。〔安田教育次長〕:「アンケートにおける徒歩に関する指摘についてであるが,今回のアンケート調査は,長浜市が実施された調査内容に加え,再編を計画するために必要となる詳しい情報を収集するために行うものであり,ご指摘の自転車通学についても一定の認識をした上で,改めて質問を行うものである。例えば,統合後の新校の場所については,計画原案では長浜高校校地としていたが,県有地は長浜北高校校地や長浜北星高校校地などもあり,決して誘導を意図したものではない。次に小規模校については,地域の事情への配慮といった観点から,非常に重要であると考えている。ただし,統合後の新校については,ある程度の規模を確保したいと考えている」(p.5)。

④〔委員〕:「アンケート調査の中に,中学2年生では答えられない質問が数多くある。また,仮に調査結果として表われた高校像について,現実的に湖北の地で成立するか否かを考えた場合,実効性に欠ける質問があると思う」。〔安田教育次長〕:「長浜市で実施されたアンケート調査に加え,計画案を作成するためのより詳細な内容をきくものであることが,ご指摘に繋がっているものと考える。なお,6～8学級が適正規模という表現等については修正を加えさせていただく」(pp.5-6)。

⑤〔委員〕:「アンケート調査の質問の構成が無茶苦茶であり,この状況では実施すべきでないと思う。例えば,問13の『中学校卒業後の進路に関する質問』は,本来,最初に質問すべき事項である。また,具体性に欠ける質問が多くみられ,中学2年生はもちろん,私自身も質問の趣旨を理解して回答することができない項目が幾つかある。要は,質問の順番や内容が不適切な部分が多々あり,客観的におかしいアンケート調査であると思う」。〔安田教育次長〕:「指摘された事項を踏まえ,できる限り修正を加えたいと思う」(p.6)。

⑥〔委員長〕:「様々な意見が出されたが,アンケート調査を実施するか否かは,県教育委員会が決めることである。しかしながら,計画案の作成のための資料にされるとのことであり,実施するのであれば実りあるアンケート調査としなければいけない。また,配布時期であるが,18日

に回収するのであれば、配布は明日の12日か、明後日の13日に行う予定なのか。仮にそうであれば、これまでに出された意見を踏まえ、熟慮して修正を加えるには、あまりにも時間が無さすぎるのではないか」。〔安田教育次長〕：「できれば夏休み前までに回収したいとの思いから、回収を18日に予定している。今日いただいた意見を踏まえ、例えば13日に配布し、連休中に記入をお願いし、20日までに回収するといったことも視野に入れ、スケジュールを検討したい」(pp.6-7)。

　この長浜教育検討委員会での意見や質疑については新聞各紙でも報道されているが[30]、安田教育次長は委員会後の記者取材で、「統廃合を前提に考えているが、中学生の考えも聞かせてもらい、いま検討中の案を煮詰めたい。9月中旬までに計画内容を県議会に示した後、各関係先のご意見も伺ってから、今年度中に策定したい」[31]と述べ、この段階ではあくまでもアンケート調査を実施することを強調している。だが、滋賀県教育委員会はアンケート調査を中止した。「県立高等学校の再編に関するアンケート調査の中止について」という2012年7月17日付の報道各社にあてた資料には、中止の理由として次のようなことが挙げられている。①7月11日に開催された「長浜の未来を拓く教育検討委員会」でのご意見を踏まえ、中学生が答えやすくなるように検討したが、結果的に長浜市のアンケート調査と同様のものとなることから、同アンケート調査を十分活用させていただくこととしたこと。②また、長浜市の教育関係者等を対象に「意見を聴く会」の夏休み中の開催をお願いしていくこと。③以上のことにより、今回のアンケート調査を実施するのと同等の県立高等学校に対する地域の思いを把握できると判断したため[32]。

　アンケート調査の内容が、極めて誘導的で、バイアスのかかった杜撰なものであったことを鑑みると、中止は当然の帰結であったと言える。

第5節　「地域の高等学校教育のあり方に係る意見を聴く会」での滋賀県教育委員会の発言

1．「新」再編計画原案の構想内容

　中学2年生とその保護者へのアンケート調査を断念した滋賀県教育委員会は、その代替措置として、長浜市の教育関係者等を対象に「意見を聴く会」

を開催することにし，2012年7月31日に長浜市教育委員および長浜市学校運営協議会から，8月21日に長浜市PTA連絡協議会からそれぞれ意見を聞いた。この3回の「意見を聴く会」での滋賀県教育委員会の発言を項目ごとにまとめておくことにする[33]。

(1) 高校の統廃合

①「選択肢が狭まることは困る」という意見について，上級学校への進学面を考えると，ある一定の範囲内に進学を目指す高校がひとつしかないということではいけない。昨年提示した再編計画原案では，普通科単独校は虎姫高校のみとなってしまうことから，長浜北高校の伝統を引き継ぐような普通科単独校を設置するということを考えている。〔長浜市学校運営協議会〕

②再編計画原案では，進学ニーズに応えられる高校は虎姫高校のみとなることから，虎姫高校に並び立つ中核的な普通科単独校を旧長浜市内に作ってほしいというのが大方の意見だと私自身は認識している。〔長浜市教育委員〕

③湖北地域においても，6〜8クラス規模の普通科高校が必要であると考えている。〔長浜市PTA連絡協議会〕

④湖北の学校の中に7，8クラスの高校が1つ，2つあった方がいいと思う。〔長浜市教育委員〕

⑤旧長浜市内に一定の大きさの学校，例えば部活動についても活発化するような，6〜8クラス規模の普通科の単独校をつくることにより，地域の子ども達が地域の高校で学び，さらには教育内容を充実させることで，より良い教育環境をしっかり作り，子ども達に良い教育を提供していきたい。〔長浜市学校運営協議会〕

⑥長浜市に新しい高校を作るのであれば，滋賀県全体のモデルとなるような高校との思いがあることから，普通科単独校として英語教育が取り入れられるような学校をつくり，できるかぎり湖北地域全体から生徒が集まり，また湖北地域以南からも来てもらえる学校をつくることが必要と考えている。〔長浜市PTA連絡協議会〕

⑦交通の利便性についての課題は認識している。JR沿線にある高校はよいが，高校があまりにもJR駅から離れていると，通うのに時間がかかる。また冬期における雪のこともしっかり考え，通学条件面についてもしっかり考えなくてはいけない。〔長浜市学校運営協議会〕

⑧魅力ある学校づくりをしていくためには，必要ならば思いきってしっかりとお金をかけることで，湖北地域におけるいろいろな課題を克服できるような高校を作らなければいけないと考えている。〔長浜市学校運営協議会〕

⑨未来を担う子ども達に必要なお金はかける。〔長浜市PTA連絡協議会〕

(2) 学科の再編・定時制課程

①長浜北星高校の総合学科は他の総合学科と少し違い，工業，商業の専門学科にかなり近いものになっており，専門的な教科を教えられる教員がそう多くないため，そのあたりも含め総合的に検討し，長浜北星高校でも今の時代に合った近代的な指導を行い，特色のある教育を進めて行きたいと考えている。〔長浜市学校運営協議会〕

②長浜北星高校は最も多くの選択肢を持っている学校。長浜農業高校のように小さくても専門的な学科の学べるところ，また，定時制課程についてもしっかり検討していかなくてはならないと考えている。〔長浜市学校運営協議会〕

③まちづくり系列については多くの指摘があり，それらも含めて現在，検討を進めている。今後の検討結果を待ってほしい。〔長浜市PTA連絡協議会〕

④定時制課程についてもしっかり反映した計画を提案していきたい。〔長浜市教育委員〕

(3) その他

①6～8クラスというのは一つの標準であり，地域性を考えると3クラスや4クラスも確保し，少ないクラスでも充実させていかなければならない。大規模校を単に縮小するのではなく，特徴や地域性を考え，トータ

ルで定員を確保していく。〔長浜市PTA連絡協議会〕
②中高一貫校について，しっかりとやっていかなくてはならない。〔長浜市教育委員〕
③現在の養護学校が置かれている環境は非常に厳しいものがあることから，本年2月に計画をまとめ，対応を講じる予定である。伊吹高校には空き教室もあり，1学年2クラスの物理的余裕があることから，建て増し無く，空き教室の転用・改修で対応可能と判断したものである。伊吹高校・特別支援の双方にとってマイナス面が生じないよう，学校サイドと十分協議し，整理させていただいた。〔長浜市PTA連絡協議会〕

　さて，これら一連の滋賀県教育委員会の県立高校再編に関する見解から読み取れること，およびこれまでの状況から推察できることを列挙しておこう。1点目は，虎姫高校と並び立つ，湖北地域における中核的な普通科単独校の設置，2点目は，新校は長浜北高校の流れを引き継ぐ6～8クラス規模の高校，3点目は，新校は英語教育を重視した進学校で，JR駅に比較的近い場所に設置，4点目は，魅力的な高校とするため，必要な予算の確保，5点目は，長浜北星高校のまちづくり系列の設置見直し，6点目は，長浜高校と長浜北高校の統廃合によって普通科単独校が設置された場合，長浜高校福祉科を長浜北星高校の総合学科に組み込む，7点目に，湖北地域の定数はトータルで確保，その場合虎姫高校の定数増の可能性あり，8点目に，長浜北星高校定時制課程の存続，9点目に，中高一貫校の設置，10点目に，特別支援学校については，再編計画原案通り伊吹高校に分教室を設置，といったところである[34]。

2．最終計画決定時期

　7月31日の「意見を聴く会」の長浜市学校運営協議会代表の質問に答えて，河原教育長は検討中の検討案の中身について言及することなく，「9月中旬までに再編の全容を明らかにしたい。これは計画案で，その後，幅広いご意見を伺いながら，修正するものは修正して，11月には計画決定したい」[35]と発言した。現在の中学3年生が再編の全容を分かった上で進路選択をすることができるように，というのがその理由であるとしている[36]。しかしその

後，長浜市PTA連絡協議会との「意見を聴く会」で，河原教育長は11月決定を目指す理由について，「建物（校舎）などの予算の問題がある」と発言している[37]。この発言から滋賀県および滋賀県教育委員会が県立高校再編問題の早期決着を図ろうとする根底には，依然として財政問題が横たわっていることを推測することができる。

　この発言は，その直前に行われた長浜市教育委員との会議で，滋賀県教育委員会が9月中旬に計画案を出すことに対して，北川長浜市教育長が12月中に長浜教育検討委員会の第二次提言が出ることを踏まえ，「9月に県教委案が出されると，検討委が議論を続けるのが難しくなる。配慮するのが県教委の責任」と要望していた[38]。にもかかわらず，河原教育長がこのような発言をしたことは次の点で問題がある。1点目は，「意見を聴く会」とは名ばかりで，実態は滋賀県教育委員会の一方的な「説得する会」であったこと。2点目は，長浜市と長浜教育検討委員会が12月に提出する予定の第二次提言を再び蔑ろにしようとする意図が根底に存在していたと考えられることである。

　河原教育長のこの発言によって，長浜教育検討委員会はこれまで年内としていた滋賀県教育委員会への第二次提言書の提出を前倒しして，9月中とせざるを得なくなった。滋賀県教育委員会が計画案の全体像を9月中旬に示すとしているため，長浜市や長浜教育検討委員会の意向を踏まえて案を策定させるためには第二次提言書の提出時期を早める必要があると判断したためである[39]。第10回長浜教育検討委員会（2012年8月22日）で，今後における検討委員会の取組みスケジュールについて議長提案がなされ，全会一致で同意された。同意事項は次の通りである。①県教委は，9月中旬に計画案を発表し，11月に計画策定したいとの考えのようであるが，仮に当委員会の第二次提言に先行して，県教委の計画案が発表されることとなれば，その計画案は，当委員会の提言内容を踏まえられたものではないこととなる。②当委員会として，提言内容の取りまとめをせず，県教委が計画案を発表するまでに何ら地域の意見を県教委に届けないということでは，芸がない。③したがって，11回目を9月上旬，12回目を9月下旬に開催し，11回目で提言の骨子を決定した上で，12回目で提言を取りまとめられるよう進めていく[40]。

今後のスケジュールが，第11回長浜教育検討委員会（2012年9月7日）で確認され，その結果，第13回委員会（9月25日）で第二次提言を審議・確認・確定し，速やかに滋賀県知事ならびに滋賀県教育委員会教育長宛，提言書を提出することになった[41]。

第6節　藤井長浜市長の新校建設用地発言と滋賀県・滋賀県教育委員会の対応

　長浜市の第二次提言の骨子案と提言書素案が長浜教育検討委員会で議論・検討されたのは，第12回委員会（2012年9月18日）においてであるが，その前に藤井長浜市長の新校建設用地発言の経緯と内容について見ておこう。まず，議事に先立って委員会に対し藤井長浜市長から発言の申出があり，了承を得た上で次のような発言がなされたので，その概要について記しておきたい。

・少子化傾向のなか，このまま推移すると，5年，10年，15年後に子どもの数が相当程度減少する見込み（市全域で2割，北部地域では4割前後減少）である。
・これまでの県教育長の発言等を勘案すると，長浜にある比較的規模の小さい学校を集約し，一定規模の中堅・中核校を駅に近いところに設置し，学校活力を向上していきたいとの強い意向を示している。
・前回委員会において，JR駅に近く圏域内外から生徒が集まる新校の設置が必要との意見があった他，これまでからも冬場の雪の対応は当然とし，全県一区の前提を考えると他地域からも生徒が通える場所への高校立地は，活力ある学校づくりという観点からも重視されてきたとの認識のもと，検討に値する課題と考え，事務レベルでは適地の検討を指示していた。
・こうしたなか，長浜駅から湖岸に数百メートルの徒歩数分の圏内で，雪も少なく，琵琶湖を望むすばらしいロケーションの一定規模の遊休地について，有効活用ができないかとの打診が某企業からあった。
・教育の発展・振興は地域の発展・振興にも大きく繋がるという長浜市の考え，検討委員会のご意見，生徒や保護者のご意見，さらには，高等学校の設置者である滋賀県や，その計画主体である県教育長の考え等を踏まえる

と，より通学条件の良い場所で新たな新校を設置する方向性は，共通する認識と考えており，この場所が最適地であるとの考えのもと，新校の最有力の候補地として県に提案していきたい。
・第一義的には設置者である県で最適地の用地確保をいただきたいが，県では困難であるとされた場合，長浜市が先行的に確保し県に提供することも考えている。
・教育は百年の大計，さらに教育は最優先の課題であり，他に先んじて財政資源を投入すべしとの基本姿勢のもと，30年，50年，100年先を見据えた教育を考えるにあたり，また，高校再編という全市民的課題の解決のため，市民や市議会のご理解もいただけることを前提に，地元長浜市がともに汗をかく準備があることを合わせて，県に対して提案していきたいと考えている。
・ここで，この問題に対する市当局の強い考え，不退転の決意を示すとともに，県や県教育委員会に対する地元の強いメッセージを打ち出す意味で，第二次提言とともに，この市の決断を知事や県当局に伝えていきたい[42]。

この市長発言は，県立高校再編に関して長浜市として不退転の決意を表明したものであるが，その内容を集約すれば次のようなものである。第1は，今後，湖北地域の子どもの数が大きく減少していくことが予測されることから新校の設置の必要性は認めるが，滋賀県が全県一区制度を導入しているために，新校は県南部からも生徒を呼び込むことができるような場所に設置すべきである。その最適地がJR長浜駅に近い民間企業の遊休地である。第2に，その遊休地は，企業側が長浜市に有効活用を提案したもので，滋賀県で用地確保が困難な場合は，市民や市議会の理解を得た上で，長浜市が先行取得して滋賀県に提供する。

藤井長浜市長は9月25日の定例会見で，長浜市が取得を目指す新校の建設用地について言及し，この件に関し第二次提言とともに滋賀県と滋賀県教育委員会に提案することを明らかにした。その際，「(長浜北高と長浜高の)統合ありきではない」としながらも，滋賀県教育委員会が新たに出す再編計画案について「これまでの県教委の説明に手応えを感じている」と統合の含みを持たせた，と報じられた[43]。

第二次提言書には,「当該高校設置にあたっては,通学に支障が出ないよう,利便性に優れたJR駅の徒歩圏内にある新たな場所に,教育環境の整った新たな校舎を設置する必要がある」[44]と記されているが,具体的な新校の建設場所については触れられてはいない。9月26日に第二次提言書を嘉田知事と河原教育長に提出した際に,藤井長浜市長は新校の建設用地としてJR長浜駅近くの企業の遊休地(約4ヘクタール)を長浜市が購入して滋賀県に提供することを正式に提案した[45]。

　しかし,この市長提案を嘉田知事は,琵琶湖畔は地震の際に液状化する可能性があり,学校用地としては懸念がある[46]として,また河原教育長や滋賀県教育委員会は,「長浜高など既存の県立施設から検討する」[47],「一般論として液状化などの調査は必要。また新設なら造成や体育館などを新たに作る必要もある」[48]として,即座にそれぞれ否定的な見解を示した[49]。結果的に10月1日に発表された県立高校再編計画修正案に長浜市の意向が反映されなかったことに対し,藤井長浜市長は,「市が提案した新校の設置場所が十分検討いただけなかったのは残念」[50]と述べつつも,建設用地の件については今後も同様の主張をしていく姿勢は崩さなかった。

第7節　長浜市の第二次提言案の検討過程

　長浜市の第二次提言の骨子案と提言書素案が審議されたのは,2012年9月18日の第12回長浜教育検討委員会においてである。

　まず骨子案についてであるが,当初は①特色ある学校づくりの推進について,②職業系専門学科の充実について,③学校活力の維持向上について,④定時制課程の維持発展について,⑤中高一貫教育校設置の方向性について,⑥その他,となっていた。しかし,委員会当日に事務局より提示された骨子案の内容と配列順序は次の通りであった。①学校活力の維持向上について,②魅力と特色ある学校づくりの推進について,③定時制課程の維持発展について,④中高一貫教育校の方向性について,⑤特別支援学校について(新規)[51]。

　この原案に基づいて意見交換をした結果,最終的に第二次提言の骨子の内容と配列順序は,①から④までは事務局案を承認し,⑤は,「さらなる検討

を求める事項について」とした。

その後，提言書の素案について議論した結果，以下に示す留意点を踏まえて提言書を構成することになった。(1) 提言を構成する大項目として，新たに「(5) さらなる検討を求める事項」を立ち上げ，主に以下の項目を盛り込む。①新しいタイプの学科，②特進コースの設置，③特別支援教育。(2) 中高一貫教育校の設置の方向性については，大項目のまま残す。ただし，一部内容の再検討を要する（設置の有効性を主張）。(3) 特別支援学校については，大項目から外し，新たに立ち上げる「(5) さらなる検討を求める事項」の中で記載する[52]。

第12回長浜教育検討委員会での審議を踏まえて，第13回長浜教育検討委員会では，第二次提言書案について議論し，提言書に盛り込む具体的事項および内容と順序を次のように確定した。(1) 学校活力の維持向上について，①標準規模・定数確保，ア）弾力的な標準規模の運用，イ）地域内での定数の確保，ウ）学校の配置・設置形態，②教員の資質・適正配置，ア）教員の資質向上，イ）教員の適正配置，③地域との連携・交流，ア）地域との包括的連携，多様な主体との交流。(2) 魅力と特色ある学校づくりの推進について，ア）普通科に求めること，イ）総合学科に求めること，ウ）農業学科に求めること，エ）福祉学科に求めること，オ）高校教育に求めること。(3) 定時制課程の維持発展について，ア）定時制課程の維持と柔軟で多様な学びの場の創出。(4) 中高一貫教育校設置の方向性について，ア）中高一貫教育校の設置と有効性の確保。(5) さらなる検討を求める事項について，①特別支援教育の充実，②新しいタイプの学科・コース等の検討。

次節では，それぞれの内容について簡潔に説明し，私なりの解釈や思いを提示しておきたい。

第8節　長浜市の第二次提言の内容

1. はじめに

「はじめに」のところでは，第二次提言の取りまとめの経過と，取りまとめるに当たっての関係者の思いが述べてある。前者から見ておこう。まず，「こ

のような経過を踏まえ，当検討委員会では日程を前倒しするとともに，密度の高い集中的な審議を行い，この度，魅力と活力ある高等学校づくりの実現に向け，地域が求める県立高等学校のあり方に関する事項について，第二次提言として取りまとめました」とあるが，これは長浜市の第一次提言書提出後，滋賀県教育委員会がこの提言を無視して9月中旬に計画案を出し，11月には計画決定する旨の発言を行った[53]ことに対応してとった措置について述べたものである。

　滋賀県教育委員会の一方的な都合によって，長浜教育検討委員会は前倒しで集中的に審議をせざるを得なくなった。このような状況の中で，長浜教育検討委員会は，「地域の切実で真摯な意見を聴き取り，市民目線に立って忌憚ない議論を交わし，地域が求める，これからの県立高等学校のあり方について，地域の意見として」この提言をまとめたことを強調している。この提言は，「地域の総意」であるため，滋賀県および滋賀県教育委員会は，「高校の改革」を県民本意の視点に立った万全な手続きによって行い，今般策定される再編計画に，地域の思いが盛り込まれたこの提言の内容を必ず取り入れることを強く求めている。

2．提言の基本的事項

　滋賀県教育委員会が予定する県立高校の再編という「高校の改革」は，数十年に一度の大事であると考えられるため，慎重かつ十分に検討され，県民への丁寧な説明と十分な理解のもとで進められるべきである。しかし，これまでの滋賀県教育委員会の進め方はあまりにも拙速かつ粗略であり，県民本意の視点に立った手続きは踏まれておらず，その内容も，到底，県民の支持や理解を得られるものではない。長浜市および長浜教育検討委員会はそのように認識している。そこで，滋賀県教育委員会は，滋賀県の未来の高校教育に禍根を残すことがないように，今一度，教育の原点に立ち返り，未来を担う子どもたちの教育環境の充実を最優先に考え，県民が参画することができ，誰もが納得できる手順を踏まえながら取り組むことを期待するとして，全県的に共通する次の5つの基本的事項を提示している。①教育施策の展開にあたっては，行財政改革の視点で語ることなく，未来を担う子どもたちのこと

を最優先に考え，行財政資源の投入を図ること。②再編計画の策定およびその実施にあたっては，決して独断専行することなく，関係者はもとより，地域が納得できるよう，相応の時間と手間をかけて地域と対話を重ねるなど，その意見を十分に汲んだものとすること。③安全で，安心な高校生活のためには，校舎等の耐震化が必須であり，最優先で速やかに実施すること。④2006年度から導入された全県一区制度について，導入時から今日までの間に成果や影響について早急に検証し，公表するとともに，改善すべき問題点については，速やかに是正措置を講じること。⑤再編計画の実施時期については，とりわけ，来年度高校入試をめざす現在の中学3年生に動揺を与えないよう，その再編の影響が全く及ばない平成28年度以降とすること。加えて，現在の中学1年生および2年生においても，十分な時間的ゆとりをもって将来の進路を熟慮することができるよう，配慮すること（p.1）。

　ここでは，第一次提言と同じく，これまでの滋賀県教育委員会の県立高校再編計画策定の手続き上の問題点を指摘しているとともに，湖北地域のみならず全県的に踏まえるべき基本的事項を提示している。特に，高校改革は財政論的視点ではなく教育論的視点から行うべきであること，また，県立高校再編を行う前に全県一区制度の検証を行うことによって問題点を洗い出し，その是正措置を講じること，とりわけ成績優秀な生徒の湖北地域からの流出（北から南への「玉突き現象」）による湖北地域の進学校への影響，さらに，再編の影響が中学生に及ばないための対策として再編計画の実施時期を原案よりも2年遅らせて，2016年度以降とすることなどを求めている。

　次に，提言の具体的事項およびその内容について概括しておこう。

3．学校活力の維持向上について
(1) 標準規模・定数確保

　この件に関しては，次のようなことが提言されている。①県内にはさまざまな特性を持った地域があることから，地域事情や学校・学科の状況などのさまざまな要素を十分に勘案して学校の規模や定数について，弾力的に決定すべきであること。②学校の集約を含む学校配置や設置形態については，新しい高校教育のビジョンや新しい高校の姿を明確にした上で，慎重に検討す

べきであること (p.2)。

　再編計画原案では「1学年あたり6〜8学級を標準とする」とあるが，県内の県立高校の状況は，2011年度時点で6〜8学級が21校，5学級以下が22校，9学級以上が3校となっており，県立高校の半数以上は，学校規模が標準ではないことになる。しかし，現状においては，これらの高校の「学校活力」が低下しているとは言い切れず，その意味では，滋賀県教育委員会の提示する学校規模の根拠は曖昧であり，教育的な説得力を欠いている。また，長浜市では，高校生の約8割が徒歩・自転車通学であり，2012年2月に長浜市，長浜教育検討委員会，長浜市教育委員会が実施したアンケート調査（「長浜市内における県立学校のあり方などに関する調査」）[54] では，中学2年生およびその保護者の過半は志望校を決定する通学条件として，「近くにあって徒歩や自転車で通学できる高校」を挙げている（中学生：53％，保護者：62％）。この調査結果は，湖北地域が県南部と比較して極めて不利な通学環境にあることを如実に示している。

　このような実状に鑑みて，第二次提言では，高校の標準規模の取り扱いおよび定数の確保について次のことを要望している。①弾力的な標準規模の運用…決して県下一律に標準規模を適用するのではなく，地域事情や学科の状況などを十分踏まえて，標準規模以下の高校であっても廃止することなく，その存続に努めること。②地域内での定数確保…私立高校がない，公共交通機関が不備，厳しい気象条件（冬期の降雪）といった問題を抱える湖北地域の置かれた立ち位置を考慮して，地域内での定数を必ず確保すること。③学校の配置・設置形態…平成32年以降は高校入学予定者数が減少していくことが予想されるので，近い将来，地域における高校のあり方を抜本的に見直さなければならない。しかし，その見直しにあたっては，安直に生徒数の減少を理由として，統廃合ありきで進めるのではなく，トータルとして，新しい高校教育のビジョンを示すなか，新しい高校の姿を明確にした上で，学校の集約等を含む学校配置や設置形態について慎重に考慮すること (p.3)。この第3の要望事項では，将来的には高校の統廃合を選択肢の1つとして位置づけて，高校のあり方を抜本的に見直すことの必要性について述べている。このことは，長浜市および長浜教育検討委員会は，高校の統廃合そのものに

異議申し立てをしているのではなく，高校入学予定者数が減少傾向を示していない現段階において，滋賀県教育委員会が財政論的視点から独断専行的に性急に統廃合を実施しようとしていることに対して異議申し立てをしていることを意味している。

(2) 教員の資質・適正配置

　この件に関しては，「校長の強いリーダーシップのもと，生徒と共に学業・部活動等に熱意を持って臨む教員を増やし，教員の能力を最大限活かすことができる適材適所の配置を行われたい」と提言している (p.4)。

　このことは，再編計画原案には触れられていないが，県立高校再編における教育環境を考えた場合，物理的教育環境，教育システムの整備とともに教員の資質の向上など人的な教育環境の充実は極めて重要である。生徒一人ひとりの自主性を伸ばし，自立・自律の精神を培うことによって生徒の持つ能力を成長させていくことにこそ学校の活力の源泉があると考えると，有能な教師との出会いや，経験豊富でユニークな指導者に出会うことが大切である。このような観点から，第二次提言では，「教員の資質向上」と「教員の適正配置」について，次のように提言している。

　前者においては，「教員の資質とは，単に優秀な教員というのではなく，校長の強力なリーダーシップのもと，生徒と共に学業のみならず，部活動や生徒会活動などの学生生活に熱意を持って臨むことができる能力である」とした上で，教員自身が持つ指導力を最大限発揮できる職場環境をつくるとともに，採用段階から力量ある教員を確保し，その資質能力を段階的に高めることができるよう，養成，研修を相互に関連づけるなど，総合的な視点から教員の資質向上に向けた取り組みを着実に推進することを要請している (p.4)。

　後者では，教員こそ最大の教育資源であるとの認識に立って，体育実技や文化芸術，科学技術などの分野において優れた能力を有する教員や，学校の核となる教員について適切に配置する一方で，教員一人ひとりの個性や能力を最大限活かすことができるよう，適材適所の配置を行った上で，質の高い教育と深い専門性に根ざした教育を実践することを求めている (p.4)。

この2つの項目が骨子案の中に盛り込まれることについては，長浜教育検討委員会でもその必要性についての疑義が出されたが，大石委員長は，「骨子案の検討を踏まえ，適正配置の中身に踏み込んだ形で書き換えるということで残すことにしたい」[55]と発言，結果，第二次提言に表記されたような形になった。

(3) 地域との連携・交流

　この件については，①学校と地域とは密接な関係にあることから，相互に支え合う仕組みづくりに取り組むべきこと，②学校間交流や地域間交流，全国交流などを促進することにより，生徒の意欲や達成感を高め，学校活力の向上を図るべきことを求めている（p.5）。

　このような提言は，次のような現状認識からなされている。1つは，再編計画原案には，生徒や保護者，地域や住民との連携が触れられていないこと，2つには，長浜市内の小中学校においては，2009年度からそれぞれの学校に学校運営協議会を設置し，保護者や地域住民などの学校運営への参画や連携を一層進める中，一体となって学校運営の改善や，児童生徒の健全育成に取り組んできた実績があること，3つには，地域の住民にとって学校は，教育の場であることはもとより，それぞれの地域の歴史や伝統に深く根付いた「地域文化の砦」との強い思いもあり，地域と学校とは，地域の活力向上，活性化の観点からも，非常に大きな関わりを持っていること，である（p.5）。

　特に，「地域との包括的連携」に関しては，既に高校に設置されている学校評議員の役割が，単に意見の具申にとどまり，形骸化しているという実態に鑑み，一定の権限と責任を持った学校運営協議会のような組織を立ち上げ，地域と密接な関係を構築していくことを求めている。

4．魅力と特色ある学校づくりの推進について

　これについては，「時代の変化や地域の実情に対応でき，心豊かに，たくましく，未来を切り拓く力を持った人材を育成することができるよう，新しい学校の設置や学科・コースの改編なども踏まえ，魅力と特色ある学校づくりを進めるべきである」(p.7)との提言を行っている。

提言では，グローバル化の進展，国際競争力の激化，少子高齢社会の到来，産業構造・就業構造の劇的な変化など，今後日本を取り巻く環境が大きく変貌していく中で，「一人の自立した人間として，様々な変化に柔軟かつ主体的に対応でき，活躍することができる，たくましい，高い志を持った人材」を育成することが，これからの教育に求められると指摘している。また，生徒一人ひとりの価値観やライフスタイルの多様化が一層進む中で，高校教育へのニーズも，多様化・高度化する状況にあることから，こうした時代や地域の実情に対応できる未来を切り拓く力を持った人材を育成していくことが必要であると指摘している。このような認識に基づいて，第二次提言では「示された再編計画（原案）には，確固たる教育理念や哲学はもとより，夢や希望の持てる高校教育のビジョンがそもそも語られていない」と批判している（p.7）。

一方で，地域の視点から高校を見ると，そこにはそれぞれの建学の精神や歴史や伝統，校風があり，それらが卒業生，地域の人々，学校関係者によって脈々と引き継がれている。また，これまでの時代の要請や地域産業界の形態変化などがある。したがって，今後においても，時代変化や高校教育に求められるニーズに対応していくために，新しい学校の設置や学科・コースの改編など，魅力ある学校改革に取り組むとともに，各々の高校の特色や歴史，建学精神等を受け継ぎ，地域社会とともに歩み続ける高校のあり方を求めるとして，次のように具体的提言を行っている。

(1) 普通科に求めること

前述した中学生調査では，生徒も保護者も普通学科志向が過半を占めている（中学生：58％，保護者：53％）。しかも，高校卒業後の進路として，「大学・短大への進学」への希望が多いという結果になっている（中学生：44％，保護者：49％）。高校生調査では，「大学・短大への進学」希望者はさらに多くなっている（高校生：60％，保護者59％）。これらの項目とリンクする形で，「大学などへの進学に対応するため，高い知識や技能を身に付けることができる教育」を「普通学科高校に望むこと」（高校生調査は「普通学科・総合学科に望むこと」）として挙げている（中学生保護者：29％，高校生：31％，

高校生保護者：38％)。

　第二次提言は，このような調査結果を反映した内容となっている。「次代を先導する人材を育成するにふさわしい教育を実践することのできる，地域の中核的役割を果たす普通科単独校を設置することを望む」とし，さらに，「当該高校の設置にあたっては，通学に支障が出ないよう，利便性に優れたＪＲ駅の徒歩圏内にある新たな場所に，教育環境の整った校舎を設置する必要がある」と述べている。既に指摘したことではあるが，これは必ずしも，現時点において滋賀県教育委員会の提示した統廃合を容認し，それを前提とした新校設置を要望しているのではなく，将来的に高校入学予定者数が減少するという現実的可能性を見据えて，それに対応しようとする建設的提言である。

　もう1点普通学科に求めていることは，他地域や他高校のモデルとなるような英語教育に重点を置いた教育カリキュラムを導入することである。第二次提言には次のように書かれている。「市内に複数ある普通科単独校では，基礎的な学習内容を充実することはもとより，例えば，理系・文系などの特色づけや，長浜市において小中学校から重点的に実施している英語教育を引き継いでいけるような教育カリキュラムを導入するなど，高校の特色を最大限活かした，魅力ある学校づくりに取り組むことが必要である。……。特に，英語教育については，長浜市が他地域に誇る強みとして確立することができるよう，地元小中学校，市教育委員会などの関係機関とも連携し，地域をあげて高いレベルで実用英語教育を施すこととし，例えば，外国の大学への進学を視野に入れるなど，他地域や他高校のモデルとなるような取り組みを推進されたい」(p.8)。

　この英語教育を重視した普通科単独校の設置の提言の背景には，次の2つの要因がある。1つは，長浜市等が実施したアンケート調査で，「興味や関心のある学習分野」，「学習させたい分野」で「外国語や国際理解に関すること」が上位に位置づけられているということである。ちなみに，中学生調査では中学生26.2％，その保護者58.9％，高校生調査では高校生29.4％，その保護者52.7％となっている。特に保護者にその要望が強いことがわかる。

　2つは，滋賀県教育委員会が2012年7〜8月にかけて実施した「意見を聴く会」における次のような発言である。「再編計画（原案）では，普通科

単独校は虎姫高校のみとなってしまうことから，長浜北高校の伝統を引き継ぐような普通科単独校を設置する」（長浜市学校運営協議会，7月31日）との前提で，「長浜市に新しい高校を作るのであれば，滋賀県全体のモデルとなるような高校との思いがあることから，普通科単独校として英語教育が取り入れられるような学校をつくり，できる限り湖北地域全体から生徒が集まり，また湖北地域以南からも来てもらえる学校をつくることが必要と考えている」（長浜市PTA連絡協議会，8月21日）。

(2) 総合学科に求めること

長浜市等のアンケート調査では，中学生の17％，その保護者の27％が総合学科への進学を希望しており，これは普通学科に次いで2番目に多い。高校生調査では，「総合学科・専門学科に望むもの」として，「学んだことがそのまま就職や卒業後の社会生活に役立つような実践的教育」（42％），「特定の分野における専門的な知識や技術資格を身に付けることができる教育」（34％）が上位にきており，この2つで全体の4分の3を占めている。また，「意見を聴く会」での滋賀県教育委員会の「長浜北星高校でも今の時代に合った近代的な指導を行い，特色ある教育を進めて行きたいと考えている」（長浜市学校運営協議会，7月31日）というような発言をも考慮して，次のような内容の提言がなされている。1つは，専門知識や技術の習得，資格取得などの実践的教育を望む声が多いことから，教育設備の充実をはじめ，多様な学習ニーズに対応できる教育環境を整備すること。2つは，地域企業などが求める人材を輩出することを念頭に，地域とともに発展し続けられるよう，例えば，商業やビジネス，工業（ものづくり），情報処理といった分野の専門教育の充実など，学習内容をさらに充実すること。そして，今一つは，上級学校への進学を希望する生徒が多い状況を踏まえ，これらに柔軟に対応することができる学びのシステムを構築することである（p.8）。

(3) 農業学科に求めること

再編計画原案では，農業学科の小学科改編が提示されていた。「農業学科の小学科の改編を行い，地域の特色を生かしつつ，消費者や需要者のニーズ

にあった農業の展開や経営の多角化（6次産業化）などの学習を通して，将来に本県農業の担い手としての資質と能力を育成します」[56]として，長浜農業高校，湖南農業高校，八日市南高校の小学科を改編するとしていた。特に，長浜農業高校においては，現在の1学年4学科・学級（生物活用科，ガーデン科，食品化学科，環境デザイン科）を1学科・学級減らして3学科・学級（農業科，食品科，園芸科）にするとある。

　この原案は，第23期滋賀県産業教育審議会の答申（『社会の変化に対応した新しい職業教育の在り方について』2010年9月10日）をベースにしたものである。当該答申の「1　本県高等学校における職業教育の現状と課題」の「(2)　各学科の現状と課題」で，「中学校卒業予定者の第1次志望調査では，農業学科への進学希望者は，比較的低い倍率となっており，その要因として学科の名称や学習内容が分かりにくいということが考えられ」るとして，次のように現状を捉えている。「農業学科においては，これまで，安全な食糧の生産や供給，地域環境を考えた保全活動，および，動植物や地域資源を活用した取組みを，地域の関係団体等との連携を密にしながら，実験や実習に重きを置いて進めてきました。こうした中で，本来の農業教育の意義を活かし，関連産業でのインターンシップ等を通して勤労観・職業観が養われ，産業界から高い評価を得ています」。その上で，「卒業後に農業関連分野へ就職をする生徒の割合が低い状況にあること」が課題と位置づけている（p.4）。そして，「2　社会の変化に対応した新しい職業教育の在り方について」の「(1)　今後の職業教育における専門学科の教育内容について」で，「今後は，本県の産業構造における農業の位置づけを踏まえたうえで，農業教育の在り方や学科の枠組み等についての検討をする必要があります」（p.9）と指摘している。

　このような滋賀県産業教育審議会の答申をベースにした再編計画原案に対して，第二次提言は農業の重要性を鑑みて，次のような一歩踏み込んだ内容になっている。1つは，今後，農業学科の社会的な役割や求められる教育への期待は一層高まることから，農業の役割を再認識し，農業学科の定数は現状維持するとともに，例えば「6次産業化」への対応など，時代の要請に応じた教育内容へと見直す必要があること。2つに，これまで以上に地域連携

を深め，社会体験を積む方法として，例えば，高校生レストラン，高校生工房，高校生農場といった新しい教育システムの導入や長浜バイオ大学などとの高大連携など，地域の教育資源を活用することで，地域とともに歩み，発展できるような仕組みを取り入れること（pp.8-9）。

(4) 福祉学科に求めること

　福祉学科は，再編計画原案では長浜高校と長浜北高校との統合新校の1学科を構成するものであった。再編実施計画原案では，「長浜高等学校と長浜北高等学校で培われた進学指導のノウハウを活かし，より充実した進学指導体制を構築するとともに，福祉学科や長浜高等養護学校との交流による特色ある学びの展開を図る」[57)]とあった。

　この原案も，滋賀県産業教育審議会の答申に基づくものであるが，答申においては次のような現状認識が示されている。「福祉学科においては，中学卒業予定者に福祉学科を志望する者が相応にあり，福祉学科を希望して入学してくる生徒の専門的な学習に対する目的意識は高く，また，社会においても，福祉，介護分野の専門性を有する人材へのニーズは高い状況にあります。介護福祉士養成制度が変更されたことを受け，平成21年度から介護福祉士養成課程設置校として施設実習の増加を含めた新しい教育課程に改編しました。少子高齢化の進展に伴い，地域における自立生活支援への志向や福祉ニーズの多様化など社会福祉に対する国民の意識は変化しており，このことに対応し，多様で質の高い福祉サービスを提供できる人材を育成することが求められています」（p.6）。その上で，福祉学科では，「介護福祉士養成課程併設校としての教育活動のさらなる充実を図ること」，また，「上級学校への進学率が高く，上級学校卒業後においてもほとんどの者が福祉関連分野に就職している状況や，社会における福祉分野に関するニーズが高まることを勘案すると，今後も，教育課程をはじめとした教育内容の充実を図るための工夫が必要」との見解を示している（p.10）。

　しかしながら，滋賀県教育委員会は，2012年7月31日に第24期滋賀県産業教育審議会（会長・谷口吉弘平安女学院大学副学長）を設置し，新しい福祉学科教育の在り方について諮問した[58)]。当該審議会は，計3回の審議

を経て同年8月24日に河原教育長へ『社会の変化に対応した福祉科教育の在り方について』という答申を行った。当該審議会の議事録がないので審議内容の詳細は不明であるが，第1回審議会（2012年7月31日）では①諮問および理由説明，②介護人材の育成状況，③県立高等学校福祉学科の状況について，④今後の福祉科教育の在り方について，第2回審議会（同年8月3日）では①福祉学科の現状と課題について，②県内の福祉科教育の状況について，③全国の状況について，④今後の福祉科教育の在り方について，そして第3回審議会（同年8月7日）では答申について，それぞれ審議された[59]。

　当該答申の内容の概略は，次の通りである。「はじめに」では，2007年と2011年の「社会福祉士及び介護福祉士法」改正により，福祉学科では，介護福祉士の国家試験の受験資格を得るために必要な高等学校における学習の時間数が大幅に増え，そのため，滋賀県教育委員会より「社会の変化に対応した福祉科教育の在り方について」の諮問を受け，審議事項について審議結果を取りまとめて答申した旨が記されている（p.1）。「1 本県高等学校における福祉科教育の現状と課題」では，次のように具体的な数字を挙げて現状と課題について述べている。「高等学校段階における介護福祉士養成には，国家試験の受験資格を得るために必要となる3年間の学習の時間数が，平成20年度入学生までは1,190時間でしたが，平成19年の社会福祉士及び介護福祉士法の改正によって，平成21年度入学生からは1,820時間となりました。さらに平成23年度入学生からは，1,855時間となります。また，指導する教員に関しても，教員免許の他に，医師や看護師等の資格を持っている者を配置しなければならなくなりました」（p.2）。その上で，長浜高校福祉学科の状況について，次のように指摘している。「本県においては，平成7年度に介護福祉士国家試験が受験可能な教育課程を置く福祉学科が長浜高等学校に設置され，平成21年度からは社会福祉士及び介護福祉士法に基づく『福祉系高等学校等』として指定されました。長浜高等学校福祉学科では，介護福祉士の国家試験受験資格を取得するため，平成21年度入学生から，学習に必要な時間数が大幅に増加したことにより，夏季休業中等にも実習や授業を行っています。進路に関しては，高等教育機関への進学者は，学科全体で7～8割と，他の職業学科と比べて非常に高く，高等教育機関でさらに学びを

深め，社会福祉士や看護師，理学療法士，保育士等の資格取得をめざしています。また就職者は2～3割で，多くが福祉関連分野に就職しており，卒業後3年以内の離職者はほとんどいない状況です」(p.2)。

そして，「2 社会の変化に対応した福祉科教育の在り方について」では，次のような認識を示している。1つは，今後は，生徒の進路に合わせ，高校段階では福祉に関する基礎的・基本的学習に重点を置き，高等教育機関へ進学して，さらに福祉に関する学習を深め，介護福祉士等の国家試験合格をめざすことを可能とするなど，教育課程について検討することが望まれること。2つには，福祉学科における専門教科の科目の単位数の適切な設定についても検討する必要があること。また，人格形成やコミュニケーション能力の育成を図りながら職業教育を進めるため，普通教科（共通教科）の科目と専門教科の科目の適切なバランスを考え，教育課程を検討すること。そして3つには，今後は，総合学科における系列や，普通科におけるコースも視野に入れ，地域性を考慮しながら，県全体の福祉科教育の在り方について見直していく必要があること（p.4）[60]。

このような内容を含んだ答申が，長浜高校と長浜北高校の統廃合による普通科単独校の設置，および福祉学科の長浜北星高校への組み入れと介護福祉士の受験資格が得られない「系列」としての位置づけとを結果するであろうことは容易に推察できることであった。

第二次提言は，この答申の主旨を踏まえた上で，かつまた，長浜教育検討委員会の福祉関係選出委員の意見・要望[61]をも踏まえて，次のように記されている。「地域において，福祉学科が果たしている役割は非常に重要であり，地域を支える人材は地域で育てるといった観点を基本として，今後ますます増大する介護ニーズに応え，福祉分野の人材育成を図っていくため，福祉の基礎・基本を学び，技術も習得できる高校が必要である。さらに，福祉系大学や専門学校への進学も視野に入れ，教育内容の維持・充実を図られたい」(p.9)。

(5) 高校教育に求めること

ここでは，地域学習を深められる取組みについての提言が示されている。

具体的な提言内容は，次のようなものである。「地域の歴史や伝統，文化を大切に思う心，いわゆる郷土愛については，地域の活力が持続し，発展し続けるための根源となるものである」から，「長浜市において，高校の履修科目として，例えば，地域との連携のなかで，地域のことが学べるような科目を設定する」(pp.9-10)。これは，教育基本法（2006年12月22日法律第120号）第2条第5項に謳われている「伝統と文化を尊重し，それらをはぐくんできた我が国と郷土を愛する……」という教育目標と相通ずるものである。

5．定時制課程の維持発展について

このことについては，「あらゆる子どもたちへの高校教育の機会確保と支援体制の充実を図るため，無理なく通学できる範囲内に，定時制課程や通信制課程，昼間・夜間の併置による総合単位制高校の設置など，柔軟な学びの場を確保すべきである」(p.11)と提言している。

その背景には，時代の変化や勤労青少年の減少によって，その役割が大きく変化したとはいえ，近年では，中途退学者や不登校経験者など，さまざまな動機を有する子どもたちの柔軟な学びの場としての機能を果たしており，また，高校教育の機会を保障するセーフティネットとしての機能をも果たしているという現実が横たわっている。だが，滋賀県教育委員会は，再編計画原案において，能登川高校を総合単位制高校へと改編することに併せ，長浜北星高校などに設置されている定時制課程（夜間）を廃止するとした[62]。

既に述べた長浜市等のアンケート調査の中学生調査では，生徒の86％（1,194人）が高校への進学を希望しているが，そのうち定時制高校への進学希望者は1％に過ぎない。しかしながら，第二次提言書にも記してあるように，長浜北星高校の定時制課程は，滋賀県の最北地域をカバーするものであり，当該機能を県中南部の能登川高校へと移転し，廃止することは，さまざまな事情により定時制課程に通学せざるを得ない子ども達に，通学面や経済面で大きな負担を強いるものとなり，畢竟，このような子ども達の高校教育の機会を剥奪することになりかねない。このような長浜教育検討委員会の認識が，上記のような提言を結果したのである[63]。

ただ，長浜市や長浜教育検討委員会は，総合単位制高校の設置そのものに

異議申し立てをしているわけではない。このことは，第二次提言書に，「県教育委員会が示す総合単位制といった新しい学びのスタイルへの移行については，様々な事情を持つ子どもたちの多様なニーズに応えるため，その意義は認める」(p.11) とある。湖北地域の置かれている現実を直視したとき，設置場所があまりにも「地域事情への配慮に欠ける」ことに対して強く異議申し立てをしているのである。

6．中高一貫教育校設置の方向性について

　第二次提言書には，「学校選択幅の拡大や生徒の個性伸長等，さらなる中等教育の充実を図るため，市内の交通利便性の優れた場所に，中高一貫教育校を設置すべきである」(p.12) と記している。その上で，次の3点を要望している。1つは，中高一貫教育校のあり方については，中等教育学校，併設型，連携型の3つの実施方法があり，その設置に当たっては，既に2003年4月から県内3地域（湖東地域：河瀬中学・高校，湖南地域：守山中学・高校，甲賀地域：水口東中学・高校）で実施されている先行事例の成果や課題について十分な検証を行い，有効性を確保すること。2つは，地域事情や生徒ニーズの把握を十分に行い，その具体的方法を検討するとともに，長浜市教育委員会や地域の小中学校との相互理解と意識統一を図ること。3つは，実施に当たっては，2クラス規模（20～30人程度の少人数編制）で検討すること (pp.12-13) [64]。

　滋賀県教育委員会は当初の予定では，湖北地域も含む2地域においても，中高一貫教育校の必要性を明確に認めた上で，2011年度以降の早期に設置することを約束していた。しかしながら，再編基本計画原案では，「新たな中高一貫教育校を設置することは地域の中学校に及ぼす影響も大きいと考えられることから，当面は既設3校とし，新たな設置は行わない」[65] と，唐突に方向転換を表明したのである。

　この中高一貫教育校の設置に関しては，湖北地域の生徒や保護者の期待が高く，要望が強い。既述のアンケート調査では，「特色あるタイプの高校」という質問項目で，「今後，長浜市にはどのような高校があればよいと思いますか」（2つ選択）という質問をしている。この質問に対して「高校と中

学校が一緒に設置されていて、中学校から6年間一貫して教育が受けられる学校」を選択したのは、中学生調査では生徒19.1%、その保護者31.3%、高校生調査では生徒27.8%、その保護者39.1%となっている。これらの数値は、決して低くはない。

7. さらなる検討を求める事項について

ここでは、「特別支援教育の充実」と「新しいタイプの学科・コース等の検討」という2つの事項について提言を行っている。以下で、それぞれについて見ておくことにする。

(1) 特別支援教育の充実

この事項に関しては、「場当たり的に特別支援教育を語るのではなく、今一度、抜本的に特別支援教育のあり方について検討し、特別な支援を要する生徒にとって最も望ましい教育環境の整備に努められることを切に願う」(p.14)と提言している。

この提言は、滋賀県教育委員会が学校関係者はもとより、保護者や地域住民の十分な理解を得ないまま計画を進めてきた経緯を背景になされている。再編実施計画原案では、「石部高等学校、伊吹高等学校、愛知高等学校に併置される特別支援学校との交流を通して、ノーマライゼーションの理念に基づく教育を推進する」として、2013年度に伊吹高校（1学年4学級）と長浜養護学校高等部分教室（1学年2学級）にするとなっていた[66]。

長浜教育検討委員会は本件の重要性に鑑み、実際に特別支援教育に携わった経験のある委員から資料提供を受け、概略、次のような説明を受けた。①伊吹高校に肢・知併置の特別支援学校ができるとなると、施設設備に多額の財政負担が生じる。エレベーターや手すり、車椅子対応など、さまざまな施設の改修が必要である。設置当初は、現状の生徒を考えた対応を行うが、その後生徒が増加し、それに対応すべく増設を繰り返すことになる。②また、設置している以上、全ての生徒に対応する必要がある（皮膚がんの生徒に対して、紫外線対策として校舎や体育館を全面フィルム貼りにして対応した例を紹介）。③緊急時には、校長と養護教諭が対応する必要がある。養護教諭

は医療行為ができないので，万一の場合に，学校から連絡をして対応していては間に合わない。その場合，校長の責任において現場で対応する必要があり，看護師を配置している学校もある。④教員配置について，単独障害の場合は，9人に1人の教員であるが，重複の場合は，3人に1人が必要で，その他にも介助員や調理師，栄養士，バス運転手や実習助士なども必要である。また，知的障害は自分で食事を取れるが，肢体不自由は食事介助が必要で時間もかかることも考慮する必要がある。⑤知的障害の場合は，農場が必要で，それが就職にも繋がる。しょうがい児はこだわりがあり，作った野菜を量販店の裏で朝から晩まで袋に詰めるというような単純作業でも耐えられる。企業側からも助かるという声をいただく。また，この範囲の水やりをしてほしいと頼めば，ずっとやっている。教育の一環として，農業ができるような環境が必要である[67]。

この説明を受けて，次のような議論が展開された。委員：「欧州は特に多いが，諸外国では，普通の生徒と障害を持った生徒が一緒に授業をするのが通例となっている。費用がかかっても，併設していく方が将来的にはいいのではないかと思うが，近隣府県から障害者の流入が進むことも考えられるので，軽々に提言しない方がいいと思う」。委員：「軽々に提言することについては，考えないといけない。ただ，伊吹高校への設置と言われるだけなので，多くの懸念が生まれる。医療的行為も必要なので，特別支援教育について，県がどのような考えで進まれるのかを総合的に考えていかないといけない」。委員長：「委員各位の意見を伺うと，基本的に，5の大項目として起こすことは止めるべきだということになろう。もっとも，その趣旨は，これは重要な問題なので，時間をかけ，事情をよく聞いて根本的に検討し，提案していく必要があるという意味である。したがって，それぞれの個別事案には入れず，全体としてどうするかを考えていくことが重要であるように思う」。委員：「長浜養護学校の整備は早急に必要なのか」。委員：「その整備は必要であると思う。一般学校の生徒は減っているが，養護学校は増えており，既存の学校では対応できず，どこの養護学校も増設を繰り返している」。委員：「滋賀県の人が増えているのか。あるいは，滋賀県が優れたレベルを持っているので，他府県から流入しているのか」。委員：「他府県からの影響もある」。委員：

「この5年間で滋賀県下のすべての保育園と幼稚園を回ったが，当初1園に1～2人だった生徒が，現在では園に1～2人先生をつけないと対応できないまでに増えてきている。特に，草津や大津などの経済発展が進んでいる地域で顕著である。また，滋賀県は先駆的で，立派な先生方がいて，全国からも流入もしている。県の方では，今後，小学校がこれに対応していけるのかという懸念も抱かれている」。委員長：「それでは，大項目の6として，将来的な重要課題として見通した場合に，様々なことが考えられるという形で整理することに異論はないものと認める」68)。

このような議論を踏まえて，第二次提言では次のように問題点を整理している。「現在，県教育委員会において，平成25年度以降の特別支援学校の定員確保に向けた取組みがされているものの，とりわけ，県立伊吹高等学校への特別支援教室の併置に関しては，これまでの進め方をはじめ，施設整備の取扱いなど，極めて拙速であり場当たり的な印象をぬぐいきれないものとなっている。もとより，通学の利便性といった生徒・保護者の視点を欠いたロケーションもさることながら，遠隔地にある長浜養護学校の分室であるといった点においても，生命の危険を伴うような多くの問題点をはらんでいる」(p.14)。このように問題点を整理した上で，既に述べた提言がなされたのである。

(2) 新しいタイプの学科・コース等の検討

この事項については，「生徒の多種多様な個性や適性，感性を引き伸ばすとともに，地域のさまざまな人材養成に応えていくため，特色と高い実践的専門教育を兼ね備えた，新しい学科・コースなどについて，検討されることを望む」(p.15) との提言がなされている。この提言で念頭に置かれている具体的な学科・コースは，1つは「進学指導に力を入れる特別な進学コース」(いわゆる特進コース) と，2つはスポーツなどの分野での新しい学科・コースである (p.15)。

その根拠が，第二次提言の中で次のように書かれている。「アンケート調査において，高校志望学科として『普通科』が，卒業後の進路として『大学・短大』が最も多い結果となっている。また，中学2年生が興味や関心をもつ

分野として、『スポーツや健康』『コンピューターやインターネットの活用などの情報・通信』『生命、地球、自然現象などの学習や自然科学』となっている」(p.15)。確かにアンケート調査では、生徒やその保護者はこれらに強い関心を示している。ちなみに中学生調査では、生徒においては「スポーツや健康」34.6％、「コンピューターやインターネット」31.6％、「生命、地球、自然現象、自然科学」29.0％が上位を占めている（保護者はそれぞれ13.5％、61.0％、25.5％）。特に、「コンピューターやインターネット」への関心度が高いという結果になっている。

これらの学科・コースの検討要望については、長浜教育検討委員会においても「概ね合意された意見として強く要望するのか」、それとも、「一部の意見として一応念頭に入れてほしいとして要望するのか」、意見が二分していた。私自身は、特進コースの設置については強く要望すべきだと主張した。その主な根拠は次のところにあった。湖北地域には進学校として虎姫高校があるが、過去の進学実績から当該校を理系の進学校とし、長浜北高校もしくは長浜北高校の精神を継承した新校を文系の進学校と位置づけて棲み分けを行う。特に、後者が中核的な進学校として生き延びるためには英語教育重視という教育方針を最大限活用することによって、県南部からも生徒を呼び込むことができる「特進コース」を設置することで、特色を前面に打ち出すことが必要と考えたのである。結果的には、やや消極的な要望という形で提言された。

8．おわりに

ここでは、滋賀県教育委員会が6月に提出した長浜教育検討委員会等の第一次提言書に沿った取組みをしていないことを批判しつつも、教育基本法で掲げられた教育理念にこれまでの検討過程で長浜教育検討委員会委員から出されたさまざまな意見を重ね合わせると、「地域は教育と密接に関係し、教育も地域とともに歩み、支え合う」ことが、教育に取り組む上で、最も尊重されるべきことであると述べている。そして、地域住民の熱い思いと、滋賀県および滋賀県教育委員会の英知によって、魅力と活力のある高校づくりが進められることを切に願うとともに、次代を担う人材を育成するために、長

浜市・長浜教育検討委員会も「高校のあり方」の議論を深めるため惜しみない協力を行う，と提言を結んでいる（pp.16-17）。

　この第二次提言書は，2012年9月26日に大石委員長と藤井長浜市長によって，嘉田知事および河原教育長に手渡された。

【註】

1) 『京都新聞』2012年6月13日付。
2) 『朝日新聞』2012年6月13日付。
3) 『毎日新聞』2012年6月13日付。
4) 『読売新聞』2012年6月13日付。
5) 『中日新聞』2012年6月13日付。
6) 『読売新聞』2012年6月13日付。
7) 『朝日新聞』2012年6月12日付。
8) 『中日新聞』2012年6月13日付。
9) このことに関する具体的な実態については，拙著「県立高校再編問題の展開―長浜市の第一次提言を中心に―」（『人間文化』第32号，2012年10月，p.71）で指摘している。
10) 『中日新聞』2012年6月13日付。
11) 長浜市・長浜の未来を拓く教育検討委員会『魅力と活力ある高等学校づくりに向けて―滋賀県立高等学校の再編手続に関する提言（第一次提言）―』2012年6月，pp.9-10。
12) 『読売新聞』2012年6月13日付。他紙には，「長浜市は設置を強く求める姿勢を示したが，河原県教育長はこれには触れなかった」（『中日新聞』2012年6月13日付）とも書かれているが，原案に固執していた当時の滋賀県教育委員会の状況から判断すれば，この河原教育長の対応は，見方によれば長浜市の第一次提言および藤井長浜市長の提案を無視したものとも受け取れる。
13) 『毎日新聞』2012年8月23日付。
14) 『読売新聞』2012年6月14日付。
15) 『京都新聞』2012年6月14日付。
16) 『毎日新聞』2012年6月14日付。『京都新聞』には，「これまで頂いた地域の意見を踏まえ，一部修正することで考えたい」とある（2012年6月14日付）。
17) 『毎日新聞』2012年6月14日付，『読売新聞』2012年6月14日付，『中日新聞』2012年6月14日付，『京都新聞』2012年6月14日付。
18) 拙著，前掲研究ノート，p.71。
19) 『毎日新聞』2012年6月19日付。
20) 『朝日新聞』2012年6月19日付。
21) 『京都新聞』2012年6月19日付。
22) 『京都新聞』2012年6月19日付。

23)『毎日新聞』2012年6月19日付。
24)『京都新聞』2012年6月19日付。
25) 長浜市議会において全会一致で採択された「滋賀県立高等学校再編計画に関する意見書」の全文を紹介しておく。

　「滋賀県立高等学校再編実施計画（原案）」については，長浜市及び長浜市議会，滋賀県議会，県内各市民団体等から白紙撤回を求める意見書や決議，要望が相次いで提出され，これまで2年にわたり延期されている。

　そもそも「滋賀県立高等学校再編実施計画（原案）」の公表によって混乱が生じたのは，県教育委員会が広く地域の声を聞かず，あまりにも，拙速かつ粗略な進め方で計画原案をまとめ，唐突に発表したためである。長浜市では，議論の根底に置くべき地域ニーズや意見を地域の総意として県及び教育委員会に届けるべく，有識者や関係団体からの代表で組織する「長浜の未来を拓く教育検討委員会」を組織し，地域の声を広く求め，民主的に議論を進めてきた。その進め方については，県会文教・警察常任委員会との意見交換で非常に高い評価をいただいたところでもある。

　ところが，6月14日付けの新聞で，県教育長は「原案どおり進める」「9月中に計画案を立てる」ことを言明したと報道されている。このような県教育長言動は，長浜市及び長浜市議会，滋賀県議会，地域の声を蔑ろにするものであり，これまでの進め方と同じ轍を踏むものである。また，県教育長の「今秋までに提示しないと中学三年生の進路決定に影響が出る」との発言は，まさに県教育委員会当局の都合を正当化するために生徒の進路や将来を天秤にかけた姑息な論理のすり替えでしかない。今後，数年間は，県全体でも湖北地域でも中学校卒業者数がほとんど変化しないことから考えれば，今秋を期限とすることに拘る必要はないものである。昨年11月に県議会が決議したように，また長浜の未来を拓く教育検討委員会が提言したように，丁寧に時間をかけて議論する中で合意形成することにより県民が不安や不信感を抱くことはないものと思われる。

　今後，県教育長は，軽率な言動を厳に慎み，長浜市と長浜の未来を拓く教育検討委員会が「第1次提言」として提出した「魅力と活力ある高等学校づくりに向けて―滋賀県立高等学校再編手続きに関する提言―」を尊重し，広く県民の理解と支持を得られる教育ビジョンを描くために県民本意の視点に立ち，民主的な手続きによって万全を期した検討と議論を進められるよう強く求める。

　以上，地方自治法第99条の規定により意見書を提出する。
平成24年6月22日
26)『中日新聞』2012年6月19日付。
27) 滋賀県教育委員会が進めようとする県立高校再編計画の白紙撤回を求める住民グループの一つである「湖北の高校を守る会」（對月慈照代表。長浜市や米原市の教育関係者，保護者，市議で構成）は，2012年7月15日に「第5回湖北の高校を守るつどい」を開いた。この集会には地元選出の青木甚浩県議（自民党県議団）とともに，私も長浜北高校OBの一人として「個人の資格」で参加したが，藤井長浜市長からもメッセージが寄せられた。

　また，2012年9月21日に，多賀町議会が再編計画の再検討を求める意見書を全会一

致で採択した。嘉田知事，河原教育長宛の意見書（「滋賀県立高等学校の統廃合に関する意見書」）の全文は次の通りである。

　昨年7月に滋賀県立高等学校再編計画（原案）が発表され，今年の6月県議会で河原教育長は，「統廃合の組み合わせは原案どおりで，9月中旬までに案を出す。」と説明されました。これらの動きに町民は，大きな不安を感じています。再編原案が実施されれば，多賀町の子どもたちが通う彦根西高校や彦根東高校・彦根工業高校の定時制などが廃止になるからであります。彦根西高校が廃止になれば，子どもたちは遠くの学校に通わなくてはならず，通学にかかる時間や費用が重なり，地域と高校の結びつき，学校の先生と子ども同士の関わりが希薄になり，教育効果が低下すると考えられます。県が示す統廃合の最大の理由は，子どもの減少による県行政の合理化であります。しかし，子どもの数は，今後10年程度は減少しません。県は，県財政の厳しさを理由にしていますが，高校生1人当たりの県予算は全国45位で，決して多いものではありません。地域と子どもの将来を考えて今回の再編計画は，地方議会や地域住民の意見を聴いた上で再検討されるよう要望します。

　以上，地方自治法第99条の規定により意見書を提出する。
平成24年9月21日

28）「第8回 長浜の未来を拓く教育検討委員会議事録」p.3。
29）「県立高等学校の再編に関するアンケート調査」（滋賀県教育委員会）の問5の注釈は次のようなものである。「1学年当たり6～8学級の学校規模は，多様な選択科目が設定できたり，多くの部活動の設置が可能となったり，活発な学校行事も期待できる規模と考えています。（以下の設問も同じ）」（p.2）。これは被調査者の回答に影響を与えて，回答を特定方向に誘導してしまう質問，いわゆる誘導質問（leading question）の一種で，威光暗示効果をもたらす可能性のあるものである。威光暗示効果とは，「権威ある人の見解や一般に流行していることを示すことで，その見解・態度に対象者を誘導してしまうことである」（小松洋「調査票を作ってみよう」大谷信介・木下栄二・後藤範章・永野武編著『社会調査へのアプローチ』ミネルヴァ書房，1999年，p.79）。
30）『読売新聞』2012年7月12日付，『中日新聞』2012年7月12日付，『京都新聞』2012年7月12日付，『朝日新聞』2012年7月13日付，『毎日新聞』2012年7月13日付。
31）『毎日新聞』2012年7月13日付。
32）また，アンケート調査の中止にどの程度影響を与えたのかわからないが，7月13日に滋賀県教育委員会が長浜市内の各中学校にアンケート調査票を持ち込んだ際に，現場の混乱を危惧した複数の中学校長が北川長浜市教育長のところに駆けつけたとのことである（「第5回湖北の高校を守るつどい」アピール（案），2012年7月15日）。
33）「第11回長浜教育検討委員会資料」（2012年9月7日）。なお，長浜市教育委員，長浜市学校運営協議会および長浜市PTA連絡協議会と滋賀県教育委員会との質疑・応答のより詳細な内容については，「第10回長浜教育検討委員会追加資料1～3」（2012年8月22日）に記載されている。
34）『中日新聞』（2012年8月23日付）に次のような記事が掲載されているので紹介して

おく。「河原県教育長は，市が小学校から英語の授業を取り入れているこ とに触れ，『高校で英語教育をどう展開していくかが重要。語学だけでなく，グロー バル社会に通用する人材を育てる教育を進める学校をイメージしている』と説明した」。 「このほか，長浜北星高校の定時制を廃止し，能登川高校への総合単位制高校設置，長 浜北星高校総合学科に『まちづくり系列』をつくる原案に対し，『問題点があることをしっ かり受け止めた』と変更の考えがあることも示唆した」。

35)『毎日新聞』2012 年 8 月 2 日付。
36)『朝日新聞』2012 年 8 月 2 日付，『毎日新聞』2012 年 8 月 2 日付，『中日新聞』2012 年 8 月 2 日付，『京都新聞』2012 年 8 月 2 日付。
37)『毎日新聞』2012 年 8 月 23 日付，『中日新聞』2012 年 8 月 23 日付。
38)『中日新聞』2012 年 8 月 2 日付。
39)『読売新聞』2012 年 8 月 24 日付，『毎日新聞』2012 年 8 月 24 日付。
40)「第 10 回長浜の未来を拓く教育検討委員会議事録」pp.6-7。また，長浜教育検討委員 会の大石眞委員長は，「二次提言に向けた作業スケジュールは非常にタイトになるが， 県教委が計画を提案した後に提出したのでは，計画に反映されない可能性がある。県教 委は私たちの提言を真剣に受け止めてほしい」と述べている (『毎日新聞』2012 年 8 月 24 日付)。
41)「第 11 回長浜の未来を拓く教育検討委員会議事録」p.9。
42)「第 12 回長浜の未来を拓く教育検討委員会議事録」p.2。
43)『京都新聞』2012 年 9 月 26 日付。
44) 長浜市・長浜の未来を拓く教育検討委員会『魅力と活力ある高等学校づくりに向けて ―滋賀県立高等学校のあり方に関する提言 (第二次提言) ―』(2012 年 9 月)，p.8。
45)『毎日新聞』2012 年 9 月 27 日付，『朝日新聞』2012 年 9 月 27 日付，『産経新聞』2012 年 9 月 27 日付，『中日新聞』2012 年 9 月 27 日付，『京都新聞』2012 年 9 月 27 日付。
46)『毎日新聞』2012 年 9 月 27 日付，『朝日新聞』2012 年 9 月 27 日付，『産経新聞』2012 年 9 月 27 日付，『京都新聞』2012 年 9 月 27 日付。
47)『毎日新聞』2012 年 9 月 27 日付。河原教育長は，「現有施設の活用が基本」と発言 (『産 経新聞』2012 年 9 月 27 日付)，また，安田教育次長は，「新校は現有施設の活用を考え ており，長浜高を検討している」と述べている (『中日新聞』2012 年 9 月 27 日付)。
48)『京都新聞』2012 年 9 月 27 日付。
49) 長浜市側の提案を否定した滋賀県教育委員会の方針に対して，吉田豊長浜北高校同窓 会長は，「新校を作るのであれば，既存の場所ではない所に設置すべきだ」と反発した (『中 日新聞』2012 年 9 月 27 日付)。
50)『読売新聞』2012 年 10 月 2 日付。
51)「第 12 回長浜の未来を拓く教育検討委員会協議資料 1 (補足資料)」。
52)「第 13 回長浜の未来を拓く教育検討委員会送付資料」(2012 年 9 月 22 日)。
53)『毎日新聞』2012 年 8 月 2 日付。
54) このアンケート調査の概要は次の通りである。①目的：今後の長浜市内の県立高校の

あり方やそれらを踏まえた学校配置のあり方などについて検討を行うため，中学，高校の生徒およびその保護者の意向を分析し，議論を行う際の検討資料とする。②実施主体：長浜の未来を拓く教育検討委員会，長浜市，長浜市教育委員会。③実施期間：平成24年2月1日（水）～2月17日（金）。④調査対象：1）長浜市在住の中学2年生およびその保護者，2）長浜市在住の高校1年生およびその保護者（平成7年4月2日から平成8年4月1日に生まれた人）。調査方法：1）中学生調査…学校を通じて配付・回収，2）高校生調査…郵送による配付・回収。⑤回収結果：1）中学生調査…中学2年生：配付数1,296，回収数1,217，回収率93.9％，保護者：配布数1,296，回収数1,086，回収率83.8％，2）高校生調査…高校1年生：配付数1,252，回収数442，回収率35.3％，保護者：配布数1,252，回収数440，回収率35.1％。

55)「第12回長浜の未来を拓く教育検討委員会議事録」p.8。
56)「魅力と活力ある県立高等学校づくりに向けて―滋賀県立高等学校再編実施計画―」（原案），滋賀県教育委員会，2011年7月，p.2，5。
57)「魅力と活力ある県立高等学校づくりに向けて―滋賀県立高等学校再編実施計画―」（原案），p.4。
58)『京都新聞』2012年8月1日付。委員は谷口会長以下11人（学識経験者3人，産業界3人，学校関係者3人，行政関係者1人，専門委員1人）である（「第24期滋賀県産業教育審議会委員名簿」）。
59)「第24期滋賀県産業教育審議会審議経過」p.1。
60) 長浜高校福祉学科の介護福祉士国家試験合格率は，次の通りである。2011年度：100％（全国63.9％），2002～2011年度平均：83.2％（全国50.3％）。この数字を見る限り，長浜高校福祉学科は全国の福祉系と比較すると，合格率が極めて高いと言える。なお，滋賀県内の介護福祉士養成校はびわこ学院大学（60人），華頂社会福祉専門学校（40人），綾羽高校（40人），長浜高校福祉学科（40人）で，定員数は高齢者人口比で全国41位である（「長浜民報ひきやま」2012年10月7日号）。
61) 福祉関係選出委員の発言は，次の通りである。「理想とする高校の姿として『各種の職業に即戦力としての資質が身に付く職業科高校』との視点があるが，これからの超高齢化社会を考えた場合，それを支える人材を即戦力として育成するための福祉科や農業科等の職業科高校の充実は重要であると考える」（「第3回長浜の未来を拓く教育検討委員会議事録」p.3）。
62) 再編基本計画原案には，次のように書かれている。「従来の勤労青少年のための学校という色合いが薄れ，様々な学習動機や学習歴を持つ生徒が入学していることや，職業系専門学科を希望して入学する生徒が少なくなっていること，単位制による全日制課程および定時制課程を併置した新たな総合単位制高等学校を設置することなどを踏まえて，廃止や学科の改編等を行います」（p.7）。また，再編実施計画原案では，次のように書かれている。「定時制課程の役割の変化および新しいタイプの学校の設置に伴い，北東部の定時制課程は廃止します。また，施設・設備の有効活用と専門学科としての教育内容の充実を図るため，同一敷地内の全日制高等学校と定時制高等学校を統合します」

(pp.1-2)。

63) このことに関する長浜教育検討委員会での主な議論は，次の通りである。委員長：「夜間の需要がまったくないとは断定できない」。副委員長：「夜間の廃止については反対である。勤労青少年は少なくなったとはいえ，アルバイトを含めて，彼らは働いている。そういう子ども達の教育権を保障するためには夜間は必要である」。委員：「現在，北星高校の夜間に20数名通っている。昼間ができれば昼間に移るかというと，そうはならない。そのため，夜間は残してほしい」。委員長：「それでは，定時制については，原案通りのトーンでいきたい」（『第12回長浜の未来を拓く教育検討委員会議事録』pp.8-9）。

64) これらの提言内容については，長浜教育検討委員会では，概ね次のような議論がなされた。委員長：「中高一貫校については，普通科の中の2学級規模という点について，最初から決めるのはどうかという意見があった。中高一貫校の設置という議論の前提として，規模は別として基本的な方向をご確認いただきたい」。委員：「中高一貫校については残していただきたい。保護者からすると，3校のうち2校がうまくいっていないと言われるが，何がうまくいっていないということは聞かされていない。問題があるのであれば，導入していただかない方がいいが，十分に検討した上で探るべきだという提言にした方がいい」。委員長：「実のある教育環境でということでやや踏み込んだ記述をしたのだが，それを書かない方がいいという意見である」。委員：「『有効性』とあるが，具体案を盛り込むのであれば，有効な部分が伝わるような内容がほしい」。委員長：「それでは，中高一貫校についての大項目4は残すという方向で取りまとめたい。そのうえで，有効性のPRが不足しているので，積極的な提案が書ければいいというご指摘として受け止めたい」（『第12回長浜の未来を拓く教育検討委員会議事録』pp.9-10）。ただ，委員の中には「中高一貫校についても，必ずしも成功していない状況なので議論が必要なのではないか」（『第12回長浜の未来を拓く教育検討委員会議事録』p.3）とする意見もあり，全員の合意が得られたわけではないことを記しておきたい。

65)「魅力と活力ある県立高等学校づくりに向けて―滋賀県立高等学校再編基本計画―」（原案），p.6. 滋賀県教育委員会が湖西地域と湖北地域に予定していた中高一貫教育校の設置計画を取り下げたのは，財政問題がその背景にあったとの指摘もある（『第12回長浜の未来を拓く教育検討委員会議事録』p.3）。

66)「魅力と活力ある県立高等学校づくりに向けて―滋賀県立高等学校再編実施計画―」（原案），p.7。

67)『第12回長浜の未来を拓く教育検討委員会議事録』pp.5-6。

68)『第12回長浜の未来を拓く教育検討委員会議事録』pp.6-7。

第4章
滋賀県教育委員会の県立高校再編計画

第1節　はじめに

　滋賀県教育委員会は，2012年10月1日に開いた10月臨時教育委員会で，前年7月11日に発表した県立高校再編計画に修正を加えた再編計画案を提示し，全会一致で可決した[1]。滋賀県教育委員会が今回提示した県立高校再編計画の具体的な再編内容案および変更点は図1の通りである。以下で，再編内容案および変更点，それらに対する問題点や課題等について私見を述べておきたい。

第2節　再編基本計画原案と再編基本計画案との相違点

　まず，両者の大きな相違点について見ておこう。第1は，「中学卒業（予定）者数の推移」に関してであるが，原案では，「今後，一定の増減を繰り返しながら，現在の中学校1年生が卒業する平成26年3月を境に，減少に転じていくと予測されます。また，中学校卒業予定者数を地域別に見てみると，湖南地域（草津市・栗東市・守山市・野洲市）では平成26年度以降も増加を続ける一方，それ以外の地域では，横ばいまたは減少傾向にあります」（p.3）となっていた。しかし，案では，「今後，全県的には増加傾向を示したのち，現在の小学校5年生が卒業する平成29年3月を境に，減少に転じていくと予測されます。また，中学校卒業予定者数を地域別に見てみると，湖南地域（草津市・栗東市・守山市・野洲市）では今後も増加を続ける一方，それ以外の地域では，横ばいまたは減少傾向が予測されます」（p.4）と変更されている。
　さて，このように変更されたのであるが，案には明らかに認識としての誤り，およびご都合主義的な解釈とでもいうべきものが存在する。特に，中学校卒業予定者数が減少に転じる時期に関しては大きな問題がある。案では2017年（平成29年）3月を境にして減少に転ずるとしている。しかしながら，再編基本計画案の「資料」に掲載されている「中学校卒業（予定）者数の推移（地域別）」を見ると，2012年（平成24年）3月を起点として中学校卒

第4章 滋賀県教育委員会の県立高校再編計画

平成25年度から概ね5年間の再編内容（案）

新しいタイプの学校の設置

① 総合単位制高校の設置［能登川高校の改編］
生徒の多様な学習ニーズに対応した多様な学びのシステムによる、全日制および定時制（午後・夜間）併設の総合単位制高校を設置します。（現在の能登川高校の総合単位制課程では、1日4時間の学習を基本としますが、生徒一人ひとりが自分に合った時間割を組み、所属する課程・部以外の時間帯の授業を受けることができ、3年での卒業が可能です。）

再編年度	想定する学校規模	設置場所
平成25年度	1学年 全日制 3学級、定時制（午後・夜間）2学級	能登川高校

学科構成 普通科（単位制による全日制および定時制）［図1］参照

② 彦根西高校と彦根翔陽高校の統合による新しい学校の設置
彦根西高校にこれまで普通科と家政科を併置してきた教育資源と彦根翔陽高校の総合学科として展開してきた普通・商業の系列を融合し、互いに切磋琢磨しながら夢を育む学校を目指します。普通・商業の系列が活用しやすく、多様な生徒が多様な学びの中から夢の実現を目指す学校、多様な夢の支援ができる3年での卒業も可能な高校とします。

再編年度	想定する学校規模	設置場所
平成28年度	1学年 9学級	彦根翔陽高校地

学科構成 総合学科 普通・商業・家政の系列を設置 ［図5］参照

統合による新しい学校の設置

③ 長浜高校と長浜北高校の統合による新しい学校の設置
湖北地域の既存の普通科単独校を並立させ、大学等への進学指導に重点を置き地域の中核的な普通科単独校を設置します。この高校では、長浜市で展開されている中高生対象の英語教育の成果を効果的につなげるとともに、高等学校における新しい英語教育のモデル校として展開することができる資質としての英語力の向上を目指す新しい普通科の高校とします。考える力・判断力・表現力を育成するといった活動を通してグローバルに活躍する人材を育てることを目指すとともに、駅から近くて利便性が高いこと、教育環境を重視し、教育環境を改善することとし、長浜北高校地に新築移転します。

再編年度	想定する学校規模	設置場所
平成28年度	1学年 8学級	長浜・校地（長浜北高校地に新築移転）［図2］参照

地域に根ざした学校づくり

④ 信楽高校の学科改編等
進学上の配慮がなるよう地域に、デザイン系列との総合学科を設け、多様な学びの機会を確保し、生徒の進路希望等に応じた教育活動を行うため、信楽高校を普通・セラミック・デザインの3系列を持つ総合学科への改編を目指します。また、地場産業等の地域の教育資源を活用した教育活動の展開や近隣校との連携、県外からも生徒を受け入れることなど、学校活力向上を目指します。その上で、5年を目途に総合学科への進学の充実を図ります。

再編年度	想定する学校規模	学科構成
平成26年度	1学年 2学級	総合学科 普通・セラミック・デザインの3系列を設置 ［図3］参照

職業系専門学科の改編等

⑤ 長浜農業高校・湖南農業高校・八日市南高校の農業学科の学科改編
農業学科の小学科を分かりやすい学科体系に変更するとともに、分かりやすい学科体系に整理することとし、地域の特色も生かしつつ、消費者の常時要等のニーズに応じた学校へ変更を図ります。大規模経営など学習実習を通じて、地域の特色も生かしつつ、小学科編成の適正化を図り、今後の基本的な農業経営を行う、将来の本格的な就農を考えた意欲的な活用実践を踏まえた学科編成を目指します。

再編年度	想定する学校規模	学科構成
平成26年度	長浜農業高校 1学年 3学級、湖南農業高校 1学年 3学級、八日市南高校 1学年 3学級	［図3］参照

⑥ 瀬田工業高校・彦根工業高校・八幡工業高校の工業学科の小学科改編
細分化されている電気・電子・情報の工業科を分かりやすい学科体系に整理するとともに、知識や技能の高度化に対応できる名称とし、基本的な学科の学習内容を習得する学科、より深い学習が可能な学科を育成します。また、科学系小学科と情報系小学科を設置することで、専門学科としての本来の学校を目指し、施設・設備の効率的な活用と集中的な投資による教育資質の充実を目指します。

再編年度	想定する学校規模	学科構成
平成26年度	瀬田工業高校 1学年 7学級、彦根工業高校 1学年 6学級、八幡工業高校 1学年 6学級	［図4］参照

⑦ 瀬田工業高校と瀬田高校定時制課程の統合 ［瀬田工業高校定時制課程の設置］
同一敷地内に設置している工業・デザインを統合し、全日制・定時制を併置した工業学科（定時制）1学年（改編）1学級とし、両校が持つノウハウの資源を有効に活用し、専門学科としての教育内容の充実を図ります。併せて、工業高校の定時制の充実を図ります。

再編年度	想定する学校規模	学科構成
平成26年度	全日制 7学年/定時制 1学年	化学工業、電気科、機械科・電気科

総合学科の充実

⑧ 長浜北星高校総合学科に福祉系列を設置 ［長浜高校福祉科の廃止］
長浜北星高校に新たに総合学科に福祉系列を設置し、普通・工業・商業・福祉の多様な福祉系科目を設置し、長浜高校の福祉科を廃止します。併せて、長浜高校の福祉に関する基礎的な科目、福祉に関する学びを通して地域に貢献できる人材を育成します。

再編年度	想定する学校規模	学科構成
平成26年度	1学年 6学級	総合学科 普通・商業・工業・福祉の系列を設置

定時制課程の見直し

⑨ 長浜北星高校定時制課程の廃止
3年での卒業を可能とするとともに、生徒の多様な学習ニーズに対応できるよう教育課程が編成できる定時制総合学科（定時制課程は現行どおり）とします。彦根東高校の定時制課程の募集を停止します。平成25年度以降に入学した生徒については、入学時に示された教育課程を履修することを保証します。平成25年度入学生が卒業する平成29年3月まで彦根東高校の定時制課程は存続します。

⑩ 彦根東高校定時制課程の廃止
普通科総合単位制高校と地域に活力ある学校づくりに向けて――「滋賀県立高等学校再編計画（案）［概要版］」

出所：『魅力と活力ある県立高等学校づくりに向けて――「滋賀県立高等学校再編計画（案）［概要版］」』滋賀県教育委員会、2012年。

業予定者数が減少に転ずるのは，滋賀県全体が2019年（平成31年），大津地域が2020年（平成32年），甲賀地域が2017年（平成29年），湖東地域が2019年（平成31年），湖北地域が2018年（平成30年）であり，湖南地域は増加傾向，湖西地域は減少傾向となっている（p.18）。

この資料によると滋賀県教育委員会が提示したように，2017年3月を境にして中学校卒業予定者数が減少に転ずる地域は甲賀地域のみであって，湖北地域，滋賀県全体，湖東地域，大津地域がそれ以降に減少に転じている。このことから次のことが指摘できる。1つは，滋賀県教育委員会は案で「平成29年3月を境に，減少に転じていく」との認識を示したが，それは文脈から滋賀県全体の場合であると考えられる。滋賀県全体であるならば，減少に転じるのは2019年（平成31年）なので，滋賀県教育委員会の認識は明らかに間違っているということなる。2つは，もし，「平成29年3月を境に，減少に転じていく」という認識に誤りがないとするならば，それは甲賀地域を対象にしてのことである。3つに，もし甲賀地域を対象にしてこのような認識が提示されたとしたら，それは明らかに滋賀県教育委員会のご都合主義によるものであるということである。滋賀県教育委員会が何故このように記述したのか，私にはその理由がよくわからない。いずれにしても10月臨時教育委員会で教育委員がこの件を問題にしなかったことについては，滋賀県教育委員会のこの問題に対する取組み姿勢の在り方そのものが問われるのではないか（10月臨時教育委員会会議録には，この件について語られた形跡は全く見当たらない）。

第2は，「定時制課程の見直し」に関してである。原案では，「従来の勤労青少年のための学校という色合いが薄れ，様々な学習動機や学習歴を持つ生徒が入学していることや，職業系専門学科を希望して入学する生徒が少なくなっていること，単位制による全日制課程および定時制課程を併置した新たな総合単位制高等学校を設置することなどを踏まえて，廃止や学科の改編等を行います」（p.5）となっていた。だが，案では，「定時制課程の役割の変化や，単位制による全日制課程を併置した新たな総合単位制高等学校を設置することなどを踏まえ，地域の実情等に配慮しながら定時制課程の配置を見直します。また，3年での卒業や転編入学を容易にするなど，生徒の多様な

ニーズに柔軟に対応できる教育課程が編成できるよう学科の改編等を行います」(p.7) と変更されている。

　原案と比較すると，案では，地域の置かれた実情に一定配慮する姿勢を示している。これは，長浜市や長浜教育検討委員会が再編計画原案に対して，「地域事情への配慮に欠ける」ことに対して強く異議申し立てを行い，第二次提言でも，長浜北星高校定時制課程は滋賀県の最北地域をカバーするものと主張したこと等に対して，一定の配慮がなされたものと考えられる。繰り返しになるが，私たちは総合単位制高校の設置そのものに異議申し立てを行っていた訳ではないので，商業学科を総合学科に改編したことに対しては諒とするものである。

　第3は，「再編を進めるにあたって」に関してである。原案と案とで大きく異なる点は，原案では全く使用されなかった「地域」という言葉が，多用されていることである。具体的には次の項目に用いられている。①「全県一区制度のもとであっても，全日制高等学校の普通科進学者の約8割が地域の高等学校に進学している等を踏まえ，それぞれの地域の実情に配慮しながら進めます」(p.9，新規追加)。②「県立高等学校の募集定員については，地域ごとの中学校卒業予定者数や進学志望の動向などを踏まえ，それぞれの年度において，地域ごとの定員を確保していきます」(p.9，原案を修正。原案:「県立高等学校の募集定員については，これまで通り中学校卒業予定者数や進学志望の動向などを考慮して決定します」p.6)。ここから読み取れることの1つは，県立高校再編を進めるに当たって，滋賀県教育委員会は，統廃合や廃止を提示した地域，特に原案に対して自治体を巻き込んで異議申し立てを行った湖北地域（長浜市），湖東地域（彦根市），甲賀地域（甲賀市）の意向を無視することができなかったこと，2つは，統廃合を行うにしても地域におけるこれまでの定員総枠の確保を強く主張する関係地域の意向を考慮せざるを得なかったことである。

　次に，地域別の変更点等について具体的に見ておくことにする。

第3節　湖北地域

1．長浜高校と長浜北高校の統廃合・中高一貫教育校の設置（図2, 3）

　再編計画案によると，次のような内容になっている。①2016年度に長浜高校と長浜北高校を長浜北高校校地において統合し，2年間かけて長浜高校跡地に統合新校舎を新増築する。新校舎完成後，2018年度に長浜高校跡地へ統合新校を移転する。②新校は，1学年8学級を想定し，大学等への進学指導に重点を置く普通科単独校とし，新しい英語教育のモデル校としてグローバル社会に生きる国際人を育成する。③長浜高校福祉学科は2014年度入学者選抜より募集を停止する（長浜北星高校の総合学科に福祉系列を設置）。④中高一貫教育校については，新校の運営実績等を見定めた上で，新校設置5年後を目途に新校に設置する[2]。

　再編計画原案と再編計画案で統合新校の設置場所（長浜高校校地）に変更はなかったものの，主な変更点は次のようなものであった。第1に，統合パターンを変更したこと，第2に，学校規模を拡大したこと，第3に，普通科単独校にしたこと，第4に，編制年度が変更されたことである。再編実施計画原案では，2014年度に長浜高校（普通科・福祉学科）と長浜北高校（普通科）を再編（統合）し，1学年7学級，学科構成は普通科，福祉学科，高等養護学校併置とするとあったのが，再編実施計画案では，再編年度は2016年度，学校規模は1学年8学級，学科構成は普通科単独となった。また，中高一貫教育校については，再編基本計画原案では「新たな中高一貫教育校を設置することは地域の中学校に及ぼす影響も大きいと考えられることから，当面は既設3校とし，新たな設置は行わない」（p.6）としていたが，それを，再編基本計画案および再編実施計画案では，それぞれ次のように変更している。①再編基本計画案：「新たな中高一貫教育校を設置することは，地域の中学校の学級編成などに及ぼす影響も大きいことから，当面は既設3校としながら，再編による生徒の動向を見据えつつ検討を行っていきます」（p.7）。②再編実施計画案：「中高一貫教育校については，新校の運営実績等を見定めた上で，新校設置後5年を目途に新校に設置します」（p.7）。

図2　長浜高校と長浜北高校の統合による新しい学校の設置

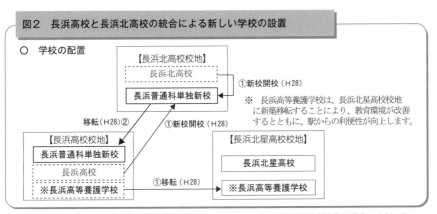

出所：「魅力と活力ある県立高等学校づくりに向けて―滋賀県立高等学校再編計画（案）〔概要版〕―」（別紙），滋賀県教育委員会，2012年。

図3　長浜高校と長浜北高校の統合による新しい学校の設置

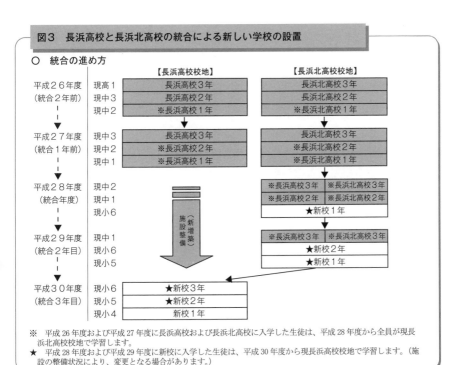

※　平成26年度および平成27年度に長浜高校および長浜北高校に入学した生徒は、平成28年度から全員が現長浜北高校校地で学習します。
★　平成28年度および平成29年度に新校に入学した生徒は、平成30年度から現長浜高校校地で学習します。（施設の整備状況により、変更となる場合があります。）

出所：「魅力と活力ある県立高等学校づくりに向けて―滋賀県立高等学校再編計画（案）〔概要版〕―」（別紙），滋賀県教育委員会，2012年。

湖北地域における再編計画原案と再編計画案の大きな変更点は以上に述べた通りであるが，私の印象では，特に長浜高校と長浜北高校の統廃合に伴う統合新校の設置に関しては，大きく異なっているように感じる。原案の段階では，長浜北高校が廃止され，統合新校が長浜高校に設置されるという内容であったため，長浜北高校が長浜高校に全面的に吸収統合されるというイメージが強かった。しかし，案では福祉学科や長浜高等養護学校が切り離され，普通科単独校として統合新校を設置するとなったこともあり，長浜北高校が長浜高校に吸収統合されるというイメージは幾分かは薄らいだ。ただ，新校の設置場所が長浜高校校地となっているため，吸収統合のイメージは払拭されてはいない。

2．定時制課程

　再編実施計画原案では，「能登川高等学校の全日制課程普通科を学年制から単位制にするとともに，新たに定時制課程（単位制）普通科を設置し，全日制・定時制併置の総合単位制高等学校とする。これに併せ，彦根東高等学校，彦根工業高等学校，長浜北星高等学校3校の定時制課程（夜間）は廃止する」(p.3)となっていたが，再編実施計画案では，「長浜北星高等学校定時制課程について，3年での卒業や転編入学を容易にするなど，生徒の多様なニーズに柔軟に対応できる教育課程の編成ができるよう，学年制の商業学科から単位制の総合学科へと改編します」(p.7)と，学科を商業学科から総合学科へと改編し，また学年制から単位制へと変更した上で存続させるとなった。

3．福祉学科から福祉系列へ

　再編実施計画原案では，福祉学科は統合新校に設置されることになっていたが，再編実施計画案では次のように書かれている。①「介護福祉士の国家試験合格を目指すことを重視してきた福祉科教育のあり方を見直し，基礎的・基本的な学習に重点を置き，生徒の進路希望等に応じて上級学校へ進学し，さらに福祉に関する学習を深めることができる形に改めます」。②「長浜北星高等学校に新たに福祉系列を設置し，普通・工業・商業・福祉の多様な系列で編成する総合学科高校として，学習内容の充実を図ります。新たに設置

する福祉系列では，福祉に関する基礎的・基本的な学習を通して，将来，福祉や看護，医療分野などで地域に貢献できる資質と能力を育成します」(p.7)。

長浜北星高校に福祉系列を設置することに関して，滋賀県教育委員会において教育委員と事務局との間で次のような質疑応答が行われたので，その概要を見ておきたい[4]。

［若野委員］：長浜高校の福祉学科は原案ではそのままだったのが，今回の案では廃止と変更になった。長浜北星にコースとして設置するとのことだが，コースに設置した場合，現在の長浜高校だと，介護福祉士の国家試験を受けられる資格が与えられるのだが，コースに変更した場合も国家試験を受けられる授業が担保できているのか。

［猪田教育企画室長］：高等学校段階では福祉に関する教育については，基礎的基本的な学習に重点を置くべきであるという産業教育審議会からの答申をいただいている。そうしたことから，福祉に関する基礎的な専門教育というものを基本とするが，国家資格の取得を目指す生徒については，高等教育機関での取得をにらみながら，意欲を喚起する授業や，あるいはより専門性を深めていける授業ということで，工夫しながら取り組んでまいりたいと考えている。

［若野委員］：様子が変わってくる。高校では資格が取れない，受けられる可能性が非常に少ないということか。

［猪田教育企画室長］：基本的に高等教育機関での取得ということで。

［若野委員］：もう1点，26年度から福祉系列をつくるということだが，25年度中には福祉コースができるような設備を長浜北星に作らないといけない。……。長浜高校で現在1年生で履修している授業のための施設は25年度中，つまり来年度に作らないといけない。今年度中に予算を獲得して，来年度着工してやるということでよろしいか。

［猪田教育企画室長］：福祉系列の設置については，平成26年度からの想定である。実習の授業が重点的に入ってくるのが2年生からであり，それまでに何らかの対応を考えていきたいと考えている。

［河上委員］：介護福祉士の受験資格は得られなくなるということだが，ヘルパー2級などの，福祉系列になった場合にも得られる受験資格はあるのか。

［猪田教育企画室長］：ヘルパーの2級の資格は確か130時間程度で取れると考えているので，取得できる方向で教育課程を検討してまいりたい。

　さて，これらの質疑応答からも理解できるように，滋賀県教育委員会が再編基本計画案で示した福祉学科の廃止・福祉系列の設置は，授業時数の大幅な増加という状況変化の中で，高校で介護福祉士の国家資格を取得することが困難になったとはいえ，結果的に高卒者が介護福祉士の国家資格を取得する道を完全に閉ざしてしまうことになる。

第4節　湖東地域

1．彦根西高校と彦根翔陽高校の統廃合（図4）

　再編計画案によると，次のような内容になっている。①彦根西高校（普通科，家庭科）と彦根翔陽高校（総合学科）を2016年度に統合し，彦根翔陽高校校地に普通・商業の系列に加えて，彦根西高校の伝統ある家庭科教育を引き継ぐ家庭系列で編成する総合学科高校を設置する。②統合新校は，1学年9学級を想定し，多様な学びの中から夢の実現を支援する学校，多様な生徒が集い，互に切磋琢磨しながら夢を育み学ぶ学校を目指す。③彦根翔陽高校校地に家庭科系列の実習施設を含む校舎を新増築し，多様な学習の展開を可能にする[5]。

　再編計画原案と再編計画案との主な相違点は，第1に，再編の内容においては「総合学科を設置する」が「総合学科高校を設置する」となったこと，第2に，学校規模が「1学年7学級」から「1学年9学級」に拡大したこと，第3に，再編年度が「2014年度」から「2016年度」に変更になったことである[6]。

2．定時制課程

　再編実施計画原案では，能登川高校の改編，すなわち全日制・定時制併置の総合単位制高校の設置に伴って，彦根市および長浜市の3校の定時制課程（夜間）を廃止するとなっていた。しかし，再編実施計画案では，彦根東高校は廃止すると明記してはいるものの，彦根工業高校定時制課程は県北部で

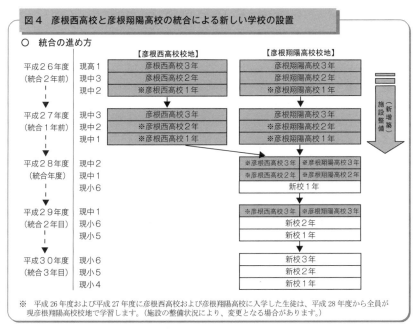

※ 平成26年度および平成27年度に彦根西高校および彦根翔陽高校に入学した生徒は、平成28年度から全員が現彦根翔陽高校校地で学習します。(施設の整備状況により、変更となる場合があります。)

出所:「魅力と活力ある県立高等学校づくりに向けて―滋賀県立高等学校再編計画(案)〔概要版〕―」(別紙),滋賀県教育委員会,2012年。

唯一,工業学科のある定時制課程という点が再評価され,多様な教育機会確保という観点からも一転して存続することになった[7]。

第5節　関係自治体および関係団体の反応

　この統廃合を含む再編計画案に関する滋賀県教育委員会の方針について,関係自治体および関係団体の評価は分かれた。まず,関係自治体の長の評価を見ておこう。藤井長浜市長は,①再編の実施年度を2016年度に実施するとしたこと,②普通科新校を英語教育の全県的なモデル校と位置づけたこと,③新校設置後5年を目途に中高一貫教育校を設置するとしたこと,④長浜北星高校定時制課程を存続させたことなど,長浜の未来を拓く教育検討委員会の提言を尊重した内容として一定の評価をした上で,新校の設置場所につい

ては原案通りとしたことに対して,「検討したとは考えられず,まことに残念。通学に不便な県教委案は再検討してもらいたい」と,不満の意を示した[8]。

また,獅山彦根市長は,学級数の維持や彦根工業高校定時制の存続については評価したものの,伝統校が明確な理由や説明もなく統廃合されること,および統合新校の学級数を1学年9学級としていることが,県がいう適正規模と食い違っていると批判した。その上で,「(彦根東の定時制課程廃止は)県と県教委の専権事項なので甘受せざるを得ない」[9]と述べた。さらに,獅山市長は,「新校は,5プラス4で9学級という足し算をしただけの安易な考え」と指摘し,「新校設置で必要な費用の実態を把握していない県に対し,現状を明確に伝え,再考してもらうべきだ」と主張,今後,両校の関係者や市独自の検討委員会を立ち上げ,学級数や新校設置にかかる費用を試算すると表明した[10]。

他方,引き続き統廃合の対象とされた地域の関係団体は,一様に再編計画案に対して不満をあらわにした。①吉田豊長浜北高校同窓会長:「どれほどの進学校にするのか。新校には何のビジョンもない」。②對月慈照湖北の高校を守る会代表:「全県一区制度の検証がない中での発表は遺憾。子どもの数が減るまで時間はある。議論を続けるべきだ」。③月瀬毅長浜高校PTA会長:「英語教育に力を入れている虎姫高校,米原高校との違いが分からない。統合ありきではなく,子どもの視点に立って考えてほしい」。④藤田隆行彦根西高校同窓会長:「翔陽高の敷地内に今の倍の生徒が通えば,部活動や授業が成り立たない」。彦根西高校同窓会幹部:「創立126年の伝統校が何の説明もなく廃合されるのは反対」。⑤杉本定幸彦根翔陽高校同窓会長:「総合学科なら,実習室などの施設や教員数の不足する問題もある」。彦根翔陽高校同窓会幹部:「狭い校地に校舎を増やし,生徒を詰め込むだけでは納得できない」[11]。

このように,再編計画案に対する反応は,総じて厳しいと言える。関係自治体の長は,それぞれ一定の評価はしているものの,統廃合の対象校の関係者,とりわけ廃止となる高校の関係者の見解には非常に厳しいものがある。

第6節　再編計画案の問題点と課題

　当然，問題点や課題も多い。最も大きな問題点は，中学校卒業予定者数が減少するまで相当時間がある（湖北地域は，2012年を起点とすると減少に転じるまでに6年もあるし，湖東地域は7年もある）にもかかわらず，滋賀県や滋賀県教育委員会はなぜこの時期に統廃合を急ぐのか，再編基本計画案を読んでも教育上の根拠がよく理解できないということである（このことについては，彦根西高校と彦根翔陽高校の統廃合についても同様である）。中学校卒業予定者数の推移を見ると，いずれ減少期が訪れることは高い確率で予測されることであり，それに伴い地域における県立高校の在り方も抜本的に見直す必要性が生じてくる。県立高校の統廃合も教育改革の1つの選択肢となりうることは十分に考えられるし，私自身もそれを認めるものである。その意味では，私は，県立高校の統廃合そのものに異議申し立てをしている訳ではない。私が現段階で主に問題としているのは，その拙速さである。また，その拙速さが，これまでの滋賀県教育委員会の進め方の粗略さと，県民の支持や理解を得られない再編計画の内容を結果していることに対して，私は異議申し立てをしているのである。

　再編基本計画案で，滋賀県教育委員会は再編計画案を策定するに際して，諮問機関（「県立学校のあり方検討委員会」「滋賀県産業教育審議会」）の「報告」や「答申」以外に，様々な形で県民や教育関係者に対して説明し，また県民や教育関係者から意見を聴いたことを強調している（p.1）。しかしながら，これらの説明会や「意見を聴く会」は，既に指摘したことではあるが，その実態は滋賀県教育委員会の一方的な「説得する会」であったことだ。つまり，滋賀県教育委員会は，諮問機関の「報告」や「答申」をベースに計画策定を進めることを既定路線として位置づけ，方向性がそれから大きく逸れることがない範囲で微調整を行うことを大前提としていたのではないか，と私は考えている。また，私は，滋賀県教育委員会が諮問機関の「報告」や「答申」を尊重して教育改革を行おうとしたことそのものに対してというよりも，これらの諮問機関が出した「報告」や「答申」が，長浜市および長浜教育検討

委員会が提出した第二次提言書で指摘しているように,「関係者はもとより,地域が納得できるよう,相応の時間と手間をかけて地域と対話を重ねるなど,その意見を十分に汲んだもの」(p.1)であったのかどうかということに対して疑念を持っているのである。

県立高校に関する案件が主として滋賀県教育委員会の専権事項であることは百も承知であるが,再編基本計画案にも書かれているように,「子どもたちへ豊かな教育環境を提供することを第一として,各学校における教育内容を充実させる」(p.1)ためには,第1に,滋賀県教育委員会と学校現場の教職員,保護者,関係自治体や企業,関係団体等とが真剣に向き合い,高校改革に対して地域を巻き込んで活発に議論する必要があることと,その仕組みが確立されていること,第2に,基本計画と実施計画とを同時に策定するのではなく,基本計画策定から実施計画策定まで相応の時間をかけて,「地域の総意」を踏まえた上での全県的視野に立った再編計画に練り上げていく必要があるのではないか。そのためにも,全県一区制度の検証は必要不可欠である。検証を抜きにして,再編計画の策定はあり得ないと私は思っている。私は,全県一区制度そのものに異議申し立てをしているのではなく,検証の必要性を主張しているのである。同制度導入後,全県的に地殻変動が起きており,特に湖北地域においてそれが著しい。とりわけ成績優秀な生徒の湖北地域からの流出(北から南への「玉突き現象」)によって,湖北地域の進学校に大きな影響が出ている。県立高校再編を行うのであれば,このような状況を踏まえて,まず全県一区制度を検証することによって実態を把握し,問題点を洗い出し,その上で是正措置を講じることが必要である。その際,教育分野における「南高北低」状態をこれ以上進展させないように,湖北地域の特性や文化,あるいは地域の活性化等を踏まえ再編計画を策定すべきであろう。

また,大きな課題の1つは定員数である。長浜高校と長浜北高校の1学年当たりの学級数はそれぞれ5で,合計10学級である。滋賀県教育委員会は,募集定員について再編基本計画案で「地域ごとの定員を確保」するとしているが,再編実施計画案では,「長浜高等学校と長浜北高等学校を合わせると,1学年10学級(平成24年度第1学年)のところ,新校は1学年8学級を想

定していますが，例えば虎姫高等学校等，同じ湖北地域の学校の学級増を行うなど，地域ごとの中学校卒業予定者数や進学志望の動向などを踏まえ，地域ごとの定員を確保していきます」(p.14) となっている。再編計画案では，２学級分が宙に浮いているのである。滋賀県教育委員会は，この２学級分を湖北地域のどの高校に割り振るかということについて，重大な指摘をしている。つまり，「例えば虎姫高等学校等」というように，具体的に例示しているのである。これを文字通りの例示として捉えることは，正しくない。この言葉がもっと重い意味を持っているからである。端的に言えば，虎姫高校の定員増を意味している。このことは，滋賀県教育委員会が示した統合新校のコンセプト，すなわち，「大学等への進学指導に重点を置く地域の中核的な普通科単独校」[12] の形骸化を意味する。これまで長浜北高校へ進学していた上位２クラス分の生徒が，統合新校にではなく，より上位の虎姫高校に進学することが容易に予測される。もし，そのような事態を招くようなことになれば，統合新校のコンセプトと実態とは相反するものになる。私は，その可能性が非常に高いと思っている。生徒の流れは，北から南への「玉突き現象」だけでなく，湖北地域内においても，より上位の進学校への「玉突き現象」が起きていると考えられるからだ。

　いま一つの大きな課題は，新校の校地問題である。この件に関する藤井長浜市長の発言と滋賀県および滋賀県教育委員会の対応については，既に別の機会に言及した[13]。この市長発言を受けて，滋賀県教育委員会でも議題に上ったので，予算関係も含めて，その部分を紹介しておきたい[14]。

[高橋委員長]：色々と事前協議をやっていた中に，突然長浜の方から新しい土地があると，これについて提案が出たのだが，それについてはどのように考えているのか，聞かせてほしい。

[猪田教育企画室長]：新校の校地については，県有地が基本であると考えている。長浜高校の校地については，長浜市が提言されている駅から徒歩圏内であるというロケーションにも合致するものと考えている。また，一から校舎を建てるということになると，グラウンド整備とか，体育館を整備しなければならないといった新たな投資も必要になってくる。それから県有地ということであれば建設に向けてのスケジュール管理もしやすくなる

し，また県立高等学校には相当の土地が必要となってくるが，現校地を活用すればそのような心配もなくなるということで，基本的に長浜高校校地で進めてまいりたいと考えている。

[高橋委員長]：長浜市からの好意的な提案であったわけなので，十分検討されたとは思うが，そのことについて十分説明していく必要があるのではないかとは思う。

[佐藤委員]：学校規模を拡大するに当たっては，増改築にかかる予算が関わってくるのではないかと思うが，そのあたりはどうなるのか。

[木村教育総務課長]：今回，湖北・湖東において，生徒が集まるような学校を作りたいという思いで新増築を計画している。また計画の詳細な詰めはできていないが，予算的にかかることは確かである。予算編成は知事部局が権限を持っているので，しっかりと考えを説明していきたい。

[高橋委員長]：予算をつけてもらえるということで，この計画を立てると考えて良いのか。

[木村教育総務課長]：いくらでも予算が使えるというわけではない。もちろん我々で一定の精査もしながら，ただし必要な部分はきっちりと説明するということで，これから詰めていくという話になる。何とか確保していきたい。

[佐藤委員]：具体的な財源があるということではないのか。

[木村教育総務課長]：財源は，高等学校の場合は国庫の補助等もないので，100％県費でやらなければならない。起債なども使わせてもらいながら詰めていくということになろうかと思う。

　さて，この質疑応答から何が言えるのか。まず，滋賀県教育委員会事務局の答弁に相当な違和感があるので，その点から見ていこう。第1に，新校の校地を長浜高校校地としていることの理由についてである。事務局はその理由として，①県有地が基本であること，②長浜市が提言している駅からの徒歩圏内であるというロケーションにも合致すること，③グラウンド整備，体育館整備などに新たな投資が不要，④県有地のため建設に向けてのスケジュール管理が容易，⑤県立高校を建設するには相当の土地が必要で，現校地はそれを満たしている，を挙げている。しかし，これらの理由にもそれぞ

れ問題があり，特に②については大きな疑義がある。

　特に②について，その理由を説明しておこう。長浜市および長浜教育検討委員会が提言，とりわけ第二次提言で提示したＪＲ駅から徒歩圏内の場所と事務局が教育委員の質問に答えた場所との間には非常に大きな乖離がある。提言にいう「利便性に優れたＪＲ駅の徒歩圏内」というのは，具体的にＪＲ長浜駅から徒歩約5分のところに位置する企業遊休地のことであって，事務局がいう長浜高校校地ではない。事務局は長浜高校校地を駅から徒歩圏内としているが，ＪＲ長浜駅から約2キロメートルもあり，徒歩で約30分もかかる[15]。駅からの距離，そして在校生のほとんどが自転車通学している現状からして，実態的に徒歩圏内と言えるか疑問であるし，少なくとも利便性に優れた場所とはとても言えない。また，事務局は，「生徒が集まるような学校を作りたい」とも言っているが，このような「不便な」場所に新校ができても，湖北地域以外のところ（南部）から生徒を呼び込むことは極めて厳しいことは容易に察しがつくし，これまで長浜北高校へ自転車通学していた地域の子どもたちにとっても通学が非常に厳しくなる。これでは，滋賀県教育委員会が「大学等への進学指導に重点を置く地域の中核的な普通科単独校」という新校のコンセプトを掲げても，全く「絵に画いた餅」になる恐れがある。このような理由等を鑑みれば，新校の校地に関して，長浜市および長浜教育検討委員会の提言に言う「ＪＲ駅の徒歩圏内」と事務局の言う徒歩圏内とは「合致する」どころか，非常に大きな乖離があると言わざるを得ない。端的に言えば，長浜市および長浜教育検討委員会は，新校の校地として長浜高校校地を適地とは認めていないということである。

　②に関連してもう1つ大きな問題は，10月臨時教育委員会会議録には記載されていないが，藤井長浜市長が正式に提示した新校の用地提供案に対してとった，嘉田知事や滋賀県教育委員会の対応である。第二次提言書を提出した際に，藤井長浜市長は新校の用地としてＪＲ長浜駅近くの企業遊休地を充てることを正式に提案したが，嘉田知事は「湖岸では液状化の問題がある」として，また滋賀県教育委員会も「一般論として液状化などの調査は必要」[16]として，この市長提案を受け入れなかった[17]。さて，その後の経緯を含めて見た場合，ここでいくつかの疑問が浮かび上がってくる。1つは，

市長提案の用地が湖岸にあり、それゆえ液状化の恐れがあるから受け入れないということであるならば、滋賀県教育委員会が新校の校地として位置づけている長浜高校も湖岸の近くにあり、その意味では校地として必ずしも適切とは言えないのではないか。地震による液状化現象の発生の怖れを、市長提案の受け入れを拒否する理由とするには説得力が乏しい。また、滋賀県教育委員会は、「調査が必要」と言いながら、調査どころか現地視察をすることもなく、市長提案を一蹴している。さらに言えば、市長が提案した用地は約4ヘクタールあり、長浜高校校地（約4.5ヘクール）と面積において遜色はない（ちなみに長浜北星高校は約4ヘクタールである）[18]。つまり、用地面積としては条件を満たしているという点で、滋賀県教育委員会が、県有地である長浜高校校地を新校と主張する絶対的根拠は崩れる。③の主張であるが、これを財政上の問題として理解するならば、長浜高校校地を売却し（住宅地に立地しているので、相当な売却益が期待できるのではないかと推測される）、それを市長提案の場所での新校舎建設・整備の財源の一部に充てることも可能である。とすれば、この理由も絶対的なものではなくなる。

第7節　新計画案の説明会と県民政策コメント

　滋賀県教育委員会は、県立高校再編計画案の発表後、説明会を開催したり県民政策コメントによって意見・情報収集を行ったりした。そして、保護者や県民から寄せられた意見等に対して滋賀県教育委員会の考え方を提示した。以下で、その概要について述べておきたい。

1．新計画案の説明会の開催状況

　滋賀県教育委員会による保護者および県民一般を対象とした新計画案の説明会は、2012年10月から11月にかけて県内5市で開催され、合計389人が参加した。内訳は次の通りである。彦根市では4会場（ひこね市文化プラザ：10月17日、稲枝地区公民館：10月25日、河瀬地区公民館：11月2日、ひこね燦ぱれす：11月4日）で開催され、参加者は108人であった。長浜市でも4会場（木之本公民館：10月15日、長浜勤労者総合福祉センター：10

第4章　滋賀県教育委員会の県立高校再編計画 ── 131

月29日，長浜市民交流センター：11月10日，湖北文化ホール：11月14日）で開催され，参加者は175人であった。米原市では11月6日に文化産業交流会館で開催され，26人が参加した。甲賀市では2会場（信楽中央公民館：10月31日，サントピア水口：11月11日）で開催され，参加者は69人であった。大津市では10月28日に大津合同庁舎で開催され，11人が参加した[19]。

2．県民政策コメントの実施結果

　滋賀県教育委員会は新計画案の説明会と並行して，滋賀県民政策コメント制度に関する要綱に基づき，2012年10月2日から11月15日までの間，意見・情報の募集を行った。その結果，96人から延べ286件の意見・情報が寄せられた。主な意見・情報の内訳は次の通りである。①基本計画では，「県立高等学校再編の基本的な考え方」関係が37件（実意見数38），「県立高等学校の現状と課題」関係が17件（実意見数23），「再編を進めるにあたって」関係が8件（実意見数8）などであった。②実施計画では，「長浜高等学校と長浜北高等学校の統合」関係が41件（実意見数44），「彦根西高等学校と彦根翔陽高等学校の統合」関係が34件（実意見数43），「職業系専門学科の改編等」関係が19件（実意見数26），「新しいタイプの学校の設置」関係が12件（実意見数13），「総合学科の充実」関係が10件(実意見数13)などであった。③その他として，「特別支援教育」関係が17件（実意見数17），「全県一区制度」関係が11件（実意見数13）などであった[20]。

　この実施結果から，特に県立高校再編の基本的な考え方や高校の統廃合に関する意見が多く寄せられていることがわかる。それだけ，これらの課題に対する県民の関心が高いことを窺い知ることができる。

3．説明会および県民政策コメントにおける主な意見等に対する滋賀県教育委員会の考え方

　説明会や県民政策コメントで保護者や県民の関心が特に高かったのは，統廃合を含む県立高校再編の必要性，彦根および長浜における県立高校の統廃合，1学級の適正規模の根拠，長浜新校の設置場所，福祉学科の廃止，農業学科の学級減などである。ここでは，これらの課題について滋賀県教育委員

会が文書で見解を述べている[21]ので,それらについて概観しておきたい。
(1) なぜ統合を含む再編が必要なのか

　生徒の多様なニーズ等に応える学習内容等の充実や様々な学習歴を持つ生徒に対応した取組が必要となっていること,規模の小さな学校が多くを占めている地域があること等から,将来をも見据えた子どもたちの豊かな教育環境を整えるため,統合を含む再編が必要と考えている。

　教育内容を充実させ,教育活動を活発なものとするには,「生徒自らの興味・関心,進路希望等に応じた学習ができる学校」「学校行事や部活動などの取組を活発に行うことができる学校」「多様な生徒や教師との幅広い出会い,集団活動を通して互に刺激し合うことができる学校」づくりが必要であると考える。

(2) なぜ彦根と長浜だけが統合の対象なのか

　学校の教育力の向上と地域全体の学校活力の維持向上を図るため,規模の小さな学校が多くを占めている地域において,学校の配置バランス,学科の特性,地理的条件などの地域性,学びの多様性の確保等を考慮しながら,複数の学校が近接して設置されている都市部において統合を実施することとしたもの。

(3) なぜ長浜新校の校地は長浜高校なのか

　新校の設置場所については,湖北地域全域,さらには広く県内から生徒が通えること,冬の除雪等にも配慮し,駅から徒歩で通える範囲とすることが望ましいこと等を考慮したもの。

(4) 長浜高校福祉学科は公立高校で唯一介護福祉士の受験資格が取れる高校であり,実績もあげているのになぜ廃止するのか。長浜北星高校の総合学科に福祉系列を設置し,介護福祉士の受験資格取得可能な類型を設けるとのことだが,実現できるのか

　長浜高校福祉学科については,法改正により介護福祉士試験の受験資格として必要な高等学校における学習の時間数が大幅に増加するとともに,医療系ケアの学習も課せられ,夏休み中も実習や授業を行う必要があることや,福祉科への入学希望者が第一次志望調査では定員に満たない状況も見られるようになったことを踏まえ,産業教育審議会からの答申を受けて,介護福祉

士の国家試験合格を目指すことを重視してきた福祉科教育のあり方を見直し，基礎的・基本的な学習に重点を置き，生徒の進路希望に応じて上級学校に進学し，さらに福祉に関する学習を深めることができる形に改めるもの。

　併せて，柔軟な教育課程を組むことができる総合学科の中に，福祉教育を取り込むことにより，福祉の基礎を学ぼうとする生徒から，より専門的に福祉教育を受けたい生徒までの幅広いニーズに対応した福祉に関する学習の機会を確保するため，福祉学科を総合学科の系列に改編するもの。

　なお，様々な御意見等を踏まえ，長浜北星高校総合学科の福祉系列では，介護福祉士の国家試験の受験資格が取得できる類型についても設けていくこととし，着実に準備を進めていきたい。

(5) 6学級から8学級を適正規模とする根拠はどこにあるのか

　一定の学校規模が必要との考え方は，高等学校関係者への聴き取りも踏まえた「県立学校のあり方検討委員会」（学識経験者や高等学校関係者などから構成）の報告において，多様な科目の開設など幅広い教育課程の編成，生徒や教師との幅広い出会い，学校行事や部活動などの集団活動の活性化などの観点からその必要性が謳われているところである。

　こうした報告等を踏まえ，1学年あたり概ね6学級から8学級を標準としているが，これはあくまで標準であり，必ずしも例外なく6学級から8学級でなければならないと考えているものではない。

(6) 彦根新校は，9学級規模の総合学科で運営がうまくいくのか

　規模のメリットを生かして，生徒一人ひとりが進路希望・個性・能力などに応じた学習ができるよう，幅広い講座を提供するなど，新校のコンセプトである「多様な学びの中から夢の実現を支援する学校」「多様な生徒が集い，互に切磋琢磨しながら夢を育み学ぶ学校」を目指していく。

　また，県議会での予算の議決が前提であるが，普通教室の増設や，家庭系列の実習施設，1学年360人の生徒全員での一斉授業が可能な大講義室を含む校舎を新増設するなど，1学年9学級規模の総合学科での多様な学習の展開を可能にする必要かつ機能的な教育環境を整備していきたいと考えている。

　さらに，定員を確保して欲しいとの意見や要望をふまえたものである。

(7) 農業学科は小学科改編後の学級数が1学級減となっているが，現状維持の学級数を要望する

　様々な御意見等を踏まえ，農業学科については，再編により学級数を減らすことはせず，生徒の志望状況等を踏まえ，募集定員を策定する中で検討していくこととする。

第8節　まとめ

　既に見たが，滋賀県教育委員会は，新計画案の説明会や県民政策コメントにおける県民の意見等に対する考え方を示すとともに，それに基づいて2012年12月20日に開催された滋賀県教育委員会12月臨時教育委員会において，「滋賀県立高等学校再編基本計画及び同実施計画」を全会一致で承認可決した。

　滋賀県教育委員会が策定した県立高校再編計画は，再編計画原案に比して大きく見直しがなされているとともに，再編計画案の見直しも行われている。詳細については別の機会に論じることにするが，長浜市および長浜教育検討委員会が2度にわたって滋賀県および滋賀県教育委員会に提出した提言書の内容を踏まえてこれらの見直しがなされたとするならば，私たちの活動も一定の役割を果たしたと言えるのではないか。

【註】
1) 高橋教育委員長は，委員会の審議に先立って，「県立高校の再編についての関係者や県民皆様の強い思いというものを，非常に重く受け止め」たと言明している（『10月臨時教育委員会会議録』2012年10月1日，滋賀県教育委員会ホームページ，p.1）。しかしながら，当日の会議は僅かに1時間（8：30～9：30）であり，それ以前において開催された2012年度の定例教育委員会においても臨時教育委員会においても，県立高校再編計画については全く議論されていない（平成24年度教育委員会会議の概要に記載されている各委員会の内容をホームページで確認）。
2) 平成24年10月臨時教育委員会会議録（資料6：「主な地域における高校再編計画(案)の概要」p.2）。
3) 河原教育長は，2012年6月13日に開催された滋賀県議会文教・警察常任委員会で，統廃合の対象校については，「この組み合わせが妥当」，「他の組み合わせを考えること

はない」と答弁している（『読売新聞』2012年6月14日付）。また，計画全体については「一部修正することで考えている」と述べている（『京都新聞』2012年6月14日付）。
4）『滋賀県教育委員会10月臨時教育委員会会議録（2012年10月1日開催）』pp.2-3。
5）平成24年10月臨時教育委員会会議録，資料6，p.1。
6）「魅力と活力ある県立高等学校づくりに向けて―滋賀県立高等学校再編実施計画―」（案），p.11。新聞社によっては，彦根西高校と彦根翔陽高校の統廃合に関して，再編計画では，両校を統合する際に，「普通，商業に加えて家庭科教育を充実させる」（『中日新聞』2012年10月2日付），「新校は，彦根西の家庭科を引き継ぐ形で家庭系列を新設し，普通，商業，家庭の各系列を置く総合学科高校とする」（『読売新聞』2012年10月2日付）と書いているが，再編実施計画原案および再編実施計画案の文面（「再編の内容」）を見る限り，滋賀県教育委員会の見解は変わっていない。ただし，「教育活動の特色」の欄に，「家庭科に関する専門知識や技能を身につけられる家庭系列」と記されてはいる。
7）『読売新聞』2012年10月2日付。
8）『毎日新聞』2012年10月2日付，『読売新聞』2012年10月2日付，『中日新聞』2012年10月2日付。
9）『読売新聞』2012年10月2日付。
10）『中日新聞』2012年10月2日付。
11）『毎日新聞』2012年10月2日付，『中日新聞』2012年10月2日付。
12）「魅力と活力ある県立高等学校づくりに向けて―滋賀県立高等学校再編実施計画―」（案），p.13。
13）拙稿「県立高校再編問題の新展開(2)―長浜市の第二次提言を中心に―」『人間文化』第35号。
14）『滋賀県教育委員会10月臨時教育委員会会議録』pp.5-6。
15）『滋賀夕刊』2012年10月20日付。
16）『京都新聞』2012年9月27日付。
17）『滋賀夕刊』（2012年10月20日付）の論説（「言論達意」）では，次のように書かれている。「知事が説明するように地震による液状化現象を懸念するのなら，県営施設の琵琶湖博物館や長浜ドームを湖岸から移設しなければならないのでは」。
18）「第2回長浜の未来を拓く教育検討委員会資料（参考5）」p.1。
19）「滋賀県立高等学校再編計画(案)説明会の実施状況について」p.1。なお，この資料は，2012年12月20日に開催された滋賀県教育委員会12月臨時教育委員会において配付されたものである。この委員会で，「滋賀県立高等学校再編基本計画及び同実施計画」が全会一致で承認可決された。
20）「『滋賀県立高等学校再編計画（案）』に対して提出された意見・情報とそれらに対する滋賀県教育委員会の考え方について」（滋賀県教育委員会12月臨時教育委員会に配付された資料）。
21）「滋賀県立高等学校再編計画（案）に係る『説明会』および『県民政策コメント』における意見等に対する考え方」（滋賀県教育委員会12月臨時教育委員会に配付された資料）。

第5章
県立高校再編計画の決定とその後の展開(1)

―2013年度統合新校設置懇話会での議論を中心に―

第1節　はじめに

　滋賀県教育委員会は，2012年12月20日に開催された12月臨時教育委員会において，「滋賀県立高等学校再編基本計画及び同実施計画」を全会一致で承認可決した。この再編計画は，同年10月1日に可決された再編計画案に対し，保護者や一般県民から寄せられた意見・要望を一部取り入れて，若干の微調整が施されたものである。同年12月21日に，滋賀県教育委員会は県立高校再編計画を滋賀県議会文教・警察常任委員会に報告した[1]。

　本稿では，微調整が施された個所の説明とそれに対する私見を述べるとともに，この再編計画に基づいて統合新校開設準備室が滋賀県教育委員会内に設置され，長浜・彦根両統合新校設置に向けての具体的作業が展開されているので，主として滋賀県教育委員会がホームページで公表した諸資料に基づいて，その点についても詳細に見ておくことにしたい。

第2節　再編計画の基調と変更点

　再編計画は再編計画案を微調整したものであることは既に指摘したが，長浜・彦根両地域の県立高校の統廃合に関しては再編計画原案と基調はほぼ同じである。当初は財政上の理由からの統廃合という色彩を濃厚に呈していたが，結果的には統合新校建設などに70億円とも90億円ともいわれる巨額の資金を投入することになった[2]。

　まず，基本計画に関して言えば，基本計画案とほとんど変わらない。「Ⅱ　県立高等学校の現状と課題」の「2　生徒の進路希望や課題の多様化」の「(2)　生徒の志望や進路状況の変化」のところで，「普通科へ進学する傾向が高まる」が「普通科へ進学する割合が高い状態にある」いうように文言が変更されているだけである（p.3）。これは，中学校卒業者の普通科への進学が頭打ちの状態にあることを意味していることによるものと考えられる。

　それに対して，実施計画では6ヵ所で修正が施されている。1点目は，「統合による新しい学校の設置」のところで，長浜・彦根両地域の統合新校の校

地や校名については,「両校の関係者等による検討委員会を設け,検討を行います」が,「両校の関係者等からなる懇話会を設け,意見を聴きながら検討を進めます」(pp.1-2) と変更されたことである。この点に関しては,「Ⅳ 具体的な再編内容」のところで,次のような追加記述がなされている。「新校の開校に向けて準備・検討を行う新校開設準備室を教育委員会事務局に設置します。検討にあたっては,両校の関係者等からなる(仮称)新校設置懇話会を設置し,教育理念や教育課程の編成,校名,校歌,校則などについて,意見を聴きながら進めます」(p.12, 14)。新校設置に関わることに関しては,滋賀県教育委員会が主導するものの,独断専行的に事を進めるのではなく,少なくとも両校関係者の意見を加味した上で滋賀県教育委員会が最終決定するという,一定の手続きを踏んだ内容になっている。ただ,両校関係者の意見が決定過程にどの程度反映されるのかは,この文面からは判然としない。このことに関しては次節で検討することにしたい。

　2点目は,「職業系専門学科の改編等」の「農業学科の小学科改編」のところで,長浜農業高校および湖南農業高校で1学年「3学級」が「4学級」に変更されたことである。これについては若干説明が必要である。というのは,両校とも改編前は4学科4学級(長浜農業高校:生物活用科,ガーデン科,食品化学科,環境デザイン科,湖南農業高校:農業技術科,園芸工芸科,食品化学科,環境緑地科)であったが,再編計画案ではそれぞれ3学科3学級(長浜農業高校:農業科,食品科,園芸,湖南農業高校:農業科,食品科,花緑科)となり,定員が1学級分削減された。しかし,再編計画では再編計画案とは異なり,募集定員の削減を伴わないで,つまり募集定員は改編前の4学級分のままで3学級編成としたのである(p.17)。こうした背景には,滋賀県教育委員会が統廃合や廃止を提示した関係地域からの定員総枠の確保の主張を考慮せざるを得なかったことが横たわっていると考えられる。ちなみに,長浜市・長浜教育検討委員会の第二次提言においても「地域内での定数の確保」について要望がなされている[3]。ただ,基本計画の「Ⅳ 再編をすすめるにあたって」のところで,「県立高等学校の募集定員については,地域ごとの中学校卒業予定者数や進学志望の動向などを踏まえ,それぞれの年度において,地域ごとの定員を確保していきます」と記述されているので,

この定員総枠は固定的なものではなく，中学校卒業予定者数に対応して変更がなされうる流動的なものであると捉えることが現実的である[4]。

3点目は，「総合学科の充実」の「長浜北星高等学校総合学科に福祉系列を設置」「長浜高等学校福祉学科の廃止」のところで，「教育活動の特色」欄において，「なお，生徒の進路希望に応じて上級学校への進学や介護福祉士の資格取得を目指す生徒にも対応できる教育課程を設定する」との一文を追加したことである。これは，保護者および県民一般を対象とした説明会や県民政策コメントで寄せられた，長浜高校福祉学科の廃止に伴い介護福祉士の受験資格がなくなることに対する意見に対して，滋賀県教育委員会が次のように文書で見解を述べたことに基づいている。「なお，様々な御意見等を踏まえ，長浜北星高校総合学科の福祉系列では，介護福祉士の国家試験の受験資格が取得できる類型についても設けていくこととし，着実に準備を進めていきたい」[5]。

第3節　統合新校設置懇話会

2014年4月1日，滋賀県教育委員会は滋賀県教育委員会規則第4号「統合新校開設準備室設置規則の一部を改正する規則」を公布・施行した。その第3条で「準備室に室長を置き，その職にある者は，上司の命を受けて準備室の事務を掌理し，所属職員を指揮監督する」とある[6]。これは，「統合新校開設準備室設置規則（平成24年滋賀県教育委員会規則第6号）」により，統合新校設置懇話会要綱に基づいて長浜と彦根にそれぞれ設置された統合新校設置懇話会（以下，懇話会）での意見交換の結果を受けて，滋賀県教育委員会として統合新校のあり方を審議・決定するために規則が改正されたものである。懇話会の位置づけは，教育理念や教育目標，校名，校歌などについて準備室が示した案について懇話会委員が意見を述べる（最終的には，県教委で審議され，決定される），というものであった[7]。両懇話会ともそれぞれ5回会議が開催されて，一定の方向性が示された。以下で，両懇話会で示された内容の概略を記しておきたい。

1．長浜統合新校設置懇話会

　まず，同懇話会のメンバーを見ておこう。委員は次の7人である。浅見幸則（長浜市ＰＴＡ連絡協議会会長），岩崎陽子（長浜北高校学校評議員），北川庸子（長浜高校学校評議員），田中智佐人（長浜高校同窓会長），藤井茂樹（長浜市企画部長），宮腰悦子（児童文化活動支援グループ「すずめの学校」代表），吉田豊（長浜北高校同窓会長）。また，統合新校開設準備室（以下，準備室）のメンバーは次の3人である。辻浩一（統合新校開設準備室長，長浜北高校長），堤須賀彦（統合新校開設準備室参事，長浜高校長），茶谷不二雄（滋賀県教育委員会事務局学校支援課参事）[8]。

　同懇話会は2013年度に5回会議が開催されたが，主として各会議の「会議概要」に依拠して，その内容の概要を示しておきたい。

(1) 第1回会議（2013年5月13日）

　会議の主な内容は，①懇話会の位置づけと進め方について，②滋賀県立高等学校再編基本計画および同実施計画についてであった。この会議で懇話会委員側からは，「県の南の地域からも生徒が来るような学校づくりをしてほしい。県レベルの教育の質を上げていく中で，湖北の位置付けをしっかりとしてほしい」「地域の核となる学校を期待する」「中途半端な学校づくりでは，新校はつぶれてしまう。……。湖北の生徒の取り合いをするのではなく，……，全面的な県の協力のもとで，魅力ある学校をつくっていく」などの意見・要望・思いなどが示された。

　これに対して準備室が示した見解は，次のようなものである。第1に，新校の設置場所については，「8学級規模の生徒が収容できる施設の整備については，既存の施設の活用とともに新増築により教育環境を整えていく」「新校の設置場所は県有地の活用を基本としており，長浜高校の校地を活用する。長浜市から提案のあった土地提供については，今から新しい場所に建設するとなると期限の問題や新たな予算確保の問題が出てくる」と述べた。第2に，統合新校のビジョンに関しては，「長浜，長浜北両校は，外国語能力強化地域形成事業の指定を受けて英語教育の充実に向けた取組を始めている。虎姫

高校は，ＳＳＨ（スーパーサイエンスハイスクール）[9]の指定を受けて，理数教育の充実に取り組んでいる」「英語教育について，準備室で具体的に検討していく。例えば，米原高校の英語教育は普通科の中の1クラスを英語コースとして特化しているが，新校では全校で取り組むことになり，今までにない英語教育に取り組む。長浜市が取り組まれている小学校からの英語教育を活かす方向で検討している」「統合新校は基本計画の中で地域の中核となる進学校を目指すとしている。今後，教育理念や教育目標，校名，校歌などについて準備室が案を示し，懇話会委員の皆さんからご意見をいただきたいと考えている。最終的には，県教委で審議され，決定される」との見解を示した。

　さて，このような懇話会委員および準備室双方の意見や見解から何が言えるのか，少し検討しておきたいと思う。第1に，懇話会の位置づけについてであるが，これはあくまでも滋賀県教育委員会が提示した案について意見を聞き置くための組織であり，最終決定権は滋賀県教育委員会にあることを明示している。したがって，懇話会委員側の意見・要望・思いが統合新校設置プランにどの程度反映されるのか判然としない。第2に，統合新校のビジョンに関しては，再編計画原案に比べて幾分明確になってはいる。とりわけ英語教育の充実については，先行する米原高校との相違，長浜市の英語教育の取組を活かしたものとすることなどが示されている。しかしながら，第3に，懇話会委員側の意見・要望として出ていた統合新校の湖北での明確な位置づけについての準備室の見解に対しては，依然として疑問が残る。特に，統合新校を基本計画では「地域の中核となる進学校」と明確に位置づけている（そのことに関しては準備室も言及している）が，準備室が示した見解からは，これが「絵にかいた餅」になるのではないかとの疑念が残る。このように言う理由の1つは，統合新校の設置場所，2つは虎姫高校との関係（特に，学級規模）おいて疑義があるからである。前者に関しては，既に別の機会に詳細に述べている[10]ので，要点だけ示しておくことにしたい。藤井長浜市長が統合新校の設置場所として提案したＪＲ長浜駅から徒歩5分圏内にある企業遊休地に対して，滋賀県および滋賀県教育委員会は「液状化の問題」を主たる理由にして市長提案を一蹴した[11]。今回の懇話会で準備室は統合新校の設置場所として長浜高校校地とした理由の一つとして，そのことについて懇

話会で触れたのかもしれないが「会議概要」には記載されていない。理由として挙げられているのは、「期限の問題」と「新たな予算確保の問題」だけである。「液状化の問題」を主たる理由として受入を拒否したのであるから、その点については明確に説明すべきである。また、長浜高校校地はJR長浜駅から約2キロメートル（徒歩約30分）のところにあり、湖北地域の生徒にとっても決して至便の地ではない。自転車通学する生徒にとっても、特に冬場の利便性が悪い。このような場所であるから、湖北以南から生徒を呼び込めるような立地条件を有しているとはとても言えない。このことから、長浜高校校地に統合新校を設置した場合、よほど生徒や保護者が魅力を感じるビジョンを立てない限り、それは「地域の中核となる進学校」になることは困難であるし、場合によっては懇話会委員の指摘にもあったように、「新校はつぶれてしまう」可能性も否定できないであろう。疑念の2つ目の虎姫高校との関係についてである。これも既に別の機会に問題点を指摘している[12]が、統合新校の定員数は統廃合対象の2校分（1学年10学級）を確保するとなっている[13]。しかし、再編実施計画では1学年8学級となっており、残り2学級分が宙に浮いたままである。この2学級分が基本的に湖北地域のいずれかの高校に配分されることになるが、滋賀県教育委員会は「例えば虎姫高等学校等」と、再編実施計画で具体的に例示している。この言葉の持つ意味は非常に重い。それは単なる例示レベルを超えて、虎姫高校の定員増を意味しているからである（既に2014年度に1学年5学級から6学級へ定員増）。このことから考えられることの一つは、ＳＳＨの指定を受けている虎姫高校が「理系の進学校」、統合新校が英語教育重視の「文系の進学校」というように、進学校としての棲み分けができれば、懇話会委員が指摘したように「湖北の生徒の取り合い」をせずに共存していけるのではないかということである。しかし、「中途半端な学校づくり」をすれば、進学校間（特に虎姫高校と長浜北高校）での生徒の移動（＝より上位の進学校への「玉突き現象」）が加速し、その結果、統合新校の「地域の中核となる進学校」は「絵に画いた餅」になってしまうであろう。

(2) 第2回会議（2013年7月19日）

　会議の主な内容は、①校名の選定方法について、②部活動についてであった。校名の選定方法について、準備室は公募を示唆し、その際、募集要項に統合新校のコンセプトを提示するとの見解を示した。公募にする理由として、①地域の関心が高く、期待も大きいこと、②地域に根ざした学校づくりのためにも必要であることを挙げている。また、募集する際に、校名案が限定されないように応募条件（教育理念等の条件）はつけないとの考えも示された。

　部活動については、準備室から次のような見解が示された。①中学校3年生には、長浜、長浜北両校が同じ内容で、8月の体験入学で説明する。②統合新校のコンセプトに文武両道の重視がある。特色ある部活動としてアメリカンフットボール、ホッケー、弓道は存続させたが、特にグラウンド種目の整理が必要となり、ソフトボール、硬式テニスは設置しないこととしている。③文化部は、2016年度以降に新たに設置することも可能である。④部活動は、生徒の達成感も大きく、学校の活性化のために非常に大きな要因となる。できるだけ多く部活動を設置し、生徒の選択肢を広げ、9割近くの加入率を目指したい。⑤弓道部の練習場所は、長浜市にある弓道場の借用や、グラウンドに仮設の練習場所を設けることも検討している。

　さて、部活動については再編基本計画においても再編実施計画においても、「部活動や学校行事などの集団活動の活性化」「部活動や学校行事などの充実」という文言以外ほとんど書かれていない。滋賀県教育委員会が今回の県立高校再編において普遍的な教育理念の1つとして「活力ある学校づくり（豊かな教育環境の提供）」を掲げ、部活動をその重要な要素としているわりには、あまりにも記述が少なすぎはしないだろうか。また、両計画とも「集団活動の活性化」を謳っているが、準備室の説明からは具体的な活性化の方向性が見えてこない。むしろ、グラウンド種目の整備の必要性によって部活動の種目が制限あるいは削減されるとの意向が示されている。もしそうであるならば、再編基本計画や再編実施計画に書かれている、「部活動や学校行事などの充実」「生徒に対し、時代に対応した豊かな教育環境を提供する」「多様な学び」という文言との整合性はどうなのか、との疑念が残る。

　この2つの検討課題の他に、準備室側から「準備室では、新校の教育理念

等の検討にあたっては，『校訓』『教育目標』『教育方針』の三つに絞って検討を重ねている」と，教育理念についての言及がなされた。

(3) **第3回会議（2013年9月19日）**

　会議の主な内容は，①統合新校名の教育理念，教育方針について，②校名募集要項および校名募集用紙についてであった。第1に，統合新校名の教育理念，教育方針についてであるが，準備室は前回会議で，「校訓は『自彊不息』が良いと思っている。両校の歴史や思いが込められたものがよい」と述べている。これを受けて，準備室より会議資料として「長浜統合新校の校訓，教育目標，教育方針について（案）」が示された。内容は次の通りである。
［校訓］：「自彊不息」（じきょうやまず）…休むことなく努力する
　これは，両校の校訓を引き継ぐものであり，教職員，生徒双方に求めることができる校訓である，と説明されている。
［教育目標］：「人格を陶冶し，自立と共生の精神を培い，社会に貢献できる人材を育成する」
　会議資料に基づいて少し説明しておくと，「人格の陶冶」とは「教育の普遍的な目標」であり，「自立と共生の精神を培う」は「主体性と自主性から『自立』へと導く。『自立』を排他的な観点で捉えるのではなく，他者との関わりの中で，グローバル社会の中で，多様な価値観や考え方を認め合い，他者とともに生きていこうとする『共生』の精神と両立させる」というものである。また，「社会に貢献できる人材の育成」とは「最終的には，それぞれの分野で，社会に貢献できる人材を育てる」ことである。
［教育方針］
　教育方針は，校訓や教育目標を具体化したもので，次の6点が示されている。
① 「自己の可能性を追求し，高い目標に向かって努力する姿勢を育む」：校訓を具体化したもので，「何事においてもより高い目標に向かって努力し，その姿勢が自己開発につながる」，とするものである。
② 「自ら学び，考え，判断する力を持つ，自立した学習者を育成する」：「自主的，主体的な学習態度の育成を目指す。あくまで，基礎基本の習得のあ

とに期待する学習態度である」。
③「自らを尊び，他人を思いやり，助け合う心を涵養する」：教育目標の中の「人格の陶冶」，「共生」を具体化したもので，「自分を大切にすることが他人を大切にすることにもつながり，相互扶助の共生社会を構築する。『自らを尊ぶ』は自分の持っている資質，能力を発見し育てることにもつながる」，とするものである。
④「自らを律し，心身ともにたくましい生徒を育成する」：「けじめのある生活習慣が文武両道を可能にする」。
⑤「グローバル社会において，高い志を持ち，主体的に行動できる資質や能力を育む」：「若者たちの内向き思考，同質化志向，周囲との摩擦や衝突を避け自らを主張できない傾向から脱却し，グローバル社会を舞台にして，相手の意見をしっかり聴き，自分の意見をはっきり主張できる人材を育てる」というものであり，そのために「県のモデルとなる英語教育を展開する」，としている。
⑥「郷土を愛し，伝統・文化を尊び，地域の発展に尽くそうとする態度を育む」：「グローバルな視点で学んだことを地域の活性化に生かしていく」ということであり，これは，教育基本法第2条第5項「伝統と文化を尊重し，それらをはぐくんできた我が国と郷土を愛するとともに，他国を尊重し，国際社会の平和と発展に寄与する態度を養うこと」の精神を導入したものである。

(4) 第4回会議（2013年12月24日）

会議の主な内容は，統合新校の校名案についてである。準備室は，懇話会の意見を最大限参考にしたいとの見地から意見出しを求めた。これを受けて懇話会委員から種々意見が出され，共通の要望として「長浜」を残すこと，そして具体的に「長浜高校」「長浜北高校」「長浜開知（開智）高校」を校名の候補とすることになった。

(5) 第5回会議（2014年1月24日）

会議の主な内容は，前回に引き続き統合新校の校名案についてであった。

準備室から，3つの校名候補以外に新たな校名候補があれば挙げるよう求めたのに対し，懇話会委員から「長浜ブライトン高校」「長浜桐豊高校」が候補に挙がった。結果，懇話会ではこの5案について意見交換がなされた。それぞれの校名に関する主な意見は次の通りである。

［長浜高校］
　「『長浜』は立派な名前で遜色がない」「分かりやすく，大きな名前」との肯定的意見もあったが，それに異議を唱える意見として，「長浜北の卒業生が反対する校名」「新校は長浜高校の校地になり，校名も『長浜』では吸収合併のイメージはぬぐいきれず，『長浜北』は何も残らないことになる」といった否定的意見，および「旧の学校のイメージに支配されやすく，現在の学校を超えられない」という既存の名前をつけることに対して疑問を呈する意見などが出された。

［長浜北高校］
　「100年有余の伝統もあり卒業生も多い。応募数を見ても，卒業生の『長浜北』への思いは強い」「長浜市を代表する進学校のイメージが引き継がれる」「県の南部の人々も『長浜北』の歴史やネームバリューは知っている」といった肯定的な意見が出た一方で，「『長浜』と同じく旧校のイメージを超えられない」「地理的には新校は長浜市の北ではなく南にある」といった否定的な意見も出された。

［長浜開知高校］
　「『開知』は教育の志がわかるし，新校に対する大きな期待という意味では良い校名」「長浜最初の小学校であり，原点に立ち返って，これからを見つめ直すという意味があるような校名」「明治時代は教育は長浜が一番だった。県下の教育を目指してほしという意味を持つ校名」といった肯定的な意見が出た一方で，「過去に向かう感じ，古臭い感じは拭えない」「文明開化の明治時代のイメージ。地域に密着しているが，ベクトルが過去に向かい，未来に向かってというイメージではない」といった，アナクロ的なイメージに対する否定的な意見や，小学校の校名を新校名とすることに対する違和感が示された。

［長浜ブライトン高校］

「新しいものに対する期待感は感じさせる。斬新な校名」「教育目標に合致している。音の響きも良く，生徒にも愛される校名」といった肯定的な意見があったものの，「ホテル名のイメージは拭えない」「公立高校のイメージではない」「校訓の『自彊不息』からは，かけ離れた校名」といった否定的な意見も出された。

[長浜桐豊高校]

「高校の校章のデザインに桐が使われているということ。『豊』は豊かな心と体を育むという校名公募の理由から良い」という肯定的意見に対して，「豊臣秀吉のイメージが付きまとう。秀吉にはいろいろと思いを持つ人もいる」「『桐豊』に意味が読み取れない。親しまれているのは旧長浜市内だけだ。浅井地域の人々の思いは違うはず」「現長浜市は浅井長政も輩出している」といった否定的な意見も出された。

今会議では5案について意見交換がなされたが，懇話会委員にとって「長浜ブライトン高校」「長浜桐豊高校」は校名案として懸念される点の方が多かったとの印象であった。

ちなみに，「長浜統合新校応募校名一覧」によると，長浜統合新校の応募総数は139件，応募校名数85点であった。そのうち，「長浜北高校」29点，「長浜開知高校」5点，「長浜桐豊高校」3点，「長浜高校」1点，「長浜ブライトン高校」1点であった。

2．彦根統合新校設置懇話会

まず，同懇話会のメンバーを見ておこう。委員は次の7人である。岡崎正彦（彦根市ＰＴＡ連絡協議会会長），杉本定幸（彦根翔陽高校同窓会長），福渡努（滋賀県立大学人間文化学部准教授），藤田隆行（彦根西高校同窓会長），宮野由紀絵（彦根西高校学校評議員），八谷啓子（彦根翔陽高校学校評議員），堀川英雄（彦根市企画振興部長）。また準備室のメンバーは次の3人である。小林庄司（統合新校開設準備室長，彦根翔陽高校長），篁大英（統合新校開設準備室参事，彦根西高校長），茶谷不二雄（滋賀県教育委員会事務局学校支援課参事）。

同懇話会は2013年度に5回会議が開催されたが，主として各会議の「会

議概要」に依拠して，その概要の内容を示しておきたい。

(1) **第 1 回会議（2013 年 5 月 15 日）**
　会議の主な内容は，①懇話会の位置づけと進め方について，②滋賀県立高等学校再編基本計画および同実施計画についてであった。まず，議題 1 の懇話会の位置づけについては，「懇話会は，再編計画の円滑な実施に向けてご意見をいただく場であると，ご理解いただきたい」との見解が準備室によって示された。
　議題 2 について，まず，準備室は統合新校の規模および移行期における 3 校併置について，「統合新校の 9 学級は，彦根市内の学校での進路保障を考えたもの。3 校併置は県民説明会等で後輩のいない学校はよくないとの意見を踏まえたもの。他校の定員を増やすことも検討したが，耐震工事や増築場所等の問題があり難しいと判断した」と説明した。また，統合新校のビジョンについては，「どのような 9 学級の総合学科を作っていくかについては，今後検討を重ねていきたい」と述べ，この段階では構想が確定していないことを明らかにした。懇話会委員からは，統合新校の校地となる彦根翔陽高校の増築工事に伴う生徒等の安全面の確保に関する意見・要望が多数出された。これに対して準備室は，「平成 28 年度再編スタートを目指しており，今年度に基本設計を行い，平成 26・27 年度には工事に入る予定で準備を進めているところ。工事車両と通学路の安全面の確保が必要であるが，安全面については，建築課とも協議しながらしっかりと対応していきたい」と答えている。また，計画上は対等な合併であるため，跡地利用や彦根西高校の生徒や同窓会への思いに配慮してほしい旨の発言もあった。

(2) **第 2 回会議（2013 年 7 月 17 日）**
　会議の主な内容は，①校名の選定方法について，②部活動についてであった。まず，校名の選定方法について，準備室は「在校生や保護者についても，あくまでも一般公募で応募してもらうこと」や，「応募条件を制約しない方向で実施」するとの見解を示した。また，「選定にあたっては懇話会の意見を尊重してもらいたい」との懇話会委員の要望に対して，準備室は，「公募

で応募のあった校名について懇話会から意見をいただいて，ある程度絞っていきたいと考えている」と答えている。

次に，部活動について，準備室は次のような見解を示した。「平成28年度に新校に設置する部活動は，運動部15部と文化部13部を考えている」「9クラス規模の部活動数としては少ないのではという意見もあるが，例えばサッカー部については，現在活動実績がなく，練習場所の確保に課題が想定されるなどの理由から設置しない方向で考えている」「新たに部活動を設置することは，新校を開校した時点で検討すればよいという考えに立っている」「既設の部活動をなくすのは，顧問の配置や練習場所の確保が課題となるためである」。

私は，このような部活動に対する準備室の見解に対して違和感を禁じえない。この件に関しては，2012年の滋賀県議会9月定例会（12月3日）で彦根選挙区選出の中沢啓子議員（民主党・県民ネットワーク）が質問し，河原教育長が答弁しているので，まず，それについて見ておこう。

[中沢議員]：「例えば，彦根の両校の場合，学級数は合わせた規模，つまり1学年9学級を維持するとしていますから狭い敷地に2校の生徒が入ることとなります。グラウンドを初め，その他施設の狭小さはどのように対処していくのでしょうか。狭小かつ過密状態で，基本コンセプトである魅力ある学校づくりや活力ある学校づくり，あるいは学校行事や部活動などの取り組みを活発に行うことができる学校を実現できるとは考えにくいのですが，この点についてのお考えをお伺いいたします」。

[河原教育長]：「次に，3点目の，狭小な施設で魅力と活力ある学校づくりができるのかとの御質問についてでございますが，彦根新校につきましては，彦根翔陽高校校地に新たに設置する家庭系列の学習施設や1学年9学級規模の総合学科での多様な学習の展開を可能にする施設・設備の整備，また，長浜新校につきましても，長浜高校校地に1学年8学級規模に対応できる施設等の整備を行い，それぞれの新校で想定される学校規模等に応じた必要かつ機能的な教育環境の整備を進めることとしており，生徒の幅広い学びを保障し，生き生きとした高校生活が送れるよう，魅力と活力ある学校づくりに取り組んでまいりたいと考えております」。

この中沢議員の質問に対する河原教育長の答弁は，具体性に乏しく，無難さを優先した理念的かつ抽象的な答弁との印象は否めない（滋賀県議会本会議での質問は事前通告制を採っているので，前もってそのように答弁することが事務局側から求められていたのかもしれないが）。このような滋賀県教育委員会の部活動に関する見解は，懇話会第3回会議に「会議資料」として配布された「教育の基本方針について（案）」にも示されているので，そこのところで再度見ることにするが，私は，中沢議員が指摘しているように，狭小で過密状態が予想される校地で「いきいき・のびのび」した部活動ができるとは，想定し難い。ただ，部活動数が多ければ，それで「豊かな教育環境」や「多様な学び」が担保されると思っているわけではない。新校の設置状況に対応する形で部活動数を精査・設置し，内容を充実させることの方が重要だと思っている。しかし，長浜新校の場合と同じように，再編基本計画や再編実施計画に謳われている内容との整合性が問題になる。最初から既存部活動の「制限あるいは削減ありき」では，整合性がとれないのではないか。私は，そう思う。

(3) **第3回会議（2013年9月18日）**

　会議の主な内容は，①統合新校の教育理念，教育方針について，②校名募集要項および校名応募用紙についてである。前者についてであるが，準備室は次のような見解を示した。「現在，子どもたちのために，進学にも就職にも強く，さらに地元から信頼されるよりよい総合学科の創設を検討している」「進学体制の中で特色化を図るのではなく，それぞれの系列で特色が打ち出せるよう，全国の総合学科からも学びながら，どういう総合学科にしていくか検討していきたい」。このような見解に基づいて提示されたのが，「教育の基本方針について（案）」である（「第3回会議資料」）。これには次のようなことが書かれている。
［ミッション］：使命，存在意義，役割
　①生涯学習：生涯にわたり学習する基盤を養い自己実現できる能力の育成を目指す学校
　②地域貢献：地域社会の構成者として明日を切り拓く人材の育成を目指す

学校
　　③進路実現：専門性や教養，学力の向上を図り，一人ひとりの進路の実現
　　　を目指す学校
［コンセプト］：概念，思想…新校におけるあらゆる教育活動，学校生活に流
　れる基本的な考え方，思想
＊「いきいき・のびのび」学校生活，「わくわく・どきどき」学習活動
　・部活動や学校行事，生徒会活動を通し，生き生きとした学校生活を送る
　・伸び伸びとした学校生活，生き生きとした学習活動を通し，秘められた
　　（隠れた）自らの力（能力）を見つけ（発見し），引き出し，活かしどん
　　どん伸ばす
［教育理念］
　幅広い教養と確かな学力，専門性の向上を図るとともに，規範意識や社会
性などの育成を通し豊かな人間性を育み，社会に貢献できる逞しい人間を育
てる
［ビジョン］：目指す学校像
　①生徒一人ひとりの学びのニーズに応える多様な学びのメニューを設けた
　　普通・商業・家庭系列の総合学科
　②自ら選んだ系列の学習を通し幅広い教養や高い専門知識を習得し，生徒
　　一人ひとりの進路の実現を図る総合学科
　③部活動や生徒会活動をはじめとする様々な教育活動の中で生徒自らが「い
　　きいき・のびのび」活動し生徒一人ひとりの力が発揮できる総合学科
　④基本的な生活習慣の確立や秩序ある生活指導など卒業後を見据えた指導
　　を通し社会性や人間力を育成する総合学科
［教育目標］
　①幅広い教養と高い学力，専門的知識・技術の習得と確かな進路の実現
　②生徒一人ひとりの個性と人格の尊重および逞しい人間の育成
　③現代社会に生きる豊かな人間性と強い心の育成
　④社会に貢献できる明るい健康な人間の育成
［アドミッションポリシー］：求める生徒像
　部活動や学校行事，生徒会活動などの「いきいき・のびのび」した学校生

活,「わくわく・どきどき」する学習活動に自ら積極的に取り組み,秘められた能力を発見し,それを引き出し,伸ばし,自らの進路希望を実現しようと努力する生徒

　以上が,第3回会議当日に配付された資料の内容である。ここには,進学体制においてではなく,普通・商業・家庭系列から構成される総合学科としての特性を前面に押し出した教育の基本方針が示されている。もともと彦根西高校も彦根翔陽高校も進学校として位置づけられていたわけではないので,この基本方針は妥当であろう。ただし,繰り返しになるが,統合新校は1学年9学級の県下有数の大規模校であり,1学年4学級あるいは5学級のもとで行われていたこれまでのきめ細かな学習活動(例えば,彦根西高校で実践されてきた「学びの共同体」)や学生生活がどこまで実現可能なのか疑問の残るところではある。

(4) 第4回会議(2013年12月25日)

　会議の主な内容は,統合新校の校名案についてである。この会議では,校名案の絞込み作業が行われた。懇話会委員からさまざまな意見が出されたが,「彦根」が付いた校名がよいとの意見が多く出された。具体的には,「彦根芹川」「翔陽」「翔西館」(「彦根」を冠することも含めて考える)「彦根旭」「彦根彩華」「彦根清翔」「彦根西翔学館」「彦根中部」「彦根飛翔」などが候補として挙げられた。

　これを受けて,次回会議でさらに絞り込むことになった。

(5) 第5回会議(2014年1月29日)

　会議の主な内容は,前回に続いて統合新校の校名案についてであった。前回会議で校名候補が9つに絞られたが,今回はこれを踏まえ,新たな校名候補があればそれを挙げ,さらに候補を絞り込む作業が行われた。準備室は校名候補を絞っていくに当たり,「地名を冠する校名」「両校の校名を合わせた校名」「全く新しい校名」の3つのグループに分けて意見を聞いた。その結果,最終的に「彦根芹川高校」と「彦根翔西館高校」が校名候補となった(ただし,懇話会としては順位付けはしない)。両候補の懇話会の意見のまとめは

次の通りである。
［彦根芹川高校］
　①肯定的意見
　・統合対象両校が彦根の中心部を流れる芹川のほとりにあり，なじみがあること。
　・新校が設置される彦根翔陽高校の所在地が芹川町であること。
　②否定的意見
　・彦根市以外の人からすると分かりづらい。狭い地域の名前。
［彦根翔西館高校］
　①肯定的意見
　・両校の名前を一文字ずつ引き継ぎ，両校の伝統や歴史を次の世代に語り継いでいくことが表されている校名になっていること。
　・みんなの学びの館という意味合いの「館」を付けることは，県内の校名としては新鮮。音の響きも良い。
　・「翔」は昇る朝日，「西」には沈む夕陽を連想させ，この学びの館でかけがえのない高校生活を，一日一日有意義に過ごしてほしいという願いが込められている。
　②否定的意見
　・単に両校の校名を合わせただけと思われる。

　ちなみに，「彦根統合新校応募校名一覧」によると，彦根統合新校の応募総数は116件，応募校名数は92点であった。そのうち，「彦根芹川高校」7点，「彦根翔西館高校」0点であった（ただし，類似の校名として「彦根西翔学館」1点，「彦根翔西高校」1点，「翔西館高校」1点，「彦根西翔高校」1点）。

第4節　まとめ

　滋賀県教育委員会は，2014年3月24日に長浜と彦根の両統合新校の校名案を発表した。発表によると，長浜統合新校は「長浜北高校」，彦根統合新校は「彦根翔西館高校」とするとある。前者は「両校の名が息づいており，両校の良き伝統や成果などを継承しつつ，力を合わせ，さらなる高みに向かっ

て取り組んで行く，出発への決意を表してい」る，などとしている。一方，後者は統合前の両校の歴史や伝統を引き継ぐ意味を込め，それぞれの校名から1字ずつを取った。館の文字が新鮮であり，音の響きもよい，などとしている。いずれも，統合新校設置懇話会が示した複数の案からそれぞれ選んでいる。統合新校の校名は，2015年2月の滋賀県議会2月定例会において「滋賀県立学校の設置および管理に関する条例」の改正を経て，正式に決定する見通しである[14]。

【註】

1) 『しが彦根新聞』2012年12月24日付。
2) 「『滋賀県立高等学校再編計画（案）』に対して提出された意見・情報とそれらに対する滋賀県教育委員会の考え方について」（滋賀県教育委員会12月臨時教育委員会に配付された資料），『滋賀民報』2013年1月13日付。滋賀県議会の2014年2月定例議会に，耐震化の推進および統合新校建設のための資金として32億円余りが計上された（滋賀県議会 正副議長の記者会見：2014年2月10日）。また，滋賀県議会は2015年2月17日の定例議会で，統合新校「彦根翔西館高校」（仮称）の校舎建設費16億920万円を支払う契約を即日採決で可決した（『毎日新聞』2015年2月18日付）。
3) 第二次提言書には，次のように記されている。「教育の機会均等を図る意味でも，最低でも地域内の中学卒業予定者数を基本において，地域内での定数を必ず確保されたい」（長浜市・長浜の未来を拓く教育検討委員会『魅力と活力ある高等学校づくりに向けて─滋賀県立高等学校のあり方に関する提言（第二次提言）─』2012年9月，p.3）。
4) 滋賀県教育委員会は，2015年度の県立高校第1学年の募集定員を次のように決定した。全日制課程は，募集定員10,560人（264学級）で，昨年度と比較して120人（3学級）の減員，定時制課程および通信制課程は，それぞれ昨年度と同じ320人である。ちなみに八日市高校普通科が40人増員，北大津高校普通科，玉川高校普通科，野洲高校普通科，長浜農業高校農業科が40人減員となっている。滋賀県教育委員会は，「募集定員は，中学校卒業予定者数や進学志望の動向，学校施設の状況などを勘案して決定」したとしている。
5) 「滋賀県立高等学校再編計画（案）に係る『説明会』および『県民政策コメント』における意見等に対する考え方」（滋賀県教育委員会12月臨時教育委員会に配付された資料）。
6) 『滋賀県広報』2014年4月1日，号外（6）。
7) 「長浜統合新校設置懇話会第1回会議概要」（2013年5月23日開催）p.2。彦根では，「懇話会は，再編計画の円滑な実施に向けてご意見をいただく場である」との見解を示している（『彦根統合新校設置懇話会第1回会議概要』〔2014年5月15日，p.2〕）。

8)「長浜統合新校設置懇話会会議概要」(第1～5回)に記載。
9)将来の国際的な科学技術関係人材を育成するために,先進的な理数系教育を実施する学校として文部科学省が指定し,学習指導要領によらないカリキュラムの開発・実践や課題研究の推進,観察・実験等を通じた体験的・問題解決的な学習等を行う取組。現在,滋賀県では膳所高校,彦根東高校,虎姫高校が指定されている(「魅力と活力ある県立高等学校づくりに向けて―滋賀県立高等学校再編実施計画―」滋賀県教育委員会,2012年12月,p.5)。
10)拙稿「滋賀県教育委員会の県立高校再編計画(案)」『人間文化』第37号,2014年10月。
11)『京都新聞』2012年9月27日付。
12)拙稿「滋賀県教育委員会の県立高校再編計画(案)」『人間文化』第37号。
13)滋賀県教育委員会は再編実施計画で,「中学校卒業予定者数や進学志望の動向などを踏まえ」という条件をつけてはいるが,「地域ごとの定員を確保」すると明記している。
14)『毎日新聞』2014年3月25日付,『しが彦根新聞』2014年3月26日付,『朝日新聞』2014年3月28日付,『近江毎夕新聞』2014年4月2日付。

第 6 章
県立高校再編計画の決定と
その後の展開(2)
――2014年度統合新校設置懇話会での議論を中心に――

第1節　はじめに

　統合新校設置懇話会は，2013年度と2014年度の2年間，長浜と彦根に設置された（統合新校開設準備室は長浜北高校と彦根翔陽高校に設置）。ここでは主として滋賀県教育委員会がホームページで公表した会議録に基づいて，2014年度のそれぞれの懇話会で議論された内容を概括しておきたい。

　特に指摘しておきたいことは，議論の進捗状況が両懇話会で大きく異なっていることである。詳細は後述するが，彦根統合新校設置懇話会では統合新校の校歌，校章，制服の選定および教育内容等について具体的な話し合いがなされ，一定その方向性が示された。それに対し，長浜統合新校設置懇話会では，長浜高校関係者から滋賀県教育委員会の校名選定の手法や経緯に納得できないとして異議申し立てがなされ，その結果，統合新校の校歌，校章等についての話し合いが紛糾，第3回会議をもって中断した。その後，準備室は同窓会関係，後援会関係などから意見を聞く場として，懇話会に代わる懇談の場を設けた。両校の教諭や同窓会長で構成する懇談会で意見交換がなされ，次のような方向性が示された。①校歌は両校教諭らが複数作詞し選定。②作曲は長浜市出身のプロの歌手に依頼する予定。③校章は両校生徒の思いをくみ，長浜高校の美術教諭がデザインを担当。④校章入りの校旗は2015年中に決定予定[1]）。

　以下で，両懇話会で示された内容の概略を記しておきたい。

第2節　長浜統合新校設置懇話会

　2014年度は，同懇話会のメンバーに，次のような異動があった。委員：岩崎陽子から井口貢（長浜北高校学校評議員），藤井茂樹から藤原久美子（長浜市企画部長）。統合新校開設準備室：堤須賀彦から丸岡修三（長浜統合新校開設準備室参事，長浜高校長），茶谷不二雄から森田恭司（滋賀県教育委員会事務局学校支援課参事）[2]）。

　同懇話会は3回会議が開催されたが，主として各会議の「会議概要」に依

拠して，その内容を概括しておきたい。

(1) 第1回会議（2014年5月26日）

　会議で予定された内容は，①報告事項：統合新校の校名選定について，②意見を伺う事項：ⅰ）統合新校の校歌，校章，制服の選定について，ⅱ）統合新校での取組についてであった。しかし，統合新校の校名選定について，長浜高校関係者から異議申し立てがなされ紛糾，その結果，意見を伺う事項については次回以降に行うことになった。

　具体的に委員からどのような意見が出，それに対して準備室がどのような見解を示したのか見ておきたい。

　特に問題とされたのは次の点である。これは長浜高校関係者委員から示されたものであるが，統合新校の校名が，懇話会において教育理念やビジョンといった新校のコンセプトが提示されず，十分な議論もされずに選定されたことに対する不満である。具体的に次のような意見が出されている。「校名決定の手法，新校の位置付けがしっかり見えてこない。しっかり議論していないから同窓会や在校生にも説明できない」。「既存の校名『長浜北』が付けられたが，教育理念，新校のビジョンがもっと議論されるべき。こうした議論がない中で校名が決められている」。「校名選定をやり直すということではなく，新校の校名が『長浜北』になったことを説明できるものが欲しい」。「校名を白紙に戻すよう求めるつもりはない。納得できる選定理由をお願いする」。

　それに対して準備室は，次のような反省と反論をしている。「懇話会では既存の校名も含めた中で意見交換してもらえばよいとのことであったが，既存の校名は外して議論すべきだったと反省している」。「教育理念は懇話会にも御意見を伺って決定している。議論していただいてから校名募集したはず。全く議論されていないということではない」。「平成23年に示した再編計画原案から現在の再編計画としたとき，いろいろなご意見を踏まえ，具体的な新校のコンセプトを打ち出している」。「校名そのものや，『北』という文字に意味付けするというのは難しい」。「審議会ではなく懇話会なので，ラフな形での意見を伺うという位置付けの会議であると理解している。リアルな意見を伝える必要はあるが，会のあり方を理解しておく必要がある」。

ここで論点を若干整理しておこう。特に長浜高校関係者委員が主張したのは，納得のできる統合新校の校名の選定理由を滋賀県教育委員会は明確に提示すべきであるということに関してであった。その背景には，滋賀県教育委員会による校名の選定過程に対する同校のＰＴＡ，同窓会，後援会役員の不満・不信が横たわっていることが考えられる。それらを考慮しての委員発言であったと推察できる。

ここで事実関係を踏まえておく必要がある。私自身は，長浜統合新校の校名については手順を踏んで選定されているので，手続き上の問題はないと思っている。滋賀県教育委員会がホームページで公表した「彦根および長浜統合新校の校名案について」で選考経緯と選定理由を示している[3]。ただ，新校のコンセプトが十分に議論されたのかどうかという点については疑問の余地はある。統合新校の校名について実質的に議論されたのは，前年度の第4回と第5回会議においてである。第3回会議では「長浜統合新校の校訓，教育目標，教育方針について（案）」が準備室より資料として提供され，それについて意見交換が行われている。当時の会議録を見る限り，教育理念，教育方針等について議論してはいる。「新校がどんな学校になるかイメージが湧いてこない」という意見もあるが，校訓（「自彊不息」）や教育目標等（英語教育重視）については肯定的な意見が出されている。校名募集要項も準備室の案が受け入れられた[4]。第4回と第5回会議では，第3回会議での議論および応募のあった校名案に基づいて新校の校名についての議論がなされている。第4回会議では3つの校名案，第5回会議では5つの校名案が議論されたが，これらの議論に基づいて滋賀県教育委員会が新校名案を決定している。

しかし，準備室の「反省」については違和感を覚える。長浜高校関係者委員から出た不満に対して「既存の校名は外して議論すべきだったと反省している」と述べているが，一体この発言はどのような意図から発せられているのだろうか。2013年度の第2回会議で「校名の選定方法について」議論されているが，その際，準備室は，「他府県のケースなどを検証し，現段階では応募条件をつけずに募集することを考えている。教育理念等の条件を付けることで校名案が限定されてしまうのではと考えている」[5]と述べている。

ここでは校名を公募する際の根拠が明確に示されているが,「反省」はこの根拠を覆すことにならないのだろうか。

(2) 第2回会議(2015年1月29日)

　会議の主な内容は,①報告事項:第1回懇話会以降の状況報告,②意見を伺う事項:統合新校の教育内容等についてである。会議録には,後者において示された委員の意見や準備室の見解が記されている。その主な内容は教育課程,部活動,高大連携等に関するものである。

　準備室は,「再編計画のコンセプトに基づき,教育目標,教育方針に従って教育課程などで新校の姿を考えてきた」として,次のような考えを示している。

[教育課程]
・「国公立大学受験に対応」「英語教育の充実」の2つを目的として検討する。
・「特色ある英語教育を目指す」ために,英語と情報の授業に「総合的な学習の時間」を関連付けて行い,通常の英語の時間数での不足を補うことを考えている。
・全教科を知識注入型ではなく,「考える授業」にする。
・長浜市の協力のもと,地元の伝統を授業に取り入れる。

[部活動]
・部活動する生徒数が増えた場合を想定して,外部施設を借りるなどで対応する。
・統合移行期の2年間の部活動については,長浜高校には強化指定を受けている部活動があるので,単独での活動や大会出場を基本に考えている。

[高大連携]
・理系は長浜バイオ大学,文系は滋賀県立大学との連携を考えている。
・ミシガン州立大学での語学研修を考えている。クラス単位で終日参加できるプログラムを検討する。

[その他]
・スーパー・グローバル・ハイスクールや国際バカロレアなどを新校に入れることを検討する。

・入学者選抜は，特別選抜を行うことを検討する。
・入学式は合同での開催，卒業式は長浜高校，長浜北高校を同じ日に行う方法などを考える。

(3) 第3回会議（2015年3月23日）

　会議の主な内容は，①報告事項:「県立高校の設置および管理に関する条例」の一部を改正する条例案の県議会での議決について，②意見を伺う事項:校歌・校章についてである。

　準備室から3月16日の滋賀県議会で統合新校の校名が「長浜北高校」に正式に決定した旨の報告がなされたが，まず条例改正案の滋賀県議会での議決について見ておこう。滋賀県教育委員会は，2015年2月17日，滋賀県議会2月定例会議に長浜統合新校の校名を「長浜北高校」とする内容を含む県立高校再編に関する第49号議案（「滋賀県立高校の設置および管理に関する条例の一部を改正する条例案」）を提出した。同年3月16日に本会議で議決が行われ，出席者数46，表決者数45，賛成45，反対0で可決された[6]。

　統合新校の校名はこのような手続きを経て正式に決定されたのであるが，条例改正案提出に際して，長浜高校同窓会から滋賀県教育委員会に対して異議申し立てが行われている。『毎日新聞』によると，長浜高校同窓会の訴えは滋賀県教育委員会が統合新校の校名を「長浜北高校」に内定した（2014年3月24日）が，それは「不平等」だというものだ。それに対して，滋賀県教育委員会は「正式な手続きを踏んだ」と主張し，2月17日開会の2月県議会に条例改正案を提案し，正式決定する方針を改めて示したとある。また，滋賀県教育委員会は「新校の名前には，長浜高校の『長浜』と長浜北高校の『北』が含まれ，両校の校名が息づいている。新校が長浜高校敷地内に建設されることにも配慮した」と述べている[7]。

　当該会議で校歌，校章について議論が紛糾したが，それは統合新校の校名決定に対する長浜高校関係者委員の滋賀県教育委員会に対する不信が背景に横たわっていることの結果であると考えられる。また，この会議が滋賀県議会で校名が正式に決定された直後に開催されたこともあって，会議録を見る限り，感情論的な状況が優位し，理性的に建設的な意見交換がなされたとは

言いがたい。会議概要に記載された文面から，長浜高校関係者委員は，新校校名の決定に異議申し立てをして，懇話会への出席に難色を示した可能性のあることが窺われる。まず，それに関連する主な意見について具体的に見ておこう。

[長浜高校関係者委員の校名決定への不同意]
・「校名について，長浜高校関係者にとって県の説明は十分ではない中で，3月16日に議決された。県の教育委員会が長浜北と決めたことが間違い」。
・「長浜という校名候補を選定しない理由として，長浜高校校地にできる学校に長浜高校と付けると長浜北高校に配慮できないというものが納得できない」。

[長浜高校関係者委員の懇話会への出席拒否に対する準備室の対応]
・「懇話会委員に懇話会に出席できないと言われる方があり，出席いただくため，関係者に会わせていただき，全部が長浜北高校となるわけではないということを説明させていただいたもの」。

次に，校歌，校章について議論することの必要性等について，委員間および委員と準備室との間で大きな乖離が見られたので，それについて示された具体的意見について見ておこう。

[議論の必要性]
　このことに関しては，長浜高校関係者委員の次の発言は注目に値する。「長浜高校関係者が決め方や説明に納得できない中で，長浜高校関係者に，校歌，校章については長浜高校関係者の気持ちに配慮したいと県が説明した。今回，校歌，校章について議論する必要はないのではないか」。ここでの長浜高校関係者委員の主張は，校歌，校章については滋賀県が長浜高校関係者の気持ちを配慮するとしたので，新校の校歌，校章は長浜高校の校歌，校章でいいのではないかというものである。「長浜高校の校歌・校章を新校で使用する考えなら，さらに議論する必要があるのか」「私としては，校歌・校章は長浜高校のものでと考えている」「校章・校歌は長浜高校でという思いがある」などの発言は，このことを如実に示している。

　このような主張の是非はともかく，長浜高校関係者委員の発言の中で示された「長浜高校関係者の気持ちに配慮」という言葉は非常に気になる。別の

ところでも「県が校歌・校章は長浜高校関係者の気持ちに配慮したいと言ったのは間違いない」と発言している。このことに対して別の委員が「校歌，校章について長浜高校関係者の気持ちに配慮したいというのはどういうことか」と質問している。それに対して準備室は，「気持ちを受け止めて，できることで配慮するということ。伝統を引き継ぐことと，新しいものを作ることの両方ある」「先に進むためにも，新校は，長浜北高校のものばかりとは考えていないので，長浜高校のものも引き継ぎたいと話した」と答えている。その上で，「校歌，校章については，新校になるため，むしろ新しいものが良いとの意見をいただいた。そこであらためて意見を伺うためにこの場を設定させていただいた」と述べている。

　この準備室の発言から，次のようなロジックが考えられる。ここでの「配慮」とは「できることでの配慮」のことである。「できることでの配慮」とは，「伝統を引き継ぐことと，新しいものを作ること」の2つである。ただし，校歌，校章は「新しいものを作ること」の範疇に入る。であるならば，「できることでの配慮」としての「伝統を引き継ぐこと」とは，一体何を指しているのか。具体的に何を指しているかは不明だが，少なくとも，「できることでの配慮」とは長浜高校の校歌，校章に関してではないことは明らかである。

　そのように見ていくと，校歌，校章は新しく作るということになる。「校歌，校章に愛着はあるが，新しい学校になるなら，それらを使ってほしい。執着してはいけないと思う」「新校にふさわしい新しい校歌・校章を作っていただければと思う」「校歌・校章の決め方について意見を伺うということなら，新しく決めたらよいという意見で一致しているのではないか」といった意見が他の委員から出されているが，それは理にかなっているのだろうか。「新しく作る」という意味では確かに理にかなってはいる。しかしながら，それは理の半分がかなっているに過ぎない。懇話会の位置づけがその答えを示している。懇話会は準備室が示した案について意見を述べるところと位置づけられている[8]。では，あとの半分は何か。それは，準備室が案を提示することである。2013年度の長浜統合新校設置懇話会第1回会議で，準備室は「今後，教育理念や教育目標，校名，校歌などについて準備室が案を示し，懇話会委員の皆さんからご意見をいただきたいと考えている。最終的には，県教

委で審議され，決定される」と発言している[9]。「準備室から提案を先にしてもらえばよい」との委員の発言によって，準備室は，「校歌，校章，校訓は皆さんの意見を伺った上で，両校の校長が決めることになる」「校歌は両校長が作詞・作曲して決めてもよいものだと考えている」と述べた。この発言には少なくとも問題点が2点含まれている。1点は，「案は準備室が示す」となっているが，準備室は校歌，校章の案を示したのであろうか。私にはそのようには思えないが，もし案を提示したと解するならば，発言の文脈から，その提案なるものは「校歌・校章等は両校の校長が決める」というものだ。これが委員から意見を伺うための提案内容なのか，それとも滋賀県教育委員会の既定方針の提示なのか，見解の分かれるところであろう。会議録を見る限り，私には準備室が具体的に校歌，校章の案を提示したとは読み取れない。校歌，校章を両校校長が決める前に委員の意見を聞くとしているが，繰り返しになるが，発言の文脈から見れば，準備室が委員に求めているのは「校歌・校章の決め方」ではなく，「校長の決め方」に関するものということになりはしないだろうか。もう1点は，「両校の校長が決める」と述べているが，これは「最終的には，県教委で審議され，決定される」との発言と矛盾しないのだろうか。最終的に校歌，校章を決めるのは準備室（もしくは両校校長）ではなく，上部組織である滋賀県教育委員会である。ただし，準備室は滋賀県教育委員会事務局組織の中に設置された機関であるため，準備室の構成員である両校校長に決定権が委ねられているのであれば整合性はとれている。そうであっても，教育委員会での審議を経る必要はある。

　この会議では感情的な発言が理性的な発言を凌駕，長浜高校関係者委員と長浜北高校関係者委員および準備室との間の溝は埋まることはなかった。会議録を読んで，私はそう感じた。混乱した事態を打開するために，準備室は同窓会関係，後援会関係などから意見を聞く場として，懇話会に代わる懇談会を設置することを提案した。その後の経緯は，『中日新聞』（2015年11月18日付）に概略が掲載されている。

第3節　彦根統合新校設置懇話会

　2014年度は，同懇話会のメンバーに，次のような異動があった。委員：堀川英雄から磯谷直一（彦根市企画振興部長），統合新校開設準備室：小林庄司から茶谷不二雄（彦根統合新校開設準備室長，彦根翔陽高校長），篁大英から猪田章嗣（彦根統合新校開設準備室参事，彦根西高校長），茶谷不二雄から森田恭司（滋賀県教育委員会事務局学校支援課参事）[10]。第3回および第4回会議で浅見義典（滋賀県教育委員会事務局管理監，学校支援課長）が準備室構成員として増員されている[11]。

　同懇話会は5回会議が開催されたが，長浜の場合とは異なり，大きな混乱もなく比較的スムーズに会議が進み，統合新校の校歌，校章，制服の選定や教育内容等について具体的な話し合いがなされ，一定の方向性が示されたように思われる。以下で，主として各会議の「会議概要」に依拠して，その概要の内容を示しておきたい。

(1) 第1回会議（2014年5月28日）

　会議の主な内容は，①報告事項：彦根統合新校の校名選定について，意見を伺う事項：ⅰ）統合新校の校歌，校章，制服の選定について，ⅱ）統合新校での取組についてである。

　まず，準備室より彦根統合新校の校名について，「校名に『館』がついていることに対して，近畿地方の公立の高等学校には少なく，斬新な印象であるという意見を聞いている」との報告があった[12]。その後，2つの事項について委員から意見を聞いている（もしくは，準備室が説明している）。

　統合新校の校歌，校章，制服については，委員から次のような意見があった。まず，校歌については，「伝統があり，著名な作曲家が作った」との理由で彦根西高校の校歌にする，もしくは彦根西高校の校歌を基調としつつも彦根翔陽高校の校歌も一部取り入れたものにするという折衷案的な意見があった。その一方で，新校なので，「一般公募をして，全く新しい校歌にすべき」との意見や「作詞は公募し，作曲は専門家にお願い」するという意見

などが出された。これに対し，準備室は，「今日いただいた意見を参考に校歌，校章について準備室で検討し，次回は案をお示ししたい」と述べている。また，新校の制服については，2014年度に設置した制服選定委員会を中心に，2014年度中に制服を選定する予定であることが示された。

統合新校での取組については，準備室から次のような発言がなされた。「平成27年6月には各中学校に出向き，8月には外部会場で学校説明会を実施し，魅力ある新校の教育内容および平成28年度からの2年間，3校が同じ校地で学ぶことについて詳しく説明する」。「中学2年生が進路学習を始める今年度3学期に間に合うように，リーフレットを作成する予定である」。これに対して，委員から「平成28年度からの2年間，3校が同じ校地で学ぶことについて」は，一部の生徒や保護者，中学関係者にも十分理解されていないのではないかといった意見や，「平成28年度当初，新入生および両校在校生の教育活動に支障が出ないよう」全ての学校施設の整備を完了しておいてほしいという要望，また，「3校が並立する統合方法について」は，別々の校地で終えられる形にしてほしいという要望が出された。

(2) 第2回会議（2014年8月29日）

会議の主な内容は，統合新校の校歌，校章，制服の選定についてである。まず，統合新校の校歌の選定について見ておこう。準備室から選定方法として，次の3案が示された。①「作詞・作曲とも公募」，②「作詞は公募・作曲は依頼」，③「作詞は公募，曲は彦根西高校の曲を継承する」。この3案について，委員から③案は今回の統合は対等統合であることを考えると，公平性に欠けるとの意見が出され，これに対して準備室は，「彦根西高校の作曲者は大変著名な方であり，③も残すべきではという意見を受けて案に残した」と答えている。会議録概要を見る限り，委員からは，特に②案に賛同する意見が出された感じだ。

次に，統合新校の校章の選定について見ておこう。準備室から「校名の場合と同様，公募を実施する予定である。ただし，公募方法については，できるだけ公募数を増やしたいので，公募条件はできるだけ外して実施したい」との案が示された。この案に対しては，多くの委員から公募のあり方に関し

て多様な意見が出されたので，その一部を紹介しておく。1つは，公募ではなく，滋賀県立大学の生活デザイン学科の学生に依頼してはというものである。2つは，公募条件を外すという準備室の考えに対して，デザインについては条件を提示してはというものである。3つは，公募の周知方法としてマスメディアを活用してはというものである。4つは，応募資格を地域の小中学生まで広げてはというものである。このように，委員の多数意見は公募を前提にしたものであると言える。

　第3に，統合新校の制服の選定についてであるが，この件についても委員から具体的な提案も含めて多くの意見が出された。そのうちのいくつかを紹介しておこう。「制服のオリジナリティやかわいらしさは，特に女子生徒が高校選びをする際の要素の一つである。学校選択の一つの材料となりうる制服にしてほしい」。「女子の制服については，リボンの着用とともにネクタイの着用も人気がある」。「生地や色合いなどを考慮してほしい。開襟シャツやポロシャツ，半ズボンなども検討してほしい」。

　その他として，次のような意見が示された。「3校同一校地での統合には反対する」との意見や「平成28年度は，現在の彦根翔陽高校の生徒の1.8倍になり，彦根翔陽高校前の道路・近江鉄道やJRの踏切等の交通渋滞や事故が心配である」とか，「工事が未完了であることから通学時の安全面や教育環境に不安があり，平成28年度に3校が一緒になることは無理があるのではないか」といった，統合当初の教育環境や安全面での不安を示す意見もあるが，統合新校のあり方に関しては，総じて次のような建設的意見が出されている。「総合学科の普通系列は，他の系列や普通科の高校と比べると，特色やアピールポイントが見えにくい。卒業後に明確な目標が見える系列を設定してほしい」。「広い地域からも生徒に来てもらえる，部活動，特にスポーツに魅力のある学校づくりが良いのではないか。例えば，女子サッカー部などを創ってはどうか」。「9学級の定員を確保するため，地域の中学生が入学してくれるよう，地域と連携した取り組みが必要」。「大学入試を考える高校生については入学試験に対応できる，あるいは入学後に大学の授業に耐えうる学力を在学中に身につけてほしい」。

(3) 第3回会議（2014年10月15日）

　会議の主な内容は，①統合新校の校章デザイン募集要項（案）について，②統合新校の校歌（歌詞）募集要項（案）について，③統合新校の教育内容等について，④統合新校の統合移行期について等である。また，今回会議には準備室の構成員が1人増員されている。

　まず，統合新校の校章デザイン募集要項についてであるが，準備室から応募資格，応募期間，周知方法に関して次のような案が示された。応募資格：県内を問わず広く募集する。応募期間：できるだけ多くの応募が集まるように長くしたい。ただし，制服に反映したいので，応募期間については準備室の方で慎重に検討する。周知方法：公募開始の日や期間等を考えると，彦根広報に募集要項を掲載することは難しいが，検討する。

　次に，統合新校の校歌（歌詞）の募集要項については，次のような応募資格と応募期間に関する案が準備室より示された。応募資格：模倣作品による応募の心配があるので，応募資格については限定する。応募期間：校章よりも長めに設定することも考えたい。ここでは，一定の方向性は示されているが，具体的な内容までは踏み込んで提示してはいない。準備室が提示したこの案に対して，応募数が少なかったり，校歌にふさわしい案がなかったりした場合を想定して，歌詞の字数の目安を募集要項に掲載したり，予め代替案を用意しておいた方がよいのではないか，といった意見が委員から出されている。

　さらに，統合新校の教育内容等については，特に，委員から配置系列等に関する意見が多く出された。再編計画では普通・商業・家庭系列の3つの系列で総合学科を編成するとなっていたが，準備室から示された案では6系列となっていた。委員からは，設置系列の数が多すぎてわかりにくい，系列の名称を中学生にもわかりやすいシンプルなものにといった意見や，普通系列の「人文探究系列」「自然探究系列」の名称について賛成・反対の両方の立場からの意見があった。

　最後に，統合新校の統合移行期について見ておこう。まず，準備室から，「彦根西高等学校と彦根翔陽高等学校の生徒に移行期のあり方についてのアンケートを行うことは，教育的な見地から差し控えることにした」との発言

がなされた。委員の意見を聞く前に，両校生徒の考えを把握しようとしていたということである。その後，委員から次のような意見があった。①当日配付された資料について：「今日提示された資料は，彦根西高等学校関係者が提出した要望に対するもので，彦根翔陽高等学校の立場に立っていない。また，資料は，彦根西高等学校生徒が最後まで彦根西高等学校の校地で終了する場合のメリットが記載されていない」。②3校が一緒に学習活動を行う場合のデメリットについて：「現在の中学3年生やその保護者に対して，3校が一緒に学習活動を行う場合のデメリットを伝えるべきではないか」。③3学期制について：「なぜ彦根翔陽高等学校の学期制を3学期制に変更することを検討しているのか」。これらの意見を見る限り，準備室が当日配付した資料は一方の高校に偏ったものであること，しかも当該高校関係者が主張している同校生徒が同校の校地で終了することのメリット，裏を返せば，3校が一緒に学習活動を行うデメリットについての記載がなかったことを窺い知ることができる。会議概要からは，その真意を判断することはできないが，準備室は，「移行期のあり方について結論を先延ばしにすることは，両校の生徒や教育現場にとって良いことではない」ので，11月には結論を出せるように検討するとの考えを示した。

(4) **第4回会議（2014年11月25日）**

　会議の主な内容は，前回会議とほぼ同じであるが，議論の中身はより具体的なものになってきている。以下で，それぞれの事項について見ておこう。

　統合新校の校章デザイン，校歌（歌詞）について，準備室から次のような意向が示された。①校章デザインの募集期間：「平成26年12月から平成27年1月までを予定している」。「できるだけ多くの校章デザインの応募が集まるように，募集期間は長くしたい。ただし制服への反映も考えているので，平成27年3月末までには選定したい」。②校章デザインの公募方法：「記者資料提供をするとともに，地域の小中学校，彦根西・彦根翔陽高校，県内の大学等にも広報をしていきたいと考えている」。これに対して，委員からは，「彦根市内の小中学校への校章デザイン募集要項配布については，中学校のみとし，彦根市内だけでなく，近隣市町の中学校まで募集の範囲を拡大する

と良い」とか,「ホームページだけでなく,市町の広報誌や県教委の『教育しが』などでも広報した方が良い」という意見が示された。また,校歌の募集については,委員から「慌てず時間をかけて専門の方に良いものをつくってもらいたい」との思いが示された。

統合新校の教育内容等については,委員から系列に関する意見が多数出された。特に,系列名にカタカナが多く,学習内容もわかりにくいという意見が多く示されている。普通系列に「探究」を冠した名称が使用されていることについて,準備室は,「系列名称は,今のところ仮称である」と断りつつも,「新しい学習指導要領の求める力を端的に表現している」と述べている。教育内容については,委員から,「専門的なことを学ぶことができて,社会に出ても即戦力として使えるような技術の習得できる専門教育を希望する」としながらも,「教育内容に記載されている『完結する専門教育』という表現は,生涯学習の視点から相応しくないと思う」という意見が示されている。

統合新校の統合移行期については,前回会議で指摘された3校が一緒に学習活動を行うことに関する見解が,準備室から示された。準備室は,「大きな効果が期待できる」として,3校一緒に学習活動する旨の発言をしている。準備室の発言は,次の通りである。「統合する方法については,新校の目指す姿から考えて,3校いずれの学校の生徒にとっても教育的効果が大きいと判断し,再編計画どおり,開校準備をさせていただくことにする」。「3校が一緒になることで,様々な不安もある半面,大きな教育効果が期待できる」。「部活動について,3校一緒であれば日頃から練習は合同で行い,大会出場の形態については,各部の状況に応じて単独あるいは合同かを選択することができる」。一方で,工期が遅れていることによって懸念される安全面や教育環境への対応についての意見も多く出された。これについて準備室は,「できるだけ早期に工事が完了するよう全庁を挙げて取り組んでもらっている」と答えている。

(5) 第5回会議（2015年3月27日）

会議の主な内容は,①校章デザインの選定について,②開校に向けた取り組み状況についてである。まず,校章デザインの選定については,準備室か

ら次のような報告と今後の方針が示された。報告事項は募集に関するものとアンケートに関するものである。前者については，募集数70点，うち大半が10代で占められ，特に県内高校と彦根市内中学校の美術部から多数の応募があった旨が報告されている。後者については，彦根西高校と彦根翔陽高校の教職員に対して，応募された作品についてアンケートを実施したという内容のものである。今後の方針については，「両校教職員のアンケート結果や懇話会委員の意見を伺った上で，最終的には彦根統合新校開設準備室および県教育委員会とで協議して校章デザインを選定していく」としている。このような準備室の報告ならびに今後の方針について，委員から，デザインの色，デザインの中に入れる文字（「高」，「翔西」，「翔西館」）などに関する意見が出された。

開校に向けた取組については，主として準備室から発言がなされているので，それについて見ておこう。系列について：「（仮称）健康科学系列については，体育に特化した系列を想定して新たな名称と内容を検討する予定」。部活動について：「滋賀県高校スポーツをリードする目的でサッカー部やなぎなた部などの創設を検討する」。「創設する部活動については，活動場所や指導者の確保が課題である」。安全面の対策について：「彦根市にも働きかけをして，現在，JR踏切近くの道路の拡幅が試験的に行われている。地元住民への説明会については，2回行った」。新校舎の使用について：「3校バランス良く配置する」。入学式について：「工事期間中でもあり保護者の駐車場確保の問題があるが，今のところ新校で実施する予定である。ただし外部の施設を利用する可能性もある」。

最後に，準備室は，長浜の場合と同様，2015年度については新たに懇談の場を設定するとの見解を示した。

第4節　懇話会から見えてきたもの

本稿では，長浜と彦根の統合新校設置懇話会での会議内容を，主として滋賀県教育委員会ホームページで公表されている各懇話会の会議概要に基づいて概観してきた。もとより委員や準備室の会議での発言が詳細に記述されて

いるわけではないので,臨場感の乏しさは否めないが,会議の概況は把握できる。要約された委員の意見や準備室の発言から推測できることは,彦根においては両校関係者委員間で比較的建設的で前向きな意見が交わされ,統合新校のあり方等に関して一定の方向性が示されたと思われるのに対して,長浜では両校関係者委員間および長浜高校関係者委員と滋賀県教育委員会(準備室)との間の溝が埋まらず,依然として混乱状態にある,ということだ。

この混乱の原因は,長浜高校関係者委員の発言によると,統合新校校地が長浜高校校地となったにもかかわらず,新校の校名が「長浜北高校」となったことにあるということのようだ。新しい高校をつくるのだから校名も新しくという意見もあったが,この論法はおかしい。逆の視点から捉えれば,校名を全く新しいものにするというのであれば,統合新校校地も全く新しいところに設置すべきであっただろう。その最適地が,既に何度も言及した長浜駅から徒歩5分圏内にある企業遊休地だ。滋賀県も滋賀県教育委員会も,長浜の未来を拓く教育検討委員会や藤井長浜市長が提案したこの案を一蹴して,統合新校校地を長浜高校校地とした。

長浜高校関係者委員の主張を裏返せば,次のようなことが言えるのではないか。校地も校名もともにシンボル的なものだ。対等統合ということなので,シンボル的なものも対等であるべきだということになる。そうすると,統合新校校地が既存の校地になるならば,新校の校名が既存の校名であっても何らおかしくはない。準備室が述べているように,手順を踏んで決定したということなので,特に問題はないように思われる。

ただ,私にとってこのようなことは一義的なことではない。今回の混乱の根本原因は,「なぜ今,県立高校再編なのか」というところにある。滋賀県や滋賀県教育委員会は,2019年前後に県内の各地域の中学卒業予定者数が減少に転じることを見越して,統廃合や廃止を含む今回の県立高校再編計画を実施しようとしたのであろう。確かに,少子高齢化などを背景に全国の人口は既に減少局面に入っている。滋賀県も2014年11月4日に,人口減少局面に入ったと発表した。滋賀県は1966年以来,48年ぶりに前年同期比でマイナスとなった。滋賀県統計課は,「交通の便がいい大津市などは人口が増えているが,北部や東部では減っている。人口増と減の二極化が進み,減少

分が増加分を上回ったことが原因」としている[13]。

　滋賀県での人口動態は，県内各地域の中学卒業予定者数の動態と連動している。このような将来予測を鑑みると，統廃合や廃止を含めた県立高校再編は避けられないと考えている。その意味で私は，統廃合や廃止を含めた県立高校再編そのものに異議申し立てをしているのでも，してきたのでもないということを，これまでも主張してきた。県立高校再編の最大の問題点は，その時期と視点と手続きにあった。県立高校再編は，当初，教育的視点からではなく財政的視点から計画が検討され，しかも，県民本位の視点に立った計画策定手続とは到底言えるものではなかった。詳細については，既に述べているので繰り返さないが，これらが県立高校再編「問題」の「問題」たる所以であった，と私は思っている。長浜での今回の一連の混乱は，ここのところが震源になっているのではないかと思う。

第5節　まとめ

　これまで，2014年度の懇話会での委員の意見や準備室の見解について見てきた。特に，長浜では混乱状態にあったことは，既に述べた。滋賀県教育委員会とぎくしゃくしているのは，両校関係者との間だけのことではない。長浜市教育委員会との関係も微妙だ。長浜市議会平成27年第2回定例会の一般質問での質疑応答から，そのことを窺い知ることができる。この定例会で，藤井繁議員（新しい風）は，滋賀県から来春開校する長浜北高校の準備状況，今後について，長浜市や長浜市教育委員会に説明があったのか質問している。それに対して，「市長には昨年5月，高校再編担当管理監就任の挨拶の形で，校名選定経過，移転計画等の説明があったが，市教育委員会には全く無く，突然，今年6月11日，管理監と長浜北高校長が来庁され，新校パンフレットで説明を受けた」，と長浜市教育委員会は答弁している[14]。この答弁から，滋賀県教育委員会の長浜市長への対応と長浜市教育委員会への対応の仕方に大きな差異があったことを読み取ることができる。この対応の差異についての滋賀県教育委員会の真意がどこにあるのかはわからないが，私はこのような行為に大きな違和感を持つ。

統合新校は，2016年度から移行期に入る。両校のホームページも立ち上げられたが，充実度は大きく異なっているように思える。新校長浜北高校は4ページ，彦根翔西館高校は11ページである。詳細については，各ホームページに書かれているのでそれを見てもらえればよいが，以下で各ホームページに掲載されている主要な内容を紹介しておきたい。

　まず，新校長浜北高校から見ておこう。キャッチフレーズは，「君たちの夢を叶えたい」である。そして，3つの特色を挙げている。特色1は，特色ある学習である。その中には，①特色あるカリキュラム，②英語教育の充実とN－プロジェクト，③考える授業が含まれている。

　特色2は，活気ある部活動である。運動部13種目，文化部8種目が書かれている。特色3は，学校行事の充実である。その他，新校の制服も掲載されている。

　次に，彦根翔西館高校であるが，同校のキャッチフレーズは，「Hikone Shoseikanで自分の未知をデザインする」である。コンセプトは「『いきいき・のびのび』学校生活『わくわく・どきどき』学習活動」で，コンテンツは「進路実現」（専門性や教養，学力の向上を図り一人ひとりの進路を実現），「地域貢献」（地域社会の構成者として明日を切り拓く人材の育成），「生涯学習」（生涯にわたり学習する基盤を養い自己実現できる能力の育成）である。アドミッションポリシー（求める生徒像）は，「自分の秘められた能力を発見し，それを引き出し，自らの進路実現を目指そうとする生徒」と「『勉強と部活動の両立』『検定合格や資格の取得』などを目指して充実した高校生活を過ごそうとする生徒」となっている。学びの特色として「系列とカリキュラム」「キャリア教育」について書かれている。前者では，探究（普通）系列，スポーツ科学系列，家庭科学系列，会計ビジネス系列，情報システム系列の5系列とそれぞれの系列のカリキュラム（選択モデルプランの例）について説明されている。また，後者ではプログラムの例（予定）や部活動（予定：運動部11種目，文化部13種目）について説明されている。その他に，新校の校章や制服も掲載されている。

　さて，滋賀県教育委員会は2016年3月4日，県立高校一般入試の確定出願者数を発表した。それによると，新校長浜北高校は定員224人，出願者数

230人，出願倍率1.03倍，彦根翔西館高校は定員239人，出願者数249人，出願倍率1.04倍であった[15]。両校とも定員を満たしているが，問題がないわけではない。特に新校長浜北高校では，部活動に関して2つの問題が出ている。1つは，弓道部の活動が制限される可能性があるということ，もう1つは，サッカーや陸上など運動系の5つのクラブが，活動場所が手狭になるため，長浜市民体育館や長浜市多目的競技場などの使用も検討しているということである。前者に関しては，次のようなことである。弓道部は長浜高校にしかない。統合移行期は長浜高校の生徒も長浜北高校に通うが，同校には弓道部の練習場所がない。そのため，近隣の長浜市民弓道場を使用せざるを得ないが，使用料が発生するため，関係者は長浜北高校敷地内に仮設道場の建設を要求したというものである。この要求に対して，滋賀県教育委員会の河原教育長は，2015年11月18日の定例会見で，「子どもたちに支障がないように仮設道場を準備したい」との方針を示した。また，佐藤雄一教育総務課長は，「材料調達から本体工事まで時間はかからない」と言及し，2016年3月から準備に入り4月以降に着工，工期は2週間程度との見通しを示した[16]。

後者において，河原教育長は，「県内の高校の中には，敷地の問題で外部の施設を使う学校がたくさんある」と説明した。また，浅見義典学校支援課長は，減免制度を設ける施設の利用を挙げ，費用負担について「(高校の)後援会や同窓会に相談して対応したい」と関係者への協力を求める考えを示した[17]。

いずれの問題も，高校の統廃合が半ば強引に推進されたことによって発生したものである。従って，これらの現実に推進主体である滋賀県や滋賀県教育委員会が真摯に向き合い，対応することが求められることは言うまでもない。その一方で，再編計画，とりわけ統合新校がスタートすることもまた事実である。それぞれの思惑が複雑に交差して，両校関係者間の溝，両校関係者と滋賀県および滋賀県教育委員会との間の溝が埋まらないままでのスタートだが，「未来を担う子どもたち」のことを最優先に考えたとき，この溝は埋められるべきであり，そのための努力は今後も続けていかなければならないであろう。私は，今回の再編計画に異議申し立てをしてきた。今でも納得していない，できない事項もある。しかし，滋賀県も滋賀県教育員会も事態

を少しでも進展させるべく，子どもたちのことを優先的に考えた教育行政を展開しようとしている姿勢を見て取ることはできる。この姿勢は諒としたい。大人の都合で「15の春」を泣かせることがあってはならない。そのために，一緒に知恵を出し，汗をかかねばならない。私は，そう思う。

【註】

1)『中日新聞』2015年11月18日付。
2)「平成26年度長浜統合新校設置懇話会第1回会議概要」(2014年5月26日開催)，「平成26年度長浜統合新校設置懇話会第2回会議概要」(2015年1月29日開催)。
3) 選定理由の全文は，次の通りである。

　　長浜統合新校は，「長浜高校」「長浜北高校」両校の伝統や成果等を大切にしつつ，湖北地域の中核的な普通科単独校として，グローバル社会で活躍する資質と能力の育成という高い目標を掲げ，新たにスタートするものです。

　　統合する両校は，これまで学習と部活動の両立を大切にし主体的に取り組む中で，確かな学力や健全な身体や豊かな心を培うなど，文武両道を重視した教育活動を行い成果を上げてきています。

　　この校名は，「長浜」「長浜北」両校の校名が息づいており，両校の良き伝統や成果等を継承しつつ，両校が力を合わせ，さらなる高みに向かって取り組んでいくという新たな出発への決意を表しています。

　　また，応募数も相当数あり，地域の期待を担い，地域全体から広く支持されている校名でもあり，最もふさわしいものです。
4)「長浜統合新校設置懇話会第3回会議概要」(2013年9月19日開催)，pp.1-2。
5)「長浜統合新校設置懇話会第2回会議概要」(2013年7月19日開催)，p.2。
6) 滋賀県議会ホームページ（3月16日議決分）。なお，表決に加わらなかったのは山田和廣議員（自民党颯新の会）である。山田議員は，文教・警察委員会で，長浜統合新校に関し「校名に反対している人に対して，今後どう説明し納得してもらうのかを具体的に聞かないと賛同できない」として，継続審議の動議を提出したが，賛成少数で否決された（http://kitakouguardian.blogspot.jp/2015/03/blog-post_17.html 2016年2月23日確認）。
7)『毎日新聞』2015年2月17日付。滋賀県教育委員会の統合新校校名の説明には苦しさがにじみ出ている感じがする。対等統合なので，新校の敷地が長浜高校校地ならば校名は「長浜北高校」であってしかるべきと考える。まして，正式な手続きを踏んで滋賀県教育委員会が内定したのであるから，この点に関しては大きな瑕疵はない。第3回会議でも，「校地はシンボル的なもの，さらにシンボル的な校名が長浜となることは避けるべきということであったと理解している」との発言がある（「平成26年度長浜統合新校設置懇話会第3回会議概要」(2015年3月23日)，pp.1-2)。

8）このことに関して，2012年12月20日に開催された12月臨時教育委員会で，猪田教育企画室長は，若野委員の質問に対して次のように答えている。「また，懇話会については，準備室において理念や教育課程を考えていく中で，両校の関係者に意見を伺いながら検討を進めていくことになる。この意見を伺うところを，懇話会として，彦根，長浜にそれぞれ設けていきたい」(「12月臨時教育委員会会議録」p.4. 滋賀県教育委員会ホームページ)。
9）「長浜統合新校設置懇話会第1回会議概要」(2013年5月23日開催)，p.2。
10）「平成26年度彦根統合新校設置懇話会第1回会議概要」(2014年5月28日開催)。
11）「平成26年度彦根統合新校設置懇話会第3回会議概要」(2014年10月15日開催)，p.1,「平成26年度彦根統合新校設置懇話会第4回会議概要」(2014年11月25日開催)，p.1。
12）彦根統合新校の校名に「館」をつけた理由については，「彦根および長浜統合新校の校名案について」(滋賀県教育委員会ホームページ)の「選定理由」に書かれているが，その全文は次の通りである。

　　彦根統合新校は，「彦根翔陽高校」「彦根西高校」両校の学びを融合させ，9学級規模の総合学科として，新たにスタートするものです。

　　この校名は，地域に根ざした学校にふさわしく「彦根」を冠しており，統合する両校の校名の一文字ずつを付けることで，両校の歴史や伝統さらにはこれまでの教育実践を引き継いでいくことを表し，新校の新しい未来を協力して創っていくという思いが込められています。

　　「翔」は朝日，「西」は夕日を連想させ，一日一日有意義にこの学びの館でかけがえのない高校生活を過ごしてほしいという願いが込められています。「館」を校名に付けることは，みんなで学ぶという意味合いを持ち，県立の高校の校名としては新鮮であり，音の響きもよく，最もふさわしいものです。
13）『毎日新聞』2014年11月5日付。
14）議会だより編集委員会編集『ながはま市議会だより』Vol.38, p.14, 2015年7月15日発行。
15）『朝日新聞』2016年3月5日付。
16）『中日新聞』2015年11月18日付，同年11月19日付。
17）『中日新聞』2015年11月19日付。

補　章
教員の資質と定時制教育

第1節　教員とは何か

1．教員と教師とは異なる概念

　私たちは普段,「教員」と「教師」とを厳密に区別せずに, ほとんど同義語として使っているし, 実際に教育の世界においても, 両者はよく混用される。しかし, 両者は明らかに異なる概念である。教員という場合は, 近代教育制度によって児童・生徒を教育することを目的にして制度化された学校において, 公的に認定された資格をもって意図的な教育活動に専門に従事する公職者を言う。つまり, 教員は, 学校制度として確立している初等・中等・高等の各教育機関で専ら教育活動を行う教育職員なのである。

　今津孝次郎は,「『教育者』とか『教師』という言葉が職業のいかんを問わず, 教育的な影響力を及ぼす人々を幅広くさして用いられるのに対し,『教員』は学校に勤務し, 俸給を受け取って生計を立てる教育職員を意味している」[1]と述べて,「教員」を「教育者」や「教師」の下位概念として位置づけている。教育者や教師という場合, 教員以外に, 家庭教師や学習塾・予備校の教師, さらには人としての生き方を教え諭す宗教者, 芸事を教える師匠, 子どもの躾を担う親なども含まれるのである。

　このように概念上の区別をしたうえで, 以下で教員の適性と社会的使命について論じていくことにする。ただし, ここで言う教員とは, 学校教育法第1条に定める学校（幼稚園, 小学校, 中学校, 高等学校, 中等教育学校, 特別支援学校, 大学, 高等専門学校）のうち, 教員免許状を必要としない大学を除いた学校に勤務する教員に限定しておく。

2．教員免許状と教員の種類

　教員になるためには, 公的に認定された資格, すなわち教員免許状が必要であることは既に述べた。教員免許状とは, 教員の教職専門的能力を社会的に表示する資格証明のことである。それは, 教員免許基準の定める基礎資格を有し, 単位を修得した者または教員検定の合格者に授与される（教育職員免許法第5条）。そしてそれは, 校種, 教科, 学歴・単位修得状況などによ

る種類があり,有効期限の有無や適用地域等の条件が定められている。

(1) 教員免許状の種類

　教員免許状の種類については,教育職員免許法第4条に詳しく規定されている。それによれば,免許状は,普通免許状,特別免許状,臨時免許状の3種類に大別される。普通免許状は,学校の種類（中等教育学校および幼保連携型認定こども園を除く）ごとの教諭の免許状,養護教諭および栄養教諭の免許状であり,それぞれ専修免許状,一種免許状,二種免許状に区分される（第4条2項）。中学校と高校の教員の普通免許状は,各教科について授与され（第4条5項）,いずれもすべての都道府県で効力を有する（第9条1項）。特別免許状は,学校の種類（中等教育学校,幼稚園および幼保連携型認定こども園を除く）ごとの教諭の免許状であり（第4条3項）,各教科につき教育職員検定の合格者に授与され（第5条3項）,10年の所定期間,授与権者の都道府県に限り効力を有する（第9条2項）ものである。臨時免許状は,学校の種類（中等教育学校および幼保連携型認定こども園を除く）ごとの助教諭の免許状および養護助教諭の免許状であり（第4条4項）,普通免許状を有する者を採用できない場合に限り,教育職員検定に合格した者に授与され（第5条6項）,3年間,授与権者の都道府県に限り効力を有する（第9条3項）ものである。

(2) 教員免許状と取得科目・単位

　教育職員免許法では普通免許状が授与されるための所要資格は,基礎資格と大学で修得すべき最低単位数によって区別される。基礎資格においては,専修免許状は修士の学位,一種免許状は学士の学位,二種免許状は短期大学士の称号がそれぞれ必要である。また,大学で修得すべき最低単位数は,「教科に関する科目」「教職に関する科目」「教科又は教職に関する科目」別に規定されているし,特別支援学校教諭については,「特別支援教育に関する科目」の最低単位数（専修免許状:50単位,一種免許状:26単位,二種免許状:16単位）が規定されている。

　教員免許状の取得に関しては,戦後初期の教育改革で「開放制教員養成」

の原則が成立し、それによって、教員免許状の取得が、教員養成を目的とする特別の大学・学部（学校）[国立教員養成大学・学部] だけに制限されず、一般の大学・学部（学校）にも開放され、そこで所定の教職に関する単位を取得すれば教員免許状が授与されるようになった。

例えば、滋賀県立大学の場合（主として人間文化学部人間関係学科および大学院人間文化学研究科生活文化学専攻人間関係部門）、次のようになっている。まず、人間関係学科においては、取得できる教員免許状は、中学校教諭一種免許（社会）と高等学校教諭一種免許（公民）である。これらの免許状を取得するために必要な最低単位数は次の通りである。教職に関する科目：中学校31単位、高校27単位、教科に関する科目：中学校・高校とも20単位、教科又は教職に関する科目：中学校8単位、高校16単位、文部省令で定める科目：憲法（2単位）、健康・体力科学Ⅰ、Ⅱ（各1単位）、英語ⅡA、英語ⅡB（各1単位）、情報リテラシー（情報倫理を含む）（2単位）[2]。また、大学院においては、①基礎資格として、「修士」の学位を有すること、②免許取得に必要な単位数として、一種免許状を取得し、かつ本学大学院の授業科目のうちから「教科に関する科目」を24単位以上を修得すること、という要件を満たせば、中学校教諭専修免許（社会）、高等学校教諭専修免許（公民）が取得できることになっている[3]。

一方で、あいつぐ免許法改正（1988年、1998年）によって、免許基準単位が大幅に引き上げられ、その結果、一般大学・学部における教員免許状取得が困難になり、「開放制」の形骸化が危惧される。特に、1998年改正によって、教員免許状の取得要件である教科と教職の各単位構成が激変した。教科に関する科目の基準単位が大幅に減少し、逆に、教職に関する科目および教科又は教職に関する科目が大幅に増加した。ちなみに、教科に関する科目では、幼稚園・小学校の専修・一種で10単位減（幼稚園：16→6、小学校：18→8）、中学校・高校の専修・一種で20単位減（40→20）、教職に関する科目では、中学校の専修・一種で12単位増（19→31）、高校の専修・一種で4単位増（19→23）、教科又は教職に関する科目では、幼稚園・小学校の専修・一種で10単位増（24→34、一種：0→10）、中学校の専修・一種で8単位増（専修：24→32、一種：0→8）、高校の専修・一種で16単位

増（専修：24 → 40，一種：0 → 16）となっている[4]。

(3) 教員の種類と職務

　学校教育に携わる教員は，校長，副校長，教頭，主幹教諭，指導教諭，教諭，助教諭，講師，養護教諭，栄養教諭，養護助教諭，実習助手である。職務権限については，学校教育法第37条等に次のように規定されている。校長：校務をつかさどり，所属職員を監督する（第37条4項）。副校長：校長を助け，命を受けて校務をつかさどる（第37条5項）。校長に事故があるときはその職務を代理し，校長が欠けたときはその職務を行う。この場合において副校長が二人以上あるときは，あらかじめ校長が定めた順序で，その職務を代理し，又は行う（第37条6項）。教頭：校長及び副校長を助け，校務を整理し，及び必要に応じ児童の教育をつかさどる（第37条7項）。校長および副校長に事故があるときは校長の職務を代理し，校長及び副校長が欠けたときは校長の職務を行う。この場合において，教頭が二人以上あるときは，あらかじめ校長が定めた順序で，校長の職務を代理し，又は行う（第37条8項）。主幹教諭：校長および副校長および教頭を助け，命を受けて校務の一部を整理し，並びに児童の教育をつかさどる（第37条9項）。指導教諭：児童の教育をつかさどり，並びに教諭その他の職員に対して，教育指導の改善及び充実のために必要な指導及び助言を行う（第37条10項）。教諭：児童の教育をつかさどる（第37条11項）。養護教諭：児童の養護をつかさどる（第37条12項）。栄養教諭：児童の栄養の指導及び管理をつかさどる（第37条13項）。助教諭：教諭の職務を助ける（第37条15項）。講師：教諭又は助教諭に準ずる職務に従事する（第37条16項）。養護助教諭：養護教諭の職務を助ける（第37条17項）。実習助手：実験又は実習について，教諭の職務を助ける（第59条4項）。また，高校には，教諭ではあるが，専ら実験や実習に携わる「実習教諭」とよばれる教員もいる（特に職業高校）。

第2節　「不適格」教員の増加

　さて，近年，教員を希望する者が増えている。児童・生徒数の減少に加え

て，長引く構造的経済不況の影響もあって，教員採用試験は年々高倍率を続けている。数人の採用枠に何百人もの受験者がチャレンジするケースも稀ではない。競争は激しくなる一方である。

教員採用試験とは，公立学校教員の場合，筆記試験，実技試験，面接試験，経歴・成績評定，適性検査などの方法によって，教員免許状取得（予定）者の中から，教員としての能力の程度を選考基準に基づいて判定するものである。私立学校教員の場合は，採用は学校単位であり，その際，無試験や自治体単位の連合試験の結果を参考にする場合などがある。教員採用が選考によるのは，受験者を有資格（予定）者に限り，学力の他に重要な要素として人格を評価し，適格性の高い者を選ぶという特別の事由による[5]。つまり，教員採用試験は，「教員としてふさわしいと思われる人間」を選ぶための選別フィルターなのである。そのフィルターをクリヤーした者だけが「教員」になれるのである。

したがって，教員になりたいという「憧れ」だけでは教員になれない。教員採用試験に合格するための資格と適格性（学力，人格など）とを備えていなければならないのである。また，その前提として，本人に教員となるにふさわしい適性が備わっていなければならない。しかし，実際に教員になれたからといって，すべての教員が学校教育に携わるにふさわしい「教員の質」（指導力や信頼感など）を備えているわけではない。中には，「M教員（問題教員）」とか「はずれ教員」とか言われる「不適格」教員もいるのである。これらの教員は，適性と職業とがマッチングしていないのである。特に，前者の場合にはその確率が高いと言える。

具体的な事例を挙げておこう。文部科学省の調査で，2000年代初頭，児童・生徒と適切な関係を築けない公立の小中高校などの「指導力不足」教員が年々増加していることがわかった。文部科学省によると，2002年度に東京都，神奈川県，岐阜県，広島県など15の教育委員会が，「指導力不足ではないか」と指摘された教員に，人事管理システムを運用し資質に関した認定作業を行った。その結果，2000年度以降，指導力向上のために研修を受けた教員は延べ351人（2000年度：52人，2001年度：117人，2002年度［9月1日現在］：182人）に上り，一方，現場に復帰したのは67人（2000年度：18

人，2001年度：37人，2002年度：12人）にとどまっていることが明らかになった。指導力不足と認定した例として，「仕事の締め切りが迫るなどプレッシャーがかかると仕事を休む」（小学校），「協調性に欠け，職場の和を乱す。言葉遣いがきつく，誤解を招くことが多い」（小学校），「時間休暇が多くプリントだけによる学習が多い」（高校），「アルコール依存で授業が満足にできない」（高校）などが挙げられている。また，能力不足などを理由にした校長や教頭の希望降任制度に基づく降任数は，制度を実施する6教育委員会で38人（2000～2002年度）となっている。

さらに，文部科学省の2001年度調査で，同年度に何らかの処分を受けた教員は，3,984人（前年度比14人増）で，このうち地方公務員法に基づく懲戒処分は166人増の1,093人で，免職92人，停職185人であった。「心の病」で休職になった教員も増加している。2001年度に，うつ病などの精神性疾患で病気休暇の期間を超えて休職になった教員は2,503人（前年度比11％増，病気休職者の48％）で，過去最高を更新した。精神性疾患の休職者が在職者に占める割合は0.27％（370人に1人の割合）となり，9年連続して上昇している[6]。

このような事例は，その多くが本人の適性と職業とがマッチングしていないことの結果でもあると言えるのではないか。とりわけ，懲戒処分を受けたような教員は，もともと教員としての適性を持ち合わせていなかったと言ってよい。では，教員の適性として何が必要とされるのか。そのことについて，以下で論じていくことにしよう。

第3節　教員の適性

そこで教員の適性ということだが，まず適性（aptitude）という言葉の意味内容から見ておこう。一般に，適性とは，ある特定の職業，学業，芸術活動などを効果的に遂行するために必要な知識や技能などを学習によって獲得することが可能であるような個人の諸特性のことを言う。つまり，適性があるということは，現在その能力を有しているということとは異なり，将来の予見に関わることであり，したがって潜在的能力を予測する現在の諸特性

である。また適性は，その活動と個人の諸特性との適合関係を示すものである。それには外的適合と内的適合とがあり，前者は，身体的，生理的，感覚的，運動的，知能的な諸側面について活動の要求する条件と客観的に適合するか否かに関わるものであり，後者は，個人がその活動に関して興味，関心，価値などを示すか否かに関わるものである。それで適性が認められれば，人びとはそれへの動機づけを高めることになる[7]。このように理解したうえで，具体的に教員の適性について論じていくことにしたい。

(1) 「授業の専門家」を目指すことができる人間であること

まず，教員という職業に従事する者にとって，第1に要求される適性は，「授業の専門家」を目指すことができる人間であることである。「授業の専門家」に向けて日夜研鑽・努力することを厭わない強靭な意志と熱意を持ちつづけられる特性を持っていなければならない。

林竹二は，「学校教育の核心は，授業である。したがって，教師は，一人一人が授業の専門家でなければならない」[8]と言う。「授業の専門家」こそ，教員に値する教師であるというわけである。

また，教員は，「常に子どもと同じ世界にいなければならない」と主張する大村はまは，研究をしつづけることの必要性を次のように述べている。「なぜ，研究をしない先生は『先生』と思わないかと申しますと，子どもというのは『身の程知らずに伸びたい人』のことだと思うからです。……一歩でも前進したくてたまらないんです。そして力をつけたくて，希望に燃えている。その塊が子どもなんです。勉強するその苦しみと喜びのただ中に生きているのが子どもたちなんです。研究している先生はその子どもたちと同じ世界にいるのです。研究せず，子どもと同じ世界にいない先生は，まず『先生』としては失格だと思います。……もっともっと大事なことは，研究をしていて，勉強の苦しみと喜びをひしひしと，日に日に感じていること，そして伸びたい希望が胸にあふれていることです。私は，これこそ教師の資格だと思うんです」[9]。

至言である。児童・生徒一人ひとりは，それぞれに適性や可能性や能力を持っている。それらを引き出し，開花・育成させていくためには，「いい授

業」をしなければならない。「いい授業」をするためには，教員は常に児童・生徒と同じ世界にいて，彼ら一人ひとりにその適性や可能性や能力をシグナルとして表現できるチャンスを与え，そして，そのシグナルを迅速かつ的確に把握して，それらを適切に方向づけることができるための力量を獲得するための努力をしつづけなければならない。それをしない，あるいはできない教員は，教員としての資格に欠けるということである。

(2) 何よりも「人間好き」であること

　教員は，教員である前にそれぞれに人格を持った一人の人間である。教員は職業人として「授業の専門家」でなければならないが，同時に，児童・生徒たちにとって人生の先達（＝「いい人間」）であることをも求められる。先達とは，「先にその道に通達して，他を導く人」[10]のことである。

　教員が，児童・生徒たちにとって人生の先達でありうるためには，教員にそれにふさわしい「権威」が備わっていなければならない。その「権威」とは，それによって影響を受ける側の者（＝児童・生徒）から，内面的な承認を得られるような性質のものでなければならない。なぜなら，児童・生徒は教員の言動が自分の価値観と一致するときに内面的な承認を与え，それに従うからである[11]。

　このような権威は，教員が大人であるから備わっているというわけではなく，教員と児童・生徒との間に双方向性の「関係の構造」が構築されていく過程で形成されていくものである。そして，教員―児童・生徒関係が信頼関係にまで高められて，はじめて教員の権威は十全にその威力を発揮する。このような水準にまで高めるためには，教員は何よりも「人間好き」でなければならない。教員という仕事は，「人間を対象とする職業」であるからだ[12]。「人間が好きである」ということは，「いい人間」であることの基礎的要件である。

(3) 「教育の専門家」になれる人間であること

　教職が専門職である以上，それに従事する教員は，「授業の専門家」としての職業的要件を満たすことがまず第1に求められる。しかし，授業だけが学校教育のすべてではない。教員としてやらなければならない仕事は他にも

ある。学校経営，学級経営，課外活動の指導，生徒指導，進路指導，教育相談，校務分掌，職員会議や各種委員会の会議，学校内外での研修など，教員の仕事は広範囲にわたっている。したがって，教員は「授業の専門家」であることが第1要件であるとしても，それだけで教員としての職責が果たせるわけではない。もう少し幅広く「教育の専門家」としての力量（知識や技能）を身につけることが必要である。それに必要な特性が教員には求められるのである。

下村哲夫は，教員に欠かせない知識・技能として，①教育内容・方法に関する知識・技能，②児童・生徒に関する理解，③教育ないし人間形成に関する深い洞察，④学校や授業をとりまく諸条件に関する科学的認識の4項目を挙げた。これらの総体が，教員に不可欠の知識・技能だということなのである[13]。ただ，これらの知識・技能は，いずれも実際に教職に就いてから，学校教育の現場の中で教員としての体験を重ね，日々研鑽・精進を続ける過程で獲得されていくものである。これらの努力を怠れば，単に年功を積んだベテラン教師にはなれても，決して「教育の専門家」にはなれない。たゆみない自己啓発の努力が必要なのであり，それを厭うような人間は教員には向かないし，その資格もないであろう。

では，「教育の専門家」であるためには，「授業の専門家」としての特性と「いい人間」としての特性を具備していること以外に何が必要なのか。それは必ずしも一様ではない。幼稚園，小学校，中学校，高校，特別支援学校等のうち，どの学校の教育に携わるのかによってそれは異なるし，また，「進学校」とか「名門校」と言われる学校の教員と「困難校」とか「底辺校」と言われる学校の教員とでは，必要とされる教員としての適性が異なる。

例えば，小学校の教員は，基本的に学級担任をしながら一人で全教科を担当しなければならないので，それができる教員であることが求められる。だが，中学校や高校では，特定の専門教科や科目により精通していることが求められる（求められる教科・科目の専門性は，一般に中学校よりも高校の方が高い）。また，高校段階では，「進学校」「就職校」「底辺校」といった地位分化が，学校間で顕著になっていて，このような地位分化に対応する形で，個別の学校文化が形成され，維持されている。各学校には，それぞれ独自の

「チャーター」があり，教員集団は，それを維持したり，改善したりする方向で教育活動を組織している。チャーターは，一般的には，「ランクの高い（進学チャーターをもつ）高校ほど，威信の高い知識を伝達し，評価配分システムがきびしいものになる。逆にランクが低くなるほど，管理統制システムがきびしいものになる」[14]という形で機能する。したがって，高校の教員の場合には，このような地位分化に適応できる特性を持っていることも，「教育の専門家」として必要な条件の一つなのである。

(4) 共に学び合える人間であること

教員に求められる適性は，その他にもいくつかあろう。自然や人間をありのままに受け入れることができたり，愛情や情熱や正義感をありのままに表現できる豊かな感性を持ち合わせていることも必要である。とりわけ，教育の世界にもハイテクノロジーが導入され，コンピュータなどの最新機器を使った技術主体の授業が数多く行われている今日，特にそのことは重要である。授業の技術は必要であり，多様なハイテク機器を使いこなすことも必要である。しかし，それだけでは教員の心や思いは児童・生徒に伝わらない。教員は「人間を対象とする職業」である。しかも，成長・発達段階の真只中にある人間を相手にする職業である。児童・生徒は生身の人間であって，機器によって操作されるモノではない。そこでは，生身の人間と人間との関係性が何よりも必要とされるのである。児童・生徒と同じ高さの目線で向き合い，彼らとともに喜び，悲しむことのできる豊かな感性が教員には不可欠なのである。

他にもまだ，教員に求められる適性はあるであろう。その中で，今一つ強調しておきたいことは，教員は「共に学び合える人間である」ことが必要だということである。佐藤学は，「学び」を「モノ（対象世界）と他者と自分との対話的実践」[15]と定義している。「学び」は，モノ（教材，あるいは対象世界）と対話し，他者（児童・生徒や親や他の教員など）の考えや意見と対話し，自分自身の考えや意見と対話する実践である。「学び」は，その意味で，認知的（文化的）実践であるとともに対人的（社会的）実践であり，同時に自己のあり方を探索する実存的（倫理的）実践である[16]，と佐藤は

言う。

　共に学び合える教員ならば，必ず目は児童・生徒の方に向く。そして，彼らと同じ世界に入っていくことができる。彼らと同じ高さの目線で見守り，彼らの考えや意見に耳を傾け，時には彼らに共感することによって相互理解が深まり，「教育の場」を共有することができる。「共に学び合える人間である」ことは，良好な教員―児童・生徒関係を構築していくうえで必要不可欠の特性なのである。

第4節　教員の社会的使命

1．第1の社会的使命

　教員の社会的使命とは，法制度的には教育基本法（2006年改正）に明記された目標を遂行するために努力することにある。では，教育基本法に謳われている教育の目標とはどういうものなのか。例えば，前文には，「個人の尊厳を重んじ，真理と正義を希求し，公共の精神を尊び，豊かな人間性と創造性を備えた人間の育成を期するとともに，伝統を継承し，新しい文化の創造を目指す教育を推進する」とある。第1条では，「教育は，人格の完成を目指し，平和で民主的な国家及び社会の形成者として，必要な資質を備えた心身ともに健康な国民の育成を期」することが，「教育の目的」であると謳っている。そして，第2条で，「教育は，この目的を実現するため，学問の自由を尊重しつつ，次に掲げる目標を達成するよう行われるものとする」となっている。掲げられている目標は次の5項目である。①幅広い知識と教養を身に付け，真理を求める態度を養い，豊かな情操と道徳心を培うとともに，健やかな身体を養うこと。②個人の価値を尊重して，その能力を伸ばし，創造性を培い，自主及び自立の精神を養うとともに，職業及び生活との関連を重視し，勤労を重んずる態度を養うこと。③正義と責任，男女の平等，自他の敬愛と協力を重んずるとともに，公共の精神に基づき，主体的に社会の形成に参画し，その発展に寄与する態度を養うこと。④生命を尊び，自然を大切にし，環境の保全に寄与する態度を養うこと。⑤伝統と文化を尊重し，それらをはぐくんできた我が国と郷土を愛するとともに，他国を尊重し，国際社

会の平和と発展に寄与する態度を養うこと。

　これらの前文や条文に謳われている教育に関する文言は，理念的である。この理念としての教育を，学校の教員は，自己の崇高な使命を自覚して遂行するよう努めなければならない，とされているのである（第9条1項）。

　しかし，実際に教員が職責として遂行するよう求められているのは，理念としての教育というよりも，むしろ制度としての「教育」の方である。佐藤文隆は，「教育においても国民国家の成長・拡大と『教育』との結びつきは歴史的に明確であり，教育の将来を考える際にも，将来の国家イメージとの関係が重要な意味を持ってくるように思える」と述べて，「教育」は，「学校という制度によって作られた人間観」に拡張して考えておかなければならないと指摘している[17]。つまり，現実の教育は，国家目標と結びついた「教育」の次元において機能するように，国家システムの中に組み込まれているのである。それは，「さまざまな社会状況の将来予測を踏まえて，将来の社会で有為な生活をおくれる足しになる教育ということが『教育』に託すること」なのであって，したがって，あまり個性的なことは，「教育」に託すべきでない[18]，ということを意味している。

　そして，このような「教育」を，教員が遂行することを，国家は求めているのである。この「教育」が，理念としての教育を具現する方向性を持ったものである場合には，それを担う教員の役割は，文字通り「社会的使命」とよぶに値するであろう。それはまた，教員にとって第1の社会的使命でもある。

2．第2の社会的使命

　教員の第1の社会的使命は，学校という人間の集団を作ってやろうとする「教育」の目標を，国家的・社会的レベルにおいて達成できるよう努めることにあるが，それとリンクする形で，個々の児童・生徒レベルにおいて，彼らの独自性や個性や適性などを自分で見定めて，将来の方向を決めることができる「機会」や「材料」を提供することが教員に求められる。これを第2の社会的使命とよんでおこう。

　河合隼雄は，教員は「一般性のあること」は子どもに教えることはできても，

彼らの独自性は教えられない。独自性とか個性は，本人の中から生まれるのを待つしかない，と指摘する一方で，子どもは，ある程度の社会性を踏まえたうえで自己主張すべきであることを学校は教える必要があるとも述べている[19]。この指摘は，学校や教員は「教える」ことも必要だが，「教えることだけが好き」では，教員の第2の社会的使命を遂行することはできない，ということを意味している。「教える」だけでは，児童・生徒の独自性や個性の芽を摘み取ってしまう危険性があるからだ。「教える」という行為は，学校や教員が設定した一定の教育目標に沿って児童・生徒が思考し，行動するように方向づけるものである。そこには往々にして，学校や教員の価値観が一方的に注入されることによって，児童・生徒が同じ色に染められていく，すなわち「子どもが特定の枠の中に強制的に押し込まれ，それによって子ども自身の本質的なあり方が削りとられ規格化され潰されていく」[20]，そういう危険性が内在している。

そこで，教員が第2の社会的使命を果たすためには，教員の側から児童・生徒に向かって歩いていくことが必要である。しかも，その必要性は，小学校よりも中学校，中学校よりも高校と，学校段階が進むにつれて増してくる[21]。「教員の側から児童・生徒に向かって歩いていく」とは，端的に言えば，学校という世界を児童・生徒の「自分探しとしての学び」の場にしていくことを意味している。ここで言う「学び」とは，一人ひとりが個として生活し，個と個のすり合わせをとおして学び合い，文化的実践と社会的実践に参加して，人と人の連帯を築きあう場所を構築し生活をデザインするものである[22]。学校社会をそのような「学びの共同体」に再構築していくことが，何よりも今日の教員に求められているのではないだろうか。

第5節　定時制高校の変遷と教員像

私は，大学の教員になる前に，18年間（1977年4月～1995年3月）公立定時制高校の教員をしていた。そこで，最後に私の経験を踏まえて，「定時制高校の教員像」について述べておきたい。ただ，私自身，定時制教育を離れて相当の歳月が流れているので，近年の定時制高校の実態については，時

折かつての職場を訪れ，自分自身で現状を見たり，かつての同僚から話を聞いたりして得た知見に基づいて述べざるを得ない。したがって，参与観察によって得た知見と非参与観察によって得た知見とが混在しているが，そのことをあらかじめ断っておかなければならない。

1．定時制教育の変遷

　まず最初に，定時制教育の変遷について概観しておきたい。高校の定時制課程は，1947年3月31日に公布され，翌48年4月1日から施行された学校教育法により設置された新しい学校制度である。制定当時の学校教育法においては，定時制課程は次のように規定された。①第44条1項：高等学校には，通常の課程の外，夜間において授業を行なう課程又は特別の時期及び時間において授業を行なう課程を置くことができる[23]。②第46条：高等学校の修業年限は，3年とする。但し，特別の技能教育を施す場合及び第44条第1項の課程を置く場合は，その修業年限は，3年を超えるものとすることができる[24]。

　定時制課程は，旧教育基本法第3条の「教育の機会均等」の精神[25]に基づいて，中学校を卒業して勤務に従事するためなど，種々の理由で全日制の高校に進学できない青少年に対し，高校教育を受ける機会を与えるために設けられた制度である。特に，高校の夜間の課程は，旧制中等学校の夜間課程を継承したもので，1947年12月17日に，学校教育局長から都道府県知事宛に出された「新制高等学校実施準備に関する件」では，次のように述べている。「旧制中等学校の夜間課程は，その程度からいって，新制高等学校の夜間課程として移行するのは何のさしつかえもないものであるから，その殆ど全部が新制高等学校の夜間課程になってよいと考えられる」[26]。

　発足当時，定時制の課程は，夜間において授業を行う課程（夜間の課程）と特別の時間または時期において授業を行う課程（狭義の定時制の課程）とに区別されていたが，1950年の学校教育法の一部改正によって，「夜間その他特別の時間又は時期において授業を行なう課程」となり，これを定時制の課程と称するようになった。修業年限については，「3年を超えることができる」とされていたのを，「4年以上とする」に改められた。これは，勤労

青少年を対象とする課程で，全日制の3年分の教育をこれと全く同等の程度および内容をもって行うには最低4年を要するとの判断によるものである[27]。

1953年8月には，勤労青少年教育の重要性に鑑み，教育基本法の精神にのっとり，働きながら学ぶ青少年に対し，教育の機会均等を保障し，勤労と修学に対する正しい信念を確立させ，国民の教育水準を生産能力の向上に寄与するため，高校の定時制教育および通信教育の振興を図ることを目的として，「高等学校の定時制教育及び通信教育振興法」が制定された。この法律に基づいて定時制教育および通信教育のために必要な設備費等に対し国が補助を行うことになり[28]，国庫補助は次第に増額されていったのである。さらに，1956年6月には，夜間の定時制課程に学ぶ生徒の健康上の問題を解決するための一つの方法として，夜間学校給食の実施に関して必要な事項を定めるとともに，その普及を図るために，「夜間課程を置く高等学校における学校給食に関する法律」が制定され，施設の建設費や設備費について国の補助が行われることになったのである[29]。

さて，昭和20年代から30年代における公立定時制高校数，生徒数の推移は，表1，表2の通りである。

まず，公立定時制高校数の推移について少し考察しておこう。学校数は発足以降，しばらく増加傾向を示しているが，本校では1955年度（昭和30）を境に，また，全体では1954年度（昭和29）を境に減少に転じた。減少傾向は，本校は比較的緩やかであるのに対し，分校は急減している。分校が急減した最大の要因は，赤字地方公共団体の急増に伴って，1955年に制定された地方財政再建促進特別措置法にある。この法律によって，1954年度以降，赤字団体は寄付金等の支出が制限されることになった。元来，都道府県立定時制高校は，本校・分校の別なく，その経費（施設設備の整備費や運営費）は，設置者たる都道府県が負担すべきものであるが，分校の場合は，地元市町村の意志によって設立されたという開設当初の経緯から，地元市町村が都道府県に対する寄付という形で，その経費の大部分を負担していた。しかし，この寄付の支出制限措置によって，赤字の地元市町村の分校経費負担金の支出が著しく困難となり，この結果，分校の統廃合が促進されることになったということなのである[30]。

補　章　教員の資質と定時制教育 —— 195

表1　公立高等学校数の推移（昭和24〜39年度）

区分 年度	総　数	全日制課程だけ	定時制課程				合　計
			本　校			分　校	
			併置	定時制課程だけ	計		
昭和24	3,291	722	1,127	198	1,325	1,244	2,569
25	3,388	635	1,137	229	1,366	1,387	2,753
26	3,577	635	1,204	232	1,436	1,506	2,942
27	3,606	667	1,226	244	1,470	1,469	2,939
28	3,667	688	1,280	338	1,618	1,361	2,979
29	3,695	702	1,314	330	1,644	1,349	2,993
30	3,688（ 3）	707	1,336	337	1,673	1,308（ 3）	2,981
31	3,636（ 4）	746	1,335	320	1,655	1,235（ 4）	2,890
32	3,618（ 6）	776	1,338	317	1,655	1,187（ 6）	2,842
33	3,597（ 6）	818	1,322	332	1,654	1,125（ 6）	2,779
34	3,582（16）	860	1,308	331	1,639	1,083（16）	2,722
35	3,527（27）	1,003	1,186	325	1,511	1,013（27）	2,524
36	3,491（36）	1,043	1,187	313	1,500	948（36）	2,448
37	3,484（50）	1,153	1,204	262	1,466	865（50）	2,331
38	3,594（55）	1,339	1,215	237	1,452	803（55）	2,255
39	3,572（78）	1,431	1,184	226	1,410	731（78）	2,141

（註）1. 24、25年の数字は「文部省第77・78年報」、26〜39年は文部省調査局統計課の各年度「学校基本調査」によった。
　　　2.（　）内は全日制課程の分校で外数である。なお、併置というのは全日制と定時制の両課程をおいているものである。
出所：尾形利雄・長田三男『夜間中学・定時制高校の研究』校倉書房、1967年、p.174。

表2　高等学校生徒数の推移（昭和23〜40年度）

区分 年度	計	全日制課程	定時制課程
	%	%	%
昭和23	1,203,963（100）	1,032,981（85.8）	170,982（14.2）
24	1,624,625（100）	1,277,523（78.6）	347,102（21.4）
25	1,935,118（100）	1,522,663（78.7）	412,455（21.3）
26	2,193,362（100）	1,699,744（77.5）	493,618（22.5）
27	2,342,869（100）	1,810,404（77.3）	532,465（22.7）
28	2,528,000（100）	1,950,838（77.3）	577,162（22.7）
29	2,545,254（100）	1,988,524（78.1）	556,730（21.9）
30	2,592,001（100）	2,050,286（79.1）	541,715（20.9）
31	2,702,604（100）	2,156,700（79.2）	545,904（20.8）
32	2,897,646（100）	2,356,666（81.3）	540,980（18.7）
33	3,057,190（100）	2,517,141（82.3）	540,049（17.7）
34	3,216,152（100）	2,670,039（83.0）	546,113（17.0）
35	3,239,416（100）	2,720,416（84.0）	519,000（16.0）
36	3,118,896（100）	2,650,227（85.0）	468,669（15.0）
37	3,281,522（100）	2,830,420（86.3）	451,102（13.7）
38	3,896,682（100）	3,434,038（88.1）	462,644（11.9）
39	4,634,407（100）	4,152,250（89.7）	482,157（10.3）
40	5,074,059（100）	4,559,757（89.8）	514,302（10.2）

（註）本表は文部省「日本の教育統計」「設置者別生徒数」（高等学校）によった。
　　　（　）内の数字は著者が算出した。なお、生徒数は本科・別科・専攻科を含んだ数である。
出所：尾形利雄・長田三男『夜間中学・定時制高校の研究』校倉書房、1967年、p.179。

次に、生徒数の推移について見ておこう。生徒数も学校数と同様、発足以降しばらく増加傾向にあった。1949年（昭和24）から1956年（昭和31）まで、全生徒数に対する定時制生徒の比率は20％を超えているが、以後、高校進学率の向上に伴って、占有率は急減している。他方、生徒数は、1960年（昭和35）から1962年（昭和37）まで急減しているが、それは次のような原因による。第1に、農村地帯においては、1960年以降青少年の都市への流入が急増し、その結果、定時制高校（特に昼間定時制）に進学する年齢層の青少年が減少したこと。第2に、その減少数に見合うだけ、都会に多い夜間定時制の生徒が増えなかったこと。第3に、日本経済が高度成長期に入ったことによって、全日制高校への進学者が増大したこと。第4に、当時の定時制の教育が、人的・物的諸条件の不備およびそれに基づく教育内容の低位性のために勤労青少年を引き付ける魅力に乏しかったこと。そして第5に、家庭の事情（貧困）、職場の事情（雇用主の無理解）など勤労青少年の就学を阻害している社会的・経済的要因、などである[31]。

では、2000年前後はどのような状況にあったのか。次に、それについて見ていこう。

2．2000年前後の定時制高校

今日、中卒者の大半が高校に進学するという、いわゆる「高校全入時代」にある。ちなみに、滋賀県の1996年度から2000年度における高校進学率は、それぞれ96.8％（1996年度）、96.8％（1997年度）、96.9％（1998年度）、97.2％（1999年度）、97.3％（2000年度）となっている。また、生徒数（2000年度）で見ると、全日制44,556人、定時制1,315人となっており、定時制生徒の生徒総数に対して占める割合は、わずかに2.9％にすぎない。

滋賀県で高校進学率が90％を超えたのは、1974年度（90.4％）である。同年度の定時制高校の志願倍率は1.02倍であった。しかし、翌年度の志願倍率は0.65倍と大幅に落ち込み、充足率も84.3％から58.1％へと大幅にダウンしてしまった。この年度を境にして、以後今日まで、公立定時制高校の志願倍率も充足率も低迷状態を続けている。具体的に数字で示すと、次のようになっている。①志願倍率…1996年度：0.78倍、1997年度：0.65倍、1998年

度：0.85倍，1999年度：0.73倍，2000年度：0.91倍。②充足率…1996年度：60.7%，1997年度：54.3%，1998年度：65.0%，1999年度：64.3%，2000年度：66.4%。各年度の入学定員は280人で，最も多かった1952年度（1,120人）の4分の1である。

　また，全国規模での最近の推移は，次のようになっている。まず，定時制高校数は，確実に減少傾向にあり，2001年度の学校数は823校（公立810校，私立13校）で，最盛時（1954年度：3,207校…公立2,993校，私立214校）のほぼ4分の1にまで減少している。分校は，ここ数年50校前後で推移している。通信制をも含めての数字であるが，単位制が年々増加しているのが大きな特徴である（特に公立では，1995年度：42校，1996年度：53校，1997年度：60校，1998年度：75校，1999年度：83校，2000年度：124校，2001年度：141校）。

　生徒数については，1997年度に10万人を割ったが，以後，増加傾向にあり，現在11万人弱となっている。この現象は，単位制高校の増加および単位制導入や定通併修の増加等によるものと思われる。それでも，生徒数は，最盛時（1953年度：577,162人）の5分の1以下である[32]。

3．定時制高校の教員

　これまで定時制高校発足当初から2000年前後までの変遷過程について概観してきたが，それを踏まえて，定時制高校の教員について考察してみたい。一般に，定時制高校には本務教員の他に兼務教員，兼任教員，非常勤講師といわれる教員がいる。本務教員は定時制高校を本務校とする専任教員のことであるが，兼務教員は全く別に本務校があって，定時制では兼務講師として一定の時間勤務する教員である。普通，全日制高校の専任教員がその任に当たっている。全日制・定時制併置の学校で，全日制が専任で定時制を兼ねる場合，また，同一定時制の本校・分校間または分校相互間で専任以外の場所に勤務する場合，そのような教員を兼任教員というが，実質的にはほぼ兼務教員と同じである（私の場合は，その逆のケースで兼務教員および兼任教員を体験した。すなわち，私の本務校は定時制高校だったので，全日制高校へ兼務教員や兼任教員として何年か出講したのである）。今日では，本務教員

と兼務教員の比率は，前者の方が高いのであるが，昭和20年代・30年代は本務教員の比率が極めて低かった。

　一般に，本務教員の比率の高低は，学校教育に大きく影響する。教員は，全日制高校においても定時制高校においても「教育の専門家」であることが最大の要件として求められる。とりわけ定時制高校の場合，学習指導や教科指導に関しては全日制とは異なった特別な工夫と配慮が必要である。生徒の大半は昼間働いているので，まず昼間の労働による疲労度を考慮に入れた学習指導をしなければならない。また，勤労生徒は予習・復習の時間がほぼ皆無に近いため，所定の時間内で完結する授業，つまり授業時間内で生徒の理解度を深めるような創意と工夫が必要である。このことは昔も今も大きく変わらない。ただ，今日の定時制生徒は，往年の生徒と比べて学習意欲に乏しいことは否めない。そのため，授業の創意・工夫も生徒の実態に合わせて行うことが必要である。私の経験からは，「面白い授業」をすることは非常に難しいが，「苦痛を和らげる授業」をすることは可能である，と言える。

　定時制高校においては，教科指導も大事であるが，それ以上に生活指導（生徒指導）の方が重要視される。全日制高校以上に，さまざまな問題を抱えた生徒がいるからである。定時制高校は，まさに「社会の縮図」である。このことは昔も今も変わりはない。ただ，定時制生徒が抱えている問題の内容・質に関しては，相当様変わりしてはいるが。したがって，今日でも，「定時制高校における本務教員の充実は，その教育内容を充実させ，かつ生徒の学習意欲を向上させる要因であるのみならず，勤労青少年教育に欠くことのできない生活指導を適正に行なう上にも，最も根本的な問題であるといえる」[33]であろう。

　ところが，昔も今も変わらない大きな問題がある。1つ目の大きな問題は，定時制教員の年齢的配分の不均衡という問題である。具体的に言えば，定時制高校には経験年数の短い教員（大抵は新任教員）か，またはその学校の主のような極めて勤務年数の長い教員が多く，30代・40代の中堅教員が少ないということである。私が新任として最初に赴任した定時制高校も，まさにその典型で，教員の平均年齢は50歳を超えていた[34]。バランスのとれた学校教育を行うためには，「熟練度・質」ということを考えた場合，教員の年

齢構成が均衡のとれたものになっていることが必要である。しかし，現実は両極に分化してしまっている。新任教員の場合には，赴任先の選択権はない（あるのかもしれないが，現実にはそれを行使することはほぼ不可能である）し，他方，ベテラン教員の場合，他に兼業を持ち，定時制教育を「副業」と考えている者，あるいは定時制教育に特別打ち込んでいるわけでもなく，暇さえあれば自己の趣味に興じている者，さらには虚無主義に陥っている者にとって，定時制高校は「最適」の職場なのである。私自身，このような類の教員を在職中に何人も見てきた。

2つ目の大きな問題は，定時制勤務は「激務」であるということである。一般に，出勤は午後だが，退勤時間はあってないようなものである。ひとたび生徒指導上の問題が発生すれば，深夜でも生徒指導委員会や職員会議などを開いて議論し，場合によっては深夜に保護者に来てもらったり，こちらから家庭訪問をしなければならない。私自身も，クラス担任をしていたころ，何度となく深夜に家庭訪問した経験がある。帰宅すると，大抵日付が変わっていた。何よりも生活そのものが不規則不自然になり，その結果，健康上支障をきたすことも多くなる。

その他にも，夜勤であるから一家団欒の家庭生活を犠牲にすることが強いられることも問題である。特に，子どもに接する時間が極端に制限されるので，教育上大きな問題であるし，家族の健康にも大きな影響を及ぼす。

このように，定時制高校の教員は，職場の内外でさまざまな問題を抱えているのである。

4．定時制教員としての自分を振り返って

最後に，私自身の18年間の定時制高校の教員生活を振り返っておきたいと思う。私が定時制高校の教員になったのは，定時制教育が低迷期に入った頃である。また，この時期は，日本経済が低成長時代へと移行した時期でもあり，生徒数，生徒シェアともに激減し，志願者数が募集定員を常態的に大きく下回り，定時制の存在意義そのものが問われるとともに，教育的にも多くの困難な問題を抱え，抜本的な改革を要求されている時期であった。

この頃から，定時制高校に入学してくる生徒の質が大きく変化した。全日

制高校受験失敗者，全日制高校中退者，極度の低学力者，障がい者など，これまでの生徒とは異質な生徒が，構成主体を形成するようになった。生徒層が大きく変容し，目的意識の不明確な生徒や学習意欲の低い不本意就学者，学校教育不適応生徒が増大した。その結果，内部の教育努力だけでは解決できない問題も湧出してきた。場合によっては，警察の力を借りることも必要であった。このことは，定時制教育本来の「働き学ぶ」という教育理念が形骸化したことを意味している。それはまた，勤労青少年のための教育機関という独自の位置づけをもって，その役割を果たしてきた定時制教育が，その本来の役割を縮小する代わりに，全日制高校の「補完的役割」を果たす（べき）「受け皿」として，高校ピラミッドの最低辺に位置づけられたことを意味している。このような位置づけは，私が定時制教育を離れる時にも存在していたが，今日では，定時制高校は「学び直しの学校」としての役割を担うものとして認識されている。

　このような状況の中で，私は長年定時制教育に携わってきたのであるが，以下で，教科指導とクラス担任としての学級経営とに関して，教員としての自分を振り返っておきたいと思う。

　まず，教科指導についてであるが，私は18年間で社会科のすべての科目を担当した。科目によって多少の相違はあるが，「面白い授業」をすることは至難の技なので，基本的に私は，「苦痛を和らげる授業」を実践することを心がけた。私の言う「苦痛を和らげる授業」とは，端的に言えば，生徒が関心を持っている私的領域の問題を公的領域の問題と関連づけて授業をするというものである。そのために私は，主として次のような方法をとった。①教科書による授業ではなく，プリント学習を主体とする（それは，教科書を全く使用しないというのではなく，教科書は主に事実関係を確認する場合に使用するというものである）。その際，自分でプリントを作成するのであるが，そのプリントには，その時間で「考え」「理解」して欲しい内容を精選したものが書かれている。生徒はそのために必要な最低限の事項を自分で書きこんでいく，というものである。②進度のことはあまり気にせずに，エピソードを随所に散りばめながら，それを生徒にとって身近な問題と関わらせて説明していく。③その際，知識を注入するというだけの一方通行の授業は避け，

できるだけ多く生徒に発問し，生徒に考えさせ，生徒自身の口から「自分の考え」を述べてもらう。このようにして，双方向性の授業を行うことは，私と生徒とが「授業を共有」できるようにするための重要なストラテジーの一つなのであった。こうした授業スタイルをとることによって，少なくとも学習指導要領に基づいたカリキュラムを，課業という形で生徒に押しつけずにすんだのではないかと私自身は思っている。

次に，クラス担任としての学級経営についてであるが，私はクラス担任を通算10年経験した（4年間：1回，3年間：1回，1年間：3回）。その間，私は数多くの全日制高校受験失敗者，全日制高校中退者，不登校生（中学時代），障がい者などの生徒と出会った。彼らに共通していたことは，程度に差はあるが，学校不信・教師不信を抱いていたということである。特に，全日制高校中退者にそれが非常に強かった。彼らは，それぞれに教師や学校から，時には同級生から「逸脱者」や「落伍者」としてのレッテルを貼られ，そして，ある者は学校から「追放」され，また，ある者は自ら見きりをつけて去っていったという体験を共有していたのである。

つまり，学校や教室の中で，彼らは「脱文脈化」され，等質的なものと仮定され，学校の規範（＝学校文化）にうまく適応できないという理由で，「問題のある子」「できない子」というラベルが貼られ，それゆえに彼らは「教育」（＝矯正）の対象にされたのである。しかも，その際，「問題」が社会構造的要因を捨象した形で，徹底的に「個人」化して捉えられてきたのである[35]。

そこで，私は，基本的にクラスの生徒を単に「生徒集団」として「画一化」し「平等化」して位置づけるのではなく，それぞれに個性を持ち，家庭的・社会的背景を持った「個人」として位置づけるよう心がけた。それは，私と個々の生徒という一対一という形の「関係の構造」をまず構築し，それをベースにして（より正確には，それと並行する形で），さらに私と生徒集団という形での「関係の構造」を構築していくという方法をとったのである。そのために，私は，場合によっては教員―生徒関係という制度的関係を離れて，それぞれに「人格」を有した「一人の人間」として，同じ高さの目線で向き合うよう心がけた。それは，私が彼らの方に歩いていって，彼らの世界に入りこんでいくことを意味している。このことによって，結果的には，彼らの思

いを幾分なりとも共有することができ，彼らとの間に「相互理解」と「信頼関係」を構築することができたのである。特に，3年間あるいは4年間，連続して同じクラスの担任になったときに，そのことを強く感じた。

18年間の定時制高校教員生活を通して，私自身が学んだことは，教員は「授業の専門家」でなければならないことは言うまでもないことだが，こと定時制高校に関しては，人生の先達のような「いい人間」であることがそれ以上に求められるということである。これまでにも述べたように，定時制高校にくる生徒の多くは，何らかの形で心に傷やコンプレックスを持っている。そのため，教員は常に生徒と同じ高さの目線で向き合い，共感し，理解しようとする姿勢とそれができるだけの力量とが求められる。そして，さらに一歩進んで，ともに学び合う過程を通して，彼らとともに「学びの共同体」を創造していくことも必要である。今日の定時制高校教員の最大の使命は，学校を「癒しの学び舎」に再構築していくことであると言っても過言ではないであろう。

【註】
1) 今津孝次郎「教員」編集代表森岡清美・塩原勉・本間康平『新社会学辞典』有斐閣，1993年，p.285。
2) 『平成27年度　履修の手引』滋賀県立大学，2015年，p.582。
3) 『平成27年度　履修の手引（大学院）』滋賀県立大学，2015年，p.177。
4) 三輪定宣「教員免許状」土屋基規・平原春好・三輪定宣・室井修編著『最新学校教育キーワード事典』旬報社，2001年，pp.148-149。
5) 三輪定宣「教員採用試験」土屋基規・平原春好・三輪定宣・室井修編著，前掲書，p.152。
6) 『中日新聞』2002年12月26日付。
7) 高橋均「適性」日本教育社会学会編『新教育社会学辞典』東洋館出版社，1986年，p.654。
8) 林竹二「教師は授業の専門家たれ」『朝日新聞』1975年12月21日付。
9) 大村はま『教えるということ』共文社，1980年，pp.21-22。
10) 西尾実・岩淵悦太郎・小谷静夫編『岩波国語辞典』（第5版）岩波書店，1994年，p.651。
11) 下村哲夫『先生の条件―いま教師が問われていること―』学陽書房，1988年，pp.48-49。
12) 伊藤一雄「教育指導と学校教育」伊藤一雄・山本芳孝・杉浦健編著『教育指導の理論と実践―現場で役立つ教員を志す人に―』サンライズ出版，2001年，pp.12-13。
13) 下村哲夫，前掲書，p.64。

14）志水宏吉「学校の成層性と生徒の分化─学校文化論への一視角─」日本教育社会学会編『教育社会学研究』第42集，東洋館出版社，1987年，p.172。
15）佐藤学『学びの身体技法』太郎次郎社，1997年，p.91。
16）佐藤学，前掲書，p.91。
17）佐藤文隆「教育を考え直す」佐伯胖・黒崎勲・佐藤学・田中孝彦・浜田寿美男・藤田英典編集『教育への告発』〈岩波講座　現代の教育　第0巻〉岩波書店，1998年，p.214。
18）佐藤文隆，前掲論文，p.220。
19）鵜川昇・河合隼雄『教育の本質─子供を幸福にしない日本の「学校」という存在─』プレジデント社，1997年，pp.25-26。
20）近藤邦夫「子ども・学校・教師」天野郁夫編『教育への問い─現代教育学入門─』東京大学出版会，1997年，p.47。
21）下村哲夫，前掲書，p.22。
22）佐藤学，前掲書，p.36。
23）現行の学校教育法では，次のようになっている。第53条1項：高等学校には，全日制の課程のほか，定時制の課程を置くことができる。同条2項：高等学校には，定時制課程のみを置くことができる。
24）現行の学校教育法第56条は，「高等学校の修業年限は，全日制の課程については，3年とし，定時制の課程及び通信制の課程については，3年以上とする」となっている。
25）旧教育基本法第3条1項は，次のような条文になっている。「すべて国民は，ひとしく，その能力に応ずる教育を受ける機会をあたえられなければならないものであって，人種，信条，性別，社会的身分，経済的地位又は門地によって，教育上差別されない」。
26）文部省初等中等教育局高等学校教育課編集『改訂高等学校定時制通信制教育必携』日本加除出版，1968年，p.11。
27）文部省初等中等教育局高等学校教育課編集，前掲書，p.13。
28）同法は，第5条1項において，「国は，公立の高等学校の設置者が定時制教育又は通信教育の設備について，政令で定める基準にまで高めようとする場合においては，これに要する経費の全部又は一部を，当該設置者に対し，予算の範囲内において補助する」と定めた。
29）文部省初等中等教育局高等学校教育課編集，前掲書，pp.13-14。
30）尾形利雄・長田三男『夜間中学・定時制高校の研究』校倉書房，1967年，pp.174-175。文部省初等中等教育局高等学校教育課編集，前掲書，p.14。
31）尾形利雄・長田三男，前掲書，pp.178-182。
32）『平成13年度全国定時制通信制高等学校基本調査』p.101。
33）尾形利雄・長田三男，前掲書，p.190。
34）私が新任で赴任して間もない頃，ある教員が「ここはオジ捨て山だ」と私に言ったのを覚えている。
35）志水宏吉「学校＝同化と排除の文化装置─被差別部落の経験から─」井上俊・上野千鶴子・大澤真幸・見田宗介・吉見俊哉編集『こどもと教育の社会学』〈岩波講座　現代社会学　第12巻〉岩波書店，1996年，p.74。

巻末資料

文書名	日付	発行元	頁
滋賀県立高等学校再編基本計画（原案）	平成23年7月	滋賀県教育委員会	207
滋賀県立高等学校再編実施計画（原案）	平成23年7月	滋賀県教育委員会	221
滋賀県立高等学校再編基本計画	平成24年12月	滋賀県教育委員会	225
滋賀県立高等学校再編実施計画	平成24年12月	滋賀県教育委員会	229
県立高等学校の再編に関するアンケート調査ご協力のお願い	平成23年7月	滋賀県教育委員会	241
公開質問状	平成23年7月25日	長浜市長	244
公開質問状への回答（長浜市宛）	平成23年8月5日	滋賀県教育委員会教育長	247
公開質問状	平成23年7月25日	彦根市長・彦根市教育委員会教育長	250
公開質問状への回答（彦根市宛）	平成23年8月5日	滋賀県教育委員会教育長	255
公開質問状への回答（彦根市宛）	平成23年8月5日	滋賀県知事	259
公開質問状（再質問）	平成23年8月19日	彦根市長	261
公開質問状（再質問）への回答	平成23年8月31日	滋賀県知事	271
県立高校の統廃合に関する請願	2012年9月6日	彦根・愛知・犬上の高校を守る会	275
高校再編に対する市長コメント	平成24年10月1日	彦根市長	275
滋賀県立高等学校再編実施計画（案）に対する意見書	平成24年11月15日	彦根市長	276
滋賀県立高等学校再編実施計画策定に係る公開質問書	平成24年11月26日	彦根市長	278
滋賀県立高等学校再編実施計画策定に係る公開質問書への回答	平成24年12月7日	滋賀県知事・滋賀県教育委員会教育長	279
滋賀県立高等学校再編計画（案）に関する要望書	平成24年11月27日	長浜市長	282
長浜市の第一次提言書	平成24年6月12日	長浜の未来を拓く教育検討委員会・長浜市長	283
長浜市の第二次提言書	平成24年9月26日	長浜の未来を拓く教育検討委員会・長浜市長	295
滋賀県立高等学校再編計画発表に伴う長浜市長コメント	平成24年12月20日	長浜市長	304
滋賀県立高等学校再編実施計画に対する意見書	平成25年1月9日	彦根市長	304
滋賀県議会定例会会議録（平成22年）			306
滋賀県議会定例会会議録（平成23年）			339
滋賀県議会定例会会議録（平成24年）			370
滋賀県議会定例会会議録（平成26年）			391
滋賀県議会定例会会議録（平成27年）			411

滋賀県立高等学校再編基本計画
（原案）

平成23年7月
滋賀県教育委員会

I 計画の策定にあたって

1 計画策定の背景と趣旨

　本県では、生徒のニーズや時代の要請等に応じ、これまで県立高等学校の学科改編や特色ある学科やコースの設置をはじめ、中高一貫教育校の設置、全県一区制度の導入、入学者選抜制度の改善など、様々な県立高等学校改革に取り組んできました。

　一方、情報分野をはじめとする科学技術の進展や、経済のグローバル化、少子高齢化など、社会が一層大きく変化する中で、生徒の進路等に対する考え方や抱える課題の多様化、更には規模の小さな学校の増加など、県立高等学校の教育環境は大きく変化しています。

　このため、子どもたちへ豊かな教育環境を提供することを第一として、各学校における教育内容を充実させることは言うまでもな

く，今ある教育資源を最大限活用しながら，教育予算の効果的な投資などにより，教育内容や教育環境を一段と向上させることが必要となっています。

こうした状況を受け，教育委員会では，平成20年7月に「県立学校のあり方検討委員会」を設置し，9回の審議を経た上で，平成21年3月に，県立高等学校の課程，学科，適正な規模・配置のあり方などについての「報告」をいただきました。

また，平成22年9月には，「第23期滋賀県産業教育審議会」から，これからの時代や社会に適合した本県職業系の学科や職業教育の方向性，本県産業の振興に寄与する人材育成などに関する「答申」をいただいたところです。

更に，平成22年8月と11月に開催した「魅力と活力ある県立高等学校づくりに向けた意見を聴く会」などで，再編の必要性および教育委員会の再編に対する基本的な考え方をお示しし，県民の皆さんから様々な御意見をいただいたところです。

教育委員会では，これらの「報告」や「答申」における再編に関する方向性，更には，県民の皆さんからいただいた御意見等を踏まえ，「魅力と活力ある県立高等学校づくりに向けて～滋賀県立高等学校再編計画～」（以下「再編計画」という。）を策定します。

2　基本計画の性格

この滋賀県立高等学校再編基本計画（以下「基本計画」という。）は，長期的かつ全県的な視野に立った県立高等学校再編の基本的な考え方を示すものです。

なお，具体的な再編内容については，別途作成する実施計画で示します。

3　計画の期間

基本計画の期間は，概ね10年とします。

Ⅱ　県立高等学校の現状と課題

1　社会の変化

これからの社会は，少子化・高齢化をはじめ，情報化，グローバル化，科学技術の高度化が一層進展し，ますます複雑化・多様化が進むと考えられ，それに伴い家族形態や産業構造など，社会や経済が大きく変化することが予測されます。

こうした中，学校教育には普遍的な教育理念を大切にしつつ，社会の変化に合わせて対応していくことが常に求められています。

2　生徒の進路希望や抱える課題の多様化

(1)生徒の多様化

高等学校等への進学率は98％を超えるとともに，複雑・多様化する社会状況を背景に，生徒の興味・関心や進路に対する考え方が一層多様化しています。

こうした中，高等学校には，目的意識が希薄である，人間関係づくりが苦手であるなど，様々な生徒が入学するようになっています。

また，本県の高等学校の中途退学者数は，ここ数年減少傾向にあるものの，400～500人台で推移しており，退学の理由としては，進路変更や学校生活・学業不適応などが多くを占めています。こうしたことから，編入学による学び直しや転入学を希望する生徒は依然として多い状況にあります。

このような中，生徒の多様なニーズ等に応える学習内容等の充実や，様々な学習歴を持つ生徒に対応した取組が必要となっています。

(2)生徒の志望や進路状況の変化

中学生の高等学校への志望状況を見ると，大学等への進学を見据えて普通科へ進学する傾向が高まるとともに，職業系専門学科の高等学校においても，上級学校へ進学する生徒が増加しており，高等学校卒業者の半数以上が大学等の上級学校へ進学する状況にあります。

このような中，勤労観・職業観の育成を図るとともに，職業系専門学科から上級学校への接続も視野に入れた教育内容の充実などが課題となっています。

(3)定時制・通信制課程の役割の変化

定時制や通信制の高等学校は，従来の勤労青少年のための学校という色合いが薄れ，中途退学者や不登校経験のある生徒をはじめ，多様な生徒が入学しており，学び直しの学校としての役割が強まっています。

ここ数年の定員充足状況を見ると，通信制課程ではほぼ充足しているものの，定時制課程では，地域，学科，昼間・夜間の別

により大きな差があり，特に職業系専門学科を希望する生徒は少なくなっています。
　このような状況を考え合わせると，定時制課程については必ずしも職業系専門学科である必要はないと考えられ，生徒のニーズに対応した見直しが必要となっています。

3　生徒数の推移と高等学校の規模の変化
(1)中学校卒業（予定）者数の推移
　県全体の中学校卒業者数は，平成2年3月の20,747人をピーク（昭和39年に次ぐ戦後2番目）に減少傾向にあり，平成22年3月時点で14,439人と，ピーク時に比べ6,308人減少しています。
　今後，一定の増減を繰り返しながら，現在の中学校1年生が卒業する平成26年3月を境に，減少に転じていくと予測されます。

　また，中学校卒業予定者数を地域別に見てみると，湖南地域（草津市・栗東市・守山市・野洲市）では平成26年度以降も増加を続ける一方，それ以外の地域では，横ばいまたは減少傾向にあります。

(2)生徒数の増減に伴う高等学校の規模の変化
　県内には，中学校卒業者数の減少により，すでに規模の小さな学校が多くを占める地域があります。こうした地域で更に生徒数が減少していくと，学校の小規模化が一層進むことが予測されます。
　規模の小さな学校では，生徒同士が切磋琢磨する機会が相対的に減少するとともに，選択科目の開設数が限られる，部活動などの集団活動が制約されるなど，学校活力の低下が懸念されます。
　一方，中学校卒業者数の増加が続く地域では，今後とも規模の大きな学校が多い状況が続くと見込まれます。
　規模の大きい学校では，生徒一人ひとりへのきめ細かな対応が難しくなるなど，施設面・指導面での課題が生じることが考えられます。

4　教育環境の整備
　生徒に対し，時代に対応した豊かな教育環境を提供するためには，施設・設備の修繕，図書や教材機器の購入，備品などの更新・修繕が必要です。
　このため，限られた教育資源を最大限に活用しつつ，より効果的・効率的な学校運営を行うとともに，教育予算の効果的な投資などにより，教育環境の整備を図ることが必要となっています。

Ⅲ　魅力と活力ある県立高等学校づくりに向けて

1　魅力と活力ある県立高等学校づくりに向けて
　高等学校には，生徒に一般的な教養を高め，専門的な知識，技術および技能を習得させるとともに，その個性に応じて将来の進路を決定し，自ら意欲を持って学び考える力，豊かな人間性や創造性などを養い，変革の時代にあっても自ら未来を切り拓く力をはぐくむことが求められています。

　そのためには，生徒一人ひとりの自己実現に向けて，生徒が自らの興味・関心や進路希望に応じて学ぶことができるとともに，学校行事や部活動などの取組を活発に行い，幅広い出会いや集団活動を通して互いに切磋琢磨できる，豊かな教育環境を将来にわたって整えていく必要があります。
　また，本県が有する豊かな自然，歴史，文化，地域コミュニティなどの地域資源を活かした教育活動を推進していく必要があります。

　そこで，次のような視点を基本として高等学校づくりに取り組みます。

魅力ある学校づくり（多様な学校選択肢等の提供）
　生徒の興味・関心や進路希望等に応じた高等学校教育を提供するため，高等学校に対する県民の期待，社会の要請などを踏まえた上で，教育内容の質的充実を図り，魅力ある高等学校教育を展開します。

活力ある学校づくり（豊かな教育環境の提供）
　多様な選択科目の開設をはじめ，部活動や学校行事などの集団活動の活性化，施設や設備の効果的・効率的な利用等の観点から，県立高等学校の活力の維持向上を図ります。

2　県立高等学校再編の基本的な考え方
　魅力と活力ある県立高等学校づくりを実現

するために，次に掲げる考え方で県立高等学校の再編に取り組みます。

(1) 特色ある学校づくりの推進

地域や産業界の要請などを踏まえつつ，生徒自らの興味・関心や進路希望等に応じて，学びたい教科や科目等を学習し，将来の生活や職業に役立つ知識・技能を積極的に学ぶことができるよう，全ての高等学校においてそれぞれの教育目標等に応じた特色ある学校づくりの取組を行います。

　ア　新しい学びを提供する学校の設置

生徒の多様な学習ニーズや進路希望等に対応し，生徒一人ひとりの個性や能力に応じた教育の推進を図る新しいタイプの高等学校として，単位制による全日制課程および定時制課程を併置した総合単位制高等学校を設置します。

　イ　特色ある学科やコースの設置等

地域の資源等を活かした魅力ある学びを提供する学科やコース等の設置を行うなど，教育内容の充実を図ります。

　ウ　国や県の研究指定校制度の積極的な活用

国や県の研究指定校制度の活用などにより，社会の変化やニーズに対応した魅力と特色ある学校づくりを推進します。

(2) 職業系専門学科の改編等

学校の教育資源等を活かした特色化を一層推進するとともに，施設・設備の効率的な活用や集中的な投資などにより専門性を維持向上できるよう，職業系専門学科の集約化を図ります。

また，細分化されすぎている小学科を整理・統合するとともに，学習内容を理解しやすい名称に改めます。

職業系専門学科においても大学等への進学者が増加していることから，上級学校への接続も視野に入れた教育内容の充実に努めます。

(3) 学校活力の維持向上

高等学校全日制課程の学校規模については，県立学校のあり方検討委員会の報告を踏まえ，多様な科目の開設など幅広い教育課程の編成，生徒が切磋琢磨する機会の確保，学校行事・部活動など集団活動の円滑な実施など様々な要素を勘案して，1学年あたり概ね6学級から8学級を標準とします。

現在，8割程度の中学生が地域の高等学校に進学する状況にあることから，生徒数の推移を見据えつつ，標準を下回る規模の学校が増加している地域においては，地理的条件や学科の特性などを考慮しながら，学校の統合や分校化を行います。

なお，学校の統合にあたっては，学校配置のバランスや，学びの多様性等の確保に留意して進めます。

また，標準を上回る規模の学校については，生徒数の推移等を見据えながら，学級減を段階的に実施していきます。

(4) 定時制課程の見直し

従来の勤労青少年のための学校という色合いが薄れ，様々な学習動機や学習歴を持つ生徒が入学していることや，職業系専門学科を希望して入学する生徒が少なくなっていることから，単位制による全日制課程および定時制課程を併置した新たな総合単位制高等学校を設置することなどを踏まえて，廃止や学科の改編等を行います。

(5) 中高一貫教育校の方向性

本県では，平成15年度に新たな学校選択肢を提供することを目的として，併設型中高一貫教育校を3校設置し，6年間の特色ある教育課程の下で，個性や創造性を伸ばす教育を展開しています。一方，新たな中高一貫教育校を設置することは地域の中学校に及ぼす影響も大きいと考えられることから，当面は既設3校とし，新たな設置は行わないこととします。

Ⅳ　再編を進めるにあたって

再編を進めるにあたっては，次のことに留意しながら進めていきます。

1　再編計画の実施に際して混乱が生じないよう，計画内容と進め方を県民に広く周知しながら進めます。

2　学校の統合にあたっては，再編対象校のこれまでの特色や成果等を新しい学校における教育活動の中に活かすなど，発展的な統合になるよう取り組みます。

3 県立高等学校の募集定員については、これまで通り中学校卒業予定者数や進学志望の動向などを考慮して決定します。

4 再編計画の円滑な実施を図るため、教育環境の整備に伴う経費について、計画的に予算措置を行います。

資　料

用語の説明

【高等学校の区分】

高等学校は、授業を行う時間帯や方法などの違いにより「全日制課程」、「定時制課程」または「通信制課程」に区分され、更に学年による教育課程の区分を設ける「学年制」とその区分を設けない「単位制」に分けられます。

また、教育内容により「普通科」、「専門学科」（農業学科、工業学科、商業学科、理数学科、音楽学科等）および「総合学科」の3つの学科に区分されます。

【課程の区分】

〈全日制課程〉

全日制課程は、週当たり30単位時間を標準として授業を行う課程で、修業年限は3年となっています。

滋賀の県立高等学校で全日制課程を置く学校は46校で、普通科、専門学科（10学科）、総合学科の計12学科が設置されています。

〈定時制課程〉

定時制課程は、夜間その他特別の時間帯に授業を行う課程で、修業年限は3年以上となっています。

卒業するまでに通常4年かかりますが、学校によっては、併修や学校以外で単位を修得する制度等を活用することにより、3年で卒業することも可能です。

県立高等学校で定時制課程を置く学校は、5校1分校で、そのうち全日制との併置校は3校、単独校は2校、他の高等学校と同一敷地内に設置されている分校が1校となっています。

学科としては、普通科と専門学科（工業学科、商業学科）が設置されています。

〈通信制課程〉

通信制課程は、主に通信による教育を行う課程で、修業年限は3年以上となっています。

学びの形態としては、自主学習により自宅で勉強してレポートを作成し、その添削指導を受けることを中心に学習を進めることを基本とします。同時に、月に数回程度（2週間に1回程度）は登校し、面接指導（スクーリング）を受け、添削指導、面接指導、試験等を通じて単位が認定されます。

県内には大津清陵高等学校に通信制の普通科が設置されています。

【学年制と単位制】

学年制は、学年ごとに定められた科目等を履修し、決められた単位数を修得した場合に次学年に進む方式で、年度末に各学校が個々の生徒に対して進級の認定（認定されないと原級留置（いわゆる「留年」））を行います。最終学年の課程を修了し、全課程の修了が認められれば卒業することができます。

単位制は、学年による教育課程の区分を設けない方式で、原級留置の考え方はとりません。一定期間（修業年限は全日制課程では3年、定時制課程・通信制課程では3年以上）在学し、必要な単位修得などの条件を満たし、全課程を修了したと認められれば卒業することができます。

従前は「学年制」による教育のみでしたが、昭和63年度に「単位制」による教育が定時制課程と通信制課程において認められ、更に平成5年度には全日制課程にも認められました。

【学科・コース・系列】

〈学科〉

学科は、中学校教育の基礎の上に、更に幅広い教養を身に付けることをねらいとする「普通科」と、専門に関する知識・技術を身につけることをねらいとする「専門学科」、普通科と専門学科の両方の内容を幅広く学習できる「総合学科」に大別されます。

また、「普通科」「農業学科」のようないわゆる「大学科」とその下位で細分化される「機械科」「セラミック科」等のいわゆる「小学科」

とを区別して使用しています。

専門学科は,農業学科,工業学科,商業学科,家庭学科,福祉学科等のような「職業教育を主とする専門学科」と,理数学科,音楽学科,体育学科,美術学科,国際学科等のような「普通教育の特定分野をより高度に拡充させた専門教育を行う学科」に区分され,本計画ではそれぞれ「職業系専門学科」「普通系専門学科」と呼びます。

〈コース・系列〉

普通教科を学びながら興味・関心のある特定の分野を深く学習するために,一定の系統だった特色をもった科目を配列して教育課程を編成したものをコースといいます(体育コース,音楽コースなど)。

系列とは,総合学科において,生徒自身の興味・関心や進路の方向に沿った科目履修ができるように,相互に関連する普通科目や専門科目を科目群としてまとめたものをいいます。

【総合単位制高等学校】

総合単位制高等学校とは,全日制課程と定時制課程(午後部・夜間部など)が併置された単位制による高等学校をいいます。

定時制課程では,1日4時間の学習を基本としますが,生徒一人ひとりが自分に合った時間割を組み,所属する課程・部以外の授業を受けることにより,3年で卒業することが可能です。

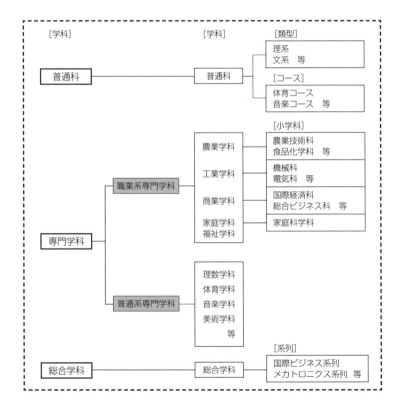

参考資料

1 県立学校一覧（平成23年度）

学校名	学科名	科名	1年	2年	3年	学科計	学校計
県立高校全日制							
膳所	普通	普通	10	10	10	30	33
	理数	理数	1	1	1	3	
堅田	普通	普通	5	6	5	16	16
東大津	普通	普通	10	10	9	29	29
北大津	普通	普通	4	4	4	12	15
	国際	国際文化	1	1	1	3	
大津	普通	普通	6	6	6	18	24
	家庭	家庭科学	2	2	2	6	
石山	普通	普通	8	8	8	24	27
	音楽	音楽	1	1	1	3	
瀬田工業	工業	機械	3	3	3	9	21
		電気	1	1	1	3	
		情報電子	2	2	2	6	
		化学工業	1	1	1	3	
大津商業	商業	総合ビジネス	5	5	5	15	21
		情報システム	2	2	2	6	
草津東	普通	普通	7	8	8	23	26
	体育	体育	1	1	1	3	
草津	普通	普通	6	6	5	17	17
玉川	普通	普通	6	8	7	21	21
湖南農業	農業	農業技術	1	1	1	3	12
		園芸工学	1	1	1	3	
		食品化学	1	1	1	3	
		環境緑地	1	1	1	3	
守山	普通	普通	6	6	6	18	18
守山北	普通	普通	4	5	4	13	13
栗東	普通	普通	5	5	4	14	17
	美術	美術	1	1	1	3	
国際情報	総合		6	6	6	18	18
野洲	普通	普通	4	4	4	12	12
水口	普通	普通	5	6	5	16	19
	国際	国際文化	1	1	1	3	
水口東	普通	普通	6	6	6	18	18
甲南	総合		3	3	3	9	9
信楽	工業	セラミック	1	1	1	3	9
		デザイン	1	1	1	3	
石部	普通	普通	4	4	4	12	12
甲西	普通	普通	6	8	7	21	21
彦根東	普通	普通	8	8	8	24	24
河瀬	普通	普通	6	6	6	18	18
彦根西	普通	普通	2	2	2	6	12
	家庭	家庭科学	2	2	2	6	
彦根工業	工業	機械	2	2	2	6	20
		電気	1	1	1	3	
		情報技術	1	1	1	3	
		建築・設備		1	1	2	
		都市工学		1	1	2	
		建設	1			1	
		環境化学	1	1	1	3	
彦根翔陽	総合		5	5	5	15	15
八幡	普通	普通	6	6	5	17	17
八幡工業	工業	機械	2	2	2	6	18
		電気	1	1	1	3	
		情報電子	1	1	1	3	
		建築	1	1	1	3	
		環境化学	1	1	1	3	
八幡商業	商業	商業	3	3	3	9	15
		国際経済	1	1	1	3	
		情報処理	1	1	1	3	
八日市	普通	普通	6	7	6	19	19
能登川	普通	普通	4	4	4	12	12
八日市南	農業	農業技術	1	1	1	3	9
		食品流通	1	1	1	3	
		緑地デザイン	1	1	1	3	
日野	総合		4	4	4	12	12
愛知	普通	普通	3	3	3	9	9
長浜	普通	普通	4	4	4	12	15
	福祉	福祉	1	1	1	3	
長浜北	普通	普通	5	6	5	16	16
長浜農業	農業	生物活用	1	1	1	3	12
		ガーデン	1	1	1	3	
		食品科学	1	1	1	3	
		環境デザイン	1	1	1	3	
長浜北星	総合		4	5	5	14	14
伊吹	普通	普通	4	4	4	12	12
米原	普通	普通	5	5	5	15	18
	理数	理数	1	1	1	3	
虎姫	普通	普通	5	5	5	15	15
伊香	普通	普通	4	4	4	12	12
高島	普通	普通	7	7	7	21	21
安曇川	普通	普通	2	2	2	6	18
	総合		4	4	4	12	
合計			256	268	257	781	781

学校名	学科名	科名	1年	2年	3年	4年	学校計
県立高校定時制							
大津清陵	普通	普通	2	2	2	2	8
大津清陵馬場分校	普通	普通	1	1	1	1	4
瀬田	工業	機械	1	1	1	1	8
		電気	1	1	1	1	
彦根東	普通	普通	1	1	1	1	4
彦根工業	工業	機械	1	1	1	1	4
長浜北星	商業	商業	1	1	1	1	4
合計			8	8	8	8	32

学校名	学科名	科名	各年の定員
県立高校通信制			
大津清陵	普通	普通	320人

学校名	1年	2年	3年	学校計
県立中学校				
河瀬中学校	2	2	2	6
守山中学校	2	2	2	6
水口東中学校	2	2	2	6
合計	6	6	6	18

学校名 特別支援学校	障害種別	幼	小	中	高	専攻科
盲学校	視覚	○	○	○	○	○
聾話学校	聴覚	○	○	○	○	
北大津養護学校	知的・肢体		○	○	○	
鳥本養護学校	病弱		○	○	○	
長浜養護学校	知的・肢体		○	○	○	
長浜高等養護学校	知的				○	
草津養護学校	知的・肢体		○	○	○	
守山養護学校	病弱		○	○		
甲南高等養護学校	知的				○	
野洲養護学校	知的・肢体		○	○	○	
三雲養護学校	知的・肢体		○	○	○	
新旭養護学校	知的・肢体		○	○	○	
八日市養護学校	知的・肢体		○	○	○	
甲良養護学校	知的・肢体		○	○	○	

2　県立高等学校課程・学科別地域別配置一覧（平成23年度）

【全日制課程】

		大津	湖南	甲賀	湖東	湖北	湖西	学校数	計
普通科単独		堅田 東大津	草津 玉川 守山 守山北 野洲	石部 甲西 水口東	彦根東 河瀬 八日市 能登川 愛知 八幡	長浜北 伊吹 虎姫 伊香	高島	21	
普通科と専門学科の併設	農業							0	33
	工業			信楽				1	
	商業							0	
	家庭	大津			彦根西			2	
	福祉					長浜		1	
	音楽	石山						1	
	理数	膳所				米原		2	
	体育		草津東					1	
	美術		栗東					1	
	国際	北大津		水口				2	
	総合						安曇川	1	
農業科単独			湖南農		八日市南	長浜農		3	3
工業科単独		瀬田工			彦根工 八幡工			3	3
商業科単独		大津商			八幡商			2	2
総合学科単独			国際情報	甲南	日野 彦根翔陽	長浜北星		5	5
学校数		8	9	6	13	8	2	46	46

【定時制課程】

	大津	湖南	甲賀	湖東	湖北	湖西	学校数	計
普通科単独	大津勤陵(昼) 大津清陵馬場※			彦根東			3	3
工業科単独	瀬田			彦根工			2	2
商業科単独					長浜北星		1	1
学校数	3	0	0	2	1	0	6	6

※大津清陵馬場は分校

【通信制課程】

	大津	湖南	甲賀	湖東	湖北	湖西	学校数	計
普通科単独	大津清陵						1	1
学校数	1	0	0	0	0	0	1	1

3 中学校卒業(予定)者の推移(全県)

	2年	3年	4年	5年	6年	7年	8年	9年	10年	11年	12年	13年	14年	15年	16年	17年	18年	19年	20年	21年	現中3 22年	現中2 23年	現中1 24年	現小6 25年	現小5 26年	現小4 27年	現小3 28年	現小2 29年	現小1 30年	現5歳 31年	現4歳 32年	現3歳 34年	現2歳 35年	現1歳 36年	37年
全県計	20,747	19,715	19,088	19,279	18,592	17,859	17,432	16,750	17,280	17,086	16,361	16,073	15,655	15,526	14,515	14,370	13,922	13,968	13,746	14,439	13,772	14,206	14,254	14,746	14,592	14,443	14,624	14,414	14,088	13,880	13,671	14,120	13,916	13,837	13,308

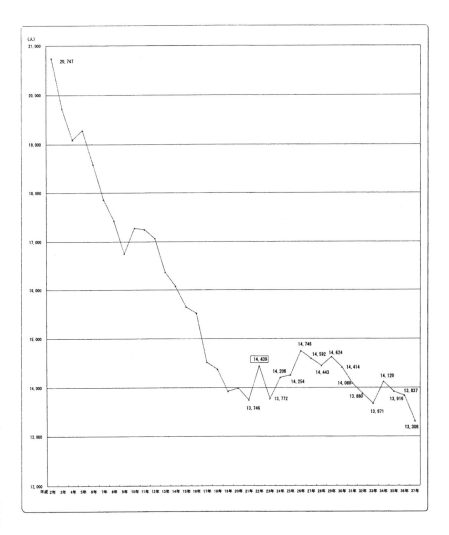

※ 平成23年〜平成31年は、平成22年5月1日の学校基本調査による現員
※ 平成32年以降は、平成22年4月1日付けの県人口推計(統計課)による現員

4 中学校卒業(予定)者の推移(地域別)

	2年	3年	4年	5年	6年	7年	8年	9年	10年	11年	12年	13年	14年	15年	16年	17年	18年	19年	20年	21年	22年	23年	24年	25年	26年	27年	28年	29年	30年	31年	32年	33年	34年	35年	36年	37年
大津地域	4,666	4,414	4,123	4,238	4,042	4,035	3,901	3,723	3,993	3,840	3,835	3,780	3,707	3,675	3,654	3,307	3,446	3,289	3,222	3,193	3,220	3,159	3,226	3,241	3,332	3,469	3,417	3,467	3,394	3,779	3,104	3,278	3,209	3,081	2,967
湖南地域	4,371	4,088	3,992	4,053	3,984	3,935	3,901	3,428	3,395	3,236	3,235	3,380	3,047	2,943	2,885	2,669	2,781	2,702	2,805	2,832	2,843	3,054	3,202	3,285	3,339	3,367	3,532	3,532	3,505	3,364	3,462	3,966	3,641	3,747	3,510
甲賀地域	2,104	2,066	2,088	2,078	2,022	1,980	1,966	1,979	2,013	1,946	1,998	1,882	1,930	1,767	1,729	1,862	1,715	1,586	1,586	1,586	1,673	1,567	1,558	1,553	1,557	1,459	1,461	1,384	1,364	1,381	1,322	1,247
湖東地域	6,031	5,756	5,580	5,455	5,239	5,134	5,089	4,933	4,886	4,653	4,969	4,723	4,086	4,076	4,188	4,037	3,992	3,878	3,814	3,980	3,983	3,911	3,948	3,911	3,783	3,785	3,746	3,734	3,807	3,888	3,939	3,622
湖北地域	2,714	2,583	2,475	2,407	2,341	2,285	2,229	2,170	2,115	2,128	2,136	2,124	2,060	2,015	1,919	1,864	1,768	1,705	1,803	1,749	1,786	1,680	1,746	1,707	1,746	1,649	1,540	1,517	1,592	1,457	1,441	1,398
湖西地域	781	806	720	763	744	736	880	744	686	731	765	712	683	672	639	640	592	580	580	532	557	536	514	486	522	489	472	439	429	428	388	390	383	414
計	20,747	19,715	19,088	19,278	18,592	17,659	17,432	16,750	17,283	17,253	17,068	16,361	16,073	15,656	15,526	14,515	14,370	13,922	13,988	13,717	13,729	14,439	14,266	14,254	14,440	14,532	14,624	14,414	14,088	13,880	13,671	14,120	13,916	13,837	13,308
平成22年3月卒業生との比較(人)→																					▲867	▲233	▲185	307	153	4	185	▲25	▲351	▲559	▲768	▲319	▲523	▲832
平成22年3月卒業生を100として比較→	100	95.4	96.4	98.7	102.1	101.1	100.0	101.3	99.8	98.8	97.6	96.1	94.7	97.8	96.4	95.8	92.2

※ 平成23年～平成31年は、平成22年5月1日の学校基本調査による現員
※ 平成32年以降は、平成22年4月1日付けの県人口推計(統計課)による現員
※ 旧志賀町は合併前の数値のため、比較のため大津地域として算定

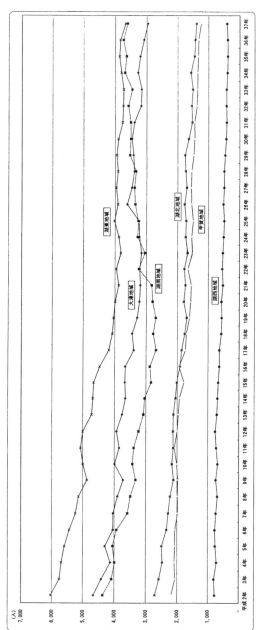

巻末資料 —— 217

5 中学校卒業者数，高校等進学志望率，高校等進学率，就職率推移

| 卒業年月 | 卒業者数 | | | 高校等進学志望率 | | | | | | 高 校 等 進 学 率 | | | | | | 就 職 率 | | | | | |
| | | | | 1次調査 | | | 2次調査 | | | 県 | | | 全 国 | | | 県 | | | 全 国 | | |
	計	男	女	計	男	女	計	男	女	計	男	女	計	男	女	計	男	女	計	男	女
昭和26.3	18,424	9,447	8,977							37.7	44.9	30.1	45.6			51.4	39.6	55.6	53.4	57.9	46.3	46.7	45.8
27.3	17,589	8,837	8,752							38.1	45.9	30.3	47.6			52.9	42.1	55.2	52.2	58.2	47.5	47.9	49.0
28.3	18,269	9,392	8,877							40.1	45.4	34.6	48.3			52.7	43.7	54.5	44.6	44.5	41.7	43.8	39.6
29.3	14,591	7,549	7,042							45.3	52.2	37.9	50.9			55.1	46.5	41.6	42.3	40.8	40.0	41.9	38.1
30.3	15,507	7,890	7,617							45.6	52.1	38.9	51.5			55.5	47.4	43.3	44.7	42.0	42.0	43.0	40.9
31.3	18,370	9,337	9,033							45.6	51.9	39.1	51.3			55.0	47.6	46.2	46.3	46.2	42.6	44.0	41.1
32.3	18,466	9,522	8,944							45.7	51.0	40.1	51.4			54.3	48.4	46.8	48.6	44.9	43.3	45.0	41.5
33.3	18,455	9,479	8,976							48.0	53.3	42.4	53.7			56.2	51.1	45.6	46.0	45.1	40.9	42.7	39.0
34.3	18,199	9,267	8,932							51.0	55.5	46.3	55.4			57.5	53.2	41.1	42.8	39.4	39.8	41.3	38.2
35.3	15,738	7,967	7,771	56.7	62.3	51.0	55.0	61.0	48.9	52.9	57.1	48.5	57.7			59.6	55.9	43.4	43.0	43.9	38.6	39.7	37.5
36.3	11,609	5,904	5,705	60.7	65.4	55.9	59.7	64.2	55.0	60.5	63.3	57.6	62.3			63.8	60.7	37.1	36.6	37.6	35.7	36.6	34.8
37.3	16,903	8,646	8,257	62.7	66.6	58.6	60.1	63.9	56.2	59.8	62.7	56.8	64.0			65.5	62.5	36.6	36.5	36.6	33.6	34.8	32.6
38.3	21,501	10,969	10,532	67.4	70.4	64.1	65.6	69.2	61.9	61.2	64.8	57.4	66.8			68.4	65.1	32.7	33.4	31.9	30.7	31.2	30.1
39.3	22,022	11,270	10,752	70.7	74.4	66.9	68.7	71.4	65.7	63.8			67.4			60.0	69.3	70.6	67.9	30.9	31.2	30.5	28.7	29.1	28.4
40.3	20,447	10,437	10,010	72.6	76.1	69.0	70.0	74.0	65.8	65.8	69.5	61.9	70.6			71.7	69.6	28.2	28.4	28.0	26.5	26.9	26.0
41.3	18,790	9,700	9,090	75.2	78.1	72.1	72.5	75.9	68.9	69.6	73.2	65.8	72.3			73.5	71.2	25.1	25.1	25.0	24.5	24.6	24.4
42.3	16,576	8,532	8,044	77.4	80.3	74.3	75.1	78.5	71.4	73.2	76.8	69.4	74.7			75.3	73.7	21.6	21.3	21.9	22.9	23.1	22.7
43.3	15,550	7,966	7,584	79.6	81.7	77.4	77.2	79.4	75.0	75.3	77.6	72.9	76.8			77.0	76.5	20.7	20.6	20.9	20.9	21.2	20.6
44.3	14,526	7,526	7,000	81.7	83.3	80.0	80.0	81.4	78.4	78.2	80.1	76.1	79.4			79.2	79.5	17.7	17.3	18.1	18.7	18.9	18.4
45.3	14,396	7,347	7,049	84.9	86.0	83.8	82.6	83.6	81.6	80.7	81.7	79.6	82.1			81.6	82.7	15.1	15.1	15.1	16.3	16.5	16.1
46.3	13,972	7,271	6,701	87.6	88.0	87.2	85.3	85.2	85.4	84.2	84.2	84.2	85.0			84.1	85.9	14.4	16.7	11.8	13.7	13.8	13.8
47.3	13,323	6,778	6,545	89.5	89.8	89.2	87.4	87.9	86.9	86.6	87.5	85.6	87.2			86.2	88.2	11.6	13.3	9.9	11.5	11.4	11.5
48.3	12,944	6,648	6,296	92.3	92.2	92.4	90.5	90.7	90.3	87.9			89.7			88.2	89.4	9.1	11.0	7.1	9.4	9.4	9.4
49.3	14,116	7,219	6,897	94.5	94.8	94.3	92.5	93.1	91.9	90.4	91.5	89.2	90.8			89.7	91.9	5.4	4.9	5.7	7.7	7.7	7.4
50.3	13,594	6,875	6,719	95.5	95.5	95.5	93.7	93.7	93.7	91.9	92.7	91.1	91.9			91.0	93.0	5.2	5.3	5.1	5.9	5.9	5.9
51.3	13,587	6,924	6,663	95.5	95.3	95.8	93.7	94.2	93.2	92.2	92.8	91.6	92.6			91.7	93.5	3.6	3.6	3.5	5.2	5.2	5.2
52.3	13,550	6,911	6,639	96.8	96.4	97.1	94.7	94.8	94.5	93.1	93.3	92.9	93.1			92.2	94.0	3.0	3.2	2.8	4.8	5.0	4.7
53.3	13,965	7,019	6,946	96.7	96.3	97.1	94.3	94.0	93.6	92.5	92.8	92.1	93.5			92.7	94.4	3.2	3.1	3.2	4.4	4.6	4.2
54.3	14,388	7,366	7,022	96.0	95.7	96.3	94.4	94.3	94.5	92.7			92.5			93.0	94.0	93.0	95.0	3.5	3.9	3.1	4.4	4.4	3.6
55.3	15,128	7,817	7,311	96.7	96.3	97.3	94.3	94.1	94.5	92.6	92.4	92.8	94.2			93.1	95.4	3.9	4.8	2.9	3.9	4.5	3.2
56.3	14,536	7,489	7,047	96.6	96.1	96.4	94.6	94.6	94.2	93.0	93.0	93.4	94.3			93.2	95.4	3.7	4.3	3.0	4.0	4.7	3.2
57.3	13,648	7,021	6,627	96.2	95.5	97.0	94.2	93.5	94.9	93.0	92.6	93.4	94.3			93.2	95.5	3.7	4.5	2.9	4.0	4.7	3.2
58.3	16,931	8,604	8,327	96.1	95.5	96.6	94.1	93.8	94.4	91.5	91.6	91.3	94.0			92.9	95.2	4.5	5.6	3.3	3.9	4.8	3.0
59.3	17,570	8,966	8,604	96.4	95.5	97.4	93.9	92.7	95.1	93.6(93.1)			92.2	95.0		94.0	94.1(93.9)		93.0	95.3	3.5	4.4	2.6	3.8	4.6	3.0
60.3	17,463	9,008	8,455	96.6	96.3	96.9	94.7	94.0	95.5	93.7(93.3)			92.8	94.6	94.1(93.8)			93.1	95.3	3.8	4.7	2.8	3.7	4.5	2.9
61.3	18,792	9,525	9,267	96.8	96.4	97.2	94.3	93.4	95.2	94.2(93.0)			92.8	94.2(93.8)			93.1	95.3	3.8	4.8	2.8	3.3	3.9	2.8
62.3	19,576	10,146	9,430	97.2	96.7	97.8	95.6	94.6	96.5	95.2(94.1)			93.7	96.9	94.3(93.9)			93.2	95.4	2.7	3.5	1.8	3.1	3.9	2.3
63.3	20,509	10,409	10,100	97.3	96.7	98.0	95.4	94.3	96.5	95.3(94.2)			93.7	97.0	94.5(94.1)			93.4	95.7	2.6	3.4	1.9	3.0	3.8	2.0
平成元.3	20,675	10,577	10,098	97.4	96.6	98.1	95.3	94.2	96.4	95.5(94.2)			93.7	97.0	94.7(94.1)			93.6	95.9	2.4	3.3	1.6	2.9	3.8	1.9
2.3	20,747	10,742	10,005	97.6	97.2	98.0	95.7	95.0	96.4	95.9(94.2)			94.8	97.2	95.1(94.4)			94.0	96.2	2.1	3.0	1.0	2.8	3.7	1.8
3.3	19,715	10,063	9,652	97.6	97.2	98.0	95.7	95.0	96.4	95.4			94.5	97.1	95.4(94.6)			94.3	96.4	2.4	3.5	1.3	2.6	3.4	1.7
4.3	19,088	9,764	9,324	97.9	97.5	98.2	96.0	95.0	97.0	96.5(94.6)			95.4	97.5	95.9(95.0)			94.8	96.9	1.6	2.3	0.9	2.3	3.1	1.5
5.3	19,279	9,871	9,408	97.7	97.3	98.0	96.5	95.8	97.3	96.8(94.7)			95.7	97.9	96.2(95.3)			95.3	97.2	1.2	1.6	0.8	2.0	2.7	1.3
6.3	18,592	9,521	9,071	97.7	97.3	98.5	96.5	97.5	97.5	96.9(95.2)			95.8	98.1	96.5(95.7)			95.6	97.5	1.2	1.7	0.7	1.7	2.4	1.0
7.3	17,859	9,171	8,688	97.7	97.1	98.2	96.4	95.5	97.3	96.8(95.0)			95.6	98.0	96.7(95.8)			95.8	97.6	1.2	1.6	0.8	1.5	2.2	0.9
8.3	17,432	9,025	8,407	97.7	97.1	98.4	96.4	95.4	97.5	96.8(94.8)			95.6	98.1	96.8(95.9)			95.9	97.8	1.2	1.6	0.7	1.4	2.0	0.8
9.3	16,750	8,598	8,152	97.6	96.9	98.3	96.4	95.5	97.3	96.8(94.9)			95.6	98.1	96.8(95.9)			95.9	97.7	1.1	1.6	0.6	1.4	2.1	0.7
10.3	17,283	8,841	8,442	97.6	96.8	98.4	96.4	97.3	96.3	98.2			96.9(94.8)			95.8	98.1	96.8(95.9)	96.0	97.8	1.0	1.5	0.6	1.3	1.9	0.7
11.3	17,251	8,963	8,288	97.5	97.2	98.2	96.4	96.6	98.2	97.2(94.8)			96.3	98.1	96.9(95.8)			96.1	97.7	0.8	1.0	0.6	1.1	1.6	0.6
12.3	17,068	8,887	8,181	98.0	98.1	98.4	97.7	97.0	98.5	97.1			96.5	98.0	97.0(95.9)			96.3	97.7	0.7	0.9	0.4	1.0	1.5	0.5
13.3	16,361	8,475	7,886	98.0	97.7	98.4	97.0	98.5	97.6(95.6)			96.7	98.6	96.9(95.8)			96.3	97.6	0.8	1.0	0.5	1.0	1.5	0.5
14.3	16,073	8,269	7,804	97.9	97.4	98.5	97.1	96.4	97.8	97.4			96.6	97.9	97.0(97.0)			96.4	97.8	0.6	0.9	0.4	0.9	1.3	0.5
15.3	15,655	8,006	7,649	98.3	98.1	98.6	97.5	96.8	98.3	97.6(95.8)			97.1	98.1	97.3(96.1)			96.9	97.7	0.5	0.8	0.3	0.8	1.1	0.4
16.3	15,526	8,042	7,484	98.4	98.0	98.6	98.3	97.9	98.7	98.1(96.6)			97.9	98.4	97.5(96.3)			97.2	97.8	0.5	0.7	0.3	0.7	1.0	0.4
17.3	14,515	7,413	7,102	98.5	98.4	98.5	98.5	98.4	98.5	98.2(96.6)			98.0	98.4	97.6(96.5)			97.3	97.9	0.6	0.7	0.5	0.7	1.0	0.4
18.3	14,370	7,309	7,061	98.4	98.2	98.5	98.4	98.3	98.5	98.0(96.3)			97.8	98.3	97.7(96.5)			97.4	98.0	0.6	0.7	0.4	0.7	1.0	0.4
19.3	13,922	7,220	6,702	98.6	98.6	98.5	98.7	98.7	98.7	98.2(96.7)			98.2	98.3	97.7(96.4)			97.4	98.0	0.5	0.6	0.4	0.6	1.0	0.4
20.3	13,988	7,227	6,761	98.7	98.7	98.7	99.0	98.9	99.1	98.4(96.9)			98.1	98.7	97.8(96.3)			97.5	98.0	0.5	0.8	0.3	0.6	0.9	0.3
21.3	13,746	6,981	6,765	98.9	98.7	99.0	98.8	99.0	98.6	98.4(96.9)			98.1	98.7	97.8(96.3)			97.7	98.2	0.4	0.5	0.4	0.5	0.8	0.3
22.3	14,439	7,362	7,077	98.8	98.6	98.9	98.9	98.9	99.0	98.5			98.2	98.7	97.7(97.0)			97.8	98.3	0.2	0.4	0.2	0.4	0.6	0.2
23.3							99.3	99.2	99.5	99.1	99.0	99.2	98.7(97.1)			98.6	98.8				0.3	0.3	0.3			

(注) 1 高校等進学率は昭和59年3月から通信制への進学者を，高校等進学志望率は昭和60年3月から通信制への進学志望者を含む率である。
ただし（ ）内は，通信制への進学を除いた数値である。
2 就職率は，卒業者のうち（就職者）＋（進学しながら就職している者）が占める割合である。

6 全日制高等学校における普通科・専門学科・総合学科別の進路状況

(単位：%)

学科		大学等					専門学校等					就職				
		H18	H19	H20	H21	H22	H18	H19	H20	H21	H22	H18	H19	H20	H21	H22
	普通科	62.2	64.9	66.0	67.6	67.9	23.0	20.2	20.4	19.1	19.4	8.3	9.4	9.1	8.5	7.7
	普通科系専門学科	63.9	73.4	70.5	73.8	71.3	22.9	14.8	16.8	15.2	16.1	5.6	4.6	3.7	4.6	3.4
普通科＋普通科系専門学科		62.2	65.2	66.2	67.8	68.0	23.0	20.1	20.3	19.0	19.3	8.2	9.2	9.0	8.3	7.6
	農業学科	9.8	12.3	13.8	14.3	11.2	16.3	19.0	13.8	12.1	18.2	63.7	54.6	64.2	63.1	58.8
	工業学科	18.4	20.4	19.5	20.9	25.2	23.0	22.2	16.8	19.0	18.5	54.0	52.9	61.7	56.9	52.3
	商業学科	29.6	31.8	35.8	37.2	34.0	27.7	28.8	25.9	20.0	29.5	39.0	36.8	36.6	40.0	32.7
	家庭学科	37.1	22.9	33.1	31.4	28.1	24.2	35.2	28.3	30.2	27.5	25.8	32.4	23.5	30.2	24.2
	福祉学科	44.7	32.5	46.2	65.7	55.0	10.5	25.0	28.2	14.3	12.5	39.5	42.5	25.6	14.3	30.0
職業系専門学科		22.0	22.1	24.1	25.2	25.6	22.9	24.4	19.7	18.7	21.9	49.0	47.3	51.9	51.0	45.6
総合学科		39.8	36.9	41.4	43.8	38.4	27.0	28.5	26.4	24.4	26.2	26.0	28.3	26.7	23.0	29.6

巻末資料 —— 219

7 県立高等学校（全日制）の第1学年募集定員による学校規模（地域別）

【平成2年度】

学級数		大津地域		湖南地域		甲賀地域		湖東地域		湖北地域		湖西地域	
	校数	校数	校名	校数	校名	校数	校名	校数	校名	校数	校名	校数	校名
11	4	2	東大津 膳所					1	八幡(普)10(看)1			1	高島
10	7	2	北大津 大津商業(商)10			2	甲西 水口東	2	彦根東 八日市				
9	8	3	堅田 大津(普)7(家)2 石山(普)8(音)1	3	草津東 玉川 野洲			1	河瀬	1	伊香(普)7(農)2		
8	9	1	瀬田工業(工)8	3	守山北 栗東 国際情報(商)4(工)4	1	水口	2	彦根工業(工)8 八幡工業(工)8	2	長浜北(普)7(家)1 長浜商工(工)5(商)3		
7	7			1	草津			4	能登川 愛知 日野(普)5(商)2 彦根西(普)5(家)2	1	虎姫	1	安曇川(普)2(商)5
6	6					1	甲南(普)3(商)1(工)2	2	彦根商業(商)6 八幡商業(商)6	3	伊吹 長浜 米原(普)4(理)2		
5	2			1	湖南農業(農)5					1	長浜農業(農)5		
4	1							1	八日市南(農)4				
3	1					1	信楽(普)1(工)2						
合計	45	8		9		5		13		8		2	
平均学級数		9.6		8.1		7.4		7.7		6.9		9.0	

【平成23年度】

学級数		大津地域		湖南地域		甲賀地域		湖東地域		湖北地域		湖西地域	
	校数	校数	校名	校数	校名	校数	校名	校数	校名	校数	校名	校数	校名
11	1	1	膳所(普)10(理)1										
10	1	1	東大津										
9	1	1	石山(普)8(音)1										
8	3	1	大津(普)6(家)2	1	草津東(普)7(体)1			1	彦根東				
7	3	2	瀬田工業(工)7 大津商業(商)7									1	高島
6	15			5	守山 玉川 国際情報(総)6 草津 栗東(普)5(美)1	5	水口東 水口(普)5(国)1 甲西	5	河瀬 八幡 八日市 彦根工業(工)6 八幡工業(工)6	1	米原(普)5(理)1	1	安曇川(普)2(総)4
5	7	2	堅田 北大津(普)4(国)1					2	彦根翔陽(総)5 八幡商業(商)5	3	長浜(普)4(福)1 長浜北 虎姫		
4	11			3	守山北 野洲 湖南農業(農)4	1	石部	3	彦根西(普)2(家)2 能登川 日野(総)4	4	伊吹 伊香 長浜農業(農)4 長浜北星(総)4		
3	4					2	甲南(総)3 信楽(普)1(工)2	2	愛知 八日市南(農)3				
合計	46	8		9		6		13		8		2	
平均学級数		7.8		5.6		4.7		5.1		4.6		6.5	

8 高等学校(全日制)第1学年募集定員の学級数別学校数の全国比較

(平成23年度 都道府県立)

第1学年の学級数		全国		滋賀県	
		学校数	比率(%)	学校数	比率(%)
1学級		63	1.9%	0	0.0%
2学級		233	7.2%	0	0.0%
3学級		286	8.8%	4	8.7%
4学級		441	13.6%	11	23.9%
5学級		458	14.1%	7	15.2%
6学級		657	20.2%	15	32.6%
7学級		486	15.0%	3	6.5%
8学級		435	13.4%	3	6.5%
9学級		146	4.5%	1	2.2%
10学級		32	1.0%	1	2.2%
11学級		6	0.2%	1	2.2%
12学級		0	0.0%	0	0.0%
13学級		0	0.0%	0	0.0%
14学級		0	0.0%	0	0.0%
15学級以上		2	0.1%	0	0.0%
合計		3,245	100%	46	100%
1校平均学級数		5.55学級		5.57学級	
1校平均学級数全国順位		—		17位	
1校平均学級数全国順位(多い順)	1位	大阪	7.54	47位	山口	4.04
	2位	埼玉	6.90	46位	北海道	4.06
	3位	奈良	6.75	45位	島根	4.12
	4位	愛知	6.74	44位	岩手	4.16
	5位	神奈川	6.65	43位	山形	4.21
	6位	沖縄	6.61	42位	高知	4.29
	7位	京都	6.54	41位	秋田	4.44
	8位	福岡	6.40	40位	鹿児島	4.45
	9位	千葉	6.25	39位	長崎	4.59
	10位	和歌山	6.03	38位	大分	4.60

※分校を除く

出典:富山県教育委員会作成資料(平成23年2月)より

滋賀県立高等学校再編実施計画
（原案）

平成23年7月
滋賀県教育委員会

I　実施計画の性格

　この「滋賀県立高等学校再編実施計画」は、「滋賀県立高等学校再編基本計画」で示した県立高等学校再編の基本的な考え方に基づき、再編の具体的な内容を示すものです。

　なお、今後の社会状況の変化や生徒数の推移、再編の進捗状況などを見極めながら、必要に応じて次期以降の実施計画を策定します。

II　再編の具体的な方策

　魅力と活力ある高等学校づくりを進めるため、生徒の興味・関心や進路希望等に応じた教育を提供し、魅力ある教育を展開するとともに、多様な選択科目の開設をはじめ、部活動や学校行事などの集団活動の活性化、施設や設備の効果的・効率的な利用等の観点から学校活力の維持向上を図ります。

　このため、地域や学校の状況等に応じ、次の具体的な方策を講じます。

○新しいタイプの学校の設置

　生徒それぞれの学習ペースやスタイルなど、多様な学習ニーズに応える学びの場として、また、高等学校を中途退学した生徒や進路変更を希望する生徒に対する新たな学びの場として、柔軟な学びのシステムを特色とする全日制・定時制併置の総合単位制高等学校を設置します。

　様々な学習歴を持つ生徒に対応した学校が県南部に設置されていることも踏まえ、配置バランスおよび交通の利便性を考慮し、湖東地域に設置します。

○学校の統合

　すでに規模の小さな学校が多くを占め、今後も生徒数が減少傾向にある湖東地域および湖北地域において、教育内容の一層の充実と地域全体の学校の活力の向上を図るため、学校統合による再編を行います。

　統合対象校については、学科、地理的条件、学校の変遷、施設等を総合的に勘案し決定します。

　甲賀地域においては、生徒の減少等により学校規模が極端に縮小する学校の活力の維持向上を図るとともに、就学機会を確保するため、分校化により授業や行事、部活動等の教育活動において本校との連携を図ります。

　また、さらなる学校活力の向上と地場産業等に寄与する人材の育成を図るため、県外からも生徒を受け入れます。

　定時制課程の役割の変化および新しいタイプの学校の設置に伴い、北東部の定時制課程は廃止します。また、施設・設備の有効活用と専門学科としての教育内容の充実を図るため、同一敷地内の全日制高等学校と定時制高等学校を統合します。

○学科改編・コース設置等

〈農業学科〉

　地域の特色を生かしつつ、消費者や需要者のニーズにあった農業の展開や経営の多角化（6次産業化）などの学習を通して、将来の本県農業の担い手としての資質と能力を育成するため、各学校の特色を生かした学科編成にします。

〈工業学科〉

　細分化された電気系と情報系の小学科を統合し、分かりやすい学科体系に整理するとともに、化学系小学科と建設系小学科を設置する学校の見直しにより、専門学科としての教育内容の充実を図ります。

〈国際文化コースの設置〉

　国際学科で行ってきた国際理解や外国語学習に加え、地域の歴史や文化などを学び、豊かな国際感覚や多様な文化と共生する態度を養い、地域や国際社会に貢献する資質と能力を育成するため、国際文化コースを設置します。

〈福祉健康コースの設置〉

　福祉、健康分野の専門性を有する人材へのニーズは高く、高い志を持った有為な人

材を育成することは社会的要請でもあることから、福祉の先進地であり、地域との連携が可能な環境にある甲賀地域に福祉健康コースを設置し、将来、福祉や健康に関する分野で活躍する人材の育成を図ります。

〈まちづくり系列の設置〉
　地域に誇りを持ち、幸せや豊かさを実感し、将来に夢を持って暮らしていけるよう、地域社会の将来ビジョンを描くことのできる企画力や行動力を育成するとともに、地域社会と連携した教育を推進します。
　特に地域との様々な連携が可能な環境にある湖北地域において、まちづくりについて学ぶ系列を総合学科に設置し、将来のまちづくりに貢献する人材や地域で活躍する人材の育成を図ります。

○教育内容の充実等
〈キャリア教育の充実〉
　職業学科、普通科を問わず、各学校の教育活動の全体を通じて、計画的・組織的にキャリア教育の推進を図ることにより、生徒の勤労観・職業観を育成し、希望する職業に就くために必要な学問への興味や意欲の高まりなどを目指します。

〈特別支援学校との交流〉
　高等学校に併置される特別支援学校との交流を通して、ノーマライゼーションの理念に基づく教育を推進します。

〈教職員研修等の充実〉
　魅力ある教育課程の編成を図るため、カリキュラムマネジメント研修や授業力向上研修などの充実を図ります。また、大学や研究機関等への研修派遣を推進し、教員の資質向上を図ります。

Ⅲ　具体的な再編内容

1　新しいタイプの学校の設置

【総合単位制高等学校の設置（能登川高等学校の改編）】
【彦根東高等学校、彦根工業高等学校、長浜北星高等学校3校の定時制課程の廃止】

［再編の内容］
　能登川高等学校の全日制課程普通科を学年制から単位制にするとともに、新たに定時制課程（単位制）普通科を設置し、全日制・定時制併置の総合単位制高等学校とする。
　これに併せ、彦根東高等学校、彦根工業高等学校、長浜北星高等学校3校の定時制課程（夜間）は廃止する。
［再編が目指す姿］
　生徒の多様な学習のニーズに対応した柔軟な学びのシステムにより、生徒の主体的な科目選択による学習や、様々な学習歴を持つ生徒の「学びあい」を通して、互いの人間性を高め、自己実現に向けて挑んでいく意欲をはぐくむ教育の推進を図る。
［設置場所］　能登川高等学校校地
［再編年度］　平成26年度
［想定する学校規模］
　1年次　全日制課程3学級、定時制課程（午後・夜間）2学級
［学科構成］
　普通科（単位制による全日制課程および定時制課程）

2　学校の統合

【彦根西高等学校と彦根翔陽高等学校の統合】

［再編の内容］
　彦根西高等学校（普通科・家庭学科）と彦根翔陽高等学校（総合学科）を統合し、普通・商業・家庭の系列で編成された総合学科を設置する。
［再編が目指す姿］
　彦根翔陽高等学校の総合学科で展開してきた普通・商業の系列と、彦根西高等学校で培ってきた家庭学科の教育資源を家庭の系列として融合させ、総合学科における多様な学びの充実を図る。
［設置場所］　彦根翔陽高等学校校地
［再編年度］　平成26年度
［想定する学校規模］　1学年　6学級
［学科構成］
　総合学科　普通・商業・家庭の系列を設置

【長浜高等学校と長浜北高等学校の統合】

［再編の内容］
　長浜高等学校（普通科・福祉学科）と長浜北高等学校（普通科）を統合する。
［再編が目指す姿］
　長浜高等学校と長浜北高等学校で培われ

た進学指導のノウハウを活かし，より充実した進学指導体制を構築するとともに，福祉学科や長浜高等養護学校との交流による特色ある学びの展開を図る。
[設置場所]　長浜高等学校校地
[再編年度]　平成26年度
[想定する学校規模]　1学年　7学級
[学科構成]
　普通科，福祉学科，高等養護学校併置

【甲南高等学校と信楽高等学校の統合（甲南高等学校信楽分校の設置）】

[再編の内容]
　信楽高等学校を甲南高等学校の分校とする。
　併せて，セラミック科およびデザイン科をセラミック・デザイン科とする。
　また，セラミック・デザイン科において，県外から入学生を募集する仕組みを導入する。
[再編が目指す姿]
　信楽高等学校を甲南高等学校の分校とし，学校行事や部活動等の教育活動において本校と連携することにより，学校活力の維持向上を図る。併せて，セラミックやデザインに関する教育を本校および甲南高等養護学校における学習活動に活用する。
[設置場所]　―
[再編年度]　平成26年度
[想定する学校規模]
　本校：1学年　4学級
　信楽分校：1学年　2学級
[学科構成]
　本校：総合学科
　信楽分校：普通科，セラミック・デザイン科

【瀬田工業高等学校と瀬田高等学校の統合】

[再編の内容]
　同一敷地内に設置されている瀬田工業高等学校（全日制課程）と瀬田高等学校（定時制課程）を統合する。
　併せて，定時制課程の機械科および電気科を生徒の志望の実態に応じ，機械・電気科とする。
[再編が目指す姿]
　瀬田工業高等学校と瀬田高等学校を統合し，全日制・定時制を併置した工業学科として，両校が持つノウハウの蓄積や施設・設備を有効に活用し，専門学科としての教育内容の充実を図る。
[設置場所]　―
[再編年度]　平成26年度
[想定する学校規模]
　1学年　全日制課程7学級，定時制課程（夜間）1学級
[学科構成]
　全日制課程　機械科，電気科，化学工業科
　定時制課程　機械・電気科

3　学科改編・コース設置等

【農業学科の小学科改編】

[再編の内容]
　農業学科の小学科の改編を行う。
[再編が目指す姿]
　農業学科の小学科の改編を行い，地域の特色を生かしつつ，消費者や需要者のニーズにあった農業の展開や経営の多様化（6次産業化）などの学習を通して，将来の本県農業の担い手としての資質と能力を育成する。
[対象高等学校]
　長浜農業高等学校，湖南農業高等学校，八日市南高等学校
[再編年度]　平成26年度
[想定する学校規模]
　長浜農業高等学校　1学年　3学級
　湖南農業高等学校　1学年　3学級
　八日市南高等学校　1学年　3学級
[学科構成]
　長浜農業高等学校　農業科，食品科，園芸科
　湖南農業高等学校　農業科，食品科，花緑科
　八日市南高等学校　農業科，食品科，花緑デザイン科

【工業学科の小学科改編および小学科集約】

[再編の内容]
　工業学科の小学科改編および学校間での小学科の集約を行う。
[再編が目指す姿]
　細分化された電気系と情報系の小学科を統合し，分かりやすい学科体系に整理するとともに，化学系小学科と建設系小学科を設置する学校の見直しにより，専門学科と

［対象高等学校］
　瀬田工業高等学校，彦根工業高等学校，八幡工業高等学校
［再編年度］　平成26年度
［想定する学校規模］
　瀬田工業高等学校　1学年　7学級
　彦根工業高等学校　1学年　6学級
　八幡工業高等学校　1学年　6学級
［学科構成］
　瀬田工業高等学校　機械科，電気科，化学工業科
　彦根工業高等学校　機械科，電気科，建設科
　八幡工業高等学校　機械科，電気科，環境化学科

【北大津高等学校，水口高等学校に国際文化コースを設置】

［再編の内容］
　北大津高等学校および水口高等学校に国際文化コースを設置する。これに伴い国際学科は廃止する。
［再編が目指す姿］
　国際理解，語学力の向上の教育内容に加え，自国や地域の文化等を国際的に情報発信する取組などを通して，国際感覚と幅広い視野を養い，地域社会に貢献する資質と能力を育成する。
［対象高等学校］
　北大津高等学校，水口高等学校
［再編年度］　平成25年度
［想定する学校規模］
　北大津高等学校　1学年　6学級
　水口高等学校　1学年　6学級
［学科構成］　普通科　国際文化コースを設置

【石部高等学校に福祉健康コースを設置】

［再編の内容］
　石部高等学校に福祉健康コースを設置する。これに伴い総合選択制は廃止する。
［再編が目指す姿］
　普通科に，福祉を中心として広く健康などについても学べる福祉健康コースを設置し，福祉関連施設での実習など，地域の資源や人材を活かした教育内容の特色化と学校活力の向上を図る。併せて，併置される三雲養護学校高等部分教室との交流を活か

した教育内容の充実を図る。
［対象高等学校］　石部高等学校
［再編年度］　平成25年度
［想定する学校規模］
　1学年　3学級（三雲養護学校高等部分教室　3学級併置）
［学科構成］　普通科　福祉健康コースを設置

【長浜北星高等学校総合学科にまちづくり系列を設置】

［再編の内容］
　長浜北星高等学校総合学科にまちづくり系列を設置する。
［再編が目指す姿］
　総合学科にまちづくり系列を設置し，地元企業や団体等と連携した地域づくりやまちづくり活動を体験的に学習し，将来の地域社会の発展に貢献する資質と能力を育成する。
［対象高等学校］　長浜北星高等学校
［再編年度］　平成26年度
［想定する学校規模］　1学年　6学級
［学科構成］　総合学科　まちづくり系列を設置

4　教育内容の充実等

【石部高等学校，伊吹高等学校および愛知高等学校と特別支援学校との交流の推進】

　石部高等学校，伊吹高等学校および愛知高等学校に併置される特別支援学校との交流を通して，ノーマライゼーションの理念に基づく教育を推進する。［平成25年度］

　石部高等学校（1学年　3学級）と三雲養護学校高等部分教室（1学年　3学級）
　伊吹高等学校（1学年　4学級）と長浜養護学校高等部分教室（1学年　2学級）
　愛知高等学校（1学年　4学級）と高等養護学校（1学年　2学級）

※　改編後の学科・コース等は仮称である。

滋賀県立高等学校再編基本計画

平成 24 年 12 月
滋賀県教育委員会

I 計画の策定にあたって

1 計画策定の背景と趣旨

本県では、生徒のニーズや時代の要請等に応じ、これまで県立高等学校の学科改編や特色ある学科やコースの設置をはじめ、中高一貫教育校の設置、全県一区制度の導入、入学者選抜制度の改善など、様々な県立高等学校改革に取り組んできました。

一方、情報分野をはじめとする科学技術の進展や、経済のグローバル化、少子高齢化など、社会が一層大きく変化する中で、生徒の進路等に対する考え方や課題の多様化、さらには規模の小さな学校の増加など、県立高等学校の教育環境は大きく変化しています。

このため、子どもたちへ豊かな教育環境を提供することを第一として、各学校における教育内容を充実させることは言うまでもなく、今ある教育資源を最大限活用しながら、教育予算の効果的な投資などにより、教育内容や教育環境を一段と向上させることが必要となっています。

こうした状況を受け、教育委員会では、平成 20 年 7 月に「県立学校のあり方検討委員会」を設置し、6 回の審議を経た上で、平成 21 年 3 月に、県立高等学校の課程、学科、適正な規模・配置のあり方などについての「報告」をいただきました。

また、平成 22 年 9 月には、「第 23 期滋賀県産業教育審議会」から、これからの時代や社会に対応した本県職業系の学科や職業教育の方向性、本県産業の振興に寄与する人材育成などに関する「答申」をいただきました。

さらに、平成 22 年 8 月と 11 月に開催した「魅力と活力ある県立高等学校づくりに向けた意見を聴く会」などで、再編の必要性および教育委員会の再編に対する基本的な考え方をお示しし、県民の皆さんから様々な御意見をいただいてきました。

そして、これらの「報告」や「答申」における再編に関する方向性、さらには、県民の皆さんからいただいた御意見等を踏まえ、平成 23 年 7 月に滋賀県立高等学校再編計画（原案）を公表し、県民政策コメントを実施するほか、県民説明会や「地域の高等学校教育のあり方に係る意見を聴く会」などを開催し、県民の皆さんや教育関係者の皆さんなどから様々な御意見をいただいてきました。また、平成 24 年 8 月には、「第 24 期滋賀県産業教育審議会」から、社会の変化に対応した福祉科教育のあり方についての「答申」をいただいたところです。

県教育委員会では、これらの御意見等を踏まえ、「魅力と活力ある県立高等学校づくりに向けて～滋賀県立高等学校再編計画～」（以下「再編計画」という。）を策定し、これまで以上に魅力と活力ある県立高等学校の実現を目指してまいります。

2 基本計画の考え方

この滋賀県立高等学校再編基本計画（以下「基本計画」という。）は、平成 33 年度までの概ね 10 年後を見据えた、長期的かつ全県的な視野に立った県立高等学校再編の基本的な考え方を示すものです。

なお、具体的な再編内容については、別途作成する実施計画で示します。

II 県立高等学校の現状と課題

1 社会の変化

これからの社会は、少子化・高齢化をはじめ、情報化、グローバル化、科学技術の高度化が一層進展し、ますます複雑化・多様化が進むと考えられ、それに伴い家族形態や産業構造、社会や経済が大きく変化することが予測されます。

こうした中、学校教育には普遍的な教育理念を大切にしつつ、社会の変化に合わせて対応していくことが常に求められています。

2 生徒の進路希望や課題の多様化

(1) 生徒の多様化

本県の平成 24 年 3 月中学校卒業者の高

等学校等への進学率は98.9％で，中学校卒業者のほとんどが高等学校に進学するとともに，複雑・多様化する社会状況を背景に，生徒の興味・関心や進路に対する考え方が一層多様化しています。また，自らの目標に向かって積極的に学校生活を送ろうとする生徒がいる一方で，目的意識が希薄である，人間関係づくりが苦手であるなど，様々な生徒が高等学校に入学するようになっています。

県立高等学校の中途退学者数は，ここ数年減少傾向にあるものの，400～500人台で推移しており，退学の理由としては，進路変更や学校生活・学業不適応などが多くを占めています。こうしたことから，編入学による学び直しや転入学を希望する生徒は依然として多い状況にあります。

このような中，生徒の多様なニーズ等に応える学習内容等の充実や，様々な学習歴を持つ生徒に対応した取組が必要となっています。

(2)生徒の志望や進路状況の変化

中学生の高等学校への志望状況を見ると，大学等への進学を見据えて普通科へ進学する割合が高い状態にあるとともに，職業系専門学科の高等学校においても，上級学校へ進学する生徒が増加しており，高等学校卒業者の半数以上が大学等の上級学校へ進学する状況にあります。

このような中，勤労観・職業観の育成を図るとともに，職業系専門学科から上級学校への進学も視野に入れた教育内容の充実などが課題となっています。

(3)定時制・通信制課程の役割の変化

定時制や通信制の高等学校は，従来の勤労青少年のための学校という色合いが薄れ，中途退学者や不登校経験のある生徒をはじめ，多様な生徒が入学しており，学び直しの学校としての役割が強まっています。

ここ数年の定員充足状況を見ると，通信制課程ではほぼ充足しているものの，定時制課程では，地域，学科，昼間・夜間の別により大きな差があり，特に職業系専門学科を希望する生徒は少なくなっています。

このような状況を考え合わせると，定時制課程については必ずしも職業系専門学科である必要はないと考えられ，生徒のニーズに対応した見直しが必要となっています。

3　生徒数の推移と高等学校の規模の変化

(1)中学校卒業（予定）者数の推移

県全体の中学校卒業者数は，平成2年3月卒業の20,747人をピーク（昭和39年に次ぐ戦後2番目）に減少傾向にあり，平成24年3月卒業者は14,226人と，ピーク時に比べ6,521人減少しています。

今後，全県的には増加傾向を示したのち，現在の小学校5年生が卒業する平成29年3月を境に，減少に転じていくと予測されます。

また，中学校卒業予定者数を地域別に見てみると，湖南地域（草津市・栗東市・守山市・野洲市）では今後も増加を続ける一方，それ以外の地域では，横ばいまたは減少傾向が予測されます。

(2)生徒数の増減に伴う高等学校の規模の変化

県内には，中学校卒業者数の減少により，すでに規模の小さな学校が多くを占める地域があります。こうした地域でさらに生徒数が減少していくと，学校の小規模化が一層進むことが予測されます。

一方，中学校卒業者数の増加が続く地域では，今後とも規模の大きな学校が多い状況が続くと見込まれます。

こうした中，多様な生徒との出会いや互いに切磋琢磨する機会の確保，部活動や学校行事などの充実，進路希望等に応じた教育の提供，生徒と教員とのコミュニケーションの確保など，高校教育において考慮しなければならない様々な要素を踏まえながら，学校の教育力が高まるよう学校の規模や配置を見直す必要があります。

4　教育環境の整備

生徒に対し，時代に対応した豊かな教育環境を提供するためには，施設・設備の修繕，図書や教材機器の購入，備品などの更新・修繕が必要です。

このため，限られた教育資源を最大限に活用しつつ，より効果的・効率的な学校運営を行うとともに，教育予算の効果的な投資などにより，教育環境の整備を図ることが必要となっています。

Ⅲ 魅力と活力ある県立高等学校づくりに向けて

1 魅力と活力ある県立高等学校づくりに向けて

高等学校には,生徒に一般的な教養を高め,専門的な知識,技術および技能を習得させるとともに,その個性に応じて将来の進路を決定し,自ら意欲を持って学び考える力,豊かな人間性や創造性などを養い,変革の時代にあっても自ら未来を切り拓く力をはぐくむことが求められています。

高等学校がこのような役割を果たすには,社会の変化や生徒の多様化,生徒数の減少への対応など,教育内容の充実とともに教育活動が効果的なものとなるよう教育環境を整えていくこと〜魅力と活力ある学校づくり〜が必要です。

魅力と活力ある学校とは,生徒が自らの興味・関心,進路希望等に応じた学習ができる学校であり,学校行事や部活動などの取組を活発に行うことができたり,多様な生徒や教師との幅広い出会い,集団活動を通して互いに刺激し合うことができる学校であり,希望する進路が実現できる学校,自己実現ができる学校です。

このため,いつの時代においても変わることのない普遍的な教育理念を大切にしつつ,次の視点で高等学校の再編に取り組みます。

> 魅力ある学校づくり(多様な学校選択肢等の提供)
> 生徒の興味・関心や進路希望等に応じた高等学校教育を提供するため,高等学校に対する県民の期待,社会の要請などを踏まえた上で,教育内容の質的充実を図り,魅力ある高等学校教育を展開します。

> 活力ある学校づくり(豊かな教育環境の提供)
> 多様な選択科目の開設をはじめ,部活動や学校行事などの集団活動の活性化,施設や設備の効果的・効率的な利用等の観点から,県立高等学校の活力の維持向上を図ります。

2 県立高等学校再編の基本的な考え方

高等学校に入学する全ての子どもたちが,充実した学校生活を送る中で,希望する進路を実現し,また自己実現を図ることができるよう,次の考え方で県立高等学校の再編を進めます。

(1)教育における不易の取組

子どもたちが,社会の中で自らの役割を果たし,信頼されながら人生を歩むことができるよう,自分自身を鍛え伸ばし,社会と共同できる資質を育てます。

ア 基礎・基本の徹底

自ら学び考える力や社会の変化に対応できる資質や能力を育成するため,そのベースとなる基礎的・基本的な知識・技能の確実な習得に向けて,基礎・基本の徹底を図ります。

イ 自主自律の精神の涵養

学級活動や部活動,学校行事などの集団活動の中で,自ら考え行動することにより,他者と豊かにコミュニケーションを図ろうとする態度や,社会生活を送るうえで持つべき規範意識などの自律性や社会性を育みます。

ウ 自然や地域と共生する力の育成

滋賀県が有する豊かな自然,歴史,文化,産業,地域コミュニティなどの様々な地域資源を活かした教育活動を展開し,自分たちが育ってきた地域に愛着を持ち,社会の一員として地域に貢献しようとする態度を養います。

(2)魅力ある学校づくりの推進

社会の進展,地域や産業界の要請などを踏まえつつ,生徒自らの興味・関心や進路希望等に応じて,学びたい教科や科目等を学習し,将来の生活や職業に役立つ知識・技能を積極的に学ぶことができるよう,全ての高等学校においてそれぞれの教育目標等に応じた魅力ある学校づくりに取り組みます。

ア 新しいタイプの学校の設置

生徒の多様な学習ニーズや進路希望等に対応し,生徒一人ひとりの個性や能力

に応じた教育の推進を図る新しいタイプの高等学校として，単位制による全日制課程および定時制課程を併設した総合単位制高等学校を設置します。

イ　時代に対応した教育の推進等
　生徒の多様化を踏まえ，各学校の教育目標に応じた教育内容や指導方法の充実・改善を一層図ります。
　また，将来の科学技術を支える人材やグローバル社会で活躍する人材の育成など，これからの社会の進展を見据えた教育内容の充実等を図ります。

ウ　キャリア教育の推進
　生徒に勤労観・職業観を身につけさせるとともに，自己の個性を理解し，主体的に進路を選択する能力・態度を育むため，キャリア教育の視点を踏まえた教育内容の充実等を図ります。

エ　職業教育の充実
　学校の教育資源等を活かした特色化を一層推進するとともに，施設・設備の効率的な活用や集中的な投資などにより専門性を維持向上できるよう，職業系専門学科の集約化を図ります。
　また，細分化されすぎている小学科を整理・統合し，知識や技能の高度化に対応できる基礎的・基本的な学習等を重視するとともに，学習内容を理解しやすい名称に改めます。
　高等学校段階での職業教育をもとに，上級学校へ進学してさらに高度な知識・技能を身につけるという専門教育や資格取得のあり方を踏まえ，学科の改編や教育内容の充実を図ります。

オ　多様な学びの提供
　多様な学びの機会を確保し，生徒の進路希望等に応じた教育を行うため，総合学科の設置や教育内容の充実を図ります。

カ　定時制課程の見直し
　定時制課程の役割の変化や，単位制による全日制課程を併設した新たな総合単位制高等学校を設置することなどを踏まえ，地域の実情等に配慮しながら定時制課程の配置を見直します。

　また，3年での卒業や転編入学を容易にするなど，生徒の多様なニーズに柔軟に対応できる教育課程が編成できるよう学科の改編等を行います。

キ　中高一貫教育校の方向性
　本県では，平成15年度に新たな学校選択肢を提供することを目的として，併設型中高一貫教育校を3校設置し，6年間の特色ある教育課程のもとで，個性や創造性を伸ばす教育を展開しています。
　一方，新たな中高一貫教育校を設置することは，地域の中学校の学級編成などに及ぼす影響も大きいと考えられることから，当面は既設3校としながら，再編による生徒の動向を見据えつつ検討を行っていきます。

(3) 活力ある学校づくりの推進
　学校は生徒が社会でより良い人間関係を結び，共同で仕事をするための資質を育てるなど，人と人との共同に向けた基盤をつくる場です。共同体においてそれぞれの個人が責任を持つために，自分自身を鍛え伸ばすこと（主体性），共同できる資質を育てること（社会性）が大切です。
　こうした資質や能力は，授業や学校行事，部活動など教育活動の全ての中で育まれていくと考えられます。
　このため，自分の興味・関心や意欲をかき立てるものと出会い，様々な考え方や能力を持った友人との出会いなど，より多くの教育プログラムや教員，生徒と出会える環境づくりに取り組みます。

ア　標準とする学校規模
　高等学校全日制課程の学校規模については，県立学校のあり方検討委員会の報告を踏まえ，多様な科目の開設など幅広い教育課程の編成，生徒が切磋琢磨する機会の確保，学校行事・部活動など集団活動の円滑な実施など様々な要素を勘案して，1学年あたり概ね6学級から8学級を標準とします。

イ　学校の統合等
　現在，通学区域が全県一区制のもとであっても，普通科で8割程度の中学生が地域の高等学校に進学する状況にあることなどから，地域ごとの生徒数の推移を

見据えつつ、標準を下回る規模の学校が多くを占める地域において、学校の配置バランス、学科の特性、地理的条件などの地域性、学びの多様性の確保等を考慮しながら、学校の統合等を行い、地域全体の学校活力の維持向上を図ります。

Ⅵ 再編を進めるにあたって

再編を進めるにあたっては、次のことに留意しながら進めていきます。

1 全県一区制度のもとであっても、全日制高等学校の普通科進学者の約8割が地域の高等学校に進学していること等を踏まえ、それぞれの地域の実情に配慮しながら進めます。
2 再編計画の実施に際して混乱が生じないよう、計画内容と進め方を県民に広く周知しながら進めます。
3 学校の統合にあたっては、対象校のこれまでの特色や伝統、成果等を新しい学校における教育活動の中に活かすなど、発展的な再編になるよう取り組みます。
4 県立高等学校の募集定員については、地域ごとの中学校卒業予定者数や進学志望の動向などを踏まえ、それぞれの年度において、地域ごとの定員を確保していきます。
5 再編計画の円滑な実施を図るため、教育環境の整備に伴う経費について、計画的に予算措置を行います。

滋賀県立高等学校再編実施計画

平成 24 年 12 月
滋賀県教育委員会

Ⅰ 実施計画の考え方

この「滋賀県立高等学校再編実施計画」は、「滋賀県立高等学校再編基本計画」で示した県立高等学校再編の基本的な考え方に基づき、平成25年度から概ね5年間の再編の具体的な内容を示すものです。
なお、今後の社会状況の変化や生徒数の推移、再編の進捗状況などを見極めながら、必要に応じて次期以降の実施計画を策定します。

Ⅱ 再編の具体的な方策

魅力と活力ある高等学校づくりを進めるため、生徒の興味・関心や進路希望等に応じた教育を提供し、魅力ある教育を展開するとともに、多様な選択科目の開設をはじめ、部活動や学校行事などの集団活動の活性化、施設や設備の効果的・効率的な利用等の観点から学校活力の維持向上を図ります。

このため、地域や学校の状況等に応じ、次の具体的な方策を講じるとともに、これに伴う必要な施設・設備の整備を行います。

各再編の具体的な内容や再編の実施方法等については、「Ⅳ具体的な再編内容」で示します。

1 新しいタイプの学校の設置
【総合単位制高等学校の設置（能登川高等学校の改編）】

生徒それぞれの学習ペースやスタイルなど、多様な学習ニーズに応える学びの場として、また、高等学校を中途退学した生徒や進路変更を希望する生徒に対する新たな学びの場として、柔軟な学びのシステムを特色とする全日制・定時制併置の総合単位制高等学校を能登川高等学校に設置します。

2 統合による新しい学校の設置
【彦根西高等学校と彦根翔陽高等学校の統合による新しい学校の設置】

彦根西高等学校で培ってきた普通科と家庭学科の教育資源と彦根翔陽高校の総合学科で展開してきた普通・商業の系列を融合させ、普通・商業・家庭の系列で編成する総合学科高校を設置します。

新校は、多様な学びの中から夢の実現を支援する学校、多様な生徒が集い、互いに切磋琢磨しながら夢を育み学ぶ学校を目指します。

新校の校地については、彦根翔陽高等学校の校地を活用することとし、校名については、両校の関係者等からなる懇話会を設け、意見を聴きながら検討を進めます。

【長浜高等学校と長浜北高等学校の統合に

よる新しい学校の設置】

　長浜高等学校と長浜北高等学校を統合し，湖北地域の既存の普通科単独校と並び立ち，大学等への進学指導に重点を置く地域の中核的な普通科単独校を設置します。

　新校は，長浜市で展開されている英語教育の成果を高校教育につなげるとともに，高等学校における新しい英語教育の全県のモデル校とし，思考力・判断力・表現力および語学力といったグローバル社会で活躍する資質と能力の育成を目指します。

　新校の校地については，長浜高等学校の校地を活用することとし，校名については，両校の関係者等からなる懇話会を設け，意見を聴きながら検討を進めます。

3　地域に根ざした学校づくり
【信楽高等学校の学科改編等】

　通学上の配慮が必要な地域において，多様な学びの機会を確保し，生徒の進路希望等に応じた教育を行うため，信楽高等学校を普通・セラミック・デザインの3系列を持つ総合学科へ改編します。

　また，地場産業等の地域の教育資源を活用した教育活動の展開や近隣県との連携，県外からも生徒を受け入れることで，学校活力の維持向上等を目指します。

　こうした改編を行った後，5年を目途に検証を行い，その評価を踏まえて必要な対応を検討します。

4　職業系専門学科の改編等
(1)農業学科
【長浜農業高等学校，湖南農業高等学校，八日市南高等学校の小学科の改編】

　農業学科の小学科を分かりやすい学科体系や名称に変更するとともに，地域の特色を生かしつつ，消費者や需要者のニーズにあった農業の展開や経営の多角化（6次産業化），大規模経営などの学習を通して，将来の本県農業の担い手としての資質と能力を育成します。

　また，大学等の上級学校への進学も視野に入れた教育内容の充実に努めます。

(2)工業学科
【瀬田工業高等学校，彦根工業高等学校，八幡工業高等学校の小学科の改編】

　細分化された電気系と情報系の小学科を統合し，分かりやすい学科体系に整理するとともに，知識や技能の高度化に対応できる基礎的・基本的な学力の確実な習得を図り，多様な工業分野で活躍できる資質と能力を育成します。

　化学系小学科と建設系小学科を設置する学校の見直し，施設・設備の効率的な活用や集中的な投資などにより，専門学科としての教育内容の充実を図ります。

　また，大学等への上級学校への進学も視野に入れた教育内容の充実に努めます。

【瀬田工業高等学校と瀬田高等学校の統合】

　同一敷地内に設置されている瀬田工業高校（全日制）と瀬田高校（定時制）を統合し，全日制・定時制を併置した工業学科として，両校が持つノウハウの蓄積や施設・設備を有効に活用し，専門学科としての教育内容の充実を図ります。併せて，定時制課程の機械科と電気科を生徒の志望の実態に応じ，機械・電気科とします。

(3)福祉学科
【長浜高等学校福祉学科の廃止（長浜北星高等学校総合学科に福祉系列を設置）】

　法改正により介護福祉士試験の受験資格として必要な高等学校における学習の時間数が増加したこと等を踏まえ，介護福祉士の国家試験合格を目指すことを重視してきた福祉科教育のあり方を見直し，基礎的・基本的な学習に重点を置き，生徒の進路希望等に応じて上級学校に進学し，さらに福祉に関する学習を深めることができる形に改めます。

　併せて，総合学科の柔軟な教育課程の中に福祉に関する専門教育を取り込み，生徒の多様なニーズに対応した学習の機会を確保するため，福祉学科を総合学科の系列に改編します。

5　総合学科の充実
【長浜北星高等学校総合学科に福祉系列を設置】

　長浜北星高等学校に新たに福祉系列を設置し，普通・工業・商業・福祉の多様な系列で編成する総合学科高校として教育内容の充実を図ります。

　新たに設置する福祉系列では，福祉に関する基礎的・基本的な学習を通して，将来，福祉や看護，医療分野などで地域に貢献できる資質と能力を育成します。

6　定時制課程の見直し

【長浜北星高等学校定時制課程の学科改編】

3年での卒業や転編入学を容易にするなど, 生徒の多様なニーズに柔軟に対応できる教育課程が編成できるよう, 長浜北星高等学校定時制課程を学年制の商業学科から単位制の総合学科へ改編します。

【彦根東高等学校定時制課程の廃止】

普通科の総合単位制高等学校を湖東地域に設置することに伴い, 彦根東高等学校定時制課程を廃止します。

7　その他教育内容の充実等

(1) 理数教育の充実

　理数教育先進校との学校間連携等を一層推進し, 科学技術や理科・数学などに興味を持つ生徒の学習意欲の喚起や能力の伸長を図り, 将来の国際的な科学技術関係人材等の育成を目指します。

(2) 英語教育の充実

　英語教育先進校における取組実績を活かすとともに, 思考力・判断力・表現力および語学力といったグローバル社会で活躍する資質と能力の育成を目指す, 新しい英語教育の取組を推進します。

(3) 大学等との連携強化

　高等学校と大学等との連携を強化し, 生徒がより高度な学習内容に触れることで進路選択に役立てるとともに, 生徒の学問に対する興味・関心を喚起し, 学習意欲を高めます。

(4) 地域資源を活かした教育活動の推進

　滋賀県が有する豊かな自然, 歴史, 文化, 産業, 地域コミュニティなどの様々な地域資源を活かした教育活動を推進するとともに, これらを特色として更なる学校の魅力づくりを進めます。

(5) ノーマライゼーションの理念に基づく教育の推進

　特別支援学校との交流等を通して, ノーマライゼーションの理念に基づく教育を推進します。

(6) 教職員研修等の充実

　魅力ある教育課程の編成を図るため, カリキュラムマネジメント研修や授業力向上研修などの充実を図ります。また, 大学や研究機関等への研修派遣を推進し, 教員の資質向上を図ります。

Ⅲ　各地域の再編の概要と再編の方向

高等学校の通学区域については, 生徒の多様なニーズに応え, 生徒の個性や能力を伸ばし, 自ら学ぶ意欲をはぐくむため, 自分に合った高校を主体的に選べるよう, 高校の選択幅を最大限に広げることをねらいとして, 平成18年度から全県一区となりました。

一方, 全県一区制度のもとであっても, 全日制高等学校の普通科進学者の約8割が地域の高等学校に進学していること等を踏まえ, 各地域における再編の方向を示します。

各再編の具体的な内容や再編の実施方法等については, 「Ⅳ具体的な再編内容」で示します。

1　大津地域（大津市）

大津地域においては, 理数教育先進校を中心とした理数教育の一層の充実や新しい英語教育の取組の推進など, 各学校の更なる魅力づくりを図り, 地域全体の教育力の向上を目指します。

〔再編内容〕

○　同一敷地内に設置されている瀬田工業高等学校（全日制）と瀬田高等学校（定時制）を統合し, 専門学科としての教育内容の充実と施設・設備の有効活用を図ります。また, 全日制課程工業学科の小学科を改編し, 専門学科としての教育内容の充実を図るとともに, 化学工業科を有する工業高校として特色ある学校づくりを進めます。

○　思考力・判断力・表現力および語学力といったグローバル社会で活躍する資質と能力の育成を目指す新しい英語教育の取組を推進し, 英語教育の向上を図ります。

○　SSHにおける取組実績を活かすとともに, SSH指定校との連携等を通して, 科学技術や理科・数学などに興味を持つ生徒の学習意欲の喚起や能力の伸長を図り, 将来の国際的な科学技術関係人材の育成を目指します。

※SSH（スーパーサイエンスハイスクー

ル）・・・将来の国際的な科学技術関係人材を育成するために，先進的な理数系教育を実施する学校として文部科学省が指定し，学習指導要領によらないカリキュラムの開発・実践や課題研究の推進，観察・実験等を通じた体験的・問題解決的な学習等を行う取組。現在，膳所高等学校・彦根東高等学校・虎姫高等学校が指定されている。

2 湖南地域（草津市，守山市，栗東市，野洲市）

湖南地域においては，理数教育先進校との連携や新しい英語教育の取組の推進，都市近郊型農業を特色とする農業教育など，各学校の更なる魅力づくりを図り，地域全体の教育力の向上を目指します。

〔再編内容〕
○ 湖南農業高等学校農業学科の小学科を改編し，都市近郊型農業を特色として，消費者や需要者のニーズにあった農業の展開や経営の多角化（6次産業化），大規模経営などの学習を通して，将来の本県農業の担い手としての資質と能力を育成します。
○ 思考力・判断力・表現力および語学力といったグローバル社会で活躍する資質と能力の育成を目指す新しい英語教育の取組を推進し，英語教育の向上を図ります。
○ SSH指定校との連携を強化し，科学技術や理科・数学などに興味を持つ生徒の学習意欲の喚起や能力の伸長を図り，将来の国際的な科学技術関係人材の育成を目指します。

3 甲賀地域（甲賀市，湖南市）

甲賀地域においては，理数教育先進校との連携や新しい英語教育の取組の推進，地域の教育資源を活用した特色ある教育活動の展開など，各学校の更なる魅力づくりを図り，地域全体の教育力の向上と学校活力の維持向上を目指します。

〔再編内容〕
○ 通学上の配慮が必要な地域において，多様な学びの機会を確保し，生徒の進路希望等に応じた教育を行うため，信楽高等学校を総合学科へ改編するとともに，生徒の志望状況等を踏まえた学級数とします。同時に地場産業等の地域の教育資源を活用した教育活動の展開や近隣校との連携，県外からも生徒を受け入れることで，学校活力の維持向上等を目指します。
○ 思考力・判断力・表現力および語学力といったグローバル社会で活躍する資質と能力の育成を目指す新しい英語教育の取組を推進し，英語教育の向上を図ります。
○ SSH指定校との連携を進め，科学技術や理科・数学などに興味を持つ生徒の学習意欲の喚起や能力の伸長を図り，将来の国際的な科学技術関係人材の育成を目指します。

4 湖東地域（彦根市，近江八幡市，東近江市，蒲生郡，愛知郡，犬上郡）

湖東地域においては，新しいタイプの学校の設置，理数教育先進校を中心とした理数教育の一層の充実や新しい英語教育の取組の推進，農業教育や工業教育の充実，学校統合による多様な学びの中から夢の実現を支援する新校の設置など，それぞれの再編方策に沿った再編と各学校の更なる魅力づくりを進めることで，地域全体の教育力の向上と学校活力の維持向上を図り，生徒が意欲を持って学習に取り組んでいける教育を推進します。

〔再編内容〕
○ 柔軟な学びのシステムを特色とする全日制・定時制併置の総合単位制高等学校を能登川高等学校に設置します。これに伴い，彦根東高等学校の定時制を廃止します。
○ 学校統合による再編を行うことにより，学校の教育力の向上と湖東地域全体の学校活力の維持向上を図ります。新校は，多様な学びの中から夢の実現を支援する学校，多様な生徒が集い，互いに切磋琢磨しながら夢を育み学ぶ学校，部活動や学校行事などが活発で，豊かな人間性を育むことのできる学校を目指します。
○ 思考力・判断力・表現力および語学力といったグローバル社会で活躍する資質と能力の育成を目指す新しい英語教育の取組を推進し，英語教育の向上を図ります。
○ SSHにおける取組実績を活かすとともに，SSH指定校や小中学校との連携

等を通して，科学技術や理科・数学などに興味を持つ生徒の学習意欲の喚起や能力の伸長を図り，将来の国際的な科学技術関係人材の育成を目指します。
○ 八日市南高等学校農業学科の小学科を改編し，造園分野と住居内外の空間デザインが学べる花緑デザイン科を特色として，消費者や需要者のニーズにあった農業の展開や経営の多角化（6次産業化），大規模経営などの学習を通して，将来の本県農業の担い手としての資質と能力を育成します。
○ 彦根工業高等学校工業学科と八幡工業高等学校工業学科の小学科を改編するとともに，学校間での小学科の集約を行い，彦根工業高等学校は建設科，八幡工業高等学校は環境化学科を有する工業高校として特色ある学校づくりを進め，専門学科としての教育内容の充実を図ります。

5 湖北地域（長浜市，米原市）

湖北地域においては，理数教育先進校を中心とした理数教育の一層の充実や新しい英語教育の取組の推進，園芸を特色とする農業教育の充実，学校統合による大学等への進学指導に重点を置く新校の設置，定時制課程の学科改編など，それぞれの再編方策に沿った再編と各学校の更なる魅力づくりを進めることで，地域全体の教育力の向上と学校活力の維持向上を図り，湖北の地で子どもたちが進路希望等に応じて学ぶことのできる環境をつくります。

〔再編内容〕
○ 学校統合による再編を行うことにより，学校の教育力の向上と湖北地域全体の学校活力の維持向上を図ります。新校は，新しい英語教育の全県のモデル校とするとともに，大学等への進学指導に重点を置く地域の中核的な学校，部活動や学校行事などが活発で，豊かな人間性を育むことのできる学校を目指します。
　　また，中高一貫教育校については，新校の運営実績等を見定めた上で，新校設置後5年を目途に新校に設置します。
○ ＳＳＨにおける取組実績を活かすとともに，ＳＳＨ指定校との連携等を通して，科学技術や理科・数学などに興味を持つ生徒の学習意欲の喚起や能力の伸長を図り，将来の国際的な科学技術関係人材の育成を目指します。
○ 長浜農業高等学校農業学科の小学科を改編し，草花栽培やフラワーデザインなどの草花装飾技術，果樹や野菜生産について，広大な農場や施設設備を活用した園芸全般を学習する園芸科を特色として，消費者や需要者のニーズにあった農業の展開，経営の多角化（6次産業化），大規模経営などの学習を通して，将来の本県農業の担い手としての資質と能力を育成します。
○ 介護福祉士の国家試験合格を目指すことを重視してきた福祉科教育のあり方を見直し，基礎的・基本的な学習に重点を置き，生徒の進路希望等に応じて上級学校へ進学し，さらに福祉に関する学習を深めることができる形に改めます。
　併せて，総合学科の柔軟な教育課程の中に福祉に関する専門教育を取り込み，生徒の多様なニーズに対応した学習の機会を確保するため，福祉学科を総合学科の系列に改編します。
○ 長浜北星高等学校に新たに福祉系列を設置し，普通・工業・商業・福祉の多様な系列で編成する総合学科高校として，学習内容の充実を図ります。
　新たに設置する福祉系列では，福祉に関する基礎的・基本的な学習を通して，将来，福祉や看護，医療分野などで地域に貢献できる資質と能力を育成します。
○ 長浜北星高等学校定時制課程について，3年での卒業や転編入学を容易にするなど，生徒の多様なニーズに柔軟に対応できる教育課程の編成ができるよう，学年制の商業学科から単位制の総合学科へ改編します。

6 湖西地域（高島市）

湖西地域においては，理数教育先進校との連携や新しい英語教育の取組の推進など，各学校の更なる魅力づくりを進めることで，地域全体の教育力の向上を目指します。

〔再編内容〕
○ 思考力・判断力・表現力および語学力といったグローバル社会で活躍する資質と能力の育成を目指す新しい英語教育の取組を推進し，英語教育の向上を図ります。
○ ＳＳＨ指定校との連携を強化し，科学

技術や理科・数学などに興味を持つ生徒の学習意欲の喚起や能力の伸長を図り，将来の国際的な科学技術関係人材の育成を目指します。

Ⅳ 具体的な再編内容

これまで示した学校の統合，学科改編等について，具体的な内容や再編の実施方法等を示します。

1 新しいタイプの学校の設置
【総合単位制高等学校の設置（能登川高等学校の改編）】

(1)再編の概要

再編の内容 能登川高等学校の全日制課程普通科を学年制から単位制にするとともに，新たに定時制課程（単位制）普通科を設置し，全日制・定時制併置の総合単位制高等学校とする。

再編のねらい 生徒の多様な学習のニーズに対応した柔軟な学びのシステムにより，生徒の主体的な科目選択による学習や，様々な学習歴を持つ生徒の「学びあい」を通して，互いの人間性を高め，自己実現に向けて挑んでいく意欲をはぐくむ教育の推進を図る。

設置場所 能登川高等学校校地

再編年度 平成26年度

想定する学校規模 1学年全日制課程3学級，定時制課程（午後・夜間）2学級

学科構成 普通科（単位制による全日制課程および定時制課程）

教育活動の特色
○ 生徒一人ひとりのニーズや進路，学習ペースに合わせて，自分の時間割を作成する。
○ 入学後に卒業までの学習計画を立て，各年度末には個別ガイダンスで時間割の見直し等を行う。
○ 興味・関心や進路希望等に応じて，全日制と定時制の授業を相互に学ぶことも可能とする。（併修）
○ 少人数講座や基礎・発展など，生徒のニーズに応じた講座を提供する。

【全日制課程】
○ 原則として3年で卒業。
○ 英語や数学などの科目は，基礎的な学習を中心とした講座と発展的な学習に取り組む講座を設定し，生徒の進路や目標に合わせた選択を可能とする。
○ 通常の1～6時限に加え，希望の進路を実現するために，7・8時限の受講も可能とする。

【定時制：午後部※】
○ 午後の時間帯を中心に，午前の授業も受講することで生活のリズムを作り，3年での卒業を目指す。

【定時制：夜間部※】
○ 昼間に働きながら夜間に学ぶスタイルで，1日に4時限の学習を基本とし，3年または4年間での卒業を目指す。
○ 他の時間帯の授業を受講したり，働いている場所での実務を単位の一部とする「実務代替」などで単位を取得し，3年での卒業も可能とする。

時限	午前 (8:50～12:40)				午後 (13:10～17:00)				夜間 (17:30～21:00)			
	1	2	3	4	5	6	7	8	9	10	11	12
授業展開	全日制						併修		併修			
			併修		定時制（午後部）				定時制（夜間部）			
							併修					

○ 授業展開のイメージ

※「午後部」「夜間部」の名称については仮称。
○ 体育施設等を使用する時間帯を工夫することにより，全日制・定時制の部活動の活動時間を確保する。

以上の特色を基本として，今後さらに詳細な検討を進める。

(2)改編に向けて
○ 必要な教室の増設に加え，生徒が自主的に学習し，きめ細かな指導が受けられる施設や，定時制の給食室，グラウンドの夜間照明などを整備します。
○ 改編前年度に学校説明会，入学者選抜を実施します。

(3)改編の実施方法
○ 平成26年度入学者選抜より，改編後の課程・学科による募集を開始します。

(4)その他
○ 平成25年度以前に能登川高等学校に入学した生徒については，入学時に示された教育課程を履修することを保障します。

2 統合による新しい学校の設置
【彦根西高等学校と彦根翔陽高等学校の統合による新しい学校の設置】

(1)再編の概要
再編の内容　彦根西高等学校（普通科・家庭学科）と彦根翔陽高等学校（総合学科）を統合し，普通・商業・家庭の系列で編成する総合学科高校を設置する。

再編のねらい　彦根翔陽高校の総合学科で展開してきた普通・商業の系列と彦根西高等学校で培ってきた普通科と家庭学科の教育資源を融合させ，普通・商業・家庭の系列で編成する総合学科高校を設置し，自己実現に向けて主体的な学習を促す多様な学びの充実を図るとともに，多様な生徒集団のもと，人間関係形成能力や社会性の育成を目指す教育を推進する。

設置場所　彦根翔陽高等学校校地

再編年度　平成28年度

想定する学校規模　1学年9学級

学科構成　総合学科普通・商業・家庭の系列を設置

教育活動の特色
○ 新校のコンセプト
・多様な学びのメニューの中から夢の実現を支援する学校
・多様な生徒が集い，互いに切磋琢磨しながら夢を育み学ぶ学校
○ 生徒の一人ひとりの個性を伸ばす系列と選択科目を設定し，主体的な学習を支援する。
○ 生徒一人ひとりの進路に合わせた学習内容を提供し，きめ細かな学習指導でサポートする。

○ 高大連携で自分の興味・関心のある分野の講義を経験することにより，より専門性の高い学びへの動機付けを図る。
○ 設置系列
・大学進学等にも対応した普通系列
・ビジネスに関する専門知識の習得と資格取得を目指す商業系列
・家庭科に関する専門知識や技能を身につけられる家庭系列

以上の教育内容の特色を基本として，今後さらに検討を進める。

(2)統合の実施方法
○ 平成26年度および平成27年度の入学者選抜において，彦根西高等学校と彦根翔陽高等学校に入学する生徒は，平成28年度から現彦根翔陽高等学校校地で全員が学習することを前提に募集します。（施設の整備状況により，変更となる場合があります。）
○ 平成28年度入学者選抜より，彦根西高等学校と彦根翔陽高等学校の募集を停止し，新校の募集を開始します。
○ 彦根西高等学校および彦根翔陽高等学校は，平成27年度入学生が卒業する平成30年3月まで存続します。

※進行図略

(3)新校の開校に向けて
○ <u>新校の開校に向けて準備・検討を行う新校開設準備室を教育委員会事務局に設置します。検討にあたっては，両校の関係者等からなる（仮称）新校設置懇話会を設置し，教育理念や教育課程の編成，校名，校歌，校則などについて，意見を聴きながら進めます。</u>
○ 教室の増設や家庭系列に必要な設備などを新たに整備します。

(4)その他
○ 平成27年度以前に彦根西高等学校および彦根翔陽高等学校に入学した生徒については，入学時に示された教育課程を履修することを保障します。
○ 平成26年度の入学者選抜にかかる学校説明会までに，新校に設置する部活動を明らかにします。

【長浜高等学校と長浜北高等学校の統合による新しい学校の設置】

(1)再編の概要

再編の内容　長浜高等学校（普通科・福祉学科）と長浜北高等学校（普通科）を統合し、普通科の単独新校を設置する。（福祉学科は廃止し、長浜北星高等学校総合学科に福祉系列を設置する。）

再編のねらい　湖北地域の既存の普通科単独校と並び立つ中核的な普通科単独校を設置する。

長浜市で展開されている英語教育の成果を高校教育につなげ、グローバル社会に生きる国際人を育成するための英語教育を展開する。

設置場所　長浜高等学校校地
（長浜高等養護学校は、長浜北星高等学校校地に新築移転）

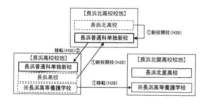

〈学校の配置〉

再編年度　平成28年度

想定する学校規模　1学年8学級

学科構成　普通科

教育活動の特色
○　新校のコンセプト
・大学等への進学指導に重点を置く地域の中核的な普通科単独校
○　基礎基本を徹底し、考える授業を展開する。
○　高等学校における新しい英語教育の全県のモデル校とし、英語教育を重視し、英語によるプレゼンテーション、コミュニケーション、ディスカッションなどによる言語能力を養成する。
○　湖北の小中学校における英語教育を引き継ぎ、その取組を活かした英語教育を展開する。
○　文武両道を重視する。
○　週2回の7時限授業を実施し、大学進学に必要な学力養成のための授業時間を確保する。
○　高大連携を通じて、大学の高度な教育・研究に触れ、発展的な学習の一端を経験することにより、学習への意欲、関心を喚起する。
○　国公立大学受験を目指したカリキュラムを設定する。

以上の教育内容の特色を基本として、今後さらに詳細な検討を進める。

(2)統合の実施方法
○　平成26年度および平成27年度の入学者選抜において、長浜高等学校と長浜北高等学校に入学する生徒は、平成28年度に現長浜北高等学校校地で全員が学習することを前提に募集します。
○　平成28年度入学者選抜より、長浜高等学校と長浜北高等学校の募集を停止するとともに、新校の募集を開始します。
○　平成28年度および平成29年度の入学者選抜において新校に入学する生徒は、平成30年度に現長浜高等学校校地で全員が学習する※ことを前提に募集します。
※施設の整備状況により、変更となる場合があります。
○　長浜高等学校および長浜北高等学校は、平成27年度入学生が卒業する平成30年3月まで存続します。

(3)新校の開校に向けて
○　新校の開校に向けて準備・検討を行う新校開設準備室を教育委員会事務局に設置します。検討にあたっては、両校の関係者等からなる（仮称）新校設置懇話会を設置し、教育理念や教育課程の編成、校名、校歌、校則などについて、意見を聴きながら進めます。
○　平成28年度から平成29年度にかけて、現長浜高等学校校地に校舎を新増築します。

(4)その他
○　平成27年度以前に長浜高等学校および長浜北高等学校に入学した生徒につい

ては，入学時に示された教育課程を履修することを保障します。
○ 平成26年度の入学者選抜にかかる学校説明会までに，新校に設置する部活動を明らかにします。
○ 長浜高等学校と長浜北高等学校を合わせると，1学年10学級（平成24年度第1学年）のところ，新校は1学年8学級を想定していますが，例えば虎姫高等学校等，同じ湖北地域の学校の学級増を行うなど，地域ごとの中学校卒業予定者数や進学志望の動向などを踏まえ，地域ごとの定員を確保していきます。

※進行図略

3 地域に根ざした学校づくり
【信楽高等学校を総合学科に改編】
(1)再編の概要
再編の内容　信楽高等学校（普通科，セラミック科，デザイン科）を普通・セラミック・デザインの3系列を持つ総合学科に改編する。
　また，セラミックやデザインの学習を特色として，県外から入学生を募集する仕組みを導入する。

再編のねらい　選択科目の設定の工夫により多様な学びを提供し，生徒の進路希望等に応じた教育を行う。
　地場産業関係者，地元陶芸家，大学，県機関，地域の有識者等の協力・連携によって，地場産業である信楽焼を中心とした地域の教育資源を活用した学習等を取り入れた魅力ある学習活動を展開し，学校活力の向上を図る。

対象高等学校　信楽高等学校

再編年度　平成26年度

想定する学校規模　1学年2学級

学科構成　総合学科普通・セラミック・デザインの3系列を設置

教育活動の特色
○　地場産業関係者，地元陶芸家，大学，県機関，地域の有識者等の協力・連携によって，様々な角度から甲賀や信楽の自然，歴史，文化，伝統産業等について幅広く学習する仮称「ふるさと学」に全校生徒が取り組み，豊かな人間性を育み，ふるさとへの愛着と誇りを持ち，将来は地域社会に貢献できる資質と能力を育成する。
○　総合学科の必修科目「産業社会と人間」において，産業社会における自己のあり方や生き方について考え，学習した後，自分の興味・関心や進路希望に応じた系列を選択し学習する。
○　学校行事や部活動等において，近隣校と連携した取組を行う。以上の教育内容の特色を基本として，今後さらに詳細な検討を進める。

(2)改編の実施方法
○　平成26年度入学者選抜より，普通科，セラミック科，デザイン科の募集を停止し，総合学科の募集を開始します。

(3)その他
○　平成25年度以前に入学した生徒については，入学時に示された教育課程を履修することを保障します。
○　こうした改編を行った後，5年を目途に検証を行い，その評価を踏まえて必要な対応を検討します。

4 職業系専門学科の改編等
【農業学科の小学科改編】
(1)再編の概要
再編の内容　農業学科の小学科の改編を行う。

再編のねらい　農業学科の小学科を中学生から見て分かりやすい学科体系や名称に変更するとともに，地域の特色を生かしつつ，消費者や需要者のニーズにあった農業の展開，経営の多角化（6次産業化），大規模経営などの学習内容の充実を通して，将来の本県農業の担い手としての資質と能力を育成する。

対象高等学校　長浜農業高等学校，湖南農業高等学校，八日市南高等学校

再編年度　平成26年度

想定する学校規模
　長浜農業高等学校　1学年　4学級
　湖南農業高等学校　1学年　4学級
　八日市南高等学校　1学年　3学級

学科構成

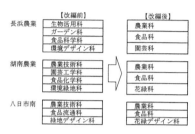

教育活動の特色
○　地域と連携し特産物の商品開発や農産物の加工販売など6次産業化に向けた取組を行なう。
○　長浜農業高等学校は、草花栽培やフラワーデザインなどの草花装飾技術、果樹や野菜生産について、広大な農場や施設設備を活用した園芸全般を学べる園芸科を設置するなど、教育内容の充実を図る。
○　湖南農業高等学校は、都市近郊型農業が行なわれている県南部の平野部に立地している条件を活かし、野菜や草花の生産・販売を中心とした都市近郊型農業を学べる農業高校として、教育内容の充実を図る。
○　八日市南高等学校は、地域の緑地帯設計などの取組実績のある造園分野に加え、新たに住居内外の空間デザインが学べる花緑デザイン科を設置するなど教育内容の充実を図る。

　以上の教育内容の特色を基本として、今後さらに詳細な検討を進める。

(2)改編の実施方法
○　平成26年度入学者選抜より、改編後の小学科により生徒を募集します。

【工業学科の小学科改編】
(1)再編の概要
再編の内容　工業学科の小学科改編および学校間での小学科の集約を行う。

再編のねらい　細分化された電気系と情報系の小学科を統合し、中学生から見て分かりやすい学科体系や名称に整理するとともに、知識や技能の高度化に対応できる基礎的・基本的な学力の確実な習得を図り、多様な工業分野で活躍できる資質と能力を育成する。

　また、特色ある学校づくりの推進や化学系小学科と建設系小学科を設置する学校の見直し等により、専門学科としての教育内容の充実を図る。

対象高等学校　瀬田工業高等学校、彦根工業高等学校、八幡工業高等学校

再編年度　平成26年度

想定する学校規模
　瀬田工業高等学校　1学年　7学級
　彦根工業高等学校　1学年　6学級
　八幡工業高等学校　1学年　6学級

学科構成

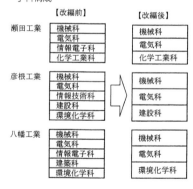

教育活動の特色
○　情報系小学科と電気系小学科を統合した「電気科(仮称)」を設置し、電気や情報に関する基本的な知識と技能を身につける指導を行う。また、入学後に授業・実習を経験した後に、自分の興味・関心や進路希望等に応じた専門科目を選択することが可能な教育課程を編成する。
○　機械科、電気科をベースに、瀬田工業高等学校は化学工業科、彦根工業高等学校は建設科、八幡工業高等学校は環境化学科を有する工業高校として特色ある学校づくりを進める。

○ 瀬田工業高等学校は電気自動車製作，彦根工業高等学校は「防災かまどベンチ」製作，八幡工業高等学校は「環境のための地球規模の学習及び観測プログラム（グローブ）推進事業」など，各校の特色ある取組を進めるとともに，その成果を積極的に地域に発信する。
○ 建設科および環境化学科を彦根工業高等学校と八幡工業高等学校間で集約し，既存の施設・設備の効果的な活用や集中投資を視野に入れ専門教育の充実を目指す。

以上の教育内容の特色を基本として，今後さらに詳細な検討を進める。

(2)改編の実施方法
○ 平成26年度入学者選抜より，改編後の小学科により生徒を募集します。

【瀬田工業高等学校と瀬田高等学校の統合】
(1)再編の概要
再編の内容　同一敷地内に設置されている瀬田工業高等学校（全日制課程）と瀬田高等学校（定時制課程）を統合する。
　併せて，定時制課程の機械科および電気科を生徒の志望の実態に応じ，機械・電気科とする。

再編のねらい　全日制・定時制を併置した工業学科として，両校が持つノウハウの蓄積や施設・設備を有効に活用し，専門学科としての教育内容の充実を図る。

設置場所　ー

再編年度　平成26年度

想定する学校規模　1学年全日制課程7学級，定時制課程（夜間）1学級

学科構成　全日制課程機械科，電気科，化学工業科
　　　　　定時制課程機械・電気科

教育活動の特色
○ 瀬田工業高等学校と瀬田高等学校で培ってきた学習指導や進路指導等のノウハウを共有し，効果的な学習活動を展開する。

○ 施設・設備を有効に活用し，専門学科としての教育内容の充実を図る。
○ 定時制課程の機械・電気科では，機械と電気のどちらかの類型を選んで学習する。
・機械類型では，機械全般に関する基礎的知識や技能を学び，専門的な授業や実習を通して，機械加工技術の習得を目指す。
・電気類型では，電気全般に関する基礎的知識や技能を学び，専門的な授業や実習を通して，電気施工管理技術の習得を目指す。

以上の教育内容の特色を基本として，今後さらに詳細な検討を進める。

(2)学校統合の実施方法
○ 平成26年度入学者選抜より，瀬田高等学校（機械科，電気科）の募集を停止し，瀬田工業高等学校定時制課程（機械・電気科）の募集を開始します。
○ 瀬田高等学校は，平成25年度入学生が卒業する平成29年3月末まで存続します。

(3)その他
○ 平成25年度以前に瀬田工業高等学校および瀬田高等学校に入学した生徒については，入学時に示された教育課程を履修することを保障します。

5　総合学科の充実
【長浜北星高等学校総合学科に福祉系列を設置】
【長浜高等学校福祉学科の廃止】
(1)再編の概要
再編の内容　長浜北星高等学校に新たに福祉系列を設置し，普通・工業・商業・福祉の系列で編成する総合学科とするとともに，長浜高等学校の福祉学科を廃止する。

再編のねらい　介護福祉士の国家試験合格を目指すことを重視してきた福祉科教育のあり方を見直し，基礎的・基本的な学習に重点を置き，生徒の進路希望等に応じて上級学校へ進学し，さらに福祉に関する学習を深めることができる形に改める。
　併せて，総合学科の柔軟な教育課程の中に福祉に関する専門教育を取り込み，生徒

の多様なニーズに対応した学習の機会を確保するため、福祉学科を総合学科の系列に改編する。
　長浜北星高等学校は、普通・工業・商業・福祉の多様な学びの系列で編成する総合学科高校として、教育内容の充実を図る。

対象高等学校　長浜北星高等学校（工業・商業・福祉実習棟を新築）
※長浜高等養護学校を併設（駅からの利便性が向上、校舎を新築するなど教育環境を改善）

再編年度　平成26年度

想定する学校規模　1学年6学級

学科構成　総合学科普通・工業・商業・福祉の系列を設置

教育活動の特色
○　普通・工業・商業・福祉で編成する多様な系列から、自分の興味・関心や進路希望に応じた系列を選択し学習する。
○　新たに設置する福祉系列では、福祉に関する基礎的・基本的な学習を通して、将来、福祉や看護、医療分野などで地域に貢献できる資質と能力を育成する。
　<u>なお、生徒の進路希望に応じて上級学校への進学や介護福祉士の受験資格取得を目指す生徒にも対応できる教育課程を設定する。</u>

　以上の教育内容の特色を基本として、今後さらに詳細な検討を進める。

(2)改編の実施方法
○　平成26年度入学者選抜より、長浜高等学校福祉学科の募集を停止します。
○　平成26年度に長浜北星高等学校総合学科に入学した生徒から、福祉系列の選択が可能となります。

6　定時制課程の見直し
【長浜北星高等学校定時制課程の学科改編】
(1)再編の概要
　再編の内容　長浜北星高等学校の定時制課程を学年制の商業学科から単位制の総合学科へ改編する。

　再編のねらい　普通、商業の系列で編成する総合学科へ改編することにより、転編入学や3年での卒業を容易にするなど、生徒の多様な学習ニーズに対応した教育を推進する。

対象高等学校　長浜北星高等学校定時制課程

再編年度　平成26年度

想定する学校規模　長浜北星高等学校定時制課程（夜間）1学年　1学級

学科構成　長浜北星高等学校総合学科普通・商業の系列を設置

教育活動の特色
○　生徒一人ひとりが自分の興味・関心や進路希望等に基づき、主体的に科目を選択履修する。
○　少人数編成授業を行うなど、生徒の興味・関心や習熟の程度等にきめ細かく対応した授業を展開する。
○　総合学科の必修科目「産業社会と人間」において、産業社会における自己のあり方や生き方について考え、社会に積極的に寄与し、生涯にわたって学習に取り組む意欲や態度を養う。
○　生徒が主体的に履修科目を選択できるよう、ガイダンス機能を充実し、計画的・組織的にきめ細かな指導を行う。
○　0時限や5時限授業の設定、実務代替、定通併修、技能審査等の単位認定制度を活用することで、3年での卒業を可能とする。
※実務代替：一定の条件のもとに、働いている場所での実務を職業科目の一部とする制度
※技能審査：簿記検定、実用英語技能検定、日本漢字能力検定など、一定の要件を満たす知識や技能の審査

　以上を基本として、今後さらに詳細な検討を進める。

(2)改編の実施方法
○　平成26年度入学者選抜より、長浜北星高等学校定時制課程商業学科の募集を停止し、総合学科の募集を開始します。

(3)その他
○ 平成25年度以前に長浜北星高等学校定時制課程に入学した生徒については，入学時に示された教育課程を履修することを保障します。

【彦根東高等学校定時制課程の廃止】
(1)再編の概要
再編の内容　普通科の総合単位制高等学校を湖東地域に設置することに伴い，彦根東高等学校の定時制課程（普通科）を廃止する。

対象高等学校　彦根東高等学校定時制課程

再編年度　平成26年度

(2)再編の実施方法
○ 平成26年度入学者選抜より，彦根東高等学校定時制課程の募集を停止します。
○ 彦根東高等学校の定時制課程は，平成25年度入学生が卒業する平成29年3月まで存続します。

(3)その他
○ 平成25年度以前に彦根東高等学校定時制課程に入学した生徒については，入学時に示された教育課程を履修することを保障します。
※改編後の学科等は仮称です。

以上の教育内容の特色を基本として，今後さらに詳細な検討を進める。

【中学2年生用】
県立高等学校の再編に関するアンケート調査ご協力のお願い

滋賀県教育委員会

このアンケートは，県立高等学校の再編についての検討に役立てることを目的として実施します。あなたの考えや意見をお聞かせください。
なお，このアンケートは，市立中学校2年生に在籍する生徒を対象として実施しています。また，提出されたアンケートについては，目的（結果の公表を含む）以外に使用しません。
　※　自分の進路や将来について，保護者と話し合った上で，自分の考えでアンケートに答えてください。
　※　記入が終わりましたら，返信用封筒にこのアンケート用紙と保護者用のアンケート用紙を一緒に入れ，のりづけ等をして，<u>平成24年7月18日(水)</u>までに担任の先生に提出してください。
　　　返信用封筒に名前や住所を記入する必要はありません。

県立高等学校の再編に関するアンケート調査

※　あなたの通っている学校名を記入してください。　　長浜市立　　　　　中学校

問1　もしあなたが高校に進学するとしたら，進みたい学科はどれですか。志望する学科の番号に○をつけてください。（1つ選ぶ）
① 普通科　※ 進路に応じた普通教育を主に行う学科
② 専門学科　※ 進路に応じた専門教育を主に行う学科
③ 総合学科　※ 進路に応じた普通教育と専門教育を行う学科
④ 決めていない

問2　もしあなたが高校に進学するとしたら，どのような学習内容に力を入れる高校を選びますか。最もあてはまる番号に○をつけてください。（1つ選ぶ）
① 英語の力を伸ばす教育をしてくれる高校
② 理科や数学の力を伸ばす教育をしてくれる高校
③ 国語や社会の力を伸ばす教育をしてくれる高校
④ 体育や芸術に力を入れて教育をしてくれる高校
⑤ 家庭や福祉に力を入れて教育をしてくれる高校

問3　もしあなたが高校に進学するとしたら，どのような学習が行われる高校を選びますか。最もあてはまる番号に○をつけてください。（1つ選ぶ）
① 基礎的・基本的な知識や技術を教えてく

れる高校
② 大学進学に対応できる学力をつけてくれる高校
③ 中学校までの学習内容の学び直しをしてくれる高校
④ 将来の職業に必要な資格や技能を身につけられる高校
⑤ 実験や実習などの体験的な学びができる高校

問4　もしあなたが高校に進学するとしたら，どのような特色のある高校を選びますか。あてはまる番号に○をつけてください。（2つ選ぶ）
① 学習指導・学力向上に力を入れる高校
② 自分の将来を切りひらけるような進路指導に力を入れる高校
③ 部活動が活発で，多くの部がそろっている高校
④ 学園祭や修学旅行などの学校行事に工夫をこらす高校
⑤ 規律や基本的生活習慣が身につく高校

問5　長浜市にどのような高校があればよいと思いますか。それぞれの項目について，あてはまる番号に○をつけてください。
　　　1　　　　　　　　2
あったほうがよい　　　どちらでもよい
　　　3　　　　　　　　4
なくてもよい　　　　　わからない
※　1学年当たり6～8学級の学校規模は，多様な選択科目が設定できたり，多くの部活動の設置が可能となったり，活発な学校行事も期待できる規模として考えています。（以下の設問も同じ）
① 地域性を考慮した1学年当たり5学級規模以下の普通科高校　　　1　2　3　4
② 大学への進学を目指し，理数教育を重点として取り組む1学年当たり6～8学級規模の普通科高校　　　　1　2　3　4
③ 大学への進学を目指し，英語教育を重点として取り組む1学年当たり6～8学級規模の普通科高校　　　　1　2　3　4
④ 普通科と福祉科などの専門学科をあわせもつ1学年当たり6～8学級規模の高校
　　　　　　　　　　　　　　　　　1　2　3　4
⑤ 多様な進路に対応した，工業，商業，福祉などを学べる総合学科高校
　　　　　　　　　　　　　　　　　1　2　3　4
⑥ 農業，食品，園芸などの実習を通して農業の基礎や農業経営について学べる農業高校　　　　　　　　1　2　3　4

問6　「学び直し」や働きながら学べる定時制課程のある高校が湖北地域には必要だと考えますか。あてはまる番号に○をつけてください。（1つ選ぶ）
① あったほうがよい　② どちらでもよい
③ なくてもよい　　　④ わからない
※　湖北地域とは，現在の長浜市と米原市を合わせた地域をいいます。（以下の設問も同じ）

問7　湖北地域に新校を設置するとした場合，魅力と活力のあるものにするにはどうすればよいかについて，次の質問に答えてください。
(1) 英語等を重点的に学ぶことによって，国際化やグローバル化に対応できるような学習内容にすることが必要だと思いますか。あてはまる番号に○をつけてください。（1つ選ぶ）
① 必要　　　　　② どちらともいえない
③ 必要ない　　　④ わからない
(2) 魅力と活力のある学校にするには，部活動や学校行事を活発にすることは必要ですか。あてはまる番号に○をつけてください。（1つ選ぶ）
① 必要　　　　　② どちらともいえない
③ 必要ない　　　④ わからない
(3) 新校の1学年当たりの学校規模は次のどれが適していると考えますか。あてはまる番号に○をつけてください。（1つ選ぶ）
① 6～8学級　　② 5学級以下
③ 9学級以上　　④ わからない
(4) 統合して設置する新校に，新しい校舎を建てることは必要ですか。あてはまる番号に○をつけてください。（1つ選ぶ）
① 必要　　　　　② どちらともいえない
③ 必要ない　　　④ わからない
(5) 新校への進学を希望する湖北地域の生徒が通いやすくするために，交通の便の良い場所や冬季の雪の影響を受けにくい場所に設置することについて，どう思いますか。あてはまる番号に○をつけてください。（1つ選ぶ）
① 必要　　　　　② どちらともいえない
③ 必要ない　　　④ わからない
(6) 新校はどこに設置したらよいと思いますか。あてはまる番号に○をつけてください。

（1つ選ぶ）
　① 旧長浜市内
　② 長浜市内
　③ 湖北地域（長浜市＋米原市）
　④ わからない
※ 旧長浜市内とは，長浜市立西中学校，北中学校，東中学校，南中学校の校区をいいます。
　　また，長浜市内とは，現在の長浜市をいいます。（以下の設問も同じ）
(7) 新校は最寄りのJRの駅から徒歩で何分ぐらいのところにあればよいと思いますか。あてはまる番号に○をつけてください。（1つ選ぶ）
　① 15分以内　　② 25分以内
　③ 35分以内
(8) 新校にはどのような学科があればよいと思いますか。あてはまる番号に○をつけてください。（1つ選ぶ）
　① 普通科だけ
　② 普通科と福祉科
　③ わからない
　④ その他（　　　　　　　　）
(9) 統合して新校を設置する場合，統合前の生徒が卒業するまで，新校の生徒が同じ校舎や校地で学び，部活動や学校行事を一緒にすることについてどう考えますか。あてはまる番号に○をつけてください。（1つ選ぶ）
　① 後輩が来なくなると活動ができなくなるから，一緒にしたほうがよい
　② 後輩が来なくなってもよいから，別々にしたほうがよい
　③ わからない
　④ その他（　　　　　　　　）
(10) 統合して設置する新校の校名はどうすればよいと思いますか。あてはまる番号に○をつけてください。（1つ選ぶ）
　① 統合する高校のうち，伝統のある高校の名前を残すほうがよい
　② 統合する高校のどちらかの校名を選べばよい
　③ 新しい校名にしたほうがよい
　④ わからない
　⑤ その他（　　　　　　　　）

問8　湖北地域に，1学年当たり6～8学級規模で大学進学を目指す普通科だけの高校は何校あればよいと思いますか。あてはまる番号に○をつけてください。（1つ選ぶ）

　① 1校　　　　② 2校
　③ 3校　　　　④ その他（　　　　　）
問9　長浜市内の総合学科高校について，次の質問に答えてください。
(1) まちづくり系列の設置についてどう思いますか。あてはまる番号に○をつけてください。（1つ選ぶ）
※ まちづくり系列とは，地元の企業等と連携し，地域づくりやまちづくり活動を体験的に学習する系列
　① あったほうがよい
　② どちらでもよい
　③ なくてもよい
　④ わからない
(2) 産業界が求める技術水準に対応した実験実習ができる施設・設備の整備についてどう思いますか。あてはまる番号に○をつけてください。（1つ選ぶ）
　① あったほうがよい
　② どちらでもよい
　③ なくてもよい
　④ わからない

問10　長浜市内の農業高校について，次の質問に答えてください。
(1) 農業，食品，園芸などの実習を通して農業の基礎や，農業経営を学習することについてどう思いますか。あてはまる番号に○をつけてください。（1つ選ぶ）
　① 必要　　　　② どちらでもよい
　③ 必要ない　　④ わからない
(2) 農業について学ぶ大学への進学も視野に入れた学習内容とすることについてどう思いますか。あてはまる番号に○をつけてください。（1つ選ぶ）
　① 必要　　　　② どちらでもよい
　③ 必要ない　　④ わからない

問11　将来，湖北地域に中高一貫教育校を設置することについてどう思いますか。あてはまる番号に○をつけてください。（1つ選ぶ）
※ 中高一貫教育校とは，中学校から入学した生徒は，高校入試がなく，中学校と高校の6年間を通して同じ校舎や校地で学べる学校
　① 設置したほうがよい
　② どちらでもよい
　③ 設置する必要はない

④ わからない

問12 もしあなたが高校に進学するとしたら，あなたはどの地域の高校で学びたいと考えていますか。あてはまる番号に○をつけてください。（1つ選ぶ）
① 旧長浜市内の高校
② 長浜市内の高校
③ 湖北地域（長浜市＋米原市）の高校
④ 湖北地域以外の県内外の高校
⑤ 決めていない
⑥ その他（　　　　　　　）

問13 あなたは現在，中学校卒業後の進路についてどのように考えていますか。次の中からあてはまる番号に○をつけてください。（1つ選ぶ）
① 高等学校へ進学
② 高等専門学校（5年制）へ進学
③ 就職
④ まだ決めていない
⑤ わからない
⑥ その他（　　　　　　　）

※ このアンケートで尋ねたこと以外に，高校での学習などについての意見があれば書いてください。

アンケートは以上です。御協力ありがとうございました。

公開質問状

平成23年7月25日

滋賀県教育委員会教育長
　末松　史彦　様
（滋賀県知事　嘉田由紀子　様）

長浜市長　藤井　勇治

「魅力と活力ある県立高等学校づくり」にむけた県立高等学校の再編については，長浜市としてもその必要性を認識いたしておりますが，貴委員会が先般唐突に発表された「滋賀県立高等学校再編基本計画（原案）」（以下，「基本計画」という。）及び「滋賀県立高等学校再編実施計画（原案）」（以下，「実施計画」という。）に関し，その策定までのプロセス及び内容については承服しがたく，民意を反映した適切な計画への見直しを求めて，以下の事項について質問いたしますので，平成23年8月5日までに，文書にて明確に回答いただくようお願いします。

1．教育基本法の理念との整合について

平成21年3月に「県立学校のあり方検討委員会」からの報告を受け，平成22年度に策定予定であった基本計画及び実施計画は，慎重な説明や議論の不足等を理由に，貴職が平成22年12月県議会にて平成23年度に延期する旨を表明されたところです。

平成22年9月の「第23期滋賀県産業教育審議会」の答申，並びに同年8月と11月に開催された「魅力と活力ある県立高等学校づくりに向けた意見を聴く会」での意見を踏まえたとされていますが，決して，県民，生徒，保護者や教職員等に対し，十分な説明や意見聴取が行われたものではありません。さらに地域や高校の現状などについて，高校，中学，地元教育委員会や自治体等の考え方を聞き取り，まとめられたものではありません。

教育の憲法たる「教育基本法」が平成18年に戦後60年ぶりに改正されました。このなかで「個人の尊厳」を重んずることを宣言するとともに，新たに「公共の精神」の尊重，「豊かな人間性と創造性」や「伝統の継承」を規定しました。

また，教育の機会均等と教育を受ける権利を保護し，教育は不当な支配に服することなく，地方公共団体は，地域の振興を図るため，教育が円滑，継続的に実施されなければならないと定めています。

教育は国の礎であり，国家百年の大計であると考えますが，今回の基本計画及び実施計画の提示はあまりにも唐突で一方的な手続きでなされました。十分な説明や意見聴取の機会を欠いた再編は，大きく教育基本法の理念からも逸脱するものと考えます。

2．魅力と活力ある県立高等学校づくりについて

県立高等学校の再編という「教育の改革」

は，恐らく数十年に一度の大事であると考えます。教育の目的である人格の完成を目指し，平和で民主的な国家・社会の形成者として必要な資質を備えた心身と健康な国民の育成を期して行わなければなりません。

今回示された基本計画及び実施計画に掲げられた「魅力と活力ある高等学校づくり」という目標は，県民意向を踏まえず不公平感のある内容であるばかりでなく，再編の趣旨とは裏腹に，広く県民の理解と支持を得られる理念や哲学，夢と希望のあるビジョンが語られていません。

今回の基本計画及び実施計画は，こうした理念や哲学，ビジョンに加え，地域性や県全体のバランスを考えても納得のいく計画ではなく，再度，現状の学級数再検討も含め，公聴会の開催や地元首長への意見照会等を行ったうえで十分な時間をかけた検討と議論，さらにはそれらの意見等をしっかり反映したものとする必要があります。

3．湖北地域における高校再編を含めた県行政の姿勢について

合併後の長浜市では，地域振興や人口定住化をはじめ，教育振興や子育て支援に全力で取り組んでいます。

そうしたなか，滋賀県は，湖北福祉事務所の廃止，木之本土木事務所の廃止，虎姫警察署の廃止等をはじめ，長浜文芸会館の移譲，県立びわスポーツの森プールの廃止，虎御前山キャンプ場の廃止，放射線モニタリングポストの廃止（2か所）など，矢継ぎ早に次々と湖北地域の切り捨て施策を展開されていると受け止めています。

この5年間で究極の行政改革といえる市町合併を2度も行い，旧1市8町の広域合併で最も恩恵を受けたのは滋賀県ではないでしょうか。本来，この湖北地域の支援を全力で行うべきところと考えますが，現状は逆にさらなる財政削減の対象として集中的に攻撃されている印象を拭い得ません。合併時には，あらゆる支援を行うと約束した滋賀県の強力な指導により，湖北地域は苦渋の選択として広域合併の道を選択したところであり，地域住民は，まさに県に裏切られた思いでいます。

今回の県立高等学校再編もこの延長上とし，まさに県域として著しく不均衡かつ財政削減の視点のみで進められたとしか認められないものです。決して財政優先の考え方で教育を語ることなく，未来の地域と日本を担う子どもたちの教育について，広く県民の理解と支持を得て進められるべきと考えます。

今後，地域性や県内バランスを含め，客観的，理論的かつ地域住民にわかりやすく，十分な時間をかけ議論を深めたうえで，地域におけるより良い県立高等学校の未来図を描くべきではないでしょうか。

上記3つの視点を踏まえて，今回の原案は白紙とし，地域の意見を含めたより良い再編に向けた議論のスタートとすべきであると考えますが，貴職のお考えをあらためてお尋ねいたします。

さらに，次の7項目について「魅力と活力ある県立高等学校づくり」という今回の再編の趣旨に沿い，どのような考えのもと原案を取りまとめられたのか，明確に回答を願います。

(1)「長浜高等学校と長浜北高等学校の統合」について

県内の学校規模を勘案し，長浜市，彦根市の中規模校のみが統合対象とされるのは全く理解ができません。長浜北高校，長浜高校ともに15～16学級，600～700人を擁し，長浜市の中核となっている高等学校です。県内の他地域には小規模校も存在しています。

また，統合の理念は全く示されていません。さらに統合後7学級を想定されていますが，規模的には現在の長浜北高校で十分対応が可能であり，現状と大きな変化はないのではないでしょうか。長浜北高等学校の老朽化に伴う建替えが財政的に困難であるためとしか考えられませんが，その理由をお伺いします。

さらに，県立高等学校の学校評価においては，現在，長浜北高校，長浜高校，いずれも県内でも最も高い評価を得ています。評価の高い高校同士の統合より，他の評価の低い高校の対応を優先すべきであると考えますが，理由をお伺いします。

(2)「長浜北星高校定時制課程の廃止」について

長浜北星高校定時制課程は滋賀県の最北地域をカバーするものであり，当該機能を県中南部の能登川高校に廃止移転することは，様々な事情により定時制高校に通学せざるを得ない生徒にとっては，教育機会の剥奪以外の何物でもありません。現下の定時制高校のセーフティネット的な機能を尊重し，総合単

位制高等学校とするなら，既存の長浜北星高等学校等にその機能を付加すれば事足りることです。集約するならば既存校であるはずと考えます。

長浜北星，彦根東，彦根工業高校に現存する定時制課程を，ノウハウを全く持たない能登川高等学校（4学級）に新設することは，効率的にも地理的（通学）にも全く意味が分かりません。その理由をお伺いします。

(3)「長浜農業高等学校の学科減少」について

長浜バイオ大学との連携や，地元産品の利活用，さらには中心市街地の商店街等におけるイベントの参加など，現行の先進的な教学により時代ニーズに対応されてきた長浜農業高校の「生物活用科，ガーデン科，食品科学科，環境デザイン科」といった農業学科における4小学科を，なぜ前近代的な「農業科，食品科，園芸科」とするのでしょうか。

さらに定員が充足しているのにもかかわらず1小学科の削減を行うのか，教育的観点はもとより，農業振興，地産地消，6次産業支援等の観点からも全く理解ができません。切捨てと標準化，効率化としか理解できませんが，その理由をお伺いします。

(4)「長浜北星高校総合学科にまちづくり系列を設置」について

まちづくりとは，地域住民の熱い志のもと，様々な機能が融合して成し得るものと考えます。大学等の研究対象と成り得ても，実社会への基礎的教養を習得する高等学校の教学になじむものではないのではないでしょうか。

長浜市を真に分析理解したうえであるならば，
①実社会への前段階として習得すべき商業やサービス業にかかる基礎的知識
②工業にかかる「ものづくり」の実務
③継承すべき地域特性としての「地域伝統文化」
④長浜市が国の特区として全国に先駆けて推進してきた「英語」教育（県教委も支援いただいた）
⑤特別支援教育や3歳児保育，認定こども園の推進により重点化に取り組んでいる幼児教育の分野における人材育成

などであるはずと考えますが，見解をお伺いします。

(5)「特別支援学校の併設」について

特別支援学校の設置については，時宜を得ていると理解しますが，湖北地域においては，既存の長浜養護学校が中心市街地の東端に位置しており，公共交通の確保についても長浜市として配慮してきたところです。

今回，併設が示された伊吹高校は，圏域として最も東端に位置し，人口重心をさらに外れるほか，積雪など地理的・気象的条件も悪く，その選定理由がまったく理解できません。教育的観点からしょうがい児等の通学を考えると，長浜市中心部または，高等養護を併置する長浜高等学校，既存の長浜養護学校の最寄校である長浜北高等学校等が選定されるべきはずです。その理由をお伺いします。

また，長浜養護学校保護者や校長の切なる要望を受け，その重度しょうがいを持つ卒業生の受け入れのため，長浜市による用地無償提供や建設補助が行われ，平成23年度にはびわ区域において生活介護施設（日中通所施設）の整備が進められています。これらに尽力した関係者の善意に対し，今回の配置はどのように説明をされるのか，真にしょうがい児教育の観点から検討がなされたのか，全く理解できませんが，その理由をお伺いします。

(6)「中高一貫教育校の方向性」について

今回の基本計画のなかで，「新たな中高一貫校は地域の中学校に及ぼす影響も大きいことから，新たな設置は行わない」とされていますが，地域中学校から影響が大きいとして反対を唱えた事実はありません。この根拠を教示ください。

なお，知事及び教育長は県議会において，未整備である湖北地域，湖西地域における中高一貫校整備の必要性を明確に認めるとともに，県財政の再建に向けた「新たな財政改革プログラム」終了後の2011年度以降の早期に開始することを約束されていたはずです。

この先送りを表明された際には，「期待する生徒や保護者の皆さんには，苦渋の選択をせざるを得ないことをご理解願いたい」と答弁されています。つまり，教育的観点からは必要であるが，財政難だから湖北と湖西は少し待ってくれとの見解であったはずです。

今回，このような方向性が置き替えられた経過について，県立虎姫高校・中学の中高一貫校の設置を期待する地域住民，あるいは滋賀県民，県議会への説明はどうなされるのでしょうか。理由をお伺いします。

(7)「定数減による生徒の進路」について

　今回の実施計画で示された具体的な再編内容によれば、長浜市に立地する県立高校の定員は120名以上の大幅な減となってしまいます。

　こうした状況にも関わらず、小学校、中学校の保護者はおろか、進路指導にあたる中学校の意見など、まったく考慮されていません。

　定員減によって、定員を超える中学3年生の生徒らの進路はどうなるのでしょうか。このことから、市外の県立高校や私立高校へと進路が狭められることとなり、経済的な負担の増加はもとより、県最北部にあり、冬期には豪雪に見舞われ、公共交通機関も十分でない地域であることからも、通学そのものが困難になることも想定されます。この点で見解を伺います。

公開質問状への回答

平成23年（2011年）8月5日

長浜市長　藤井　勇治　様

滋賀県教育委員会教育長　末松　史彦

　平成23年7月25日付けで提出された公開質問状について、別紙のとおり回答します。

（別紙）公開質問状への回答

「1．教育基本法の理念との整合について」「2．魅力と活力ある県立高等学校づくりについて」「3．湖北地域における高校再編を含めた県行政の姿勢について」の3つの視点を踏まえて、今回の原案は白紙とし、地域の意見を含めたより良い再編に向けた議論のスタートとすべきであると考えますが、貴職のお考えをあらためてお尋ねいたします。

【回答】

　「県立学校のあり方検討委員会」の報告や「滋賀県産業教育審議会」の答申、さらには、「ご意見を聴く会」で頂戴した県民や保護者からの御意見等を踏まえ、魅力と活力ある学校づくりという理念の下、生徒の視点に立って再編計画原案をとりまとめたものであり、白紙にすることは考えていませんが、広く御意見を伺いながらより良いものにしていきたいと考えております。

---

(1)「長浜高等学校と長浜北高等学校の統合」について

(1)-①

　県内の学校規模を勘案し、長浜市、彦根市の中規模校のみが統合対象とされるのは全く理解ができません。長浜北高校、長浜高校ともに15～16学級、600～700人を擁し、長浜市の中核となっている高等学校です。県内の他地域には小規模校も存在しています。

　また、統合の理念は全く示されていません。さらに統合後7学級を想定されていますが、規模的には現在の長浜北高校で十分対応が可能であり、現状と大きな変化はないのではないでしょうか。長浜北高等学校の老朽化に伴う建替えが財政的に困難であるためとしか考えられませんが、その理由をお伺いします。

【回答】

　統合による再編は、既に学校の小規模化が進んでおり、今後とも生徒数の減少が見込まれる地域において、地理的条件や学科の特性などを考慮しながら、統合校における活力の向上と併せ地域全体の学校活力の向上を図るために行うものです。

　湖北地域においてどの学校を対象にするかについては、統合校間の教育資源の活かしやすさ、学習内容の発展性、更に交通の利便性、施設の状況等を総合的に勘案したものです。

(1)-②

　さらに、県立高等学校の学校評価においては、現在、長浜北高校、長浜高校は、いずれも県内でも高い評価を得ています。評価の高い高校同士の統合より、他の評価の低い高校の対応を優先すべきであると考えますが、理由をお伺いします。

【回答】

　学校評価については、各学校が目指すべき目標を設定し、その達成状況や達成に向けた取組みの適切さ等について評価することにより、自らの教育活動その他の学校運営の組織的・継続的改善を図ることを目的とするものです。こうしたことから、今回の再編を考える上での判断材料にはしておりません。

(2)「長浜北星高校定時制課程の廃止」について

(2)
　長浜北星高校定時制課程は滋賀県の最北地域をカバーするものであり，当該機能を県中南部の能登川高校に廃止移転することは，様々な事情により定時制高校に通学せざるを得ない生徒にとっては，教育機会の剥奪以外の何物でもありません。現下の定時制高校のセーフティネット的な機能を尊重し，総合単位制高等学校とするなら，既存の長浜北星高等学校等にその機能を付加すれば事足りることです。集約するならば既存校であるはずと考えます。
　長浜北星，彦根東，彦根工業高校に現存する定時制課程を，ノウハウを全く持たない能登川高等学校（4学級）に新設することは，効率的にも地理的（通学）にも全く意味が分かりません。その理由をお伺いします。

【回答】
　長浜北星高等学校定時制廃止に伴い，今後湖北地域から定時制課程への入学を志望する生徒の通学距離は長くなりますが，一方，生徒の多様な学習スタイルや学習ペースに応えられる全日制・定時制の柔軟な学びのシステムを持つ学校を新たに設置することで，今以上の生徒の主体的な学習が望めるとともに，様々な学習歴を持つ生徒の「学びあい」を通して，自己実現に向けて挑んでいく意欲を育む教育の推進を図ることができると考えています。
　なお，設置場所については，全県的な配置バランス，交通の利便性を考慮したものです。

(3)「長浜農業高等学校の学科減少」について

(3)-①
　長浜バイオ大学との連携や，地元産品の利活用，さらには中心市街地の商店街等におけるイベントの参加など，現行の先進的な教学により時代ニーズに対応されてきた長浜農業高校の「生物活用科，ガーデン科，食品科学科，環境デザイン科」といった農業学科における4小学科を，なぜ前近代的な「農業科，食品科，園芸科」とするのでしょうか。

【回答】
　農業学科の改編については，分かりやすい学科体系や名称にする必要があるとの産業教育審議会からの答申を受け，中学生が学習内容をイメージしやすいよう，学科を集約しながらそれぞれの学校の特色を図る中で専門教育の充実を図ることとしたものです。

(3)-②
　さらに定員が充足しているのにもかかわらず1小学科の削減を行うのか，教育的観点はもとより，農業振興，地産地消，6次産業支援等の観点からも全く理解ができません。切捨てと標準化，効率化としか理解できませんが，その理由をお伺いします。

【回答】
　また，学級数については，農業学科の志望状況や学科集約による専門性の向上の観点から，1学級減とするものの，今後の志望の動向等を踏まえ定員増とすることも含め検討したいと考えています。農業は本県にとっても重要な産業でありますので，しっかりと後継者を育てる教育を進めていきたいと考えています。

(4)「長浜北星高校総合学科にまちづくり系列を設置」について

(4)
　まちづくりとは，地域住民の熱い志のもと，様々な機能が融合して成し得るものと考えます。大学等の研究対象と成り得ても，実社会への基礎的教養を習得する高等学校の教学になじむものではないのではないでしょうか。
　長浜市を真に分析理解したうえであるならば，
①実社会への前段階として習得すべき商業やサービス業にかかる基礎的知識
②工業にかかる「ものづくり」の実務
③継承すべき地域特性としての「地域伝統文化」
④長浜市が国の特区として全国に先駆けて推進してきた「英語」教育
　（県教委も支援いただいた）
⑤特別支援教育や3歳児保育，認定こども園の推進により重点化に取り組んでいる幼児教育の分野における人材育成
などであるはずと考えますが，見解をお伺

いします。

【回答】
　本県では、教育振興基本計画において、滋賀県の自然や地域と共生する力の育成を謳っており、郷土が有する豊かな自然や地域の行事など、様々な地域資源を教育に活用することで、自分たちが育ってきた地域に愛着と誇りを持ち、社会の一員として地域に貢献しようとする態度を養うこととしています。
　特に長浜は、「黒壁」を中心として地域のまちづくりに成功しており、こうした地域と協力してイベントの企画や運営を体験することで、将来の地域社会の発展に寄与する資質と能力を育成しようとしています。
　例えば、高校生の視点で、まちづくり全般や商品開発の販売促進の企画に参画したり、工業のクラフトデザイン技術を使って、広告・看板作製に取組むなどの展開が考えられ、一般的な教養を高め、専門的な知識、技術および技能を習得させること、社会の発展に寄与する態度を養うなど、高校教育の目標にかなうものであると考えております。

(5)「特別支援学校の併設」について

(5)-①
　特別支援学校の設置については、時宜を得ていると理解しますが、湖北地域においては、既存の長浜養護学校が中心市街地の東端に位置しており、公共交通の確保についても長浜市として配慮してきたところです。
　今回、併設が示された伊吹高校は、圏域として最も東端に位置し、人口重心をさらに外れるほか、積雪など地理的・気象的条件も悪く、その選定理由がまったく理解できません。教育的観点からしょうがい児等の通学を考えると、長浜市中心部または、高等養護を併設する長浜高等学校、既存の長浜養護学校の最寄校である長浜北高等学校等が選定されるべきはずです。その理由をお伺いします。

【回答】
　伊吹高等学校には、平成12年度から体育コースが設置されています。障害のある生徒にとって、スポーツは在学中だけでなく、卒業後の豊かな生活と社会参加の促進を図ることができる有効なものと考えています。伊吹高等学校であれば、それまでの教育実践を活かした教育活動により、分教室の生徒がスポーツを身近なものと感じ、充実した学校生活を送ることができるものと考えます。
　また、両校生徒が、互いに交流することを通じ、一層のノーマライゼーション理念の実現が図られるものと思われます。
　なお、分教室生徒に対しては、スクールバスの配備等を予定しているところです。

(5)-②
　また、長浜養護学校保護者や校長の切なる要望を受け、その重度しょうがいを持つ卒業生の受け入れのため、長浜市による用地無償提供や建設補助によって、平成23年度にはびわ区域において生活介護施設（日中通所施設）の整備が進められています。これらに尽力した関係者の善意に対し、今回の配置はどのように説明をされるのか、真にしょうがい児教育の観点から検討がなされたのか、全く理解できませんが、その理由をお伺いします。

【回答】
　長浜市および米原市を通学区域とする長浜養護学校においては、近年、在籍する児童生徒、とりわけ高等部生の増加が著しく、教室等が不足しています。教育環境の改善を図り、職業教育のより一層の充実に向け、通学区域内にある伊吹高等学校の施設を活用し、高等部分教室を設置するものです。

(6)「中高一貫教育校の方向性」について

(6)
　今回の基本計画のなかで、「新たな中高一貫校は地域の中学校に及ぼす影響も大きいことから、新たな設置は行わない」とされていますが、地域中学校から影響が大きいとして反対を唱えた事実はありません。この根拠を教示ください。
　なお、知事及び教育長は県議会において、未整備である湖北地域、湖西地域における中高一貫校整備の必要性を明確に認めるとともに、県財政の再建に向けた「新たな財政改革プログラム」終了後の2011年度以降の早期に開始することを約束されていたはずです。
　この先送りを表明された際には、「期待する生徒や保護者の皆さんには、苦渋の選

択をせざるを得ないことをご理解願いたい」と答弁されています。つまり、教育的観点からは必要であるが、財政難だから湖北と湖西は少し待ってくれとの見解であったはずです。

今回、このような方向性にすり替えられた経過について、県立虎姫高校・中学の中高一貫校の設置を期待する地域住民、あるいは滋賀県民、県議会への説明はどうなされるのでしょうか。理由をお伺いします。

【回答】
県立中学校に進学する生徒は、地域の中学校に進学しないことになることから、地域の中学校の学級編制に影響を及ぼすことが考えられます。このことは、国における中高一貫教育に関する実態調査の中でも課題の1つとされているところです。そうした中で、新たな開校を検討していた湖北、湖西地域は、今後更に生徒数が減少することが予測されており、中高一貫教育校を設置した場合、地域の中学校に与える影響が特に大きいと判断したものです。

(7)「定数減による生徒の進路」について

(7)
今回の実施計画で示された具体的な再編内容によれば、長浜市に立地する県立高校の定員は120名以上の大幅な減となってしまいます。こうした状況にも関わらず、小学校、中学校の保護者はおろか、進路指導にあたる中学校の意見など、まったく考慮されていません。定員減によって、定員を超える中学3年生の生徒らの進路はどうなるのでしょうか。

このことから、市外の県立高校や私立高校へと進路が狭められることとなり、経済的な負担の増加はもとより、県最北部にあり、冬期には豪雪に見舞われ、公共交通機関も十分でない地域であることからも、通学そのものが困難になることも想定されます。この点で見解を伺います。

【回答】
学校統合による募集定員の削減は考えておらず、これまでどおり地域ごとの中学校卒業者数や生徒の志望動向などを踏まえ、それぞれの年度の定員を確保していきたいと考えております。

公開質問状

平成23年(2011年)7月25日

滋賀県知事　嘉田　由紀子　様
滋賀県教育委員会委員長
　　　　　　高橋　政之　様

　　　　　　彦根市長　獅山　向洋
　　　　　　彦根市教育委員会教育長
　　　　　　　　　　　小田柿幸男

滋賀県教育委員会は、平成23年7月12日、「滋賀県立高等学校再編計画(原案)」(以下「再編原案」という。)を公表し、同日付で滋賀県教育委員会教育長名で県内各市町長および県内各市町教育委員会教育長に対し、「滋賀県立高等学校再編計画(原案)に対する意見・情報の募集(県民政策コメント)について」との文書を送付した。

しかしながら、この再編原案は、予め彦根市および彦根市教育委員会の意見を徴しない唐突なものであるうえ、その内容は、彦根市および彦根市の教育現場の実情を全く無視し、かつ、具体性に欠けるものであって、さらに詳細な説明がなければ早急な回答が極めて困難である。

それにもかかわらず、県教育委員会は彦根市および彦根市教育委員会に対し、条例改正を前提とした「滋賀県民政策コメント制度に関する要綱」のもとに、本年8月22日までに回答を求めているのであり、まさに県教育委員会は、重大な高校再編問題をわずか1カ月と10日間で決着を付けようとする暴挙を決行しようとしている。

このような暴挙については、滋賀県議会において厳しい批判と判断がなされることを強く期待するものであるが、彦根市および彦根市教育委員会としては、当面、やむを得ず、8月22日までに回答することとした。

しかしながら、このような唐突かつ無謀な再編計画には、後述の理由により、滋賀県が深く関与していると考えざるを得ず、県教育委員会に対する回答は、県知事および県教育委員会に対する本公開質問状に対する回答を得たうえで意見を述べるので、滋賀県および県教育委員会は、平成23年8月5日㈮までに日時を厳守して文書により明確に回答されたい。

なお、これは公開質問状であり、当然のこ

とながら，滋賀県および県教育委員会の回答を広く県民に公開し，県民の判断を仰ぐ所存であるので，明快な回答を求める。

また，本来であれば，彦根市教育委員会教育長名ではなく彦根市教育委員会教育委員長名で公開質問を行うべきものであるが，県の政策コメントの回答期限が限られていることもあり，教育委員会会議に諮る時間がなかったことから，彦根市長および彦根市教育委員会教育長名で公開質問を行うことを付記する。

I 高校再編計画全般について

1　県教育委員会は，平成23年7月12日，県教育委員会教育長名で県内各市町長および県内各市町教育委員会教育長に対し，「滋賀県立高等学校再編計画（原案）に対する意見・情報の募集（県民政策コメント）について」との文書を送付したが，再編原案は県教育委員会において決定されたものであり，単なる教育委員会の行政執行機関である教育長名で行うことには強い疑問があり，また，その意見・情報募集は各市町教育委員会委員長に対して行うべきであると考えるが，この意見に対する見解を述べられたい。

また，「滋賀県民政策コメント制度に関する要綱」を実施するに当たり，県教育長名で行ったのか，県教育委員長名で行ったのか，手続の適法性に問題があるので当該文書の写しを添えて回答されたい。

2　県教育委員会は，「県立学校のあり方検討委員会」からの報告および滋賀県産業教育審議会からの答申を受け，平成22年度中に，基本計画および実施計画を公表するとしていたが，県民への周知や内容の検討に時間を要するとの理由で延期した。このような経過に関連し，以下の質問を行う。

① 平成22年11月県議会において，基本計画および実施計画の策定を平成23年度に延期した理由について「県民への周知や内容の検討に時間が必要」と答弁した。

それならば，延期を決めて以降，どのように県民に周知し，どのような意見を聞いたのか，時期・場所・対象者・意見の内容およびその意見を再編計画にどのように反映させたかについて詳細に回答されたい。

② 高等学校の統廃合は，彦根市の教育行政や進学を希望する子を持つ彦根市民に多大の影響を及ぼすものであり，彦根市教育委員会，彦根市民をはじめ県民からの意見聴取および県民に対する説明責任を果たすことが極めて重要である。

それにもかかわらず，県教育委員会はこれまで彦根市・彦根市教育委員会および彦根市民から意見を聞いたり，県教育委員会としての意見を説明したりした形跡は全く認められない。

これほど重要な問題について予め彦根市・彦根市教育委員会および彦根市民の意見を聞くことも，具体的な説明も不要であると考えているのならば，その理由を述べられたい。

③ 県教育委員会が平成22年8月および11月に県内各地で県民や保護者を対象に行った説明会に用いた資料および保護者向け情報誌「教育しが」平成22年12月特別号によれば，「県立学校のあり方検討委員会」の報告を踏まえた再編の具体的な考え方として，適正規模は1学年あたり「概ね6学級から8学級程度」，小規模校については「統廃合に関する具体的な方策の検討」などが明記されているが，今回策定された再編原案では，全日制の高等学校については，分校化された信楽高等学校を除き，彦根市および長浜市にある高等学校4校のみが統廃合の対象となっている。

これは，平成22年度までに示されてきた方針と大きく異なるものであり，既に公表されていた再編計画の重大な計画変更である。

いつ，どのような考え方に基づいて変更したのか，このような重大な計画変更が許されると考えているのか，計画変更の経過について詳細に説明されたい。

④ 今回の再編原案策定に際し，「県立学校のあり方検討委員会」の委員に説明は行ったのか。説明を行ったのであれば，その際に，委員からどのような意見が出され，どのように説明したのか明らかにされたい。

○彦根市乳幼児児童生徒数の状況（彦根市調べ）

	平成23年5月1日現在									平成23年7月1日現在					
受験年度	H23	H24	H25	H26	H27	H28	H29	H30	H31	H32	H33	H34	H35	H36	H37
現学年	中3	中2	中1	小6	小5	小4	小3	小2	小1	5歳	4歳	3歳	2歳	1歳	0歳
人数	1,051	1,127	1,065	1,196	1,151	1,186	1,102	1,108	1,051	1,046	1,108	1,107	1,110	1,071	1,171

○市内中学校からの県立高等学校（全日制）進学者数とその割合（彦根市調べ）

	平成21年	平成22年	平成23年
市内中学校から県立高校への進学者数	790人	819人	798人
市内中学校から県立高校へ進学した者のうち，市内の県立学校への進学者数	482人	516人	477人
市内中学校から県立高校へ進学した者のうち，市内の高等学校へ進学した者の割合	61.0%	63.0%	59.8%

⑤ 今回の再編原案については，各市町長や各市町教育委員会に対し意見・情報の募集（県民政策コメント）や各市町教育委員会や各中学校長に対して説明会を実施するようであるが，その手続で出された意見を公開するのか，今後再編原案を変更する可能性があるのか，さらに，高等学校の廃止を前提とする限り，条例提案が必要であるが，県議会に対し，いつ，条例提案を行う予定なのか，回答されたい。

Ⅱ 再編・統合による定員削減の影響について

1 彦根市においては，現在の0歳児が高等学校進学を迎える15年後まで，子どもの数は全く減少しないどころか，むしろ増大するものと推計される。

また，本市の中学校から県立高等学校への進学者のうち，約6割の生徒が市内の県立高等学校へ進学している。

① このような状況のもとで，現在，彦根西高等学校と彦根翔陽高等学校あわせて1学年9学級であるものを再編計画では6学級に削減するとしているが，この3学級120人もの定員を削減する具体的理由が示されていない。納得できる根拠を示されたい。

② 学級数の減により，市内の県立高等学校に進学できなくなる生徒は，市外の県立高等学校か，又は，私立高等学校に進学せざるを得なくなり，生徒は市外に通学する無駄な時間と労力を費やし，保護者には無用な経済的負担をさせることになる。

これが県民福祉に繋がると考えているのか，見解を示されたい。

Ⅲ 再編・統合による効果，弊害等について

1 再編原案の基本計画においては，「魅力と活力ある県立高等学校づくりに向けて」として，「教育内容の質的充実」，「部活動や学校行事などの集団活動の活性化」が挙げている。

また，その実施計画において，彦根西高等学校と彦根翔陽高等学校の統合は彦根翔陽高等学校地とし，彦根翔陽高等学校において1学級増やすとしている。

① 彦根西高等学校では普通科と家庭科学科，彦根翔陽高等学校では総合学科を開設しており，それぞれ従来から特色のある教育がなされているところである。また，両校の生徒については，男女比も大きく異なっているという特徴もある。

このような状況の下，再編・統合の前後においてどのように教育内容に違いが生じ，どのように質的に充実したものとなるのか，その見解を示されたい。

② 現在，彦根西高等学校においては，普通2学級，家庭科学科2学級，彦根翔陽高等学校においては，総合学科5学級となっているところ，再編・統合後に設置される高等学校においては，普通・商

○彦根西高等学校および彦根翔陽高等学校の在学者数（平成23年5月1日）（出典：学校要覧）

	学級数	総数			1年生			2年生			3年生		
		計	男	女	計	男	女	計	男	女	計	男	女
西	12	456	81	375	160	27	133	160	33	127	136	21	115
翔陽	15	597	238	359	201	72	129	199	88	111	197	78	119
計	27	1053	319	734	361	99	262	359	121	238	333	99	234

業・家庭の系列で編成された総合学科を設置するとしているが、これは今後の進学者のニーズを踏まえたものとなっているのか。特に、彦根西高等学校における家庭科学科については、歴史があり専門的な教育が高い評価を受けているが、家庭系列の総合学科ではその専門性が希薄になるものと考えられる。この学科の編成方針に関する考え方を示されたい。

③ 再編・統合後の高等学校を彦根翔陽高等学校に設置するとした場合、現在の同校と比べれば定員増、学級数増となるが、教育内容の質的充実、部活動や学校行事の活性化を図るためには、校舎、グラウンド等の高等学校施設の整備が必要となると考えるが、その方針および計画を示されたい。

2　本市は、今回の再編原案には絶対反対であるが、「県立学校のあり方検討委員会」からの報告があってから、今回の計画が公表されるまで、2年以上が経過しており、この計画の内容については様々な要素を含め熟考されたものと推察するものである。それ故、当然、彦根西高等学校と彦根翔陽高等学校の再編・統合後の彦根西高等学校の跡地および施設の利用計画も練られたと思うが、その計画内容を示されたい。

IV　定時制課程の再編について

1　今回の定時制課程の廃止・変更については彦根市および彦根市教育委員会は絶対に反対する。

廃止としている彦根東高等学校、彦根工業高等学校および長浜北星高等学校の入学者数の多数は湖東・湖北地域出身者が占めているからである。（参考：各校の平成23年度入学者に占める湖東・湖北出身者の割合　彦根東高等学校82%、彦根工業高等学校65%、長浜北星高等学校100%）。

また、定時制高等学校の本来の主旨は、「働きながら学ぶ青年に対し、教育の機会均等を保障」（高等学校の定時制教育及び通信教育振興法第1条）するものであるとの視点を失ってはならない。

① 実施計画にある能登川高等学校の定時制課程への入学を希望するものは、上記のデータにより大半は湖東・湖北出身者が占めることが予想されるが、このような廃止・変更により、生徒が通学に費やす経済的・時間的負担の増大について見解を示されたい。

② 勤労者への学習機会を提供するのならば、定時制課程は企業が集積する自治体にある高等学校に設置するのが、企業にとっても生徒にとっても最も利便が図られるのであるが、彦根東高等学校、彦根工業高等学校および長浜北星高等学校の定時制課程を廃止し、湖東・湖北地域から通学する生徒を能登川高等学校に集約するのは、まさに理念に逆行するものである。なぜ、敢えて逆行しようとするのか、その理由を明確に示されたい。

V　中学生および教育行政等への影響について

1　実施計画では、具体的な再編・統合の実施年度は平成26年度としているが、平成26年度に高校3年生となるのは、現在の中学3年生である。この中学3年生においては、すでに、来年度の進学を目指す生徒達はその目標を定めはじめ、各中学校においても進路指導を始めている。

今、この時期に平成26年度からの実施計画を示されたことにより、再編・統合計画の対象となった高等学校に進学した場

合，在学中に新入生が入学してこないこと，部活動や文化祭等の学校行事が極めて小規模になることなどが想定されるために，あらためて進路を再検討せざるを得ない状況となり，また，中学校における進路指導も極めて困難になるなど教育現場は大混乱に陥っている。

今回の実施計画の公表は，今年度の中学3年生に対しても非常に大きな不安と混乱を惹起しているが，これに対する見解と責任の所在について回答されたい。

Ⅵ 県の考え方について

1　県知事は，今回の高校再編原案をいつ知ったのか。この原案を読んだとき，余りにも財政主導の原案であると考えなかったのか。現時点で，この原案を是とし，高校廃止の条例を提案する決意でいるのか。条例の提案の時期はいつか。明確に回答されたい。

2　湖南地域への人口の集中，また，平成18年4月から県立高等学校の通学区域が全県一区となったことから，県立高等学校在学者数に占める湖南地域の県立高校在学者数の割合が増大している。

今回の高校再編計画は，湖東・湖北地域の入学定員を削減するものであり，交通の便などを考えると，入学定員の削減分だけ湖東・湖北の高等学校進学希望者が湖南地域の高等学校に進学せざるを得なくなる。

これは，所謂「南高北低」を一層助長し，意図的に湖東・湖北地域を衰退させる政策であると考えるが，県知事として理論的に見解を述べ反論されたい。

3　実施計画の策定後，計画期間である10年の間に，再度，再編・統合等を伴う計画の変更はないのか，今後の方針について示されたい。

4　県が平成23年3月に策定した，県政の仕組みの改革と財政の健全化のための改革を一体的に示した「滋賀県行財政改革方針」では，本県の厳しい財政状況などに伴い，県立高等学校の再編を推進するとあり，県教育委員会が平成22年8月および11月に県内各地で県民や保護者を対象に行った説明会に用いた資料および「教育しが」平成22年12月特別号でも県の厳しい財政状況について触れている。

基本計画では，「限られた教育資源を最大限に活用しつつ，より効果的・効率的な学校運営を行うとともに，教育予算の効果的な投資」との表現等に留めているが，再編本計画においては，特に湖東・湖北地域の生徒や保護者に様々な負担を強いる内容となっており，県教育委員会としての生徒や保護者など住民の目線においた計画とは到底言い難く，県知事による財政主導の計画であると言わざるを得ない。

この計画が財政主導のものであることは明白であり，当然，県の財政状況を好転させる効果があるものと推察するが，この計画による財政削減効果を具体的に金額で示されたい。

5　県知事は，再編原案について，教育に対する中立性を云々して原案は全て教育委員会が決めたかのように逃げているが，県教育委員会事務局次長が知事部局の財政のエキスパートであったことは周知の事実であり，現に原案発表後，県教育委員会事務局次長が主体となって関係市に説明に回っている。

また，今回の原案が市教育委員会および生徒および保護者に対する配慮が欠け財政主導であることは誰の眼から見ても明白であり，教育の中立性どころかまさに知事部局・財政当局が教育委員会を乗っ取ったものと同然であり，今回の再編原案は全て知事の誤った「もったいない」精神の結果である。その点で知事の政治責任は免れないと考えるが，これに対する知事の見解を伺いたい。

Ⅶ 教育委員会委員長および教育長に対する彦根市長の助言

今回の高校再編において，誠に不幸なことに，長浜市および彦根市の伝統校が廃止の俎上に上げられたとき，長浜市から教育委員長が，彦根市から教育長が出ていたことである。

県知事は，教育界の重鎮が出ているから両市の不満を抑えられると考えたのかも知れないが，知事部局の失政による財政のツケを教育界に回すなどという考え方を金銭で計る最低の「もったいない」県政であり，両氏とも教育者としての見識を発揮し県民のた

めに抵抗をすべきである。
　教育は永遠の問題であり、教育委員長・教育長として高校再編に対し姿勢を示したかは両市ではいつまでも語り継がれるが、知事の権勢などは短期間のはかないものである。
　子ども達を守るため辞表を叩きつける位の教育者としての気概を示されることを県民および両市の市民が期待している。

　　　　　　　　　　　　　　　　　以上

公開質問状への回答

平成23年（2011年）8月5日

彦根市長　獅山　向洋　様
彦根市教育委員会教育長
　　　　小田柿幸男　様

滋賀県教育委員会教育長　末松　史彦

　平成23年（2011年）7月25日付けで提出された公開質問状について、別紙のとおり回答します。

（別紙）公開質問状への回答

　公開質問状「I 高校再編計画全般について」から「V 中学生および教育行政等への影響について」に対して回答します。

I　高校再編計画全般について

I-1
　県教育委員会は、平成23年7月12日、県教育委員会教育長名で県内各市町長および県内各市町教育委員会教育長に対し、「滋賀県立高等学校再編計画（原案）に対する意見・情報の募集（県民政策コメント）について」との文書を送付したが、再編原案は県教育委員会において決定されたものであり、単なる教育委員会の行政執行機関である教育長名で行うことには強い疑問があり、また、その意見・情報募集は各市町教育委員会委員長に対して行うべきであると考えるが、この意見に対する見解を述べられたい。
　また、「滋賀県民政策コメント制度に関する要綱」を実施するに当たり、県教育長名で行ったのか、県教育委員長名で行ったのか、手続きの適法性に問題があるので当該文書の写しを添えて回答されたい。

【回答】
　「滋賀県教育委員会の権限に属する事務の一部を教育長に委任する規則」により、教育委員会が決定した再編計画原案について、県民政策コメントの実施や関係行政機関への説明および意見・情報の提出を求めることについては、教育長に委任された事務であり、「滋賀県教育委員会事務処理規程」により教育長名で発信しました。
　また、「滋賀県民政策コメント制度に関する要綱」により、関係行政機関に対して計画等の案の概要について書面により説明し、意見および情報の提出を求めるものとするとなっていることから、教育委員会の事務をつかさどる各市町教育委員会教育長に対して意見照会をさせていただきました。
　県民政策コメントの実施については、実施機関である県教育委員会が計画原案および関係資料を公表し、意見および情報の募集を行っているものであり、今回の例のみでなく、教育長名もしくは教育委員長名を記載した文書はないのが通例となっています。

I-2
　県教育委員会は、「県立学校のあり方検討委員会」からの報告および滋賀県産業教育審議会からの答申を受け、平成22年中に、基本計画および実施計画を公表するとしていたが、県民への周知や内容の検討に時間を要するとの理由で延期した。このような経過に関連し、以下の質問を行う。

I-2-①
　平成22年11月県議会において、基本計画および実施計画の策定を平成23年度に延期した理由について「県民への周知や内容の検討に時間が必要」と答弁した。
　それならば、延期を決めて以降、どのように県民に周知し、どのような意見を聞いたのか、時期・場所・対象者・意見の内容およびその意見を再編計画にどのように反映させたかについて詳細に回答されたい。

【回答】
　再編計画の策定を延期して以降は、昨年12月に高校再編の基本的な考え方を特集した、情報誌「教育しが」特別号を県内の幼・

小・中・高・特別支援学校の児童・生徒すべての保護者に配付し、御意見をいただくこととしました。また、ホームページ等を活用して随時、県民の皆さんから御意見を募集してきました。

昨年から再編計画（原案）公表までに148名の方から357件、主に「再編（統廃合）の必要はない、学校数を減らさないで欲しい」、「生徒の減少傾向、厳しい財政状況から再編はやむを得ない」、「生徒の立場に視点をおいた再編、学校づくりをして欲しい」、「地理的条件を考慮してほしい」、「慎重に検討を進めるべき」等の御意見があった他、これまでにいただいた御意見については、県教育委員会のホームページに掲載させていただいているところです。(http://www.pref.shiga.jp/edu/sogo/saihenkeikaku.html)

また、今年の3月には、卒業した生徒たちを受け入れていただく立場から、県内の企業経営者の皆さんから「学校現場の設備は古い。効率的な投資が必要」、「基礎が身についている人材が必要」等、主に専門学科についての御意見をいただきました。

こうしていただいた県民の皆さんの御意見や県議会の質疑の内容や御意見を踏まえ、高等学校をより魅力的なものとする観点から、慎重に検討を進め、今回原案の提示に至ったものです。

Ⅰ-2-②
高等学校の統廃合は、彦根市の教育行政や進学を希望する子を持つ彦根市民に多大の影響を及ぼすものであり、彦根市教育委員会、彦根市民をはじめ県民からの意見聴取および県民に対する説明責任を果たすことが極めて重要である。

それにもかかわらず、県教育委員会はこれまで彦根市・彦根市教育委員会および彦根市民から意見を聞いたり、県教育委員会としての意見を説明したりした形跡は全く認められない。

これほど重要な問題について予め彦根市・彦根市教育委員会および彦根市民の意見を聞くことも、具体的な説明も不要であると考えているのならば、その理由を述べられたい。

【回答】
昨年の8月2日に市町教育委員会を、8月7日および8日に県民の皆さんを、11月21日から28日の間に県内7か所において小・中学校および特別支援学校小・中学部の児童・生徒・保護者を持つ保護者の皆さんを対象に「魅力と活力ある県立高等学校づくりに向けたご意見を聴く会」を開催し、高校再編に向けた基本的な考え方について御説明し、御意見をお聴きしました。

また、昨年12月には情報誌「教育しが」特別号を保護者に配付し、御意見を募集してきました。

これらの御意見を踏まえて今回、再編計画（原案）を作成したところです。

Ⅰ-2-③
県教育委員会が平成22年8月および11月に県内各地で県民や保護者を対象に行った説明会に用いた資料および保護者向け情報誌「教育しが」平成22年12月特別号によれば、「県立学校のあり方検討委員会」の報告を踏まえた再編の具体的な考え方として、適正規模は1学年あたり「概ね6学級から8学級程度」、小規模校については「統廃合に関する具体的な方策の検討」などが明記されているが、今回策定された再編原案では、全日制の高等学校については、分校化された信楽高等学校を除き、彦根および長浜市にある高等学校4校のみが統廃合の対象となっている。

これは、平成22年度までに示されてきた方針と大きく異なるものであり、既に公表されていた再編計画の重大な計画変更である。

いつ、どのような考え方に基づいて変更したのか、このような重大な計画変更が許されると考えているのか、計画変更の経過について詳細に説明されたい。

【回答】
県教育委員会として今回、初めて再編計画（原案）を公表したものです。なお、昨年お示しした基本的な考え方においても、「学科の特性や地理的条件などを考慮するとともに、生徒数の推移や志望状況等に配慮しながら、一学年あたり概ね6学級から8学級を標準とする」としており、再編計画（原案）についてもこの考え方に変更はありません。

Ⅰ-2-④
今回の再編原案策定に際し、「県立学校のあり方検討委員会」の委員に説明は行っ

たのか。説明を行ったのであれば、その際に、委員からどのような意見が出され、どのように説明したのか明らかにされたい。

【回答】
「県立学校のあり方検討委員会」の委員に対しては、再編計画（原案）決定後、平成23年7月12日付け通知により内容をお知らせしたところです。現段階において、「再編計画により、高校生の多様な学びが展開され、彼ら自身が夢のある未来を語り、魅力あると感じられる生き方や進むべき道が多様で、一層深まることを願う」といった内容の御意見をいただいております。

Ⅰ-2-⑤
今回の再編原案については、各市町長や各市町教育委員会に対し意見・情報の募集（県民政策コメント）や各市町教育委員会や各中学校長に対して説明会を実施するようであるが、その手続で出された意見を公開するのか、今後再編原案を変更する可能性があるのか、さらに、高等学校の廃止を前提とする限り、条例提案が必要であるが、県議会に対し、いつ、条例提案を行う予定なのか、回答されたい。

【回答】
各市町長および各市町教育委員会から文書によりいただいた意見については、県民政策コメント制度による意見・情報に対する県教育委員会の対応方針と考え方の公表と併せて、公表する予定です。
7月に実施した各市町教育委員会および各中学校に対する説明会における意見については、公表することを前提にいただいた意見ではないことから、詳細な公表は考えていません。
今後、県民政策コメントや各地域での説明会等を通じて県民の皆さんから広く御意見をいただき、県議会においても質疑等を通じて御意見をいただいた上で、今年度中の計画策定を目指していきたいと考えています。
計画策定後、所要の内容を確定した上で、条例改正を提案する予定です。

Ⅱ 再編・統合による定員削減の影響について

Ⅱ-1-①
彦根市においては、現在の0歳児が高等学校進学を迎える15年後まで、子どもの数は全く減少しないどころか、むしろ増大するものと推計される。また、本市の中学校から県立高等学校への進学者のうち、約6割の生徒が市内の県立高等学校へ進学している。このような状況のもとで、現在、彦根西高等学校と彦根翔陽高等学校あわせて1学年9学級であるものを再編計画では6学級に削減するとしているが、この3学級120人もの定員を削減する具体的理由が示されていない。納得できる根拠を示されたい。

【回答】
このたびの再編計画（原案）では、学校統合による募集定員の削減は考えていません。県立高校は、県域を対象としていますが、これまでどおり地域ごとの中学校卒業者数や生徒の志望動向などを踏まえ、それぞれの年度の定員を確保していきたいと考えています。

Ⅱ-1-②
学級数の減により、市内の県立高等学校に進学できなくなる生徒は、市外の県立高等学校か、又は、私立高等学校に進学せざるを得なくなり、生徒は市外に通学する無駄な時間と労力を費やし、保護者には無用な経済的負担をさせることになる。
これが県民福祉に繋がると考えているのか、見解を示されたい。

【回答】
前述のとおり、県立高校は、県域を対象としており、学校の所在する市町の生徒のみを対象としているものではありませんが、できる限り生徒や保護者の希望に沿えるよう努力したいと考えています。

Ⅲ 再編・統合による効果、弊害等について

Ⅲ-1-①
彦根西高等学校では普通科と家庭科学科、彦根翔陽高等学校では総合学科を開設しており、それぞれ従来から特色のある教育がなされているところである。また、両校の生徒については、男女比も大きく異なっているという特徴もある。
このような状況の下、再編・統合の前後においてどのように教育内容に違いが生じ、どのように質的に充実したものとなる

のか，その見解を示されたい。

【回答】
　現在，彦根西高等学校は普通科と家庭科学科があり，そのうち家庭科学科は，1年生は専門科目を共通で学習しますが，2年生から情報デザイン類型と食物調理類型に分かれて専門科目を学習しています。一方，彦根翔陽高等学校は普通系列と商業系列併せて5系列を持つ総合学科ですが，健康科学系列等では家庭学科の一部専門科目を選択科目として学習しています。
　両校の統合後は，普通教科・科目の学習を可能とするとともに，家庭学科に関する学習の専門性を維持しつつ，教科・科目の選択肢を広げるなど教育内容を質的に充実させることにより，生徒の多様なニーズに応えることができると考えています。

Ⅲ－1－②
　現在，彦根西高等学校においては，普通科2学級，家庭科学科2学級，彦根翔陽高等学校においては，総合学科5学級となっているところ，再編・統合後に設置される高等学校においては，普通・商業・家庭の系列で編成された総合学科を設置するとしているが，これは今後の進学者のニーズを踏まえたものとなっているのか。特に，彦根西高等学校における家庭科学科については，歴史があり専門的な教育が高い評価を受けているが，家庭系列の総合学科ではその専門性が稀薄になるものと考えられる。この学科の編成方針に関する考え方を示されたい。

【回答】
　総合学科では，現在の家庭学科で蓄積された成果を継承し，充実した専門科目を配置するなど，専門性を深める教育にも対応できるようにすることで，今後の進学者のニーズを踏まえたものにしていきたいと考えています。

Ⅲ－1－③
　再編・統合後の高等学校を彦根翔陽高等学校に設置するとした場合，現在の同校と比べれば定員増，学級数増となるが，教育内容の質的充実，部活動や学校行事の活性化を図るためには，校舎，グラウンド等の高等学校施設の整備が必要となると考える

が，その方針および計画を示されたい。

【回答】
　総合学科に家庭系列を設けることなども含め，必要な施設・設備を整備し，教育内容の質的充実や学校の活性化に資するものにしていきたいと考えています。

Ⅲ－2
　本市は，今回の再編原案には絶対反対であるが，「県立学校のあり方検討委員会」からの報告があってから，今回の計画が公表されるまで，2年以上が経過しており，この計画の内容については様々な要素を含め熟考されたものと推察するものである。それ故，当然，彦根西高等学校と彦根翔陽高等学校の再編・統合後の彦根西高等学校の跡地および施設の利用計画も練られたと思うが，その計画内容を示されたい。

【回答】
　彦根西高等学校の跡地および施設の利用計画については，現段階において具体的な計画はありません。

Ⅳ　定時制課程の再編について

Ⅳ－1－①
　実施計画にある能登川高等学校の定時制課程への入学を希望するものは，大半は湖東・湖北出身者が占めることが予想されるが，このような廃止・変更により，生徒が通学に費やす経済的・時間的負担の増大について見解を示されたい。

【回答】
　ご指摘のとおり，地域によってはこれまでと比べ，通学に費やす経済的・時間的負担が増すことが考えられます。一方で，生徒の多様な学習スタイルや学習ペースに応えられる全日制・定時制併置の柔軟な学びのシステムを持つ学校を新たに設置することで，今以上に生徒の主体的な選択が可能となるとともに，様々な学習歴を持つ生徒の「学びあい」を通して，自己実現に向けて挑んでいく意欲を育む教育の推進を図ることができると考えています。
　経済的な負担については，必要に応じて既存の奨学金制度の活用をしていただければと考えております。

Ⅳ-1-②
　勤労者への学習機会を提供するのならば，定時制課程は企業が集積する自治体にある高等学校に設置するのが，企業にとっても生徒にとっても最も利便が図られるのであるが，彦根東高等学校，彦根工業高等学校および長浜北星高等学校の定時制課程を廃止し，湖東・湖北地域から通学する生徒を能登川高等学校に集約するのは，まさに理念に逆行するものである。なぜ，敢えて逆行しようとするのか，その理由を明確に示されたい。

【回答】
　総合単位制高校を能登川に設置することとしたのは，全県的な配置バランスや交通の利便性を考えてのことです。
　また，定時制高校については，これまでの勤労青少年のための学校という役割から，多様な学習歴を持つ生徒が多く入学している学校に変化していると認識しております。

Ⅴ　中学生および教育行政等への影響について

Ⅴ-1
　実施計画では，具体的な再編・統合の実施年度は平成26年度としているが，平成26年度に高校3年生となるのは，現在の中学3年生である。この中学3年生においては，すでに，来年度の進学を目指す生徒達はその目標を定めはじめ，各中学校においても進路指導を始めている。
　今，この時期に平成26年度からの実施計画を示されたことにより，再編・統合計画の対象となった高等学校に進学した場合，在学中に新入生が入学してこないこと，部活動や文化祭等の学校行事が極めて小規模になることなどが想定されるために，あらためて進路を再検討せざるを得ない状況となり，また，中学校における進路指導も極めて困難になるなど教育現場は大混乱に陥っている。
　今回の実施計画の公表は，今年度の中学3年生に対しても非常に大きな不安と混乱を惹起しているが，これに対する見解と責任の所在について回答されたい。

【回答】
　平成24年度，平成25年度の入学者選抜については，統合対象校においても従前のとおり実施する予定です。また，現在の中学1年生は，平成26年度入学者選抜において，統合後の高校を受検することになります。
　これに伴い，平成24年度入学した生徒は，高校3年生になる時に新入生が入学してきません。平成25年度入学生（現在の中学2年生）については，高校2年生になる時に新入生は入学しないため，高校3年生になる時は，1，2年生は在学しておりません。
　こうした状況等については，生徒や保護者の皆さんに混乱を生じさせないよう，説明会を行うなど周知に努めてきたところであり，今後も一層周知に努めて参りたいと考えています。
　併せて，平成26年度と27年度に統合校の活力を維持するために，統合関係校による学校行事の合同での実施や部活動の合同練習や合同チームでの大会出場など，学校の諸活動への影響が可能な限り小さくなるよう県としても支援していきたいと考えています。

公開質問状への回答

平成23年（2011年）8月5日

彦根市長　獅山　向洋　様
彦根市教育委員会教育長
　　　　　小田柿幸男　様

　　　　　滋賀県知事　嘉田　由紀子

　平成23年（2011年）7月25日付けで提出された公開質問状について，別紙のとおり回答します。

（別紙）公開質問状への回答

　公開質問状「Ⅵ　県の考え方について」に対して回答します。

Ⅵ　県の考え方について

Ⅵ-1
　県知事は，今回の高校再編原案をいつ知ったのか。この原案を読んだとき，余りにも財政主導の原案であると考えなかったのか。現時点で，この原案を是とし，高校廃止の条例を提案する決意でいるのか。条例の提

案の時期はいつか。明確に回答されたい。

【回答】
再編計画（原案）の検討段階において，その概要について報告を受け，再編計画（原案）については，教育委員会決定後に報告を受けたものです。教育委員会においては，魅力と活力ある県立高等学校づくりに向けて検討いただいており，財政主導の原案であるとは考えていません。条例提案については，まずは，教育委員会で再編計画を決定された後，所要の内容を確定してからとなるため，時期は未定と伺っています。

Ⅵ-2
　湖南地域への人口の集中，また，平成18年4月から県立高等学校の通学区域が全県一区となったことから，県立高等学校在学者数に占める湖南地域の県立高校在学者数の割合が増大している。
　今回の高校再編計画は，湖東・湖北地域の入学定員を削減するものであり，交通の便などを考えると，入学定員の削減分だけ湖東・湖北の高等学校進学希望者が湖南地域の高等学校に進学せざるを得なくなる。
　これは，所謂「南高北低」を一層助長し，意図的に湖東・湖北地域を衰退させる政策であると考えるが，県知事として理論的に見解を述べ反論されたい。

【回答】
　県立高校の入学定員については，県全体および各地域における中学校卒業予定者数や進学志望の動向などを考慮して，年度ごとに決定されると聞いています。学校の統合は，地域全体の学校活力を維持向上するために行うものであり，今回の再編により，湖東・湖北地域の入学定員を削減するものではないと聞いています。

Ⅵ-3
　実施計画の策定後，計画期間である10年の間に，再度，再編・統合等を伴う計画の変更はないのか，今後の方針について示されたい。

【回答】
　実施計画（原案）に記載されてあるとおり，次期以降の実施計画については，今後の社会状況の変化や生徒数の推移，再編の進捗状況などを見極めながら，必要に応じて策定するものとされています。

Ⅵ-4
　県が平成23年3月に策定した，県政の仕組みの改革と財政の健全化のための改革を一体的に示した「滋賀県行財政改革方針」では，本県の厳しい財政状況などに伴い，県立高等学校の再編を推進するとあり，県教育委員会が平成22年8月および11月に県内各地で県民や保護者を対象に行った説明会に用いた資料および「教育しが」平成22年12月特別号でも県の厳しい財政状況について触れている。
　基本計画では，「限られた教育資源を最大限に活用しつつ，より効果的・効率的な学校運営を行うとともに，教育予算の効果的な投資」との表現等に留めているが，再編計画においては，特に湖東・湖北地域の生徒や保護者に様々な負担を強いる内容となっており，県教育委員会としての生徒や保護者など住民の目線においた計画とは到底言い難く，県知事による財政主導の計画であると言わざるを得ない。
　この計画が財政主導のものであることは明白であり，当然，県の財政状況を好転させる効果があるものと推察するが，この計画による財政削減効果を具体的に金額で示されたい。

【回答】
　今回の再編では，魅力と活力ある学校づくりを念頭に，検討を進め原案としてまとめた段階であり，今後，再編を進めていく中で必要となる経費もあり，トータルで差し引きいくらの財政効果があるかは，現時点では明確にできません。

Ⅵ-5
　県知事は，再編原案について，教育に対する中立性を云々して原案は全て教育委員会が決めたかのように逃げているが，県教育委員会事務局次長が知事部局の財政のエキスパートであったことは周知の事実であり，現に原案発表後，県教育委員会事務局次長が主体となって関係市に説明に回っている。
　また，今回の原案が市教育委員会および生徒および保護者に対する配慮が欠け財政主導であることは誰の眼から見ても明白であ

> り，教育の中立性どころかまさに知事部局・財政当局が教育委員会を乗っ取ったものと同然であり，今回の再編原案は全て知事の誤った「もったいない」精神の結果である。その点で知事の政治責任は免れないと考えるが，これに対する知事の見解を伺いたい。

【回答】
　教育委員会として必要な手続き経て決定された再編原案であり，御質問のようなことがあるとは考えていません。今回の再編計画を，①生徒の視点から，②保護者の視点から，③地域住民の視点から分かりやすく説明し，納得してもらえるよう教育委員会にお願いしています。

公開質問状（再質問）

平成23年（2011年）8月19日

滋賀県知事　嘉田　由紀子　様
滋賀県教育委員会委員長
　　　　髙橋　政之　様

　　　　　　　彦根市長　獅山　向洋

　彦根市長および彦根市教育委員会教育長は，滋賀県教育委員会（以下「県教委」という。）が平成23年7月12日に唐突に発表した「滋賀県立高等学校再編計画（原案）」（以下「再編原案」という。）に対し，平成23年7月25日付けで公開質問を行い，同年8月5日までに回答するよう要求した。
　県教委は，回答期限とした8月5日に本市の公開質問に対する回答書を持参したが，その回答内容は，本市の質問に対する明確な回答ではなく，また，全く回答がなされていない項目も存在した。
　本市は，教育現場の混乱と生徒や保護者の不安が続いている状況のもとで，県教委の不明確かつ本市として理解しがたい今回の回答は受理することができなかったため，回答を持参した県教委職員に対し，8月10日までに本市の質問に対する明確な回答を行うよう口頭で伝達した。
　ところが，回答期限である8月10日までに回答しなかったばかりか，一部報道によると，県教委教育長は，再回答を求める要望書が届いていないことを理由に再度の回答は行わ

ない旨を明らかにしたとのことであり，高校再編のような重大問題について説明責任を果たすべき教育長としてはあるまじき不誠実な態度であると言わざるを得ず，本市としては憤りに耐えない。
　しかしながら，本市としては，回答の受理は行わなかったものの，県教委ホームページ上に公開された県知事・県教委教育長から彦根市長・彦根市教育委員会教育長あての回答に基づき，ここに再質問を行うものである。
　なお，この再質問についても，先般の公開質問と同様に，回答を広く県民に公開し，県民の判断を仰ぐ所存であるので，平成23年8月31日までに文書により明確に回答されたい。
　なお，先の公開質問状において，県教委が再編原案を公表した平成23年7月12日と同日付で県教委教育長名で県内各市町長および県内各市町教育委員会教育長に対して依頼のあった「滋賀県立高等学校再編計画（原案）に対する意見・情報の募集（県民政策コメント）について」（以下「意見募集」という。）の回答については，公開質問状に対する県の回答を得たうえで意見を述べると明言しているところであるが，回答を得ていないため，本市としては，意見募集に対する意見提出については先般の公開質問および本再質問の趣旨に沿い行うこととする。ただし，今後，市として円滑な教育行政を推進するためには，滋賀県および県教委の再編原案の策定にかかる根拠および方針等を理解したうえで，彦根市，湖東地域，ひいては滋賀県全域の教育の向上に質する意見表明を行わなければならないと考えているため，今後の本市の意見表明あるいは県および県教委への対応については，法令等に基づき採りうる様々な方法により行っていくことを付記するものである。

I　高校再編計画全般について

彦根市質問（要約）

> 1　県教委は，県教委教育長名で「意見募集」の文書を送付したが，再編原案は県教委が決定したものであり，教育委員会の行政執行機関である教育長名で行うことには強い疑問があり，また，その意見・情報募集は各市町教育委員会委員長に対して行うべきであると考えるが，この意

見に対する見解を回答されたい。また、「滋賀県民政策コメント制度に関する要綱」を実施するに当たり、県教育長名で行ったのか、県教育委員長名で行ったのか、手続の適法性に問題があるので当該文書の写しを添えて回答されたい。

県教委教育長回答（要約）

Ⅰ-1
「滋賀県教育委員会の権限に属する事務の一部を教育長に委任する規則」により、県民政策コメントの実施や関係行政機関への説明および意見・情報の提出を求めることについては、教育長に委任された事務であり、「滋賀県教育委員会事務処理規定」により教育長名で発信した。

また、「滋賀県民政策コメント制度に関する要綱」により、関係行政機関に対し計画等の概要を書面で説明し、意見・情報の提出を求めるとなっていることから、教育委員会事務をつかさどる各市町教育委員会教育長に対して意見照会を行った。

県民政策コメントの実施については、実施機関である県教委が計画原案および関係資料を公表し、意見・情報の募集を行っており、今回の例のみでなく、教育長名もしくは教育委員長名を記載した文書はないのが通例。

彦根市再質問

Ⅰ-1
滋賀県教育委員会事務処理規程第18条第1項第1号は、「次に掲げる公文書には、委員長名を用いなければならない。ただし滋賀県教育委員会の権限に属する事務の一部を教育長に委任する規則（昭和63年滋賀県教育委員会規則第4号）の規定により委員長に委任された事項に係るものについては、教育長名を用いなければならない。」、同条同項同号ウは、委員長名を用いるべき公文書として「個人または法人その他の団体に発する特に重要な公文書」を挙げている。

滋賀県教育委員会の権限に属する事務の一部を教育長に委任する規則第2条は「教育委員会は、次の事項を除き、その権限に属する事務を教育長に委任する。」とし、同条件第1号は「教育に関する事務の管理および執行の基本的な方針に関すること。」を挙げ、また同条第3号は「教育委員会の所管に属する学校その他の教育機関の設置および廃止に関すること。」を挙げており、今般の再編原案は、上記規則から教育委員長が処理すべき事務である。

よって、県教委教育長の「県民政策コメントの実施や関係行政機関への説明および意見・情報の提出を求めることについては、教育長に委任された事務であり、「滋賀県教育委員会事務処理規定」により教育長名で発信した。」の回答は根拠が存在しないので、今一度、理由を明確にして回答されたい。

また、県教委教育長の回答の第1段では、「県民政策コメントの実施や関係行政機関への説明および意見・情報の提出を求めることについては、教育長に委任された事務であり、「滋賀県教育委員会事務処理規定」により教育長名で発信した。」としているのに、第3段においては「県民政策コメントの実施については、実施機関である県教委が計画原案および関係資料を公表し、意見・情報の募集を行っており、今回の例のみでなく、教育長名もしくは教育委員長名を記載した文書はないのが通例。」と回答しているが、これは、同じ「県民政策コメントの実施」に関し明らかに矛盾した見解であるばかりか、このような重要な文書について「通例」と言うならば「通例」の法的根拠を示されたい。

彦根市質問（要約）

2　県教委は、「県立学校のあり方検討委員会」からの報告および滋賀県産業教育審議会からの答申を受け、平成22年度中に、基本計画および実施計画を公表するとしていたが、延期した。このような経過に関連し、以下の質問を行う。
① 延期を決めて以降、どのように県民に周知し、意見を聞いたのか、時期・場所・対象者・意見の内容およびその意見を再編計画にどのように反映させたかについて詳細に回答されたい。
② 高等学校の統廃合は、教育行政や市民に多大な影響を及ぼすものであり、教育委員会、市民からの意見聴取および説明責任を果たすことが極めて重要である。
しかし、県教委はこれまで彦根市・彦根市教育委員会および彦根市民から意見聴取や、県教委としての意見説明をした形跡は全く認められない。

これほど重要な問題について予め彦根市・彦根市教育委員会および彦根市民の意見を聞くことも、具体的な説明も不要と考えている理由を述べられたい。
③ 県教委が平成22年に県内各地で行った説明会に用いた資料および「教育しが」平成22年12月特別号によれば、再編の具体的な考え方として、適正規模は1学年あたり「概ね6学級から8学級程度」、小規模校については「統廃合に関する具体的な方策の検討」などが明記されているが、再編原案では、全日制の高等学校については、分校化された信楽高等学校を除き、彦根市および長浜市にある高等学校4校のみが統廃合の対象となっている。

これは、平成22年度までに示されてきた方針と大きく異なるものであり、既に公表されていた再編計画の重大な計画変更である。

いつ、どのような考え方に基づいて変更したのか、このような重大な計画変更が許されると考えているのか、計画変更の経過について詳細に説明されたい。
④ 今回の再編原案策定に際し、「県立高校のあり方検討委員会」委員に説明は行ったのか。説明を行ったのであれば、その際に、委員からどのような意見が出され、どのように説明したのか。
⑤ 今回の再編原案については、各市町長や各市町教育委員会に対し意見・情報の募集（県民政策コメント）や各市町教育委員会や各中学校長に対して説明会を実施するようであるが、出された意見を公開するのか、今後再編原案を変更する可能性があるのか、さらに、高等学校の廃止には、条例提案が必要であるが、県議会に対し、いつ、条例提案を行う予定なのか。

県教委教育長回答（要約）
Ⅰ-2-①
再編原案の公表を延期以降は、昨年12月に「教育しが」特別号を配布し、意見をいただくこととした。また、ホームページ等を活用して随時、意見を募集してきた。
これまでにいただいた意見については、県教委のホームページに掲載している。
また、今年3月には県内企業経営者の皆さんから、主に専門学科について意見をいただいた。
県民からの意見、県議会の質疑や意見を踏まえ、高等学校をより魅力的にする観点から、慎重に検討を進め、今回原案の提示に至ったもの。

彦根市再質問
Ⅰ-2-①
上記「回答（要約）」では、冗長に流れるため割愛したが、県教委教育長回答においては、「教育しが」とホームページ等での周知と限定されたものではありながらも、多くの意見が出されたことと具体的な意見のいくつかを記載されている。しかし、本市の質問のうち、「その意見を再編計画にどのように反映させたかについて詳細に回答されたい。」については、意見を踏まえ、慎重に検討を進めたとの抽象的な回答に留まっている。どのような意見をどのように踏まえて今回の再編原案となったのか、意見を反映させたのはどの部分であるのか、具体的に明示し回答されたい。

県教委教育長回答（要約）
Ⅰ-2-②
昨年の8月2日に市町教育委員会を、8月7日、8日に県民を、11月21日から28日の間に県内7か所において児童・生徒を持つ保護者を対象に説明会を開催し、意見を聴いた。また、昨年12月には「教育しが」特別号を保護者に配布し、意見を募集した。
これらの意見を踏まえて再編原案を作成したところ。

彦根市再質問
Ⅰ-2-②
この質問は、質問事項2の前段に明記したとおり、「平成22年度中に、基本計画および実施計画を公表するとしていたが、延期した。このような経過に関連し、以下の質問を行う。」ことを前提としている。Ⅰ-2-①にもあるとおり、<u>平成22年11月議会</u>（実際の発言は12月と了知している。）において「県民への周知や内容の検討に時間が必要」とし公表を延期したのであるから、平成23年7月に公表する前に、時間をかけ周知し検討した内容について、意見聴取や説明が必要であ

るとの考えから，県が具体的な説明等を不要とした理由について問うものであり，上記回答は，故意に時間的にすりかえており，本市の質問に対する回答とは言えないことは誰の目から見ても明白である。

再編原案の公表の延期を表明後，様々な意見等を検討した再編原案について予め彦根市・彦根市教育委員会および彦根市民の意見を聞くことも，具体的な説明も不要と考えていたのならば，その理由を述べられたい。

県教委教育長回答（要約）

I-2-③
県教委として今回，初めて再編原案を公表したもの。
昨年示した基本的な考え方においても，「学科の特性や地理的条件などを考慮するとともに，生徒数の推移や志望状況等に配慮しながら，一学年あたり概ね6学級から8学級を標準とする。」としており，再編原案についてもこの考えに変更はない。

彦根市再質問

I-2-③
平成22年度において，1学年が6学級以下の県立高等学校は，46校中20校も存在するが，今回の統廃合の対象とされたのは彦根市および長浜市にある高等学校4校のみである。上記回答では，「「…一学年あたり概ね6学級から8学級を標準とする。」としており，再編原案についてもこの考えに変更はない。」としているが，この4校のみを統廃合の対象とした理由，4校以外の16校を統廃合の対象外とした理由と経過について回答がなされていないので，彦根市および長浜市にある高等学校4校のみを統廃合の対象とした理由と経緯を回答されたい。

県教委教育長回答（要約）

I-2-④
「県立学校のあり方検討委員会」の委員に対しては，再編原案決定後，平成23年7月12日付けで内容を通知した。
現段階において，「再編計画により，高校生の多様な学びが展開され，彼ら自身が夢のある未来を語り，魅力あると感じられる生き方や進むべき道が多様で，一層深まることを願う。」といった意見をいただいている。

彦根市再質問

I-2-④
上記回答によれば，今回の再編原案については「県立学校のあり方検討委員会」は全く関与していないことになるが，そのように理解して良いのか。

県教委教育長回答（要約）

I-2-⑤
各市町長および各市町教育委員会からの意見は，県民コメント制度による意見・情報に対する県教委の対応方針と考え方の公表と併せて公表する予定。
7月に実施した各市町教育委員会および各中学校に対する説明会における意見については公表を前提としていないことから詳細な公表は考えていない。
今後，県民政策コメントや各地での説明会での意見，県議会での質疑等を通じて計画策定を目指したい。
計画策定後，所要の内容を確定した上で，条例改正を提案する予定。

彦根市再質問

I-2-⑤
各意見の公表に関しては理解するが，再編「原案」と言いながら原案変更の可能性について全く回答していない。県および県教委は「原案」は変更の可能性のない「案」と考えているのか。今後，再編原案を変更する可能性があるのか回答されたい。また，所要の内容が確定し，条例改正を提案する時期の目途について説明されたい。

II 再編・統合による定員削減の影響について

彦根市質問（要約）

1 彦根市においては，現在の0歳児が高等学校進学を迎える15年後まで，子どもの数はむしろ増大するものと推計される。また，本市の中学校から県立高等学校への進学者のうち，約6割の生徒が市内の県立高等学校へ進学している。
① このような状況のもとで，現在，彦根西高等学校と彦根翔陽高等学校あわせて1学年9学級であるものを再編原案では6学級に削減するとしているが，この3学級120人もの定員を削減

する具体的理由が示されていない。根拠を示されたい。
② 学級数の減により，市内の県立高等学校に進学できなくなる生徒は，市外の県立高等学校か，又は，私立高等学校に進学せざるを得なくなり，生徒は通学に時間と労力を費やし，保護者は経済的負担が増加する。これが県民福祉に繋がると考えているのか，見解を示されたい。

県教委教育長回答（要約）

Ⅱ－1－①
再編原案では，学校統合による募集定員削減は考えていない。これまでどおり地域ごとの中学校卒業者数や生徒の志望動向などを踏まえ，それぞれの年度の定員を確保していきたいと考えている。

彦根市再質問

Ⅱ－1－①
再編原案では，統廃合にかかる具体的な学校名や学級数は明示しているが，最も重要な定員の確保については具体的に回答していない。また志望動向などを踏まえ定員の確保を考えると回答しているが，どのようなタイムスケジュールで次年度の志望動向を把握し，定員を確保するのかについても具体的に回答していない。
このような重要な問題について具体的に回答できないのは何故か。彦根市および長浜市において，どの高等学校でどれだけ定員を増やし，募集定員の削減を防ぐのかを誠意をもって回答されたい。

県教委教育長回答（要約）

Ⅱ－1－②
県立高校は，県域を対象としており，学校の所在する市町の生徒のみを対象としているものではないが，できる限り生徒や保護者の希望に添えるよう努力したいと考えている。

彦根市再質問

Ⅱ－1－②
上記回答においては，「県立高校は，県域を対象としており，学校の所在する市町の生徒のみを対象としているものではない」と言っているが，これは，湖東・湖北地域の生徒・保護者の労力，経済的負担を何ら考慮せず，

住民をないがしろにする暴論である。「概ね6学級から8学級を標準とし」，「8割程度の中学生が地域の高等学校に進学する状況にあることから」，「地理的条件や学科の特性などを考慮しながら，学校の統合や分校化を行う」とした再編原案と矛盾しているではないか。
県立高校は，県域を対象とし，学校所在地の生徒のみを対象としているものではないのならば，6学級以下である20校のうち16校が，今回の再編原案で統廃合の対象とされず，彦根市および長浜市の4校のみが対象となったことに関して様々な疑念が浮かぶところである。4校が統合の対象となった理由と経緯については，既に上記Ⅰ－2－③で再質問をしているが，本項回答における再編原案との矛盾点を説明されたい。
また，上記回答にある「できる限り生徒や保護者の希望に添えるよう努力」するとの具体的な方策について回答されたい。

Ⅲ 再編・統合による効果，弊害等について

彦根市質問（要約）

1 再編原案の基本計画においては，「魅力と活力ある県立高等学校づくりに向けて」として，「教育内容の質的充実」，「部活動や学校行事などの集団活動の活性化」が挙げられている。
また，その実施計画において，彦根西高等学校と彦根翔陽高等学校の結合は彦根翔陽高等学校校地とし，彦根翔陽高等学校において1学級増やすとしている。
① 彦根西高等学校では普通科と家庭科学科，彦根翔陽高等学校では総合学科を開設しており，従来から特色のある教育がなされている。また，両校の生徒については，男女比も大きく異なっている。
このような状況の下，再編・統合の前後においてどのように教育内容に違いが生じ，質的に充実したものとなるか，見解を示されたい。
② 現在，彦根西高等学校においては，普通科2学級，家庭科学科2学級，彦根翔陽高等学校においては，総合学科5学級となっているところ，再編・統合後は，普通・商業・家庭で編成された総合学科を設置するとしているが，これは今後の進学者のニーズを踏まえ

たものとなっているのか。特に，彦根西高等学校における家庭科学科については，歴史があり専門的な教育が高い評価を受けているが，家庭系列の総合学科ではその専門性が希薄になるものと考えられる。この学科の編成方針に関する考え方を示されたい。
③ 再編・統合後の高等学校を彦根翔陽高等学校に設置するとした場合，現在の同校と比べれば定員増，学級数増となるが，教育内容の質的充実，部活動や学校行事の活性化を図るためには，校舎，グラウンド等の高等学校施設の設備が必要となると考えるが，その方針および計画を示されたい。

県教委教育長回答（要約）
Ⅲ－1－①
　現在，彦根西高等学校は普通科と家庭科学科があり，家庭科学科は，1年生は専門科目を共通して学習するが，2年生から情報デザイン類型と食物調理類型に分かれて学習している。彦根翔陽高等学校は5系列を持つ総合学科で，健康科学系列等では家庭科学科の一部専門科目を選択科目として学習している。
　両校の統合後は，普通教科・科目の学習を可能とするとともに，家庭科学科に関する学習の専門性を維持しつつ，教科・科目の選択を広げるなど教育内容を質的に充実させることにより，生徒の多様なニーズに応えることができると考えている。

彦根市再質問
Ⅲ－1－①
　対象校の現状と統合後について綺麗ごとを並べ立てているが，全く具体性がなく単なる抽象論に過ぎない。高校再編に関与した知事・教育委員長・教育長・次長および県教委職員が統廃合の対象となった高等学校を現実に視察したことがあるのか，ないならばないと，あるならば，視察した月日を回答されたい。

県教委教育長回答（要約）
Ⅲ－1－②
　総合学科では，現在の家庭科学科で蓄積された成果を継承し，充実した専門科目を配置するなど，専門性を深める教育にも対応できるようにし，今後の進学者のニーズを踏まえたものにしていきたいと考える。

彦根市
Ⅲ－1－②
　「総合学科では現在の家庭科学科で蓄積された成果を継承し充実した専門科目を配置する」と言うからには，彦根翔陽高等学校の総合学科に彦根西高等学校の家庭科学科以上の教室および設備を整備すると理解して良いのか。

県教委教育長回答（要約）
Ⅲ－1－③
　必要な施設・設備を整備し，教育内容の質的充実や学校の活性化に資するものにしていきたいと考える。

彦根市再質問
Ⅲ－1－③
　彦根西高等学校と彦根翔陽高等学校はそれぞれ教育内容に特色があり，男女比も異なる。これを彦根翔陽高等学校に統合し，学級数を増やすのであれば施設・設備の整備が必要となるから，その計画について既に質問したところであるが，上記回答では余りにも抽象的である。
　知事や教育者とあろうものが，このような抽象的な言葉の羅列で高校再編を行おうとするのであろうか。詳細な整備計画でなくても，方針，アウトラインだけでも示すべきではないか。具体的な回答をもとめる。

彦根市質問（要約）
2　本市は，今回の再編原案には絶対反対であるが，「県立学校のあり方検討委員会」の報告から，今回の計画が公表されるまで，2年以上が経過しており，この計画の内容は熟考されたものと推察する。それ故，当然，彦根西高等学校と彦根翔陽高等学校の再編・統合後の彦根西高等学校の跡地および施設の利用計画も練られたと思うが，その計画内容を示されたい。

県教委教育長回答（要約）
Ⅲ－2
　彦根西高等学校の跡地および施設の利用計画については現段階において具体的な計画はない。

彦根市再質問
Ⅲ－2
　高等学校は，公共施設としては面積，規模とも比較的大きなものが多く，地域社会において果たす役割も大きなものがある。このような施設の廃止に際しては，跡地・施設の利活用方針等について，詳細な計画はなくとも方針策定委員会等を立ち上げるなど，今後の利活用等に向けた何らかの動きや方向付けをするのが県および県教委の責務である。
　上記回答では，具体的な計画はないとのことであるが，本市としては再編原案に絶対反対であることをはっきりと表明したうえで，彦根西高等学校の跡地および施設の利用計画策定にかかる今後のタイムスケジュールについて示されるよう再質問を行う。
　また，彦根市は，彦根西高等学校を，災害対策基本法第42条の規定に基づき策定した彦根市地域防災計画における一時避難所に指定している。これは，風水害，地震等により本市に災害が発生し，または発生するおそれがある場合に，市民が安全かつ速やかに一時的に避難をする場所である。この指定については，平成6年に県教委教育長が承諾しているが，彦根西高等学校統廃合後の一時避難施設の取扱いについて見解を明らかにされたい。

Ⅳ　定時制課程の再編について

彦根市質問（要約）
1　今回の定時制課程の廃止・変更については彦根市および彦根市教育委員会は絶対に反対する。
　廃止としている彦根東高等学校，彦根工業高等学校および長浜北星高等学校の入学者数の多数は湖東・湖北地域出身者が占めているからである。
　また，定時制高等学校の本来の主旨は，「働きながら学ぶ青年に対し，教育の機会均等を保障」するものであるとの視点を失ってはならない。
①　実施計画にある能登川高等学校の定時制課程への入学を希望するものは，大半は湖東・湖北出身者が占めることが予想されるが，廃止・変更により，生徒が通学に費やす経済的・時間的負担の増大について見解を示されたい。
②　勤労者への学習機会の提供から，定時制課程は企業が集積する自治体にある高等学校に設置するのが，企業・生徒とって最も利便が図られるが，彦根東高等学校，彦根工業高等学校および長浜北星高等学校の定時制課程を廃止し，湖東・湖北地域から通学する生徒を能登川高等学校に集約するのは，まさに理念に逆行するものである。なぜ，敢えて逆行しようとするのか，その理由を明確に示されたい。

県教委教育長回答（要約）
Ⅳ－1－①
　地域によってはこれまでと比べ，通学に費やす経済的・時間的負担が増すことが考えられる一方，多様な学習スタイルや学習スペースに応えられる全日制・定時制併置の柔軟な学習システムを持つ学校を新たに設置することで，今以上に生徒の主体的な選択が可能になり，様々な学習歴を持つ生徒の「学びあい」を通して，自己実現に向けて挑んでいく意欲を育む教育の推進を図ることができると考える。
　経済的な負担については，必要に応じて既存の奨学金制度の活用をいただきたい。

彦根市再質問
Ⅳ－1－①
　上記回答では，県教委は，経済的・時間的負担が増大することを認識したうえで，既存の奨学金制度の活用を勧奨している。奨学金や授業料の減免制度などが存在することは言うまでもないが，その殆どは所得制限等，一定の基準を満たしたものを対象としており，また，通学距離によって奨学金の受給が決定されたり金額が増減するような制度の例は知らない。県又は県教委はそのような制度を考えているのか，回答されたい。
　彦根市，長浜市，米原市等に在住している生徒で，再編計画で廃止される定時制課程への進学を希望するものは，奨学金の支給を受けられるもの，要件を満たさず支給が受けられないものに関係なく，通学にかかる経済的な負担は増大する。この負担増により，希望する進学をあきらめざるを得ない生徒が出てくるに違いない。
　また，通学にかかる時間的な負担が，特に地理的条件の不利な地域に居住する生徒に極端にのしかかり進学の希望を挫かれる懸念が

強い。
　本市の質問はこのことを念頭に県の見解を問うたものであり、経済的な負担は既存の奨学金で賄えと言うのは県民の福祉向上を忘れ県の財政しか考えていない暴論である。通学者の立場に立った回答を再度求める。

【県教委教育長回答（要約）】
Ⅳ－1－②
　総合単位制高校を能登川に設置することとしたのは、全県的な配置バランスや交通の利便性を考えてのこと。
　また、定時制高校については、これまでの勤労青少年のための学校という役割から、多様な学習歴を持つ生徒が多く入学している学校に変化していると認識している。

【彦根市再質問】
Ⅳ－1－②
　定時制高校について、「働きながら学ぶ青年に対し、教育の機会均等を保障」（高等学校の定時制教育及び通信教育振興法第1条）するとの理念は（変化し）失われたとの認識であるとの回答であるが、これが県および県教委としての認識であることに間違いがないか、確認しておきたいので、再確認の意味で回答を求める。
　また、今後、就労しながら学習を希望する生徒の進学を断念させる可能性が大きいと考えるが、県立高等学校の定時制課程在学者のうち、勤労学生の割合を示した上で、県および県教委は反対の見解を有しているのか、回答されたい。

Ⅴ　中学生および教育行政等への影響について

【彦根市質問（要約）】
　1　実施計画では、具体的な再編・統合の実施年度は平成26年度としているが、平成26年度に高校3年生となるのは、現在の中学3年生である。この中学3年生においては、生徒達はその目標を定めはじめ、各中学校においても進路指導を始めている。
　今、この時期に平成26年度からの実施計画を示されたことにより、あらためて進路を再検討せざるを得ない状況となり、また、中学校における進路指導も極めて困難になるなど教育現場は大混乱に陥っている。
　今回の実施計画の公表は、今年度の中学3年生に対しても非常に大きな不安と混乱を惹起しているが、これに対する見解と責任の所在について回答されたい。

【県教委教育長回答（要約）】
Ⅴ－1
　平成24年度、平成25年度の入学者選抜は、統合対象校においても行う予定。
　また、現在の中学1年生は、平成26年度入学者選抜において、統合後の高校を受験する。
　これにより、平成24年度入学の生徒は高校3年生になるときに新入生が入学してこず、平成25年度入学の生徒は、高校2年生になる時に新入生が入学しないため、高校3年生になった時に、1、2年生の在学生はいない。
　このような状況等について、説明会を行うなど周知に努めてきたところであり、今後も一層周知に努めていく。
　併せて、平成26年度と27年度に統合校の活力を維持するために、統合関係校による学校行事の合同での実施や部活動の合同練習や大会出場など、学校の諸活動への影響が少なくなるよう県として支援していく。

【彦根市再質問】
Ⅴ－1
　教育現場の混乱、そして進学を控えた中学3年生およびその保護者の不安への見解と責任の所在について質問したところだが、回答がなされていないため、再度質問する。
　また、再編原案の公表を、既に、三者懇談や進路指導が始まった時期に行い、無用の混乱を招いた経緯および原因、その責任の所在を明確に回答されたい。
　さらに、再編原案においては、「規模の小さな学校では、生徒同士が切磋琢磨する機会が相対的に減少するとともに、選択科目の開設数が限られる、部活動などの集団活動が制約されるなど、学校活力の低下が懸念される」と言うが、この再編原案を公表することにより、統廃合の対象とされた高等学校への入学者がこれまでと比べ大幅に減った場合の入学した生徒への対応策を示されたい。

Ⅵ 県の考え方について

彦根市質問（要約）

1 県知事は，今回の高校再編原案をいつ知ったのか。この原案を読んだとき，余りにも財政主導の原案であると考えなかったのか。現時点で，この原案を是とし，高校廃止の条例を提案する決意でいるのか。条例の提案の時期はいつか。明確に回答されたい。

県知事回答（要約）

Ⅵ－1
再編原案の検討段階において，概要について報告を受け，再編原案は，教育委員会決定後に報告を受けた。
教育委員会においては，魅力と活力ある県立高等学校づくりに向けて検討いただいており，財政主導とは考えていない。
条例提案については，教育委員会で再編計画を決定後，所要の内容を決定の後となるため，時期は未定と伺っている。

彦根市再質問

Ⅵ－1
知事は，行財政改革プランの選択肢の一つとして高校再編を掲げていたのではないのか。知事が「財政主導とは考えていない」のであり，「魅力と活力ある県立高等学校づくり」を考えているのならば，県教委任せの回答ばかりせずに，知事として「魅力と活力ある高校」のコンセプトを明らかにするべきであると考えるので，具体的なコンセプトを回答されたい。
また，県教委の再編原案を了解したか否かについては，回答がなされていない。知事としてこの再編原案を是とし，高校廃止の条例を提案する決意でいるのかについて，再度質問をするので，明確に回答されたい。

彦根市質問（要約）

2 湖南地域への人口の集中，また，県立高等学校の通学区域が全県一区となったことから，湖南地域の県立高校在学者数の割合が増大している。
今回の高校再編計画は，湖東・湖北地域の入学定員を削減するものであり，交通の便などを考えると，湖東・湖北の高等学校進学希望者が湖南地域の高等学校に進学せざるを得なくなる。
これは，所謂「南高北低」を一層助長し，意図的に湖東・湖北地域を衰退させる政策であると考えるが，県知事として理論的に見解を述べ反論されたい。

県知事回答（要約）

Ⅵ－2
県立高校の入学定員については，県全体および各地域の中学校卒業予定者数，進学志望動向などを考慮して，年度ごとに決定されると聞いている。
学校の統合は，地域全体の学校活力を向上するために行うものであり，今回の再編により，湖東・湖北地域の入学定員を削減するものではないと聞いている。

彦根市再質問

Ⅵ－2
県教委教育長の回答に対しても再質問を行っているが，再編原案では「概ね6学級から8学級を標準とし」，「8割程度の中学生が地域の高等学校に進学する状況にあることから」，「地理的条件や学科の特性などを考慮しながら，学校の統合や分校化を行う」としており，平成22年度において，1学年が6学級以下の県立高等学校は，46校中20校あるが，今回統廃合の対象とされたのは彦根市および長浜市にある高等学校4校のみである。この事実について知事はどのような見解を持っているのか，そしてこの事実が，所謂「南高北低」を助長するものでないのか，ないとすればその理由を明確に回答されたい。
さらに，知事の回答では，「今回の再編により，湖東・湖北地域の入学定員を削減するものではないと聞いている。」と言うが，具体的にどのように入学定員を削減しないと聞いているのか回答されたい。

彦根市質問（要約）

3 実施計画の策定後，計画期間である10年の間に，再度，再編・統合等を伴う計画の変更はないのか，今後の方針について示されたい。

県知事回答（要約）

Ⅵ－3
再編原案に記載されてあるとおり，次期

以降の実施計画については、今後の社会状況の変化や生徒数の推移、再編の進捗状況などを見極めながら、必要に応じて策定するものとされている。

彦根市再質問
Ⅵ－3
　この質問は、計画期間の10年間の間に計画変更がなされる可能性の有無を聞いているものであり、次期計画の策定の有無を聞いているものではない。正確に質問の趣旨を理解して回答されたい。

彦根市質問（要約）
4　県が策定した、「滋賀県行財政改革方針」では、県の厳しい財政状況などに伴い、県立高等学校の再編を推進するとあり、県教育委員会が平成22年8月および11月に県内各地で行った説明会に用いた資料および「教育しが」平成22年12月特別号でも県の厳しい財政状況について触れている。
　基本計画では、「限られた教育資源を最大限に活用しつつ、より効果的・効率的な学校運営を行うとともに、教育予算の効果的な投資」との表現等に留めているが、再編計画では、特に湖東・湖北地域の生徒や保護者に負担を強いる内容となっており、県教育委員会として、住民の目線においた計画とは到底言い難く、県知事による財政主導の計画であると言わざるを得ない。
　この計画が財政主導のものであることは明白であり、当然、県の財政状況を好転させる効果があるものと推察するが、この計画による財政削減効果を具体的に金額で示されたい。

県知事回答（要約）
Ⅵ－4
　今回の再編では、魅力と活力ある学校づくりを念頭に、検討を進め原案としてまとめた段階であり、今後、再編を進めていく中で必要な経費もあり、トータルでの財政効果は現時点では明確にできない。

彦根市再質問
Ⅵ－4
　県教委の予算編成および予算執行の権限については、滋賀県知事が有しており、「滋賀県事務決裁課程の制定等について（通知）」8(1)のなお書きでは、財政課への合議は滋賀県財務規則によるもののほか、毎年度の予算執行通達により示されるとあり、実際の合議区分の詳細は不明であるが、この再編原案のような将来の予算編成、予算執行に重大な影響を及ぼす計画の策定については、財政課と合議し、知事まで上げられるのが通常である。その際に財政課に対して、今後の歳出削減効果および再編に伴い発生する財政需要についての基礎資料を用意し説明することは常識ではないだろうか。
　具体詳細にわたる積算資料は示せないのであれば、現時点での財政削減効果を示した資料の有無について問う。また、当該資料があれば明示されたい。

彦根市質問（要約）
5　県知事は、再編原案について、原案は全て教育委員会が決めたかのように逃げているが、県教育委員会事務局次長が知事部局の財政のエキスパートであり、現に原案発表後、県教育委員会事務局次長が主体となって関係市に説明に回っている。
　また、今回の原案が市教育委員会、生徒および保護者に対する配慮が欠け財政主導であることは明白であり、教育の中立性どころか知事部局・財政当局が教育委員会を乗っ取ったも同然であり、再編原案は全て知事の誤った「もったいない」精神の結果である。その点で知事の政治責任は免れないと考えるが、これに対する知事の見解を伺いたい。

県知事回答（要約）
Ⅵ－5
　教育委員会として必要な手続きを経て決定された再編原案であり、質問のようなことがあるとは考えていない。
　今回の再編原案を、①生徒の視点から、②保護者の視点から、③地域住民の視点から分かりやすく説明し、納得してもらえるよう教育委員会にお願いしている。

彦根市再質問
Ⅵ－5
　今回の再編原案が、全く財政主導ではなく、県教委が県域の教育振興を図る視点のみで作成したと言うのであれば、県が平成23年3

月に策定した，県政の仕組みの改革と財政の健全化のための改革を一体的に示した「滋賀県行財政改革方針」において，県の厳しい財政状況などに伴い，県立高等学校の再編を推進するとしたのは，県知事としてどのような見解を持っているのか明確に回答されたい。

また，知事は，この質問のいずれの回答においても，(県教委に)「聞いている。」，「お願いしている。」と，知事としての権限の及ぶところではないかの様であるが，今後，この再編原案について，県知事としてどのような関わりを持っていくのか見解を伺う。

結び

彦根市は，今回の高校再編計画が余りにも唐突であり説明不十分であったので，県教委および県に対し前回の公開質問状を提出したが，その回答内容は従来の県および県教委の言動と矛盾し実に不誠実なものだったので受領を拒否したところである。

彦根市は，このような県および県教委の恥になるような回答書の受領を拒否することによって両者に誠意ある回答を行う機会を与えたつもりであったが，県および県教委は恥の意味も分からないようであり，さっさと回答内容をホームページに掲載してしまったので，彦根市は，再度，県および県教委に対し公開質問状を提出することにした。

彦根市としては，今回の高校再編に関する県および県教委の一連の言動について，説明責任を果たす意思がなく，論理性を欠き，県民不在であることについて強い危惧の念を抱いているので，今後，地方自治体間の調停制度，住民直接請求制度，保護者による訴訟などあらゆる制度を活用して県および県教委の違法性・不当性を追及して行く所存である。

ついては，今日までの県および県教委が公表した書面および今後の回答書などが，彦根市等が利用する諸制度において重要な資料あるいは証拠として使用するので，それを念頭において誠意ある回答を行うように予め注意しておくものである。

以上

公開質問状（再質問）への回答

平成23年（2011年）8月31日

彦根市長　獅山　向洋　様

滋賀県知事　嘉田　由紀子

公開質問状（再質問）「Ⅵ 県の考え方について」に対して回答します。

Ⅵ　県の考え方について

Ⅵ-1
県知事は，今回の高校再編原案をいつ知ったのか。この原案を読んだとき，余りにも財政主導の原案であると考えなかったのか。現時点で，この原案を是とし，高校廃止の条例を提案する決意でいるのか。条例の提案の時期はいつか。明確に回答されたい。

【回答】
再編計画（原案）の検討段階において，その概要について報告を受け，再編計画（原案）については，教育委員会決定後に報告を受けたものです。

教育委員会においては，魅力と活力ある県立高等学校づくりに向けて検討いただいており，財政主導の原案であるとは考えていません。

条例提案については，まずは，教育委員会で再編計画を決定された後，所要の内容を確定してからとなるため，時期は未定と伺っています。

Ⅵ-1の回答に対する再質問
知事は，行財政改革プランの選択肢の一つとして高校再編を掲げていたのではないのか。知事が「財政主導とは考えていない」のであり，「魅力と活力ある県立高等学校づくり」を考えているのならば，県教委任せの回答ばかりせずに，知事として「魅力と活力ある高校」のコンセプトを明らかにするべきであると考えるので，具体的なコンセプトを回答されたい。

また，県教委の再編原案を了解したか否かについては，回答がなされていない。知事としてこの再編原案を是とし，高校廃止

の条例を提案する決意でいるのかについて，再度質問をするので，明確に回答されたい。

【再質問に対する回答】
　私としては，未来の滋賀県を担う子どもたちを育成するにあたり，二つの視点が重要だと考えています。
　一つはキャリアを形成する教育，もう一つは地域との連携です。
　子どもたちが将来，自分がどのような職業に就き，社会に貢献し，家族をもって幸せに暮らすのかを思い描くとともに，それを見据えて学ぶことができるよう，職業学科，普通科とも多様な学びが提供できる教育環境を整備していきたいと考えています。
　また，滋賀の豊かな自然，文化などを学び，将来の地域社会を担っていく子どもたちを育てる場として，高校づくりには地域社会との連携が重要であると考えています。
　子どもたちの教育環境を整え，学校活力の維持向上を図るとともに，地域との連携も一層強めていくという視点も持ちながら，県立高校の再編を推進したいと考えています。
　また，再編計画（原案）については了解しており，教育委員会で最終的に再編計画を決定された後は，所要の手続きを経て条例提案を行う考えです。

Ⅵ-2
　湖南地域への人口集中，また，平成18年4月から県立高等学校の通学区域が全県一区となったことから，県立高等学校在学者数に占める湖南地域の県立高校在学者数の割合が増大している。
　今回の高校再編計画は，湖東・湖北地域の入学決定を削減するものであり，交通の便などを考えると，入学定員の削減分だけ湖東・湖北の高等学校進学希望者が湖南地域の高等学校に進学せざるを得なくなる。
　これは，所謂「南高北低」を一層助長し，意図的に湖東・湖北地域を衰退させる政策であると考えるが，県知事として理論的に見解を述べ反論されたい。

【回答】
　県立高校の入学定員については，県全体および各地域における中学校卒業予定者数や進学志望の動向などを考慮して，年度ごとに決定されると聞いています。
　学校の統合は，地域全体の学校活力を維持向上するために行うものであり，今回の再編により，湖東・湖北地域の入学定員を削減するものではないと聞いています。

Ⅵ-2の回答に対する再質問
　県教委教育長の回答に対しても再質問を行っているが，再編原案では「概ね6学級から8学級を標準とし」，「8割程度の中学生が地域の高等学校に進学する状況にあることから」，「地理的条件や学科の特性などを考慮しながら，学校の統合や分校化を行う」としており，平成22年度において，1学年が6学級以下の県立高等学校は，46校中20校あるが，今回統廃合の対象とされたのは彦根市および長浜市にある高等学校4校のみである。この事実について知事はどのような見解を持っているのか，そしてこの事実が，所謂「南高北低」を助長するものでないのか，ないとすればその理由を明確に回答されたい。
　さらに，知事の回答では，「今回の再編により，湖東・湖北地域の入学定員を削減するものではないと聞いている。」と言うが，具体的にどのように入学定員を削減しないと聞いているのか回答されたい。

【再質問に対する回答】
　湖東，湖北および甲賀地域を統合の対象としているのは，既に規模の小さな学校が多くを占め，今後も生徒数が減少傾向にあることから，学校の統合を行い，教育内容の一層の充実と地域全体の学校の活力の向上を図ろうとするものです。また，学校活力の向上は，学校を含めた地域全体の活性化にも資するものと考えており，南高北低を助長するものではないと考えています。
　他の地域においても規模の小さな学校がありますが，地域で多くを占める状況にはないことや，今後生徒数の増加に対応しなければならない地域もあることから，統合の対象としなかったと理解しています。
　また，湖東や湖北の地域においても統合の対象としていない学校がありますが，これは地理的条件すなわち，それぞれの地域における就学機会の確保や全体の学校の配置バランスなどを考慮し，複数の学校が近接して存在する彦根市や長浜市で統合することにしたと理解しています。
　入学定員については，統合後の学校を含む湖東，湖北地域において確保していくと報告

を受けています。

VI－3
　実施計画の策定後，計画期間である10年の間に，再度，再編・統合等を伴う計画の変更はないのか，今後の方針について示されたい。

【回答】
　実施計画（原案）に記載されてあるとおり，次期以降の実施計画については，今後の社会状況の変化や生徒数の推移，再編の進捗状況などを見極めながら，必要に応じて策定するものとされています。

VI－3の回答に対する再質問
　この質問は，計画期間の10年間の間に計画変更がなされる可能性の有無を聞いているものであり，次期計画の策定の有無を聞いているものではない。正確に質問の趣旨を理解して回答されたい。

【再質問に対する回答】
　今回公表した滋賀県立高等学校再編計画（原案）には，滋賀県立高等学校再編基本計画（原案）と滋賀県立高等学校再編実施計画（原案）があり，基本計画の計画期間は概ね10年間とされているところです。
　この10年間に，再度，再編，統合等を行う場合は，今回お示しした実施計画の変更ではなく，新たな実施計画（次期計画）を策定するものとされています。
　なお，次期以降の実施計画については，今後の社会状況の変化や生徒数の推移，再編の進捗状況などを見極めながら，必要に応じて策定するものとされています。

VI－4
　県が平成23年3月に策定した，県政の仕組みの改革と財政の健全化のための改革を一体的に示した「滋賀県行財政改革方針」では，本県の厳しい財政状況などに伴い，県立高等学校の再編を推進するとあり，県教育委員会が平成22年8月および11月に県内各地で県民や保護者を対象に行った説明会に用いた資料および「教育しが」平成22年12月特別号でも県の厳しい財政状況について触れている。
　基本計画では，「限られた教育資源を最大限に活用しつつ，より効果的・効率的な学校運営を行うとともに，教育予算の効果的な投資」との表現等に留めているが，再編計画においては，特に湖東・湖北地域の生徒や保護者に様々な負担を強いる内容となっており，県教育委員会としての生徒や保護者など住民の目線においた計画とは到底言い難く，県知事による財政主導の計画であると言わざるを得ない。
　この計画が財政主導のものであることは明白であり，当然，県の財政状況を好転させる効果があるものと推察するが，この計画による財政削減効果を具体的に金額で示されたい。

【回答】
　今回の再編では，魅力と活力ある学校づくりを念頭に，検討を進め原案としてまとめた段階であり，今後，再編を進めていく中で必要となる経費もあり，トータルで差し引きいくらの財政効果があるかは，現時点では明確にできません。

VI－4の回答に対する再質問
　県教委の予算編成および予算執行の権限については，滋賀県知事が有しており，「滋賀県事務決裁規程の制定等について（通知）」8(1)のなお書きでは，財政課への合議は滋賀県財務規則によるもののほか，毎年度の予算執行通達により示されるとあり，実際の合議区分の詳細は不明であるが，この再編原案のような将来の予算編成，予算執行に重大な影響を及ぼす計画の策定については，財政課と合議し，知事まで上げられるのが通常である。その際に財政課に対して，今後の歳出削減効果および再編に伴い発生する財政需要についての基礎資料を用意し説明することは常識ではないだろうか。
　具体詳細にわたる積算資料は示せないのであれば，現時点での財政削減効果を示した資料の有無について問う。また，当該資料があれば明示されたい。

【再質問に対する回答】
　少なくとも例えば2校を1校に統合する場合においては，1校あたりの光熱水費等の管理費，校長や事務長等の人件費で約7,000万円（年間）の歳出削減が考えられます。
　一方，再編に伴う施設・設備等の整備に必

要な経費については，カリキュラムに関わることであり，どれだけの規模で，どういうものにするかについて，今後詰めていくことになることから，現時点でお示しすることはできません。

Ⅵ-5
　県知事は，再編原案について，教育に対する中立性を云々して原案は全て教育委員会が決めたかのように逃げているが，県教育委員会事務局次長が知事部局の財政のエキスパートであったことは周知の事実であり，現に原案発表後，県教育委員会事務局次長が主体となって関係市に説明に回っている。
　また，今回の原案が市教育委員会および生徒および保護者に対する配慮が欠け財政主導であることは誰の眼から見ても明白であり，教育の中立性どころかまさに知事部局・財政当局が教育委員会を乗っ取ったものと同然であり，今回の再編原案は全て知事の誤った「もったいない」精神の結果である。その点で知事の政治責任は免れないと考えるが，これに対する知事の見解を伺いたい。

【回答】
　教育委員会として必要な手続きを経て決定された再編原案であり，御質問のようなことがあるとは考えていません。
　今回の再編計画を，①生徒の視点から，②保護者の視点から，③地域住民の視点から分かりやすく説明し，納得してもらえるよう教育委員会にお願いしています。

Ⅵ-5の回答に対する再質問
　今回の再編原案が，全く財政主導ではなく，県教委が県域の教育振興を図る視点のみで作成したと言うのであれば，県が平成23年3月に策定した，県政の仕組みの改革と財政の健全化のための改革を一体的に示した「滋賀県行財政改革方針」において，県の厳しい財政状況などに伴い，県立高等学校の再編を推進するとしたのは，県知事としてどのような見解を持っているのか明確に回答されたい。
　また，知事は，この質問のいずれの回答においても，（県教委に）「聞いている。」，「お願いしている。」と，知事としての権限の及ぶところではないかの様であるが，今後，この再編原案について，県知事として

どのような関わりを持っていくのか見解を伺う。

【再質問に対する回答】
　県立高等学校の再編については，滋賀県行財政改革方針（以下，「改革方針」という。）の中において，第4章　改革の方策（実施項目）「1　これからの自治の仕組みづくり」の小項目「(4)組織の活性化と地域課題の解決を目指す県政の推進」の一つに位置づけ，「教育内容の質的充実と学校活力の維持向上を図る県立高校の再編の推進」として掲げています。
　具体的には，「情報化・グローバル化の進展や産業を取り巻く社会・経済の急激な変化をはじめ，生徒数の減少傾向や生徒の多様化が進むこと，さらには本県の厳しい財政状況などに伴い，子どもたちの教育環境を整え，学校活力の維持向上を図るため，地域とのつながりを一層強めていくという視点も持ちながら県立高等学校の再編を推進する。」としています。
　一方，財源不足額への対応は，第4章　改革の方策（実施項目）の「2　財政の健全化」において収支改善目標を定めて取り組んでいますが，県立高等学校の再編を行うことによる歳出削減については，教職員の人件費も含めてこの中には計上していません。
　すなわち，県立高等学校の再編は，平成23年3月に策定した改革方針における財源不足額への対応策の一つという位置づけではなく，厳しい財政状況の中で，効果的，効率的，重点的な投資を図ることは必要であると考えています。
　今後とも県の財政は厳しい状況が見込まれますが，こうした中においても将来の滋賀を担う子どもたちのために，魅力と活力ある豊かな教育環境を整えるためにはどうすればよいかを念頭に置きながら，県立高等学校の再編を改革方針の実施項目の一つに位置づけたものです。
　また，県立高等学校の再編計画について，県知事として今後どのような関わりを持っていくのかということですが，教育委員会の中立性を尊重しつつも，将来に対して夢と希望がもて，地域の誇りとなるような熱意あふれたビジョンとなるよう教育委員会とともに知恵を絞っていきたいと考えています。

県立高校の統廃合に関する請願

請願第10号
2012年9月6日

彦根市議会議長 杉本 君江 様

請願者代表
　彦根・愛知・犬上の高校を守る会
　　　　　夏原 常明　竹腰 宏見
紹介議員
　安藤 博　山田多津子　馬場 和子

〈請願の趣旨および理由〉
　今年6月13日の県議会の文教常任委員会で県教委の河原教育長は「統合の組み合わせは原案通りとする。一部修正して遅くとも9月中旬までに案を示す。」と答弁しました。この県の姿勢は、昨年9月22日に、彦根市議会が県知事と県教育委員会に提出した「滋賀県立高等学校再編実施計画(原案)の白紙撤回を求める意見書」を全く顧みないものです。同意見書は、昨年7月11日に示された再編計画(原案)について、次の問題点をあげて、その白紙撤回を求めていました。

○地元自治体や学校現場、生徒保護者の意見を聞く機会を持たず議論を尽くしたとは言い難い。
○歴史ある伝統校の廃止と定時制の廃止「魅力と活力ある学校づくり」に逆行し、強い憤りを感じる。
○再編計画の策定は、県の財政問題を理由としたものである。
○2度にわたる公開質問状に誠意ある回答がない。
○生徒数は減少どころか増加する見込みで性急に計画を策定する根拠がない。

　この市議会の意見書に対して、県知事と県教育長は未だに明快な見解を示していません。2度にわたる公開質問状に対する姿勢と併せて、彦根市民と彦根市議会に対して不誠実だとの批判を免れることはできません。県が明確な見解を示せないのは、この再編計画策定に道理がないからだと考えます。
　県の姿勢は、また、「少なくとも1年以上の時間をかけて検討を」とした昨年10月12日の県議会決議をないがしろにしたものだと考えます。

　以上のことを踏まえて、以下のことを請願します。

《 請 願 項 目 》
　彦根西高校と彦根翔陽高校をなくさないように、また、北部地域から定時制高校をなくさないように、滋賀県知事と県教育委員会教育長に再編原案の撤回を求める意見書を再度提出すること。

高校再編に対する市長コメント

平成24年10月1日

彦根市長 獅山 向洋

1　県教委の新しい高校再編案によっても彦根西高校と彦根翔陽高校との統合および彦根東高校定時制課程の廃止は免れないことになっている。
　彦根西高校は創立して126年、校舎が現在の地に移転して102年の歴史と伝統を有し、また、彦根東高校定時制課程は戦後間もなく新制高校に併設され以来60年余の伝統を有し、それぞれ有為の人材を多数輩出している。
　このような彦根市民の誇りである伝統校や課程が明確な理由や説明もなく統合されたり廃止されたりすることに対し、強い怒りを覚えるものであり、県および県教委はその責任の重大性を痛感するべきである。
　しかしながら、県立高校の統廃合は、県および県教委の専権事項であるので、彦根市長としては甘受せざるを得ない。

2　昨年7月11日に公表された県立高校再編原案は、湖東・湖北の1学年の学級数を合計7学級も減らし、定時制高校3校を全て廃止すると言う全く非常識極まるものであったが、今回の再編案は、両地域の学級数の現状を維持し、定時制課程に対しても一定の配慮をしている点において、県および県教委がようやく常識的な感覚を取り戻したものと考えている。
　それ故、今日までの経過を考えれば、非常識な高校再編案が是正されたに過ぎず、彦根市長としては評価する気にはなれない。

3　昨年の県および県教委の非常識な再編案

滋賀県立高等学校再編実施計画(案)に対する意見書

彦企第522号
平成24年11月15日

滋賀県知事　嘉田　由紀子　様
滋賀県教育委員会委員長
　　　　　髙橋　政之　様

彦根市長　獅山　向洋

　滋賀県教育委員会(以下「県教委」という。)は、「滋賀県立高等学校再編基本計画(案)」および「滋賀県立高等学校再編実施計画(案)」(以下「再編計画案」という。)を平成24年10月1日に開催した教育委員会において議決し、併せて公表した。
　この再編計画案は、彦根市内の高等学校のうち、彦根西高等学校(以下「彦根西」という。)と彦根翔陽高等学校(以下「彦根翔陽」という。)を統合し、現在の彦根翔陽の校地において、1学年9クラス、全校生徒1,080人の大規模校となる新しい県立高等学校(以下「統合新校」という。)を設置することとしている。
　この統合新校設置の再編計画案について、彦根市は、彦根西および彦根翔陽のPTA、同窓会および後援会の代表者との意見交換を行う中で、この再編計画案を実行に移すのであれば、県財政の責任者である県知事および再編計画案の策定者である県教委は、本来の目的である魅力と活力ある県立高等学校づくりのために下記の事項を実現すべきであるとの結論に達したので、提言し、強く要望する。

記

(本市からの提言)
　現在の彦根翔陽高等学校の校地に統合新校を設置する場合には、統合新校の整備およびこれに関連する課題解決に向けて、県知事および県教委に対し、次の通り提言する。

1　統合新校の施設、設備等の整備については、現在の彦根翔陽高等学校の校舎の活用および不足分の増築で対応するのではなく、新校舎の建設(全面改装)により対応すること。

2　統合新校周辺の通学環境の改善、通学の安全対策について具体的な計画を示すこと。

是正のため、自由民主党県議会議員団には良識を発揮していただき、学級数および定時制課程維持のために大変なご尽力いただいた。その労を多とするものである。

4　県および県教委は、県立高校の適正規模は6～8学級と言っていたが、彦根西高校と彦根翔陽高校との統合新校は、最終的に、9学級の大規模校となってしまった。
　このような場合、彦根市長としては、県および県教委の従来の言動を鑑みるとき、この統合新校についても、単に5学級プラス4学級の高校と言う安易な考えで統合を進めるのではないかとの強い不安をもっている。
　県および県教委は、1学年9学級であり総合課程3系列(普通、商業、家庭)を有する新設高校としての明確な理念(コンセプト)を確立し、それに相応しい教育施設(系列ごとの教室、実習室、総合的な体育館、講堂、グラウンドなど)を充実すべきである。

5　統合が平成28年になることは理解するが、県教委としては、単にその年度に統合すれば良いとの安易な考えはしてはならない。
　歴史も校風も異なる両校の統合については、両校の学校関係者、PTA、同窓会、後援会はもとより、彦根市、彦根市教育委員会などの意見を聞き、両校が円滑に統合できるようにあらゆる方法を検討するべきである。

6　彦根西高校の「学びの共同体」を承継するとのことであるが、統合までかなりの期間があるため、その間に伝統や手法が消滅してしまう可能性が強いのではないか。
　単なる承継と言う言葉に終わらず、統合するまで彦根西高校においてその伝統を維持し統合新校に継承する方法を早急に確立されたい。

7　彦根東高校定時制課程の廃止に伴い、同校全日制のさらなる充実を強く要望する。

以上

3 再編計画案と合わせて彦根西高等学校の跡地利用の具体的な計画を示すこと。

4 上記1ないし3の提言は、再編計画案を実行に移すにあたり、再編計画案が目的とする教育内容や教育環境を一段と向上させるために必要な条件整備であると考えており、これらの対応が実現されない場合には、統合新校の設置が、現状の教育内容や教育環境の向上に資するとは考えられないので、再編計画案の実行には反対する。

(理由)
(1) 統合新校の全面改築について

統合新校は、普通・商業・家庭の系列で編成する総合学科としては、全国的にもあまり例がない1学年9クラスの大規模校となる。このため、統合新校を滋賀県型の魅力と活力ある県立高等学校として創設し、全国のモデルとするためには、新しいコンセプトのもと、充実した教育環境を整備することが必要である。

現在、彦根翔陽の校舎は、耐震補強が必要となっており、さらに一部新築となると外観上の統一が困難であるばかりではなく、校舎内の設備は新旧校舎でまちまちである。最近では、IT技術も格段に進んでおり、また、商業系列において情報管理に係る教育を行うのであれば、なおさら、あらゆる教育活動の場においてIT化に対応した校舎が必要となる。

また、彦根西の歴史と伝統を継承するという「家庭系列」については、食物調理やデザインの分野でも最新鋭の設備・機器等を備え、魅力のある教育カリキュラムのもとに注目を集める授業を展開することが必要である。特に、総合学科の「系列」については、系列に係る講座の希望者がいなくなると系列そのものがなくなるおそれがあるため、家庭系列の希望者の確保を図るためにも、施設・設備等の充実とともに教育内容を充実させることが不可欠である。

さらに、統合新校においては、生徒や教職員の増、教育内容の変更等により、現在の彦根翔陽にある施設、設備等に対して、次の整備が必要である。
① 総合学科に開設する講座の数に対応する教室数の確保。
② 1学年の生徒すべてが収容できる多目的教室の確保(現彦根翔陽に設置済)

③ 生徒数の増加に応じた施設の拡張。体育館、図書館(彦根西の蔵書を収納する書庫も含む。)、ロッカー室(兼更衣室)、自転車置場。
④ 教職員数の増加に応じた施設の拡張。教職員室、駐車場。
⑤ 生徒数に応じた適切な運動場面積の確保。現在の彦根翔陽の校舎等の配置は、現在の学校規模(600人)に対応したものであり、生徒数が1,080人規模となった場合に運動場面積を確保するためには、現在の校舎等の配置は極めて非効率的な配置となっている。

以上のようなことから、現在の彦根翔陽の限られた校地を有効に活用し、平等かつ同時にすべての生徒に対し、より充実した教育環境を提供するためには、現在の校舎に一部校舎を継ぎ足すのではなく、校舎をはじめ施設、設備等を一新し、統合新校が名実ともに新たな高校として歴史を刻んでいくことが必要である。

なお、県民および保護者を対象とした説明会において、今回の再編計画案を実施する場合、「現在の彦根翔陽の校地への新校舎の増築および付随する施設の改修等を行う場合の費用は、15億円程度である。また、彦根西および彦根翔陽を現行のままで耐震補強を行うこととした場合の費用は2校で8億円程度である。」との説明がなされているとのことであるが、仮に、耐震補強が1校あたり4億円程度とすれば、新校舎の増築、付随施設の改修および旧校舎の耐震補強等により、統合新校に係る整備費用は約19億円となる。

ここで、彦根市においては、平成21年から2年かけて全面改築による東中学校の整備を実施しており、規模の違いはあるものの生徒数約840人規模の校舎の新築、体育館、運動場等の整備を約27億円で実施したところである。この点を考慮すると、県教委の考える一部増築および旧校舎の耐震補強等に対し、校舎の全面改築の場合は、多少の費用の増額になると思われるが、現在の両校のさらなる教育環境の充実、彦根翔陽校地における有効な土地利用、将来の校舎の建替等に係る経費などを総合的に勘案すれば、現地での全面改築による新校舎の建設が最善と考えるものであり、魅力と活力ある県立高校づくりの趣旨にかなう統合新校の設置が可能になるものと考える。

(2) 統合新校周辺の通学環境、通学の安全対策について

```
滋賀県立高等学校再編実施計画
策定に係る公開質問書
```

彦企第 537 号
平成 24 年 11 月 26 日

滋賀県知事　嘉田　由紀子　様
滋賀県教育委員会委員長
　　　　　　髙橋　政之　様

彦根市長　獅山　向洋

本市は，平成 24 年 11 月 15 日付け彦企第 522 号「滋賀県立高等学校再編実施計画（案）に対する意見書」において，
1　統合新校の施設，設備等の整備については，現在の彦根翔陽高等学校の校舎の活用および不足分の増築で対応するのではなく，新校舎の建設（全面改築）により対応すること。
2　統合新校周辺の通学環境の改善，通学の安全対策について具体的な計画を示すこと。
3　再編計画案と合わせて彦根西高等学校の跡地利用の具体的な計画を示すこと。
以上 3 点の意見を述べ，これらの対応が実現されない場合には，統合新校の設置が，現状の教育内容や教育環境の向上に資するとは考えられないので，再編計画案の実行には反対することを表明しているところである。
しかしながら，今後，県教育委員会が策定する滋賀県立高等学校再編実施計画を基にどのような県立高等学校を創設するのか，その内容如何によっては，県教育委員会が目指す「魅力と活力ある県立高等学校」が本当に創設されるかが不明である。
本市は，再編実施計画が策定された後に立場を明確にするものであるが，今後公表される再編実施計画に本市の要望する内容がどのように実現されるかは不詳であるため，現在の県教育委員会及び県の計画の考え方について下記のとおり質問するので，平成 24 年 12 月 7 日までに文書で回答いただきたい。

記

1　統合新校の施設，設備について

上記「意見書」に記したが，統合新校は，普通・商業・家庭の系列で編成する総合学科としては，全国的にもあまり例がない 1 学年

現在の彦根翔陽への生徒の通学に関し，その周辺には近江鉄道および J R の合計 4 つの踏切があるが，特に J R の踏切の付近は踏切前後に 2 つの三叉路を抱えている。加えて彦根翔陽付近の道路は非常に狭あいとなっている。通学の時間帯には多くの生徒が徒歩または自転車により，その踏切や周辺道路を通ってきており，現在でも危険な状態である。統合新校の設置により，通学する生徒数が現在の約 600 人から約 1,080 人と大幅に増加することからさらに危険度が増すことを懸念するものであり，この場合の統合新校周辺の通学環境について，安全に通学できるような対策が講じられる必要がある。

これに関し，説明会では，登下校時の交通安全対策に係る指摘に対して「学校の前の道路は市道のため，彦根市と相談しながら対応していきたい。」と回答されたと聞き及んでいるが，統合新校の設置という県教委の計画に起因する新たな交通需要に対する道路整備等に必要な経費については，原因者として県においても負担（補助）されるべきである。

(3) 廃校となる彦根西高等学校の跡地について

これまで彦根西の周辺地域では，彦根西の生徒との連携，交流を行うことにより活性化が図られてきた側面がある。再編計画案が実施された場合，この地域から約 480 人もの若い力が一気に失われるということになり，地域の活力に大きな影響を与えることとなる。今後，統合新校設置後の彦根西の跡地がどのように活用されるかはその周辺地域にも大きく関わることであることから，再編計画案により廃校となる彦根西の跡地の利用方針についても高校再編計画と合わせて示すべきである。

以上

9クラスの大規模校となる。このため，統合新校を滋賀県型の魅力と活力ある県立高等学校として創設し，全国のモデルとするためには，新しいコンセプトのもと，充実した教育環境を整備することが必要である。そのための施設，設備の整備に対する具体的な考え方について，以下11点に明確に回答いただきたい。
(1) 総合学科に開設する講座の数に対応する教室数の確保は具体的にどのように行うのか。
(2) 1学年の生徒すべてが収容できる多目的教室の整備はどのように行うのか。
(3) 生徒数の増に応じた体育館の整備は行うのか。
(4) ロッカー室（兼更衣室）の整備はどのように行うのか。
(5) 彦根西高等学校の蔵書の管理も含めた図書館の整備はどのように行うのか。
(6) 自転車置き場は，どこに，どのように整備するのか。
(7) 教職員の増に対応する職員室や事務関連施設の整備はどのように行うのか。
(8) 教職員や保護者，関係者の駐車場はどこに，どのように整備するのか。
(9) 生徒数に応じた適切な運動場面積の確保はどのように行うのか。
(10) 「家庭系列」の設備・機器等について，具体的にどのような整備を行うのか。
(11) 以上のことを考慮すると，現在の限られた校地を有効に活用し，より充実した教育環境を提供するためには，現在の校舎の増改築ではなく，新校舎の建設（全面改築）などによる施設整備が最善と考えるが，県知事としてどう考えているのか。

2 統合新校周辺の通学環境の改善，通学の安全対策について

先般，県教育委員会が公表した再編実施計画（案）では，彦根翔陽高等学校校地において，1学年9学級の大規模校を新設することとしている。これが実現されると，現行600人の生徒が1,080人と1.8倍も増加することとなり，また教員，学校関係者，保護者等の往来もこれに伴い増加する。このことについて，通学環境の改善，安全対策を具体的にどのように講じられるのか，また，市道の整備が必要となった場合に，本市が要望する費用負担に対する県の考え方を示されたい。

3 廃校となる彦根西高等学校の跡地について

彦根西高等学校は，現在の校地で100年にわたる歴史と伝統を紡いでおり，地域を形成する重要な要素の1つとなっている。この再編計画（案）により，統合新校が，現彦根翔陽高等学校校地とされたことについて，計画に対して反対を表明しているPTA，同窓会や後援会など彦根西高等学校関係者のみならず，地域住民もその跡地利用については非常な不安を感じているところである。このように地域に重大な影響を与える計画を策定する際には，事前に関係者や地域に対して，少なからず理解を得るべく説明等を行ってしかるべきではあるが，それが十分になされていない中で，今後の跡地利用について以下のとおり質問を行う。
(1) 跡地利用に係る計画があるならば，具体的に示されたい。
(2) 計画がないならば，今後，どのように跡地を取り扱うこととなるのか具体的に示されたい。

以上

滋賀県立高等学校再編実施計画
策定に係る公開質問書への回答

滋教委教総第989号
平成24年（2012年）12月7日

彦根市長　獅山　向洋　様

滋賀県知事　嘉田由紀子
滋賀県教育委員会教育長　河原　恵

平成24年11月26日付け彦企第537号で提出のあったこのことについて，別紙のとおり回答します。

（別紙）
滋賀県立高等学校再編実施計画策定に係る公開質問書への回答

滋賀県立高等学校再編実施計画策定に係る公開質問書「1　統合新校の施設，設備について」から「3　廃校となる彦根西高等学校の跡地について」に対して回答します。
なお，この回答のうち予算を伴うものにつ

いては，当然のことながら，地方自治法の規定に基づく県議会の議決が必要となります。

1 統合新校の施設，設備について

統合新校は，普通・商業・家庭の系列で編成する総合学科としては，全国的にもあまり例がない1学年9クラスの大規模校となる。このため，統合新校を滋賀県型の魅力と活力ある県立高等学校として創設し，全国のモデルとするためには，新しいコンセプトのもと，充実した教育環境を整備することが必要である。そのための施設，設備の整備に対する具体的な考え方について，以下11点に明確に回答いただきたい。

(1) 総合学科に開設する講座の数に対応する教室数の確保は具体的にどのように行うのか。
(2) 1学年の生徒すべてが収容できる多目的教室の整備はどのように行うのか。
(3) 生徒数の増に応じた体育館の整備は行うのか。
(4) ロッカー室（兼更衣室）の整備はどのように行うのか。
(5) 彦根西高等学校の蔵書の管理も含めた図書館の整備はどのように行うのか。
(6) 自転車置き場は，どこに，どのように整備するのか。
(7) 教職員の増に対応する職員室や事務関連施設の整備はどのように行うのか。
(8) 教職員や保護者，関係者の駐車場はどこに，どのように整備するのか。
(9) 生徒数に応じた適切な運動場面積の確保はどのように行うのか。
(10) 「家庭系列」の設備・機器等について，具体的にどのような整備を行うのか。
(11) 以上のことを考慮すると，現在の限られた校地を有効に活用し，より充実した教育環境を提供するためには，現在の校舎の増改築ではなく，新校舎の建設（全面改築）などによる施設整備が最善と考えるが，県知事としてどう考えているのか。

【回答】
(1) 総合学科に開設する講座の数に対応する教室数の確保は具体的にどのように行うのか。

現在，最大同時展開講座数は45講座を想定しています。ホームルーム教室15教室と選択教室7教室あわせて22ある既存の普通教室に加え，普通教室を14教室増やして合計36教室とし，体育館やトレーニングルーム，理科教室（生物・化学・物理），芸術教室（音楽・書道・美術），家庭科教室（調理室，被服室，家庭科情報室，家庭総合実習室），情報実習室（4教室）や大講義室等の特別教室をあわせ，9学級規模の総合学科の授業が展開できるよう施設を確保する予定です。

(2) 1学年の生徒すべてが収容できる多目的教室の整備はどのように行うのか。

今回新たに新増築する1階に1学年の生徒360人全員を収容できる約300㎡の広さの大講義室を配置する予定です。可動式の机と椅子を整備し移動や収納を可能にすることで多目的な使用が可能となります。

(3) 生徒数の増に応じた体育館の整備は行うのか。

現在より346㎡広い1,312㎡のフロアー面積を有する体育館を現在の自転車置き場に移転新築する予定です。これは学年10学級規模の東大津高校体育館（1,206㎡）より広い面積であり，バスケットボールコートをしっかり2面とれるなど生徒が体育や部活動において十分活動できる広さと考えています。なお，膳所高校等とおなじく常設のステージは設置せず，式典は収納型の演台を使用します。

(4) ロッカー室（兼更衣室）の整備はどのように行うのか。

今回新たに新増築する棟に昇降口を増設するとともに，その近くの各階に学年男女別のロッカー室を配置し，現在のロッカー室（215㎡）と合わせ必要なロッカー室（122㎡）を確保する予定です。

(5) 彦根西高等学校の蔵書の管理も含めた図書館の整備はどのように行うのか。

現在，彦根翔陽高校には約2万1千冊，彦根西高校には約3万2千冊の蔵書があります。彦根翔陽高校の現在の保管スペース（67.5㎡）に加え，十分に蔵書を保管できるよう本館3階に新たに書庫96㎡を整備する予定です。

⑹ **自転車置き場は、どこに、どのように整備するのか。**
　現在、校地の西側にある約350台分の自転車置き場を校地内の東側に移転新築し、予想される自転車通学生徒約650台分規模の自転車置き場を確保して対応する予定です。

⑺ **教職員の増に対応する職員室や事務関連施設の整備はどのように行うのか。**
　現在、彦根翔陽高校には約55名の教職員が135㎡の職員室で勤務し、また、彦根西高校では約40名の教職員が158㎡の職員室で勤務しています。仮にこの人数を合計した教職員が同一場所で勤務することとなった場合にも対応が可能となるように、現在2階にある校長室と事務室を1階に移設して計270㎡の職員室を整備する予定です。

⑻ **教職員や保護者、関係者の駐車場はどこに、どのように整備するのか。**
　保護者や関係者の来校者用駐車場を含めて現在整備されている正門付近の駐車場（59台分）に加え、教職員増に対応し、校舎北側および武道場の南側等にも45台（彦根西高校の現在の駐車場台数は40台）の駐車スペースを新たに整備する予定です。

⑼ **生徒数に応じた適切な運動場面積の確保はどのように行うのか。**
　校舎の一部を解体することで、運動場面積を2,000㎡増やし17,489㎡とする予定で、野球グラウンドを確保しつつ、さらに300mトラックが確保できる長方形の運動場となります。これは9学級規模である石山高校の運動場とほぼ同じ面積です。

⑽ **「家庭系列」の設備・機器等について、具体的にどのような整備を行うのか。**
　現在、彦根翔陽高校には調理室、被服室が整備されています。家庭系列を設定することに対応するため調理室、フードデザイン室、家庭科情報室を新増築棟に整備する予定です。彦根西高校に整備されている新しい機器を利用しつつ、その他講座の開講に必要となる機器は新たに購入し、整備する予定です。

⑾ **以上のことを考慮すると、現在の限られた校地を有効に活用し、より充実した教育環境を提供するためには、現在の校舎の増改築ではなく、新校舎の建設（全面改築）**などによる施設整備が最善と考えるが、県知事としてどう考えているのか。
　9学級の大規模総合学科となる新校にふさわしい充実した教育環境を整えることが何より大切であると考えており、生徒一人ひとりがそれぞれの目的に応じて学習するために必要な教室の新増築や既存校舎の内外装のリニューアル、体育施設および自転車置き場の移設新築、ロッカールーム、図書館の書庫を整備して充実させるとともに、職員室や駐車場などを確保し、新校に必要かつ使い勝手の良い十分な機能を有する環境を整えていきたいと考えています。

2　統合新校周辺の通学環境の改善、通学の安全対策について

　先般、県教育委員会が公表した再編実施計画（案）では、彦根翔陽高等学校校地において、1学年9学級の大規模校を新設することとしています。これが実現されると、現行600人の生徒が1,080人と1.8倍も増加することとなり、また教員、学校関係者、保護者等の往来もこれに伴い増加する。このことについて、通学環境の改善、安全対策を具体的にどのように講じられるのか、また、市道の整備が必要となった場合に、本市が要望する費用負担に対する県の考え方を示されたい。

【回答】
　県としては、里道・水路との交換により学校用地を提供し、校舎正門前の市道に歩道の整備をお願いしたいと考えております。その整備の効用が大きなものとなるためには学校前の道路部分のみならず、その延長線上の道路についても整備が必要と考えますのでよろしくお願いします。
　また、自転車や歩行者の専用レーンの設置についても検討をお願いします。
　さらに、近江鉄道との協議により彦根口駅からの出口の位置を学校寄りに設けていただくことで、生徒の通学上の安全確保に万全を期したいと考えています。
　なお、学校へ進入するために校門前で一旦停止した車両が市道の交通の阻害要因とならないよう、停車スペースを確保することとします。

滋賀県立高等学校再編計画(案)に関する要望書

長企政第 37 号
平成 24 年 11 月 27 日

滋賀県知事　嘉田由紀子　様

長浜市長　藤井　勇治

本年10月1日に発表された「滋賀県立高等学校再編基本計画（案）」及び「滋賀県立高等学校再編実施計画（案）」については、本市が設置した「長浜の未来を拓く教育検討委員会」の提言と、これまでの説明会における保護者をはじめとする地域からの様々な意見等を踏まえ、以下の項目について改めて検討され、今般策定される再編計画に必ず反映されることを強く要望します。

1．魅力的で活力あふれる新校の設置

通学に困難をきたす冬期における降雪への備えや、県南部地域からの生徒の通学、あるいは、将来的な生徒数の減少等によるさらなる高校再編等を見据え、通学利便性に極めて優れたJR長浜駅からわずか徒歩5分圏内にある、長浜市の提案地での高校立地を求めます。

また、提案地に新しい校舎を整備し、その完成とあわせて再編することこそ、再編過渡期の生徒たちにとって最良の手法です。

(1) 新校の設置場所は、本市が提案する民間企業所有地とされることを強く求めます。なお、当該用地の取得にあたっては、県に新たな行財政負担を求めるものではなく、本市としても必要な行財政措置を行う準備があることを申し添えます。
(2) 新校は、県下全域から魅力を感じて生徒が集まり、快適で安心・安全な全県のモデルとなるよう、質の高い施設・設備とされることを求めます。
(3) 新校の教育活動については、確固たる将来像や学校運営方針を明確かつ早期に示されることを求めます。
(4) 新校への移行手法等については、生徒や保護者らの地域の意見を十分に汲み取り、しっかりと説明責任を果たし、混乱を招くことがないよう、対応されることを求めます。
(5) 新校設置後の既存校の跡地活用については、地域特性や地域事情等を十分に勘案される中で、地域とともに検討されることを求めます。

2．福祉分野の人材育成に向けた取組

高齢社会の進展等により、ますます市民の福祉サービスに対する需要の増大・多様化が見込まれ、身近な地域において、福祉人材を養成・確保することは極めて重要な課題であることから、次のとおり要望します。

(1) これまでのように、高校段階においても介護福祉士資格の取得に対応されることを求めます。
(2) 県立や民間の福祉人材育成機関設置への支援や、介護福祉士等の福祉資格の取得へ

3　廃校となる彦根西高等学校の跡地について

彦根西高等学校は、現在の校地で100年にわたる歴史と伝統を紡いでおり、地域を形成する重要な要素の1つとなっている。この再編計画（案）により、統合新校が、現彦根翔陽高等学校校地とされたことについて、計画に対して反対を表明しているPTA、同窓会や後援会など彦根西高等学校関係者のみならず、地域住民もその跡地利用については非常に不安を感じているところである。このように地域に重大な影響を与える計画を策定する際には、事前に関係者や地域に対して、少なからず理解を得るべく説明等を行ってしかるべきではあるが、それが十分になされていない中で、今後の跡地利用について以下のとおり質問を行う。

(1) 跡地利用に係る計画があるならば、具体的に示されたい。
(2) 計画がないならば、今後、どのように跡地を取り扱うこととなるのか具体的に示されたい。

【回答】

彦根西高等学校の跡地の利用については未定です。庁内での活用の見込みがなく、売却する場合には、そのステップに入る前に必ず貴市の意向を確認しし、その意向に十分配慮したいと考えています。

のさらなる奨励など，滋賀県として，早期に福祉人材の育成・確保に向けた抜本的な対策を講じられることを求めます。

3．長浜農業高校の定数確保及び教育内容の充実

これからの日本の将来を考える上で，農業や食品関係などは非常に重要な分野であり，高校段階における農業教育の果たすべき役割や求められる期待は，より高まるものと考えることから，長浜農業高校の定数確保及び教育内容の充実に向け，次のとおり要望します。

(1) 学校規模は，現在の1学年4学級規模以上を維持されることを求めます。
(2) 「6次産業化」への対応や地域と連携した取組の拡大，高大連携による地域資源の一層の活用，魅力ある小学科名称など，より発展した農業教育の実践に取り組まれることを求めます。

4．長浜北星高校及び長浜高等養護学校の教育環境の充実

既に最大限の土地活用をされている長浜北星高校校地において，さらなる校舎整備等を予定されることは，生徒たちの教育環境を考える上で，大きな懸念があることから，次のとおり要望します。

(1) 長浜北星高校及び長浜高等養護学校の生徒の教育環境を向上させることができるよう，校舎配置等については，慎重かつ綿密に計画されることを求めます。
(2) 工事期間中も生徒たちは同校地内で学ぶことから，支障が生じないよう，万全の対策を講じられることを求めます。

なお，長浜の未来を拓く教育検討委員会の提言にあるとおり，耐震化等の教育環境整備や特別支援教育の充実，中高一貫教育校の設置についても，しっかりと検討され，確実に実施されることを求めます。

魅力と活力ある高等学校づくりに向けて
～滋賀県立高等学校の再編手続きに関する提言～
第一次提言

平成24年（2012年）6月

長　浜　市
長浜の未来を拓く教育検討委員会

はじめに

長浜の未来を拓く教育検討委員会は，この度，滋賀県における魅力と活力ある高等学校づくりの実現に向けて，県立高等学校の再編に関する提言を取りまとめました。

この提言は，昨年7月に滋賀県教育委員会から唐突に発表された「滋賀県立高等学校再編基本計画及び実施計画（原案）」に関し，まずは，その発表に至るまでの計画策定の手続きやスケジュールなどについて，再検討を要する諸点を取りまとめ，滋賀県及び滋賀県教育委員会にお届けするものです。

当検討委員会は，これまで7回の会議を開催し，地域住民や教育関係者，地域社会の声を踏まえた議論からはじめることを大原則として，活発に議論を重ねています。

将来ある子どもたちはもとより，地域のあり方にも大きな影響を及ぼす「高校の改革」は，丁寧な地域意見の聴取と，それらの意見に基づいた真剣かつ慎重な議論を積み重ね，県民本位の視点に立った万全な手続きにより行われるべきであると考えます。

この提言は，地域の切実で真摯な意見を聴き取り，忌憚ない議論を交わし，その内容を取りまとめたものであることから，滋賀県及び滋賀県教育委員会においては，これを十分に重んじられ，速やかに具現されることを強く求めるものです。

なお，当検討委員会は引き続き検討を進め，高校再編計画の内容についても，更に提言を行うこととしています。

関係各位におかれましては，こうした地域の思いや取組みをしっかり受け止められ，今

後の議論に必ず反映いただきますことを，切に願うものです．

平成 24 年（2012 年）6 月 12 日

長浜の未来を拓く教育検討委員会
委員長　　大石　眞

目　次

I　これまでの経緯と提言の趣旨

　1　これまでの経緯……………………- 1 -
　2　提言の趣旨………………………- 2 -

II　提言

1．滋賀の明日を創る未来志向型の高校教育ビジョンについて
　(1)新しい高校教育のビジョンの策定…- 4 -
　(2)地域と共に創る高等学校…………- 5 -
　(3)未来を担う子どもたちのことを
　　　最優先に考えた高校改革…………- 6 -
　(4)知事部局と県教育委員会との
　　　連携強化………………………- 7 -

2．県民本位の視点に立った計画策定手続きについて
　(1)県民参画の仕組みづくり……………- 9 -
　(2)各地域との対話による
　　　計画づくり……………………- 10 -
　(3)学校現場と連携できる
　　　仕組みづくり…………………- 10 -

3．拙速を避けた慎重かつ丁寧な計画づくりについて
　(1)未来ある子どもたちへの配慮……- 12 -
　(2)十分な時間の確保と適切な
　　　実施時期の検討………………- 12 -

≪参　考≫

1　長浜の未来を拓く教育検討委員会
　　設置要綱………………………- 15 -
2　長浜の未来を拓く教育検討委員会
　　委員等名簿……………………- 16 -
3　長浜の未来を拓く教育検討委員会
　　審議経過等
　(1)長浜の未来を拓く教育検討委員会の
　　　取組み…………………………- 17 -
　(2)アンケート調査の実施概要………- 18 -
　(3)長浜教育みらいフォーラムの
　　　開催結果概要…………………- 19 -

I　これまでの経緯と提言の趣旨

1　これまでの経緯

　平成 23 年 7 月 11 日，県教育委員会は，「滋賀県立高等学校再編基本計画及び実施計画（原案）（以下，「再編計画（原案）」という．）を唐突に発表された．この発表により，本市をはじめとして，県内の地域において動揺と混乱が生じ，大きな議論が沸き起こることとなった．

　とりわけ，本市においては，市議会，PTA 連絡協議会，学校運営協議会，連合自治会，再編対象校の関係者，市民団体などが，再編計画（原案）の白紙撤回などを求め，県及び県教育委員会に対して，異議を申し立ててきたところである．

　一方，平成 23 年 10 月，滋賀県議会においても，県立高等学校の再編について，「少なくとも今後 1 年以上の時間をかけ，更に慎重な検討を続けるよう，強く求める」との決議が全会一致でなされることとなった．

　その後，平成 23 年 11 月 9 日の県教育委員会定例会において，年度内の策定を予定していた再編計画について，とりあえず，1 年延期することが決定された．このことは，本市及び彦根市が行った，「地域の多層的，多元的な意見を反映するため，まずは一旦，立ち止まり，慎重な検討を行う期間を設定すべきである」との申し入れを，県教育委員会が聞き入れ，その必要性について，十分に認識された結果であると考えている．

　しかし，県教育委員会は，その後においても，地域の意見を反映し，担保するための具体的な取組みにかかることはなく，このような事態に対して，関係者の間では，日ごとに時間だけが過ぎ去ることへの強い不満が高まるばかりであった．

　このような県教育委員会の対応が続くこととなれば，県民が一方的に不利益を被る事態

を招きかねないことから、本市はいち早く、地域における教育、人材育成、及び県立高等学校のあり方等について検討を行い、地域の意見を県ならびに県教育委員会に届けることを主たる目的として、平成23年12月に「長浜の未来を拓く教育検討委員会」を独自に設置した。この検討委員会は、有識者や地域の教育関係者、産業界や市民代表など委員15名で構成し、平成23年12月21日に第1回検討委員会を開催して以降、今日までに7回の検討委員会を開催し、鋭意議論を重ねているところである。

2 提言の趣旨

そもそも教育は、国の礎であり、国家百年の大計であると言われており、県教育委員会が予定する県立高等学校の再編という「高校の改革」は、おそらく数十年に一度の大事であると考えられる。

したがって、「学校の改革」は、慎重かつ十分に検討され、県民への丁寧な説明と十分な理解のもとで進められるべきものである。ところが、遺憾なことに、これまでの県教育委員会の進め方はあまりにも拙速かつ粗略であり、県民本位の視点に立った手続きは踏まれておらず、その内容も、到底、県民の支持や理解を得られるものではなかった。

かかる認識に立ち、当検討委員会は、滋賀県のこれからの高校教育を考えるにあたり、最も尊重され、議論の根底におくべき地域ニーズや意見を、地域の総意として、県及び県教育委員会に対し届けることに主眼を置き、検討を進めてきた。

当検討委員会での検討事項は、市内の県立高等学校のあり方全般に関することとしているが、全ての項目について十分に検討を行うには相応の時間を要することから、総論から各論へと順に検討を進めることとし、まず、これまでに地域の意見として要約することができた総論に関わる内容について、提言を行うものである。

この提言は、「広く県民の理解と支持を得られる教育ビジョンを描くためには、県民本位の視点に立った手続きにより、万全を期した検討と議論が必要である」との考えに基づくものである。

したがって、当検討委員会としては、県教育委員会が、再編計画（原案）そのものに決して拘泥することなく、改めて検討を進められたいとの願いのもと、県下全域の共通課題として、この提言に盛り込まれた諸項目を実現することが必要不可欠であると考えるものである。

県教育委員会は、滋賀県の未来の高校教育に禍根を残すことがないよう、今一度、教育の原点に立ち返り、県民が参画でき、誰もが納得できる手順を踏まえながら、再編計画（原案）に掲げる「魅力と活力ある県立高等学校づくり」に向けて、しっかりした検討を重ねることが必要と考える。

本提言は、どの事項についても、地域の意見を集約し、要約したものである。したがって、県及び県教育委員会は、これらを十分に重んじ、県民的な合意形成に向け、速やかに具現されることを強く求めるものである。

なお、当検討委員会では鋭意継続して検討を進め、総論に続く各論について、議論がまとまり次第、提言を行う予定である。
この第二次提言においても、切実で真摯な地域の思いを取りまとめて、県及び県教育委員会に届けることにしている。関係各位には、こうした思いを今後予定される高校の改革に必ず反映されるよう、強く求めるものである。

II 提言

1. 滋賀の明日を創る未来志向型の高校教育ビジョンについて

(1)新しい高校教育のビジョンの策定
　滋賀の未来を切り拓く人材を育成していくため、十分に議論を深めることにより、新しい高校教育のビジョンを示すべきである。

再編計画（原案）では、「魅力と活力ある県立高等学校づくり」というテーマのもと、これを支える柱として、「魅力ある学校づくり（多様な学校選択肢等の提供）」と「活力ある学校づくり（豊かな教育環境の提供）」の2つの目標が挙げられている。しかしなが

ら，こうした目標とは裏腹に，示された計画には，確固たる教育理念や哲学はもとより，県民が夢や希望の持てる高校教育のビジョンが語られていない。

したがって，それは，広く県民から理解や支持が得られ，受け入れられるものとは，到底，言えない再編計画（原案）であると評さざるをえない。

河原教育長は，県教育委員会のホームページにおいて，滋賀の教育を進めていく4つの視点を掲げ，その4点目で，「社会に対しましては，私たちが取り組んでいる教育活動や教育施策に対し『期待』を持っていただけるよう，また，教育や子どもたちの未来に対して『希望』を感じていただけるように取り組むことだと考えています。」と，明言されている。

当検討委員会としては，この河原教育長の思いが県民の心にしっかり伝わり，決して絵空事で終わることが無いよう，県教育委員会は今一度，しっかりと議論と検討を積み重ね，県民をはじめとする地域社会が「期待」を抱くことができ，「夢や希望」を感じることのできる新しい高校教育のビジョンを，改めて示すことが，何よりもまず，必要であると考える。

---

(2) 地域と共に創る高等学校
　高校の再編・運営には，人材育成の観点から地域も深く関係していることを前提に，地域と共に高等学校づくりに取り組むべきである。

学校と地域は，子どもたちの成長にとって，切り離すことができない深い関係にある。文部科学省の「キャリア教育推進の手引」（平成18年）では，学校教育と職業生活との接続が必要であることが前提とされ，「産官学連携の重要性や地域の教育力を最大限に活用する必要性」が言及されている。

また，県教育委員会の「平成24年度学校教育の指針」においても，重点項目として，「地域と連携した，信頼される，安心・安全な学校づくりが位置付けられており，学校と地域との連携を図り，学校や地域における学習活動の実施等，開かれた学校づくりに努めることにより，滋賀の自然や地域と共生する力を育む教育を推進すること」が示されている。このような指摘を待つまでもなく，学校と地域とが密接な関係にあることは自明の理であり，今後とも，より強固な関係の構築が不可欠である。

これに加えて，平成13年に「地方教育行政の組織及び運営に関する法律」が改正され，公立高等学校の通学区域に係る規定が削除されたことにより，通学区域の設定は，各教育委員会の判断に委ねられることとなった。これを受けて，滋賀県においては，子どもたちの進路選択の幅を広げ，多様な受験機会を確保していくため，平成18年度から全県一区制度を導入した。

ところが，その一方で，地域住民からは，「特定の地区や学校へ志願者が集中することで学校間格差が助長された」「地域と高校との関係が希薄になりつつある」「地元の高校でなくなった」といった意見が数多く寄せられていることも事実である。

したがって，高校の改革を検討するにあたっては，地域と高校との深い関係性について認識を新たにするとともに，全県一区制度の検証を行った上で，「地域を支える高校」，「地域に支えられる高校」，「地域をつくる高校」を実現するためのビジョンについて，地域と共に創り上げることが必要であると考える。

---

(3) 未来を担う子どもたちのことを最優先に考えた高校改革
　行政改革の視点のみで教育を語ることなく，未来を担う子どもたちのことを最優先に考えるべきである。

もとより滋賀県の財政が大変厳しい状況にあることは周知の事実であって，行政の各分野において，限られた資源を効率的かつ効果的に配分することにより，最大限の成果を挙げることは，全ての県民の切なる願いでもある。

すでに，滋賀県においては，「新しい行政改革の方針及び同実施計画」（平成20年3月）や「滋賀県行財政改革方針及び同実施計画」（平成23年3月）を策定し，様々な分野の行財政改革を，粛々と実施してきた。

これを受け，今回の高校の改革についても，行財政改革の一環として進められてきたのではないかとの懸念が非常に強い。このたびの

再編計画（原案）についても，子どもたちの教育環境の充実を最優先に考えられた結果とは，到底，思えないものである。
なぜならば，再編計画の策定に先駆けて，県教育委員会は，「県立学校のあり方検討委員会」を設置し，この検討委員会に対して今後の県立学校のあり方に関する検討を依頼し，平成21年3月30日付で報告を受けている。この審議経過を見ても，本来であれば，子どもたちのことを最優先に考え，教育環境を充実するために県立学校はどうあるべきかについて検討されるべきであるが，県教育委員会は，県立学校のあり方検討委員会への検討の依頼段階から，教育分野における行財政改革の必要性について示唆しており，議事録においても財政問題に関する発言が大きな比重を占めるなど，行財政改革を大前提として，県立学校の統合及び再編の検討が進められたことは明白である。

今後における高校生徒数の減少や，厳しい県の財政状況もそれなりに理解できるものの，効率重視の「適正規模論」を根拠として，大人の都合で教育を論じ，そのしわ寄せを子どもたちが受けることは，断じて許されるものではない。
教育行政分野の改革は，その影響が，将来の地域と日本を担う子どもたちに直結するものであり，当然のことながら，慎重にも慎重，かつ十分にも十分な検討を経て，実施されるべきものである。
そもそも，「教育は未来への先行投資」というべきものであって，明日の滋賀，さらには日本を支える子どもたちのたくましく，健やかな成長を実現することこそ，我々県民の責務である。
このことを再認識し，これからの県立高等学校のあり方について，今一度，教育の原点に立ち返って，再検討することを強く求めるものである。

(4)知事部局と県教育委員会との連携強化
　知事自らも人材育成が最重要課題であることを再認識し，知事部局と県教育委員会とは連携を強化し，教育環境づくりを進めるべきである。

グローバル化の進展や，国際競争の激化，人口減少・少子高齢化，産業構造・就業構造の急激な変化など，わが国を取り巻く環境は，日々刻々と変化しており，今後もさらに大きく変貌していくものと考えられる。
このような時代の推移を考えると，今後も滋賀県が持続的に発展し続けるためには，今こそ，こうした様々な変化に柔軟かつ主体的に対応でき，活躍することのできる優秀な人材を育成していくことこそが県政の優先されるべき課題であり，このことは，産業界や地域社会からも切に求められている。
すでに，このことの重要性は，県教育委員会においては，滋賀県教育振興基本計画（平成21年7月16日策定）でも掲げられており，「目指す人間像」のなかで，「『近江（淡海）の心』を受け継いで，自らに誇りを持ち，変革の時代にあってもたくましい人生を切り拓く力を備えながら，国際社会の一員として活躍できる人を，『滋賀が目指す人間像』とします。」と記されている。
また，滋賀県教育振興基本計画で取り扱う「教育」の範囲は，「教育委員会が所管する分野をはじめとして，知事部局または警察本部が所管する分野・施策を含み，滋賀県における教育分野に関する施策を総合的かつ体系的に構築することとします。」とされている。加えて，同計画中の「教育の基本目標」においても，「子どもが『社会の宝』であることを強く意識し，滋賀県として，未来を拓く『人づくり』にしっかり取り組む」こととされている。
知事部局においても，これからの激しい変革の時代，特に，地方分権，「地域主権改革」が加速する時代において，人材こそ地域発展の鍵であり，地域に活力をもたらす「地域力」の源泉となることについて，強い思いを致すべきである。

嘉田知事は，1期目の選挙公約として作成された「かだ由紀子マニフェスト〜"もったいない!!"を活かす滋賀県政を！」において，より充実した県立高等学校を作るための体制を整えるとされ，「それぞれの地域人々に支えられた特色ある県立高校にするため，学科，定数を地域の意見を聞いて再編します。ただし，高校の統廃合は行いません。」とされ，高校教育に関する知事の思いが明確に掲げられている。
しかしながら，2期目の選挙公約である「もったいないプラス＋嘉田由紀子と県民がつくる滋賀の未来をひらくマニフェスト2010」においては，3つのアプローチからな

る未来成長戦略が掲げられているものの，高校教育のあり方に関しては，「高校・大学・企業などとの連携を強化して若者の就職を支援します」と，表現が曖昧となり，知事の確固たる思いが語られていないことは，非常に残念でならない。

そもそも県知事は，県教育行政に関わる予算案や条例案の議会への提案，教育財産の取得・処分，さらには教育委員の任免などに関する権限を有している。

先ごろの事例では，「教育委員会と知事との役割分担として，委員会及び知事は，地方教育行政の組織及び運営に関する法律第23条及び第24条に規定する職務権限に基づき，適切な役割分担の下に，地方自治体における教育の振興に関する施策の充実を図らなければならない」と，改めて条例で役割分担を明確にしようとする動きもある。

こうした点を踏まえて，嘉田知事自らも，地域経営を支える人材を育成することこそ，地方自治体の究極の責務であり，知事がマニフェストで掲げる未来成長戦略の実現に向けて，その原動力となるのは人材であるとの認識にたち，今回の高校の改革について，積極的に関わっていく必要があると考える。

将来の地域を支え，地域の経営を担う人材の育成にあたっては，将来に向けた明確なビジョンと，それを実現するための戦略を示していくことが必要である。

このためにも，嘉田知事においても，これまで以上に県教育委員会との緊密な連携のもと，相互に協力しあいながら，より良い教育環境づくりを進められるよう，強く求めるものである。

2．県民本位の視点に立った計画策定手続きについて

(1) 県民参画の仕組みづくり
地域住民や各種団体の声が反映できるよう，地域ごとに意見集約の機会・場所をつくるなど，県民参画の仕組みを必ず構築すべきである。

今回，県教育委員会が予定する県立高等学校の再編という「学校の改革」は，おそらく数十年に一度の大事であり，これからの地域のあり方にも大きな影響を与える極めて重要な課題である。

したがって，県立高等学校の再編を行うには，必ず県民の意見を十分に聞いたうえで，慎重に検討し，出された意見を十分に反映することにより，県民の理解と納得を得ながら，計画を策定し，そして実施することが必要不可欠である。

しかしながら，これまで，県教育委員会は，県民からの意見を十分に聴き取ることもなく，再編計画（原案）を唐突に発表し，その後も，県民に対して十分な説明も行わないままに，今日に至っている。

とりわけ，再編計画（原案）の公表後に実施された県民政策コメントについても，未だその結果は県民に示されておらず，当然，計画に関して寄せられた県民の貴重な意見についても，その説明や対応は未だなされていない状況である。

このように，県民に十分な判断材料も示されず，また県民の意見が反映される手段も確保されないまま，仮に計画が粗略に策定されるのであれば，県民本位の視点に立った計画策定手続きとは到底言えず，極めて遺憾と言わざるを得ない。

しかしながら，河原教育長は，県教育委員会のホームページで，「保護者や地域のみなさまと力を合せながら，子どもたちのために滋賀のよりよい教育をつくりあげていく」と述べており，このことは，高校の改革を行うにあたっては最も重要な視点であると考える。

したがって，この考えのもと，県立高等学校の再編については，今一度，県民との強固な信頼関係のもと，決して一方的で，機械的に進めるのではなく，教育関係者はもとより県民や保護者，各種関係団体の声が計画に反映できるよう，地域ごとに意見集約できる機会や場所を設けることにより，「県民参画」と「県民本位」に立脚した，開かれた計画策定の仕組みを構築することが必要であると考える。

> **(2)各地域との対話による計画づくり**
> 県内には様々な特性をもった地域があることから、必ず各地域との対話を重ねるべきである。

 他の行政分野と同じく、教育についても、県内のそれぞれの地域には、固有の地域特性があることから、平均的、杓子定規的な考え方や基準で捉えられない諸事情が多く存在している。

 特に、高校生の通学を考える上で、気象条件や地理・地形、公共交通機関の整備状況など様々であり、やむを得ず不利な通学条件を受忍することで、限られた高校選択を余儀なくされている生徒も数多く存在している。

 このような現実は、机上の議論では、容易に認識することはできない。これらは、自らが地域に入り、県民から丁寧に意見を聴取し、地域事情を汲み取ることを通して、初めて体得できるものである。

 また、平成18年に全県一区制度が導入されて以降、県北部地域に居住する県民からは、「教育分野においても、いわゆる南高北低が助長された」、「県北部地域から進学校が無くなってしまった」など、地域の高校教育の地盤沈下を危惧する声が多数寄せられている。

 このようなことを勘案しながら、地域づくりに参画している人々、地域生活を支える人々、そして地域産業を支える人々などとの対話による計画づくりを強く主張するものである。

 高校の改革という非常に重要な課題であるからこそ、県教育委員会は、以上に述べたような地域特性や地域事情を十分に踏まえ、時間をかけて、すそ野の広い対話を重ねることにより、地域におけるより良い高校教育の未来図を描くべきだと考える。

> **(3)学校現場と連携できる仕組みづくり**
> 学校現場の声が反映できるよう、高校をはじめとして小学校や中学校とも連携して取り組むことができる仕組みを必ず構築すべきである。

 本来であれば、再編計画（原案）には、高校教育現場の教職員の声や高校教育へとつながる中学校や小学校、高校教育からつながる大学や短期大学、さらには市町教育委員会の意見が反映されるべきである。

 また、再編計画（原案）の策定段階で、しかるべき事前説明がなされるべきである。

 しかしながら、県教育委員会のこれまでの説明を聞く限りにおいては、そうした現場の声が計画に反映されているとは思えない。少なくとも、市町立の小学校や中学校、市町教育委員会から意見を届ける仕組みは設けられておらず、事前説明も皆無であった。

 そのため、再編計画（原案）が発表された際、学校現場は大きく混乱し、生徒や保護者の前面で、その矢面に立つ現場の教職員でさえも、一般の県民と同じレベルの情報しか入手することができなかった。その結果、これまで、学校と地域との間で築き上げてきた信頼関係に、悪影響を与えかねない混乱を招くこととなった。

 学校の改革を考えるにあたり、留意されるべき重要な事項の一つとして、現場の実態に耳を傾けて議論を積み上げていくことがある。生徒や保護者、地域の声を最も熟知し、問題意識を持っているのは学校長であり、教育現場の第一線で奮闘している教職員である。

 先に開催した長浜教育みらいフォーラムで事例発表のあった、京都市立堀川高等学校は、教育委員会と学校現場の教職員とが真剣に向き合い、学校改革について活発に議論し、その結果として「堀川の奇跡」といわれるほど、大きな成果を得られるようになった。

 したがって、県教育委員会においても、高校再編計画という最も重要な高校の改革にあたっては、実際に学校を運営し、経営している学校現場と県教育委員会とが真に連携し、現場の声がしっかり反映される仕組みを必ず構築すべきである。

> **3．拙速を避けた慎重かつ丁寧な計画づくりについて**

> **(1)未来ある子どもたちへの配慮**
> 拙速な計画策定・実施は、教育現場はもとより、これから進学しようとする子どもたちに大きな影響を及ぼすことから、子どもたちに対する最大限の配慮をすべく、万全を期した手順を踏むべきである。

高校の統廃合を含む改革を実施すれば、各方面に少なからず影響を及ぼすこととなるが、最も大きな影響を受けるのは高校への進学を控えた中学生やその保護者であることから、その影響をできる限り少なくするための配慮が、最大限なされるべきである。

平成23年度学校基本調査速報結果の都道府県別進学率を見ると、滋賀県の高等学校等進学率は98.9％で、全国で6番目、大学等進学率においても58.0％で、全国で9番目と、どちらも非常に高い水準となっている。

このことからも、県内の多くの生徒及び保護者は、高い進学志向と教育意識を持つことがうかがわれ、今後の進路選択に影響を及ぼしかねない高校の改革は、極めて大きな関心事であることがわかる。

とりわけ、中学卒業後における進路選択の大多数を占める高校への進学は、子どもたちにとって、人生における最初の大きな岐路であり、大学進学や就職などの進路はもとより、その後の将来をも左右する重要な意味を持っている。

したがって、計画策定からその実施に至るまでには、高校への進学を控える生徒やその保護者が、進路選択について、的確な判断材料を丁寧に示すなど、十分な時間のゆとりをもって熟慮することができるよう、所要の対応をすべきものと考える。

(2) 十全な時間の確保と適切な実施時期の検討
高校再編計画（原案）に拘泥することなく、相応の時間をかけて各界各層との意見交換や議論などを行うことにより、計画の中身について、しっかりした検討を重ねるべきである。

今回、県教育委員会は、平成20年度に設置した「県立学校のあり方検討委員会」の検討・報告（平成21年3月30日）を受けて間もない、平成22年度の策定を予定していたようであるが、様々な異論等に遭って頓挫したものの、その後も、具体的な議論の場や機会を設けることなく、わずか一年後の平成23年7月に再編計画（原案）を唐突に発表するにいたった。このような進め方は、極めて拙速で短兵急な取り扱いと言わざるを得ない。

再編計画（原案）に示されたスケジュールでは、平成23年度内に再編計画を策定し、計画策定から2年後の、平成25年度から順次、計画に基づいた学校の改革を実施することとしており、とりわけ、統廃合を含む学校の改革については、平成26年度から実施するなど、余りにも性急なスケジュールが予定されていた。

また、この再編計画（原案）についても、基本的な考え方を示す「県立高等学校再編基本計画」と、具体的な統廃合校等を示す「県立高等学校再編実施計画」とが同時に発表されるなど、通常では考えられない安直な取り扱いがなされている。

本来であれば、まずは、基本計画で示した考え方について、県民や地域、教育現場の教職員などの多様な意見を十分に聞き、それを踏まえたうえで、実施計画が策定されるべきであった。

こうした性急なスケジュールや、十全な手順を経なかったことが、結果として、教育現場や地域などに大きな混乱を招いた主たる要因である。

先の長浜教育みらいフォーラムで事例発表のあった、三重県立伊賀白鳳高等学校は、統合に向けて地域に検討協議会を立ち上げ、足掛け9年の歳月をかけて、地域の意見を取り入れながら慎重に検討を進めてきたとのことであった。

なお、再編計画（原案）は、平成26年3月から中学校卒業予定者数が減少に転じることを根拠として、高校の統廃合の時期を設定したとされている。しかしながら、中学校や小学校に現に在籍する生徒・児童数をもとに、県全体における今後の高校入学予定者数の推移をみると、平成24年を基準とした場合、平成31年まで増加傾向にあり、減少に転じるのは、平成32年からである。

こうした状況も踏まえ、再編計画（原案）の内容や性急なスケジュールに拘泥することなく、改めて各界各層との意見交換や議論を行うことにより、「魅力と活力ある県立高等学校づくり」に向けた慎重かつ丁寧な計画づくりを行うべきである。

最後に、高校の改革については、地域の未

来を担う大切な子どもたちにとって，将来への夢や希望が広がり，地域にとっても，その将来を支える有為な人材を育成しうるものとなるよう，特に，高校統廃合を含む再編計画については，今一度，教育の原点に立ち返って再検討することを改めて強く求めるとともに，その内容が全国に向けて発信しうるような先進的なものとなることを，切に願うものである。

≪参　考≫
1　長浜の未来を拓く教育検討委員会設置要綱

（目的）
第1条　長浜市における教育ならびに人材育成のあり方について検討するため設置する長浜の未来を拓く教育検討委員会（以下，「委員会」という。）の組織及び運営に関し必要な事項を定める。
（委員会の事務）
第2条　委員会は，次に掲げる事項について検討し，その結果を市長に報告する。
(1)　長浜市内の滋賀県立高等学校のあり方に関すること
(2)　長浜市の教育ならびに人材育成のあり方に関すること
(3)　前2号に掲げるもののほか，必要な事項
（組織）
第3条　委員会の委員は，15人以内とする。
2　委員は，次に掲げる者のうちから市長が委嘱する。
(1)　学識経験者
(2)　関係団体の代表者
(3)　その他市長が必要と認めるもの
（任期）
第4条　委員の任期は，2年とする。ただし，委員が欠けた場合における補欠委員の任期は，前任者の残任期間とする。
（委員長及び副委員長）
第5条　委員会に，委員長及び副委員長を各1名置く。
2　委員長及び副委員長は，委員の互選によって定める。
3　委員長は，会務を総理し，委員会を代表する。
4　副委員長は，委員長を補佐し，委員長に事故があるとき又は欠けたときは，その職務を代理する。
（会議）
第6条　委員会の会議は，委員長が招集し，議長となる。
2　委員会の会議は，委員の過半数が出席しなければ開くことができない。
（意見の聴取）
第7条　委員会は，オブザーバー及び顧問を置き，その意見を聴き，又は資料の提供を求めることができる。
2　委員会は，必要があると認めるときは，委員以外の関係者の出席を求めることができる。
（庶務）
第8条　委員会の庶務は，教育みらい検討クロスオーバーユニットにおいて処理する。
（その他）
第9条　この要綱に定めるもののほか，委員会の運営に関し必要な事項は，委員長が別に定める。
　　　附　則
（施行期日）
1　この要綱は，平成23年12月16日から施行する。
（会議の招集）
2　この要綱の施行後初めて開かれる会議については，第6条第1項の規定にかかわらず，市長が招集する。

2　長浜の未来を拓く教育検討委員会委員等名簿

平成24年6月12日現在

	氏　名	所属及び職名	関係分野
委員長	大石　眞	京都大学法科大学院教授	有識者
副委員長	大橋　松行	滋賀県立大学人間文化学部教授	有識者
委　員	杉江　徹	滋賀大学副学長 （滋賀大学教育学部学部長　～ H24.3.31）	有識者
委　員	押谷　由夫	昭和女子大学大学院教授 〔元文部科学省初等中等教育局調査官〕	有識者
委　員	伊藤　正恵	長浜バイオ大学バイオサイエンス学科学科長	大学関係
委　員	小堀　誓勝	滋賀文教短期大学教授〔元高校校長〕	高校関係
委　員	内藤　正晴	長浜市PTA連絡協議会顧問 （長浜市PTA連絡協議会会長　～ H24.4.26）	ＰＴＡ
委　員	今西　肇	長浜市学校運営協議会会長	学校運営
委　員	川口　直 （片山　勝）	長浜市小中学校長会副会長 （長浜市小中学校長会会長　～ H24.3.31）	小中学校
委　員	武田　了久 （奥澤　清秀）	長浜市連合自治会会長 （長浜市連合自治会会長　～ H24.5.7）	自治会
委　員	藤田　義嗣	長浜商工会議所常議員	商工業
委　員	松村　英祐 （佐藤　硬史）	㈳長浜青年会議所副理事長 （㈳長浜青年会議所理事長　～ H24.1.26）	地域活動
委　員	畑下　圭子	社会福祉法人青祥会副理事長	福　祉
委　員	宮腰　悦子	児童文化活動支援グループ 「すずめの学校」代表	児童文化
委　員	吉田　道明	吉田農園代表	農　業
顧　問	吉田　豊	長浜市議会議長	
顧　問	青木　甚浩	滋賀県議会議員	
顧　問	川島　隆二	滋賀県議会議員	
顧　問	野田　藤雄	滋賀県議会議員	
顧　問	大橋　通伸	滋賀県議会議員	
オブザーバー	猪田　昭夫	滋賀県教育委員会事務局 教育企画室長	

※順不同，敬称略。なお（　）内は前任者及び当時の職名を記載。

3　長浜の未来を拓く教育検討委員会　審議経過等

(1) 長浜の未来を拓く教育検討委員会の取組み

　平成23年（2011年）
　　12月16日　長浜の未来を拓く教育検討委員会設置・委員決定

　　12月21日　長浜の未来を拓く教育検討委員会（第1回）
　　　　　　○今後の取組み及びスケジュールについて

　平成24年（2012年）
　　1月27日　長浜の未来を拓く教育検討委員会（第2回）
　　　　　　○アンケート調査の実施について
　　　　　　○市内県立学校からのヒアリング
　　　　　　（長浜高等学校，長浜高等養護学校，長浜北高等学校，長浜農業高等学校，長浜北星高等学校，虎姫高等学校，伊香

高等学校，長浜養護学校）

2月1日～2月17日
　市民に対するアンケート調査実施〔18頁参照〕

2月24日　長浜の未来を拓く教育検討委員会（第3回）
　　　　　〇教育関係団体からのヒアリング
　　　　　（長浜市PTA連絡協議会，長浜市学校運営協議会，長浜市小中学校長会，湖北の高校を守る会）
　　　　　〇長浜教育みらいフォーラムの開催について

3月18日　長浜教育みらいフォーラム〔19頁参照〕

3月21日　長浜の未来を拓く教育検討委員会（第4回）
　　　　　〇提言に向けた論点整理について

4月16日　長浜の未来を拓く教育検討委員会（第5回）
　　　　　〇経済団体からのヒアリング（長浜商工会議所）
　　　　　〇提言書の構成について

5月8日　長浜の未来を拓く教育検討委員会（第6回）
　　　　　〇第一次提言書の骨子（案）について

5月24日　長浜の未来を拓く教育検討委員会（第7回）
　　　　　〇第一次提言書（案）について

(2) アンケート調査の実施概要

1．名　称
　長浜市内の県立学校のあり方などに関する調査

2．目　的
　今後の長浜市内の県立学校のあり方やそれらを踏まえた学校配置のあり方などについて検討を行うため，中学，高校の生徒およびその保護者の意向を分析し，議論を行う際の検討資料とする。

3．実施主体
　長浜の未来を拓く教育検討委員会，長浜市，長浜市教育委員会

4．実施時期
　平成24年2月1日(水)～平成24年2月17日(金)

5．調査対象
　(1)長浜市在住の中学2年生およびその保護者
　(2)長浜市在住の高校1年生 およびその保護者
　　（※平成7年4月2日から平成8年4月1日の間に生まれた人）

6．調査方法
　(1)長浜市在住の中学2年生およびその保護者
　　→　学校を通じての配付と回収
　(2)長浜市在住の高校1年生およびその保護者
　　→　郵送による配付と回収

7．回収状況
　(1)中学生調査
　　①中学2年生（送付数1,296，有効回答数1,217，回収率93.9％）
　　②上記保護者（送付数1,296，有効回答数1,086，回収率83.8％）
　(2)高校生調査
　　①高校1年生（送付数1,252，有効回答数442，回収率35.3％）
　　②上記保護者（送付数1,252，有効回答数440，回収率35.1％）

[1] 平成7年4月2日～平成8年4月1日の間に生まれた人（15歳～16歳）

(3)長浜教育みらいフォーラムの開催結果概要

1．日　時
　平成24年3月18日(日)午後1時30分～4時40分

2．場　所

長浜文化芸術会館大ホール（長浜市大島町37）

3．参加者
　長浜市民をはじめとした県民約250名

4．内　容
　【テーマ】地域と教育の未来を考える
　【第1部】基調講演
　　　　「つなげよう！学校と地域社会」
　　　　講師　藤原和博 氏
　　　　　　　（東京学芸大学客員教授）

　【第2部】パネルディスカッション
　　　　「魅力と活力ある高等学校とは」
　　　　コーディネーター　大橋松行 氏
　　　　　　　　　（滋賀県立大学教授）
　　　　パネリスト　荒瀬克己 氏
　　　　　　　（京都市立堀川高等学校長）
　　　　　　　　関目六左衛門 氏
　　　　　　　（京都市立西京高等学校長）
　　　　　　　　髙田宏司 氏
　　　　　（三重県立伊賀白鳳高等学校長）

魅力と活力ある高等学校づくりに向けて
〜滋賀県立高等学校のあり方に関する提言〜
第二次提言

平成24年（2012年）9月

長　浜　市
長浜の未来を拓く教育検討委員会

はじめに

　長浜の未来を拓く教育検討委員会は、平成24年（2012年）6月に第一次提言となる「魅力と活力ある高等学校づくりに向けて〜滋賀県立高等学校の再編手続きに関する提言〜」を取りまとめて以降、引き続き、高校再編計画の内容となるべき事項、すなわち各論部分について、鋭意議論を深め、検討を進めてまいりました。

　第一次提言の提出を受け、嘉田知事におかれましては、「重く受け止め、知事としての責任を果たす。また、長浜の皆さんが納得する、誇りの持てる高校を是非創っていく」、河原教育長におかれましても、「第一次提言をしっかりと踏まえさせていただく。また、信頼関係のもと、第二次提言を県の再編計画（案）に反映するため、なるべく早く届けていただきたい」との意向を示されたところです。

　このような経過を踏まえ、当検討委員会では日程を前倒しするとともに、密度の濃い集中的な審議を行い、この度、魅力と活力ある高等学校づくりの実現に向け、地域が求める県立高等学校のあり方に関する事項について、第二次提言として取りまとめました。

　この提言は、地域の切実で真摯な意見を聴き取り、市民目線に立って忌憚ない議論を交わし、地域が求める、これからの県立高等学校のあり方について、地域の意見として取りまとめたものです。

　県教育委員会におかれましては、市内の一部教育関係団体を対象に「地域の高等学校教育のあり方に係る意見を聴く会」を開催され、地域の思いや意見を部分的に聴取されておりますが、かかる団体を含む、より広範な地域の団体の代表者や有識者で構成する当検討委員会といたしましては、長浜市を代表して、様々な地域の意見や思いを集約し、地域の総意としてお届けするものです。

　第一次提言でも申しあげましたとおり、将来ある子どもたちはもとより、地域のあり方にも大きな影響を及ぼす「高校の改革」は、丁寧な地域意見の聴取と、それら意見に基づいた真剣かつ慎重な議論を積み重ね、県民本位の視点に立った万全な手続きにより行われるべきであると考えます。

　滋賀県及び滋賀県教育委員会におかれましては、こうした地域の思いや取組みをしっかりと受け止められ、今般策定される再編計画に、この提言の内容を必ず取り入れられますことを、強く求めるものです。

平成24年（2012年）9月26日

　　　　　長浜の未来を拓く教育検討委員会
　　　　　　委員長　　大　石　　眞

目　次

はじめに

Ⅰ 提言の基本的事項……………… - 1 -

Ⅱ 提言の具体的事項及び内容………… - 2 -

1. 学校活力の維持向上について……… - 2 -
　(1)標準規模・定数確保……………… - 2 -
　(2)教員の資質・適正配置…………… - 4 -
　(3)地域との連携・交流……………… - 5 -

2. 魅力と特色ある学校づくりの推進
　について………………………………… - 7 -

3. 定時制課程の維持発展について… - 11 -

4. 中高一貫教育校設置の方向性について
　………………………………………… - 12 -

5. さらなる検討を求める事項について
　………………………………………… - 14 -

おわりに………………………………… - 16 -

《 参 考 》

1 長浜の未来を拓く教育検討委員会
　設置要綱……………………………… - 18 -
2 長浜の未来を拓く教育検討委員会
　委員等名簿…………………………… - 19 -
3 長浜の未来を拓く教育検討委員会
　審議経過等…………………………… - 20 -
　(1)長浜の未来を拓く教育検討委員会
　　の取組み………………………… - 20 -
　(2)アンケート調査の実施概要……… - 22 -
　(3)長浜教育みらいフォーラムの開催
　　結果概要………………………… - 23 -

Ⅰ 提言の基本的事項

　そもそも教育は、国の礎であり、国家百年の大計であると言われており、県教育委員会が予定する県立高等学校の再編という「高校の改革」は、おそらく数十年に一度の大事であると考えられる。
　したがって、「学校の改革」は、慎重かつ十分に検討され、県民への丁寧な説明と十分な理解のもとで進められるべきものである。ところが、遺憾なことに、これまでの県教育委員会の進め方はあまりにも拙速かつ粗略で

あり、県民本位の視点に立った手続きは踏まれておらず、その内容も、到底、県民の支持や理解を得られるものではなかった。
　かかる認識に立ち、県及び県教育委員会は、滋賀県の未来の高校教育に禍根を残すことがないよう、今一度、教育の原点に立ち返り、未来を担う子どもたちの教育環境の充実を最優先に考え、県民が参画することができ、誰もが納得できる手順を踏まえながら、「魅力と活力ある県立高等学校づくり」に向けて、取り組まれることを期待する。
　以上のことから、提言の具体的事項及び内容を示す前に、当地域のみならず全県的に共通する次の5つの基本的事項を、確実かつ誠実に踏まえられたい。

― 　教育施策の展開にあたっては、行財政改革の視点で語ることなく、未来を担う子どもたちのことを最優先に考え、行財政資源の投入を図ること。

― 　再編計画の策定及びその実施にあっては、決して独断専行することなく、関係者はもとより、地域が納得できるよう、相応の時間と手間をかけて地域と対話を重ねるなど、その意見を十分に汲んだものとすること。

― 　安全で、安心な高校生活のためには、校舎等の耐震化が必須であり、最優先で速やかに実施すること。

― 　平成18年度から導入された全県一区制度について、導入時から今日までの間の成果や影響について早急に検証し、公表するとともに、改善すべき問題点については、速やかに是正措置を講じること。

― 　再編計画の実施時期については、とりわけ、来年度高校入試をめざす現在の中学3年生に動揺を与えないよう、その再編の影響が全く及ばない平成28年度以降とすること。
　加えて、現在の中学1年生及び2年生においても、十分な時間のゆとりをもって将来の進路を熟慮することができるよう、配慮すること。

Ⅱ 提言の具体的事項及び内容

1. 学校活力の維持向上について

(1)標準規模・定数確保
・県内には様々な特性を持った地域があることから、地域事情や学校・学科の状況などの様々な要素を十分勘案して学校の規模や定数について、弾力的に決定すべきである。
・学校の集約を含む学校配置や設置形態については、新しい高校教育のビジョンや新しい高校の姿を明確にした上で、慎重に検討すべきである。

再編計画（原案）では、高校の学校規模について、県立学校のあり方検討委員会の報告を踏まえ、「多様な科目の開設など幅広い教育課程の編成や生徒が切磋琢磨する機会の確保、学校行事・部活動といった集団活動の円滑な実施など、様々な要素を勘案して、1学年あたり6～8学級を標準とする」としている。

しかし、県内の県立高校の状況は、平成23年度時点で、標準規模とされる6から8学級の学校が21校、5学級以下が22校、9学級以上が3校といった状況であり、このことは反面、県内の県立高校の半数以上は、現在、学校規模が標準でないことを示すこととなる。しかしながら、現状においては、これらの高校の「学校活力」が低下しているとは言い切れず、県教育委員会が提示する学校規模の根拠は、曖昧であり、財政的な観点はともかく、教育的な説得力を欠いている。

また、職業系専門学科の高校においては、基礎的な学習に加えて専門知識や技術、技能を身につけるという性質を考えると、一定の小規模なクラス編成により、きめ細やかで多様な専門教育が必要と考える。

さらに、長浜市では、高校生の約8割が徒歩や自転車により通学している現状に加え、中学2年生とその保護者を対象に実施したアンケート調査（以下、「アンケート調査」という。）によると、志望校を決定する通学条件について、概ね半数の生徒が、「近くにあって徒歩や自転車で通学できる高校に進学したい」と答えている実態がある。とりわけ、県内でも湖北地域は、地域特有の冬期の降雪や、必ずしも十分でない公共交通環境にあり、私立高校も含めて近距離に高校が集積する県南部地域とは比較にならない、極めて不利な通学環境にある。

以上のことから、高校の標準規模の取扱い及び定数の確保について、次のとおり提言する。

ア 弾力的な標準規模の運用
高校の規模については、様々な要素を十分に勘案して決定することが不可欠であり、決して、県下一律に標準規模を適用するのではなく、地域事情はもとより、学科の状況などを十分に踏まえ、標準規模以下の高校であっても、高校を廃することなく、新たな特色による教育を実践するなど、その存続に努められたい。

イ 地域内での定数の確保
湖北地域には、私立高校がなく、先に記述したように厳しい気象条件や、公共交通機関が未整備であるといった状況がある。こうしたなかで、地域内での高校の定数の総枠が削減された場合、その結果として、地域では生徒の進学先を確保できなくなり、地域外の県立高校や、経済的な負担が大きい私立高校への進学を余儀なくされることとなる。

こうした状況を踏まえ、教育の機会均等を図る意味でも、最低でも地域内の中学卒業予定者数を基本において、地域内での定数を必ず確保されたい。

ウ 学校の配置・設置形態
平成32年以降においては、高校入学予定者数が著しく減少していくことが予想され、こうした状況下での高校教育のあり様を考えると、近い将来、地域における高校のあり方を抜本的に見直していかなければならないと考える。

しかし、その見直しにあたっては、再編計画（原案）に見られるように、安直に生徒数の減少を理由として、統廃合ありきで進めるべきではなく、トータルとして、新しい高校教育のビジョンを示すなか、新しい高校の姿を明確にした上で、学校の集約等を含む学校配置や設置形態について、慎重に考慮すべきものと考える。

> (2) 教員の資質・適正配置
> ・校長の強いリーダーシップのもと，生徒と共に学業・部活動等に熱意を持って臨む教員を増やし，教員の能力を最大限活かすことができる適材適所の配置を行われたい。

再編計画（原案）には，教員の資質や適正配置についての考えはどこにも触れられていない。しかしながら，高校の再編における教育環境を考えた場合，建物や設備などの物理的な教育環境や，学科・カリキュラムなどの教育システムを整えることもさることながら，教員の資質の向上など人的な教育環境を充実させることが欠かせない，極めて大きな要因であると考える。

高校生は，多感で何事にも興味を示し，どんなことにもチャレンジできる可能性を秘めた未来有望な時期にある。この時期に，先生と生徒が出会い，熱のこもった授業がなされ，生徒の将来について，共に，語り，考え合うなかで，生徒一人ひとりの自主性を伸ばし，自立・自律の精神を培っていくのが高校生活と考える。また，人生の芽を育てるのがこの時期でもあり，豊かで様々な個性を持った生徒が，それに見合った能力を大事に成長させていくことにこそ，学校の活力の源泉がある。

その意味において，学校の活力を向上できるか否かは，教員に左右されると言っても過言ではない。とりわけ，有能な先生との出会いや，経験豊富でユニークな指導者に接することが，限りない夢の実現へのきっかけとなるケースが大変多いと聞いている。

これらのことから，教員の資質とその適正な配置について，次のとおり提言する。

ア　教員の資質向上

教員の資質とは，単に優秀な教員というのではなく，校長の強力なリーダーシップのもと，生徒と共に学業のみならず，部活動や生徒会活動などの学生生活に熱意を持って臨むことができる能力のことである。

教員自身が持つ指導力を最大限発揮できる職場環境をつくるとともに，採用段階から力量ある教員を確保し，その資質能力を段階的に高めることができるよう，養成，研修を相互に関連づけるなど，総合的な視点から教員の資質向上に向けた取組みを着実に推進されたい。

イ　教員の適正配置

教員こそ最大の教育資源であるとの認識に立ち，体育実技や文化芸術，科学技術などの分野において優れた能力を有する教員や，学校の核となる教員について，適切に配置する一方，教員一人ひとりの個性や能力を最大限活かすことができるよう，適材適所の配置をされたい。その上で，質の高い教育と深い専門性に根差した教育を実践されたい。

> (3) 地域との連携・交流
> ・学校と地域とは密接な関係にあることから，相互に支え合う仕組みづくりに取り組むべきである。
> ・学校間交流や地域間交流，全国交流などを促進することにより，生徒の意欲や達成感を高め，学校活力の向上を図るべきである。

学校活力が維持向上し続けるためには，生徒や保護者，さらには地域や住民との連携が不可欠であると考えるが，再編計画（原案）には，残念ながら，このことは触れられていない。

特に，全県一区制度が導入されて以降，湖北地域からの人材流出がみられ，地域性や学校の存在感が希薄になるなど，学校活力の低下を危惧する声が多数寄せられている。

長浜市内の小中学校においては，平成21年度からそれぞれの学校に学校運営協議会を設け，保護者や地域住民などの学校運営への参画や連携を一層進めるなか，一体となって学校運営の改善や，児童生徒の健全育成に取り組んできた実績がある。いずれの地域においても，各学校の地域性を考慮し，学校運営や教育課程の編成などへの建設的な提言を行い，学校だけでは行き届きにくい部分の役割を協議会で担い，支援するなど，学校と地域がともに連携協力しながら運営されている。

さらに，地域の住民にとって学校は，教育の場であることはもとより，それぞれの地域の歴史や伝統に深く根付いた「地域文化の砦」との強い思いもあり，地域と学校とは，地域の活力向上，活性化の観点からも，非常に大きな関わりを持っている。

このようなことから，高校についても，地域と密接な関係にあるべきとして，次のとおり提言する。

ア　地域との包括的連携

学校と地域とは，切り離すことができない深い関係にあることを再認識し，地域と高校が連携し，新しい高校運営のモデルづくりに取り組むことで，学校の責任意識の強まりや，学校活力の維持向上につながると考える。

既に高校では，学校運営に関し意見を述べる学校評議員が設置されているが，意見の具申にとどまっており，形骸化しているのが実態である。このことから，長浜市の全小中学校で取り組んでいる，一定の権限と責任を持った学校運営協議会のような組織を立ち上げ，地域との密接な関係を築き上げる土台づくりに取り組まれたい。

なかでも，高校からは地域に対して「何をして欲しいか」を率直，明確に伝える一方，地域からも「何ができ，何ができない。代わりにこれならどうか」といった進言を行うなど，互いに支え合う関係を築かれたい。

イ　多様な主体との交流

学校活力の向上にあたっては，学校間の交流や，地域間の交流，国内での交流，さらには国際交流など，異なった地域や人々と積極的に関わり合うことで，それが学校の特色となり，さらには生徒の意欲や達成感を高め，ひいては学校活力の維持向上にもつながると考えられる。このことから，多様な主体との連携や，様々なステージでの交流を一層促進されるよう取り組まれたい。

２．魅力と特色ある学校づくりの推進について

・時代の変化や地域の実情に対応でき，心豊かに，たくましく，未来を切り拓く力を持った人材を育成することができるよう，新しい学校の設置や学科・コースの改編なども踏まえ，魅力と特色ある学校づくりを進めるべきである。

グローバル化の進展や，国際競争の激化，人口減少・少子高齢化，産業構造・就業構造の急激な変化など，わが国を取り巻く環境は，日々刻々と変化しており，今後もさらに大きく変貌していくものと考えられる。

このような中，これからの教育には，「一人の自立した人間として，様々な変化に柔軟かつ主体的に対応でき，活躍することができる，たくましく，高い志を持った人材」を育成していくことが求められている。

さらに，生徒一人ひとりの価値観やライフスタイルの多様化が一層進むなかで，高校教育へのニーズも，多様化・高度化する状況にあることから，こうした時代や地域の実情に対応し，生徒の個性を生かし，能力を高めることで，心豊かに，未来を切り拓く力を持った人材を育成していくことが必要である。

しかしながら，再編計画（原案）では，「魅力と活力ある県立学校づくり」というテーマのもと，これを支える柱として，「魅力ある学校づくり（多様な学校選択肢等の提供）」と「活力ある学校づくり（豊かな教育環境の提供）」の２つの目標が掲げられているものの，残念ながら，こうした目標とは裏腹に，示された再編計画（原案）には，確固たる教育理念や哲学はもとより，夢や希望の持てる高校教育のビジョンがそもそも語られていない。

一方，地域の視点から見た高校には，それぞれの高校が営々と築き上げた，それぞれの歴史や伝統，校風があり，卒業生はもとより，地域の人々，学校関係者によって脈々と引き継がれており，建学の精神とともに，これを現在に体現していることこそが真の伝統であると考える。

加えて，これまでの時代の要請や地域産業界の形態変化など，地域社会の情勢の変化とともに，幾多の変遷を経て，今日に至ってきた歴史がある。

したがって，今後においても，時代変化や高校教育に求められるニーズに対応していくため，新しい学校の設置や学科・コースの改編など，魅力ある学校改革に取り組むとともに，各々の高校の特色や歴史，建学精神等を受け継ぎ，また，地域社会と相互交流を深めることにより，地域社会とともに歩み続ける高校であってほしいと願うものである。

こうした観点に立ち，地域が求める今後の高校のあり方，特に各学科などに求める内容について，次のとおり提言する。

ア　普通科に求めること

生徒や保護者の大学進学等に対するニーズに応え，地域内はもとより，地域外からも多くの生徒が高校に魅力を感じて進学を希望し，勉学や部活動，生徒会活動等において，次代を先導する人材を育成するにふさわしい教育を実践することのできる，地域の中核的役割を果たす普通科単独校を設置することを

望む。
　なお、当該高校の設置にあたっては、通学に支障の出ないよう、利便性に優れたＪＲ駅の徒歩圏内にある新たな場所に、教育環境の整った新たな校舎を設置する必要がある。
　また、市内に複数ある普通科単独校では、基礎的な学習内容を充実することはもとより、例えば、理系・文系などの特色づけや、長浜市において小中学校から重点的に実施している英語教育を引き継いでいけるような教育カリキュラムを導入するなど、高校の特色を最大限活かした、魅力ある学校づくりに取り組むことが必要である。それにより、相互の学校間の競争、ならびに学校内における生徒間の切磋琢磨を喚起し、例えば、大学進学面においては、学習塾等で学ばなくても、希望する大学への進学が実現できるよう、教育環境の充実を整えられたい。特に、英語教育については、長浜市が他地域に誇る強みとして確立することができるよう、地元小中学校、市教育委員会などの関係機関とも連携し、地域をあげて高いレベルで実用英語教育を施すこととし、例えば、外国の大学への進学を視野に入れるなど、他地域や他高校のモデルとなるような取組みを推進されたい。

イ　総合学科に求めること
　アンケート調査の結果を見ると、総合学科や専門学科への進学を希望する生徒やその保護者の多くは、専門知識や技術の習得、資格の取得など、将来の就職に向けた実践的教育を受けることを望んでいる。
　したがって、技術進歩に対応した最新の教育設備の充実をはじめ、生徒一人ひとりの多様な学習ニーズに柔軟に対応するとともに、将来、生徒を受け入れる側となる地域企業などが求める人材を輩出できることを念頭に、地域とともに発展し続ける総合学科となるよう、例えば、商業やビジネス、工業（ものづくり）、情報処理といった専門教育の充実など、学習内容のさらなる充実を図られたい。
　なお、上級学校への進学を希望する生徒が多い状況を踏まえ、これらに柔軟に対応することができる学びのシステムを構築されたい。

ウ　農業学科に求めること
　農業後継者の不足や食料自給率の低下、不耕作地の拡大など、農業を取り巻く環境は非常に厳しい状況にあるが、反面、今後の日本の将来を考えると、農業や食品関係は非常に重要な分野であり、農業学科の社会的な役割や、そこで求められる教育への期待は、より一層高まるものと確信する。
　しかしながら、農業学科の卒業生の就業状況は、農業関係に就職する生徒が極めて少なく、その多くの生徒は、地域の製造業やサービス業といった、いわゆる地域において求人の比較的多い業種に就職している現状にある。
　このような課題や現状を打開していくためには、農業の重要性を再認識し、農業学科の定数を現状維持することはもとより、今一度、農業学科の教育内容を見直すことが必要である。
　具体的には、「食」の生産にとどまらず、加工から流通・販売に至る事業展開、いわゆる「６次産業化」への対応をはじめ、それら生産活動や食料消費によって生じる廃棄資源の利活用に至る「食の循環」に基づく、持続可能性や環境調和性といった観点からも、農業と向き合うことが大切である。とりわけ、生産の観点から考えた場合、地域の農業界が求める人材像と適合させる教育を確立することが不可欠であり、例えば、これまでの自営農業者の育成ではなく、大規模経営農家（農業法人等）が求める人材を、いかに育成するのかを考える必要がある。こうした点を踏まえ、学科の再編成を検討されたい。
　加えて、これまでにも積極的に取り組まれてきた地域連携をさらに深め、社会体験を積む一つの方法として、高校生レストランや高校生工房、高校生農場といった新しい教育システムの導入や、長浜バイオ大学などとの、いわゆる高大連携による出前授業や出張講義など、地域の教育資源の活用とともに、歩み、育て、発展していけるような仕組みを取り入れていただきたい。
　なお、生きがいを育む体験を積み重ねた生徒においては、他産業に従事しても非常に粘り強く取り組むことができ、なかでも福祉の分野においては、生命を慈しむ心構えができているなど、非常に有益な人材が多いとの意見もあったことを申し添える。

エ　福祉学科に求めること
　少子高齢化の進展を背景として、自立生活支援への志向の高まりや、福祉ニーズの多様化・高度化など、社会福祉に対する市民意識の変化に伴い、身近な地域において、多様で質の高い福祉サービスが提供できる人材の育成が求められている。

一方で，介護福祉士資格の取得に関わる法制度の見直しや，福祉学科への志望者が減少するといった現状にある。

しかし，地域において，福祉学科が果たしている役割は非常に重要であり，地域を支える人材は地域で育てるといった観点を基本として，今後ますます増大する介護ニーズに応え，福祉分野の人材育成を図っていくため，福祉の基礎・基本を学び，技術も習得できる高校が必要である。さらに，福祉系大学や専門学校への進学も視野に入れ，教育内容の維持・充実を図られたい。

オ　高校教育に求めること

豊かな人間性，道徳性，公正さを重んじる心，歴史・伝統・文化を大切に思う心，自然愛などは，いつの時代にも重視されなければならない，教育の不易の価値と称されるものであり，どれも，社会の形成者として必要な資質となるものである。

とりわけ，地域の歴史や伝統，文化を大切に思う心，いわゆる郷土愛については，地域の活力が持続し，発展し続けるための根源となるものである。

このため，長浜市において，高校の履修科目として，例えば，地域との連携のなかで，地域のことを学べるような科目を設定するなど，地域学習を深められる取組みを始められたい。

3．定時制課程の維持発展について

・あらゆる子どもたちへの高校教育の機会確保と支援体制の充実を図るため，無理なく通学できる範囲内に，定時制課程や通信制課程，昼間・夜間の併置による総合単位制高校の設置など，柔軟な学びの場を確保すべきである。

定時制課程は，中学校卒業後に仕事に就くなど，様々な理由で全日制高等学校に進学できない子どもたちに対して，高校教育の機会を設けることが創設の趣旨であった。しかし，時代の変化や勤労青少年の減少とともに，その役割は大きく変化し，近年では，中途退学者や不登校経験者など，様々な入学動機を有する子どもたちの柔軟な学びの場として，積極的に選択されており，高校教育の機会を保障するセーフティーネットとしての機能も果たしている。

特に，近年の傾向として，高校進学率が98％を超える中で，高校の中途退学者数は年々増加傾向にあり，様々な事情を抱える子どもたちに対して，多様で弾力的な履修形態による高校教育の機会を提供することは，必要不可欠であると考える。

しかしながら，県教育委員会は，再編計画（原案）において，能登川高等学校を総合単位制高等学校へと改編することに併せ，長浜北星高等学校などに設置されている定時制課程（夜間）を廃止するとされた。

長浜北星高等学校の定時制課程は，滋賀県の最北地域をカバーするものであり，当該機能を県中南部の能登川高等学校へと移転し，廃止することは，様々な事情により定時制課程に通学せざるを得ない子どもたちに，通学面や経済面で大きな負担を強いるものとなり，高校教育の機会を剥奪すること以外の何物でもないと考える。

県教育委員会が示す総合単位制といった新しい学びのスタイルへの移行については，様々な事情を持つ子どもたちの多様なニーズに応えるため，その意義は認めるものの，地域事情への配慮に欠ける設置場所については，到底，納得できるものではない。

このようなことから，地域として，次のとおり提言する。

ア　定時制課程の維持と柔軟で多様な学びの場の創出

高校で学ぶことへの希望を持ち，そして意欲ある子どもたちについて，高校教育の機会の確保を図るとともに，その支援体制の充実に向けて，通学が可能な長浜市内に，これまでと同様に，夜間の定時制課程とともに，多様なニーズに対応するため，定時制課程と通信制課程の併置，昼間課程と夜間課程の併置による総合単位制の導入など，柔軟で多様な学びの場を確保されたい。

4．中高一貫教育校設置の方向性について

・学校選択幅の拡大や生徒の個性伸長等，さらなる中等教育の充実を図るため，市内の交通利便性の優れた場所に，中高一貫教育校を設置すべきである。

中高一貫教育校は，従来の中学校・高等学

校の制度に加え，生徒や保護者が6年間の一貫した教育課程や学習環境の下で学ぶ機会をも選択できるようにすることにより，中等教育の一層の多様化を推進し，生徒の個性を重視した教育の実現を目指すものとして，平成11年度から制度化されたものである。

文部科学省によると，その設置数は右肩上がりの増加傾向にあり，平成23年4月時点で，公立の設置数は全国で44都道府県，420校となっており，今後も増加し続けることが予測されている。

滋賀県においても，平成15年4月から県内3地域において，県立の中高一貫教育校が設置されており，当初の予定では，湖北地域を含む残る2地域においても，中高一貫教育校の必要性を明確に認めた上で，平成23年度以降の早期に，設置することを約束されてきた。

しかしながら，再編計画（原案）において，「新たな中高一貫校は地域の中学校に及ぼす影響も大きいことから，新たな設置は行わない」と，唐突に方針転換を表明され，湖北地域での中高一貫教育校の設置を待ち望んでいた生徒や保護者，地域住民らは，一様に落胆している状況である。

他方，中高一貫教育校については，アンケート調査によると，多数の生徒や保護者は「中学校と高校が一緒に設置されていて，6年間一貫して教育が受けられる学校で学びたい」と答えていることから，保護者や地域住民からの期待が高く，特に，体系的に6年間一貫して学ぶことによる学習面を中心とした生徒の個性伸長や，地域における中学校と高校との連携の可能性，あるいは，地域における教育環境の特色づけの観点等から，大きな意義があるものと考える。

このようなことから，地域として，次のとおり提言する。

ア　中高一貫教育校の設置と有効性の確保

生徒・保護者の学校選択幅の拡大や，生徒の個性伸長など，湖北地域におけるさらなる中等教育の充実を図るため，長浜市内の交通利便性の優れた場所に，中高一貫教育校を設置されることを求める。

ただし，中高一貫教育校のあり方については，中等教育学校，併設型，連携型の3つの実施方法があり，その設置にあたっては，既に県内3地域で実施されている先行事例の成果や課題について十分な検証を行い，有効性

を確保されたい。また，地域事情や生徒ニーズの把握を十分に行い，その具体的方法を検討されるとともに，市教育委員会や地域の小中学校との相互理解と意識統一を図られるよう求める。

なお，実施にあたっては，2クラス規模（20～30人程度の少人数編成）で検討されたい。

5. さらなる検討を求める事項について

(1)特別支援教育の充実
・場当たり的に特別支援教育を語るのではなく，今一度，抜本的に特別支援教育のあり方について検討し，特別な支援を要する生徒にとって最も望ましい教育環境の整備に努められることを切に願う。

発達しょうがいなど様々なしょうがいにより，特別に支援を必要とする生徒は，年々増加し続けている状況にある。

現在，県教育委員会において，平成25年度以降の特別支援学校の定員確保に向けた取組みがなされているものの，とりわけ，県立伊吹高等学校への特別支援教室の併置に関しては，これまでの進め方をはじめ，施設整備の取扱いなど，極めて拙速であり場当たり的な印象をぬぐいきれないものとなっている。もとより，通学の利便性といった生徒・保護者の視点を欠いたロケーションもさることながら，遠隔地にある長浜養護学校の分室であるといった点においても，生命の危険を伴うような多くの問題点をはらんでいる。

このように，学校関係者はもとより，保護者や地域住民の十分な理解が得られないまま進められており，苦言を呈したい。

したがって，今回の県立伊吹高等学校への特別支援教室の併置の要否も含めて，今後における特別支援教育のあり方やその方向性について，関係者の意見をもとにして，抜本的に検討されることが肝要と考えており，その上で，特別な支援を要する生徒に望ましい教育環境が確保されるよう，願うものである。

(2)新しいタイプの学科・コース等の検討
・生徒の多種多様な個性や適性，感性を引き伸ばすとともに，地域のさまざまな人材養成に応えていくため，特色と

> 高い実践的専門教育を兼ね備えた、新しい学科・コースなどについて、検討されることを望む。

　グローバル化をはじめ、これからの激しい社会環境の変化に対応し、個性豊かに、たくましく生き抜く人材を育てるためには、さまざまな分野の学習機会の提供により、自己の内面にある能力や可能性を最大限に発揮できるような取組みが必要である。

　とりわけ、日々、社会は変化しており、生徒が高校において学んだことが、社会において、長期間、通用する分野が少なくなっているように思われ、絶えず高校卒業者への社会ニーズを見極めていくことも必要である。

　当地域ニーズとしては、ものづくりをはじめ、介護などの福祉分野、教育・保育などの分野において、人材の確保を期待する意見があった。

　また、アンケート調査において、高校の志望学科として「普通科」が、卒業後の進路として「大学・短大」が最も高い結果となっている。また、中学2年生が興味や関心をもつ分野として、「スポーツや健康」「コンピューターやインターネットの活用などの情報・通信」「生命、地球、自然現象などの学習や自然科学」となっている。

　一方、将来のさらなる生徒数の減少を考えると、現在の高校教育の環境を全て維持することは難しくなることも考えられ、長期的な視点で学校の特色化による存続に向けた検討も必要である。

　こうした点を踏まえ、高いレベルでの学習指導や、高い実践的専門教育が受けることができるよう、例えば、進学指導に力を入れる特別な進学コースや、スポーツなどの分野での新しい学科・コースを設置するなど、実態を踏まえた積極的な検討を望むものである。

　なお、当検討委員会の議論の過程で、将来における生徒数の減少等を想定して、例えば、複数の高校を統合し、一つの「総合高等学校」とするなどの意見や、高校ではないものの、産業界が求めるより実践的な能力を有する人材を育成するため、県立の高等専門学校の設置を求めるといった意見があったことを申し添える。

おわりに

　私たち、長浜の未来を拓く教育検討委員会は、昨年12月の設置以降、教育団体関係者や高校の校長、さらには地域経済界の代表者など、多くの皆さんからの現状分析や課題認識、意見などを聴き取りながら、県立高校のあり方について、前向きな姿勢で議論して参りました。この中で、将来の教育のあるべき姿を見通した時、多くの印象的な発言がありました。

　「湖北で育てた芽を湖北地域の高校でより伸ばし、最終的に地域社会で役立つ人材に育ってほしいと願っている」「地域活力の源泉は人材にあって、その根底には教育があることを十分認識した上で実りある議論を進めるべき」、さらには「農業科を卒業した生徒は、植物や動物という『生命』に関わった体験から、『人間』への関心が芽生え、その結果、福祉や医療の世界に進む子どもたちが増えている」など、単に教育分野だけの議論にとどまらない、地域ならではの多様で貴重な意見が出されました。

　一方、教育基本法をひも解くと、教育の目的・理念として「人格の完成」や「国家・社会の形成者として心身ともに健康な国民の育成」が掲げられており、具体的には、幅広い知識と教養を身につけ、豊かな情操と道徳心を培い、健やかな身体を養うことや、公共の精神、郷土愛などの具体的で重要な目標が掲げられています。

　このような目標達成のためには、教育は国家のみならず、地域にとっても百年の大計であることや、歴史の重みを確かに受け止め、時代を超えて変わらない大切なものをしっかりと見定めつつ、同時に、時代が求めるものを的確に把握し、柔軟な対応を図ることが重要であると考えます。

　さらに、教育こそが最も優先すべき行政課題であり、教育に必要な行財政資源を他に先駆けて投入するという「米百俵の精神」が、今こそ、まさに必要とされていると考えます。

　前述の教育基本法で掲げられた教育理念に、これまでの検討過程で委員から出された様々な意見を重ね合わせてみると、「地域は教育と密接に関係し、教育も地域とともに歩み、支え合う」といった、教育に取り組む上

で最も尊重されるべき姿勢が浮かび上がってきます。

地域住民の熱い思いと，滋賀県及び滋賀県教育委員会の英知によって，魅力と活力ある高等学校づくりが進められることを切に願うものです。

今回の第二次提言では，あえて，先の再編計画（原案）が，全県的な議論のもと見直しがされたのかどうかの点については触れていません。

また，県教育委員会が予定する基本計画の計画期間が10年であることを考えると，この計画は，平成30年初頭を想定したものと考えられますが，実態的には，それ以降の急激な生徒減少がむしろ問題であることを認識する必要があります。

その一方で，この6月に当検討委員会から第一次提言書を提出しましたが，現在の状況を見ても，こうした提言に沿った取組みが県教育委員会においてなされているとは全く言えません。

こうした点を踏まえて，新しい高校の教育ビジョンを示す中，まさに，この滋賀県において，次代を担う人材を育んでいくため，改めて，「高校のあり方」について，議論を深めていただきたいと考えます。

また，特別支援教育についても，前述のとおり，今一度，抜本的な検討が必要と考えます。

そのために，当検討委員会はもとより，長浜市も惜しみない協力を行いたいと考えているところです。

≪参　考≫

1　長浜の未来を拓く教育検討委員会設置要綱

（省略）

2　長浜の未来を拓く教育検討委員会委員等名簿（平成24年9月26日現在）
変更のみの記載

	氏　名	所属及び職名	関係分野
顧　問	溝口　治夫	長浜市議会議長	
	（吉田　豊）	（長浜市議会議長～H24.8.7）	

※敬称略。なお（　）内は前任者及び当時の職名を記載。

3　長浜の未来を拓く教育検討委員会　審議経過等

(1)　長浜の未来を拓く教育検討委員会の取組み

※平成23年（2011年）12月16日～平成24年（2012年）5月24日までの審議経過等については第一次提言に記載しているので省略。

6月5日　滋賀県議会文教・警察常任委員会　県民参画委員会
　　　　○県立高等学校のあり方などに関する意見交換

6月12日　滋賀県知事及び滋賀県教育長に対して
　　　　「魅力と活力ある高等学校づくりに向けて～滋賀県立高等学校の再編手続きに関する提言～」（第一次提言書）の提出

7月11日　長浜の未来を拓く教育検討委員会（第8回）
　　　　○第二次提言に向けた取り組みについて

7月25日　長浜の未来を拓く教育検討委員会（第9回）
　　　　○特色ある学校づくりについて
　　　　○職業系専門学科について

8月22日	長浜の未来を拓く教育検討委員会（第10回）
	○長浜市における高校のあり方について
9月7日	長浜の未来を拓く教育検討委員会（第11回）
	○長浜市における高校のあり方について
	○第二次提言骨子（検討案）について
	○今後のスケジュールについて
9月18日	長浜の未来を拓く教育検討委員会（第12回）
	○第二次提言骨子（案）について
	○第二次提言書（素案）について
9月25日	長浜の未来を拓く教育検討委員会（第13回）
	○第二次提言書（案）について

(2) アンケート調査の実施概要（省略）

(3) 長浜教育みらいフォーラムの開催結果概要（省略）

滋賀県立高等学校再編計画発表に伴う長浜市長コメント

平成24年12月20日

長浜市長　藤井　勇治

本日，発表された計画は，計画原案及び計画案と比べると，実施年度の繰延べや，長浜北星高校の定時制課程の存続，中高一貫教育校設置への変更など，市民をはじめ長浜の未来を拓く教育検討委員会の提言や，本市の要望内容に応じて大きく見直しがされたものと考える。

しかしながら，教育検討委員会が提言した通学利便性に優れたJR駅の徒歩圏内の新たな場所での新しい高校の設置や，その提言を踏まえて本市が最適として提案した高校の立地場所については，前向きに検討がなされたとは到底考えられず，非常に遺憾に感じるところである。

また，福祉人材の養成・確保については，高校教育段階での介護福祉士資格の取得について実効性を確保するとともに，今後のさらなる需要に対応するため，県としても，早期に福祉人材の育成・確保に向けた抜本的な対策を講じられたい。

なお，全県一区制度による湖北地域からの人材流出についても，あらかじめ地域内での定数確保を確実に図るなど，教育分野における，いわゆる南高北低を早急に改善されることを求める。

県及び県教育委員会は，今般の一連の計画策定過程における混乱を教訓として，今後の計画実行段階においても，これまでのように決して独断専行することなく，地域との対話を十分に重ねるとともに，しっかりと説明責任を果たし，双方合意の上で進めることを求める。

滋賀県立高等学校再編実施計画に対する意見書

彦企第8号
平成25年(2013年) 1月9日

滋賀県知事　嘉田　由紀子　様
滋賀県教育委員会委員長
　　　　　高橋　政之　様

彦根市長　獅山　向洋

1　滋賀県教育委員会（以下，「県教委」）は，平成24年12月20日に開催した教育委員会において「滋賀県立高等学校再編計画」および「滋賀県立高等学校再編実施計画」（以下，「再編計画」）を議決し策定しました。

2　それに先立ち，県教委は，平成24年10月1日，「滋賀県立高等学校再編計画（案）」および「滋賀県立高等学校再編実施計画（案）」（以下，「再編計画（案）」）を公表しましたが，同案に示された彦根西高等学校

（以下，「彦根西」）および彦根翔陽高等学校（以下，「彦根翔陽」）を統合し現在の彦根翔陽の校地に統合新校を設置することなどの再編計画（案）に対し，彦根市は，同年11月15日付で意見書を，同年11月26日付で質問書を提出し，滋賀県知事および県教委からご回答をいただいたところです。

3　以後，彦根西と彦根翔陽とを統合する方向で再編計画案が推進され，このたびの再編計画として議決・策定されたところですが，今回策定された再編計画によれば，現在の彦根翔陽の校地において，1学年9クラス，全校生徒1080人の再編計画においても想定していなかった全国的にも例を見ない大規模な総合学科を持つ統合新校が創設されることになりました。

4　そこで，本市としては，統合新校の整備およびそれに関連する課題について，今後，同校に入学し勉学する生徒の立場に立って，さらに配慮されたく，下記のとおり，県知事および県教委に対し，要望するものです。

記

1　統合新校は，既に述べたとおり，総合学科を持つ高校としては全国に例を見ない大規模な高校になることから，県知事および県教委におかれましては，「教育環境において全国一の総合学科を持つ高等学校」を創設することを明言され，充実した教育環境の整備に積極的に取り組まれることを要望します。

2　また，教育環境の充実の具現化のために以下の諸点について配慮しつつ施設などの整備に努めていただくとともに，今後設置される「(仮称)新校設置懇話会」における意見を十分に汲み取り統合新校の整備に反映されることを要望します。

(1) 統合新校においては，次の理由により，校地内の教職員の駐車場を設置することは断念して下さい。
① 統合新校は大規模校となるため，生徒一人あたりの校地面積が相対的に僅少となるため。
② 狭い校地において生徒と車両の動線が交錯することは危険であるため。
③ 万一，駐車車両が損傷した場合，生徒と教職員間において信頼関係が失われる危険性があるため。
(2) 校舎の新・増築，運動場，来客用駐車場の整備など校地の利用計画の策定については，設計業者等の選定にあたりプロポーザル方式を採用するなど，学校関係者や周辺地域の住民の意見が反映できる方法をご検討下さい。
(3) 校舎から離れて設置される駐輪場，体育館，運動場などへの生徒の動線については安全確保の観点からも十分にご検討下さい。
(4) 既存校舎および新・増築校舎における各教室のレイアウトについては，非常時・緊急時に対応できるように配慮して下さい。
(5) 校舎内の仕様については，ユニバーサルデザインを基本とした施設整備を図って下さい。
(6) 正門の施錠はもとより，校地周辺の防犯対策を講じて下さい。
(7) 弓道場は是非存続して下さい。
(8) 現在ある櫻の木は伐採せざるを得ないようですが，移植などの方法により一部分でも残すことをご検討下さい。

3　統合新校が開校し彦根西と彦根翔陽が並存する移行期の2年間については，今日まで全国的に高校統廃合が行われた経過から，各種の前例について調査すればある程度の利害得失や対応に関する知識が得られるのではないかと考えます。ご調査のうえ，統廃合対象校の関係者に情報を提供され，適切な結論が得られるように尽力されることを要望します。

4　彦根西の跡地利用については，周辺住民や関係者が大きな関心とともに不安を抱えております。
　現時点で滋賀県として利用する予定がないのならば，本市において活用案を検討したいと考えておりますので，高校再編の一環を占める重要問題として，今後の県市の対応について具体的に協議することを要望します。

以上

滋賀県議会定例会会議録

2010年（平成22）

【6月定例会】
[代表質問]
○県立高等学校の再編計画について（民主党・県民ネットワーク・九里学、6月4日）

最後に、県立高等学校の再編計画について、教育長に伺います。

県教育委員会は、さきの文教警察・企業常任委員会で、今年度に県立高等学校の再編計画を策定することを表明されました。以後、小規模校や職業校を多く抱える地域の住民や保護者などに不安や戸惑いが広がりつつあります。特に東北部で顕著であると仄聞しております。

県立高等学校の再編は、県立学校のあり方検討委員会や滋賀県産業教育審議会で検討を重ねられてきました。県立学校のあり方検討委員会は、昨年3月に報告書を提出、産業教育審議会も本年3月に中間審議まとめをされ、9月には最終答申をされる予定です。

県教育委員会は9月の産業教育審議会の答申を受け、県立高等学校再編基本計画を策定し、その後、再編実施計画を策定するとされていますが、今年度中に再編実施計画にたどり着くのはスケジュール的に無理があるのではないでしょうか。御所見を伺います。

また、この再編計画は、おおむね何年度を目途とした計画なのか、実施時期はいつごろを想定されているのか、あわせて伺います。

次に、学校の統廃合について伺います。

まず問題になるのが学校規模です。県立学校のあり方検討委員会では、さまざまな視点から検討を加え、1学年6学級から8学級が適正と報告されています。しかし、その規模は必ずしも明確ではありません。本県では4学級から7学級がボリュームゾーンとなっており、これは平成14年に報告された県立高等学校将来構想懇話会の適正規模には合致していますが、果たして県立学校のあり方検討委員会の結論を厳格に適用しようとされているのか、見解を伺います。

湖北地域の生徒数の減少には、全県一区制も影響していると思われます。全県一区制が採用され、既に5年の歳月が経過していますが、現時点でどのように全県一区制に対して総括されているのか、伺います。

次に、大学進学率の向上とともに普通科志向が高まる中、普通科と職業学科、総合学科の割合をあらわす普職比率に不均衡が生じていることが指摘されておりますが、このことは統廃合にどのような影響を与えているのか、伺います。

また、職業系専門学科では、教育内容と進路先のミスマッチも指摘されています。この件では学科の再編を意図されているのか、学校の統廃合まで描いておられるのか、御所見を伺います。

最後に、統廃合についての考え方、プロセスについて伺います。

県立学校のあり方検討委員会は、小規模な改革、改善だけでは不十分であり、学校の廃止も含めた大幅な統合、再編を求められておりますが、滋賀県教育委員会としては、この考え方に沿ったドラスチックな再編を考えておられるのでしょうか、伺います。

財政の視点に偏り過ぎず、生徒の将来にとって何が適切なのかの視点が最も重要であり、市町教育委員会、保護者ならびに地域の意見を十分聞き取ることが何よりも必要不可欠と考えますが、このことに関しての御所見を教育長に最後にお伺いし、以上で、民主党・県民ネットワークを代表しての質問を終わります。

●教育長（末松史彦）
県立高等学校の再編計画についての御質問にお答えいたします。

まず、今年度中に県立高等学校再編計画を策定するのはスケジュール的に無理があるのではないかとの御質問ですが、平成21年3月にいただいた県立学校のあり方検討委員会の報告において、早急に再編計画を策定し、実施することが必要であると御指摘いただいていること、さらに、本年9月に滋賀県産業教育審議会の答申をいただく予定であることから、生徒が豊かな教育環境を早期に享受できるよう、今年度中に計画を策定してまいりたいと考えております。

次に、再編計画の計画期間についてですが、再編計画については、おおむね10年を見通した基本的な考え方をまとめた基本計画と、まずは当面の具体的な再編を示す実施計画をあわせて策定することを検討しております。

実施時期については、再編の形や規模により、必要な準備期間も異なることから、実施

計画の中で具体的に示してまいりたいと考えております。
　次に、適正な学校規模の考え方についてですが、県立学校のあり方検討委員会の報告では、1学年当たり、おおむね6学級から8学級程度が妥当であるとの考え方が示されております。
　同時に報告では、地域ごとの生徒の増減や地理的条件などの地域性、教育内容等に応じた規模の妥当性、生徒の志望状況、学校の実情なども考慮する必要があるとされております。
　こうした、県立学校のあり方検討委員会で示された考え方を尊重しながら検討してまいりたいと考えております。
　次に、全県一区制度の総括についてですが、制度導入後の5年間では、各高校の特色ある学校づくりの努力もあり、旧通学区域を超えて普通科に進学した生徒は5％から6％程度で、従来同様に、多くは地元の高校に進学しており、極端な集中や偏りもなく、安定的に推移しております。
　そうした中においても、生徒が主体的に学校を選択していくことにより、目的意識や責任感、学習意欲がはぐくまれているものと認識しております。今後も、各高校においては一層の特色化に努め、引き続き魅力ある学校づくりに努めてまいりたいと考えております。
　次に、普職比率が再編に与える影響についてでありますが、県立学校のあり方検討委員会でも指摘があったとおり、全県的に見てみますと、普通科と職業学科、総合学科との割合については、生徒の志望状況と乖離する傾向にあり、地域ごとにもその割合に多少の違いが生じてきております。
　こうしたことから、今回の再編に当たっても、生徒の学習ニーズや進路選択なども注視しながら、学科の構成について検討してまいりたいと考えております。
　次に、職業学科の再編についての御質問ですが、職業学科は、従来から、生徒や社会のニーズにこたえ、職業人として必要な専門的な知識、技能を習得し、さまざまな産業の担い手として活躍する人材を育成することにより、産業、経済の発展に寄与してきております。また、近年、職業学科においても上級学校への進学者が一定存在している現状もございます。
　こうした状況から、生徒の学習ニーズに対応した課程や学科のあり方、望ましい規模や配置などについて、本年9月の滋賀県産業教育審議会の答申も踏まえ、検討してまいりたいと考えております。
　次に、再編の考え方についての御質問ですが、学校活力の維持向上と教育内容の質的充実を図るため、多様な生徒や社会のニーズに応じた魅力ある教育内容の提供を主眼とし、県立学校のあり方検討委員会の報告ならびに滋賀県産業教育審議会の答申を踏まえ、統合や学科改編も視野に入れ、検討を進めてまいりたいと考えております。
　最後に、生徒の将来にとって何が最適なのかが最も重要な視点であり、地域等の意見を十分聞き取ることが必要なのではとの御質問ですが、議員御指摘の観点が重要だと考えております。
　こうしたことから、市町教育委員会や保護者、地域の方などからの御意見もお聞きしながら、生徒たちがみずから未来を切り開いていくことのできるたくましさを身につけられるよう、学校活力の維持向上と教育内容の質的充実を図り、魅力と活力ある学校づくりに努めてまいりたいと考えております。

[一般質問]
○知事のマニフェスト事後自己評価について
（自由民主党・真政会・生田邦夫、6月9日）
　その次の高等学校のところをお願いしたいと思います。高等学校の統廃合は行いません。行いませんというのがマニフェストですね。
●知事（嘉田由紀子）
　お答えさせていただきます。
　マニフェストの目的は、より充実した県立高校をつくるための体制を整えますということにさせていただいております。そのような中で、県立学校のあり方の検討、滋賀県産業教育審議会答申等を踏まえた具体的計画策定の推進などを行いまして、特に、現在、社会環境が大きく変化している中で、高校の内部的な課題、また外部的な課題、それに対応するための教育の活性化に取り組んだということでC、つまり、目標達成に向けて取り組んでいるが、課題もあり、引き続き努力する必要があるものとさせていただいております。
○自由民主党・真政会・生田邦夫
　4－2の、より充実した県立高校をつくるための体制を整えますというところに、「ただし、高校の統廃合は行いません」と書いてあるんですが、そのとおりですね。

●知事（嘉田由紀子）
　お答えさせていただきます。
　過去4年間，具体的に，結果として行っておりません。しかし，このマニフェストの中にありますように，それぞれの地域の状況に応じて，学科，定数，地域の意見を聞いて再編しますということを書かせていただいておりまして，再編に対して取り組み始めたというところからC評価とさせていただきました。
○自由民主党・真政会・生田邦夫
　何遍もお伺いします。「ただし，高校の統廃合は行いません」という約束事であったと思っております。今の御発言は少し内容が違います。もう一遍お願いいたします。
○議長（吉田清一）
　知事，質問に対して的確に短く答えてください。
●知事（嘉田由紀子）
　お答えさせていただきます。
　マニフェストの4年間，高校の統廃合は行っておりません。
○自由民主党・真政会・生田邦夫
　それでは，平成20年3月策定の新しい行政改革の方針についての中で，どういうふうに言っておられるのでしょうか。平成20年3月に策定されました新しい行政改革の方針の中において，この高等学校の問題はどういうふうに扱っていこうとしておられるのでしょうか。
●知事（嘉田由紀子）
　お答えさせていただきます。
　今，手元に資料がございませんので，少しお時間をいただきたいと思います。
○自由民主党・真政会・生田邦夫
　平成20年3月に策定された中においては，県立学校を含む複数配置の機関については，組織の統合，再編を含め，そのあり方を見直すことという形が中身ではないでしょうか。既にここで方針転換したのでしょうか。
●知事（嘉田由紀子）
　お答えさせていただきます。
　新しい行政改革の方針につきましては，中身を具体的にどうするかということで，地元の住民の皆さん，そして関係団体，当事者の皆の御意見を聞きながら進行するということで，現在，協議，また意見の聴取が進行中でございます。
○自由民主党・真政会・生田邦夫
　その方針に基づいて，平成20年7月28日，県立学校のあり方検討委員会への諮問というのがなされております。このときは既に統廃合への方向に向けての諮問をなさっているのではないでしょうか。
●知事（嘉田由紀子）
　お答えさせていただきます。
　先ほど申し上げましたように，この諮問を行政としてどう受けとめさせていただくかということを，現在，さまざまな関係団体，当事者の皆さんの御意見をお伺いしながら検討しているところでございます。
○自由民主党・真政会・生田邦夫
　その諮問を受けて，県立学校のあり方検討委員会が平成21年3月30日付で報告しております。その内容においては，既に統廃合，再編という形になったのではないでしょうか。
●知事（嘉田由紀子）
　お答えさせていただきます。
　先ほど申し上げましたように，現在，諮問を受けて，各関係者，また地元と協議をして検討している最中でございます。
○自由民主党・真政会・生田邦夫
　もう既に，県立学校のあり方検討委員会からは答えが出て，それに基づいて知事も動いているわけでしょう。教育長ですけれども，私は知事だけを指名したので。済みません，教育長。
　それで，このランクづけが，統廃合は行いませんというところからいうと逆方向に進んだわけでしょう。そうすると，評価はEではないですか。
●知事（嘉田由紀子）
　お答えさせていただきます。
　そもそも，この目標が「より充実した県立高校をつくるための体制を整えます」ということで，「それぞれの地域人々に支えられた特色のある県立高校にするため，学科，定数を地域の意見を聞いて再編します。ただし，高校の統廃合は行いません」ということでございますので，全く取り組みを行っていないDではなく，特に「地域の意見を聞いて再編します」という点について取り組みを始めたということでCとさせていただいております。
○自由民主党・真政会・生田邦夫
　いや，もう軌道修正して，最初おっしゃっていたこととは違って，統廃合の方向に動いていると解釈してよろしいのでしょうか。頼みます。もう難しいことをおっしゃらずに，お願いします。

●知事（嘉田由紀子）
　お答えさせていただきます。
　先ほど来申し上げておりますように，現在，教育委員会において再編の内容等について検討いただいているところでございまして，その結果を受けて，知事として必要な判断をしてまいりたいと考えております。
○自由民主党・真政会・生田邦夫
　単純な私から見ますと，高校の統廃合は行いませんと約束をしておられたところが，どうやら統廃合の方向に既に動いていて，いろいろな周りの環境整備という形になっているのだと思います。そういたしますと，これは何が何でもＣではないのではないかということをしつこく言っているのであります。やはり素直に見たら，Ｃと違うと思っております。

○嘉田県政の４年間について（日本共産党滋賀県議会議員団・森茂樹，６月９日）
　嘉田マニフェストは，高校の統廃合は行いませんとしましたが，2009年３月の県立学校のあり方検討委員会に，廃止も含めた大幅再編の必要性を報告させ，ことし一挙に進めようとしています。知事は昨年の県議会で我が党の質問に，一定の見直しは必要としました。明確なマニフェスト違反ですが，どう考えますか。
●知事（嘉田由紀子）
　次に，２点目の８の教育問題のうち，高校の再編についてでございます。
　最近の教育をめぐる環境は大きく変化してきております。高校生そのものも変化し，また，社会経済情勢，文化，環境情勢が変化しております。その中にあって，将来にわたって豊かな教育環境を整え，魅力と活力ある学校づくりを行うため，県立学校の見直しを進めることは一定必要であると認識しております。
　そのため，現在，教育委員会において見直しの内容について検討いただいているところでありまして，その結果を受けて，知事として必要な判断をしてまいりたいと考えております。
○日本共産党滋賀県議会議員団・森茂樹
　高校の再編について，一定の見直しは必要と言われましたが，朝の生田議員の質問とのかかわりも含めて，知事は高校再編はいたしませんと明確に言われたんです。それが，一定の見直しは必要と去年６月に言われ，今ももう一回確認された。先ほどの答弁ですと，高校再編はいたしませんということで私はこの４年間しなかったではないかという居直り的答弁もございましたけれども，今の時点で一定の見直しが必要だということは，４年間の公約がうそであったということになりませんか。その点の明確な回答を求めます。
●知事（嘉田由紀子）
　７点目でございますが，高校の見直しでございます。
　これも朝から申し上げておりますように，高校生自身のそれぞれの願い，思い，そしてまた，社会経済的条件が変わっている中で，高校の役割については一定程度の見直しは必要だろうと。特に職業教育については，より一層の強化など，質的転換も必要でございます。そのようなことも含めて見直しは必要ということを申し上げさせていただきました。

○知事の４年間の評価について（自由民主党・真政会・家森茂樹，６月10日）
　それから，マニフェスト，政策４−２，高等学校の統廃合の件。これも昨日，生田議員あるいは森議員，議論になっておりました。生田議員から引き継ぎをされましたので，お伺いいたしますが，「この４年間，私は統合しなかった」，こんな居直りを聞いているのではないんです。最終年度でＤからＣにランクアップされているんです。マニフェストは，高校の統廃合は行いませんと書いてある。ところが，教育委員会は統合に向けて動き出した。知事は，マニフェストに照らし合わせてどうなんですか。こういうことを聞いているんです。お答えを願います。
●知事（嘉田由紀子）
　お答えさせていただきます。
　４−２も確認をさせていただきます。項目としては，より充実した県立高校をつくるための体制を整えますということです。目標，北部，西部の高校は１クラス定数35人以下，学科を再編。東部，南部の高校も必要に応じ１クラス定員35人以下。また，欄外ですが，目標は以下のように書かせていただきました。それぞれの地域，人々に支えられた特色のある県立高校にするため，学科，定数を地域の意見を聞いて再編します。ただし，高校の統廃合は行いませんとただし書きをさせていただきました。
　そういう中で，新しい行政改革の方針では，確かに組織のスリム化ということを申し上げておりますが，平成20年７月から着手しました，県立学校のあり方検討は，まさに今，

学校教育を取り巻く環境が大きく変化しており、生徒自身も、その社会の変化に合わせて多様な進路選択に迷い、そして、なかなか就職もできないという状況の中で、今後、本当に生徒にとっての県立高校の課程、学科のあり方はどうあるべきか。県立高校の適正な規模のあり方、また、適正な配置、ここを議論してきたところでございます。

マニフェストには、先ほど申し上げました、ただし書きとして、高校の統廃合は行わないとしておりますが、現在、学校活力の維持向上と教育内容の質的向上を図るということを目的に、教育内容の検討を教育委員会で進められております。

私の方は、教育委員会の検討の成果を受けて、知事としての判断をさせていただきたい、今はまだ、知事としての判断をするだけの十分な材料がないということで申し上げたところでございます。

○自由民主党・真政会・家森茂樹

今の答弁を聞いていて、2つ再質問が浮かんできたんですが、1つ目に行きます。

マニフェストというのも契約書の一種だと私は理解しているんです。先輩から、契約書を読むときの心得というのを私は教えられたんです、ずっと昔に。「契約書というのはな、家森君、一番最初に書いてあることと、後、ずっと見ていって、ただし何々と書いてあるのや。この一番最初に書いてあること、ただし何々、ここに重要なことが書いてあるんや。ここをよう見ときなや」というふうに昔教えられたんですが、これを見た限りは、ただし、統廃合は行いませんと書いてあるんです。だから、知事は、統廃合はされるのか、されないのか、どっちですかと聞いているんですよ。お答え願います。

●知事（嘉田由紀子）

お答えさせていただきます。

先ほど申し上げましたように、教育委員会で再編、見直しについて検討いただいております。そちらの教育委員会での検討結果を十分まだ伺っておりません。現場の高等学校の状況、そして教育委員会の判断をいただいてから、最終、知事としての判断をさせていただきたいということでございます。

○自由民主党・真政会・家森茂樹

これは、きのう生田議員が丁寧におっしゃったのに、またそういうことをおっしゃるんです。私は今度、順番を逆に言います。

代表質問で教育長は、統合も視野に入れ、検討とお答えになりました。その検討のもとになったのが、県立学校のあり方検討委員会の報告でした。この報告を求めたのは、教育長が諮問したからで、この諮問に、県立高等学校の適正な規模と適正な配置のあり方の協議、検討をしてくださいと書いてあるんです。

その理由として挙げられているのが、平成20年3月に策定された、新しい行政改革の方針に、県立学校を含む複数配置機関については、組織の統合、再編を含め、そのあり方を見直すこととされたためというふうに、知事サイドから言われた。知事サイドから、見直せと言われたので、教育長が諮問されたわけです。おかしいと思うんです。知事サイドから見直せとおっしゃったんです。

県立高校は、この見直しの例外だと知事はおっしゃる気はありますか、ありませんか。

●知事（嘉田由紀子）

先ほど来申し上げておりますように、教育委員会からの検討結果をいただき、知事としての判断をさせていただく。今、その最終判断をしておりません。

○自由民主党・真政会・家森茂樹

だから、県立高校の統廃合について、教育委員会が独自の判断をされる、それを待っているとおっしゃるのなら、平成20年3月策定の新しい行政改革の方針に「県立学校を含む」、ここの県立学校を含むということは知事は外されるべきではないんですかと言っているんです。お答え願います。

●知事（嘉田由紀子）

お答えさせていただきます。

そもそも新しい行政改革の方針では、複数配置の機関に対して、組織の統合、再編を含め、そのあり方を見直すとしておりまして、その「含め」の解釈でございますが、検討の対象にするということで、最終判断がされているわけではございません。最終判断は、まさに私自身の知事としての政治的判断、行政的判断をさせていただくことになります。

○県立学校の再編計画について（公明党・梅村正、6月10日）

最後に、県立学校の再編計画について、教育長に伺います。

最初に、県立学校のあり方検討委員会の報告には、生徒数の減少が再編理由の一つにされておりますが、では、再編によりどういう姿を目指しておられるのか。適正規模とは、何をもって適正とされているのか。イメージ

ではなく，わかりやすい説明をお願いしたいと思います。
　２点目に，特色ある高校づくりを強調され，全県一区制を導入されましたが，現在の空き教室や，各学校が抱える課題と現状，それらを踏まえての再編計画の検討は，何を基本的な考え方としておられるのかを伺います。
　３点目に，特別支援学校の課題は山積しております。南部地域での知的障害のある児童生徒の顕著な増加傾向を初めとした課題と対応について，都度，指摘をしてまいりました。今回の大きな再編計画の中で，自立と社会参加を目指した日々の努力が実る教育環境の強化など，抜本的な改善策を含めた再編計画案を具体的に提示すべきと思います。具体的な改善策とともに，その見解を伺うものであります。
　そして，４点目，最後です。大切な教育段階である高校の再編計画を今年度中に策定するとのことでありますが，このような教育に関する大きな変革を性急にすることはいかがなものかと思います。大切なのは，県民や保護者の方々への具体的な情報の提供と十分な説明です。
　教育長は代表質問の答弁で，市町教育委員会や保護者，地域の方々などの御意見もお聞きしながら，学校づくりに努めてまいりたい，と答弁されましたが，その意見の反映こそ大切ではないでしょうか。今日まで，県民や保護者に，再編に関する理由，また目的をどの程度情報提供され，説明されているのか。現状と今後の取り組みについて伺うものであります。

●教育長（末松史彦）
　県立高校の再編計画についての御質問にお答えします。
　まず，再編により目指す姿と適正規模についてでありますが，学校は，教科指導を中心とした教育活動の実践とともに，子供たちが幅広い出会いの中で互いに切磋琢磨していく，あるいは，集団生活を通して，主体的，創造的に生きていくための基礎的な資質や能力をはぐくむ場であると考えております。
　このため，学校が活力を保ちつつ，教育効果が最大限発揮できることが，学校の規模を考える上で原点となるものであり，県立学校のあり方検討委員会においても，こうした観点から，その標準的な規模を，おおむね６学級から８学級程度とされたものと認識しております。

　今回の再編においては，こうした考え方を尊重しながら，生徒の多様な学習ニーズや実態に対応し，子供たち一人一人が自己実現を目指すことを柱に，再編計画の内容を検討してまいりたいと考えております。
　次に，各学校の課題と現状，再編計画の基本的な考え方についてですが，小規模な学校においては学校活力の低下がみられること，今後，地域によっては生徒数が大きく減少し，小規模校の増加が予測されること，また，学科によっては生徒の志望状況と学科構成の間にやや乖離が見られることなどの課題があるものととらえております。
　そのような中において，今回の再編においては，生徒が主体的に問題に立ち向かい，意欲的に学習に取り組み，これからの社会をたくましく生き抜く力を培うことができる，魅力と活力のある学校づくりを目指すことが基本であると認識しております。
　次に，特別支援学校に関する改善策と見解についてでございますが，議員御指摘のとおり，子供たちが自立と社会参加を目指し，将来的に障害による困難を主体的に改善，克服できることを目的とした教育環境の提供を目指すことが大切であると考えております。
　知的障害のある児童生徒等は引き続き増加傾向にあります。このため，全国的な対応としての必要な措置を国に要望するとともに，県におきましても，さきの２月議会の中で申しましたとおり，２ヵ年程度で対応策を取りまとめられるよう，現在，検討しているところでございます。この中で，議員御指摘の点も踏まえ，具体的なあり方を提示していきたいと考えております。
　最後に，県民や保護者への情報提供や説明についてでございますが，教育委員会では，未来を開く，たくましい人材の育成に向け，これまでから総合学科を設置するなど，さまざまな高等学校教育改革を進めてまいりました。しかしながら，教育を取り巻く環境が大きく変化する中にあって，高校教育の果たす役割を改めて考え直す必要があることから，平成20年度に県立学校のあり方検討委員会を設置いたしました。
　この委員会では，学識経験者を始め，保護者や学校関係者，公募委員の方などを委員とし，その審議過程を公開するとともに，その都度，ホームページ等を通じて県民の皆さんに結果をお示ししてまいりました。また，現在開催中の滋賀県産業教育審議会においても

同様に，審議過程や結果について公表しているところであり，再編の必要性等について，一定，情報提供してきたものと考えております。

議員御指摘のとおり，再編計画を進めていくに当たっては，県民の皆さんへの十分な情報提供や説明が重要であると考えております。こうしたことから，今後，県民の皆さんに対して考え方を丁寧に説明してまいりますとともに，御意見をいただく機会を設けたいと考えております。このような機会を通じて御意見等をいただいた上で，学校活力の維持向上や教育内容の質的充実を図り，魅力と活力のある学校となるよう，再編計画を作成してまいりたいと考えております。

〇県立高等学校の再編計画について（日本共産党滋賀県議会議員団・節木三千代，6月11日）
　次に，県立高等学校の再編計画について，知事に伺います。
　県教育委員会は，今年度中に県立高等学校再編計画をつくるとしています。知事は，県立学校の統廃合は行わないとしておられますから，一昨日の質問で森議員は，知事の明確なマニフェスト違反ではないかと問いました。しかし，一定必要と答えられています。だれが見てもマニフェスト違反ではないでしょうか。再度問うものです。
　その計画は，おおむね10年を見通した基本的な考え方，基本計画と，当面の具体的な再編を示す実施計画をあわせて策定するとしています。9月の産業教育審議会の答申を受けて，検討結果を軸にしながら，しかし最終的には，住民，県民の皆さんの願いや思いを受けとめて，知事として必要な判断をさせていただくとも，これまで述べてこられました。しかし，実際には，先に統廃合ありきで進めようとされています。代表質問に対する教育長の答弁でも，県立学校のあり方検討委員会の報告をにしきの御旗として揺るぎないものとなっていました。
　県は本当にそんなことを考えているのかと，地域の住民から声が出され，今行われている県下の市町議会の多くで，県立高校の大規模な統廃合はやめてほしい，広く父母，県民の意見を聞く場を設定せよとの請願が寄せられているところでございます。そうした住民の声，地域の声を無視して進めるべきではないと考えますが，知事の見解を伺います。

●知事（嘉田由紀子）
　県立高等学校再編計画についての質問にお答えさせていただきます。
　まず1点目ですが，県立高校の再編計画はマニフェスト違反ではないかとの御質問でございます。
　これまで何度も申し上げましたように，マニフェストには，より充実した県立高校をつくるための体制を整えます。また，それぞれの地域，人々に支えられた特色のある県立高校にするため，学科，定数を地域の意見を聞いて再編します。ただし，高校の統廃合は行いませんと申し上げております。
　そういう中で，最近の教育をめぐる環境は大きく変化しておりまして，将来にわたって豊かな教育環境を県として整え，魅力と活力ある学校づくりを行うために，県立高等学校の再編を進めることは一定必要であると認識しております。
　現在，教育委員会において，再編の内容について検討いただいているところでありまして，その結果を受けて，知事として最終的に必要な判断をしていきたいと考えております。
　2点目ですが，そのプロセスにおいては，住民の声，地域の声を聞くべきという御意見でございます。
　住民，地域の声は大変大切でございます。私も，各地域，高等学校の周辺をお伺いし，また，高校そのものにもお伺いして学生さんの声も聞いております。そういう中で，今，県立高校がどういう問題を抱えているのか，そして，これを改善するにはどうしたらいいのか，まさに本質的な問題発見，そして解決方法，これは皆さんと十分に議論していかなければならないと思っております。
　機械的に人数，機械的に財政の問題で決めるべきではない。これは，将来に対して大変大事な問題でございます。そういう意味において，現在，教育委員会で，県民の皆さんの御意見，考え方を丁寧に聞いていると理解しておりますので，教育委員会での対話のプロセスをお伺いしながら，最終的に知事として判断をしていきたいと考えております。これまで何度も申し上げたとおりでございます。
〇日本共産党滋賀県議会議員団・節木三千代
　9月の産業教育審議会の答申を受けて，もう素案はつくってしまうわけです。ここに，県民の，また地域の声が本当に反映されるような内容になるのでしょうか。

一定必要と答えられましたが、その中身の問題ではなく、数を減らそうという、統廃合は一定必要という認識に知事は立っておられますね。もう一度確認させてください。
●知事（嘉田由紀子）
　お答えさせていただきます。
　先日も高等学校の先生たちがお越しくださいましたけれども、今、高等学校に対して、再編計画は量の問題ではない、質的な問題だということをお答えさせていただいております。そのような意味で、生徒数、学校数という以上に、いかに未来に対して活力ある、また、今の高校生たちが自分の将来を考える上で、高校生活で確実に力をつけられる高校をどうするべきかということは、本質的な議論が必要だと思っております。
　そのような意味で、教育委員会においては、質的な向上を含めて議論いただいていると理解しております。
○日本共産党滋賀県議会議員団・節木三千代
　統廃合というのは量の問題です。この量を問題にしているわけで、知事はこの量を減らそうということに一定必要と言われていると思いますけれども、再度伺います。
●知事（嘉田由紀子）
　お答えさせていただきます。
　何度も同じことしか申し上げられませんが、最初に数ありきではない。質的に、いかに今の高等学校の活力を高めて、そして、生徒たちの将来、未来を開いていく上で高校生活が意味あるものになるかということの質的強化、ここが何よりも大切だと考えております。
○日本共産党滋賀県議会議員団・節木三千代
　数を減らそうという統廃合計画がつくられようとしているわけですから、知事がしっかりとそれにどういう考えを示すか、そこが、今、大事だと思います。内容ということでごまかされているのではないかと思いますし、こういったことを本当に県民は許さないと述べておきたいと思います。

○県立高等学校の再編計画について（民主党・県民ネットワーク・西沢桂一、6月11日）
　まず最初に、今後の県立高校のあり方につきまして、一問一答で、教育長にお尋ねいたします。
　県立学校のあり方検討委員会の資料によりますと、中学校卒業者数は平成30年までは、平成20年3月を基準とした場合、若干の変動があるとはいえ、毎年平均で約440人、11クラス相当の増となっています。この結果、毎年の生徒数は1万4,400人から1万4,700人程度になりまして、平成初期の約2万人に比べますと5,000人強は減少してきてはおりますが、この当時は1学年9学級以上というマンモス校が42％を占め、1学年の平均学級は8.0学級でありました。むしろ学校が少なかった。各学校では教室が足らず、プレハブ教室や体育館も教室として使用されていた時代であります。
　これが、現在は平均5.74学級という適正規模になり、さらにこの状況が平成31年まで続くと見込まれています。加えて、10年後には、学校を取り巻く環境にも相当大きな変化が出ていると考えるのが妥当でありますが、なぜ今、再編成を急がれるのか、お尋ねいたします。
●教育長（末松史彦）
　お答えいたします。
　教育委員会では、これまでから、さまざまな高等学校の教育改革を進めてまいりました。近年、情報化やグローバル化の進展、人々の価値観が多様化するなど、教育を取り巻く環境が大きく変化する中、未来を切り開き、社会の変化に主体的かつ柔軟に対応することができる人材を育成することが求められております。これらに加え、長期的には生徒数が減少傾向にあること、生徒の志望状況と学科構成の間にやや乖離が見られることなどから、高校教育のあり方について改めて考え直す必要が生じたため、平成20年度に、県立学校のあり方検討委員会を設置いたしました。
　昨年3月の委員会の報告において、教育水準の維持向上や教育内容の質的向上を図るため、早急に再編計画を策定し実施することが必要であると御指摘いただき、本年9月の滋賀県産業教育審議会の答申を受けた上で、教育委員会として、生徒が豊かな教育環境を早期に享受できるよう、今年度中の再編計画の策定を目指してまいりたいと考えております。
○民主党・県民ネットワーク・西沢桂一
　すべての高校を1学年6から8学級にすれば、学校数は減りますが、平成初期と同じような大規模化と当然なってまいります。教室や関係施設の不足、グラウンドが狭いといった事態は生じないのでしょうか。
●教育長（末松史彦）

お答えいたします。
　再編計画の策定に当たりましては，施設，設備面にも考慮し，新たな大規模校が生じないよう，十分配慮してまいりたいと考えております。
〇民主党・県民ネットワーク・西沢桂一
　長期的に見れば，生徒の減少という大きな流れはあります。あわせて，中学卒業者のほとんどが高校に進学する。生徒の普通科志望が高い。県北部，西部の生徒が減り，大津・湖南地域の比率が高くなっているという現状等から，部分的な見直し，あるいは，職業高校における小学科の見直し等はあるにしても，報告書にある「小規模な改革・改善の対応だけでは不十分であり，県立学校のあり方を根本的に見直し，学校の廃止も含めた大幅な統合・再編が必要である」は妥当なのでしょうか。
　ある高校では，過去には1学年7クラスというときもありましたが，今では5クラス以下の，いわゆる対象校となっております。授業料免除者は1年生から3年生全体の25.3％，クラブ活動をしている生徒は約50％，2年生の修学旅行不参加者は28％。この理由は，いずれも家庭の経済的事情にあります。半分の子がクラブ活動をしていないというのも，自分が授業料や小遣い等を稼がなくてはならない。アルバイトのためにクラブ活動をする時間がないというものであります。
　この生徒にとって，この高校は，たとえ小規模校であっても，なくてはならないのです。通学費負担が大きい，アルバイト先が見つからないのでは，この生徒たちは行くことさえできない状態になるのです。生徒がどういう状態に置かれているか。生徒にとって何が大事なのか。何を求めているのか。生徒の立場に立った考え方が，この統廃合には必要なのです。
　県の教育委員会もこの実態は十分知っておられると思いますが，「学校の廃止も含めた大幅な統合・再編が必要である」だけでよいのか，これにつきましてお尋ねいたします。
●教育長（末松史彦）
　お答えいたします。
　今御指摘いただきましたように，生徒の立場に立った考え方をもって検討すること，これが重要だと思っております。再編計画の策定に当たりましては，生徒の多様な学習ニーズや実態に対応し，子供たち一人一人が自己実現を目指すため，これからの社会をたくましく生き抜く力を身につけ，意欲を持って学習に取り組むことができるよう，魅力と活力のある学校づくりが最も重要であると考えております。
〇民主党・県民ネットワーク・西沢桂一
　現在の滋賀県の平均学級数は，先ほど申しましたとおり，5.7学級であります。全国平均が5.5学級であることを思えば，全体的には適正状態と言えます。報告書で指摘されている9学級以上の適正化を図れば，現在に近い学校数で，報告書で言われている適正規模になります。あえて大幅な統合，再編を行う必要はないのではないでしょうか，お尋ねいたします。
●教育長（末松史彦）
　お答えいたします。
　中学校卒業者の進路状況は，約8割の生徒が地元の旧通学区に進学している状況でございます。今後，地域によっては生徒数が減少し，小規模な学校が増加することが予測されておりますことから，学校が活力を保ちつつ教育効果が最大限に発揮できるよう，再編計画を検討してまいりたいと考えております。
　また，9学級以上の学校が所在する地域では，当面は生徒数の増加傾向が続くことから，段階的に学級削減を進めることが必要であると考えております。
〇民主党・県民ネットワーク・西沢桂一
　先日の我が会派民主党・県民ネットワークの代表質問におきまして，再編計画はおおむね10年を見通した基本計画と，当面の具体的な再編を示す実施計画になると回答されていますが，本年度中にまとめるとすれば，時間的に既に具体案にも着手されていると思います。実施計画による最初の年度は何年になるのか，お尋ねいたします。
●教育長（末松史彦）
　お答えいたします。
　代表質問でお答えしましたとおり，実施時期につきましては，再編の形や規模によりまして必要な準備期間も異なりますことから，実施計画の中で具体的に示してまいりたいと考えております。
〇民主党・県民ネットワーク・西沢桂一
　適正な学校規模について，従来は1学年4学級から8学級でありました。また，会議における委員等の御意見でも，6学級規模が最も適正であるとする考え方が多いとされていながら，結論では突然，6学級から8学級を

適正規模とされました。これはどう考えるべきか、お尋ねいたします。
●教育長（末松史彦）
　お答えいたします。
　県立学校のあり方検討委員会では、学校の活力を維持し、教育効果が最大限に発揮できるよう、さまざまな角度から学校の規模についても検討いただいたところでございます。
　そのような中で、各校におけます開講科目数、部活動数、学校図書館蔵書数などの要素を勘案して、生徒の切磋琢磨する機会の確保や学校行事、部活動などの集団活動の円滑な実施、生徒と教員とのコミュニケーションの確保などの観点から、1学年当たり、おおむね6学級から8学級程度が妥当と報告されたものと認識しております。
○民主党・県民ネットワーク・西沢桂一
　「各都道府県の高等学校における適正規模の考え方」が資料として提出されています。これによりますと、4から8学級が、滋賀県も含めて29道県、3から8学級が1県、5から8学級が1県。実に31の道県が、今回報告された6から8学級以下を適正規模としています。6から8学級以上としているのは14の、都、府および大きな県であります。滋賀県は特別理由があるのでしょうか、お尋ねいたします。
●教育長（末松史彦）
　お答えいたします。
　県立学校のあり方検討委員会では、議員御指摘の他府県の状況も参考にしながら検討を進められたところでございます。その上で、先ほど申し上げました、さまざまな観点はもちろんのこと、他府県と比較して地理的にまとまりのある本県の特性も勘案され、1学年当たり、おおむね6学級から8学級程度が妥当とされたと認識しております。
○民主党・県民ネットワーク・西沢桂一
　他府県においても学校の再編は行われていますが、滋賀県のように、適正規模を引き上げて小規模校を切るのではなく、適正規模は、ただいま質問いたしましたような中で実施されている県がほとんどであると聞いております。全県一区でないところは、その学区内で、また、同一地域でというように、地域、通学距離などに重点が置かれていると思います。県民にとってわかりやすい状態で行われています。これについてどのようにお考えなのか、お尋ねいたします。
●教育長（末松史彦）
　お答えいたします。
　今申し上げましたように、それぞれの地域性というものも全部勘案しながら考えていただきまして、特に滋賀県の場合におきましては、比較的交通の便もよく、山間部や僻地というものも少ない。そういう面におきまして、県内の主要都市の多くがしばしば1時間以内で結ばれているということも含めまして、学校の再編そのものを検討していただいたと思っております。
○民主党・県民ネットワーク・西沢桂一
　同報告書では同時に9学級以上の学校が4校ある。適正規模を目指して学級数の削減に努めることが必要であるとされていますが、このことに対してはどのように取り組んでいかれるのか、お尋ねいたします。
●教育長（末松史彦）
　先ほど申し上げましたとおり、9学級以上の学校が所在する地域は、当面は生徒数の増加傾向が続きますことから、段階的に学級削減を進める必要があると考えております。
○民主党・県民ネットワーク・西沢桂一
　今後の県立学校のあり方についての報告がされましたのは平成21年3月30日でありますが、その検討がされているさなかにおきまして、平成21年度には9学級を10学級に拡大されている高校もあります。規模の大きい高校は整理すると言いながら、一方では大規模校をさらに上積みされています。非常にわかりにくい理由がつけられておりますが、この限りでは、県が実際に行うに当たっては、検討委員会の報告とは別に判断するということでしょうか、お尋ねいたします。
●教育長（末松史彦）
　お答えいたします。
　再編を進めるに当たりましては、県立学校のあり方検討委員会の報告を尊重してまいりますが、毎年度の学級数につきましては、中学校卒業予定者数や進学志望の動向などから、募集定員を決定する中で判断したものでございます。
○民主党・県民ネットワーク・西沢桂一
　確かに、報告書どおりがちがちにやるべきだとは思っておりませんが、多分、大規模校にはなかなか手がつけられないのではないかと思います。
　一方で、報告書を盾にし、一方では行政判断と、そういう逃げ道になったりしないか、透明度が失われるようなことはないのか、その点を確認いたします。

●教育長（末松史彦）
　再編を進めるに当たりましては，今御指摘いただきましたように，「見える化」，透明度が必要だと思っておりますので，県民の皆さんへの十分な情報提供や説明，こういうものが必要であろうと考えております。
○民主党・県民ネットワーク・西沢桂一
　報告書では，適正規模より小さい学校の統廃合等に関する具体的な方策について検討する必要があるとされておりますが，具体的な方策とはどういうことを言うのでしょうか。
●教育長（末松史彦）
　お答えします。
　今後，地域によっては生徒数が大きく減少し，小規模校の増加が予想されることから，生徒が将来にわたって豊かな教育環境を享受できるよう，地域ごとの生徒数の増減や教育内容等に応じた規模の妥当性，生徒の志望状況などを考慮しながら検討を進めてまいります。
○民主党・県民ネットワーク・西沢桂一
　適正規模とされる6学級以下の高校は，現在の全日制46校の半分以上に当たる25校あります。これらすべてが統廃合の対象になるのでありますが，現在の入学者数から換算して7校程度がなくなると言われております。現在検討されているところでは，最終的に滋賀県の全日制高校は何校ぐらいになるのでしょうか，お尋ねいたします。
●教育長（末松史彦）
　お答えいたします。
　再編計画につきましては，現在検討中でありまして，当面の具体的な再編内容につきましては実施計画の中で示してまいりたいと思っております。
○民主党・県民ネットワーク・西沢桂一
　報告書では，基本的な考え方の中に，県域，地域のバランスの視点として，地域の実態を踏まえながら，バランスのとれた対応を検討する必要があるとされておりますが，具体的にどういう方法で地域の実態をとらえ，バランスをとっていかれるのか，お尋ねいたします。
●教育長（末松史彦）
　お答えいたします。
　地域ごとに異なる生徒数の推移や生徒の志望状況などによりまして，地域の実態をとらえてまいりたいと思っております。
○民主党・県民ネットワーク・西沢桂一
　市町村合併前の郡を含め，郡部における県立高校の存在は，当該地域の資源に係る問題であります。幾つも学校がある市部と，その学校しかない郡部では，全く地域事情が違います。郡部では，面積も広く，もともと小規模校が多く，それを同じ尺度で考えるのは大きな間違いであると思いますが，このことについての考えをお尋ねいたします。
●教育長（末松史彦）
　お答えいたします。
　本県は従前より，地域ごとに異なる生徒数の推移や生徒の志望状況など，さまざまな要因を考慮しながら高校改革に取り組んできたところでございます。今回の再編を検討するに当たりましても，そうした視点を尊重してまいりたいと考えております。
○民主党・県民ネットワーク・西沢桂一
　平成22年度末になりまして「県が高校の再編計画を策定した」では，県民の理解は到底得られるものではありません。県立高校の統廃合は，その地域だけでなく，非常に幅広く影響する大きな問題であります。計画策定までのプロセスの「見える化」を図るべきと考えますが，このことについてお尋ねいたします。
●教育長（末松史彦）
　お答えいたします。
　今御指摘いただきましたように，再編計画を進めていくに当たりましては，県民の皆さんへの十分な情報提供や説明が重要であると考えております。こうしたことから，今後，県民の皆さんに対しまして，考え方を丁寧に説明してまいりますとともに，御意見をいただく機会を設けたいと考えております。
○民主党・県民ネットワーク・西沢桂一
　この報告書は，財政面を非常に意識したものであると思います。当然，生徒1人当たりの平均学校運営経費は，学校規模が大きくなるに従い減少します。1学年4学級の生徒1人当たりの平均学校運営経費が77万円であるのに対し，6学級になれば61万円と，15万円以上の差が出てきます。この再編計画における財政効果額は幾らぐらいになるのか，お尋ねします。
●教育長（末松史彦）
　お答えいたします。
　再編の形や規模により財政的な影響も異なりますことから，現時点では具体的な数字を持ち合わせておりません。
○民主党・県民ネットワーク・西沢桂一
　この県立学校のあり方は，地域によりまし

ては非常に影響が大きく，大事な問題でありますので，どうか慎重に，よろしくお願いしたいと思います。

次に，知事マニフェストのうち，高校に関する件について，分割方式で知事にお尋ねいたします。

まず，嘉田知事の2006年5月のマニフェストでは，高校について，北部，西部の高校は1クラス35人以下に，東部，南部の高校も，必要に応じて1クラス35人以下にするとされております。また，高校の統廃合は行いませんとされております。

今回の自己評価では，平成19年度，20年度，21年度がD，「全く対応していない」であります。このような最低の自己評価は，他の1点，琵琶湖レジャー利用税による税収のアップとあわせ，2項目だけでありますが，知事は日ごろから，次代を背負う人材の育成，教育の大切さを強く言われております。それなのに，なぜこの3年間対応されなかったのか。それとも，できなかったのか，お尋ねいたします。

次に，平成22年度の自己評価ではCとされています。その理由は，県立学校のあり方検討，産業教育審議会答申を踏まえた具体的計画の策定推進，高校の特色を明確化し，高校教育の活性化であります。このことは，マニフェストで言われていることとは逆であると思いますが，これがなぜCなのでしょうか。

次に，今回出馬されるに当たってのマニフェスト素案ですが，前回のマニフェストと比べますと具体性がなくなっていると思います。人生版において，「就学期：学ぶ。学力アップを目指し少人数学級編制などを拡充します」でありますが，ここには，前回のマニフェストにありました高校生への取り組みも含まれているのでしょうか。

●知事（嘉田由紀子）
西沢議員の知事マニフェストと高校再編の関係についての御質問にお答えさせていただきます。

まず1点目でございますが，なぜ3年間，平成19年度，20年度，21年度がDであったのかということでございますが，そもそも，このマニフェストになぜこの項目を入れさせていただいたのか説明させていただきたいと思います。

政策4－2として，より充実した県立高校をつくるための体制を整えます。それぞれの地域，人々に支えられた特色のある県立高校にするため，学科，定数を地域の意見を聞いて再編します。ただし，高校の統廃合は行いませんという大きな目的とともに，議員御指摘のように，北部，西部の高校は1クラス定数35人以下，学科を再編。東部，南部の高校も必要に応じ1クラス定員35人以下と記したものでございます。

この背景には，まさに先ほど来教育長がお話しさせていただいておりますように，大きく社会が変わる中で，高校の再編を行わないと，逆に高校生のニーズ，また社会のニーズにこたえられないということでございます。このまま今の形を維持することがより質的向上を図れないという意味から，今回，再編を提案させていただき，マニフェストでもそのことを申し上げたわけでございます。

つまり，3年間は再編のための準備をしていたということでございまして，Dが3年間続き，そして，4年目にはCとさせていただいたということでございます。つまり，平成20年度には，新たに設置した県立学校のあり方検討委員会に，今後の県立高校のあり方についての協議，検討を依頼し，報告を受けました。さらに，平成21年度には，検討委員会の報告を踏まえ，滋賀県産業教育審議会に，社会の変化に対応した新しい職業教育のあり方について諮問し，現在も審議していただいているところでございます。そういう中で，準備をしていたのが3年間であるということでございます。

2点目の御質問ですが，自己評価で4年目にCとしているのはマニフェストとは逆であると思うが，なぜCなのかということでございます。

先ほど来申し上げておりますように，議員が読み上げてくださらなかったところですが，再編しますということをマニフェストで申し上げております。そのマニフェストに沿って動き出したのでCにさせていただいたということでございます。特に，マニフェストにおいては，それぞれの地域，人々に支えられた特色のある県立高校にすることを目指したものでありまして，現在，教育委員会において，学校活力の維持向上と教育内容の質的向上を図ることを目的に，多様な生徒や社会のニーズに応じた，魅力ある教育内容の提供を主眼として検討していただいております。

特に，私自身が常々教育委員会にお願いしておりますのは，日本の高校教育を国際的なところで比較してみますと，どうしても職業

教育，キャリア教育の弱さが目立っております。教育社会学の専門家などの皆様も，教育を受ける子供たち自身が学校時代から自分の人生の将来設計ができるよう，職業教育やキャリア教育，あるいは自主性を高める必要性が強く言われております。そのために，産業教育審議会において職業教育の強化などの議論をしていただいているところでございます。

3点目の御質問ですが，今回のマニフェストの人生版において，「就学期：学ぶ。学力アップを目指し少人数学級編制などを拡充します」とあるが，前回のマニフェストにあった高校生への取り組みも含まれているのかとの御質問でございます。

議員がごらんいただいたマニフェストは，マニフェスト素案であると思います。このマニフェスト素案は4月上旬に，あくまでも素案としてつくらせていただき，この素案をもとに，県内各地で茶話会を開き，また，さまざまな団体，皆様から意見を聞きながら，みんなでつくるマニフェストとして成長し，最終的に，御意見，御提案をもとに総合的なマニフェストをつくるという計画の中にございます。そのような意味で，まだマニフェストを公表しておりませんので，その公表マニフェストの中には，より充実した内容について記させていただきたいと思っております。

特に，先ほど来申し上げておりますように，高校生を初めとした子供の教育については，さらに充実強化していきたいという大変強い思いを持っております。その具体的な内容については，今，マニフェストを作成中でございますので，後ほど示させていただきたいと思っております。

【9月定例会】
[代表質問]
○県立高等学校の再編について（自由民主党・真政会・川島隆二，9月22日）

最後に，公立高校の再編について，知事に伺います。

現在，地球全体の規模では爆発している人口増加と全く裏腹に，我が国では少子高齢化の波が押し寄せております。すべて国民は，法律の定めるところにより，その能力に応じて，等しく教育を受ける権利を有する，と日本国憲法第26条には高らかに教育の普遍性をうたってあり，この精神こそが教育基本法第4条，教育の機会均等の根底にも流れていると考えます。

憲法第26条で着目しなければならない，ひとしく教育を受ける権利を唯一制限している要素は，個人の努力によって築き上げられる能力においてのみであり，それ以上の地理的居住先により，または財政的要素等により教育を受ける権利を逸することがないよう，義務教育は当然のことながら，公教育全般において最大限に配慮されなければならないと考えております。すなわち，県が統括する公立高校においても，憲法が求めるこの大原則を十分に踏まえた上で指導，運営に当たらなければならないのではないかという共通認識をお互いが持っていることを願うものであります。

この夏に2度目の当選を果たされた知事は，県民の圧倒的支持を得られ，県政のかじ取りを担っておられます。その選挙の際に，「もったいないプラス」という，改訂版とも言うべきマニフェストを投げかけられました。ですが，嘉田知事の原点とも言うべき「かだ由紀子マニフェスト」を，今，手にとれば，政策4－2に，より充実した県立高校をつくるための体制を整えますとあり，さらに，高校の統廃合は行いませんと言い切っておられます。

しかし，今回の「もったいないプラス」では，どこを探しても高校の統廃合については触れられておりません。新マニフェストは県民と新しくつくると知事は明言されたと認識していましたが，県民は高校統廃合について何か知事に申していなかったでしょうか。そもそも高校統廃合はいたしませんという，大切な県民との約束が新しいマニフェストにないのは，プラスではなくてマイナスではないでしょうか。改めて知事に，公立高校の統廃合について，その所見を伺います。

次に，教育長にお伺いいたします。県教育委員会が来年3月末までにまとめるとされている，県立高等学校再編計画案について，県議会は，現場の教諭や保護者，生徒の意見を，広く，きめ細やかに聴取するよう求めております。教育委員会は8月7日，8日と，魅力と活力ある学校づくりに向けた意見聴取会を開かれ，主に住民や教育関係者から意見を募ったと，文教警察・企業常任委員会でも御報告いただいたところでもあります。

委員会では，おおむね感触は良好だったなどの報告でありましたが，聴取会に参加された方の声を聞けば，「地域の高校がなくなる

と，生徒らの経済的負担がさらにかさむ」「小規模校にも，人間関係が密になる利点がある」など，統廃合に反発する声が相次いだと聞いております。教育長におかれましては，実際，聴取会に出席され，これらの意見をどう感じられたか，お伺いいたします。

また，県教育委員会としてまとめられようとしている再編計画のどのようなところに力点を置くのか，どのような点に気をつけていかれるのかお考えをお伺いいたします。

以上，質問させていただきましたが，地方議会は二元代表制であります。議会は常に行政をチェックし，行き過ぎた点や県民のためにならないような政策をよりよいものにするために議論をする場であります。知事におかれましては，真摯に答弁をしていただき，対話の関係を構築していただきますよう，よろしくお願いいたします。

●知事（嘉田由紀子）
次に，県立高校再編についての所見でございます。

情報化やグローバル化あるいは少子高齢化などの進展を初め，我が国の社会や経済が急激に変化しております。また，本県の高等学校を取り巻く環境も，平成2年度をピークに生徒数が急激に減少してきており，長期的には今後も減少が続くと見込まれること，また，生徒の多様化が一層進むこと，さらに，高等学校教育を支える財政状況も大変厳しい状態にあります。

そのような中で，この4月以降，県内各地を回り，多くの皆さんから生の声を聞かせていただきました。その中には，県立高校の再編に限らず，親の経済格差による学習機会の不安や，学校の教育内容に対する不安，また，全県一区制化による通学距離の拡大にかかわる困難など，教育全般に対する意見をいただいております。

そうした中で，魅力と活力に満ちた県立高校づくりを目指しまして，将来にわたり，教育内容や教育環境を維持向上させることが大切でありまして，そのためには，県立高等学校の見直しは必要なものと認識しております。

県立高等学校の今後の再編計画の検討に当たりましては，何よりも生徒自身の視点に立った再編となるよう，常々，県立高等学校を所管する教育委員会にお願いしているところでございます。

●教育長（末松史彦）

県立高等学校の再編についての御質問にお答えいたします。

まず，意見聴取会での意見をどう感じたかについての御質問ですが，8月7日と8日に開催いたしました，ご意見を聴く会では，魅力と活力ある県立高等学校づくりを進めるに当たって，今なぜ再編が必要なのか，教育委員会としての基本的な考え方をお示しし，広く県民の皆さんの御意見をお聞きすることを目的に開催したもので，さまざまな御意見をいただいたところでございます。

議員御指摘のとおり，地域の高校がなくなると生徒の経済的負担が増す，小規模校にもよいところがある，拙速過ぎるのではないかといった御意見，また，再編に当たっては，子供たちが，学びたい，学んでよかったと思う，活力ある高校をつくってほしい，従来にない新しいタイプの高校を創造していくことも発想の一つといった御意見もございました。

こうした御意見をお聞きし，県民の皆さんへの丁寧な説明を行うことにより，拙速にならないよう進めるとともに，教育内容や教育環境の維持向上を図り，学科の特性や地域性にも配慮しながら，魅力と活力ある県立高等学校づくりに取り組んでまいりたいと考えております。

次に，再編計画のどこに力点を置き，どの点に気をつけていくかについての御質問にお答えします。

今回の県立高等学校の再編に際しましては，何よりも生徒の視点に立ち，将来にわたって生徒に魅力と活力ある教育内容と教育環境を提供することが大切と考えております。そのため，再編を進めるに当たっては，特色ある学校づくり，活力ある学校づくり，バランスのよい学校配置の実現が重要なポイントになるものと考えております。

また，再編を進めるに当たっては，今後とも，県民の皆さんの御意見をお聞きし，説明しながら，再編計画の策定に努めてまいりたいと考えております。

〇県立高等学校の再編計画について（民主党・県民ネットワーク・西沢桂一，9月22日）

次に，県立高等学校の再編計画について，知事および教育長にお尋ねいたします。

9月10日に滋賀県産業教育審議会から，職業学科のあり方に対する答申を受け，10月には県立高等学校の再編基本計画・実施計

画（原案）を公表し、年度末には再編計画が策定されようとしております。8月2日に市町教育委員会事務局向けの、8月7日、8日には県民向けの意見聴取会が開催されました。いろいろな意見があった中で気になりましたのが、県立高校の再編計画は県民にとって非常に関心の高いものであること、それにもかかわらず県民に対してしっかりとした説明がされていないこと、理解が進んでいないことであります。県教育委員会が予定されているスケジュールで県民の合意を得ることができるのでしょうか。期限にとらわれずに腰を据えて取り組むことが必要であることを申し上げ、質問に入ります。

最初に、教育長にお尋ねいたします。

まず、過日開催されました県民向けの意見聴取会での出席者は、多くが学校関係者、組合関係者、県立学校のあり方検討委員会の委員で、一般県民の出席はかなり少なかったようです。また、発言されました方々も、大半が学校関係者、組合関係者であり、県立学校のあり方検討委員会の委員までもが発言されていました。教育長の答弁も、発言者に対する回答というよりは、教育委員会の主張の繰り返しであったと思いますが、この意見聴取会がどういう目的で実施されたものなのか、あわせて、これで県民の意見は十分聴くことができたと理解されているのか、お尋ねいたします。

また、さきにも申し上げましたが、この問題に対する県民の関心は非常に高く、それだけに、県民に対して十分な説明と、理解を得ることが何よりも大切であると考えますが、今後の予定、および、時間的に県民の意見を各計画にどのように反映していかれるのか、お尋ねいたします。

県立高校は地域との結びつきが強く、各市町のまちづくりとも関連していますが、行政庁である市町に対する説明会は全く予定されていないようであり、疑問があるところであります。その理由についてお尋ねいたします。

次に、県立高校の再編計画は、魅力と活力ある学校づくりが目的であるとされていますが、明らかにされている再編基準は学級規模だけであり、具体的なイメージを持つに至らず、多くの県民は、県の財政事情によるものであると受けとめています。もっと情報公開をして県民との対話を深めるべきではないでしょうか、お尋ねいたします。

次に、平成22年度の全国学力学習状況調査で、本県の中学3年生の国語は4年連続で全国平均を下回っており、また、平成21年度の学校基本調査における本県の中学校における不登校生徒の在籍率は3％に近く、ほとんどの生徒が高校進学する状況の中、高校に入学したものの基礎学力がなく授業についていけない生徒がふえています。また、平成21年度の高校中途退学者は、本県は全国でも高い状況にあります。このほか、学校現場では、発達障害の生徒がどの学校でもふえていること、さらに、特別支援学校や特別支援学級が不足しているなど、学校を取り巻く課題は非常に多く、かつ深刻であります。

県民が求めているのは、本来の教育、教育の質的向上の取り組みであります。最初に再編ありきではなく、このことを同時に県民に説明していくべきであると考えますが、このことについてお尋ねいたします。

次に、知事に対してお尋ねいたします。

最初に、県立高校は、地域という土俵の中で存在しており、県立高校だけがひとり立ちしているのではなく、地域の人々や企業との結びつき、地域の文化などの中にあり、また、教育委員会だけで判断できるものではないと考えます。今までの考え方や流れを見ていますと、教育界という土俵の上でしか取り組まれていないような想いがいたしますが、このことについてお尋ねいたします。

県立高校の再編計画は、魅力と活力のある学校づくりが目的であるとされていますが、学校規模だけで目的が達せられるのでしょうか。例えば、先日も、ある高校の存続について、地元の自治体はもちろん、隣接する3自治体の首長、教育長等から、知事、教育長に要望書が提出されました。同校は規模の小さい高校であり、今回の再編計画で基準とされた適正規模に当てはまらない高校であります。

この高校では、地元有志による、高校の教育改革と振興を後援することを目的とした教育振興会や高校改革支援検討委員会などが設置され、地域と一体となった学校改革が実施されており、学校側も、地域共学を目指した取り組みを積極的に行っております。また、県下の高校では初めての、町内企業約40社を対象にインターンシップが行われており、今年度の就職についても地元企業の協力度が非常に高い状態にあります。このような結果、同校に対する地元中学生や保護者の期待が高まってきているところであります。

このように、小規模ながら、学校、地域の

人，企業，さらに自治体が結び合って特色のある学校づくりが進められています。特色ある学校づくりは規模だけで推しはかられるものではないと思いますが，知事の考えをお尋ねいたします。

市町村合併前の郡部を含め，いわゆる田舎にある高校はすべてが，適正規模以下とされた５学級以下の高校であり，適正規模だけをもって再編計画が行われるとすれば，郡部の活性化はますますそがれ，地域の過疎化に拍車がかかることは明らかであります。例えば，さきに申し上げました高校が統廃合されることになりますと，広域な面積を持つ人口６万の地域に高校が１校もないことになりますが，このことについてどのように考えられるのか，お尋ねいたします。

最後に，県立高校の設置者は知事でありますが，再編計画が進められた結果，廃校となった高校の土地，施設の再利用が問題となります。県短大の跡地処分がまだ進んでいない状況を見れば，広大な土地と建物の有効活用には多くの困難がつきまとうことは明らかであります。当然，そのまま放置されてしまいますと，まちの中心地が荒廃し，まちの活力をそぐだけではなく，危険な地帯になることが十分考えられます。

学校の統廃合を行う以上，県は同時に，地元に対して再利用計画を示すべきであると考えますが，このことをお尋ねいたします。

●知事（嘉田由紀子）

最後に，県立高等学校の再編計画についての９問の質問のうち，後ろの４問についてお答えさせていただきます。

まず，６点目の再編は教育委員会だけで判断できるものではない，地域の文化の中で存在しており，地域との連携で判断すべきとの御質問でございます。

議員御指摘のとおり，県立高等学校は地域と密接なかかわりを持っておりまして，地域の皆さんのお世話の中で県立高校も運営させていただいているわけでございます。今回，選挙前に各地で開催いたしました茶話会においても，県立高校への要望を伺っております。そのような中で，再編に当たりましては，地域性についても一定考慮することが重要だと認識しております。

こうした視点も踏まえた上で検討を進めるよう，県立高等学校を所管する教育委員会に対し，常々お願いしているところであります。

また，７点目の特色ある学校づくりは規模だけで推しはかれるものではないとの御質問でございます。

これも，議員御指摘のように，特色ある学校は，生徒の学習ニーズや多様な進路選択に対応した学科やコース等を設置すること，あるいは，地域の特色を生かした教育内容や教育活動を取り入れることなどから形づくられるものでございます。学校の規模だけで推しはかれるものではないと考えております。

次に，８点目の適正規模だけをもって再編が行われるとすれば，地域の活性化がますますそがれるとの御質問でございます。

教育委員会において，学校の規模だけをもって再編を行うのではなく，学科の特性や地域性などについて配慮しながら検討されているものと認識しておりまして，先ほども申し上げましたように，私としても教育委員会にそのようにお願いしております。

９点目の御質問でございますが，再編と同時に土地や施設の再利用計画を示すべきであるとの御質問でございます。

再編に伴って使用しなくなる土地や施設の有効利用については，大変大きな問題であると認識しております。まずは，再編について御理解いただくことが重要であり，その上で，再編計画の進捗を見据えつつ，広く御意見をお伺いしながら検討してまいりたいと考えております。

●教育長（末松史彦）

県立高等学校の再編計画についての御質問にお答えいたします。

まず，県民向け意見聴取会の目的や，県民の意見は十分聞くことができたかとの御質問ですが，教育委員会ではこれまで，社会の変化に対応した教育内容の充実と，それぞれの学校が活力を失うことなく，生き生きとした，魅力ある教育活動の展開について審議するため設置した，県立学校のあり方検討委員会や，産業教育審議会での審議等を通じ，県立高等学校の再編に向けた取り組みを進めてまいりました。

これらについては，各界各層から参画いただいた委員の皆さんに御審議いただき，公開で行うとともに，その結果につきましてはホームページへの掲載等により情報提供に努めてまいりましたが，確かに周知が十分でない面もございました。

こうしたことから，魅力と活力ある県立高等学校づくりに当たり，改めて，今なぜ再編が必要なのか，教育委員会としての基本的な

考え方をお示しし，広く県民の皆さんの御意見をお聞きするために意見聴取会を開催したところです。

さらに，意見聴取会という限られた場だけでなく，ホームページ上で意見募集を行うとともに，県民の皆さんや学校関係者から広く御意見を伺うなど，一定意見を聞くことができたものと認識しておりますが，具体的な再編計画の策定段階において，引き続き御意見をお聞きしてまいりたいと考えております。

次に，今後の予定および時間的に県民の意見が各計画にどのように反映されるのかとの御質問ですが，今月10日に産業教育審議会から答申をいただいたことから，今後，本答申や，県立学校のあり方検討委員会の報告，また，これまで学校関係者や県民の皆さんからいただいた御意見を踏まえた上で，今年度中に計画を策定するよう取り組んでおります。

一方で，こうした取り組みについては，拙速過ぎるのではないか，県民への説明が不足しているのではないかといった御意見もいただいていることから，今後は，一層県民の皆さんへ丁寧に説明を行うなど，拙速にならないよう進めてまいりたいと考えております。

また，再編計画については，県民政策コメントや説明会等を実施し，県民の皆さんの御意見を踏まえた上で策定してまいりたいと考えております。

次に，市町に対する説明会が予定されていない理由ですが，県立高等学校の再編に当たっては，県民向けの意見聴取会のほかに，8月2日には，地域における教育現場をお預かりいただいている市町教育委員会の御意見を聞く機会を設けたところでございます。

今後も，必要に応じて説明等を行ってまいりたいと考えております。

次に，もっと情報公開と県民との対話を深めるべきではないかとの御質問にお答えいたします。

これまで，県立学校のあり方検討委員会や産業教育審議会の審議を公開するとともに，その結果につきましては，ホームページへの掲載等により情報の提供に努めてまいりました。また，先ほどお答えしましたとおり，意見聴取会等を通じ対話を行ってきたところでございます。

今後とも，県民政策コメントや説明会等を実施するとともに，必要に応じて説明を行うなど，県立高等学校再編についての御理解を

いただけるよう努めてまいりたいと考えております。

次に，最初に再編ありきではなく，同時に，本来の教育，教育の質的向上への取り組みを県民に説明していくべきではないかとの御質問にお答えいたします。

高等学校教育において最も大切なのは，生徒たちが確かな学力，また，豊かな人間性や社会性などを備えながら，みずから未来を切り開いていくことのできる，たくましさを身につけられるようにすることであることから，今後とも，そうした点について，県民の皆さんに対し，しっかり説明してまいりたいと考えております。

[一般質問]
○県立高等学校の再編問題について（対話の会・びわこねっと・沢田享子，9月28日）

それでは，2つ目の質問に移ります。教育長に，県立高等学校の再編問題につきまして質問させていただきたいと思います。

この問題は，知事選挙の争点でもございました。それから，2つの会派の代表質問も既に行われております。それに対しまして，教育委員会は，生徒の視点に立って，そして，魅力と活力のある教育環境の整備をするため，県民の意見を聞き，説明しながら進める，また，今年度中に再編計画をつくるとして，高校教育において，確かな学力，みずから切り開く，たくましさを身につけることができるように，県民にしっかり説明をするという旨の答弁をなされています。

そういうことは，単に説明会とかではなくて，あるいは自分のところはどうなのかという問題だけではなくて，ぜひ説明とか，あるいは皆さんの意見を聞く会というようなことで，これからの時代を担っていく青年，人の生き方というのは，どういう教育を受けるか，教育をしっかり受けられる機関があるかどうかということによって，その人の物の考え方に，幅の広さというか弾力性というか，そういうものを持たせるというので大変重要だと思いますから，そういうことが県民が考えるチャンスになったらよいなと思います。

具体的にはそんなことを言っていられない，どうやったら再編ができるかというような話になるかもしれませんが，その底流を支える教育談義というものが県全体でなされることになるとよいと思っております。

この再編問題につきましては，後ほど同僚

の角川議員が一般質問をなさいますので、私は別の観点から、教育長に2つ質問をさせていただきたいと思います。

今も申し上げましたけれども、1つ目は、説明会を、再編の説明というのに終わらせるのではなくて、高校教育というものが県民にとってどんなに値打ちのあるものなのか、長期的で基本的な教育観というものを持ちながら県民との対話を進められるべきと思うのですが、どうでしょうか。

2つ目は、高校の中途退学者、進路の変更者が現在もあります。これをゼロにしろと言うつもりはありません。そういう変更をされる学生さんたちがおられる中で、これから、活力があり魅力のある、特色のある学校をつくっていけば、一遍退学したけれども、もう一度しっかり勉強しておかなければならないと気づいたその時点で、再度向学心を持った青年に対して、彼ら、彼女らを受け入れる、度量の広い公立高等学校が望まれると思います。

というのも、高等学校には、教科の教員だけでなくて、保健に携わる養護教諭、あるいは図書館の職員など、生徒が教えを請うたり、相談に乗ってもらったり、希望の図書を的確に紹介してもらったりして、みずから勉強する、みずから考える、そういう力を養っていただく、彼らの教育面だけでなく、暮らしを応援できる人材が高等学校にはたくさんおられると思うのです。そうした教職員によって在学中のさまざまな働きかけが行われ、結果的に卒業生が働いたり生活をする上でのパートナー、伴奏者に匹敵するような成果をおさめていただくことを期待しております。

今まで私がたびたび行ってきました、途中で進路変更をしてる人たちにとっても立ち直りの支援の必要があるという質問に対する答弁では、単位制の学校があります。こういうものを整備するというように言われてきましたが、今求められておりますのは、複雑で多様な人間関係の中で生き抜いていけるようにするためには、縦の系列でなくてフラットな関係にある友人や生徒仲間が絶対に必要ですし、そのときに、その場に応じて前後の関係もよくわかってくれている教育的指導者、教職員が必要なのです。単に単位が取れた、全部で何単位取れた、卒業資格が得られたらよいというものではないような気がしてなりません。

社会全体が効率や効果、成果が問われる現代社会に突入して、今や子供だけでなく大人の中にも引きこもり状態がふえており、深刻な状態です。これらに、たとえ即効性は少なくても、社会性の復活や立ち直りのための複線化が望まれると思います。

そこで質問です。みずから望んで一たん入学したけれども、何らかの理由で高等学校をやめざるを得なかった生徒が、もう一度高校で勉強し直したいと思い立ったときに、学び直しをしやすくできるような高等学校づくりができないものか、教育長に伺いたいと思います。

●教育長（末松史彦）

県立高等学校の再編問題についての2点の御質問にお答えいたします。

1点目の説明会を再編の説明に終わらせず、長期的で基本的な教育観を持ちながら県民との対話を展開すべきではないかとの御質問ですが、高等学校への進学者が98％を超える現在、議員御指摘のとおり、高校教育は基礎的、基本的な学力のみならず、社会でたくましく生きていくための力を身につけるための重要な役割を果たしていると考えております。

こうしたことから、本県では、教育の振興のための施策に関する基本的な計画として、平成21年7月に滋賀県教育振興基本計画を策定し、「未来を拓く心豊かでたくましい人づくり―みんなで支えあい自らを高める教育の推進―」を教育目標とし、その実現のための施策を進めているところでございます。

御質問にありました、8月7日と8日に開催しました意見を聴く会では、今なぜ再編が必要なのか、教育委員会としての基本的な考え方をお示しし、県民の皆様からさまざまな御意見をいただきました。意見を聴く会では、本県の教育全般にかかわる御意見もいただいたところでありまして、今後とも、再編について県民の皆様に丁寧に説明する中において、高等学校教育のあり方や意義についての対話をしっかりと進めてまいりたいと考えております。

2点目の学び直しをしやすくできるような学校づくりができないかとの御質問ですが、議員御指摘のとおり、中途退学をした生徒が学び直しの機会を得られる仕組みを整えることは大切なことだと考えております。現在、高等学校を中途退学した生徒が勉強し直したいと思ったときには、もとの在籍校や別の高等学校に編入学できる制度がございます。本

県におきましては，退学または学籍を除かれた生徒が再び入学を希望する場合は，校長はその事由を調査し，編入学を許可できるようになっており，こうした制度については，県のホームページにおいて公表するなど周知を図っているところであります。

また，県立の単位制高等学校におきましても，さまざまな生活環境にある青少年が，それぞれにみずから学習計画を立てて学び，自己実現をしていけるような支援を行っており，毎年，中途退学者を編入学生として受け入れております。

中途退学に至った経緯やその後の状況は多様であり，求めていることも一様ではありません。県教育委員会といたしましては，再度向学心を持った青少年が学び直しの機会を得られるよう努めてまいったところでございますが，今後とも，こうした観点を踏まえた学校づくりを進めてまいりたいと考えております。

○県立高等学校の再編計画について（対話の会・びわこねっと・角川誠，9月30日）

しかし，今期は一つ間違えば，50万票どころか5万票になるか心配事があります。それはダム問題ぐらいの問題でなしに，高校再編問題であります。教育環境の維持向上を軽視し，単に県財政の状況悪化による小規模校の切り捨て，廃校であっては，県民の理解は到底得ることはできません。私にも，来年高校に入学する孫がいます。私たち夫婦，子供夫婦，家族全員，子供の高校進学を案じています。そこで，高校再編計画の2点についてお尋ねいたします。

まず初めに，県ならびに県教育委員会は，滋賀県民の生活実態をしっかり把握していないと私は思っております。先日の新聞報道によりますと，教育長は，滋賀県は交通網が発達していて，北から南まで1時間半ぐらいで行くことができると述べておられますが，現に私は自宅から県庁まで，都合よく行って2時間，少し交通事情が悪いと2時間半。降雪や積雪時には3時間，4時間。それも不可能なときさえあります。

（中略）

その上，路線バスは全くなくなりました。積雪・凍結時には，高校生は自転車のタイヤにチェーンのかわりにわら縄を巻いて登校するか徒歩か，どちらかになります。知事，このような高校生が，自転車や徒歩で通学できる高校が減ってしまった。成績上，どこの高校も行けなくなった場合，どうすればよいんですか。地域から全部の高校がなくなるわけではないとおっしゃいますが，仮にも湖北の普通科高校6校が4校に再編されるとしますと，成績が芳しくない生徒で，普通科，大学進学を志望している生徒は，湖北からはじき出され，通学不可能な高校への通学を余儀なくされます。

私は，今から33年前まで約20年間，中学校の進路指導を経験してまいりました。すべて輪切りでございます。輪切りというのは，大根を輪切りに切っていく。青首のところから順番に，ひげのようなしっぽのところまで輪切りに切って，青首は京都の私立，その次の青首は大津，その次は彦根，その次は虎姫と，いわゆる輪切りで生徒を高校へ進学させる輪切り指導をずっとやってきたわけですが，今でも，聞いてみると，やはり輪切り指導が基本のようでございます。青首のところは優秀な生徒ですから，高校が減っても，どこでも行けるわけです。しかし，ずっと末端の方の，ひげのようなところの生徒は，はじき出されたら，どこも行くところがないという状況であります。

私の経験からですが，そうすると，普通科高校で，進路指導の中学校の先生から，あんたはこの学校は無理ですよと輪切りから指示された場合に，そういう生徒は湖南へ南進するか，京都へ行くか，岐阜へ行くか，敦賀，福井の方へ行くかということになります。そうなると，冬期は通学が困難になり，下宿となります。そのような下宿の高校生を持つ家庭は大きな経済負担となり，こんなことだったら家族ともども京都や岐阜や敦賀へ行ってしまおうかということで，過疎化がどんどんと進んでまいります。

（中略）

知事は基本構想の中で，滋賀は人の力，自然の力，地と知の力という強みがあると言っておられますが，高校再編計画は，この自然の力を，より一層強め，高める上からいって熱湯をぶっかけるようなものだと私は思います。

知事は選挙公約の中で，滋賀県内，どこに住んでいても，ひとしくきめ細かい行政サービスが受けられる地域社会づくりに努めると約束しておられますが，現在の高校再編計画は逆の方向を向いている施策ではありませんか。

次に，県の資料は，大規模のよい面ばかりPRして，小規模のよい面を県民に語ろうとしないという，教育関係者の多くの声を耳にしますが，私も，先ほど申しましたように，教師の経験から，小規模校の方が教育の質的向上，確かな学力，豊かな人間性や社会性を培う点で，生徒の名前と顔が一致し，学力や学校生活の実態などがしっかり把握でき，小規模校は最善ではないかと考えます。

県の言われるような，大規模校がベスト，ベターなら，県内の小中学校の小規模校はたまったものではありません。知事，県内の小中学校をどうしてくれるのかと言いたくなります。35人学級は小規模学級であって，行き届いた教育を施す手だてではありませんか。文部科学省の一斉学力調査の優秀自治体は，秋田県，続いて福井県であります。いずれも小規模校を全国一抱えている県であります。私の結論は，小規模校を減らすことには反対で，大規模校を2つに分けて行き届いた教育を進めるべきだと考えますが，いかがでしょうか。現在，再編を進める福井市は4学級から8学級，三重県は3学級から8学級としているではありませんか。

最後に，学科の再編，職業科の見直しは必要だと思います。例えば，長浜市にはバイオ大学があります。長浜市のどこかの高校にバイオ科を新設することは賛成です。要は，どうしても再編を進めるなら，何人かの質問にありましたように，最低地域の実情を踏まえた再編であってほしいと望むものであります。知事の所見をお伺いします。

長浜市議会も24日，高校の統廃合計画の中止を求める意見書が全会一致で可決されました。私も，命のある限り，過疎化が進む地域であるからこそ，地域の高校が残るように，一生懸命，存続運動に汗をかく決意であります。

再質問をしたいと思うことがありましたので，それもつけ加えておきますが，現在，長浜市においては，廃校になった高校の施設をどうするのか，敷地はどうするのかということがひとり歩きしている現状であります。

（中略）

先日も，県教育委員会の何人かの先生に，なぜ高校を統廃合するのかということを聞いてみますのに，実際のところを言うと，予算をもらうのに大変だ，予算を組むのが大変だ，財政が厳しくてと，そういう答えが返ってきました。教育長は，確かな学力，豊かな人間関係とおっしゃいますが，それは建前であって，実際，高校の再編は，財政難から小規模校を切り捨てる施策ではないか。私は県教育委員会の先生のその言葉を聞いて，衣の下からよろいが出たという例えがありますが，県教育委員会の先生は本音を私に打ち明けてくれたと私は思っています。知事の所見を伺いたいと思います。

●知事（嘉田由紀子）

次に，県立高等学校の再編計画についてでございます。

まず，1点目の再編計画は知事のマニフェストと逆の方向を向いた施策ではないかということでございます。

この4月以降，県内各地でお聞かせいただいた県民の皆さんからの生の声の中で，県立高校の再編に限らず，教育に係る経済的負担に伴う不安，また，通学距離の問題，あるいは教育内容，教育環境など，学校教育全般を充実させる施策を求める声が多くございました。角川議員から具体的にお教えいただきましたような県民の生活実態の一端に触れさせていただきました。

また，8月に教育委員会が実施した県民意見聴取会等においても，次代を担う子供たちの将来を見据えた再編でなければならない，生徒の通学事情や地域性を考慮する必要があるなど御意見を伺っております。

今，時代が大きく変わる中で，地域のさまざまな御意見を伺いながら，角川議員が御指摘のように，単なる輪切りの普通科教育あるいは大学進学だけを目指した教育，これは県立高校の役割としては不十分であると常々申し上げております。特に，個人個人の特技あるいは人生の希望が，いわば複線的になっております。進学だけでなく，技術を生かす，あるいはキャリア教育ができるような形で，生徒の皆さんの視点からの多様な高校教育には，ある程度の再編は必要であろうということが，私自身の今の理解であります。

そういう中で，県立高校の再編に当たっては，教育委員会に対して，高校教育を受ける機会をしっかり確保できるよう，地理的条件，社会的条件，そして地域的条件に配慮しながら検討を進めていただくようお願いをしております。

次に，どうしても再編を進めるのなら，地域の実情を踏まえての再編であってほしいとの御意見でございます。

滋賀の地で学ぶ子供たちが，みずからの地

域に誇りを持って，幸せや豊かさを実感し，将来に夢を持って暮らしていけるよう，生きる力をはぐくみ，未来への種を埋め込むことが，本県の高等学校教育に求められているものであると考えております。
　（中略）
　自分自身の個人的な経験ではございますけれども，10クラスを超える大規模校でございましたが，さまざまな機会があったということ，それはそれで大規模校の有利性だったと思います。しかし，一方で，小規模校は小規模校の，いわば個性，そしてメリットがございます。
　そのような中で，県立高校の再編に当たっては，それぞれの県立高校の目標を目指して，学科の特性，地域性などに配慮して，何よりも生徒の視点に立って取り組む必要があると認識しております。

○県立高等学校の再編について（日本共産党滋賀県議会議員団・節木三千代，10月1日）
　県立高校の再編について，すべて知事に伺います。
　昨年3月末に，県立学校のあり方検討委員会が，これまでの1学年4から8学級を適正規模とする考え方を突如変えて，6から8学級とし，県立学校の廃止を含む大規模な統廃合計画の必要がありとした報告書をまとめました。1学年5クラス以下は不適正規模とすると，全日制高校では46校中25校がその対象となることから，性急な統廃合を進めないように，県下の市町議会から意見書が知事に寄せられています。その数はどれだけでしょうか。
●知事（嘉田由紀子）
　お答えいたします。
　県立高等学校の再編に対する意見書については，6市6町の議会からいただいております。
○日本共産党滋賀県議会議員団・節木三千代
　7月の時点では，守山市，栗東市，野洲市，竜王町，愛荘町，豊郷町，甲良町，多賀町から寄せられています。知事はこうした意見書をどのように受けとめられましたか。
●知事（嘉田由紀子）
　お答えいたします。
　県下の市町議会から，再編に当たっては，関係者や県民の意見を十分聞き取って，今後の方向性を決定すること，あるいは性急な統廃合は行わないこと，などの意見をいただい

ております。教育委員会において，再編について検討されている段階での御意見ではあるものの，市町議会で決議された意見書については，地域の皆さんの思いが一定集約されたものであると認識をしております。
○日本共産党滋賀県議会議員団・節木三千代
　こうした意見書の思いを本当に受けとめられたのでしょうか。7月14日に県教育委員会は，このあり方検討委員会の報告を県の考えとし，1学年6から8学級を標準としました。全くこうした県民の声は反映していないのではないでしょうか。8月7日，8日には，県主催の意見聴取が行われました。知事は当日出された意見を聞いておられますか。
●知事（嘉田由紀子）
　お答えいたします。
　県民の皆さんからいただいた御意見については，具体的に聞いております。
○日本共産党滋賀県議会議員団・節木三千代
　私も参加させていただきましたが，会場は，地元の高校がなくなれば，通学費も含めた保護者や生徒の負担が大きくなる，みんなで育ててきた地域の高校をなくさないでほしいと，統廃合中止を求める実に切実な声ばかりでありました。知事は，当日出された意見を聞いて，どのように受けとめておられますか。
●知事（嘉田由紀子）
　お答えいたします。
　具体的に一つ一つの意見を見せていただきました。県民のこの意見聴取会等でいただいた御意見，十分踏まえて，検討を進めていくべきと認識しております。
○日本共産党滋賀県議会議員団・節木三千代
　十分踏まえて検討をしていただきたいと思います。開催されたのは大津市，米原市のわずか2ヵ所。2会場だけでもこうした意見が出ています。まだまだ県民が知らない，理解は得られていない，拙速とは感じられなかったのか，知事に伺います。
●知事（嘉田由紀子）
　お答えいたします。
　なお一層県民の皆さんからの御意見を聞く必要があるという趣旨で，代表質問で教育長がお答えいたしましたように，県民の皆さんに丁寧に説明を行うなど，また地元での説明会以外にもホームページで御意見を伺い，また「知事への手紙」にもさまざまな御意見をいただいております。拙速にならないよう進めていくことが大切であると考えておりま

○日本共産党滋賀県議会議員団・節木三千代
　拙速に県民の声を聞かずして進めようとしているからこそ、この9月の市町議会でも、拙速な統廃合を行わないようにと、知事や教育長に意見書が提出されています。どこですか。
●知事（嘉田由紀子）
　先ほどお答えした6市6町のうち、再編に関し意見聴取会以降に意見書をいただいたのは、長浜市、甲賀市、米原市、日野町の3市1町の議会でありまして、このうち甲賀市議会から、性急な統合・再編成を行わないという御意見をいただいております。
○日本共産党滋賀県議会議員団・節木三千代
　これだけの意見書が寄せられる中で、知事は拙速だと感じられませんか。
●知事（嘉田由紀子）
　お答えいたします。
　拙速にならないよう、教育委員会にもお願い、また検討をお願いしているところであります。
○日本共産党滋賀県議会議員団・節木三千代
　長浜市で全会一致で採択されました意見書は、本当に切実な内容になっています。知事も読んでおられることと思いますけれども、「長浜市の住民はとても不安に感じています」とそこから始まり、「今回のような大規模な統廃合計画は中止すべき」と、このように意見書の中で述べられ、「少なくとも今年度中に統廃合計画を決定する方針を改めて、私たち地方議会や地域住民の意見を聞き、それを踏まえた上で、今後の方向を決めるべきだと考えます」、このように上げられていますけれども、知事はどのように思われますか。
●知事（嘉田由紀子）
　お答えいたします。
　昨日も角川議員から、長浜市、また地域の強い御意見をいただいております。代表質問で教育長がお答えしたとおり、教育委員会では、今年度中の再編計画策定を目指しておりますが、県民の皆さんに丁寧に説明を行うなど、拙速にならないよう検討を進められるものと認識をしております。
○日本共産党滋賀県議会議員団・節木三千代
　県民が知らない、理解を得られていない、今年度中につくる、これが拙速だということではないですか。この意見書が採択をされた、この市町だけではありません。せんだっても大津市内の膳所駅で、高校の大規模な統廃合を行わないことを求める要請署名行動が行われましたが、それでも1時間で70筆の署名が集まり、知らないうちにこのような孫が行くところがなくなったら困ると、こうした切実な声が寄せられています。この膳所駅前の署名では、高校の統廃合をしようとしていることに対して、「このようなことをするようでは、知事は冷たい人ですね」と、こういうような声が出たことも紹介をしておきたいと思います。
　では、県の考えとしている、あり方検討委員会の報告の、1学年当たりおおむね6から8学級程度が適正規模だとされる根拠をお伺いいたします。
●知事（嘉田由紀子）
　お答えいたします。
　県立学校のあり方検討委員会の報告書においては、以下のように報告されております。多様な科目の開設など、幅広い教育課程の編成、部活動などの生徒の選択肢、また生徒の切磋琢磨する機会の確保、集団活動の円滑な実施などのさまざまな要素を勘案するとともに、校長等から聞き取りをした現場の御意見についても参考にした上で、1学年当たりおおむね6学級から8学級が妥当とされたものであると認識をしております。ただし、地域ごとの生徒数の増減や地理的条件などについても、考慮する必要があるとされたものと認識をしております。
○日本共産党滋賀県議会議員団・節木三千代
　このあり方検討委員会の報告を読んでいますと、高校、学校関係者への聞き取りによると、6学級が最も適切であるとする考え方が多く聞かれると、このように書きながら、ページをめくれば、1学年当たりはおおむね6学級から8学級が妥当と、突如このように断定をしています。意図的なものがあると考えざるを得ません。8月に行われました県民意見聴取会でも、当日検討委員会の委員長が会場からの質問に答えて、学級の適正規模は科学的に出せない、異論もあったが、みんなの話し合いで最終的にそうなったと言われています。
　私は、1学年5学級以下の25校を適正規模ではないと、これは県が勝手に決めたのではないかと、そのように思います。統廃合先にありきで、6から8学級にしたのではないでしょうか、問います。
●知事（嘉田由紀子）
　お答えをさせていただきます。

これまでも教育長からお答えをしていると思いますが、統廃合先にありきの議論ではなかったと、私自身は理解をしております。
○日本共産党滋賀県議会議員団・節木三千代
　ですから、多くの教育の現場の方が6学級が適正規模であると、そういうふうに言われている中で、いきなり6から8学級が妥当と、突如そのように決めてしまったのです。やはり統廃合先にありきで、6から8学級と、県は物差しを変えたのではないですか、伺います。
●知事（嘉田由紀子）
　お答えいたします。
　これまでにも申し上げておりますように、あり方検討委員会において、さまざまな観点から検討されたところでありまして、教育委員会としても、尊重されているものと認識しております。
○日本共産党滋賀県議会議員団・節木三千代
　あり方検討委員会の報告やまた県の高校再編を説明する、その資料は、大規模校のメリットだけが強調されてるように思われます。私たち日本共産党県議会議員団はこの間、1学年5学級以下の高校を幾つか訪問し、学校現場の皆さんの声をお聞きしてきました。どこの学校でも語られたのは、一人一人の生徒さんの顔が見える、きめ細かい対応ができるということですが、先ほど申しましたように、県の説明資料では、大規模校のメリットだけが強調されているのではないですか。
●知事（嘉田由紀子）
　お答えさせていただきます。
　大規模校のメリット、デメリット、小規模校のメリット、いずれもそれぞれの視点から検討されているものと考えております。また、昨日も私自身申し上げましたけれども、必ずしも大規模校のメリットだけではなく、小規模校のメリットもあるということ、これは確実に検討、そして私も申し上げさせていただいております。そういう中で、単に規模だけの問題ではない、今回のあり方検討委員会あるいは滋賀県産業教育審議会の答申にもありますような形で、規模だけではない状況の変化、生徒自身の変化に対応するのが、今の県政への望みだろうということが、この高校再編の後ろにあるわけでございます。それにつきましても、これまで何度も繰り返し申し上げたとおりでございます。
○日本共産党滋賀県議会議員団・節木三千代
　学校を訪問させていただいて、実に学科の特性や地域性を考えて、今、高校では本当に教育実践をされているなというふうに感じています。今後10年間は、滋賀県では子供の数が減らない中で、こうした学科の特性や地域性のある高校を、県が地域性がある中でこれまでと同じように適正規模を変えない方向でいけばいいのではないですか。
●知事（嘉田由紀子）
　先ほどもお答えしたとおり、教育委員会において、生徒の切磋琢磨する機会の確保あるいは学校行事、部活動などの観点から、1学年当たりおおむね6学級から8学級を標準とされたものと認識をしております。
○日本共産党滋賀県議会議員団・節木三千代
　今知事が申されましたのは、大規模校のメリットだけを言われたわけです。先ほど小規模校にもメリットがあると言われる中で、今知事が言われたことを教育委員会もその考えでもって、大規模校のメリットはある、メリットはあると宣伝をしてきたのではないですか。知事は、再編は必要だと、このように考えておられるのですね。
●知事（嘉田由紀子）
　お答えいたします。
　これまでから申し上げておりますように、将来にわたって、教育内容、教育環境の維持向上を図るためには、学科の特性、地域性などに配慮しながら、生徒の視点に立った上で、県立高等学校の見直し、再編を行うことは必要であると考えております。
○日本共産党滋賀県議会議員団・節木三千代
　県教委が示しましたこの再編には、4つのパターンが示されています。1つ目は学科を変える学科改編、2つ目は2つの高校の学科を減らす学科集約、3つ目は3つの高校の定時制の中で1つの高校の定時制をなくす課程集約、そして4つ目はA校とB校を統合してC校にする学校統合と、このように説明しています。この4つ目のA校とB校を統合してC校にするということは、1つの高校をなくすという再編です。学校をなくしてしまうという、この4つ目の再編は、これだけ市町議会から意見書が出ている中で、必要だという認識ですか、問います。
●知事（嘉田由紀子）
　お答えさせていただきます。
　今の4点のカテゴリーの中で、どのように再編を具体的に行っていくかは、現在教育委員会で検討をされているものと考えております。

○日本共産党滋賀県議会議員団・節木三千代
　ですから，この4つ目のA校とB校を統合してC校にする学校統合というのは，統廃合なんです。この統廃合を拙速に大規模にしないでほしい，今年度は計画をつくらないでほしいというのが，各市町議会の真意だと思うんですけれども，再度伺います。
●知事（嘉田由紀子）
　お答えさせていただきます。
　先ほど来申し上げておりますように，教育委員会には，拙速にならないようにお願いを申し上げております。
○日本共産党滋賀県議会議員団・節木三千代
　拙速に進めようとしているから，市町議会から意見書が上がっています。県立高校の再編はだれのためでしょうか。訪問したある学校では，経済的または家庭的に困難な状況にある子供たち一人一人に向き合っておられました。その高校に来て初めて，その子供さんが手をかけてもらったと先生に答えてくれるなど，小規模ならではの取り組みをしておられます。その高校がなかったら，子供たちに行き場がなくなってしまうのです。なくてはならない学校でありますが，そうした高校をつぶしてもよいのでしょうか。知事の認識を問います。
●知事（嘉田由紀子）
　お答えいたします。
　これまでから申し上げておりますように，将来にわたって，教育内容，教育環境の維持向上を図るため，学科の特性や地域性などに配慮しながら，今御指摘がありましたような，生徒の視点に立った上で，県立高等学校の見直しを行うことが必要だと，認識をしております。
○日本共産党滋賀県議会議員団・節木三千代
　こうした地域の高校，小規模校の高校をつぶしてもよいのでしょうか。再度伺います。
●知事（嘉田由紀子）
　お答えいたします。
　繰り返しになりますが，学科の再編，また地域とのつながりなども含めて判断するべきであると，教育委員会にお願いを申し上げております。
○日本共産党滋賀県議会議員団・節木三千代
　もう一つ紹介しておきたいのは，その学校では経済的困難を抱える子供さんが多いから，梅雨という観光客の少ないときを選んで，安い沖縄への修学旅行を計画されておられました。それでも2割，1クラスで8人の子供たちがことしは修学旅行に行けなかったそうです。行けなかった子供たちの辛さに本当に先生が心を寄せて，来年は1人でも多くの子供が修学旅行に行けるようにプランを練り直そうと，そのように言われていました。私は，その先生の姿に本当に胸を打たれました。外国籍の子供さんはなかなか理科や社会についていけない，学校全体で卒業できるようにしようと取り組んでおられました。クラス数が少ない高校だからこそ，こうした子供たちを支えることができる，こうした高校をつぶしてよいものかと，私は聞いています。知事はどう思われますか。
●知事（嘉田由紀子）
　お答えいたします。
　私も各学校，教員，また生徒，知り合いがたくさんおります。具体的にさまざまな地域の状況，個人個人の状況はお伺いをしておりまして，今議員がおっしゃるようなことは十分に胸に心に届いております。
○日本共産党滋賀県議会議員団・節木三千代
　前回のマニフェストで掲げられました「高校の統廃合は行いません」は引き継がれますか。
●知事（嘉田由紀子）
　お答えいたします。
　前回のマニフェストにつきましてですが，県立高校のあり方については，時代の変化に合わせて，生徒にとっての県立高校の課程，学科のあり方など，あるいは適正規模，適正配置，さまざま総合的に判断をいたしまして，学校活力の維持向上，教育内容の質的向上を図るということを目的とし，再編内容の検討を教育委員会で進められております。教育委員会の検討状況を受けて，知事として最終判断をさせていただきたいと思っております。
○日本共産党滋賀県議会議員団・節木三千代
　また，前回のマニフェストでは，北部・西部の高校は1クラス定数35人以下，東部・南部も必要に応じて1クラス35人以下という目標も掲げておられました。知事は，この約束は引き継がれないのですか。
●知事（嘉田由紀子）
　お答えいたします。
　先ほども申し上げましたように，現在学校の活力の維持向上，教育内容の質的向上を図るということを目的とした，再編内容の検討を教育委員会で進められております。この検討状況を踏まえ，多様な職業教育の実施など，高等教育のより一層の充実に向けて，また地

域との連携強化も含めて，取り組んでいきたいと考えております。
○日本共産党滋賀県議会議員団・節木三千代
　まともに聞いたことに対して答えておられないというふうに思います。さまざまな困難を抱えている子供たちが多くなっている，こういう状況だからこそ，高校においてもやはり35人学級も検討していく，こういった時期に入っていると思いますし，クラス数だけで今議論を進めようとされていますけれど，本当に行き届いた教育をしていくためにも，こうした高校での少人数学級も議論をしていく必要があると思います。
　再度最後にもう一度聞きます。
　伝統ある，そしてそれぞれの地域に本当に必要な県立高校を，一つたりともなくしてはいけないと思います。県立高校の統廃合を中止するように求めますが，再度見解を伺います。
●知事（嘉田由紀子）
　お答えいたします。
　繰り返し何度も同じことを申し上げますが，最近の教育をめぐる環境が大きく変化している中で，将来にわたって，子供たちに豊かな教育環境を整え，魅力と活力に満ちた学校づくりを行う，これは県としての責務でございます。あわせて，子供たち自身がしっかりと生きる力をつけて，将来にわたってみずからのキャリアが見通しが立つような形での支援をする，それも県の責務でございます。そういう中で，今，県立高等学校の再編については，教育委員会で御検討をいただいているところでございます。
○日本共産党滋賀県議会議員団・節木三千代
　知事の姿勢が問われると思います。ぜひとも県民の皆さんの声をしっかりと受けとめて，拙速に大規模な統廃合計画を進めないように，強く求めるものです。

○県立高等学校再編について（民主党・県民ネットワーク・山田実，10月1日）
　次に，県立高校の再編について，知事および教育長にお尋ねします。
　県立高校の再編については，平成20年7月に県立学校のあり方検討委員会が設置され，平成21年3月まで6回の委員会が開催されています。また，職業に関する県立高校のあり方検討のため，平成21年7月に滋賀県産業教育審議会が設置され，平成22年9月まで9回の審議会が開催されてきました。2年余りの年月をかけ，15回の委員会，審議会で検討作業が行われてきたわけですが，一般県民にとって，高等学校再編のあり方については，正直これから本格的な議論が始まるという程度の認識であると思います。
　私は，高校の再編は，少なくとも滋賀の未来世代の育成，それから地域と高校との関係，そして社会の変化という3つの視点から，関係者の英知を集めて議論すべきであり，拙速な結論は出すべきではないと考えます。しかし，この県立高校の再編の議論は，少子高齢化の進行や厳しい県財政の流れを避けられない流れとして，それを前提にした議論になっている印象があります。
　教育長は，9月18日の定例記者会見で，再編計画は10ヵ年の教育基本指針を示す基本計画と実施計画で構成する，第1期の実施計画は本年度中に出していかなければならないと述べられたとの報道がありました。また，教育長は，小規模校がある地域から，再編は拙速だ，地域の実情に配慮してほしいという要望が出ている中，地域にとって学校は文化的な拠点と理解を示したとも報じられていましたが，この記者会見も含め，今後の県立高校再編の日程をどう考えておられるのか，お伺いいたします。
　次に，知事に，県立高校の再編に向けた考えをお伺いいたします。
（中略）
　今，菜の花プロジェクトと八日市南高校の取り組みを紹介しましたが，他の地域でも，地域と高校との関係づくりは新たな段階を迎えております。教育は時代とともに変化していきますが，高校のあり方を考えるとき，財政問題が優先されるべきではありません。歴史をたどれば，学校の設置において，地域の有志の人々が寄附をしてつくったという例がたくさんあります。地域にとってその高校が必要だと考えれば，県民は未来の滋賀を支えてくれる若者を育てるために，いろいろと知恵を出すはずです。
　拙速に県立高校のあり方の結論を出すべきではなく，多少我慢してでも，時間をかけて考えるべきではないかと思います。知事のお考えをお伺いして，私の質問を終わります。
●知事（嘉田由紀子）
　次に，県立高等学校の再編について，お答えさせていただきます。
　県立高等学校再編に関する，地域と高校との関係づくりを，時間をかけてじっくりと考

えるべきではないかとの御提案でございます。
　議員に御紹介いただいた八日市南高校における取り組みは、地域と連携し、地域の特色を生かしながら実践されている、大変重要な教育活動と考えております。地域と高校とのあり方を示す一つのモデルにもなり得ると考えます。高校時代から物やあるいは人々とのつながりをしっかりと学ぶことで、八日市南高校の高校生の将来に大変期待をしているところでございます。
　これからの県立高等学校づくりに当たっては、まさに地域と高校がいかに緊密にかかわっていけるかという、大変重要な視点があると認識をしております。八日市南高校の取り組みなども参考にしながら、田舎に雇用をつくるという、皆様の取り組み、私自身マニフェストでも掲げさせていただきました、ふるさとニューディール、一つの成長戦略とも方向を一にするものでございます。12月25日、26日には、高校生レストランがオープンするということでございますので、教育長とも相談の上、ぜひとも八日市南高校のレストラン、クリスマスのときでございます、お邪魔させていただけたらと考えております。これも教育とそして知事部局、またさまざまな部局の連携がないとできない事業でございます。そのような連携を目指して、新たな道が切り開けるような努力をしてまいりたいと考えております。

●教育長（末松史彦）
　県立高等学校再編について、拙速な結論を出すべきではない、今後の日程について問うとの御質問にお答えいたします。
　再編に当たっては、議員に御指摘いただきましたように、生徒の未来世代の育成、地域と高校の関係、社会の変化という観点も重要であると受けとめており、魅力と活力ある学校づくりに向け、しっかりと議論していきたいと考えております。
　計画につきましては、今月10日に、産業教育審議会から答申をいただきましたことから、本答申や県立学校のあり方検討委員会の報告、また、これまでの学校関係者や県民の皆さんからいただいた御意見を踏まえた上で、今年度中の策定を目指し取り組んでおりますが、拙速過ぎるのではないか、もっと関係者から意見を聞くべきといった御意見もいただいていることから、代表質問でもお答えいたしましたとおり、県民の皆さんに丁寧な説明を行うなど、拙速にならないよう進めてまいりたいと考えております。

【11月定例会】
[代表質問]
○県立高等学校の統廃合における地域の動きについて（自由民主党・真政会・奥村芳正、12月3日）
　最後に、県立高等学校の統廃合における地域の動きについて、知事ならびに教育長にお伺いいたします。
　来年3月までに県立高校の再編計画をまとめるという県教育委員会の発表に、今、県下各地域では、県立高等学校のあり方をめぐって波紋が広がっております。本県において戦後初めて高校がなくなるとの憶測を呼んでいるからであります。滋賀県下、温度差はあるものの、その地域から県立高校が消えるということは、生徒のみならず、保護者や卒業生、PTA団体にとって大きな衝撃であることは、想像にかたくありません。私どもの会派は繰り返し、地域に対して丁寧な説明と、より多くの方からの意見の集約をされることを申し入れてまいりました。
　その前提として、疑問視される見解もあります。例えば、県立学校のあり方検討委員会で出された、1学年の適正学級数について、現行の4から8学級にかえて、6から8学級が妥当であると、なぜ引き上げられたのか、教育長にお伺いいたします。
　これが前提として議論されれば、小規模校の再編をターゲットにしたとの批判は免れないでありましょう。
　県立学校のあり方検討委員会の報告によれば、平成22年3月の中学校卒業者は1万4,441人であり、20年前の2万747人と比べて約30％もの減少をしているものの、今後12年間の生徒数の減少については、ごく緩やかであり、生徒数が減少するという大きな変動は終わり、これからは増減の振幅がそうないと予想されているのに、なぜ再編議論となるのか不可解なところであります。
　そこで、知事にお伺いいたします。
　先月行われた、県立高校再編に関する意見を聴く会に寄せられている声をどうとらえているのか、伺います。
　また、御自身のマニフェストでは、県立高校の統廃合はいたしませんとうたっておられたようでありますが、この議論をどう導かれるのか、所見をお伺いいたします。

さらに、9月議会において教育長は再編について、拙速にならないように進めると答弁されたところでありますが、この問題を、今後、日程も含めてどのように進めようと考えておられるのか、改めて教育長にお伺いいたします。

県政における教育のあり方は最重要課題であると認識しております。県財政の厳しさなどの論法に傾かない御回答を期待して、私の代表質問を終わります。ありがとうございます。

●知事（嘉田由紀子）

次に、県立高等学校の統廃合における地域の動きについての2点の御質問にお答えいたします。

まず1点目ですが、地域の意見を聴く会に寄せられた声をどうとらえているかとの御質問でございます。

本年8月に開催された、県民の皆さんを対象とした、ご意見を聴く会や、市町議会からいただいた意見書等においては、拙速に再編を進めるべきではない、県民への説明が十分ではない、もっと意見を聞くべきとの御意見をいただきました。

こうしたことから、再編に当たっては丁寧に県民に説明を行うなど、拙速にならないよう進めていく必要があることから、教育委員会において、先月11月に県内7地域で、小中学校ならびに特別支援学校小・中学部の保護者の方を対象とした、魅力と活力ある県立高等学校づくりに向けたご意見を聴く会を開催したところでございます。

その中で、高校再編は県民にとって影響が大きな問題である、地域とのつながりや交通の利便性を含めた検討を、統廃合の話だけがひとり歩きしているので、保護者を含め、多くの人に正しい情報を早く伝えることが必要、もっと教育に予算を投じるべきなど、多くの声をお寄せいただいたと聞いております。いずれも大切な御意見でありまして、こうした御意見に真摯に耳を傾け、滋賀の未来を担う生徒の視点に立って具体的な再編案づくりに取り組んでいただく必要があると考えております。

次に、3点目のこの議論をどう導いていくのかとの御質問でございます。

情報化やグローバル化、あるいは少子高齢化などの進展を初め、我が国の社会、経済が急激に変化しております。先ほど雇用情勢の話は詳しく申し上げさせていただきました。

また、本県の高等学校を取り巻く環境も、平成2年度をピークに生徒数は急速に減少してきており、長期的には、今後も減少が続くこと、さらに、高等学校教育を支える財政状況は大変厳しい中にあります。

このような中にあって、将来にわたって学校活力の維持向上ならびに教育内容の質的充実を図るためには、学科の特性や地域性などに配慮しながら県立高等学校の再編を行うことは必要であると考えております。

再編に当たりましては、滋賀の地で学ぶ子供たちが、地域に誇りを持ち、幸せや豊かさを実感しながら、みずからの将来像を実現するため、しっかりと就職ができ、また、結婚、子育てができるような、未来に向けての生きる力をはぐくむことができるよう、生徒の視点に立った、魅力と活力ある学校づくりを実現していく必要があると、常々、教育委員会に対し、お願いをしているところでございます。

●教育長（末松史彦）

県立高等学校の再編計画についての質問のうち、県立学校のあり方検討委員会について、1学年当たりの適正学級数がなぜ6学級から8学級が妥当と引き上げられたのかとの御質問にお答えいたします。

県立学校のあり方検討委員会の報告におきましては、高校生の望ましい育成に当たって、多様な科目の開設など幅広い教育課程の編成、部活動などの生徒の選択肢、生徒の切磋琢磨する機会の確保、集団活動の円滑な実施などのさまざまな要素を勘案するとともに、校長らから聞き取った現場の意見についても参考とした上で、1学年当たり、おおむね6学級から8学級が妥当とされるとともに、地域ごとの生徒数の増減や地理的条件などについても考慮する必要があると示されております。

教育委員会といたしましても、あり方検討委員会の考え方を踏まえ、6学級から8学級を標準としているものの、学校の規模だけをもって再編を行うのではなく、学科の特性や地域性などに配慮しながら検討を行っていくこととしております。

次に、今後、日程も含め、どのように再編を進めようと考えているのかとの御質問にお答えいたします。

議員御指摘のとおり、拙速とならないよう、あるいは県民の皆さんへの丁寧な説明が必要との観点から、11月に県内7地域において、

これから高校生になっていく小中学校ならびに特別支援学校の小・中学部の児童生徒をお持ちの保護者の皆様に、魅力と活力ある県立高等学校づくりに向けた御意見をお聞きしたところでございます。

今回のご意見を聴く会では、先ほどの知事答弁のほかにも、再編の考え方を知っている人はほとんどいない、学科の教育内容を充実させたり、教育のソフト施策も同時に考えるなど幅広い検討が必要など、数多くの御意見をいただきました。

こうした県民の皆さんの御意見を真摯に受けとめ、より一層の周知を図るとともに、子供たちに豊かな教育環境を提供できるように、しっかりと検討するためには、いましばらく時間が必要と考えますことから、今年度中を予定していた計画につきましては、来年度に策定してまいりたいと考えております。

○県立高等学校の再編について（民主党・県民ネットワーク・成田政隆、12月3日）

最後に、県立高等学校の再編について、知事および教育長に質問をいたします。

この再編問題に関しては、さきの9月定例会の代表質問においても質問させていただきましたが、この課題に対しては、まだまだ県民の多くの方に知られていない状況にあるのではないかと考えます。このことは、先般11月21日から28日にかけて、県下7ブロックにおいて、小中学校、特別支援学校の保護者に対して開催された説明会においても、知らない人が多い、知ってもらうことが大事、高校が減ることだけがひとり歩きしているといった意見も出ておりました。

我が会派としても、未来の子供たちの将来がかかっている大切な高等学校のあり方の議論が、まだまだ県民への周知が十分でなく、この課題に対して、さらに県民への説明を行っていく必要があり、現在の状況では時期尚早であると考えておりますが、知事は現状をどのように考えているのか、お伺いいたします。

次に、教育長にお伺いいたします。

説明会において、魅力と活力ある県立高等学校づくりに向けて説明をしておられましたが、意見において、教育環境の充実のための抜本改革が必要であるといった意見も出ており、これまで滋賀県で取り組まれてきた全県一区制、中高一貫校の設置、総合学科の設置等の評価に関しても、県民と一緒に行っていく必要があります。

また一方で、静岡県においては、ともに生きる、ともにはぐくむ――共生・共育の視点から、特別支援学校設置により、近年増加している発達障害や自閉症の生徒へのアプローチを行っておられます。また、三重県相可高校において、経済に強く、環境に優しい産業人を育成している生産経済科では、松坂牛を肥育し、競りに出したりしており、また、食のスペシャリストの育成をしている食物調理科では、調理クラブの生徒が運営するレストラン「まごの店」は、いつも満席であります。これらのような特色ある学科やコースを設置するとともに、多様なニーズを把握し、将来の職業観を養っておくことが重要であります。

そこで、滋賀県として、高校教育を行っていくに当たって、基本目標、基本方針を滋賀県としてしっかりと示した上で、高等学校再編に関して周知を行っていく必要があります。現状の中では、先ほど知事にも質問いたしましたように時期尚早であると考えますが、県立高等学校の再編計画を年度内に策定されるのか、教育長にお伺いいたします。

最後に、今後のプロセスに関してお伺いいたします。高等学校再編に関して再編計画案が出ると、そこで再編がすべて短期間に進んでしまうのではないかと心配されている方も多数おられます。生徒の将来にかかった大きな課題でもあり、プロセスを大切にし、計画案を出してから、パブリックコメント、また、議会の意見を聞く場などを設定し、対話と共感を持って、真の魅力と活力ある県立高等学校づくりを行っていく必要があると思いますが、今後のプロセスについてのお考えを教育長にお伺いし、以上、民主党・県民ネットワークを代表しての質問を終わります。

●知事（嘉田由紀子）

次に、県立高等学校の再編についてお答えいたします。

県立高校の再編については、現在の状況では時期尚早であり、現状をどう考えているかとの御質問でございます。

本年8月に開催された県民の皆さんを対象としたご意見を聴く会や、市町議会からの意見書等において、拙速に進めるべきではない、県民への説明が十分ではない、もっと意見を聞くべきとの御意見をいただいているところであります。

こうしたことから、さらに丁寧に説明を行

い，十分に意見を伺うことを目的に，教育委員会において，先月11月に県内7地域で，小中学校ならびに特別支援学校の小・中学部の保護者を対象とした，魅力と活力ある県立高等学校づくりに向けたご意見を聴く会を開催いたしました。その中でも，高校再編は県民にとって影響が大きな問題であること，地域とのつながりや交通の利便性を含めた検討をするように，さらに，統廃合の話だけがひとり歩きしているので，保護者を含め多くの人に正しい情報を早く伝えることが必要，さらには，もっと教育に予算を投じるべきなどといった御意見をいただいたと聞いております。

今後とも，県民の皆さんへの説明と周知を十分図った上で，魅力と活力ある県立高等学校づくりを進めていくことが必要と認識しております。

●教育長（末松史彦）
次に，県立高等学校の再編計画は年度内に策定されるのかとの御質問にお答えいたします。

11月に開催した小中学校ならびに特別支援学校の小・中学部の保護者を対象とした，魅力と活力ある県立高等学校づくりに向けたご意見を聴く会においても，周知が不足している，教育内容の充実に向けた幅広い検討が必要などといった御意見をいただいたところであり，県の高等学校再編に向けた基本的な考え方を一層周知していくことが大切であると考えております。

県民の皆さんの御意見を真摯に受けとめ，より一層の周知を図るとともに，子供たちに豊かな教育環境を提供できるよう，しっかりと検討するためには，いましばらく時間が必要と考えますことから，今年度中を予定していた計画につきましては，来年度に策定してまいりたいと考えております。

最後に，県立高等学校の再編計画に関する今後のプロセスについての御質問にお答えいたします。

再編の必要性について，県民の皆さんに，より一層の周知を図った上で，具体的な計画案をお示しすることとしております。

その際にも，議会を初め，県民の皆さんに，まず計画案をお示しするとともに，県民政策コメントや説明会等を実施するなど，県民の皆さんの御意見をいただく機会を設け，そこでの御意見を踏まえた上で再編計画を策定し，その後，計画に沿って具体的な再編の取り組みを進めてまいりたいと考えております。

[一般質問]
○県立高等学校の統廃合について（自由民主党・真政会・宇賀武，12月9日）

さて，県立高等学校の統廃合については，さきの我が会派の奥村議員の代表質問でも取り上げさせていただきました。県教育委員会におかれては，県立学校のあり方検討委員会の平成21年3月の報告や，滋賀県産業教育審議会の平成22年9月の答申，さらには，さきの保護者を対象にされた聴取会等を受け，学校統廃合や学科の改編など，県立高等学校の再編計画の策定につきましては，周知期間を含めて来年度中にまとめる旨の教育長よりの答弁がなされたところであります。

都市別の政務調査会の席におきまして，各会場の出席者からは，「財政難を初め，いかなる事情があろうとも現存する高等学校の存続を」と声を高くして強く要望され，「なぜ今なのか」との疑問も投げかけられた次第であります。

現在，県下には県立高等学校は，全日制46校，定時制，単独2校と全日制との併置3校，さらに，通信制と定時制との併置1校，学科におきましては，普通科を含めて12学科となっております。また，配置については，約半数が大津市と湖南地域に置かれ，昭和60年度から平成17年度まで，大津，湖south，甲賀，湖東，湖北，湖西の6つの通学区域制でありましたけれども，平成18年度以降は，自分に合った，学びたい学校を県下全域から生徒みずからが主体的に選択できるよう，通学区を廃止し，全県一区制度に移行され，あわせて学力の向上を目指して中高一貫教育校の設置にも取り組まれてきたところであります。

ある一定の成果はあったものと存じます。しかしながら，生徒数の減少と相まって，科学技術の高度化や情報化，グローバル化の進展などにこたえるべく，大学や専門学校への進学を希望する生徒も多くなり，学校現場で取り組む課題が山積いたしておりますのも現実であります。

本県における県立高等学校の存立は，地域と生徒との交流を通して，地域に根ざした活動や地域の人材をはぐくんでまいりました。そして，地域にすばらしい人材を多く輩出し，多方面でも活躍もしておられます。その県立

高等学校，また学科が消えゆくことは，在校生はもとより，PTAやOBにとっても大変しのびがたき大きな衝撃であります。近い将来，入学試験を受けられる中学生や保護者の皆さんも大変不安を感じておられます。

そこで，教育長にお尋ねいたします。県立高等学校の再編つきまして，県教育委員会としての基本的な考え方，あわせて基本姿勢について伺うとともに，県下7ヵ所で開催されました聴取会で出されました出席者からの意見や要望事項等々にどのように対応しようとしておられるのか，お尋ねいたします。

また，知事のマニフェストとの整合性につきまして，知事の御所見を伺っておきたいと存じます。

●知事（嘉田由紀子）

次に，県立高等学校の統廃合について，知事マニフェストとの整合性についてとの御質問でございます。

本県の高等学校を取り巻く環境が大変厳しい中で，将来にわたって学校活力維持向上と教育内容の質的充実を図るためには，学科の特性や地域性などを考慮しながら，地域の人々に支えられた特色ある県立高等学校の再編を行うことは，2006年のマニフェストにも掲げたとおり，必要と考えております。

再編に当たりまして，子供たちが滋賀で生まれ育ったことを誇りに持ち，愛着を育てながら，将来，幸せ，豊かさを実感し，みずからしっかりと就職，結婚，子育てができるように，生きる力をはぐくむことが大切だと考えております。生徒の視点に立った，魅力と活力ある学校づくりが必要と，常々教育委員会に対し，お願いをしているところでございます。

●教育長（末松史彦）

県立高等学校の再編についての2点の御質問にお答えいたします。

まず，1点目の再編に対する基本姿勢と再編への基本的な考え方についての御質問ですが，議員御指摘のとおり，教育委員会ではこれまでから，学科改編や特色ある学科の設置を初め，中高一貫教育校の設置や全県一区制度の導入など，さまざまな改革を行ってまいりました。

しかし，社会や産業構造の一層の変化を初め，生徒の多様化や長期的な生徒数の減少傾向，さらには本県の厳しい財政状況など，県立高等学校を取り巻く状況は急激に変化しております。こうした中，将来にわたって子供たちに豊かな教育環境を提供するためには，県立高等学校の再編に取り組む必要があることから，一昨年度来，検討を進めてきてるところであります。

再編に当たっては，生徒の多様な学習やニーズ，地域，産業界の要請などにこたえ，多様な学びの場を提供するため，特色ある学校や学科，コースを設置するなど教育内容の充実を図ることにより，滋賀の地で学ぶ子供たちが互に切磋琢磨しながら，たくましく未来を切り開いていけるよう，魅力と活力ある学校づくりに取り組んでまいりたいと考えております。

次に，2点目の意見聴取会での意見や要望事項などにどのように対応しようとしているのかとの御質問ですが，本年8月に実施した，県民の皆さんを対象とした，ご意見を聴く会や，市町議会からの意見書等において，拙速に再編を進めるべきではない，県民への説明が十分でない，もっと意見を聞くべきといった御意見を聴かせていただいたことから，11月に県内7地域で，これから高校生になっていく小中学校ならびに特別支援学校小・中学部の児童生徒をお持ちの保護者の方を対象とした魅力と活力ある県立高等学校づくりに向けた御意見を聴く会を開催したところです。

その中で，「再編の考え方を知っている人はほとんどいない」「学科の教育内容を充実させたり，教育のソフト対策も同時に考えるなど幅広い検討が必要」「これだけは負けないというものを持っている人づくりが大切」などの多くの御意見をいただきました。

こうした御意見を受け，広報誌等を利用して一層の周知を図るとともに，滋賀の未来を担う子供たちに豊かな環境を提供できるよう，しっかりと検討し，具体的な再編案づくりに取り組んでまいりたいと考えております。

〇自由民主党・真政会・宇賀武

3点にわたりまして再質問をさせていただきますので，よろしくお願いいたします。

（中略）

また，2点目といたしましては，県下の高等学校の統廃合につきましてお伺いいたしました。地域の人の声を聞いておりますと，一面でこういうお話も聞くわけであります。と申しますのは，高校が統廃合をなされていきますと，やはり地域の経済，あるいはまちづくりの活性化に大きな弊害を生じてくるのではないか，この大変厳しい地域の不況下で，

はたしてその辺についての考えはどうお持ちなのだろうというお声も拝聴するわけであります。このことにつきまして、知事にも御所見をお伺いいたしたいと思います。
●知事（嘉田由紀子）
　2点目の高校再編は、経済やまちづくり、地域の活性化に影響するので、慎重にということでございます。
　先ほど申し上げましたように、地域の人々に支えられてこそ、県立高校の生徒さんの成長も、また、地域の社会にとっても活力になると思っております。そのような意味で、地域の皆さんの御意見をお伺いしながら、慎重に再編については計画を練っていきたいと考えております。

○県立高等学校の再編と特別支援教育の強化について（公明党・梅村正、12月9日）
　次に、県立高等学校の再編と特別支援教育の強化について、知事、教育長に伺います。
　教育長に伺います。県立高等学校の再編問題について、私もまた、さきの議会で、将来の本県の教育のあり方を示すものであり、きわめて重要でありますことから、これを拙速に進めず、県民の皆さんへの具体的な情報提供と説明、意見を聞くべきとして伺いました。教育長は過日、今年度中の策定を来年度にすると答弁されましたが、来年度にいたしましても期間が限定的です。どのような内容で進められるのか。学校現場や保護者、県民の皆さんの意見を広く聞き、課題の抽出と反映とともに、正しい情報提供と、熟度を高めた説明、熟慮、検討を重ねるべきと思います。今後、具体的な取り組みの方向性、スケジュールについて伺います。
●教育長（末松史彦）
　県立高等学校の再編と特別支援教育の強化についてお答えいたします。
　まず、県立高等学校の再編問題について、今後の具体的な取り組みの方向性およびスケジュールに関する御質問にお答えいたします。
　本年8月と11月には、意見を聴く会を開催し、多くの御意見をいただくとともに、市町議会からも意見書をいただいているところです。代表質問でもお答えしましたとおり、11月の意見を聴く会において、拙速に再編を進めるべきではない、再編の考え方を知っている人はほとんどいない、学科の教育内容を充実させたり、教育のソフト施策も同時に考える幅広い検討が必要などの御意見がございました。
　こうした御意見を参考に、教育内容の充実や、部活動や学校行事等の活性化を視野に入れ、子供たちが行きたくなるような魅力と活力ある学校づくりに向けた再編に取り組む方向で考えております。
　今後のスケジュールとしましては、広報誌等を利用して、教育委員会としての再編に向けた基本的な考え方を周知するとともに、県民の皆さんからいただいた御意見を踏まえながら、子供たちに豊かな教育環境を提供できるよう、再編内容を検討してまいります。その後、再編計画案をお示しし、県民政策コメントや説明会等において御意見をいただいた上で策定してまいりたいと考えております。

○県立高等学校の統廃合について（日本共産党滋賀県議会議員団・森茂樹、12月13日）
　一昨日、長浜市に虎姫高校を守る会がつくられ、これで長浜市に存在する7つの高校すべてで、それぞれの高校を守る会ができました。私は、この際、統廃合計画は一たん中止すべきとの立場に立って、教育長および知事に問います。
　この統廃合問題では、生徒が減るから統廃合という考えが根底に流れております。さきの代表質問における答弁で知事は、平成2年度をピークに生徒数は急速に減少しており、長期的にも今後も減少が続くことと述べています。報告でも、1990年の2万747人をピークに2008年3月には1万3,988人と、ピーク時に比べ6,759人の減少をしたとした上で、今後は、2014年に1万4,704人と迎えた後は減少に転じるとしています。ところが、減少に転じるといっても、社会増を含まずに2019年まで1万4,000人台をキープするというのが実状ではないでしょうか。教育長に問います。
●教育長（末松史彦）
　お答えします。
　生徒数は平成2年度の2万747人をピークに、その後減少傾向が続いておりましたが、全県的には平成31年度まで1万4,000人台で推移するものと予測しております。しかし、増加傾向が予測される地域と減少傾向が予測される地域とがあり、地域によって生徒数の増減状況が大きく異なるものと認識しております。
○日本共産党滋賀県議会議員団・森茂樹

全県一区制ですから，そのことはあまり関係ないんです。内容的に見れば，もっとはっきりします。かつて2万人いたときは45校のうち学年9学級以上のマンモス校は幾つありましたか。
●教育長（末松史彦）
　お答えします。
　平成2年度においては，9学級以上の全日制高校は19校ございました。
○日本共産党滋賀県議会議員団・森茂樹
　4割以上であります。同じ2万人のとき4から8学級の適正規模は幾つありましたか。
●教育長（末松史彦）
　平成2年度における4から8学級の全日制高校は25校でございました。
○日本共産党滋賀県議会議員団・森茂樹
　今は9学級以上のマンモス校は何校で，4から8学級の適正規模校は何校ですか。
●教育長（末松史彦）
　お答えします。
　平成22年度第1学年における9学級以上の学校は4校で，4から8学級の学校は38校でございます。
○日本共産党滋賀県議会議員団・森茂樹
　今すぐ統合しなければならない根拠がないことは明白ではないでしょうか。拙速な高校統廃合をするなとの意見書が多数採択されていますが，これら意見書の背景にこうした生徒数の動向があるとは考えませんか。
●教育長（末松史彦）
　お答えします。
　生徒数の動向がこれらの御意見の背景にあるかどうかにつきましては，はっきりと判断できるものではないと考えております。
○日本共産党滋賀県議会議員団・森茂樹
　次に，いわゆる適正規模の考え方を今回，従来の1学年当たり4から8学級から，6から8学級にしたわけですが，県民の意見を聴く会の会場で参加者から，根拠が明確でないとの質問が出たとき，県立学校のあり方検討委員会の会長である藤田弘之氏が科学的根拠はないと答えましたが，教育委員会も認められますね。
●教育長（末松史彦）
　お答えいたします。
　適正な学級規模につきましては，考慮すべきさまざまな要因が多く，科学的に導き出すことはできるものではないとの趣旨の回答であったと理解しております。
○日本共産党滋賀県議会議員団・森茂樹

県立高校のあり方検討委員会の唯一最大は6から8学級が適正規模とするものであります。会長から科学的根拠がないという発言があった以上，この根拠が崩れたと思いますが，いかがですか。
●教育長（末松史彦）
　お答えします。
　県立学校あり方検討委員会におきましては，学校の活力を維持し，教育効果が最大限に発揮できるようさまざまな角度から学校の規模についての御検討をいただきました。県立学校のあり方検討委員会の報告においては，多様な科目の開設や，幅広い教育課程の編成，部活動の生徒の選択肢，生徒の切磋琢磨する機会の確保，集団活動の円滑な実施などのさまざまな要因を勘案するとともに，校長からの聞き取りなどを参考とされた上で，1学年当たり，おおむね6学級から8学級が妥当とされるとともに，地域ごとの生徒数の増減や地理的条件などについても考慮する必要があると示されております。
　教育委員会といたしましては，再編の基本的な考え方の中で6学級から8学級を標準としておりますが，学校の規模だけをもって再編を行うのではなく，学科の特性や地域性などに配慮しながら検討していくことにしております。
○日本共産党滋賀県議会議員団・森茂樹
　さまざまな要因があることは認めますが，このあり方検討委員会の報告は6から8学級というのを最もキーポイントとして挙げていると思います。その点で科学的根拠がなくなったわけですから，県は考え方を変えるべきではないですか。
●教育長（末松史彦）
　お答えいたします。
　今，お答えいたしましたように，あり方検討委員会におきましても，さまざまなことをお考えいただきまして，総合的な形の中で6から8学級ということを示していただきましたので，本県におきましても6から8学級を標準として考えていきたいと思っております。
○日本共産党滋賀県議会議員団・森茂樹
　9月県議会の会議録を見ますと，知事もこの6から8学級は非常に根拠の一つにして態度を堅持されております。ですから，私は今回，そのものがなくなったわけですから，考え直すべきだと思います。
　私たちは，一たん中止をするべきだと思い

ますが，教育長は今年度中を予定していた統廃合の基本計画，実施計画については来年度に策定していきたいと，あくまでも強硬の姿勢は変えておられません。そこで，仮に強行される場合，今後の議会の関与について，教育長の考えを聞いておきたいと思います。県教育委員会はどこかの高校を統合すると決めて，来年の募集をゼロとすると決定したとき，どういう規定に基づいてだれが決めるのでしょうか。
●教育長（末松史彦）
　お答えいたします。
　これまで，8月に2地域，11月に7地域で意見を聴く会を開催いたしまして，教育委員会としても再編に向けた基本的な考え方，これを御説明しまして御意見をお聞きするとともに，周知に努めたところであります。今後とも，広報誌等を利用するなど一層の周知に努めていくとともに，いただいた御意見，これを参考にしながら，子供たちに豊かな教育環境，これを提供できるよう，再編計画を検討していきたいと思っております。
　再編計画の手続について御説明申し上げますと，再編計画案を議会を初め，県民の皆さんにお示しし，その案に対しまして，県民政策コメントや説明会等で御意見をいただいた上で，教育委員会において策定することとしております。その上で，策定した再編計画により，学校統合を行う際には滋賀県立学校の設置および管理に関する条例の改正を知事より議会へ提案された上で御審議いただき，議決をいただくものと考えております。
　具体的に申し上げますと，学校統合にもさまざまな形が考えられますけれども，例えば既存の2校を統合し，新しい高校を設置するような場合におきましては，新高校の名称およびその設置位置の追加ならびに統合元の学校の名称および設置位置の削除をあわせて条例の一部改正案として提案し議決をいただくものと考えております。その際，統合元の高校の削除につきましては，例えば全日制の場合は高校開校から2年後に施行することを付則に明記するものと考えております。この時点で初めて再編計画に掲げた学校統合が確定するものと考えております。
　こうした手続を経た上で，滋賀県立学校の管理運営等に関する規則第3条におきまして，学校の課程，学科，修業年限および生徒定員は別に定めると規定していますことから，これに基づきまして，教育委員会の議決を経て募集の停止を決定することになると考えております。
　もう少し簡単に申し上げますと，教育委員会において再編計画を策定した後，議会においてその高校の設置ならびに統合元の学校の削除に関する条例改正を同時に議決いただきまして，学校統合が確定した上で，生徒の募集を停止するものと考えております。
○日本共産党滋賀県議会議員団・森茂樹
　統廃合の場合はどうですか。
●教育長（末松史彦）
　今，お答えいたしましたように，再編計画を策定した統廃合を含めまして計画した後，議会において高校の設置ならびに統合元の学校の削除とかいうものに関する条例改正を同時に議会に議決いただきまして，学校統合を確定した上で生徒の募集を停止すると考えております。
○日本共産党滋賀県議会議員団・森茂樹
　現在の滋賀県立学校の設置および管理に関する条例は，設置と管理に関する条例でありますが，ここで知事に問いたいと思います。この設置および管理に関する条例が決めているのは何でしょうか。
●知事（嘉田由紀子）
　お答えいたします。
　滋賀県立学校の設置および管理に関する条例においては，県立学校の設置，中学校の名称および位置，高等学校の名称および位置，特別支援学校の名称および位置，授業料等，県立学校の利用の制限および委任事項について規定しております。
○日本共産党滋賀県議会議員団・森茂樹
　今，知事が言われたことは全部議決事項になるわけです。ところが，県教育委員会がどこかの学校を廃止しようとして，来年の募集をゼロにした場合，まだ学校は存在するわけですから，そうなれば，この時点では設置および管理に関する条例ではかからないと，2年後にかかると見ていいですか。
●知事（嘉田由紀子）
　お答えいたします。
　先ほど教育長がお答えしましたように，まず再編計画の中身について提案をし，条例の議決をいただくもので，ある意味で，最初から募集定員をゼロにするというような乱暴な手続ではない，しっかりと積み上げるということが，先ほど教育長の説明だと理解をしております。
○日本共産党滋賀県議会議員団・森茂樹

今の設置および管理に関する条例は、後は委任しているわけですね、募集定員数なんかは全部。そういうときに、今、私が言いますような募集定員数をゼロにすることを先行させて、そうして廃止をするということも現在の設置および管理に関する条例のもとではできるという余地があるのをどう考えられますか。

●知事（嘉田由紀子）
お答えいたします。
いつも申し上げておりますように、この高校再編については皆さんと議論を熟して、そして生徒のため、地域のために何が言いいかということで、結果として再編の中身に入っていくわけですから、テクニカルにできるからといって、ある意味で乱暴に募集定員をゼロにするというようなことは考えたこともございませんし、大変意外でもございます。

○日本共産党滋賀県議会議員団・森茂樹
考えたこともないということですけれども、制度的にはできるということは言っているんです。そこが問題だと思うんです。長野県議会では、こうした事態を改善するために、統廃合につながる募集定数については議会の同意を必要とする条例改正を行いました。私は滋賀県も同じようなものをつくるべきだと思い、議員立法も呼びかけておりますが、この際、執行部もそこまで言われるなら、そういう条例改正を考えられますか。

●知事（嘉田由紀子）
お答えいたします。
先ほど申し上げましたように、そのようなことはやるべきではないと、私自身は、そのようなことというものは、最初から募集をゼロにするというようなことはするものではございません。ここではっきりと否定をさせていただきます。

○日本共産党滋賀県議会議員団・森茂樹
だから、それならそういう条例改正をされたらどうですか。おたくからもしますが、知事の答弁を願います。

●知事（嘉田由紀子）
先ほどお答えいたしましたように、現行の制度のもとでの手続によりまして、議会の判断をいただいた上で、学校統合が確定するものであるため、条例改正の必要はないと考えております。

○日本共産党滋賀県議会議員団・森茂樹
6から8学級に根拠はありませんし、生徒数は10年間は減らないと、この事態で一たん中止するべきだと思いますが、いかがですか。

●知事（嘉田由紀子）
お答えさせていただきます。
大きく社会経済情勢が変わる中、生徒さんの高校教育に関するニーズも変わっている、そして地域社会との役割も変わりつつある、そういうところで、また、きょうは先ほど清水議員の質問の中にもありましたけれども、例えば養護学校などは大変な過密の中で高等養護学校のプラスなどもあります。そういうところで、社会的な変化の中で、必要な再編をさせていただく、その提案をしているわけでございますので、再編は必要だと申し上げております。

○日本共産党滋賀県議会議員団・森茂樹
知事は再編と言われますが、統廃合という言葉を使われない意味は何かあるのですか。

●知事（嘉田由紀子）
お答えさせていただきます。
再編ということは、中身について今後議論をいただくということでございます。皆さんからの御意見を今、聞かせていただいているという段階だと思っております。

滋賀県議会定例会会議録

2011年（平成23）

【2月定例会】
[代表質問]
○魅力と活力ある学校づくりについて（民主党・県民ネットワーク・田中章五、2月17日）
最後に、魅力と活力ある学校づくりについてお伺いいたします。
さきの11月定例会において、県立高等学校の再編問題についてお伺いいたしましたが、来年度の高等学校における教育課題について、どのような方向性を持っておられるのか、以下、教育長にお伺いいたします。
11月定例会において、高等学校のあり方の議論はまだまだ県民への周知が不十分であり、説明を行っていくべきとの我が会派の主張に対して、より一層の周知を図るとともに、子供たちに豊かな教育環境を提供できる

ように，しっかりと検討するために再編計画を来年度に策定されるとの答弁をいただきました。
　高等学校の再編においては，多くの県民，とりわけ高等学校の受験を控える児童生徒，さらには保護者が心配をされている状況ですが，すべての生徒の通学上の問題，偏在しない地域の立地等，生徒にとって必要最低限の基本的なルールが必要です。そして，それらのたたき台が議論された後，具体的な再編計画を提示する必要があると考えますが，高等学校の再編計画に向けて，基本方針をどのように提示され，議論されるのか，お伺いいたします。
　さらに，その後，基本方針をもとに再編計画案を提示されることになりますが，計画案は押しつけにならないように合意形成を図っていく必要があります。その際に，どのような形で計画案を発表され，それらを児童生徒や保護者にどのように説明を行っていき，意見交換や，県民との対話をしていかれるのか，最終計画を提示するまでの過程をどのように考えておられるのか，お伺いいたします。
　（中略）
　これまでも教育委員会では機会あるごとに，魅力と活力ある学校づくりと言われておりますが，そもそもこの魅力と活力ある学校とは一体どのような学校であるのか，具体的にどのような学校を滋賀県につくっていきたいと考えておられるのか，お伺いいたします。

●教育長（末松史彦）
　続きまして，魅力と活力ある学校づくりについての5点の質問にお答えいたします。
　1点目の高等学校の再編計画に向けて，基本方針をどのように提示し，議論をするのかとの御質問でございますが，教育委員会では昨年8月と11月に，県民の皆さんや保護者の方々を対象とした，ご意見を聴く会を実施し，県立高等学校の再編の必要性や，再編を進めるに当たっての基本的な考え方を説明するとともに，広く御意見をいただいてまいりました。
　それらの中には，拙速である，周知が足りないとの趣旨の御意見が多く見られたこと，さらに，9月議会，11月議会においても同様の御指摘をいただきましたことから，12月には，保護者，児童生徒，関係者に，広報誌「教育しが」の特別号を配布し，再編について一層の周知を図るとともに，さらに御意見をいただいてきたところであります。

　今後，これまでにいただいた県民の皆さんの御意見を踏まえ，再編についての基本的な考え方を取りまとめ，計画案をお示ししてまいりたいと考えております。
　2点目のどのように計画案を発表し，説明や対話をしていくのか，最終計画を策定するまでの過程をどのように考えているのかとの御質問でございますが，先ほどお答えしましたとおり，ご意見を聴く会や広報誌を通じていただきました御意見を踏まえた上で計画案を取りまとめ，議会へ説明するとともに，ホームページや広報誌を通じて周知してまいりたいと考えております。
　あわせて，地域に出向いて県民の皆さんに丁寧に説明を行うとともに，県民政策コメントを実施し，広く御意見等をいただいた上で，最終的に教育委員会において策定することといたしております。
　（中略）
　4点目の魅力と活力ある学校はどういった学校で，具体的にどのような学校を滋賀県につくっていきたいのかとの御質問でございますが，魅力と活力ある学校とは，教育内容の充実により，生徒の多様なニーズにこたえることができるとともに，生徒が学習や部活動等で幅広い出会いの中で切磋琢磨しながら互いに成長していくことができる学校であると考えております。
　具体的には，問題解決能力を高めることができる，個性や能力を伸ばし，主体的，創造的に生きる力をつけることができる，進路実現に向けた学習ができるなど，生徒一人一人にとっての魅力があり，さらには，地域に支えられ，地域振興に貢献できる学校であると考えております。

[一般質問]
○県立高等学校の再編問題について（民主党・県民ネットワーク・西沢桂一，2月23日）
　皆さんおはようございます。それでは，早速ですが，県立高等学校の再編問題につきまして，教育長にお尋ねをしてまいりたいと思います。どうかわかりやすい回答をお願いいたします。
　まず，さきの11月県議会において，当初，今年度中に発表するとされていた，県立高等学校の再編計画を平成23年度に延期するとされました。延期理由は，県民の皆さんの御意見を聞いた上で再検討するというものであります。

県下19市町のうち17市町議会、拙速な統廃合は行わないこと等の意見書が提出されたことや、県議会におきましても、決議第4号県立高等学校の再編について慎重な検討を求める決議を行ったところであります。11月議会における県教育長の判断は妥当なものであったと今でも思っております。

ただ、今まで教育長は、8月7日、8日に県民向けの意見聴取会を2会場で、11月に県下7会場で、小中学校および特別支援学校小中学部の保護者を対象としたご意見を聴く会を開催したことをもって、県民の意見は十分に聞いてきたと主張されており、平成23年度に延期された理由でもある「県民の皆さんの御意見を聞いた上で」とは、どういう形で聞こうとされているのか。単なる形をつくるだけでは、県民の皆さんの意見を聞いたことにはならないことは十分わかっておられると思っておりました。

ところが、この17日の我が会派の代表質問、魅力と活力ある学校づくりの項で、教育長は、昨年8月と11月に県民の皆さんや保護者の方々を対象にご意見を聴く会を実施し、基本的な考え方を説明するとともに、広く意見を聞いた。そして、12月には、保護者、児童生徒、関係者に広報誌「教育しが」の特別号を配布し、再編について周知を図るとともに、意見をいただいてきた。今後、これを踏まえて基本的な考え方を取りまとめ、計画案を示してまいりたいと回答されました。

延期理由である、県民の皆さんの御意見を聞いた上で再度検討するというのは、広報誌「教育しが」を配布し意見をもらう程度のものであったのかと驚いているところであります。まず、このことについての見解をお伺いいたします。

次に、今も県下各地で県立高等学校の再編問題が提起されています。拙速にやるべきではない、周知が十分ではないということを教育長みずからが認め、平成23年度に延期されたにもかかわらず、この程度のものであるならば、意見書を出した多くの市町議会や県民の皆さんの納得は到底得られないと思います。

また、県議会におきましても、平成22年12月22日、県立高等学校の再編について慎重な検討を求める決議をいたしました。その中で、本来の魅力と活力ある学校づくりを成就するためには、県民の声と地域の実情を把握する必要がある。教育委員会においては、拙速に陥ることなく、県民の意見を真摯に受け止め、これを十分反映し、県民合意の形成に向けた慎重な検討を強く求める、としています。このことにこたえていないのではないでしょうか。その点についてお伺いいたします。

次に、県議会決議でも述べていますように、県立高等学校の再編は、県の行財政改革のためではなく、県民の声を踏まえた、子供の将来と地域にとって最善の形で行うべきであります。学校という限られた世界からの見方と世間という広い世界から見た学校との違いがあると思います。せっかくの機会であり、県民の皆さんと県下各地で対話を行い、高校再編計画に限らず、日ごろから思っておられる教育そのものに対する考えを含め、十分な意見交換をさらに推し進めるべきだと思いますが、このことについて伺います。

次に、今までの説明会で、再編の具体的な考え方、活力ある学校づくりとして示されたのは、学科の特性や地理的条件などを考慮するとともに、生徒数の推移や志望状況等に配慮しながら、1学年おおむね6クラスから8クラスを標準とするというものでした。この6クラスから8クラスという数字だけがひとり歩きをしているわけですが、地理的条件とか地域性などについて具体的な説明はされていません。県民と共通した物差しをもつことが必要であると思います。このことについて伺います。

最後に、なぜそんなに急がれるのでしょう。いつごろに再編計画の公表を予定されているのでしょうか。このことをお伺いいたしまして、この項の質問を終わります。

●教育長（末松史彦）
県立高等学校の再編計画についての5点の御質問にお答えいたします。

1点目の県民の皆さんの御意見を聞いて再検討するというのは、広報誌「教育しが」を配布し、意見をもらう程度だったのかという御質問ですが、教育委員会では昨年8月と11月に、県民の皆さんや保護者の方々を対象としたご意見を聴く会を実施いたしましたが、議員も御承知のとおり、拙速である、周知が足りないとの趣旨の御意見をいただいたところであります。

また、県議会におきましても、同様の御指摘をいただきましたことから、保護者、児童生徒などを対象とした広報誌「教育しが」の特別号を配布し、再編について一層の周知を

図るとともに、引き続き御意見をいただいてきたところであります。
　今後は、いただきました御意見を十分に検討し、適切に対応してまいりたいと考えております。
　2点目の県立高等学校の再編についての市町議会の意見書や県議会における慎重な検討を求める決議にこたえられていないのではとの御質問でございますが、これまで市町議会からの意見書や、昨年11月に開催したご意見を聴く会、あるいは県議会から、性急な統合、再編は行わないこと、地方議会や地域住民の意見を聞き、それを踏まえた上で今後の方向を決めるべきなどの御意見をいただいてまいりました。
　こうした御意見を踏まえ、教育委員会としては、県民の皆さんへの周知や内容の検討にいましばらく時間が必要との判断のもと、計画の策定を平成23年度に延期したところであります。
　あわせて、11月県議会において、県民の声を踏まえた子供の将来と地域にとって最善となる形で行われるべきと決議されたところであり、決議の趣旨を踏まえ、子供の将来にとって何が最善となるかを基本として、教育内容の質的充実および学校活力の維持向上を図れるよう、現在、慎重に検討を行っているところであります。
　3点目の日ごろから教育そのものに対する考えを含め、十分意見交換をするべきではとの御質問でございますが、私は機会をとらえまして県民の皆さんから、本県の教育問題全般にかかわる御意見をいただけるよう、常日ごろから意識して努めているところであります。教育に携わる者は、人との対話やかかわりの中から多くのことに気づき、みずからの考えを顧みる姿勢を持つことが大切であると考えておりますし、例えば、ふれあい教育対談を初め、教育現場にできる限り足を運び、教職員だけでなく、保護者の皆さんを初め、多くの方々の御意見を伺うよう心がけております。
　子供の将来を大切に考えることを基本に、これまでと同様、機会をとらえて、幅広く多くの方々との対話を大切にしてまいりたいと考えております。
　4点目の、再編に当たっては県民と共通した物差しを持つことが必要であると思うがどうかとの御質問についてでございますが、高等学校に対しましては、県民の皆さんや地域によってさまざまな思いがあるものと認識しておりますが、再編に当たっては、次代を担う子供たちがたくましく未来を切り開き、一人一人が自己実現を図ることができるよう教育環境を整えていくことが何よりも重要であり、そうしたことは県民の皆さんとの共通した思いであると感じております。こうした思いを大切にしながら、しっかりと取り組んでまいりたいと考えております。
　最後に、なぜそんなに再編を急いでいるのか、いつごろに再編計画の公表を予定されているのかとの御質問でございますが、その時代における生徒のニーズや社会の変化に対して柔軟に対応し、早期に豊かな教育環境を提供することが、教育に携わる者の責務であると考えておりますことから、県民の皆さんからいただいた御意見などを踏まえ、慎重に検討を行った上で、案をお示しし、さらに御意見等をいただき、再編計画を策定してまいりたいと考えております。
○民主党・県民ネットワーク・西沢桂一
　ありがとうございました。
　ただ、いろいろと御回答いただきましたけれども、私の認識といたしましては、やはり、今いただいたお答えと県民の皆さんとの間にはかなりのその認識差があるのではなかろうかと強く感じるところであります。
　どうか県民の皆さんに、今、教育長がおっしゃいましたそういう教育方針にのっとったところをしっかりと説明していくということが何よりも大事であると思いますので、その点を強くお願いしておきたいと思います。

【6月定例会】
[代表質問]
○県立高等学校の再編問題について（自由民主党滋賀県議会議員団・野田藤雄、6月29日）
　次に、県立学校の再編問題についてお伺いいたします。
　平成20年に県立学校のあり方検討委員会が設置され、県立学校の整備や教育内容の充実に向けて高校のあり方が検討されてまいりました。その委員会において将来的に生徒数が減少傾向にあること、職業教育の環境が変化していること、特別な支援を必要とする児童生徒が増加していることなど、総合的に審議がなされたところであります。
　また教育委員会では周知に向けた取り組みがなされているとの報告がありましたが、しかしながら、市町議会からは反対の意見書が

提出されたり，11月県議会においては，県民の声を踏まえた子供の将来等，地域にとって最善となる形で行われるべきとの決議もなされたところであります。そうした状況を踏まえて，平成22年度に予定していた基本計画と実施計画の具体策の提示を断念することになりました。

その決議の際，我々は賛成討論の中で，教育というものが国家百年の大計であり，財政問題や少子化といった側面だけではなくて，滋賀の子供たちが将来どのような教育環境で勉強するのかであり，ひいては滋賀県の発展に大きな影響を及ぼす重大な決定事項であることを強調させていただいたところでございます。間違った結論を出すべきではなく，慎重な検討とさらなる県民意見の集約を求めたところですが，昨年の11月議会の決議以降，どのような取り組みをされてきたのでしょうか。まずは教育長にお伺いいたします。

そして，今回の再編問題に関しては，普通科のみならず，職業学科，特別支援学科，そして定時制学校など，あらゆる形態の学校の再編も視野に入っていると仄聞しますが，地域とニーズ，そして特性というものからすると，どういう形が一番，滋賀県の教育の質的向上に向けて充実した内容たり得るかと考えますが，こういう今後のスケジュールも含めて，教育長にお伺いをいたします。

また，同時に，学校を減らすということは，その分，教員の数も減少していくことになると思います。教育現場の複雑性から，教員は減らせないという話を聞くところでもありますが，しかしながら，学校が減る以上は先生の数も減らす方向であると考えられますが，今後の教員の数というものはどのように考えておられるのか，伺います。

●教育長（末松史彦）

県立高等学校の再編問題についての3点の御質問にお答えいたします。

まず，1点目の昨年11月議会の決議以降の取り組みについてでありますが，決議をいただきました後，県内の幼・小・中・高，特別支援学校の保護者を対象に，再編の考え方について特集を組んだ「教育しが特別号」を配布し，その周知を図ってまいりました。また，県内の企業経営者の皆さんからも，卒業した生徒たちを受け入れていただく立場から御意見をいただいたところであります。

こうした意見や，これまでにいただいた県民の皆さんや県議会の御意見を踏まえ，高等学校をより魅力的なものにする観点から，再編計画策定に向け慎重に検討を進めてきたところであります。

次に，2点目のどういう形が滋賀県の教育の質的向上に向け充実した内容となるかの御質問についてでありますが，生徒一人一人の自己実現に向け，みずからの興味，関心や進路希望に応じて学べるとともに，学校行事や部活動などの集団活動を通して互いに切磋琢磨できる豊かな教育環境を将来にわたって整えていくこと，あわせて，本県が有する豊かな自然や歴史文化，地域コミュニティーなどの地域資源を生かした，特色ある教育を推進することが大切であると考えております。

そのためには，多様で活力ある学校をバランスよく配置するとともに，地域に根差した学校づくりを進めることが必要であり，こうした取り組みを進めることが本県教育の質的向上につながるものと考えております。

次に，今後のスケジュールでありますが，再編計画につきましては，これまで鋭意検討を進めてまいりました結果，原案として取りまとめるめどがつきましたことから，今議会の常任委員会にお示しすることができればと考えているところであります。

計画案公表後は，県内各地域での説明会を開催し，丁寧に説明を行うとともに，県民政策コメントを実施し，県民の皆さんからの御意見を十分に踏まえた上で教育委員会としての計画を策定してまいりたいと考えております。

次に，3点目の高校再編による教員数の御質問についてお答えいたします。

公立高等学校の教職員の定数は，法律に基づき，学校数や生徒数に応じて定めることとされております。したがいまして，学校数が減少した場合においては，その数に応じた教職員の減員があるものと考えております。

○県立高等学校再編について（対話の会・しがねっと・沢田享子，6月29日）

大項目9番目，教育長に，県立高等学校再編計画について伺います。

滋賀県教育委員会は本年度高校再編計画について具体的な提案をすると述べられました。将来，児童生徒が減少していく，その中での高校再編計画でありますが，地域における高校の果たす役割と，次代を担ってくれる青年たちの教育の充実にかかわって，教育長にお伺いします。適正規模はおおむね1学年

6ないし8学級とされておりますけれども,そもそも適正規模とは何を基準としているのでしょうか。教育は,集団としての規模を重視するのか,人材育成の内容を重視するのか,この1点に絞り,教育長の考えを伺います。

●教育長(末松史彦)

高校再編計画についての御質問にお答えいたします。

まず,学校規模につきましては,これまでから申し上げてきましたとおり,多様な科目の開設など,幅広い教育課程の編成,部活動や学校行事など,生徒の切磋琢磨する機会の確保などの観点から,1学年当たり,おおむね6学級から8学級が標準と考えているところであります。

また,今回の県立高等学校の再編に当たりましては,魅力と活力ある学校づくりを目指して策定を進めており,集団としての規模の視点,人材育成の視点,ともに大事であると考えております。

[一般質問]
○魅力と活力ある県立高校づくりについて
(対話の会・しがねっと・富波義明,7月5日)

さて,日本の現況に目を転じますと,各都道府県が全日制の高校生生徒一人に支出する教育費を2008年度の文部科学省の資料調査で比較をしてみますと,全国の第1位は大分県であり,一人当たり217万3,147円,全国平均額は115万6,557円でございます。これに対しまして,本県は99万2,298円となっており,全国第46番目と,最下位層にランクをされています。

このような滋賀県を取り巻く財政状況の中,このたび教育委員会は,1.生徒数減少への対応,2.多様な生徒の増加への対応,3.厳しい県財政への対応,この3点を主な根拠として,高校の統廃合,高校再編の計画を推し進められており,今年度中に結論を出される予定と伺っております。しかし,高校の統廃合により高校の再編が実施され,幾つかの高校がなくなることに伴い,高校進学を断念したり遠距離通学を余儀なくされる生徒が増すような状況が生まれるとすれば,まさにこれは家庭の経済力の差により子供の学ぶ機会が制限される事態であり,教育の機会均等が損なわれる状況だと言わざるを得ません。

魅力と活力のある県立学校づくりの政策は,県内の幼・小・中の子供に対する社会福祉や社会保障が推進され,望む者はだれもが平等に能力に応じた教育が受けられ,高校や大学へ進学することができる制度が保障され,そういう保障された教育社会を実現していく中でこそ,可能となる政策ではないでしょうか。知事がよく使われる言い回しをおかりするならば,今こそ,あきらめではなく,希望を子供たちに埋め込む必要があると感じております。

このような観点から,高校統廃合や高校再編は,単なる教育行政や財政問題でとらまえるのではなく,拙速に陥ることなく,県民の文化やスポーツ,地域社会や地域産業の問題,さらには政治的な課題として,総合的に議論して取り組むべきであるものと私は思っております。教育への投資は,子供への直接投資ではなく,国全体,社会全体の未来への投資であると考えますが,これについて,知事の忌憚のない見解をお伺いいたします。

●知事(嘉田由紀子)

まず,教育への投資ですが,社会全体の未来への投資であるという考えに対するお答えとさせていただきます。

すべての人が,学びの場を保障され,その人に合った教育を受け,幸せや豊かさを実感しながら文化的な生活を送ることは,国民共通の願いであります。その中で,学校は子供たちの学びの場であるだけでなく,教育の中心としての役割を果たし,同時に,地域においては活力の拠点としても期待をされております。そういう中で,日本の教育を取り巻く状況,特にOECDの中での財政的な投資が少ないのではないかという点につきましても,私もこれは国民的課題だと考えております。

そういう中で,親の経済力の差が教育力の差となり,そしてそれが世代間の負の連鎖となって社会的貧困を再生産してしまうという懸念,それについては私も大変重要な問題だと受けとめております。

そういう中で,滋賀県としてはどのような教育体制をつくっていくのか。私自身は就任後,大きく2つのポイントを上げさせていただきました。1つは,キャリアを形成する教育でございます。小学校,中学校時代から,自分が将来どういうふうにして職業につき,そして社会に貢献をし,そして家庭を持って幸せに暮らすのかというイメージが描けるようなキャリア形成教育でございます。たちまち今年度から,小学校では仕事体験の場をつくるという新しい事業を始めております。ま

た，中学校ではチャレンジウィーク，全中学校で職場体験，月曜から金曜までということで数年間続けさせていただいております。そして，高校においては，職業高校はもちろん，普通高校においても，しっかりと職業，未来のみずからのキャリアについてイメージが描けるような，新しいプログラムを始めております。

2つ目のポイントは，滋賀のこの豊かな自然，文化，また地域の力を子供たちにしっかりと引き受け，そして身につけていただきたいということでございます。自然学習においては，うみのこ，やまのこ，たんぽのこ，これは小学生でございますけれども，また文化の学習まで含め，芸術活動も含めて，滋賀のよさを，そして滋賀の誇りを子供たちが身につけることによって，将来への発展する力をみずから育てていただきたいと思っております。

そういう中で，高等学校の再編につきましては，このキャリア形成，そして地域との連携について，強く教育委員会に御要望をしております。滋賀の本来の持っている学校の力を生かして，魅力と活力あふれる高等学校にするにはどうしたらいいのかということで，再編についても前向きに，ポジティブに，建設的な再編をお願いしているところでございます。

まとめますと，子供たちに学びの機会を保障し，豊かな教育環境を提供する，それは議員がおっしゃるとおり，まさに国家の礎となるものであります。教育への投資が，ひいては社会全体の未来への投資につながるということで，県としても厳しい財政状況の中ではありますけれども，子供たちの滋賀の未来に対して，全力でできる限りの投資をしていきたいと考えております。

〇対話の会・しがねっと・富波義明
県立学校の統廃合ならびに再編に関する計画の実施については，県民や私たちに対しまして，今までからもやっていただいていたんですけど，今まで以上に正確で，なおかつわかりやすいデータや情報を提示していただき，また丁寧な説明をもって進めていただきますよう，県当局にお願いを申し上げます。

【9月定例会】
[代表質問]
〇魅力ある学校づくりに向けた県立高等学校の再編について（自由民主党滋賀県議会議員団・富田博明，9月21日）

次に，魅力と活力ある県立高等学校づくりに向けた学校再編についてお伺いします。

魅力と活力ある県立高等学校づくりに向けた再編実施計画（原案）が7月11日に公表され，県民政策コメント制度により，7月13日から8月22日の40日間の県民からの意見聴取に努められました。現在，約120名から寄せられた意見の集計作業を進めています。

一方，公表されるやいなや，7月25日，彦根市は再編実施計画（原案）の詳細な説明を求め，また，長浜市からは再編実施計画（原案）の見直しを求めて，知事および教育委員会委員長に公開質問状が出されました。県当局は8月5日には回答を示されましたが，両市長とも受け取りを拒否されるとともに，彦根市においては再質問を出されて現在に至っています。

そして，長浜市小・中学校校長会からも，原案に対する見解が7月26日に寄せられています。また，7月30日の大津会場等を皮切りに，県内7会場において説明会の実施をされるとともに，地元からの要請を受け，7月22日に長浜北高校PTAを対象に，8月24日には長浜小中PTAを対象に説明会が開催されました。県内7会場において382名の参加者があり，84名の方の発言，質問が寄せられました。こうした説明会での質問に対する回答が不十分であったことから，8月5日には，彦根西高校PTAから公開質問状が県教育長に出されました。

そうした中，我が会派は，9月5日，6日，長浜市，彦根市の両市長，両市議会議員から，再編実施計画（原案）への意見を伺いに出向きました。9月12日には，長浜連合自治会から要望書も県に届いているところです。

こうした一連の動き，こうした意見からは，不安，困惑といったものが湖北，湖東地方に渦巻いていることがうかがえ，住民運動化しているように思われます。現在のこのような状況をどのようにとらえているのか。また，このような状況になった要因は何なのか。行政改革方針にこの高校の再編計画が記載されていることから，行政改革の一環としての側面もあったように見受けられますが，知事の立場として，今後どのように対応されていこうと考えているのか，知事の所見を伺います。

次に，来年3月に中学校や特別支援学校の中学部の卒業予定者の進路志望調査の実施に

当たり，現在公表している再編実施計画（原案）が実施され移行された場合を想定して調査するように指示されたところです。しかし，現段階では実際にどのような学校になるのかイメージできない中では，進路指導における対応に苦慮されており，現実的な調査にはかなり無理があると思われます。一刻も早く，生徒，保護者など関係者が共有できる学校像が持てるように努めることが必要と考えますが，今後どのように取り組まれていくのか，教育長に伺います。

新しいタイプの学校の設置が挙げられています。そこでは，全日制課程普通科を学年制から単位制にするとともに，新たに定時制課程（単位制）普通科を設置し，全日制・定時制併設の総合単位制高等学校とするものです。そして，全日制と定時制の併修——全定併修により，柔軟な学びを推進していこうとされています。これまで県内においては，定時制と通信制の併修——定通併修は実施されてきましたが，全国でも余り例のない全定併修を試みようとされています。全定併修は，生徒の履修選択，学習運営が煩雑になるという問題が抱えています。全定併修導入に向け，その意義と，諸課題の想定についての所見と解決に向けた取り組みを教育長にお伺いします。

新しい学校の設置により湖北地域の定時制高校が廃止となれば，その地域の生徒，通学時間，費用の増大につながります。定時制の高等学校は，従来の勤労青少年のための学校という色合いが薄れ，中途退学や不登校の経験のある生徒を初め多様な生徒が入学しており，学び直しの学校としての役割が強まっております。全日制に相当する生徒，保護者のニーズがあるように見受けられます。

そこで，全日制の学校統合においては，地理的条件，すなわち，それぞれの地域における就学機会の確保や全体の高校の配置バランスなどを考慮しているとのことであるならば，同様の考えを定時制にも生かしていただく必要があると思います。定時制の高校の地理的条件の所見を教育長に伺います。

再編計画（原案）の策定に当たっては，生徒の漸減傾向の予測や県立高校を取り巻く環境の変化，さらに，本県の極めて厳しい財政状況を受けて，あり方検討委員会から「今後の県立学校のあり方の報告」がありました。そして，その報告を受けて，魅力と活力ある県立高等学校づくりに向けて，再編基本方針，実施計画（原案）が策定された過程があります。

こうした財政事情が見え隠れする中で，魅力と活力あふれる県立高等学校づくりといっても，その理解は希薄なものになると言わざるを得ません。こうした状況を払拭するだけの熱い思いと確かな教育理念を提起するとともに，再編実施計画（原案）を実施された場合，どのような学校になるのか詳細な説明をされ，可否の判断に値する状態となるよう強く望むものです。

以上，10項目について質問いたしましたが，滋賀県発展のため，前向きで誠意ある回答を期待して，質問を終わります。

●知事（嘉田由紀子）
最後に，10項目めの魅力ある学校づくりに向けた県立高等学校の再編についての御質問でございます。

1点目の現在の状況をどうとらえているかとの認識でございます。

今回，高校再編の取り組みに対して寄せられた御意見等から，地域の学校に対する期待や強い思い，母校を思う皆さんの気持ちの大きさを改めて感じております。また，今回の再編計画（原案）の提示により，結果として県民の皆さんに不安や困惑を与えていることについては，残念であると考えております。原案の提示に当たりましては，必要な手順が踏まれていると理解をしているものの，地元の皆さんにとっては唐突感があったのではないかとも思っております。

さらに，新校の姿などがわからない，入学定員が減るなどの声がありまして，こうした点については，原案の提示の段階で一体的にお示しすることができなかったことが不安要因となっているのではないかと考えております。

今後とも，新校の姿など，夢が持てる具体的なイメージづくりや地域でしっかり入学定員を確保していくことなど，さらに理解を深めていただけるよう，教育委員会から説明してまいりたいと考えております。

また，今回の高校再編については，行財政改革方針において位置づけてありますが，時代の変化に応じて，あくまでも教育内容の質的充実と学校活力の維持向上を図るものであると考えております。

こうしたことから，これからの滋賀の子供たちの将来のため，豊かな教育環境づくりにしっかりと結びつく再編計画となるよう，私

としても知恵を絞ってまいりたいと考えております。
●教育長（末松史彦）
　県立高等学校の再編についての3点の御質問にお答えいたします。
　まず，生徒，保護者に共有できる学校像についてでございますが，高等学校再編計画（原案）において一定の学校のコンセプトはお示ししておりますが，高等学校の具体的な学校像は，中学生や保護者の皆さんが高等学校の進路を決定する際に大変重要な要素となることから，県民の皆さんや市町などの御意見を踏まえ，統合対象となる学校とも協議しながら鋭意検討しているところであり，より具体的な学校像をお示しできるよう努めてまいりたいと考えております。
　次に，全定併修に向け，その意義と諸課題の想定についての所見と解決に向けた取り組みについてですが，全定併修の制度は，全日制と定時制が開く多様な科目を，生徒の学習ペースやスタイル，ニーズに応じて選択できること，また，さまざまな学習歴を持つ生徒が学年や年齢の枠を超えて学び合い，互いの人間性を高めながら学習することに，その意義があると考えております。
　一方，課題につきましては，入学してくる生徒が主体的に科目選択ができるのか，課程の異なる生徒が一緒に学習することにより生徒指導が難しくなるのではないかなど考えられますが，卒業までの学習計画等のガイダンス機能や教育相談体制を充実させること，また，併修する場合のルールをあらかじめ定めることなどにより，円滑な運営を図ってまいりたいと考えております。
　次に，定時制の高校の地理的条件についてでありますが，定時制には，中途退学者や不登校経験のある生徒を初め多様な生徒が入学しており，こうした生徒の多様な学習スタイルや学習ペースにこたえられる学校を能登川高校に設置するのにあわせ，北部定時制の募集を停止しようとしたものであります。
　また，こうした学校は，現在，県南部に設置されておりますことから，全県的な配置バランスを考慮するとともに，交通の利便性にも留意したところでありますが，この問題につきましては，一定の課題があると考えております。

〇平成24年度に向けた施策構築について（民主党・県民ネットワーク・西川勝彦，9月21日）
　この項の最後に，平成24年度の重要課題の一つである高校再編について伺います。
　このたびの再編計画は去る7月11日に発表されたものですが，昨年度においても再編の議論はあったものの，周知が十分でないという認識のもとで見送られた経緯がありました。今回の再編計画をめぐっては，統合新校がある長浜，彦根両市から，首長の質問状や，そのほかの立場からの意見書が提出され，白紙撤回を趣旨とする主張がなされています。そして，そのいずれもが，県教委の説明では納得できないという論調になっています。また，教育現場においては，進路選択の時期に入っている湖北，湖東地域の現在の中学3年生とその保護者，教職員に不安と動揺を招いています。
　この計画を決定していくに当たり，関係住民と感情が乖離し，このように反目し合う状況が続くことは決して望ましくありません。こうした事態を招いたことに対する知事の認識を伺い，次の質問に移ります。
●知事（嘉田由紀子）
　次に，4点目の高校再編計画について，首長からの質問等の提出，あるいは現在の事態をどう認識するかとの御質問でございます。
　今回の高校再編の取り組みに対し寄せられた御意見等，私も隅々まで読ませていただいておりますが，地域の学校に対する期待や強い思い，母校を思う皆さんの気持ちの大きさを改めて感じております。
　また，今回の再編計画原案の提示により，結果として県民の皆さんに不安や動揺を招いていることについては残念であると考えております。原案の提示に当たっては必要な手順が踏まれてきたと理解しておりますが，具体的な学校名の公表は初めてであり，地元にとっては唐突感があったのではないかと思っております。
　また，新校の具体的な姿がわからない，入学定員が減るのではないかなどの疑問点が不安要因となっているのではないかと考えており，こうした点について，今後ともしっかりと教育委員会から説明してまいりたいと考えております。

〇県立高等学校再編計画について（対話の会・しがねっと・井坂尚志，9月21日）
　次に，県立高等学校再編計画について，教育長に伺います。

日本の高校生は，進学する際，全日制課程と定時制課程および通信制課程，普通科と専門学科および総合学科に区分され，さらにそれぞれの学科で無数の小学科とコース別および類型に区分されています。また，高校での教育内容においても，必須教科・科目，選択教科・科目ごとに区分され，それらが複雑に組織されたカリキュラムに基づく学習をするなど，日本の高校教育は制度的にも極めて細分化，多様化，序列化されていると言えます。

　日本における高校教育の多様化は，1980年代までは産業構造の分業形態に対応した多様化でしたが，1991年の第14次中教審で「新しい時代に対応する教育の諸制度の改革について」が答申されて以来，生徒，親，社会の多様なニーズが呼応する形で，専門学科高校だけでなく，普通学科高校へも際限のない多様化の波が押し寄せています。

　このような高校教育の変容は，1985年に臨時教育審議会が答申した「教育の自由化」と題する内容が，より大きな影響を及ぼしたと言われています。行政改革と規制緩和を軸とする政策のもとで，教育行政の画一化の是正という大義にのっとり，公教育を縮小して民営化する改革や，市場の競争原理に基づく政策がもたらす格差社会の構図が，そのまま学校の場に持ち込まれました。

　このたび，滋賀県教育委員会は，平成26年度からの高等学校再編基本計画（原案）および同実施計画（原案）を同時に提案されました。学校の統廃合や再編を含む高校の教育制度の改革については，その必要性を認めるものですが，我が国の中等教育機関としての高等教育のあり方や，本県の高校が抱える諸問題を根本的・抜本的な観点から改革するという，意欲に満ちあふれた再編を望むものであります。

　そこで私たちは，高校再編を行う根拠にもつながる本県の高校教育が抱える諸問題の根本的な原因を，平成18年度から導入された高校通学区域の全県一区制度導入のもたらした成果と課題から探ることと，生徒が自信と誇りを持ち未来に希望が持てるキャリア教育の充実から探ることに求めました。

　そこで，全県一区導入後5年を経過した本制度を踏まえ，進路指導の平等と学力指導の効率ならびに学校の序列化と学校間格差，そして自信と誇りをはぐくむキャリア教育の推進の3つの観点から伺います。

　1点目は，進路指導上の平等と学力指導上の効率についてです。

　全県一区制度を導入した滋賀県の状況を見てみますと，平成18年から導入した高校通学区域の全県一区制度の実施に伴い，生徒たちは選択できる高校が多くなり，遠くの学校を選択できる生徒が増えたものの，就学経費や通学時間の問題から，この選択ができない生徒も依然として多くいます。この状況は，さきにも触れました市場の競争原理に基づく格差教育そのものと言われています。

　そこで，選択肢が広がったことで，選択できる生徒とできない生徒に教育的な不平等が拡大していないか，生徒に対する進路指導上の平等性について伺います。

　また，高校間の学力差が歴然としてある状況下で，生徒の選択できる高校が多くなったことは，幅広い学力差を持つ生徒たちに対する教員の学習指導の幅が拡大したことを意味します。教員の指導も困難さが増したものと考えますが，学力差のある各層の生徒たちへの学力保障はどのように行われているのか。生徒に対する学力指導の効率性について伺います。

　2点目に，日本では98％を超える生徒が高校へ進学し，高校進学という形式的な平等は一定果たされています。そこで，学力に大きな差があるこの年齢層の生徒を能力に応じて効率的に教育するためには，あらかじめ幾層にも区分けしておくことが必要となり，そのために学力選抜検査が行われているところです。しかし，これはいわゆる偏差値を基準とした受験制度により学校を序列化し，実質的な学校間格差を設けていることにほかなりません。

　日本では，学校間の格差や序列をつくることにより，教育効率の低下を防ぐという巧妙な教育制度をつくり上げてきましたが，このことが偏差値偏重による教育のゆがみと受験戦争の激化を招くことになったことは，皆さん御承知のとおりであります。

　本県が実施している高校通学区域の全県一区制度により，生徒は県下の全高校を対象として，それぞれの能力に応じて進学先を選択することができるようになりました。しかし，生徒たちは高校受験のこの時点で，自分の学力偏差値と自分の能力に見合う高校を選ぶことになり，序列化され，学校間格差を知らされることになります。これもまた市場の競争原理に基づく政策がもたらす格差社会の構図であると言えます。

大津市内の伝統的な進学校を頂点として，県内高校の序列化が明確になり，以下，偏差値による全高校の序列化が進み，高校生から中学生，小学生，そして保護者や教員にまで，この序列化による学校間格差が存在していると考えます。

さらには，このことに付随して偏差値教育が顕著化し，成績至上主義が強まり，受験競争が激化し，県南部地域への進学希望が高まるなど，多くの教育問題が指摘されているところです。高校再編によって偏差値で序列化された高校の現状をどう解決されるのか伺います。

3点目に，自信と誇りをはぐくむキャリア教育の推進についてです。

全県一区制度の導入は，結果として教育行政の願いから外れて，学校間の序列化を生み出してしまいました。生徒はこの序列であえいでいると考えます。解決方法の一つとして，キャリア教育があります。全県一区の利点を生かすというのであれば，普通科だけでなく，専門学科で専門性を身につけ，職場で生かしたり，さらに進学で専門性を深めることが重要であり，そのために，生徒が自信と誇りを持てる施策を講じなければなりません。例えば，スーパーサイエンススクールとして，滋賀県では進学高校で行われてきましたが，なぜ専門学科の高校や進学高校以外でなされてこなかったのでしょうか。

各学校では，特色ある教育の推進とキャリア教育の推進などについて，進路や生き方まで見通した指導をしていただいているところですが，生徒が自信と誇りを持つためのキャリア教育の制度設計が必要と考えますが，いかがお考えでしょうか。

以上の観点から，高校再編に当たっては，本県が平成18年から導入した高校通学区域の全県一区制度の成果と課題を明らかにし，学校間格差の諸問題の改善を図り，一区制度の見直しも検討の視野に入れること。さらに，一区制度を維持するには，格差社会の根本を解決するために，生徒が自信と誇りを持って進路を決めるキャリア教育の充実が不可欠でしょう。

この問題を解決しないで，1学年6から8学級が適正であるとする方針を出したにもかかわらず，県内進学校の定員が10学級をキープするという奇妙な状況となります。教育100年の大計とまでは言いませんが，せめて20年の大計で再編を考えていただきたいものです。教育長から県民の皆さんへの率直なメッセージとして，熱いビジョンをお示しいただきたく，所見を伺います。

●教育長（末松史彦）
第7問の高校再編計画についての3点の御質問にお答えいたします。

まず，1点目の高校入学者選抜における全県一区制度の実施による教育的な不平等の拡大についてですが，全県一区制度は，多様化する生徒のニーズに対応し，生徒の個性や能力を伸ばし，みずから学ぶ意欲をはぐくむとともに，自分に合った高校を主体的に選択できるよう，その選択幅を可能な限り拡大することをねらいとし，あわせて，各高校の特色化を進めてまいりました。

全県一区制度の導入に伴い，従前に比べ，経済的負担あるいは時間的負担については変化が生じていると思われますが，さまざまなケースが考えられ，そのことをもって，直ちに教育的不平等が拡大したとは考えておりません。

次に，学力の向上についてですが，授業においては，それぞれの高校が生徒の状況や学習内容に応じて，少人数授業や習熟度別授業，チームティーチングなど，授業形態を工夫しております。また，ホームルーム担任による個別懇談等により，生徒の学習状況の把握に努め，指導体制の確立を図っております。早朝や放課後，長期休暇などを利用して，補習や学力補充講座を実施し，また，保護者とさらなる連携を図るなど，きめ細かな指導に取り組んでおります。

県教育委員会といたしましても，確かな自己実現支援事業やアクティブハイスクール支援事業等により，積極的な高大連携を推進し，外部講師による講演会，地域との連携，ボランティア活動，就業体験等を充実させ，より主体的に学習に取り組み，みずから進路を切り開くことのできる能力を身につけさせるよう，支援を行っているところでございます。

次に，2点目の学校の序列化と学校間格差についてですが，本県ではこれまでから，県立学校へ進学しようとする中学生の皆さんが，それぞれの目標や興味，関心に応じた多様な学習を通して希望する進路が実現できるよう，教育内容を工夫し，教育目標や内容，部活動や学校行事など，特色ある学校づくりを進めてまいりました。

高等学校の再編に当たっても，それぞれの

生徒が希望の進路を実現できるよう，各高校の教育内容を見直し，さらに魅力と特色ある学校とし，また，子供たちが将来どのような職業について社会に貢献し，幸せな家庭を築いて暮らせるかを思い描いて，みずからの進路を切り開けるよう，多様な学びが提供できる教育環境づくりに努めていきたいと考えております。

次に，3点目の自信と誇りをはぐくむキャリア教育の推進についてですが，生徒が社会人，職業人として自立していくことができるよう，キャリア教育をより充実させることが必要であると考えております。

職業学科におきましては，職の担い手育成事業などを通じて，地域産業と連携して，勤労観，職業観の涵養，実践的な職業知識，技能の向上を図るよう，就業体験を実施するなど，キャリア教育の推進に努めております。

さらに，近年，普通科におけるキャリア教育の重要性が指摘されており，本県においても，本年度，普通科におけるキャリア教育推進事業を立ち上げました。普通科があるすべての県立高校に対して，外部講師を招いての講演会についての支援を行い，また，2校を指定して就業体験に支援することも行っております。

入学当初から卒業後も見据え，望ましい勤労観，職業観を身につけさせ，自信と誇りをはぐくむことができるよう，キャリア教育の一層の充実に努めてまいりたいと思っております。

[一般質問]
○県立高等学校の再編について（自由民主党滋賀県議会議員団・西村久子，9月27日）

最後に，県立高等学校の再編について教育長にお尋ねをいたします。

7月に県立高校再編計画の原案提示がされており，疑問の声は日を追うごとに激しくなってきました。

長浜市さんにおかれては，ありとあらゆる団体からの白紙撤回，再検討を求める声としてマスコミは熱く書きたててきました。反面，彦根市さんは「静かですね。やはり殿様ですか」などと皮肉られもしますが，とんでもございません。市長やPTAのたび重なる公開質問状，昨日も1万5,115名の署名を添えて陳情に来られました。

いよいよこれから進路指導が激化する時期となり，中学生や保護者にとっては何事もなくてもプレッシャーのきつい大変な受験に向けて，より悩ましく，不安を強いる選択となります。私は，今日まで地元彦根で聞いていた訴えの中から，彦根市民の疑問として高校再編原案について，特に彦根市内における全日制高校の統合について質問をいたします。

高校生の長期生徒数動態調査を見れば，既に6,000人減少して，最大時から約4分の1は生徒数が減り，今後，地域性はあっても減り続けることが予測されています。このことから考えると，県の財政の厳しさも加え，また，今，県教委が再編の理由づけとされる切磋琢磨し活力ある学校づくりからも一定規模を維持した再編の必要は認めるところです。

しかし，現在より向こう15年間，子供の数は減らない，変わらない彦根から1高校減らすことについて納得がいかないのです。高校全県1通学区となったといえども，七，八割の生徒は地元の高校に通学しています。その子供たちがまちの中を通ることによってそのまちに活気が生まれます。若者が行き交うことによって，地域もそのエネルギーにともにこたえていこうと努力します。ただでさえ南高北低の滋賀県の現在，教育環境のいいところに南部からも，さらに全国からも入学希望の来るような学校をつくって均衡をはかるべきではないでしょうか。

老若年齢にかかわらず，だれしも自分のまちはいいまちであってほしいと願っています。彦根西高校は，国宝彦根城を臨み，琵琶湖のさざ波や芹川堰堤の情景が豊かで，全国でも8番目とされる126年の歴史を有しております。日本の夜明けを導いた井伊大老を偉人とあがめ，城を見上げて東高があり，西高があり，近江高校が，そして，滋賀大学と並ぶ姿は，まさに彦根は文化・学園都市を標榜するにふさわしい落ちつきのあるまちで，市民は誇りにしております。南高北低を冷たく認めざるを得ない今日，その弱いところから，さらに人までも引き抜いていく今回の再編は，まちづくりの観点からも，のめるものではなく，商店街連盟の皆さんも心痛めておられます。

言いにくいですけれども，教育長さんはそのひざ元に住み，だれよりも市民の思いはご存知であるはず。教育の質を高めることには賛同できても，解せない今度の再編，どのように説明されますか。お伺いします。

ある保護者が言われます。「高校無償化が政策提案された。親は望んだわけではなかっ

たが，無償にしてもらえるならばありがたいと安易に選んだ。その結果，滋賀県では子供の勉強する場が減らされる今日。おかしいじゃないですか。本来なら教育に回るお金は多くなるはずではなかったのか。廃校にさらされるくらいなら授業料は親の責任で払っていきます。なくさないでください」この声，どう受け止められますか。

15の春を西高校を選び，次のステップを西高校で夢膨らませている現在校生のショックもはかり知れないものがあります。再編対象時期に影響を受ける生徒，保護者においては，統合イコール廃校であり，再編によるメリットは見えてきません。不満渦巻くマイナス面の意見，掌握をされているのでしょうか。影響が最小限となるような配慮が必要であり，特に実施時期，方法について計画の見直しは必要と考えますが，いかがですか。

統合による減員分をその通学範囲内で定員を確保するとの説明がなされていますが，どこの高校で何クラスふやすといった詳細はまだ示されていません。そこで問題となるのが，現在の彦根エリアから普通科が3クラス減るということ。県教委は今の進路選択について，生徒が何を希望しているのか，時代がどういう人材を求めているのかを承知されているのか疑問を抱くものです。

総合学科と普通科，みずからの将来を決定し切れない年代において普通科の志望が多いのは当然のことです。自分の進路希望によって学びが選択できる総合学科においても，その将来はさらに学を深めないと納得の領域には達しないとも聞いていますし，企業や社会全般においても，さらなる教養の上での専門教育を望まれているのも現実です。

彦根市内に普通科もあるのですが，そこで定員をふやすと言われても，正直，能力の問題もあります。夢多い年代，いつからでも一念発起して学業に専念し，将来を開拓する機会は与えられるべき公平な権利であると思います。志望の多い普通科がなくなることについてどのように説明をされますか。

さらに，再編時，在校生の減っていく西高校にあって，切磋琢磨できるようクラブ活動や体育祭等，時間を早めて合同して実施することもお示ししておられますが，常時残る1学年2学年の学生で，果たして活力ある学校でしょうか。先輩，後輩の多感な高校生活が強制的にゆがめられてしまいます。

統合するにしても，校舎，あらゆる準備を整えて，ある年月を期して一斉に統合するなど，やり方は考えられると思います。どの時期にあっても，国の宝である子供たちの魅力と活力ある県立高校に学ぶ権利を満たされるよう，慎重なる取り扱いを願い，原案の撤回，再検討を要求し，教育長の見解を求めます。

●教育長（末松史彦）

県立高校の再編について4点の御質問にお答えいたします。

まず，再編をどのように説明するかとの御質問ですが，今回の再編につきましては，既に規模の小さな学校が多くを占め，今後とも生徒数が減少傾向にある地域につきまして，教育内容の一層の充実と地域全体の学校の活力の向上を図るため，学校統合による再編を行うこととしました。

他の地域においても規模の小さな学校がありますが，地域で多くを占める状況にはないことや，今後，生徒数の増加に対応しなければならない地域もあることから統合の対象としなかったものであります。また，湖東や湖北の地域においても統合の対象としない学校がありますが，これは，地理的条件，すなわちそれぞれの地域における就学機会の確保や全体の学校の配置バランスなどを考慮し，複数の学校が近接して存在する彦根市や長浜市において統合することとしたものです。

学校は，各校の沿革にもありますように，歴史とともに校名や校地を変え，その伝統を脈々と次の世代に引き継いできました。今回の統合新校におきましても，新たな時代に対応した新しい形で存続していくものと考えておりますし，生徒にとって魅力のある，また，地域にとっても活力の拠点となる学校づくりを進めてまいりたいと考えております。

次に，マイナス面の影響が最小限となるような配慮が必要であり，特に実施時期，方法について計画の見直しが必要と考えるが，どうかとの御質問ですが，7月から8月にかけて行いました県民説明会や県民政策コメント等において，県民の皆さんから「これから受験する生徒や保護者への説明が足りない」「後輩がいなくなって不利益が生じる」など，さまざまな御意見をいただいているところです。

現在，こうした県民の皆さんの御意見等を踏まえ，どう対応していくのか，考え方を整理している段階でございますが，再編対象時期における生徒の皆さんへの影響が最小限と

なるよう配慮しながら，計画策定に向けた検討を進めてまいりたいと考えております。
　次に，志望の多い普通科がなくなることについての御質問ですが，統合新校の総合学科は普通系列や商業・家庭の系列を設けるなど，柔軟な教育課程を編成することにより，生徒一人一人の個性を伸ばし，おのおのの進路希望にこたえることができる学科であり，普通系列においては，普通科が目指す進路にも十分こたえられるものになると考えております。
　また，普通科の定員につきましても，進路志望の状況等を見ながら定員確保に努めることで地域の期待にこたえてまいりたいと考えております。
　次に，魅力と活力ある県立学校に学ぶ権利が満たされるよう慎重な取り組みを願い，原案の撤回，再検討を要求し，その見解を問うとの御質問ですが，高等学校で学びたいと考える生徒によりよい教育環境を提供していくことは学校教育に携わる者の責務であると考えております。今回の再編計画は，将来の子供たちのため，教育内容の一層の充実と地域全体の学校活力向上を図るため実施しようとするものであるものの，確かに統合が実施されますと，統合対象校においては統合後2年間は1学年ないし2学年の後輩がいなくなる状態が生じてまいります。これについては，教育活動を充実させるための基本となる教員の体制について配慮するとともに，学校行事やクラブ活動において，統合対象校間の交流等を通して学校活力の向上を図るなど，教育委員会としてできる限りの対応を講じることにより，生徒が充実した高校生活を過ごすことができるようにしてまいりたいと考えております。

○自由民主党・滋賀県議会議員団・西村久子
　再質問をさせていただきたいと思っています。
　まちづくりの観点から考える。教育長さんのおひざ元の学校がなくなることについて，それは別としましても，やっぱりこのまち，彦根市は文化・学園都市を標榜してまいりました。そして，そういった環境にあると思うんです。その落ちついたあの景色の中に古い126年の歴史を誇る学校が存在し続けること，たとえば今，クラス数が減っても，そして，今後，耐震補強のそういったお金が要っても，あそこでもう一度，盛り返す方法を彦根市民は願っていると思います。

　南高北低が言われて久しくなりますけれども，単に南高北低，施設があるとかそんなものではなくて，人の流れがどうなっているか。低いところは，これから若い世代，そういった人たちに来てもらって盛り上げていきたい，そう願っております。その観点をぜひとも酌んでいただきたい。長浜も同じであろうと思います。そのまちづくりの観点から高校教育は全く無縁であるとは思いません。先人の偉業もれっきとしてあります。それを見習いながらやっていく。そこに彦根西高校の存在価値があると私は思っております。それについてお答えください。
　それから，もう1点は，再編時の影響を受ける，その影響を最小にする方策を考えてまいりたいとおっしゃいました。本当にそんな方法があるんでしょうか。再編する折にはそうしてくださいと言いましたけれども，確実に，これがこうこうすればいいんですよ，教育の配置によって変わりますよ，メリットはありますよと言っていただいても，9月2日の日に教育長から通達が出されまして，各中学校の学校長あてに，9月15日の進路志望調査についてはこの原案をもとにして，そして，志望調査を行ってくださいというようなお知らせがあったようでございます。各中学校の校長先生は果たしてどのように説明されたんでしょうか。
　この学校は将来，もう2年後，26年度にはなくなるんですよというようなことを言いながら，果たして，今，西高校を選ぶ生徒が本当に出てくるんでしょうか。普通科が今ある間に西高へ行って，そして，願わくば推薦の枠もとって，そんな感情は働かないと思います。悪くすれば，ことしから激減します。いかがですか。そういう御心配はいただけなかったのでしょうか。お伺いをさせていただきます。

●教育長（末松史彦）
　お答えいたします。
　学校につきまして，母校そのものの発展とか地域そのものの発展ということを願わない人はないと思いますし，今お話ししましたように，母校そのものの伝統とかそういうものはですね，歴史は，これはもう，今，脈々と世代に引き継がれていくものというふうに思っておりますし，再編においてそういうことが変わったとしましてもですね，このことで学校の歴史や伝統そのものが途絶えて消えていくというふうなことは考えており

ませんし，新たな場所で，時代とともに新しい形で，地域とともに存続していくものというふうに思っております。

それから，再編についての9月2日における通達についてですけれども，これは，今こういうふうな原案をお示しした中で，混乱が生じることのないようにどうしたらいいかというふうなお尋ねのもとの中で，原案のことを前提にした形の中で中学生そのものに説明していただきたいというふうな形で説明させていただいたものでございまして，これによって混乱，そういうものが起こっているというふうなことは聞いてはいないところでございます。

○自由民主党・滋賀県議会議員団・西村久子
校名がなくなるだけでも非常なショックです。まして，学び，いそしんできたその場所が全く違うものに変わっていく姿を見ることは非常に耐えられません。わがままだけでなくて，しんからそのように思います。私も，校名が変わりました，規模も小さくなりました，そんな悲哀は十分に感じております。そんなことを何回も何回も繰り返してるから，生徒数が減ったのは今に始まったことではないわけです。そんなにだめなことならもっと早くにやらなければならなかったことだと思います。ここへ来て，将来10年，15年，変わらないと言われているのに，ここでやる理由，そういったものを非常に疑問に思います。ほかの議員さんも続いて質問していただける課題でもございますので，どうぞご検討いただきますようお願いして質問を終わります。

○県立高等学校再編計画で問われていること
（対話の会・しがねっと・沢田享子，9月27日）
教育長に，県立高等学校再編計画で問われていることについて質問をさせていただきます。
（中略）
7月11日には高等学校再編基本計画（原案），そして，同実施計画（原案）が同時に公表されました。これ，2つが一遍に公表されたということについても問題があると思うのですが，その実施計画の原案のほうに議論が集中している感がございます。

私たちは，先の代表質問で井阪議員が述べていただきましたように，もっと本質的な教育論議が県内各地で広がって，第二の学校として地域も豊かになって教育力を上げていただく，あるいは，今まで持っておられる地域の教育力に根差しながら，その期待にこたえた再編を目指したいというふうに思います。

私どもが調査で伺ったところでは，特に長浜地域では，高校生くらいまでは長浜の地に，湖北の地に足をしっかりつけた教育をしてもらいたいんだというようなことや彦根市長さんは，わざわざ私どもの控室にまでお越しをいただいたのですけれども，どこでだれが決めたんやわからんというような決め方ではなく，県議会での徹底した議論を求めておられました。

そこで，単刀直入に教育長に伺います。
1つ目。現地では中学生の数が減るというのではなくて，この再編計画では子供さんたちが南進してしまうということを深く懸念をしておられます。子供の数が減るから統合，縮小するというのではなくて，新たな学校をつくるんだというような希望を抱けるものにすべきですし，説明の段階でも，そういうことが伝わっていくような，そういうものにすべきだと考えるのですが，どうですか。

2つ目は，まだこれは原案段階だと承知をいたしております。さきの西村議員の御質問にもありましたが，9月2日の段階でですね，今の中学3年生の進路指導をするに当たって，原案対象校に関しては原案に基づいた応募となるように指示をされたと伺っております。

まだ決まっていないわけですよね。大人が協議途中なんですね。子供さんたちはまだなんですね。協議途中のものについてそのような対応をされますと，いよいよこれから来年度の進路を決めなければならない段階に来ておられる中学3年生に，一層，直接的な衝撃というか，影響が出てしまうことが新たな問題だと思うんですけれども，教育長はどのように考えておられるのか，見解を伺います。

●教育長（末松史彦）
県立高等学校再編計画で問われていることについての御質問にお答えいたします。

まず，1点目の新たな学校をつくるという希望を抱けるものにすべきとの御質問ですが，今回の再編計画は，少子化など社会の変化や生徒の多様化，生徒数の増減に伴う高等学校の規模の変化等の課題を踏まえ，生徒にとって今まで以上に魅力と活力ある学校づくりを目指していきたいとの思いから進めてきたものであります。

再編計画原案では，湖東地域と湖北地域において学校の統合を考えておりますが，新た

に統合の上、スタートします学校においては、両校の伝統を受け継ぎながら、多様で特色ある学びを展開することにより、他の地域からも生徒が集まるような魅力と活力ある学校づくりを進めていきたいと考えております。
　次に、進路志望調査についての御質問にお答えいたします。
　中学校および特別支援学校中等部卒業予定者の第1次進路志望調査については、毎年9月の中旬までに報告いただくよう各市町教育委員会へお願いしております。
　今回、高等学校再編計画（原案）を公表したことにより、市町教育委員会より調査の前提をどのように考えればよいのか、あいまいなままでは進路指導も難しいというお問い合わせがあったことから、現在、公表している高等学校再編計画は、原案の段階ではありますが、このまま原案が進めばこうなるということを生徒がわかった上で選択できるようにすることが混乱が生じないと考え、再編計画が実施に移された場合を想定して調査をお願いしたものでございます。
○対話の会・しがねっと・沢田享子
　教育長にもう一度伺いたいと思います。特に後のほうです。
　原案ですから、原案はそのままになるかもしれないし、原案というものの位置づけから考えてみたときに、それでは何のためにこれから後、議論をするのか、議会だけでなく、本議会でなく、委員会などもあります、それぞれの教育委員さんの会議もございましょうし、地方の自治体の地域の教育委員会議もなさると思いますね。何のために、じゃ、議論するのですか。
　原案というものと、それから、この後についてですね、私はせめて、今年はこれは原案の段階ですと、今までどおり、皆さん、進路希望を募ってくださいというようなことにしていくとしても、まだどうなるかもわからないものに対して、生のものをこの子供さんたちに直接ぶつけるというこの乱暴さ。乱暴だと思うんです。そんなことでは教育改革そのものに、まさに子供を巻き込んでしまうというふうに思うんですが、これについて、教育長は9月2日のこの通知についてですね、撤回されるつもりはないかどうか、お聞きします。
●教育長（末松史彦）
　実施計画および基本計画そのものの原案を7月12日に公表させていただいたんですけれども、その前提のもとに、我々そのものは教育改革そのものを進めていきたいというふうには思っておりますので、その時点におきます撤回と言われるのは今のところ考えておりません、この今の状況の中で進めるという場合におきましては、混乱が生じないような形の中で、原案がこういうふうな形で進めばこういうふうになるということをやっぱり想定した中で子供たちにもお願いしたいというところでございます。
○対話の会・しがねっと・沢田享子
　県の教育委員会の責任者としてはそのようにおっしゃらないとつじつまが合わなくなっていくのかもしれませんが、しかし、現にそこに学ぼうとする子供さんたち、あるいは今学んでおられるお子さんたち、自分の行き先を決めなきゃいけない、そういう時期のお子さんたち、保護者さんたち、そういう人たちの思いから考えてみたら、全然時間的な余裕を置かないで、だっとやっていく。今、何でも選択の自由だとか何とか言いますけれど、選択をしようと思ったら何がどうなのかということを十分よくわかっていて、その情報が伝えられていて、そして、そのことをのみ込んで、自分でいろいろ選ぶというようなことにならなきゃいけないですし、この選択の自由と言われるようなものであっても、本来つけておくべき学力というものを十分備えないままでどんどん分けていくということの問題点における格差の拡大ということがあるわけですから、そういう点も、おいて、時間の問題で、私は絶対にやっぱりいかんと思うんですよ。9月2日のことですね、この通達というものをやはり撤回すべきだと思いますが、どうですか。御自身が高等学校の教員だったころのことを思っていただいてはいけないんです。中学3年生の担任だとか、あるいは中学3年の子供の親だとか、自分が中学3年生だというふうなことに立場を置いて考えていただいたときにどうなのか、もう一遍、教育長に質問をいたします。
●教育長（末松史彦）
　この今回の再編計画そのものは、子供の視点に立ちまして、生徒一人一人がみずからの進路希望に応じまして、学び、また個性や創造性を伸ばしながらですね、自己実現そのものが図っていけるように、高等学校の教育環境の、そういうふうな整備を行おうというふうなものでございますので、これからの子供たちにとりまして必要な取り組みだというふうに感じております。その面におきまして御

提案させていただいているということでございます。
○対話の会・しがねっと・沢田享子
　済みません，自分の納得する回答を得るまでやるかというような気持ちで誤解を受けたらいけないんですが，……，今，教育長のお述べになったことは，教育改革全体のお考えです。そして，それでよかれと思うものをつくりたいんだというふうに思っておられるということは，教育長の思いは，それは今お聞きしましたけれども，この9月2日の通知を撤回するつもりがないかどうかということです。それについてもう一遍お答えをいただきたいと思います。
●教育長（末松史彦）
　9月2日に通知させていただきまして，それぞれ，今いただきましたやつを集計している最中でございますけれども，そういう中で，それぞれの学校においてそういうふうな調査をしていただきましたことにおきましても，そういうふうな大きな混乱そのものがなかったというようなことも聞いておりますし，そういう面におきまして，今このままで，今のところは進めていきたいなというふうには思っております。

○滋賀県立高等学校再編実施計画について（自由民主党滋賀県議会議員団・青木甚浩，9月28日）
　長浜市は高校の統廃合で，ちょうど7月の11日，……，大きく揺れ動きました。私も即刻，市長さんのところに出向いて，長浜市の高校の統廃合の中で，2つの高校，1つの高校の科がなくなり，また，定時制という部分がなくなるということを伝えに行きました。市長さんも大変びっくりされて，さらには，どういう状況が生まれるんだということをまず心配されたのが本音でございます。
　長浜市も，……，7月の11日の高校統廃合の県の教育委員会の発表以来，数多くの団体が県に向けて，大反対ということで，見解なり要望を提出をさせていただいたわけでございます。
　きのうからの答弁も含め，知事さんは各市町の町長，トップが一番地元の現状を知っておるということも答弁をされておりますし，また，反対にはたくさんの要望なり意見が出されている，これを放置しているというようなとられ方もさせていただきました。
　今回は，この長浜市における高校の統廃合，大変切迫した問題でもございます。もうこの2ヵ月の間に，長浜北高等学校で200人を超える決起集会が行われたり，さらには県の教育委員会を呼んで，小学校，中学校のPTAの役員さんが集合して，県の教育委員会にたくさんの意見を出された。その中身が一つもしっかりと返ってきてないということで，今回，さらに市長の見解も含めて，そして長浜市の連合自治会，451の連合自治会が，長浜市は総出でこういう思いだということも，知事さんおよび県の教育長さんのところに要望を持っていかれた。そして，PTAの役員さんも含め，さらに長浜市議会も全員一致で意見書を提出したという。
　この長浜市に住む，教育に関連する，また政治に関連する，そして連合自治会，末端の自治会も含めて，今，この長浜市における高校の統廃合に対して全面的に反対をされているというのが，これが実情でございます。私も長浜市の選出の県会議員として，この意見，要望にしっかりと乗っかって，今回，この質問の場に立たせていただいたわけでございます。
　知事ならびに教育長さん，さらには，ここにお座りの47名の，私も含めて47名の県会議員の皆さん，しっかりと今後の高校統廃合，この県下および湖北の子供たちの高校統廃合について，しっかりと私は考えていきたいなというふうに思っております。……。
　地元からの選出の県会議員といたしまして，今，長浜市に，長浜市民に立ち戻って，長浜市長の見解を少しここで皆さんにお伝えをいたしまして，しっかりとした答弁をいただきますことをよろしくお願い申し上げます。
　滋賀県教育委員会が発表された県立高等学校再編計画（原案）は，本県の未来を担う大事な子供たちにかかわる大きな問題である。市長は，私は，今回の原案の内容は，大きく2つの意味で問題があると考えている。まず1つ目は，県立高等学校の再編計画とはなっているが，すべての高校をめぐる再編の全体像を明らかにせず，長浜市の年少人口が減少することを前提とし，合理化，効率化を目的とした計画である。実際は，長浜市の小中学生の人数は，実態としては8年後しか減少はしていかないとし，魅力と活力ある県立高校づくりに向けたキャッチフレーズであるが，殊，実施計画においては，趣旨に全く合致しない原案であり，魅力と活力をつくり出すも

のとは思えない。
　2つ目に，高校の再編については，少子化社会を背景に今後避けられない問題であり，再編そのものに対して反対ということではないが，今回の唐突な発表は，その策定プロセスにおいて，子供たちや保護者の皆さん，地域社会に対して十分な説明と見解聴取がなされたものではなく，地域性や学科の特性などを含め，県行政，県民を通じた総意としてなされるべきであると考える。今回の再編計画は，十分な説明や意見聴取が行われたとは考えられず，当然認められるものではない。
　県南部の県立高校や私立高校へと選択が狭められ，経済的な負担はもとより，冬期には豪雪に見舞われ，公共交通機関も十分でない地域からの通学は困難をきわめると考える。
　こうした状況にもかかわらず，小学校中学校の保護者はおろか，進路指導に当たる中学校の意見などが全く考慮されていないのが問題である。原案に挙げられた内容が広く県民の理解と支持が得られるものとなるよう，未来を担う子供たちにとってよりよいものとなるよう，一たん立ち止まり，十分に議論を熟していただきたいというのが長浜市長の見解でございます。私も，この見解にしっかりと賛同させていただきまして，この質問に立っているわけでございます。
　長浜市長の見解および連合自治会長さんの要望，さらにはPTA連絡協議会さんの要望，そして長浜市議会の意見書，さらには，最終的には長浜市は，小中学校の校長会がこの再編計画に対して反対をする見解をしっかりと出していただいています。この部分も含め，知事と教育長さんの今後のこの再編に対する思いと，今後の進め方というものを答弁をしっかりといただいて帰りたいというふうに思っております。……。
●知事（嘉田由紀子）
　青木議員の御質問に対しての答弁をさせていただきます。
　全体としての御意見ということでございますので，少し漠然とした回答になるかも知れませんが，お許しいただきたいと思います。
　今の御意見，御質問には2点あったと思っております。
　1つは，手続的に唐突であったと。7月11日，突然，保護者，生徒，また学校関係者，市の皆さんに連絡することなく，突然出されたこの再編計画については，もう少し時間をかけてほしいということだろうと理解を

しております。そこにつきましては，今，皆さんの御意見を踏まえ，考え方の整理をしてもらっているところでございます。
　私のところにいただいている御意見だけでも，長浜北高等学校PTA，同窓会，また長浜市議会，自治連合会，それからPTA連絡協議会，小中学校校長会，そして，もちろん藤井市長様から，さまざまな御意見を伺っておりますので，それをしっかりと踏まえながら，考え方の整理をしてもらっているところであります。
　2点目の内容についてでございます。
　内容については，藤井市長も，再編の必要性は認めるということでございます。ただ，長浜として，魅力と活力のあるという，その中身が具体的にどういうものなのか，もっともっと夢の語れるビジョンを語ってほしい，そしてそれを提案してほしいということでございます。ここにつきましても，決して南に学生さんが流れないように，逆に私は湖北，長浜というのは大変潜在的な力を持っているところだと思っております。高等学校教育が長浜，湖北の未来の子育てに重要な地域の拠点となるよう，内容の充実を教育委員会の皆さんにも提案を求めているところでございます。そのような中で，まずは最初の答弁とさせていただきます。
●教育長（末松史彦）
　青木議員の御質問にお答えさせていただきますけれども，今お聞きしたばかりでございますので，抜けているところがあるかと思いますけど，また御指摘いただきたいというふうに思っております。
　手続につきましては，昨年，市町教育委員会や，また小中学校，特別支援学校，小中学校の児童生徒をお持ちの保護者の方々，この人を対象にしまして，魅力と活力ある県立学校づくりに向けた御意見，これを聞く会を開催しましたし，高校再編に向けた基本的な考え方について御説明して，御意見もお聞きしたところであります。
　また，12月には，情報誌「教育しが」特別号を保護者の皆さんに対しまして配付しまして，再編の必要性やその背景，再編に対する基本的な考え方につきまして，周知徹底を図ったところであります。これらの意見を踏まえまして，再編計画原案，これを取りまとめ，改めて御意見を聞くこととしたところでもあります。
　教育委員会としましては，必要な手続，こ

れを踏んできたと考えておりますけれども，地元の皆さんにとりましては，具体的な学校名が初めて公表されたこともありまして，唐突感があったのではないかというふうに思っております。

また，統合新校の姿，また入学定員を確保していくことなど，原案提示の段階で一体的にお示しすることができずに，不安に思われた部分があったと思っております。

今後とも，より理解を深めていただけるよう，御説明していきたいというふうに思っております。

ただ，この再編に関しましては，県全体の中で考えさせていただいた，そういうふうなものでございまして，地域的な形の中で，湖北，湖東という形の中で偏ったものではございません。既に学校の小規模化が進んでおりまして，今後とも生徒数の減少が見込まれる地域におきまして，地理的条件やら，それから学科の特性など，これを考慮しながら，統合高校における活力の向上と，あわせまして，地域全体の学校活力の向上，これを図るために行ったものでございます。

同時に，こういうふうな形の中で，子供たちに対しましては，こういう御意見を深めた中で，よりよい教育環境，これはできるだけ早く整えていきたいというふうな思いもありますので，そういう面におきまして，教育委員会としましては，教育環境をできるだけ早く整えていきたいというふうに思っておりまして，進めておる状況でございます。

○自由民主党滋賀県議会議員団・青木甚浩

知事さんの答弁，しっかりといただきました。けど，知事，もうちょっと前向きに，教育委員会にお任せするんじゃなしに，知事さんがしっかりと前向きに，この湖北の子供たち，全体滋賀県の子供たちをしっかり守っていくんだというふうな形で，また再度御答弁をいただきたいというふうに思っております。

教育長さんに再問させていただきます。

「今聞きました」というような御発言があったかなというふうに思っておりますが，何を今聞きましたという発言やったか，僕は遺憾に思っております。教育委員会の職員さんとはしっかりと議論をさせていただいて，きょう臨んでいるわけでございますけれども，中身が今聞いたというふうにおっしゃるんであれば，それはきのうの答弁と一緒ですよ，教育長さん。……，……，……，あんまり，県民の皆さんおよび市民の皆さんを……，ばかにするような発言はよしていただきたいなというふうに思っております。

本題に移ります。

今，教育長さん，これだけの団体が長浜市民総意のごとくで，こうして高校統廃合について，いったんちょっと待ってくれや，もうちょっと我々の意見を出して，そしてこの高校統廃合をしていただきたいというのが，今の湖北市民全体の考えなんですよ。ほんで，長浜に幾度かお越しになっていただいて，教育長の考えを幾度か聞きましたが，どこへ行ってもおんなじ言葉しか述べられないし，おんなじ考えしか出されていない。統廃合をしっかりと進めるのは，そら，教育長さんの仕事かもしれませんけど，側の皆さんの意見をしっかり聞いて高校統廃合を進めるのも，私は教育長さんの仕事だというふうに思っております。

だから，年度が平成26年度で切られているんですか，いいじゃないですか，26年超えたって。将来に向けた子供たちに高等教育を教えていくためには，私は，こんな年度なんて時間なんて関係ないと思っておりますよ。しっかりと教育を植えつけていくということが，滋賀県の教育委員会の教育長さん，あんた，トップの考えじゃないんですか。……。

私も，……，幾度か教育長さんとはこういう議論もさせていただいておりますし，けど，教育長さんの中に，子供たちを育ててあげようという，また，今の小中学校の校長先生以下，現場に携わっている先生が，この子供たちを今どうしていこうかとお悩みになっている心の中が，教育長さんには僕は伝わってないんじゃないかなと思っております。

（中略）

これだけの総意の人間が長浜市から，もう一たん立ちどまってくれということを頭を下げてお願いしているんですから，長浜市長以下，教育長，通り一辺倒の答弁じゃなしに，じゃ，一たんとまりましょうよ，じゃ，もう1回，再度，湖北の人たちとしっかりと議論を交わして，この子供たちをしかりと……，高等学校へ受け入れますよという答弁いただけませんかね。……。

県会議員何人かいますけど，我々，本当に家を一歩でたら，今，高校統廃合の話しか耳に入ってこないんですよ。これから湖北の子供をどうするんだって。統廃合して160人

余ってくる。……，あふれてくる子供たちをどうするんだって。それでも，頭の，勉強のできる子はいいですよって。これ，実際の声ですよ，母親の。私の子供なんて，一生懸命頑張ってもなかなか学力が上がってこない，……。どうしたらいいんですかって。これが本当の声なんですよ。教育長，もっと心温まる，教育というものに携わっている人間であるんであれば，心温まる答弁を私はいただきたい。

（中略）。教育長，今言うたように，子供たちをみんなで育てるという観点から，今，この湖北一帯の大人たちの意見を，子供の意見も含めて，……，再度，心温まる答弁をいただけませんか。……。

●知事（嘉田由紀子）
　今，なぜ再編が必要なのかというところの問題を共有するべきだと思っております。少し話が戻りますけれども，教育委員会からさまざまお伝えいただいて，私も現場での見ておりますこと，3点あると思います。

　1つは，小規模校で乱立をしたときに，クラブ活動であるとか，あるいは受験指導などがなかなかできないという課題がある。ここをどうやって活性化をするかという声，これは具体的に高校生あるいは高校の先生方の中からも聞いております。

　2点目は，特別支援教育なり養護の対象とするべき生徒さんがふえている。ここ4年間で4割ほどふえております。10年間で2倍になっております。その受け皿をどうするか。

　そして3点目は，定時制について，勤労，仕事をしながら学ぶという学生さんだけではなく，さまざまな多様な困難を抱えた学生さんがおられる。そういう方たちに，昼間から夕方，夜まで含めて，単位制など多様な選択肢を与える必要があるだろうと。

　この3つの課題に対して，どう問題解決したいかって。ここはぜひ地元も皆さんと知恵を絞っていく必要があると思っております。そういう中で，教育委員会のほうに対しては，地元の皆さんの声を反映しながら知恵を絞っていただきたいと，私のほうからもお願いをしております。

　何よりも，湖北の将来を担う子供たちを皆さんで育てていくという，その思いを共有できるような内容，地元の皆さんからも御提案いただくことが望ましいと思っております。

●教育長（末松史彦）
　教育は，子供たちの人格を陶冶して，有意義な社会人としての人材を育成する，そういうようなものでございますので，高校の3年間というのは，社会に出ていく準備段階として非常に大事な，人間関係づくりとか，さまざまな体験，要は教員とのそういう私的な学びの出会いとか，また部活動とか，それから集団活動とか，そういうふうなさまざまな体験を通して，人間的に成長を遂げる大切な学びの場というふうに思っております。

　高校生として，その人生におけるこの貴重な時期を，将来の人間形成により適した環境として提供すること，これが社会へ巣立っていく子供たちにとって大事なことであろうというふうに思っております。

　そういう面におきまして，湖北の中におきまして小規模化，5学級以下というふうな学校がすべて8校，要は……。

〇議長（家森茂樹）
　もう少し明瞭にお答え願います。

●教育長（末松史彦）
　要は，大津市と同じだけの学校数そのものが北にあるというふうなことにおきましては，やっぱり小規模化が進んでおるというふうなことでございますので，部活動とか，そういうようなものにおきます教育活動に支障を来たしている学校も出てきているというふうなことになります。

　また，生徒数は地域によりまして増減状況は異なるんですけれども，しかし，全体としましても26年からは減少しますし，又，30年を過ぎますと，これは一段と生徒減少，そういうふうなものが始まってまいります。ですから，よりよい環境づくりを今のうちから始めなくてはならんというふうなことの思いの中で，この再編計画を進めさせていただいております。

　ですから，よい環境をできるだけ早く整えていきたいという思いの中から，それぞれ地元の皆さんの御意見も十分踏まえながら進めていきたいというふうには思っております。

〇自由民主党滋賀県議会議員団・青木甚浩
　知事さんの答弁，しっかりいただきました。ということは，長浜市というか，湖北一帯の子供を育てていく皆さんの意見というものをしっかり集約して，知事，出しゃいいんですよね。この統廃合，今，個別にいえば北高と長浜のあれが減るというふうな個別な話なんですが，そうじゃなしに，これから子供を育てていくために統廃合が必要やとおっしゃって，じゃ，この統廃合をやるために，今，長

浜市の皆さん，子供を育てている皆さん，子供を見ている皆さん，我々等がしっかりとこれから統廃合に対して意見を出したらいいんですよね，知事。

その出した意見を，知事，しっかりとこれを表に出していただいて，意見聞いてくださいよ。（後略）

教育長さん，以前よりは心温まる答弁かなというふうに思っておりますけど，（中略）。あんまり市民の意見というか，県民の意見というものを粗末にして学校を統廃合してしまうと，その学校が果たして10年先，20年先，本当にすばらしい学校ができるかできないかという，その第一歩というものを今踏み出すということやと思っています。

今，これだけやっぱり湖北の人間が総意見で，もっと私たちの意見を聞いてくれということを言うてるんで，それを無視して，次，新しい学校を本当につくったとしてもですよ，……，周りの人間が冷めてしまったら，それこそ，その学校行きませんよ，だれも。……，口だけで魅力ある学校って言うたかて，伝わってなかったら，その学校行きませんよ，みんな。みんな南行きますわ。というような現象が起きてしまうから，今，立ちどまって，もう一度皆さん意見を聞いてあげてくださいよということを言うてるんですよ。

そして，新しくできる学校をつくるんであれば，それなりにみんなが納得できる学校をつくろうぜということなんですよ。……。新しくつくるんであれば，こういう学校をしっかりとつくりたい，こうしていきたいんだ，こういう子供たちを県の教育委員会は育てていくんだということをはっきり出してくださいよ。ほんで，いやいや，地域はこういう学校をつくっていきたいんだということをはっきり出しゃいいんじゃないですか。それとそれが合致したときは，滋賀県下で膳所高に負けんぐらいの学校ができますよ，建物も。教育長，じゃないんですかね。それが僕は真の教育やというふうに思っておりますし，もう一度お尋ねをさせていただきます。

今，この現状の中で，今，湖北が一帯が本当にこの統廃合について，……，……，市長以下，もう一度立ちどまって我々の意見を聞いてくれという場所を，場所をしっかり教育長つくれますか。PTAにしろ何にしろ，全部，教育長さん来てくださいよと。今まで，つくりましょうということを私は聞いていないんですよ，場所を。来てくださいという形

で，全部，向こうの地元がつくったんですよ。今度は教育長みずからしっかりとビジョンを持って，こういうものをつくっていくんだということを湖北の場所で一遍やってくださいよ。そこでみんなの意見を聞こうじゃないですか。ね，教育長。それをやるかやらんかだけ，しっかりと答えてくださいよ。

●教育長（末松史彦）

この課題かも含めまして，青木議員の御意見も含めまして，意見を踏まえた形の中で今整理しているところではございますけれども，子供たちによりよい環境，教育環境ですね，これをできるだけ早く整えたいというのが今の思いでございます。

そういう面におきまして，教育委員会のこれも役割かというふうに思っておりますので，その面で進めておるところでございますので，説明そのものとかお話し合いというものに対しましては，進んでやっていきたいというふうには思っております。

〇自由民主党滋賀県議会議員団・青木甚浩

教育長，もう一遍言いますよ。

まず，教育というのは，ものをつくるまでに，やっぱり子供を育てる，ハートを育てるんじゃないんですかって。先生してたんでしょう，教育長も。だから，そのハートを育てる意気込みを持った大人たちの意見が合致したときに，ものを建てりゃいいんじゃないですか。学校をつくりゃいいんじゃないですか。その場所を教育長がつくってくださいよって頭下げてるんですよ，私は。だから，しっかりと返事くださいよ。じゃ，長浜市長としっかり相談をして，今の連合自治会長さんとしっかりと相談をして，PTAの役員さんとしっかり相談をして，ましてや，小中学校の校長会としっかりとスクラムを組んで年内にやるとか，何か答えをいただけませんか。……。

●教育長（末松史彦）

市議会とか市長さんとかPTA連絡協議会とか，自治連合会とか同窓会など，長浜市の総意ともいえるような意見，要望，これは受けているところで，皆さんの非常に熱い思い，これはもう十分承知しておるところでございます。

そういうものを踏まえまして，今度，よりよい環境そのものをつくっていくための前向きの形の中で進めていきたいというふうには思っておりますので，そういう面におきましての地元とのお話し合いとか，そういうよう

なものに関しましては，やっていきたいというふうには思っております。
○自由民主党滋賀県議会団・青木甚浩
　教育長，覚えてはりますか。小中学生のPTA会長さん以下数十名が長浜に集まっていただいたとき，……。伊藤教育長が立ち上がって，教育長に向かって，「どうしてくれるんだ，我々が育ててきた子供を」って，手挙げて言われました，あのとき。教育長，ちょっとこっちを向いてくださいよ。言われましたがな。それでないと，各市町の市の教育委員会と滋賀県の教育委員会の連携なんか全然図れませんよ。教育委員会なんか混乱してますよ，先生以下みんな。そこへ，教育長さんも含めて，だれか行ったことありますか。……。8月に行ったのは，長浜市の教育委員会が呼んだから行ったんじゃないですか。そのとき唐突に言われたんです。混乱しているから，どうするんだって言われたから，慌てて9月の2日に文書を出したんでしょう。これ，実際ですやん，……。
　だから，今，ほんとうに教育長，真にやっぱり教育を考える人間と，再度もう一遍，教育委員会と，滋賀県の教育委員会，これは教育委員さんも僕は含めてやと思いますわ。……，長浜市で1回会議を持ちましょうよ。そこでしっかりとしたビジョンをつくり上げていこう。……。基本は今のままだときゃいいんですよ。……。判断が出せんのやったら，議会で判断してもらうたらよろしいがな。……，今，うんって言われましたね。あんまり，ここでうんって言うてもらうとだめなんですけど。それならそれで教育委員会から議会へ案件として上げてくださいよ。判断しますから。だから，……，……，……，長浜市の中で教育長がしっかりとみんなと話し合いしようということを言うてるんですから，その場はしかりと持ってくださいね。（後略）
●教育長（末松史彦）
　市町教育委員会との関係は非常に深く結んできておりまして，いろいろ連携をしております。そういう面におきまして，地元そのものに対する説明とか御理解とか，そういうようなものに対しましては，十分やっていきたいというふうに思っております。
　そういう面におきまして，今はそういう御意見等を踏まえた中の整理している段階でございますけれども，できるだけ早く整えたいというふうな思いの中で，また進めていきたいというふうには思っております。

○自由民主党滋賀県議会議員団・青木甚浩
　いつまでたっても，うんと言うてくれはらへんのでね。（中略）。一遍，長浜市の教育委員会に，教育委員さんだれでもよろしいわ，一遍行ってきてください。大変混乱しています。……，進学を迎えた子供たち，また母親が今，狂乱してますから。一遍，長浜の地に足を入れてください。（後略）

○県立高等学校再編問題について（公明党・梅村正，9月28日）
　次に，高校問題について教育長に伺います。
　先ほどは熱い議論がなされておりました。1点目は，県下7会場での説明会では，長浜市や彦根市を初めとして，出された多くの意見と対応について，そして，その中で教育長が何を実感されたのかを伺います。
　2点目に，平成26年度より実施する計画であります，検討しているまさに今，進路指導の先生，生徒本人は，学校の姿を浮かべることはできません。選んだ，そして選ばざるを得なかった学校が3年後には募集停止になり，後輩がいない，また，その学校，部活になるかもしれない。これでは希望は持てません。重要な学校再編は，一人でも不安を感じることがないよう，できる最大限の配慮が必要です。再編計画が固まっている段階で，人生を左右する大切な進路指導が決められるのでしょうか。このような状況での進路指導は改めるべきと思います。
　再編計画では，生徒本人や保護者の意見を聞き，反映させ，理解，納得への取り組みに時間を費やすべきではないでしょうか。一人の可能性を最大限にはぐくむ教育なのですから。教育長の見解を伺います。
　3点目に，北部の定時制を募集停止し能登川高校に集約するという原案に，多くの疑問の声があります。不況の中，広範囲の勤務地から学校に通う状況を考えるとき，結果的に教育の場を失いかねないことを大変危惧します。より慎重な対応を願うものでありますが，見解はどうでしょうか。
　また，原案は工業学科も集約されております。今日まで，本県はものづくり県として，新しい時代の流れにも人材の育成に取り組んでまいりました。生徒減ということではなくて，新しい時代の変化に対応した人材を社会に輩出していく，その観点から，工業学科の将来像について伺うものであります。
　4点目に，特別支援教育の問題です。

学校再編の今、本県の特別支援教育が抱える根本的な課題解決も含め、将来ビジョンを明確にする必要があるのではないでしょうか。課題の一例は生徒像です。また、学校施設の老朽化の問題、通学にバス利用ができない医療的ケアが必要な児童や保護者の日々の深刻な悩みなどなどでありますが、まず、これら解決しなければならない深刻な問題、課題について見解を伺います。

そして、高校再編に際して、普通学校の施設利用や生徒間交流など、今後の課題も徹底して点検、見直した上で将来ビジョンを示されるべきでありますが、教育長の見解を伺います。

最後に、今後、再編計画原案に対するさまざまな御意見に対する検討と対応、生徒本人初め理解と納得を得る期間が必要と思います。拙速に進めることがないよう願い、今後の取り組みを伺うのであります。

●教育長（末松史彦）
高校再編問題についての５点の御質問にお答えいたします。

まず、県下７会場で行いました説明会の意見と対応、実感した思いについてですが、７月30日から８月13日にかけ、７会場で述べ382名の方の御参加をいただき、さまざまな御意見をいただきました。皆さんの御意見をお聞きする中で、改めて、地域の学校に対する期待や強い思い、母校を思う皆さんの気持ちの大きさを感じたところです。

意見の内容としては、主に、生徒数の推移などから本当に今再編の必要があるのか、北部の定時制がなくなれば能登川まで通えない生徒が出る、総合単位制高校の姿が具体的にわからない、統合新校はどのような学校になるのか、これから受験する生徒や保護者への説明が足りないなどの御意見がありました。現在、こうした御意見等を受けとめながら、どう対応していくのか、考え方を整理している段階でございます。

次に、生徒や保護者の意見を反映させ、理解、納得への取り組みに時間を費やすべきではないかとの御質問ですが、高等学校再編計画（原案）の提示に当たりましては、必要な手順を踏んできたものと考えておりますが、来年度に高校進学を目指す生徒や保護者の方には、間近に迫った進路選択を前にして不安を抱かせることになり、大変申し訳なく思っております。

現在、県民の皆さんの御意見等を踏まえ、考え方を整理している段階でございますが、再編の過渡期においても、生徒の皆さんが充実した高校生活を過ごすことができるよう、どういった支援策を講じていくのか等、生徒の皆さんへの影響が最小限となるよう配慮しながら、計画策定に向けた検討を進めてまいりたいと考えております。

次に、北部定時制を募集停止にすると教育の機会を失うことが危惧されるため、慎重な対応ができないかとの御質問ですが、定時制については、中途退学者や不登校経験のある生徒を初め多様な生徒が入学しており、こうした生徒の多様な学習スタイルや学習ペースにこたえられる学校を能登川に設置するのにあわせ、北部定時制の募集を停止しようとするものです。

こうした学校は現在、県南部に設置されていることから、全県的な配置バランスを考慮するとともに、交通の利便性にも留意したところです。また、昼間定時制も置くなど、就学の機会に配慮しているところでありますが、この問題については一定の課題があると考えており、何らかの方策がとれないか、検討してまいりたいと考えております。

次に、ものづくり県として、時代の変化に対応した人材を社会に輩出していく観点から、工業学科の将来像について見解を伺うがとの御質問ですが、県内総生産に占める製造業の割合が日本一高い中、滋賀県の中小製造業では、ものづくりの技術、技能を持った人材に対する高いニーズがあります。本県の工業高校においては、従来から、その時々の生徒や社会のニーズにこたえ、さまざまな産業の担い手として活躍する人材を育成し、県内の産業の発展に寄与するため、産業教育の充実を図ってまいりました。

今回の再編計画原案においても、産業教育審議会等の答申を踏まえながら、工業学科にあっては学科の集約化を図り、施設、設備の効率的な活用や集中的な投資を行い専門性を高めるとともに、小学科を大きく機械系、電気系、建設系、化学系の４本柱でまとめることにより、幅広い知識を持った人材の育成を図ろうとしております。

産業構造や就労構造が大きく変化していく中、今後とも、社会のニーズや産業界の要請にこたえていくとともに、子供たちに専門性の高い教育環境を提供していくことは、今後の産業教育を考えていく上で大変重要なことであると考えており、こうした取り組みを通

して、今後とも本県の産業界を担う人材を育成してまいりたいと考えております。
　次に、特別支援教育の課題と将来ビジョンを示すべきではないかとの御質問でありますが、特別支援学校にかかわる課題につきましては、議員御指摘のとおり、児童生徒増だけでなく、障害の重度・重複化や多様化、また、子供たちを支える家庭の状況等もさまざまであり、解決策も一様ではないと認識しております。
　医療的ケアの必要な子供たちの通学など、教育だけでは担えないものもありますことから、市町教委や医療・福祉関係者を初め、課題ごとに必要な関係機関と連携し、特別支援学校の子供たちが安全に安心して学校生活を送れることを第一に取り組んでまいりたいと考えております。
　こうした中、特別支援学校の児童生徒増への対応につきましては、今年度末までにその対応策をとりまとめることとして現在鋭意取り組んでおるところでございますが、ここにおいて子供たち一人一人の自立への支援を考える中で、児童生徒増に対する教育環境の充実についても示してまいりたいと考えております。
　次に、さまざまな意見や、計画原案の理解と納得の時間の必要性などから、今後どのように取り組むのかという御質問ですが、再編計画原案は、魅力と活力ある学校づくりに向けて、豊かな教育環境を整備しようとするものです。再編対象時期に影響を受ける生徒の皆さんへの影響が最小限となるよう、また、再編後の学校の姿をイメージできるよう取り組むことで、一層の御理解を得ていきたいと考えております。
○公明党・梅村正
　それから、高校再編の問題で、教育長に。
　ですから、1点目のいろんな出された問題について、どう受けとめるのかをまとめている段階だということでございますので、出された問題についての回答はこれから出されると。また、2点目の生徒への影響を最小限にするよう検討している、その検討案をこれからお出しになる、そういうふうなことだと思います。
　また、特別支援教育につきましても、結論的に将来ビジョンを示されていない、こういうふうになりますことから、このような問題が散見される大事な再編問題につきましては、最後に申し上げましたように、理解

と納得を得る時間が必要ではないかと。このことを改めて質問させていただきますので、明快に御答弁をお願いいたします。
●教育長（末松史彦）
　今お話ししましたように、県民の皆さんの御意見等を踏まえて、考え方を整理している段階でございますので、それぞれ検討した段階で、スムーズにお話しさせていただきたいというふうに思っておりますけれども、この全体は、やはりよりよい教育環境をできるだけ早い形の中で整えたいというふうな形の中で進めておるものでございますので、教育委員会としては、そういうふうな方向で進めていきたいというふうに思っております。
○公明党・梅村正
　教育長に。ですが、一人の生徒の未来なくして滋賀県の教育はない、このように思いますが、ぜひその点についても、その基本的な考え方として、計画を押しつける、押しつけるのではなくて、改めて、一人を大切にする教育のその根幹をぜひ具体的な説明日程で示していただきたいと。改めて伺います。
●教育長（末松史彦）
　全体としましてはそういうふうな方向で進めさせていただいておりますし、北部定時制の廃止に関しましても、お一人でもそういうふうな中での課題がある場合におきまして、そういう時間的、距離的に難しいという御意見も寄せられましたので、そういう中で考えさせていただいているというふうなところでございますので、全般的には、そういう一人一人の、お一人のための視点に立って考えておるということでございます。

○魅力と活力ある県立高等学校づくりに向けて―滋賀県立高等学校再編計画（原案）に関して（民主党・県民ネットワーク・中沢啓子、9月29日）
　次に、魅力と活力ある県立高等学校づくりに向けて、滋賀県立高等学校再編計画（原案）に関連して、知事、教育委員会委員長、そして教育長に分割でお伺いをいたします。
　（中略）
　彦根では、現在の彦根東高校である一中が創立され、現在の彦根西高校の場所には、日本で8番目と言われる女学校が設置され、現在の滋賀大学経済学部である彦根高商が創設され、多数の人材を輩出してきました。滋賀県において、真に学び育つ教育がなされるこ

とを願うところです。
　まずは、平成14年の今後の県立高等学校のあり方についての報告から現在までの取り組みと、その結果をどう認識しているのか、また、今回の滋賀県立高等学校再編計画（原案）にどのように反映されたのか、教育長に伺います。
　親の貧困など、格差社会の現状は確実に子供たちに少なからず影響を与えていると言われ、子供を取り巻く環境は確実に変わってきています。小学校や中学校でも、自閉症や発達障害など、学びにくい子や規範意識が身についていない子など、多様な児童生徒の対応も含め、非常に忙しくされている現状があります。
　小学校の学校週5日制の中で、学習指導要領が変更になり、例えば3年生になったときに、1、2年生の復習をする時間がなくなったとも仄聞をしております。……。現状のもとで、学力の分布は一つの山の形ではなく、低学力と高学力に分布がふえる状況になっているとも言われています。
　このような状況の中、学び直しが必要となる状況が生まれているのだと思います。今回の再編計画の中でも、学び直しという言葉が出てきます。高校などへの進学率が98.9％の現在、このような現状を受け、定時制また幾つかの高校では、学び直しの役割を果たしている高校があると仄聞をしております。生徒の学び直しの現状と原因について、教育長にお伺いをいたします。
　高校を卒業し、就職して、働き、暮らしていけるような力を身につけられるとしたら、学び直しは非常に価値のある教育だと思います。ただ、高校で学び直しをしなければいけない現状をそのままにして、その高校の存在、その高校の学び直しのみに頼るのも、また違うと感じました。この機会に、本当に目指すべき教育をいま一度考えるべきではないかと思います。どのような人材を育てるのか、その生い立ちや家庭環境に左右されることのない教育のあり方について、教育委員会委員長の所見をお伺いいたします。
　今回の高校再編に当たり、さまざまな方の御意見を伺いました。そのときに、あれ、ひょっとしたら今課題になっているのは高校再編だけには学び直しをしなくていい状況にすることは、本当の解決につながるのではないだろうかと思うようになりました。どのような状況の中でも、できるだけ早い時期に学び直しをすることで、つまずきを小さくすることができると思います。高校、中学、小学校、そして県教育委員会、市町の教育委員会が、連携して取り組むことが大切だと考えます。また、地域の方々など、多様な方々と連携して取り組む必要も感じます。
　学び直しの必要がなくなるような教育、それぞれの関係機関などが連携して人を育てることなどに、今後取り組むべきと考えますが、教育長のお考えをお伺いいたします。
　また、未来を担う生徒が魅力を感じて進学し、モチベーションを高くして高校生活を送れるように、日々進化していくべきと考えます。例えば、家庭科であれば、卒業時にネイルケアーやカラーの資格や調理師免許などの資格が取得できたり、大学や企業と連携して魅力ある授業が受けられたり、社会のさまざまな職種の人々との出会いなど、環境の整備も大切だと思いますが、教育長のお考えをお伺いいたします。
　子供たちのために、魅力と活力のある県立高等学校づくりには、相応の予算が必要です。人を育てること、人が育つ環境をつくることは、国づくり、未来づくりです。また、学び直しが必要な状況をつくっていると考えられる貧困の連鎖や格差社会の固定化が危惧されている現在、その連鎖を断ち切るために、教育は非常に大事だと思います。
　しかし、教育現場だけにその役目を押しつけても、うまくはいきません。福祉施設など一緒になって、家庭環境から支えていくことが必要な社会になっていると考えます。子供たちが再チャレンジできるよう、教育や福祉が連携して取り組むことについて、知事にお伺いをいたします。
　また、生徒が学ぶ環境づくりのための施策や、県として厳しい中でも教育の予算を確保することが必要だと思いますが、知事のお考えをお伺いいたします。
　今回の魅力と活力ある県立高等学校づくりに向けた、高等学校の再編計画案については、県民の皆さんも今後のことがわからず、ただ不安が広がっているように感じます。県民の皆さんからも御質問をいただきましたので、もしも、この計画が実行されるとどうなるのか、仮定の話ではありますが、以下、具体的なことをお伺いしたいと思います。
　現計画では、高校の統廃合については、長浜では、長浜北高校の5クラスと長浜高校5クラスが一緒になって7クラスに、彦根では、

彦根西高校が4クラスと，彦根翔陽高校5クラスが一緒になって6クラスに，という計画になっています。また，能登川高校は現在全日制の普通科4クラスですが，総合単位制高校で全日制は3クラスになる計画だと仄聞をしております。

例えば，彦根では，卒業予定者数は平成22年度，1,035人から平成26年度は161人ふえて1,196人になります。その対象の学年の保護者の方々は非常に不安を感じておられます。これまでどおり地域ごとの中学校卒業数の動向を踏まえ，増加分を増やすのとあわせて，市の中で削減される3クラス分，120人の定員が確保されることが必要と考えますが，教育長のお考えをお伺いします。

今後，もしも統廃合するとしたら，相応の施設や環境整備の必要があり，当然投資が必要になります。再編計画を出されてということは，その予算もしっかり確保して，魅力と活力ある高校にふさわしい，真に生徒のためになる再編をされるということと考えていいのでしょうか，教育長にお伺いいたします。

定時制に関しては，今後の県立学校のあり方についての報告の中で，「県北部地域は，各学校とも大幅な定員未充足の状況にあることから，通学の利便性など，さまざまな条件を考慮した上で，定員が充足し，集団の中での活力ある学びが可能となるよう，統廃合を行う必要があると考えています」と述べられています。

平成23年度入学生は，長浜北星高校は28名，彦根東高校は36名，彦根工業高校は33名と，40人の定員充足に近くなっております。検討したときの状況と条件的に違うことは，数値として明確に出ていると思います。

また，定時制は学び直しという役割も持つようになりました。そのことを考えると，働く場，人口が集中しているところでなければ，通いにくくなります。また，学び直しということから考えれば，やはり近くて通いやすいということが必要条件になってきます。定時制では，生活リズムのことや働くことを考えて，正規，非正規，バイトなど，昼間は働くことを奨励していると仄聞をしております。

それであるならば，定時制は，職場や住居に近いところにあり，通いやすいことが求められると考えますが，教育長にお考えをお伺いいたします。

具体的なことは今後決められることも多いと思います。代表質問でも申しましたが，このような中で，現在進路選択をしないといけない生徒や保護者は非常に不安な心境に置かれています。今年度受験をする生徒は，もしも現計画どおり，26年から統廃合をされると，3年生のときに1年生がいなくなる学年になります。どのような状況になるかわからないまま受験することは，心理的影響がはかり知れません。また，今後の県立学校のあり方についての報告にも述べられていましたが，中学卒業予定者数の動向では，平成23年3月にピークを迎えます。そのピークのときに，統廃合という大きな変化があるということは，受験生にさらに心理的なプレッシャーを与えることになるのではないでしょうか。

また，新しい高校をつくるのであれば，よりよい高校にするために，準備室を設置し，再編に専門に関わる人と一緒に現場の先生もかかわって検討をする必要が出てくると思います。現場の仕事をしながらかかわることは，非常に負担を与えることにもあります。そのためには，時間も必要ですし，計画の具体化に伴う設備などの準備も必要ですし，そのための予算の確保も必要になります。

さまざまなことを考えれば，統廃合をするかどうかも含め，考えるべきと思いますが，今後受験を控えた中学3年生への影響や検討の時間も考え，定時制3校と能登川高校，そして，長浜北高校と長浜高校，彦根西高校と彦根翔陽高校，これらの統廃合に関しては，計画案もせめて1年以上おくらせて，27年度以降に子供たちのためにどうするのがよりベターなのか，しっかり検討をすべきではないでしょうか，という声もよく聞きます。教育長のお考えをお伺いいたします。

●教育長（末松史彦）
県立高等学校再編計画（原案）に関連しての，11点の御質問のうち，9点についてお答えいたします。

まず，平成14年の今後の県立高等学校のあり方についての報告から，現在までの取り組みとその結果をどう認識しているかとの御質問ですが，平成14年3月に県立高等学校将来構想懇話会から報告をいただきまして，高校改革の推進に取り組んでまいりました。具体的には，中高一貫教育校や総合学科の設置，職業学科の再編など，特色ある学校づくりを進めるとともに，入学者選抜方法の改善にも取り組んでまいりました。

さらに，報告の中でいただいた提言以外にも，通学区制度の廃止等の取り組みも行っております。
　こうした取り組みを通しまして，生徒の個性や創造性を一層伸長させる学校づくりが進むなど，一定の成果を上げてきたものと考えております。
　また，今回の滋賀県立高等学校再編計画（原案）にどのように反映したのかとの御質問ですが，提言の中で未実施でありました全日制単位制高校の設置や，北部定時制の再編整備につきましては，平成21年3月にいただいた県立学校のあり方検討委員会報告をも踏まえまして，北部定時制高校の再編とともに，全定併設の総合単位制高校を設置することとしているところでもあります。
　次に，2点目の生徒の学び直しの現状と原因についてですが，高等学校における状況といたしましては，例えば，入学後に英語や数学等で，義務教育段階の学習内容の定着を目的とした科目を設定したり，分割授業等できめ細かな対応ができる工夫をしている学校などがございます。
　こうしたことは，学力の定着不足によるものと考えております。
　次に，4点目の今後取り組むべきことについてですが，児童生徒の学習上のつまずきをなくすため，例えば，地域の方々や大学生の協力を得て，基礎，基本の定着を図るための学習支援を行っている学校もございます。
　学び直しの必要がなくなるよう，小・中・高等学校を初め，地域やボランティアの方々，県教育委員会，市町の教育委員会，関係機関などが連携して，対応していくことが必要であると考えております。
　次に，5点目の学び直しの体制の整備についての御質問ですが，学び直しを希望する子供たちの学習する場を確保することは必要であり，こうした子供たちが学びやすいよう，交通の利便性に留意しながら，就学機会を確保することとあわせ，過去に習得した単位を生かせたり，より学校に魅力を感じ，主体的な学習に取り組める学校づくりを進めることが大切であると考えております。
　次に，6点目の生徒が魅力を感じて進学し，モチベーションを高くして，高校生活が送れるような環境の整備についてですが，各高等学校では，体験入学や学校説明会を実施し，中学生が特色等を理解した上で，魅力を感じて進学し，高いモチベーションで高校生活を

送れるよう工夫するなど，中高の連携を進めております。
　県教育委員会といたしましても，高大連携の推進を初め，外部講師による指導，資格取得への挑戦，地域との連携，就業体験等，各高等学校の特色ある教育活動を一層充実させ，生徒がより主体的に学習に取り組み，みずから進路を切り開くことができるよう，今後とも支援を進めてまいりたいと考えております。
　次に，8点目の募集定員数の確保についての御質問ですが，今回の再編計画は，学校統合に伴い募集定員を削減することは考えておりません。それぞれの地域ごとの定員は，これまでどおり地域ごとの中学校卒業者数や生徒の志望動向などを踏まえ，しっかりと確保したいと考えております。
　また，県立高校は，県域を対象としており，学校の所在する市町の生徒のみを対象としているものではありませんが，できる限り，生徒や保護者の皆さんの希望に添えるよう，努力したいと考えております。
　次に，9点目の施設や環境整備の予算確保についての御質問ですが，統合に際しましては，定員増に伴う普通教室の整備，学科・コース等の設置に伴う必要な施設，設備の整備について，しっかりと進めてまいりたいというふうに考えております。
　次に，10点目の定時制に通いやすさについての御質問ですが，定時制については，従来の勤労青年のための学校という色合いが薄れ，中途退学者や不登校経験のある生徒を初め，多様な生徒が入学しており，学び直しの学校としての役割が強まっております。このため，学び直しを希望する子供たちが学びやすいように，交通の利便性に留意しながら，就学機会を確保することとあわせ，過去に習得した単位を生かせたり，より学校に魅力を感じ，主体的な学習に取り組める学校づくりを進めることが，大切であると考えております。
　なお，働きながら学ぶ生徒などにとって，能登川まで通学することは，時間的，距離的に難しいといった意見が多く寄せられておりまして，こうした点につきましては，どのように考えるのか，今整理をする必要があるというふうに考えております。
　最後に，再編を27年度以降におくらせてはどうかとの御質問ですが，現在，県民の皆さんからいただいた御意見を踏まえ，考え方

を整理しているところでありますが，子供たちによりよい教育環境を，できるだけ早く整えたいとの思いから生徒の皆さんへの影響を最小限となるよう配慮しながら，計画策定に向けた検討をすすめてまいりたいと考えております。

○民主党・県民ネットワーク・中沢啓子

本当に子供たちのために何がいいのかということが，一番やっぱり大切だと思いますし，これからの子供たちが本当にこの滋賀県に育って，教育を受けて，よかったと思えるような学校になるように，日々進化をしていくことは非常に大切なことだと思います。

それは，統廃合をするかしないかではなくて，どうやって本当に取り組んでいくのかということが，やっぱりすごく問われているんだと思います。そのためにも，やっぱりきちんと議論して，子供たちのことを最優先に考えていただいて，その中である程度みんなが納得できる，そういうような形でしっかりとした計画をつくっていくということが，多分望まれているんだと思います。

再度その部分だけ，教育長にお伺いをしたいと思います。

●教育長（末松史彦）

今，お話しいただきましたように，子供たちの視点に立ちまして，子供たちによりよい教育環境，これを整えていく，より早く整えていきたいという思いから進めておる再編でございますので，生徒の皆さんへの期待にこたえられるような，再編計画にしていきたいというふうに思っております。

[関連質問]
○中沢啓子議員の「学びの共同体」についておよび魅力と活力ある県立高等学校づくりに向けて―滋賀県立高等学校再編計画（原案）に関連しての知事および教育長の答弁についておよび西村久子議員の県立高等学校の再編についてに対する教育長の答弁について（自由民主党滋賀県議会議員団・細江正人，9月30日）

諸般の事情により質問の通告を控えておりましたが，彦根西高校について，どうしても発言したいことと，もう一歩踏み込みたいということから発言させていただきます。手短にやらせていただきますので，どうぞいましばらくおつき合いをよろしくお願い申し上げます。

中沢啓子議員の「学びの共同体」について，および魅力と活力ある県立高校づくりに向けて―滋賀県立高校再編計画（原案）に関連しての知事および教育長の答弁，および西村久子議員の県立高等学校再編についてに対する教育長の答弁について，関連質問をさせていただきます。

質問で明らかになりました，県教育委員会などから大変高い評価を受けました「学びの共同体」を実践いたしております彦根西高校について，私は，魅力ある特色ある学校づくりの最先端を行っているというふうに考えます。知事におかれては，この「学びの共同体」，全国でも先進的事例で視察の対象となっている，この学校についてどのようにお考えになるか，知事にお伺いいたします。

●知事（嘉田由紀子）

「学びの共同体」に関してお答えします。

昨日，中沢議員の御質問にもお答えいたしました。彦根西高校が実践されている「学びの共同体」という方法は，子供たちの意欲を高めるのに効果のある授業形態の一つであると思っております。意欲を持って学ぶことによって，学力を初めとする生きる力がしっかりと身につくと期待をしております。「学びの共同体」という方法は全国的にもまだ取り組んでいる学校が少ないパイロット的な授業形態であると聞いておりまして，今後，それぞれの学校に合った特徴的な取り組みとして，いろいろな面から成果を検証し，また，他校においても実践をしていただけるものと期待をしております。各県立学校それぞれ特色ある学校づくりを進める中で，さまざまな取り組みを進めていっていただくことを期待をしております。

○自由民主党滋賀県議会議員団・細江正人

ありがとうございます。このように評価の高い学校を廃校の対象にするのは，この実践の成果が時間的にずれ込んだため，計画に反映されていないのではないかと，21年から23年にかけて大変成果が上がってきているというような報告をお聞きいたしております。これが，この再編計画に反映されていないのではないかなということから教育長にお伺いいたします。

●教育長（末松史彦）

今回の再編計画原案における統合の考え方は，既に小さな学校が多くを占め，今後とも生徒数が減少傾向にある地域につきまして，教育内容の一層の充実と地域全体の学校活力の向上を図るため行うものであります。また，

高校は社会に出る一歩手前の段階でありまして，個性や創造性を伸ばし，社会の中でたくましく生きていく力をはぐくむことが大切であります。そのためには，多様なかかわりの中で人間関係の力を育てるとともに，進路希望等に応じて多様な学びが提供できる教育環境の整備を基本としております。

　計画原案は，彦根西高に限らず，各学校の取り組みを承知した上で作成しているものでございます。
○自由民主党滋賀県議会議員団・細江正人
　ただいまの答弁には，やはりちょっと私は納得いたしかねます。計画の原案が示されておりますが，そのもとというのは，いつごろの報告を受けて原案が作成されましたのでしょうか。時期的にいいますと，原案がおおよそ固まってきた時期は，まだこの西高校の「学びの共同体」が実験的なその途中経過ではなかったのかということをお尋ねをいたしております。
●教育長（末松史彦）
　ただいま各学校におきましては，特色ある教育，そういうふうなものを考えてお取り組みをいただいております。そういう各学校の取り組みの中で，西高校におきましては「学びの共同体」というふうなものを実践的にやっておられる，これは十分承知しておるというところでございます。
○自由民主党滋賀県議会議員団・細江正人
　時間的なずれとか，そういうことではなくて，全然別途にというようなことのようでございますが，この再編計画については急ぎ決定したいとの答弁ではありますが，一たん立ちどまってさらに説明を尽くし，検討を加えてはどうかとの思いから，さらにお伺いいたします。
　けさの中日新聞や京都新聞，ブロック紙でありますが，報道されております。西高校と地域との交流，これは大変盛んであります。これだけではなくて，常日ごろから大変盛んに交流が行われております。高等学校の生徒たちと地域住民や商店街とのかかわりについて，どのように考えておられるのか，改めて教育長にお尋ねをいたします。
●教育長（末松史彦）
　それぞれの高等学校では，自校の特色に合わせまして，今，お話のありました，例えば彦根西高校の地域の高齢者との交流とか，八幡工業高校の独居老人宅での電気器具の点検とか，また，長浜農業高校は自校で生産した野菜などを地域で販売したり，また，大津商業高校では商店街の空き店舗を活用した販売実習を行うなど，地域とのさまざまな交流活動，これに取り組んでおります。このように，高等学校の生徒が地域に出て活動することで，生徒の力を地域に生かして，地域の活性化に貢献するとともに，学校の中だけでは学べないことを体験し，生徒が自信をつけること，これが大変重要なことであるというふうに考えております。
○自由民主党滋賀県議会議員団・細江正人
　御認識はいただいておりますので，何とぞその方向が反映されますように。
　このままでいきますと，ずっと質問にも出ておりますが，南高北低に拍車をかけるのではないかなと。高校生そのものも南へ南へというふうに移動していきますが，まちづくりの観点からも，この南高北低については大変受け入れがたく思います。県としては，このような流れを容認されるのか，知事にお伺いいたします。
●知事（嘉田由紀子）
　今回の再編計画における学校の統合については，将来の子供たちのため，地域の教育内容の一層の充実と地域全体の学校活力の向上を図るため実施しようとしているものであると理解をしております。統合新校については，例えば，議員御指摘のように，「学びの共同体」も手法を継承していただくことも可能でございましょうし，新たな時代に対応して新しい形で発展していくものであり，生徒にとって魅力ある，地域にとって活力の拠点となる学校づくりを進めていくものと期待をしております。これが南高北低というものに拍車をかけるものではなく，逆に他の地域から生徒が集まる学校にしていただきたいと考えております。このまま再編せずに放置していくほうが，将来に対して禍根を残すものではないのかという懸念も持つものでございます。
○自由民主党滋賀県議会議員団・細江正人
　現実に地域の高等学校の生徒の受け入れ数を，湖東，湖北の数を減らすということは，南へ下がっていくというふうに理解をしております。それは，彦根で，陳情にありますように，子供たち，15歳で高等学校へ参りますが，15年先まで出生数は減っていないんです。で，湖北でも同程度に閃開いたしております。そして，定数──定員ですね──を絞り込むと，勢い南へ南へというふうに，これは全県一区に変えられたときから，そのよ

うな傾向はあるのではないかなというふうに思いますが，南へ南へと行く流れにさらに拍車がかかると私は思いますが，知事は本当に大丈夫だというふうにおっしゃるわけですか。再度お伺いいたします。
●知事（嘉田由紀子）
　統合新校については，活力ある，魅力のある，また生徒に選択をしてもらう学校にすると教育委員会はお約束をしております。そういう中で，生徒数を確保しながら，地域との連携も強化しながら活力の拠点にしていきたいという期待を持って申し上げているところでございます。
○自由民主党滋賀県議会議員団・細江正人
　これ以上は申し上げませんが，定数は教育委員会でお決めになるんです。そして，その受け入れの数を減らすということは，南へ行かざるを得ないということを申し上げておりますが，これはまた議員の皆さんは御理解いただけると思います。
　次に行きます。
　県立高等学校再編計画（原案）について，県内で説明された時点での意見は報告をいただいたところでありますが，その後，各種団体等で反対運動が起きておるようであります。どのような声が上がっているのかお示しをいただきたい。教育長，お願いいたします。
●教育長（末松史彦）
　現在まで地域や保護者の団体の皆さんから幾つか御意見をいただいておりますけれども，統合を含む計画を白紙に戻してほしいとか，定時制をなくさないでほしい，地域住民，教職員，生徒の声に耳を傾け，地域の声を十分に反映されたい，学校の歴史と卒業生が引き継いだ伝統を後世に引き継がれていくことを望むなどといった声が寄せられております。
○自由民主党滋賀県議会議員団・細江正人
　それらの声が，この原案から施策に移行する際，反映すること，もしくは課題を解決できるのでしょうか。教育長にお伺いいたします。
●教育長（末松史彦）
　現在，今までいただいた県民の皆さんの御意見等を踏まえ，どう対応していくのかを考え方を整理しているところでありますが，新校の姿など具体的なイメージやら，地域でしっかり入学定員を確保していくことなどについて，さらに理解を深めていただけるよう御説明し，皆さんの思いを受けとめながら，

豊かな教育環境づくりにしっかりと結びつく再編計画となるよう取り組んでまいりたいというふうに考えております。
○自由民主党滋賀県議会議員団・細江正人
　この定例会において，各会派それぞれの議員から疑義が出されたところであります。この後，常任委員会においても討議されることと思いますが，共有できる学校像がいまだ示されていないことや，定時制については，教育長自身，一定の課題があることを認めておられました。この際，一たん立ちどまって，十分な時間をかけ，全体像を固めてからロードマップを示すことをされてはどうでしょうか。事業実施のスキームを改めて教育長にお尋ねいたします。
●教育長（末松史彦）
　県民の皆さんのそういう御意見等を踏まえまして，考え方を整理しているところですけれども，子供たちによりよい教育環境をできるだけ早く整えたいとの思いから，統合新校のイメージなどをお示ししながら，御理解を得，策定を目指してまいりたいというふうに考えております。
○自由民主党滋賀県議会議員団・細江正人
　この場ではこれ以上申しませんが，どうぞ地域住民の意のあるところも酌み取りいただき，学校経営についてもどのような形が本当にいいのかということをお示しいただくと，おのずと地域での受け入れも可能になってくるのかなというふうに思います。どうぞ，知事がおっしゃっている対話の中から，そのお答えを見つけ出していただきますようにお願い申し上げまして，私の関連質問を終わらせていただきます。……。

【11月定例会】
[代表質問]
○高校教育改革について（対話の会・しがねっと・冨波義明，11月29日）
　7，高校改革について，2点から教育長にお伺いします。
　県立学校の再編計画をめぐり，このたび県教育委員会は，まだ県民の十分な理解が得られていないとして，この再編計画の決定を来年度に延期することを明らかにされました。このたびの再編計画で，統合の対象となる高校を抱える市の市議会での反対決議や市民の皆様方の要望や申し入れ，さらには本県議会でも全会一致で慎重な対応を決議したことを受けて，再編計画を先送りされたもので，昨

年度に引き続き2度目の延期となります。
　この事態から浮き彫りにされることは、高校の再編問題は、単に高校の統合や地域の問題だけではなく、滋賀県の教育、とりわけ高校教育の根本的な問題を含む包括的な教育改革を行わなければ解決できないという大きな問題であります。
　教育改革とは、結局、どのような人間を育成するのかという1点に収れんされます。学校教育制度やカリキュラムや偏差値などを議論するとき、その延長線上には必ず育成すべき人間像が描かれてなければなりません。このような観点から、新しい高校再編計画は、滋賀の抱える教育の諸問題を解決するためのものとなることを心から期待しているところです。
　そこで、1点目として、高校再編計画について、教育長にお伺いします。
　11月の定例教育委員会では、教育委員から、高校再編計画は県教育委員会がリードして住民の理解を得る必要があるなどの意見が交わされ、最終的に教育委員長は、策定時期を延ばすことで対応すると総括されました。私も高校の教育改革の観点から、再編計画の必要性を認識している1人ではありますが、このたびの再編計画については、幾つかの内容について疑問や懸念を持っており、再度質問を行うものであります。
　滋賀県教育委員会は、このたびの高校再編計画の中で、魅力と活力ある県立高校づくりを目指し、総合単位制高校などの新設や農業、工業学科の改編、特別支援学校との交流など多様な学校選択肢を提供する一方、全日制高校の統合や分校化などさまざまな提案をされました。
　しかし、これらさまざまな再編計画の内容から、今日の滋賀県の高校が抱える根本的な問題、例えば偏差値重視の高校入試による高校の序列化や学校間格差の顕著化、中途退学者の一部高校への偏り、さらには、南部地域高校への進学希望生徒の増大に伴う北部地域高校の空洞化など、これらを抜本的に解決する姿が見えてまいりません。
　また、その実施計画の進め方についても、地域の方々のさまざまな思いに対する配慮に欠けていたり、学校の伝統と尊厳を損なうような印象を与えたということについては、県民の皆様からの滋賀県教育に対する信頼と期待を損なう危惧を感じるものであります。
　このたびの高校再編計画の先送りに伴い、

統合対象校を抱える市との調整協議を含め、丁寧な説明を行うことで対応するとの方針を示されましたが、市からの提案をどのようにこれに反映し、どのように丁寧に説明していかれるのかお尋ねします。
　また、新しく提案される再編計画は、どのくらいの改正規模を想定されているのか、新しい再編計画を作成する基本的な考え方について、教育長にお伺いします。
　2点目に、現在中央教育審議会で行われている審議内容との関連について、教育長にお伺いします。
　11月4日から中央教育審議会が開かれ、高校教育部会も審議が始められています。中央教育審議会において、高校教育についての審議が行われるのは、実に20年ぶりのことであり、今後の高校教育のあり方について、この20年間の高校教育の成果を丁寧に検証しながら、今後の高校教育のあり方について、1年以上にわたる長期的な議論が行われることと仄聞しています。
　そこで教育長にお伺いします。本県の高校教育においても、高校段階の教育内容についていけない生徒や、再度中学校段階の教育を行わなければならない生徒が増加している状況、専門高校が十分に専門的な教育機能を果たし切れていない状況、さらには、希薄な人間関係のもとで後を絶たないいじめや問題行動、大きな社会現象とも言うべき不登校問題に対応していかなければなりません。しかし、その一方では、生徒の学力水準を維持し、向上させなければいけない問題や、世界に通用する学力の伸長を図らなければならないという課題もございます。
　このような本県高校教育の諸問題を解決するために、今般の中央教育審議会を経て示される内容を高校再編計画への反映はもちろん、高校教育全般にどのように反映されていかれるのか、教育長にお伺いして、次の項に移ります。
●教育長（末松史彦）
　高校教育改革についての御質問にお答えいたします。
　まず、高等学校再編計画についてでありますが、この計画の策定時期を来年度といたしましたのは、多くの県民の皆さんの御意見や、県議会の決議、さらには再編の対象となる地域からいただきました申し入れや要望などへの対応を総合的に勘案をしたものであります。

市からの提案につきましては，どのような形になるのか，現段階において明らかではありませんが，県民の皆さんの御意見等への対応とあわせて検討し，その結果を改めてしっかりと県民の皆さんに説明してまいりたいと考えております。

また，改正規模につきましては，引き続き検討段階にありますことから，申し上げられる状況にありませんが，いずれにいたしましても，再編計画原案を基本に据えながら，豊かな教育環境づくりにしっかりと結びつく再編計画となるよう取り組んでまいりたいと考えております。

次に，中央教育審議会で示される内容を本県高校教育にどのように反映するのかとの御質問でありますが，国においては，高校教育改革の取り組みを一層進め，その資質の向上を図る必要から，中央教育審議会初等中等教育分科会に，新たに高等学校教育部会を設置したところであります。

その中で，例えば高校教育における教育課程や学科がいかにあるべきか，キャリア教育をどのように充実すべきかなどの観点を踏まえ，今後の高校教育のあり方についての検討が始められております。

本県といたしましても，高校再編を含め，高校教育をよりよいものにしていくために，この審議の動向を注視しながら，社会の要請にもこたえつつ，生徒一人一人が自己実現に向けて，それぞれの能力，適性や進路希望等に応じた教育が展開される豊かな教育環境づくりに一層取り組んでまいりたいと考えております。

滋賀県議会定例会会議録

2012年（平成24）

【2月定例会】
[代表質問]
○県立高等学校再編計画と特別支援学校について（民主党・県民ネットワーク・谷康彦，2月21日）

高校再編と特別支援学校について，教育長にお伺いします。

さきの11月定例会において，県立高校再編計画の慎重な検討を求める決議案が全会一致で可決され，また，その後，県教育委員会で高校再編計画の策定を繰り延べすることを決定されました。このことについてどのように総括しておられるのか，お伺いします。

また，提案された滋賀県立高等学校再編基本計画（原案）および滋賀県立高等学校再編実施計画（原案）は，この計画の内容のどこに課題があったと認識されたのか，お伺いをします。

さらに，執行部として説得力を欠いたとするならば，説明し切れなかった部分についてもあわせてお伺いをします。

昨年7月の計画発表後の，とりわけ統合新校が計画された長浜市と彦根市の関係者の動揺と抗議は，公表までの過程にも反省すべき点があったと考えます。

また，計画が実施された後の中長期の展望を示されなかった点についても，両市の動揺と抗議の一因があったと考えます。ことしの公表に至るまで，昨年の轍を踏まないために，今後どのような努力を重ねておられるのか，長浜市と彦根市とはこの間，どんな連絡調整をし，どんな共通認識を醸成しておられるのか，お伺いをします。

今，再びの公表で昨年のような事態を繰り返すようなことになれば，それこそ行政の責任を問われかねません。ことしの公表に向けての決意と覚悟をお伺いします。

●教育長（末松史彦）
次に，高校再編計画と特別支援学校についての御質問にお答えいたします。

まず，高校再編計画の策定を来年度としたことについての総括でありますが，県民の皆様方からいただいた御意見等への対応のためには，策定時期を来年とする必要があったと考えております。

しかしながら，将来をも見据えた子供たちの豊かな教育環境を整えていくためには再編は必要であり，引き続き取り組みを進めていかなければならないとの認識に立っているところであります。

次に，再編計画の内容のどこに課題があったと認識しているかについてでありますが，計画原案を公表した段階において，統合新校や新しいタイプの学校の具体的な姿などを一体的にお示しすることができなかったことや，定時制の再編について課題があったと認識しているところであります。

次に，再編計画を説明し切れなかった部分についてでありますが，今ほどお答えしまし

たように，再編計画原案を公表した段階において統合新校や新しいタイプの学校の姿などを一体的にお示しすることができず，県民の皆さんが不安に思われた部分があったものと思っております。

次に，昨年の状況を繰り返さないための努力についてでありますが，県教育委員会といたしましては，現在のこれまでにいただいた県民の皆様からの御意見にしっかりこたえていけるよう，新校の姿などについて学校とともに知恵を絞りながら鋭意検討を進めているところであります。

また，長浜市と彦根市には，策定を来年度とすることを決定後，両市を訪問し，提言の時期等について協力を依頼するとともに，両市が提言に向けて検討されるに当たり，検討委員会のオブザーバーとしての参加や資料の提供，学校の状況説明など，県としても検討がスムーズに進む環境の醸成に努めているところであります。

最後に，ことしの公表に向けての決意と覚悟でありますが，高等学校の再編に向けての取り組みは，将来をも見据えた子供たちの豊かな教育環境づくりに必要であるとの認識に変わりはありません。こうした認識の上に立ちながら，夏休み前までの策定を目指し，豊かな教育環境づくりに結びつく計画となるよう，しっかり取り組んでまいりたいと考えております。

○教育問題について（対話の会・しがねっと・清水鉄次，2月21日）

1点目に，県立高校再編計画改正案の進捗状況について，教育長にお伺いします。

高校再編計画の1年の先送りの決議を受けて，長浜市では，長浜の未来を拓く教育検討委員会が開催されるなど，再編の対象となる高校を抱える地域では議論が活発化しているところです。

しかし，二度にわたり先送りされた県立高校再編計画は，少なくとも本年7月までに県民の皆様の同意と納得が得られる計画案を作成し，再提案しなければならない状況にあります。県教育委員会は，このような状況を踏まえ抜本的な改正案を提案されるのか，それとも，一部修正した改正案を提案されるのか，改正に向けた基本姿勢をお伺いします。

また，長浜市を初めとした各種の要望をどのように受けとめ，どのように再編計画案の中に反映されていかれるのか，再提案までの

プロセスについてもあわせてお伺いします。
●教育長（末松史彦）

教育問題についての御質問のうち，県立高校再編計画についての御質問にお答えします。

まず，県立高等学校再編計画の策定に向けての基本姿勢についてでありますが，将来にわたる子供たちの豊かな教育環境を整えるとの基本姿勢に変わりはなく，この方針のもと，これまでいただいた県民の皆様からの御意見にしっかりとこたえられるよう，学校とともに知恵を絞りながら鋭意取り組んでいるところであります。

次に，今後のプロセスについてでありますが，今ほど申し上げましたように，県民の皆様からの御意見とともに，各市からの提言もしっかり受けとめながら，魅力と活力ある学校づくりに向けた検討を進め，夏休み前までの策定を目指してまいりたいと考えております。

【6月定例会】
[代表質問]

○教育長就任にあたっての決意と県立高校再編計画について（自由民主党滋賀県議会議員団・山本進一，6月22日）

次に，教育長就任に当たっての決意と県立高校再編問題について，教育長にお伺いします。

さて，本年度より県の教育委員は6名のうち半数の3名が交代され，また，教育行政のトップである教育長も新しく就任されました。さらに，教育長を支える教育次長も2人とも交代されるなど，県の教育行政もその組織，人事体制が一新されたところであります。

そこでまず，滋賀県の教育行政の県立高校再編という大きな課題を引き継ぎ，就任に当たって，県教育行政における思いについて，教育長にお伺いします。

さて，昨年度，県立高校再編計画が突然の発表に加え，発表した原案に固執するなど，地元住民，特に生徒たちに大変大きな不安を与えました。そのような大きな混乱の中，就任以来，彦根市，長浜市，甲賀市など，今回の県立高校再編計画案で影響の大きい地域に足を運ばれ，市長と意見交換されているほか，一部の団体に対して意見聴取の機会を設けられております。長浜市と長浜の未来を拓く教育検討委員会からは，原案にこだわらず検討を求めると提言も出されたところです。

しかしながら，影響する各市との意見交換をされた後の6月13日に開催されました文教・警察常任委員会において，「原案に対し，これまでにいただいた地域の意見を踏まえ，一部修正することで考えたい。しかし，どこを統廃合するか，ほかの取り組みもあわせ検討しましたが，原案が妥当」と，委員の質問に答弁されました。そこで，改めて，県立高校再編計画に対する教育長の考えをお伺いさせていただきます。

さらに，一旦立ち止まり，十分検討の上，滋賀県の高校教育のあり方を基本に据えて提案されるよう，昨年10月の自民党県議団の申し入れや，県議会における全会一致で決議された経緯があります。文教・警察常任委員会において一定のスケジュールが示されましたが，改めて，現段階での教育委員会の考え方をお伺いします。

今回の県立高校再編計画の発端は，県立学校あり方検討委員会の議論であり，さらに，当該委員会に検討を求めた最大の理由は，滋賀県の危機的な財政状況の上との声があり，今もなお，地元住民は納得されていない方も多くいると聞き及んでいます。

少子化が進む現在において，さまざまな課題があり，滋賀県の将来を担う子供たちに影響することだからこそ，保護者や住民にとって大変関心があると思います。いかにすばらしい教育環境で就学していただけるかを私たち会派も願っているところです。教育長には，教育に対する理念と厚い情熱を持って今後も滋賀の教育行政に取り組んでいただくようお願いし，この項の質問を終わります。

●教育長（河原恵）
教育長就任に当たっての決意と県立高校再編計画についての御質問にお答えいたします。

（中略）

2点目の，県立高校再編計画に対する考えでありますが，情報化，国際化など，教育をめぐる状況が大きく変化するとともに，少子化などの影響で，これまでの20年間に生徒数が大きく減少してまいりました。このような状況の中で，高校に入学する子供たちにとっての魅力と活力ある学校づくりをどのように行うかを考えるのが，高校再編の問題であると認識しております。

再編を行うに当たって大切にすべき視点として，1，子供たちが希望する進路を実現することができるか，2，多様な教育課程の中で進路希望に応じた学びができるのか，3，英語や理数教育などの教育内容の充実ができるのかなどを考えなければなりません。さらに，地域の活性化も視野に入れながら，子供たちが本当に行きたいと思える学校をつくることが必要であると考えております。

また，高等学校等への進学率が98％を超える状況にある中，全ての子供たちに高校教育を受ける機会を確保し，これからの時代を生き抜くために必要な教育を提供していくことも必要だと考えております。

このような視点からしっかり検討し，子供たちによりよい教育環境を整えることができる計画となるよう，県教育委員会の総力を挙げて取り組んでまいりたいと考えております。

3点目の，スケジュールについての考え方でありますが，現在，地域の教育への思いをしっかりと受けとめるべく，「意見を聴く会」を実施しております。既に彦根市および甲賀市において開催し，統合等により就学の機会が損なわれないようにしてほしい，地域の活性化につながる再編にしてほしいなど，さまざまな御意見を頂戴したところであり，残る長浜市においても，できるだけ早く生の声をお聞かせいただけるように努めたいと考えております。

これらの御意見を踏まえつつ，教育環境を早期に整えたいという思いや，統合には直接関係しないものの，現在の中学3年生が進学後の高校の姿をわかった上で進路選択してほしいとの考えから，8月，遅くとも9月までには，改めて計画案をお示しできるよう努めているところであります。

その際は，学校の姿がはっきり見えるよう，統合の具体的な方法やスケジュールなども含めて全体像をお示しし，生徒の皆さんが安心して進路選択できるようにしてまいりたいと考えております。

また，統合対象校においては学校説明会を別途秋に実施するなど，進路選択に極力影響のないように取り組んでまいります。

さらに，計画案を提示した後，生徒や県民の皆さんに十分に御説明し，いただいた御意見をしっかり踏まえて，できるだけ早い時期に再編計画を策定してまいりたいと考えております。

○県立高等学校再編計画について（民主党・県民ネットワーク・江畑弥八郎，6月22日）

最後の項目です。県立高等学校再編計画について、教育長に伺います。

本年4月、新しく河原教育長が就任をされました。現在、滋賀の教育には多くの重要課題が目白押しと言えます。35人学級を初めとする子供の学力向上に向けた取り組み、教員の能力向上対策等による教育力の向上や、急増する需要への対応が喫緊の課題となっている特別支援教育の問題等であります。

そこで、まず河原教育長には、滋賀県教育委員会の事務方のトップとして就任されるに当たり、教育行政にかける教育長としての所信、滋賀の教育の未来に向けての揺るぎない考えをお聞かせください。

次に、県立高等学校再編計画に向けての取り組みについて伺います。

我が会派の2月定例会の代表質問の中で、前教育長は、「高校再編に向けての取り組みは、将来をも見据えた子供たちの豊かな教育環境づくりに必要であるとの認識に変わりはありません」と、取り組みに向けての決意を答えられておりますが、この点についても私も同感するところです。

しかし、その高校再編のもととなる計画ですが、昨年7月、教育委員会で議決され公表された再編計画原案のうち、25年度実施予定の北大津高校、水口高校に国際文化コースを設置し国際学科を廃止することや、石部高校に福祉健康コースを設置すること等、昨年の原案で示された部分について、今般、新しい再編計画の策定を待たずに、見切り発車で予定通り実施されるとのこと、計画の根幹になるものではないにしろ、1年、2年と策定を延ばし、県民に理解を求めた計画とは何なのか、その位置づけについて、ともに伺います。

県立高校の再編計画、その策定は、22年と23年の都合2回、ともに一層の周知と計画内容の検討を図るため、延期をされました。再編計画を平成24年度の策定とする件については、昨年11月、定例教育委員会で確認をされ、私どもも承知をしているところであります。

ところが、先ごろ、長浜の未来を拓く教育検討委員会から、知事、教育長宛に、再編手続に関する提言として第1次提言が提出をされました。この秋過ぎには、各論、すなわち実施計画にも係る第2次提言がなされる予定と仄聞をしております。この状況からは、24年度計画策定の県教育委員会の方針が、長浜市サイドに伝わっていないのか、全く理解されていないのかと、そういう状況がうかがえます。昨年の延期決定後、今日まで、どのような対応を講じ、県民の理解を深めようとしてきたのか、関心の深い対象地域の現況とともに伺います。

教育長は就任後、積極的に県下、特に彦根、長浜、甲賀地域の教育関係の団体や市長らとの意見交換を次々とされたということです。そうした中で、教育長は、「今後は地域の意見をしっかりと聞いて、きっちりとしたステップを踏んで進めていきたい」と発言されたと仄聞しています。昨年度までの意見の聞き取りやステップの踏み方、その反省の上に立っての発言と思います。意見を聞く、提言を受けるについては、誠意ある対処が受ける側に求められるはずです。その内容によっては、意向に沿った回答の覚悟も必要であります。

まだ意見交換の途中と思われるこの時期、6月13日の文教・警察常任委員会において、再編計画組み合わせ原案が妥当と、見直す考えのないことを明確にされました。今日までの意見交換、提言等に対しての対処は誠意あるものであったと言えるのか、また、きっちりとステップを踏んでいると言えるのか、納得されるものになっているのか伺います。

本年2月定例会における我が会派の代表質問に対する答弁の中で、前教育長は「夏休み前までの策定を目指し取り組んでまいりたい」と答えられております。26年にしろ、27年にしろ、実施が4月からとすれば、前年の7月中の策定は最低限の条件です。進路指導への取り組みも、遅めに考えても8月です。ところが、6月13日の文教・警察常任委員会において、教育長は9月再提示の可能性を述べられました。この時期に再提示することについて、子供たちの進路選択への影響をどのように考えておられるのか、9月の原案の再提示の可能性と、その根拠とともに伺います。

本年4月、教育長は長浜市長との面談の中で、さきにも述べましたように、今後は地域の意見をしっかりと聞いて云々と発言をされ、また、今後、県教委は各種団体から意見を聴取し、アンケート調査も実施したいとの申し出もされたと聞いております。

加えて、長浜の未来を拓く教育検討委員会の提言を初めとして、それぞれの首長や各種団体からの意見等への対応を考えると、今

後，非常に厳しいスケジュールが予想されます。再編計画ゼロベースでとの声もあるようです。3度目となる見直しのための再々繰り延べも視野に入っているのでしょうか伺います。

可能な限り県民の声を聞き，それを尊重することは重要です。もちろん，受けとめる姿勢も大切です。これらを実行される教育長への期待は大きいものと思われますが，高校再編計画策定に向けての今後のスケジュールと，教育長の今年度策定に向けての決意を最後にお伺いし，質問を終わります。

●教育長（河原恵）
県立高等学校再編計画についての御質問にお答えします。

私の本県教育行政における所信についてでありますが，少子高齢化や情報化，国際化などによる急激な社会の変化は，教育にも大きな影響を与えております。これからの時代を生きる子供たちが，こうした変革の時代にあってもたくましく人生を切り開く力を身につけることができるよう，教育環境と教育内容の一層の充実を進めることが教育行政の重要な役割だと認識しております。

言うまでもなく，子供は社会の宝であります。滋賀の教育がこれまで積み重ねてきたものを大切にしつつ，新たな時代を見据えた取り組みを進め，未来を開く人づくりにしっかり取り組んでまいりたいと考えております。

次に，2点目の，県民に理解を求めてきた再編計画とは何かについてお答えいたします。

情報化，国際化など，教育をめぐる状況が大きく変化するとともに，少子化の中で，これまでの20年間に生徒数が大きく減少してきたことなどを踏まえ，高校に入学する子供たちにとっての魅力と活力ある学校づくりをどのように行うかを考えるのが高校再編の問題であると考えております。

コースの設置につきましては，原案に盛り込み整理していたものの，全県的な視野というよりも，主に個々の学校の教育課程の改編にかかわるものであり，よりよい教育を少しでも早く提供していくことが子供たちにとって大事であると考え，実施するものでございます。

次に，3点目の，計画策定年度を24年度として以後，きょうまでの対応についてでございますが，これまでにいただいた県民の皆様の御意見，県議会での決議，統合や分校化の対象校を抱える地域からの申し入れ等にしっかりと答えられるよう，知恵を絞りながら真摯に検討を進めてまいりました。

また，長浜市，彦根市，甲賀市等，関係市町を訪問し，信頼関係のもと，意見交換しながら再編を進めていくことを確認するとともに，地域における高校教育の思いをしっかりと受けとめるべく，PTA連絡協議会など教育関係者等から意見を聴く会を実施しております。

既に，彦根市および甲賀市において開催し，統合等により就学に機会が損なわれないようにしてほしいなど，さまざまな御意見を頂戴したところであり，残る長浜市においても，できるだけ早く生の声をお聞かせいただけるように努めたいと考えております。

こうした意見を踏まえるとともに，よりよい教育環境を早期に整えたいとの思いをお伝えしながら，できるだけ早く計画案をお示ししていきたいと考えております。

次に，4点目の，きょうまでの意見交換や提言等に対しての対処についての御質問にお答えいたします。

教育委員会としては，これまでも全県を対象に県民の皆さんの御意見を伺ってまいりました。また，先ほども申し上げましたように，地域を挙げて多くの御意見や御要望をいただいている3市において，その思いをさらに見きわめていく必要があると考え，改めて御意見を聞くこととしたところです。

これまでに拝見させていただいたり，お聞かせいただいた声から，再編計画，特に統合については，対象校自体に大きな反対があるのではなく，統合のあり方や，どういった教育を行うかという姿が見えないことに皆さんが心配をし，懸念を示されているのではないかと思っているところであります。

こうしたことから，統合のあり方等についてさらに御意見をお聞かせいただき，そうした御意見等を踏まえる中で，改めて計画案をお示ししたいと考えております。その後，生徒や県民の皆さんに十分に御説明し，いただいた御意見をしっかり踏まえて，再編計画を策定してまいりたいと考えております。

したがって，県民の皆様の声をしっかりとお聞きし，誠意を持って対処するというこれまでの姿勢に変わりはございません。

次に，5点目の，子供たちへの進路選択への影響についてですが，県教育委員会としましては，できるだけ早くよりよい教育環境を

整えたいとの思いや、統合には直接関係しないものの、現在の中学3年生が進学後の高校の姿をわかった上で進路選択してほしいとの考えから、8月、遅くとも9月までには改めて計画案をお示しできるよう努めているところです。

その際は、学校の姿がはっきり見えるよう、統合の具体的な方法やスケジュールなどを含めて全体像をお示しし、生徒の皆さんが安心して進路選択できるようにしてまいりたいと考えております。

また、統合対象校においては、学校説明会を別途秋に実施するなど、進路選択に極力影響のないよう取り組んでまいります。

6点目の、再々繰り延べも視野に入っているのかについてでございますが、先ほども申し上げましたように、子供たちのためによりよい教育環境を早期に整えたいとの思いから、安心して進路選択いただける環境づくりを行いつつ、今年度の少しでも早い時期に再編計画を策定してまいりたいと考えております。

7点目の、高校再編計画策定に向けての今後のスケジュールと、今年度策定に向けての決意についてでございますが、先ほども申し上げましたように、8月、遅くとも9月までには改めて計画案をお示しできるよう努めているところであります。

さらに、計画案を提示した後、生徒や県民の皆さんに十分に御説明し、いただいた意見をしっかり踏まえて、できるだけ早い時期に再編計画を策定してまいりたいと考えており、教育委員会の総力を挙げて全力で取り組んでまいります。

○滋賀県教育の課題と高校再編について（対話の会・しがねっと・駒井千代、6月22日）

滋賀県教育委員会が平成23年度の策定を目指していた県立高校再編計画については、県議会においても文教・警察常任委員会を中心に慎重審議をしてまいりましたが、県民の十分な理解が得られていない状況にあると判断し、昨年9月の定例県議会においても、全会一致で、さらに慎重な検討を求めることを趣旨とする「県立高等学校の再編に関する決議」を採択しております。このような状況から、教育委員会は、再編計画案を一昨年に引き続き2年連続で先送りされたところです。

昨年度に提案された再編計画案については、特に、再編の対象となる高校が湖北地域に偏っていることから、長浜市、彦根市を中心に、さらには甲賀市からも強い反発の声が上がりました。特に長浜市では、長浜市の未来を拓く教育検討委員会を立ち上げられるなど、単に地域の高校の統廃合問題にとどまらない、高校教育のあり方から議論しようとする機運が高まり、去る6月12日には、知事ならびに県教育長に対して、県立高校再編の手続等に関する1次提言がなされたところです。

この提言では、新しい高校教育のビジョンを改めて示すことや、地域住民などの声が反映できるよう、県民参画の仕組みを構築すべきなどの提言がなされているところです。私たちがこの提言から酌み取らなければならないことは、高校の再編問題は、単に高校の統合や地域の問題だけではなく、滋賀県教育の根本的な問題を含む包括的な教育改革を行わなければ県民の同意が得られないという必然性です。

我が会派としては、昨年6月の定例会から一貫して、学校の統廃合や再編、学科の改編など、高校教育の改革については必要性を認めるものの、単なる生徒数の減少問題や、財政的な問題に基づく拙速で対処的な改革案をもって再編を進めようとすることには反対を表明してきました。

また、統廃合や再編の対象とされる学校や生徒、保護者を初めとして、多くの県民の皆様から疑問と批判が寄せられている現況については、これを真摯に受けとめ、中等教育機関としての高校の抱える根本的な問題を解消するという原点に立ち戻る必要性を訴えてきました。

そこで、新しく就任されました教育長に、以下、3点についてお伺いいたします。

（中略）

2点目に、教育長の教育改革に対する思い、教育ビジョンについてお伺いいたします。

教育改革とは、結局、どのような人間を育成するかという1点に収れんされます。学校教育制度やカリキュラム、偏差値など、教育改革を行うとき、その延長線上には必ず、育成すべき人間像や、障害の有無などにかかわらず、誰もが教育を受けられる制度が描かれてなければなりません。

我が会派は、県立高校の再編計画に、滋賀の抱える高校間格差やキャリア教育、特別支援教育などの諸問題を解消する方策が描かれてなければならないと主張してきました。本

年度に再編計画を策定されるに際し、教育長が置かれる滋賀県の教育ビジョンについてお伺いいたします。

3点目に、新しい再編計画に関する教育長の発言内容の整合性と、あわせて、県立高校再編計画策定に対する基本的な認識についてお伺いします。

教育長は、新しい高校再編計画の策定に当たり、教育長就任早々から再編対象校を抱える各市を訪問され、地域の教育関係者等からしっかりと意見を聞くとの方針を示されました。しかし、去る6月13日の文教・警察常任委員会において、学科などの一部修正はあるものの、基本的には原案の統廃合校の組み合わせは妥当であるとの認識に基づき、遅くとも本年9月中には結論を出すと表明されました。

この内容は、教育長が就任されてからの一連の発言内容と、私たちが思い描いていた認識とで相違が感じられます。県民の皆様からも再編計画原案の見直しに期待が高まっていただけに、原案の一部修正だけでは、信頼が失われるのではないかと危惧されるところです。

そこで、4月以降の教育長が長浜市などで発言された内容に、一貫性と整合性があったのでしょうか。あわせて、県立高校再編計画の策定に対する教育長の基本的な認識についてお伺いいたします。

●教育長（河原恵）
滋賀県教育の課題と高校再編についての御質問にお答えいたします。
（中略）
次に、2点目の、高校再編計画の策定に際しての教育ビジョンについてでありますが、科学技術の進歩、情報化、国際化、少子高齢化など、教育をめぐる状況やさまざまな課題に対応するため、国においては教育基本法や学校教育法などの改正が行われ、新しい学習指導要領への移行など、さまざまな教育改革が進められております。

本県においても、平成21年7月に滋賀県教育振興基本計画を策定し、「近江の心」を受け継いで、みずからに誇りを持ち、変革の時代にあってもたくましく人生を切り開く力を備えながら、国際社会の一員として活躍できる人を、滋賀が目指す人間像としており、このような生徒を育成する教育を目指した魅力と活力ある学校づくりに向け、県立高等学校の再編に取り組んでまいりたいと考えてお

ります。

3点目の、4月以降の私の発言の一貫性と整合性、および県立高校再編計画の策定に対する基本的な認識についてでございますが、4月就任以来、一旦立ちどまらせていただいたからには、改めて県民の皆様の御意見をお聞きし、地域における高校教育への思いを見きわめながら、同時に、中学生の進路選択に影響がないよう、できるだけ早く計画案を示し、再編を進めていくという姿勢で取り組んでまいりました。

現在、地域の教育への思いをしっかりと受けとめるべく、「意見を聴く会」を実施しております。既に彦根市および甲賀市において開催し、さまざまな御意見を頂戴したところです。

これらの御意見を踏まえつつ、教育環境を早期に整えたいという思いや、統合には直接関係しないものの、現在の中学3年生が進学後の高校の姿をわかった上で進路選択してほしいとの考えから、8月、遅くとも9月までには改めて計画案をお示しできるよう努めているところです。

また、これまでに拝見させていただいたり、お聞かせいただいた声から、再編計画、特に統合については、対象校自体に大きな反対があるのではなく、統合のあり方や、どういった教育を行うのかという姿が見えないことに懸念を示されているのではないかと思っているところであります。

こうしたことから、統合のあり方についての御意見をお聞かせいただき、改めて計画案をお示ししたいと考えております。その後、生徒や県民の皆さんに十分に御説明し、いただいた御意見を踏まえて、できるだけ早い時期に再編計画を策定してまいりたいと考えております。

したがって、地域の皆様を初め、県民の皆様の声をお聞きし、できるだけ早い時期に、よりより再編計画の策定を進めるというこれまでの姿勢に変わるものではございません。

[一般質問]
○県立高等学校再編計画（原案）に対する教育長および知事の考え方について（自由民主党滋賀県議会議員団・青木甚浩、6月27日）
（前略）
9月議会で、ちょうどこの統廃合の質問をさせていただきました。47名全員が、1年間、私は一生懸命議員として活動してきたと思っ

ておりますが，教育委員会は，この1年何の進展もなしに，教育長の発言のごとく一歩も進まずに同じ原案なり策定案を，私は，出されたというか，発言されたというふうに思っております。
（中略）
　教育長は，昨年7月に示された高校再編基本計画原案および同実施計画案，行財政改革を前提に審議され，今回の計画原案のベースとなっている県立学校のあり方検討委員会の審議，報告を受けてどのように思われたか，また，計画原案は本当に教育のことを第一として策定されているとお考えですかということを1問目とさせていただいて，以下，よろしくお願い申し上げます。
●教育長（河原恵）
　お答えいたします。
　情報分野を初めとする科学技術の進展や，経済のグローバル化など，教育をめぐる状況が大きく変化しております。また，少子化などの影響で，これまでの20年間に生徒数が大きく減少してまいりました。そういう中で，再編をしていくということが提起されたと考えております。
　このような状況を踏まえ，将来にわたる，子供たちによりよい教育環境を整えたいという思いの中で取りまとめられたものであると考えております。
○自由民主党滋賀県議会議員団・青木甚浩
　教育のことをしっかりと考えて策定されたかということをお聞きしたのでございます。その原案なり計画案の中に，本当に子供たちのこと，教育のことをここで考えているんだというような答弁をいただきたかったんですが，大丈夫ですか。教育長よろしくお願いします。
●教育長（河原恵）
　お答えをいたします。
　一つには，将来にわたる，子供たちによりよい教育環境を整える，それは，本当に子供たちが行きたい，そして将来を見通すことができる本当に魅力のある学校，また，その中で，子供たちが活力ある，そういう学校をつくるということが非常に重要であるということから，教育を第一として策定されたものであるというふうに考えております。
○自由民主党滋賀県議会議員団・青木甚浩
　27項目あるので，よくわかりませんが，次，行きます。
　どうしてこの基本計画と実施計画が同時に策定されたのか，お聞きします。
●教育長（河原恵）
　お答えいたします。
　平成22年度において，魅力と活力ある県立学校づくりに向けた御意見を聴く会を開催し，また，県内の幼稚園，小中学校，高等学校，特別支援学校の全ての児童，生徒の保護者に情報誌「教育しが特別号」を配布いたしました。その中で，基本計画部分に相当する再編の必要性や，その背景，再編に対する基本的な考え方について周知し，御意見を伺ってきたところです。そうした手順を踏まえてきたことや，その説明の中で，もっと具体的な内容を示すべきとの御意見もあったことから，再編計画の提示に当たっては具体的な内容を盛り込んだ実施計画と基本になります基本計画を同時にお示しし，御意見を伺うこととしたというものでございます。
○自由民主党滋賀県議会議員団・青木甚浩
　通常ですと，教育長，基本計画をやっぱりしっかりまとめていただいて，そして皆さんに理解をいただける実施計画ということが大基本だと私は思っているんですが，教育長，どうですか。
●教育長（河原恵）
　お答えをいたします。
　ただいま御質問にありましたように，まず，教育の基本計画というものをしっかりと踏まえながら，さらにその後，具体的なものを実施計画として出すということにつきまして，言われましたようなことだと考えますが，今回におきましては，先ほど申し上げましたように，基本計画部分に相当するところにつきまして，まず周知，御意見を「教育しが特別号」等を配布した後，もっと具体的な内容を示すべきとのことで，提出するときに両方を同時に出したというところでございます。

—— 一部省略 ——

○自由民主党滋賀県議会議員団・青木甚浩
（前略）
　県民に最も関心があり，影響の大きな高校の統廃合や，定時制の集約，農業，工業関係の学科集約などについては，しっかりと，これ，財政論を廃して，再度しっかりと協議，検討すべきであるというふうに私は考えるんですが，教育長の所見をお伺いいたします。
●教育長（河原恵）
　お答えいたします。

これまでいただいた県民の皆様方からの御意見等にも財政につきましての御意見もあり、子供たちによりよい教育環境を整えることができる計画となるよう取り組んでまいりたいと考えておりますが、それにあわせまして、それに伴う必要な予算はしっかりと確保する必要があると考えております。
○自由民主党滋賀県議会議員団・青木甚浩
　次、行きます。
　県のあり方検討委員会は、実質このテーマに沿った議論はわずか、私は、3回だけやというふうに理解をさせていただいているんです。そのほか、与えられたテーマをいわば事務局がコントロールしながらこの委員会が進んだというふうに、大変失礼ですが、理解をさせていただいております。教育長さん、これを見て、あなたはどのようにこの委員会を評価されますか。
●教育長（河原恵）
　お答えいたします。
　県立学校のあり方検討委員会では、現状を分析した資料に基づき、段階を踏んで深く掘り下げながら、課程・学科のあり方、適正規模のあり方、適正配置のあり方の3つの検討事項を中心に十分に御議論いただき、おまとめいただいたものと評価しております。
　また、今後の県立学校のあり方に係る多くの重要な視点を与えていただいたものと考えております。
○自由民主党滋賀県議会議員団・青木甚浩
　この3回、今3つおっしゃっていただいた、本当にこの3回のテーマ議論で、再度聞きますけれど、この大きな問題、解決ができると教育長はお思いですか。解決できなかったときに、これ、委員会に、教育長、振ってしまうということはないでしょうね。教育長、お聞きします。
●教育長（河原恵）
　お答えをいたします。
　県立学校のあり方検討委員会の報告だけではなく、その後の県民への説明会やパブリックコメント等でいただいている御意見、さらに、今年度になって実施している意見を聴く会での御意見等も踏まえて十分に検討し、県教育委員会の責任においてこの県立高等学校再編計画を策定してまいりたいと思っております。
○自由民主党滋賀県議会議員団・青木甚浩
　教育長さん、答弁を先に走らはったので、8番を飛ばして、9番を行きます。

今、地域の声を聴く会ということをおっしゃっていただきました。新教育長さんが進められてきた地域の声を聴く会において、この計画原案への賛成意見というのはあったんでしょうか。教育長。
●教育長（河原恵）
　お答えいたします。
　現在まで実施させていただいた意見を聴く会において、生徒が減る中で再編は当然のこと、また、統合等により就学の機会が損なわれないようにしてほしいといった御意見をいただいております。
○自由民主党滋賀県議会議員団・青木甚浩
　これは地方の方の賛成意見やね。そうですか。
　私が知るところによると、教育長さんが教育長になられる前ですわ、計画原案に対して前教育長が地域へ出ていろんな意見を聞かはりました。そのときは、長浜、彦根、あと2つほど、ほとんどの方が反対の意見なんですよ、反対の意見。それは、教育長は、今、自分は聞いていませんというのであればそうでしょうが、その反対の意見を聞いて、それが教育長が今言う本当の地域の声という形につながっているのか、いっていないのか、教育長、ちょっと聞かせてください。
●教育長（河原恵）
　お答えいたします。
　これまでに拝見させていただいたり、お聞かせいただいたりした御意見や、さらに地域の教育に対する思いを見きわめるために開催させていただいている意見を聴く会での御意見については、単に賛成、反対ということだけではなく、統合のあり方の視点など、さまざまな角度からの御意見があり、それらの意見を踏まえ、真摯に検討し、よりよい計画案となるよう取り組んでいくことが必要だと考えているところでございます。
○自由民主党滋賀県議会議員団・青木甚浩
　反対の意見が100％近かったという、その意見を踏まえてよりよい計画を立てていくということが、教育長さん、あなたの手腕ならできるかというふうに思いますが、私が教育長やったら、できませんよ。ここ、お答えください、できるかできないか。
●教育長（河原恵）
　反対の意見ももちろん十分に踏まえながら、統合のあり方、また具体的な統合の仕方、さらにはスケジュールというものもあわせ、統合のあり方の案を提案、提示させていただ

くことで、再編計画を生徒や保護者、地域の方々に理解していただけるよう全力を尽くしているところでございます。
○自由民主党滋賀県議会議員団・青木甚浩
　地域の声というのは、反対の部分もこういうところの計画原案の中に入れ込みましたよとか、こうこうですわというような答弁をいただかないと、通り一辺のでしゃべっていただいたかて、あなたの言う地域の声というのはどこへ入るんですかということを聞いているんですから、いや、こうですわ、ああですわと表だけで言うてもうたかて、伝わってきませんよ、そんなん、本当に。地域の方の声というものを我々はここへ届けているんですから、教育長も、地域の声を聞くというのであれば、そういうような答え方をしっかりとしていただきたいというふうに思います。次、行きます。
　県政のパブリックコメントを、約1年後の今ようやく意見の概要として公表されたんですが、なぜこれ、1年間ほっておいたんですか。教育長。
●教育長（河原恵）
　御質問にお答えをいたします。
　県民政策コメントで寄せられた意見、情報等については、それらに対する県の考え方と計画案の修正内容をセットで公表することとなっております。
　現在、一旦立ちどまり、内容を検討しているところであり、本来、公表する段階ではありませんが、再編についてのさまざまな意見を県民の皆様に共有していただけるよう、御意見のみをホームページに掲載させていただいているところでございます。
○自由民主党滋賀県議会議員団・青木甚浩
　何か答弁がもうわからんようになってきてね。これ、前もって出しているんですからね、しっかりと答えてもらわなあかんのやし、我々は、質問状は先に出しているんですよ、教育長。答弁書なんて、私、いただいていませんよ、そんなもん。それやったらしっかり答えてくださいよ、そんなもん。質問する値打ちがなくなってきますわ、値打ちが。わけがわからんようになってきた、こっちも、ほんまに。
　（中略）
　長浜の未来を拓く教育検討委員会の第一次提言書は、あるべき高校改革の手続きについて提言されたもので、具体的な内容は今後速やかに検討されると聞いています。提言翌日の教育長の発言から類推すると、統廃合そのものや対象校には問題ないとか、昨年の原案は地域の声を反映していておむねよいというような発言を聞きました。そういった趣旨のことを読み取って、そういった趣旨ということは、今の長浜市の提言ですよね。そういったことの趣旨を読み取ってその教育長の発言というのはされたんですか、されていないんですか。教育長、お聞きしますわ。
●教育長（河原恵）
　お答えをいたします。
　県民の皆様からの御意見では、例えば、生徒減少の現状から統合もやむを得ない、ただし伝統ある高校を母体とするように考慮してほしい、中学生や保護者にとって将来の夢が描け展望が持てる再編計画であってほしい、原案では統合新校のコンセプトや具体的内容等が示されていない、魅力と活力ある学校づくりのビジョンを明確に示すことが大切などの御意見から、統合のあり方やどういった教育を行うかという姿が見えてこないことに皆様が心配をし、懸念を示されているのではないかと理解しており、先ほど言っていただきましたように、統廃合そのものや対象校に問題はなく、学科のあり方でありますとか、そのあたりをしかりと検討し、原案を作成していかなければならないと考えております。
○自由民主党滋賀県議会議員団・青木甚浩
　15分ですよ、教育長。お答えいただいている答弁が、これ、教育長、はちゃめちゃになっていますよ、はちゃめちゃに。
　私が今言うのは、検討委員会の提言を持ってこられましたやん、長浜市長さんがね、委員長さんと2人で。そのとき私も同席させていただきました。その中の中身を見てやで、見て、明くる日にやで、あのとき10分か20分、教育長、ええこと言うてはったで、ええことを。提言をしっかり捉えさせていただいて判断させていただきますということを言うてはったんや。1日ももちませんよね。1日もたたんうちにこの発言をされているんですよ。だから、今の提言の中身を見てこういうことを発言されたのですか。されていないのですかという、中身は度外視をして、今の長浜市が持ってきた提言の中身は度外視をして、教育長の個人的な考えというか、教育長としての考えでこういう発言をされたのですかと、だんだんだんだん、これだけトーンを落としてしゃべっているんですから、しっかり答えてください、教育長。

●教育長（河原恵）
　提言の内容はしっかり見まして，ビジョンをしっかりと示すこと，また地域の意見を聞くこと，そして拙速にならないように検討すること，また，いわゆる昨年出ました原案に拘泥することがないようにということが書かれておりました。
　そういう部分につきましてはしっかりと踏まえさせていただいて，常任委員会でも対応させていただきたいというように考えております。
○自由民主党滋賀県議会議員団・青木甚浩
　ということは，きょうは議場でございますので，ということは，長浜の今の未来を拓く教育検討委員会の提言とは教育長は逆の立場で進んでおられるという，私は，理解をさせていただきます。
　その理解をした上で，今後，長浜の検討委員会というものを教育長はどういうふうに対応されていくんですかね。今，前提をお聞きいただいた，反対に今進んでおられるんですよ，教育長，長浜の検討委員会とはね。そういう答弁ですからね。その旨で長浜の検討委員会とはどういうふうに今後おつき合いをされていくんですか。教育長。よろしくお願いします。
●教育長（河原恵）
　お答えをいたします。
　湖北の地によりよい高等学校を再編によってつくっていくという考え方，また，中学生の進路指導に影響がないように，時期をしっかりと踏まえ，8月，遅くても9月には計画案をお示しし，さらに昨年の議会での決議にのっとりまして，計画案を示した後，しっかりと地域を回り，スケジュール，あり方，具体的な統合の仕方，生徒や保護者，地域の方々に不安を持たれないようにしっかりしたものをつくって提示し，十分に説明させていただいて御理解をいただき，その後，計画として提案，決定をしていただきたいというぐあいに考えております。
　その中で，提言をいただきましたときも，できるだけ早く次の提言を出していただくように大石委員長様，また市長様にもお願いをいたしましたし，意見を聴く会につきましても，できるだけ早く長浜におきましても設定いただけますようにお願いもさせていただいたところで，しっかりと長浜の皆様方と連携をしながら，湖北の生徒たちのためによい計画案を提示できるようにしていきたいと考

えております。
○自由民主党滋賀県議会議員団・青木甚浩
　大変ですね。
　じゃ，私のほうから一遍，教育長，提案させていただきますわね。
　今の長浜の未来を拓く検討委員会，今，県のほうからはオブザーバーとして来ていただいております。私も数回参加させていただいておりますが，オブザーバーということで何の発言もされていないということなんです。これだけ，市長さんのお話も先に言うてくれやはったんやろうけど，これだけ長浜市，彦根市というところをピンポイントに押さえて計画を立てていく中でこれだけ溝が開いてしまっていると，もうこれ，修復するということは，私は，不可能に近いんじゃないかなというふうに思っております。
　これを可能にしていくには，今，長浜であるのであれば，この検討委員会の中にしっかりと県が入り込んでいくということが一つの大きな，僕は，手法やと思っています。これ，入り込まんことには，第一，長浜市があれだけの予算を使って，あれだけの人材を集めて何で検討委員会をせんならんのやというのが，これが実際の話やでね，教育長，はっきり言うて。
　後で知事にも言いますけれど，教育委員会がその中に入り込んでいって，県の教育委員会が入り込んでいって，長浜の検討委員会ともっとその計画案の中身を煮詰めていくというのも一つの手法やと思いますけど，教育長，どう思われますか。
●教育長（河原恵）
　オブザーバーとしてこれまでも，資料の提供でありますとか，御意見が求められたときに御意見を述べさせていただいております。今後もそういう意味で，オブザーバーでありますとか，場合によれば，求められれば計画案の説明等，必要な場合に，教育長，私自身も出ていってお話をさせていただくような機会も設けなければならないかと思っております。
○自由民主党滋賀県議会議員団・青木甚浩
　求められれば委員会の中に入ってもいいという捕らえ方をさせていただきます。オブザーバーというのは今でも入っておられるので，オブザーバーでそこにいてくださいということをこんなところで私が質問するわけないでしょうが，そんな。だから，委員会の中に求められれば入っていくという捉え方をさ

せていただきます。
　時間がないので，次，行きます。
　長浜市長さんに面談をされました6月18日，教育長，わざわざ何を説明されに行ったんですか。教育長にお伺いします。
●教育長（河原恵）
　お答えいたします。
　6月12日に長浜市および長浜の未来を拓く教育検討委員会から第一次提言をいただきました。これを受け，地域における皆様の教育への思いを聞かせていただいた上で，将来を見据えたよりよい教育環境を早期に整えるため，できるだけ早く県立高校再編計画を策定したいとの思いをお伝えいたしました。そのためにも，意見を聴く会を早期に開催できるよう努めてまいりたいとお伝えいたしました。
○自由民主党滋賀県議会議員団・青木甚浩
　長浜市長の考えというのは，当初，教育長とお会いされたときからゼロベーススタートということをおっしゃっていましたよね。市長の話を聞くと，教育長もそうですよ，ゼロベーススタートでいきますと。縦に振っていただこうが，横に振っていただこうが結構ですが，ゼロベーススタートでいくと。だから提言のときにも，ゼロベーススタートのお話の中で，慌てないでくださいよということを市長は言うていたはずなんです。それやのに先に結論というか，計画論が出てしまったので，かなり，さっき言うたように，溝は開いている理解を教育長はしていただけますかね。
●教育長（河原恵）
　今回の再編案の計画の検討ですが，最初にもありましたように，あり方懇から始まり，これまで議論を積み重ねてきました。そういう意味で，ゼロベースということではなく，先ほども申し上げましたように，実際の統合のあり方であります。不安のないような実際の統合の仕方，スケジュール等をしっかりと示し，いいものを早く提示するということで，先ほどもありましたように，そのことを再度伝えにも行っておりますし，理解もしていただけ，また，今後も，していただけるように努力をしていきたいと思っております。
○自由民主党滋賀県議会議員団・青木甚浩
　じゃ，もう長浜市をやめて，次，彦根市に行きます。
　彦根市長さんの6月議会における高校再編に関する議会答弁について，かなり教育長とは隔たりのある答弁をされているというふうに思っております。中身，読みましょうか，中身を。
　地域の話に耳を傾ける姿勢を持ってしっかりと意見交換をしながら進めていきたいという，教育長，市長さんにお話をされているはずなんです。これは答弁なんですよ。議会答弁でおっしゃっているんですよ。計画策定の時期については，これは前教育長の末松さんがおっしゃっていたことですが，7月ごろという話もあったわけですが，従来の7月というのにはこだわらないという，これは確かにおっしゃっていることです。抜粋していきます。
　きちっと計画の中に入れてくれないのだったらですね，2年でも3年でも徹底的に戦いますよと，こういうお話をいたしました。今度の新しい教育長さんはですね，しきりにお話を聞いた，聞いたとですね，おやりになってですね，結局は前のとおりですよと，こんなふうにおっしゃったんだったら，これは一種の県なり県教育委員会のアリバイづくりじゃないか，そうなるのを非常に心配しておりますということ。
　その後，この6月13日ですね，県議会の文教・警察常任委員会に行きまして，県教育長が，結局統合については彦根西高と彦根翔陽高校以外にない，また，昨年7月に発表した高校再編計画原案の一部修正で対応したい，しかも遅くとも9月中には結論を示すということをおっしゃった。
　彦根の市長さんがおっしゃっている統廃合の中身は教育長はもう知っておられると思うので，そこはもう言いませんが，要するに，彦根の市長さんのこの6月議会の答弁は，私はだまされましたよという答弁なんですよ。
　最終的には，本市としては，今後も本市の主張をしっかりと伝えていきながら，今後も今までどおり長浜市としっかり連携を図ってこの統廃合には全面反対していくという，私はこの答弁の捉え方だというふうに思いますが，教育長，どうですか。
●教育長（河原恵）
　お答えをいたします。
　彦根市を初め，地域の方々の御意見をお聞きしながら計画を策定していくというスタンスには変わりはないとの考えをさらにお伝えをし，御理解を得られるよう努めることがより一層重要であると，答弁を読ませていただいて感じているところでございます。

○自由民主党滋賀県議会議員団・青木甚浩
　答弁になっていない。全然答弁になっていない。
　じゃ，教育長，この教育長が彦根市長とおっしゃって会話をされたこの中身は否定されませんよね。これは全部教育長がおっしゃって帰ってきたことですよね。お聞きします，教育長。
●教育長（河原恵）
　答弁を見させていただきまして，そこに書いてあるようなやりとりをしたことは事実です。
○自由民主党滋賀県議会議員団・青木甚浩
　事実ですか。そうですか。
　じゃ，彦根の市長さんがあのような捉え方をされたということについてですね，教育長自身は，私は何の問題もなかったと思っておられるのか，いや，あのときの会話は私は言い過ぎましたと思っておられるのか，どっちですか，教育長。
●教育長（河原恵）
　その市長様とお出会いしたときに，教育長としての意見として申し上げまして，よりよい案をつくるためにしっかり意見を聞かせていただきながらと申し上げましたことはそのとおりであり，その後，先ほど申し上げましたように，意思疎通の中で十分まだできていないところがあったというように答弁から感じましたので，御理解が得られるよう，より一層努めていくことが必要だというぐあいに考えました。
○自由民主党滋賀県議会議員団・青木甚浩
　簡潔にお答えいただかないと，わからないんですよ，教育長のうじうじうじうじおっしゃっている答弁がね。やっぱりここまで来たら，これだけのこと，事実があるんだから，悪いことは悪かった，いいことは，いや，わしはこうやということをしっかりと述べていただかないと，前に進むものも進まなくなってしまうということが私は最終的にお伝えしたいという思いなんです。
　今，実際にここまで，長浜市にしても彦根市にしても溝が大きく割れてしまったということは事実なので，ここをやっぱり早く修復する手当てというものを，しっかりやります，しっかりやりますと言うたかて，私ら，子供じゃないので，先生と子供じゃないので，学校で言うように，しっかりやれ，しっかりやれと言うたかて，そら，だめなので，本当にしっかりどうしていくんだというこ

と，この2つね。
　僕の捉え方は，教育長が就任して以来，矢を撃ちに行かはったというふうに思っていますのでね，矢を撃ちに。矢を撃たれたほうは，かっかきてますので，そこをしっかりと修復する手当てというものはお持ちですか，お持ちでないですかという。
●教育長（河原恵）
　修復するというか，しっかりと連携をとりながら原案を検討していくということにつきましては，そのようにさせていただきたいと考えております。
○自由民主党滋賀県議会議員団・青木甚浩
　連携をとることができないんですよ。言うておきますよ，連携をとることができないので，その連携をとるためにどうするのかということを僕は今聞いたんですわ，聞いたんです。まあ，よろしいですわ。
　知事，最後，時間がほぼないので，ちょっと飛ばしますけど，最終的に，今，教育長とのこのやりとりというのを，知事，聞いていただきました。今，現況はそういう現況でございます。知事も市と町との連携というものはしっかりととっていくということは常日ごろおっしゃっているんです。僕は教育長の段階ではこの溝はおさまらないというふうに思っているので，最後にこの溝を抑える知事の力というものをどういうふうに発揮していただくかということをお答えいただきたい。知事。
●知事（嘉田由紀子）
　青木議員の御質問にお答えさせていただきます。
　6月12日に長浜の大石先生と長浜市長が，この第一次提言をお持ちいただきました。そこで，私は，2つのことをお礼申し上げました。
　1つは，昨年，議会の皆様からの御意見もいただき，大変，教育委員会とも悩みながら，再編については社会的な必要性からできるだけ早くしなければいけない，しかし，これだけの地元の皆さんの思いもあるので，1年以上先送りということで，議会の皆さんの意見もいただき，知事として教育委員会と相談しながら延ばさせてもらったわけです。その間，長浜市さんのほうでは本当に御自分の予算を使って，12月21日から5月24日まで7回の検討委員会をしていただいた。真ん中では3月，みらいのフォーラムをしていただき，この中身を私も都度都度見せていただきまし

たけれども，大変力を入れていただいて，この第一次提言にまとめていただいた，そのことに対して，まずお礼を申し上げました。

2点目は，この中身の中で，特に長浜の皆さんが気にしておられる地域の条件の中で，地域とともに歩む高校づくりを自分たちもしっかり中身を詰めてやっていきたいという中身，コンテンツにも大変感激をいたしました。その2点を申し上げたわけでございます。

それで，特にここ数年の湖北の動きといたしましては，高校の，平成18年からの全県1区，この中で大変危機感を持っておられる長浜の皆さんの思いも込められておりますので，ここは教育長ともお話ししました。教育長も，自分も北のほうから出て，よく南高北低と言われていた，そういうところで長浜の皆さんの気持ちがわかるから，教育理念を実現をして，長浜の皆さんが納得する，誇りの持てる，そして湖北からまた未来に向けて人材を輩出していただける，そういう高校をぜひ一緒につくっていきましょうと誓い合ったのが教育長とのお話でございます。

教育長，これまでの経過，いろいろあって大変だと思いますが，ここは教育委員会と力を合わせて，私も，市と溝が一旦，新聞などの報道も見て膨らんでしまったかもしれませんが，ここは何よりも子供たちのために，そして長浜のために溝を埋めていきたいと思っております。

もちろん彦根についても，また市長さんとも溝が広がっているようなら，埋められるように私も全力を尽くしていきたいと思っております。

○県立高等学校再編計画（原案）のうち長浜養護学校の高等部について（自由民主党滋賀県議会議員団・青木甚浩，6月27日）

違うもう一つの表題に行きます。これも県立高校の再編計画の中の原案の一つでございます。もう6分しかございませんので，原稿を読む時間がないと思います。

長浜養護を伊吹高校に分教室として，平成25年度，来春ですね，25年から実施されるという計画がございます。その計画の中身ですね，当初は教育委員会は新しい校舎とは言わず，新しい校舎か，何かを建てて養護と普通のところを分けるという形をとるというお約束をされていたようです。今になって，財政的にその建物がもう建たないから，建物を建てずに校舎の中で，今，養護と伊吹高校とを併設してほしいということを教育委員会が言ってきたということなんです。伊吹高校というのは，御存じのとおり，スポーツ科とかいろんな科を持って，体育館の空き時間も週に2つぐらいしかあかないというふうに思っておりますし，今現況でそんなたくさんの空き教室がある学校ではないというふうに思っております。

今の養護の生徒たちが来ると，2階とか3階に分散されてくるという現況が生まれるということでございまして。そうなると，これ，分教室でございますから，分校じゃないので，分教室ということは，今，長浜養護の高等部の2クラスだけが伊吹高校へ動いてくるということなんです。若い先生が僕におっしゃっていただきました，分校と分教室の違いというものは大きな違いがあるんですよって。僕は分校も分教室もそんなに違いがないというふうに思っていたんですが，長浜養護から長い廊下が伊吹高校につながっているのが分教室なんすよということをおっしゃいました，若い先生が。

それで僕ははっと目が覚めましたわ，はっと。あの養護の生徒たちのクラスを割って，そして長浜養護に残す生徒たち，伊吹高校へ行かす生徒たち，長い廊下でつながっているんですが，長い廊下だから私たちの目は届きませんよと。今まで10人，例えば10人いた先生が分教室になって伊吹高校へ行けば，そこには2人しかいないということです。子供たちの将来をどうするんですかと言われたときに，答えられなかったんです，僕は，はっきり言ってね。

当初に，やっぱり，お約束していただいた形をしっかりと，教育長，とっていただくということが，僕は第一の問題だというふうに思っていますし，それが本当にできないのなら，やっぱり伊吹高校の先生方も長浜養護の先生方も，そしてそれに続くPTAの方々もしっかり理解いただけるように持っていくのが，これは教育委員会の，僕は，仕事やというふうに思いますわ。

だから，一旦やっぱりするということを言うたことを，財政的に無理だからしませんって，教育というのは，僕は，財政が絡んで，この統廃合でも一緒やん，結局財政的にということなんですが，財政は隠すんでしょう，みんながね。だけど，この今の分教室については，しっかりと財政的にできないということが出ているんですから，答えが。だから，

そこは教育長が行ってしっかりとまとめる気があるんですか，ないんですか，お聞きします。
●教育長（河原恵）
　伊吹高校へ長浜養護学校の分教室設置に当たりまして，教室や職員室，作業室など分教室に必要な施設と，伊吹高校の既存施設の状況を調査し，検討した上で，既存施設の改修による有効活用により対応することが可能であると判断したことで，新たな増築はしないとしたところでございます。
　今後，平成25年4月に計画どおり分教室が設置できるよう，両校と詳細を詰めていきたいと思っております。そのような形で進めたいと思いますので，よろしくお願いいたします。
○自由民主党滋賀県議会議員団・青木甚浩
　再問させていただきます。
　教育長の今の答弁というのは，よう伝わってこないなというところですが，僕が言うた財政的に今の新しいものを建てるんじゃないんですが，今，伊吹高校の校舎の中が十分あいているから，それを改築して，ちょっとさわって，その中で今の分教室をつくるんですよという答弁でよかったんですかね。そういう答弁やったらね。もう一遍聞きますわ，教育長。
●教育長（河原恵）
　教室の大きさでありますとか，特別支援学校用の規格がありますし，そういうような形で，増築はしませんがしっかりしたものをつくって対応するということで，必要な財政はしっかりとつけて進めていきたいと。財政的な問題というよりも，先ほど申し上げましたような形でしっかりと施設を整備していきたいと思っております。
○自由民主党滋賀県議会議員団・青木甚浩
　再々問。県の教育委員会は，ここまで人をだますのであれば，県の教育委員会は，要するに，財政的にできないから，県当局の財政課が無理ですよということをおっしゃったから，増築についてはできませんよということが伝わっているんですよ，教育長，学校には。教育長，こんなごまかししたら，だから，そういうふうにこうするから，統廃合も何もできなくなってしまうんじゃないか，最後に。もっとしっかり自分の考えを述べてくださいよ。学校はそういうふうに言っていますよ，財政的にできないからということで伝わってきたということは言うてますよ。おかしいじゃないですか。だから地べたが，要するに

建てられないという，地べたですということは聞いていますけど，米原市の管轄なので，いつでもそんなん，できますよ。現況，建っているじゃないですか，学校が。
　もう一遍聞きますよ。財政的にあかんということを伝えているのか伝えていないのかということをもう一遍聞きますわ，教育長。もう，ほんで終わりますわ。
●教育長（河原恵）
　財政的に増築ができないということではなく，先ほども申し上げましたように，既存施設の中で有効活用で対応できることが可能だと判断をし，改修でさせていただきました。
○自由民主党滋賀県議会議員団・青木甚浩
　わかりました。財政的にはできるんですね。今の答弁やったら財政的にはできるんですよね。僕はそういうふうに理解します。
　じゃ，学校の敷地の中を一遍見てみて，それがほんまに長浜養護がそこに2クラス行けるか行けんかという，行けんという判断ができたら，それは建てなさいよ，教育長，お金はあるんですから。教育長が責任を持って建ててください。教育長，答弁をいただきます。
●教育長（河原恵）
　先ほども申し上げましたように，新たに長浜養護高等学校の生徒たちの教育条件を整えるための施設の改修等につきましては進めていきたいと思っておりますが，今言われたように，何か大きな問題があれば，それは検討しなければならないと思っております。
○自由民主党滋賀県議会議員団・青木甚浩
　その大きな問題というのは，要するに，その学校，伊吹高校の中に今の長浜養護の分教室2クラスが入れるか入れんかというところをもう1回調べて，それが大きな問題というのであれば，それは別棟を建てるという理解の仕方でよろしいですか，教育長。うんでない，これはうんではあかんのや，しっかりとマイクを通して言うてもらわな。
●教育長（河原恵）
　今言われましたようなことが，もし教室の中へ特別支援の生徒が入れないような状況があれば，そのときは対応できるように努力はいたします。

【9月定例会】
[代表質問]
○県立高等学校の再編計画について（自由民主党滋賀県議会議員団・目片信悟，9月24日）
　では，次に，教育問題，特にここ数年来，

混迷を深めております県立高等学校の再編計画について伺います。

折しも国においても昨年11月より中央教育審議会高等学校教育部会により，実に約20年ぶりに本格的な議論が開始されました。実に丹念な議論が進められ，今後の議論の行方が注目されるところであります。議事録や審議過程を見ますと，滋賀県教育委員会が今回高校再編議論を契機といたしております生徒数減少に伴う高校規模の問題についても若干触れられております。

また，現行の制度が極めて多様化している高等学校の現状に十分対応しているかどうかを検証し，制度の改善を含めた検討を行うべきである，ただし，その場合にも拙速な制度変更に伴う混乱等を避けるため，十分に時間をかけて行うべきといった整理がなされております。

そこで，今回見直しの上，再策定されようとしています滋賀県の高校再編計画案に係る考えについて，以下，伺います。

まず，今回の再編問題に係り，昨年示された原案は，1年以上時間をかけて検討するとされたところであります。原案公表後，現在に至るまで，特に統廃合等の影響の大きい彦根市，長浜市，甲賀市などにおいては，関係当局，市長を初め教育関係者のさまざまな動きが出ているのが現状であります。

また，県教育委員会におきましても，本来は計画原案を検討する段階で実施すべきで，遅きに失したとはいえ，3市の教育委員会やPTA等の一部団体に対し意見聴取をされております。

そこで，これらの関係地域の動きや意向について，また，意見を聴く会における地域の声にはどのようなものがあり，それに対していかに対応されようとしているのか，教育長に伺います。

次に，先日，新聞報道等にもありましたが，再編計画案の公表と計画策定時期ならびに実施時期についてであります。

さきの6月議会において教育長は，再編計画の策定を急ぐ，あるいは時期にこだわる理由として，進路選択に影響が出る旨の発言をされました。幾つかの中学校現場に確認をしたところ，今この時期に計画を策定したとしても，中学3年生はおろか，中学2年生にしても遅いとの意見が寄せられているところであります。

教育長が中学3年生の進路決定のために計画策定時期を急いでいるとするならば，受験を控える中学生や，その保護者，あるいは中学校現場の切実な思いと大きくかけ離れていると考えますが，再編計画案の公表と計画策定時期ならびに実施時期について，教育現場の声を真摯に聞く教育長の考えを改めて伺います。

次に，3点目としまして，さきの6月12日，知事ならびに県教育長に提出されました長浜の未来を拓く教育検討委員会の第一次提言について，知事，教育長とも重く受けとめる，しっかり受けとめるなどと述べられ，地域の思いを再編に生かし，県と市の溝を埋めていきたいとの答弁をされております。

また，これに引き続き，具体的な内容を含む第二次提言が間もなく出されると伺っておりますが，知事および教育長は，これらの提言をどのように受けとめ，間もなく示される高校再編に反映されるのか伺い，次の質問に移ります。

●教育長（河原恵）
県立高等学校の再編計画についての御質問にお答えいたします。

まず，関係地域の動きや意向についてですが，彦根市においては，市長がこれまで議会答弁等において，統合や定時制を廃止すれば子供たちの就学の機会が減ると指摘され，子供たちの就学機会の確保に強い思いを示されてきたところでございます。

長浜市においては，長浜の未来を拓く教育検討委員会において，長浜にある比較的規模の小さい学校を集約して一定規模の中核校を設置し，学校活力を向上させたいという考えは検討に値するとの考えを市長が示されたところでございます。

さらに，甲賀市においては，去る7月17日に，地域に根差した教育が行われている信楽高校の分校化の撤回を改めて要請されるとともに，信楽高校の充実，発展に向けて市として支援を検討する用意がある旨の提言を市長と教育長の連名によりいただいているところでございます。

また，5月から8月にかけて実施した，意見を聴く会においては，彦根市の会場においては統合により学校数を減らさないようにしてほしい，再編に関する滋賀県の教育ビジョンを示す必要があるといった御意見をいただきました。

長浜市の会場においては，切磋琢磨できる魅力ある普通科の高校は必要である，定時制

を残してほしい，県南部から生徒を呼べる魅力ある学校をつくってほしいといった御意見をいただきました。
　甲賀市の会場においては，信楽高校を本校として残してほしい，特色あるセラミック科，デザイン科を残してほしいなどの御意見をいただいたところです。
　このような地域の御意見や意向を踏まえ，酌み取る方向で，未来を開く子供たちによりよい教育環境を整えるとの思いに立ち，全県的視野を持ってどのように再編計画に反映することができるかについて，これまでからも教育委員会協議会において検討，協議を重ねており，近々に取りまとめを行う予定をしております。
　次に，再編計画案の公表および再編計画の策定，実施時期についてですが，将来をも見据えた教育環境を早期に整えたいという思いや，再編には直接関係しないものの，現在の中学3年生が進学後の高校の姿をわかった上で進路選択をしてほしいとの考えから，9月中旬には計画案をお示ししたいと考えております。
　一方，長浜市は，第二次提言後に再編計画案を提示するよう強く要請されるとともに，当初の日程を大幅に前倒しし，第二次提言を9月25日に取りまとめ，翌26日に提言するとされたところでございます。
　教育委員会では，これまで頂戴した県民の皆様からの御意見等を踏まえ，検討，協議を重ねているところでありますが，26日に提出される予定の第二次提言も踏まえ，全県的な視野に立って検討し，近々に取りまとめたいと考えております。
　なお，統合新校にあっては，設置時期を28年度とするなど，中学3年生への進路選択に影響のないよう，また，中学2年生，1年生への影響にも十分配慮しながら進めてまいりたいと考えております。計画案の提示後は，各地域で再編計画案の説明会を開催し，理解を得るとともに，パブリックコメントも含めて改めて計画案に対して県民の皆様方から御意見をいただく予定をしております。
　これらの御意見を踏まえ，今年中のできるだけ早い時期に再編計画を策定してまいりたいと考えております。
　次に，長浜の未来を拓く教育検討委員会の提言をどのように受けとめ，反映させるかについてですが，長浜の未来を拓く教育検討委員会の提言は，さまざまな意見の中から集約

されるものであり，しっかりと受けとめる必要があると考えています。
　第二次提言をいただいた後は，何よりも湖北の地で子供たちが充実した学校生活を送る中で自己実現を図るとともに，社会の形成者としての資質を養うための魅力ある学校づくりの視点を大切にしながら，全県的視野を持って計画案に生かしてまいりたいと考えております。

〇県立高等学校の再編問題について（対話の会・しがねっと・冨波義明，9月24日）
　最後の項に，県立高等学校の再編問題について，質問いたします。
　県立高校の再編計画案については，県民の十分な理解が得られていないと二度にわたり延期されているところですが，県教育委員会は，本年9月中に計画案を提案し，11月には最終計画案を決定したいとされています。
　私たちは，これまでから一貫して，高校の再編問題は誰のための高校再編計画であるのかという基本的な視点に立ち，どのような人間を育成するのかという人材育成の明確なビジョンが描かれていなければならないと主張してまいりました。
　また，今回の高校再編計画が教育の効率や財政的な観点から策定されることなく，高校教育が果たすべき根本的な役割を含む包括的な教育改革を伴うべきであるとも訴えてまいりました。
　そこで，改めて私たちがこれまでから指摘をしてまいりました県立高校の再編に係る基本的な以下，2つの観点から教育長にお伺いします。
　1点目に，高校の序列化や学校間格差の問題についてお伺いします。現在，中学卒業生の約98％を超える生徒が高校進学を希望する状況の中で，学力の偏差値を基準とした受験制度により，学校は序列化され，実質的な学校間格差が生じているのではないでしょうか。
　しかし，学力や偏差値の重視による学校の序列化や学校間格差は，成績至上主義や学力競争激化の弊害などを生じ，いじめを初めとしたさまざまな問題行動の増加など，子供たちの心にも大きな影響を与えていると考えております。
　本県でも，多くの県民の皆様の反対や心配の声が上がっている中で，平成18年度から全県一区制を導入され，これにより高校の序

列化は進み、学校間格差はより明確になったと感じております。

また、県南部地域の高校への生徒流入は加速し、県北部地域の高校が空洞化する懸念や、また地域に根差した高校が減少し、地域との関連性が薄れることを心配する声も上がっているところです。

そこで、このたび改めて再編計画案を提案されるに際し、県教育委員会では、普通科の全県一区制の実施以降、5年間の総括と検証をどのように行われ、このたびの再編計画案に反映されたのか、お伺いをします。

また、このたびの重大ないじめ事件を受け、本県の教育行政のあり方を抜本的に見直さなければならない状況、さらには、長浜市が新たに発表された土地提供に係る提案もあることなどから、この際、現在の高校再編計画の従来の一部修正案で押し切ることなく、ゼロから全面的に見直す必要性もあるのではないかと考えます。この点についてもあわせて教育長にお伺いをします。

最後に、永らく教育現場に身を置いた私の思いも込めて、少々大きな観点から最後にお伺いをします。

このたびの県立高校の再編計画案では、魅力と活力ある県立高等学校づくりをテーマに、魅力ある学校づくりとして総合単位制高校の新設、農業・工業学科の改編、特別支援学校との交流など、多様な学校選択肢を提供するとともに、活力ある学校づくりとして全日制高校の統合や分校化などを通して、豊かな教育環境を提供するとされています。

私たちは、教育基本法の第1章第4条、教育の機会均等でうたわれているところの、全て国民は等しくその能力に応じた教育を受ける機会を与えられなければならないという文言の中の能力とは、学力成績の能力ではなく、生徒たち一人一人が本来持っているさまざまな能力であると考えています。生徒たちが持つ個々の能力、生徒たちの主体的な学びへの意欲が尊重される学校こそ、県教育委員会が目指される魅力と活力のある学校ではないでしょうか。

我が会派では、先日、奈良県、三重県、兵庫県の公立学校に赴き、各学校の先見気鋭の取り組みをつぶさに調査してまいりました。奈良県立王寺工業高校では、電子工学教育を中心として、日本一の工業専門学校を目指し、徹底したキャリア教育と人間教育を実践されておられ、生徒も教員も専門教育高校としての誇りと自信に満ちあふれた姿がとても印象に残りました。

また、三重県立相可高校では、環境土木科では、測量士国家試験の合格者数日本一、食物調理科では、高校3年間の調理実習で調理師資格の取得など、どの生徒もみずからが進んで選んだ学校で、授業や実習に生き生きと取り組んでいました。特に相可高校の食物調理科は、地元多気町から新築の建物を提供され、土日には自分たちの調理実習の成果を発表する場として、高校生レストランまごの店を経営し、全国的な注目を浴びています。

さらに、兵庫県立昆陽高校は、学び直しや不登校の生徒を対象とした朝、昼、夜の3部定時制の単位制高校ですが、同じ校地内に併置されています阪神昆陽特別支援学校とのさまざまな連携を通したノーマライゼーション教育を実践されており、その現状を目の当たりにすることができました。

本県でも、このたびの高校再編計画で統廃合の対象とされている学校の中には、歴史的な伝統産業を継承する信楽高校や、介護福祉士合格率100%を誇る福祉科を持つ長浜高校、自然豊かで恵まれた実習環境を有する長浜農業高校など、いずれも生徒の能力と意欲を生かし、地域との協働によるすぐれたキャリア教育の実践が期待される学校が含まれています。また、彦根西高校の学びの共同体の取り組みは、いじめ問題で揺れる本県にとっては全国に誇るべき教育実践を推進されている学校ではないでしょうか。

生徒の主体的な学習意欲をとうとび、生徒の多様な能力を育む教育環境を整えていくことこそ、生徒の選択の自由を保障することであると考えます。

このたびの県立高校の高校再編の策定に当たっては、生徒一人一人の意欲と能力を生かす具体的な計画や各分野に特化したキャリア教育がどのように盛り込まれているのか、また、この取り組みがそれぞれの地域とどのように協働して推進されるのか、教育長には丁寧な御答弁をいただくことをお願いして、私の代表質問を終わります。

●教育長（河原恵）

次に、6問目の県立学校の再編問題についての3点の御質問にお答えいたします。

まず、県立全県一区実施以降5年間をどう総括、検証し、それを改編案にどう反映するかについてでありますが、平成18年度より実施している県立高校入学者選抜の全県一区

制度は，多様化する生徒のニーズに対応し，自分に合った高校を主体的に選択できるよう，その選択幅を可能な限り拡大するとともに，特色ある学校づくりを一層推進することを狙いとしたものです。

この制度の導入により，学習のみならず，スポーツの面も含め高校の選択幅を広げ，行きたい高校に入学する機会をふやすことができ，制度導入の成果と言えます。

また，主体的な高校選択が，より推進されてきたことにより，高校中退者の減少にもつながっているものと考えています。

加えて，県外の高校等への進学者比率が，全県一区制度を導入前よりも低下しており，このことは県内の高等学校の特色ある取り組みが進んだものと考えております。

こうしたことから，再編計画案の策定に当たっては，全県一区制度を前提としながら，より一層，魅力と活力ある学校づくりを進めるとの方針のもと，取り組んでまいりました。

次に，現在の高校再編計画をゼロから全面的に見直す必要性についてでありますが，御指摘のとおり，いじめ問題につきましては，県民の皆様の信頼を一刻でも早く回復できるように，別途全力で取り組んでいるところであり，長浜市が新たに発表された土地の提供に係る提案につきましては，長浜市街に既存の校地があることなどから，県としての新たな用地の購入については県民の皆様の御理解が得られないのではないかと考えております。

再編計画の策定に当たっては，これまでいただいた県民の皆様からの御意見や，市町からの提言等を踏まえ，計画案を取りまとめ，よりよい計画となるよう取り組んでまいりたいと考えており，ゼロから全面的に見直す考えはございません。

次に，県立高校再編計画に生徒一人一人の意欲と能力を生かす具体的計画とキャリア教育を地域と協働して推進するかについてでありますが，これまでから全ての県立学校においては，それぞれの教育目標等に応じた魅力ある学校づくりを進めるとともに，特色ある学校づくりを支援するアクティブハイスクール支援事業や，進路実現を支援する確かな自己実現支援事業において，キャリア教育の視点を踏まえながら取り組んでいるところでございます。

また，高校再編は，議員御指摘のとおり，生徒の主体的な学習意欲をとうとび，多様な能力を育む教育環境づくりの取り組みでもあり，地域と共生する力の育成を図るとともに，時代に対応した学習やキャリア教育，職業教育の推進などの視点を大切に進めているところです。

例えば，信楽高校では，地場産業や地域社会との連携，協力により，セラミックなど，地域資源を活用した特色ある教育を進めるなど，生徒一人一人の職業への意識と能力を高め，地域に支えられた取り組みをさらに拡大していく方向で検討しているところでございます。

[一般質問]
○高校再編に併せ家庭科教育の充実を求めることについて（自由民主党滋賀県議会議員団・西村久子，9月27日）

次に，高校再編にあわせ，家庭科教育の充実を求めることについて，知事と教育長に伺います。
（中略）
再編の中で，歴史ある彦根西高校の家庭科が，かわるべきところなく総合学科にのみ込まれて，姿を消されようとしています。残るは大津高校の1校のみとなります。

今日まで行われてきた家庭科教育は，それだけ時代に合わないのでしょうか。徹底した家庭科教育で立派な子女を育成することは，今日起こっている未熟な家族，母子関係の中で後を絶たないいじめ，虐待等の歯どめに大きく貢献できると考えるものです。教育長の現代においての家庭科教育についての見解と，県内偏らずに高校家庭科教育の復活についての所見を求めるものです。

●教育長（河原恵）
今回の再編におきましては，彦根西高校の伝統ある家庭科教育の流れを引き継ぎ，専門性をさらに高めるとともに，高等教育機関への接続も視野に入れながら，家庭科教育の充実を図ってまいりたいと考えております。

○自由民主党滋賀県議会議員団・西村久子
今回，高校再編が再度提出されようとしておりますけれども，私は，先ほど教育長さんもおっしゃいましたけれども，こういった家庭科の神髄というものを絶やすことなく，人の優しさを持った家庭人を育てるべく，家庭科を存続してほしいと切に願っております。
（中略）
明確な高校再編の案は今回お示しいただけませんでしたけれども，単独の家庭科に比し

て，総合学科の中での選択した家庭コースでどのようなメリットがあるのでしょうか。それが今の時代，生徒が望む学校の総合学科なのでしょうか。高校再編は生徒の望む学校をつくるのか，いや，時代が求めている，必要とする人材を育てる学校をつくるのか，そのあたり，もう一度お考えをお聞きしたいと思います。
●教育長（河原恵）
　家庭科教育の大切さにつきまして，先ほど言っていただきましたように，人の生きる一番基礎が家族，家庭ということで，子供，お年寄りにも本当に大事にする，そういう家庭づくりをし，この家庭科教育，彦根西が培ってこられた家庭科教育を通し，家庭の大切さを発信できる学校にしていきたいと思っております。
　また，総合学科のメリットということですけれども，産業教育審議会等で議論をしていただきました中で，中学校卒業予定者の中で家庭学科を志望する者の相当数が，入学当初から専門的な学びへの目的意識が高いという，家庭科にはこういう生徒たちが集まっているということが書かれております。そういう生徒たちを，総合学科の場合はその意欲をしっかりと踏まえ，そしてその上に指導をするというシステムになっておりますので，より一層専門性の高い，また高等教育へもつながる学校づくりを総合学科の中でしていくことができるのではないかと考えているところでございます。

【11月定例会】
[代表質問]
○教育の推進について（自由民主党滋賀県議会議員団・高木健三，12月3日）

　次に，高校再編に向けて，教育長の考える教育環境のあるべき姿についてお伺いします。
　少子化の進む中，高校再編は避けて通れないことは事実であります。現に小学校の統廃合は実施されていて，なぜ高校だけが問題になるのか，考えなければなりません。いつかはやらなければならないことは誰しもわかっています。生徒数は中長期的減少傾向あることは間違いありません。将来にわたって再編していくことにもなります。
　今日，生徒の志学や進路状況が変化し，普通科高校への進学傾向の高まりや，職業系専門学科から上級学校へ進学する生徒が増加しています。その一方，働きながら学ぶ生徒の減少や，職業系専門学科を希望する生徒も減少している中，多様な目的やニーズを持った生徒が増加するなど，定時制，通信制課程の役割も大きく変化しています。これらの現状や課題に対応するため，県立高等学校の再編による教育環境の整備が必要となってきています。
　そこで，再編に当たっては，地域の実情に配慮し計画的な予算措置を行い，計画内容を周知して，発展的な再編を進めていくことが大切であると考えます。そういったことから，社会の変化を見据えて，教育行政の責任者として，教育長の教育環境のあるべき姿の所見と具体的な対応についてお伺いします。
●教育長（河原恵）
　次に，2点目の，高校再編についての御質問にお答えいたします。
　まず，社会の変化を見据えた教育環境のあるべき姿についてでございますが，これからの社会は，少子高齢化を初め，情報化，グローバル化，科学技術の高度化などがより一層進展し，社会や経済が大きく変化することが予測されます。また，生徒の興味，関心や進路に対する考え方が多様化するとともに，生徒減少により規模の小さな学校が増加するといった状況にもあります。
　このような中，魅力と活力ある学校づくりを進めるには，これからの社会の変化を見据えた教育内容の充実を図ることや，生徒の進路希望を実現することのできる施設，設備を整備すること，さらには，生徒がお互いに学び，人間性や社会性を育むことのできる学校づくりを進めることが重要であると考えます。
　加えて，地域を愛し，地域に貢献する人材を育てる学校や，定時制の生徒の就学など，全県的な視野に立って教育環境を整えていくことが必要であります。
　そうした環境を整えることで，高校に入学を希望する全ての子供たちが，どの地域においても学校を主体的に選択できる状況をつくり出していくことが大切であり，こうしたことこそが社会の変化を見据えた教育環境のあるべき姿と考えます。
　次に，具体的な対応についてでございますが，このような教育環境を少しでも早く提供するため，教育委員会において，県立高等学校の再編計画を今月中に策定してまいりたいと考えております。
　同時に，再編計画を着実に実行に移せるよ

う，再編対象校の教育方針，教育目標，教育課程等について検討を進めるとともに，その目的を達成するために必要な教育環境の整備に向けて，必要な予算の確保に努め，新校開設等に向けて万全を期してまいりたいと考えております。

○県立高等学校再編計画について（民主党・県民ネットワーク・中沢啓子，12月3日）

最後に，県立高等学校再編計画について，教育長にお伺いをいたします。

去る10月1日，昨年夏に発表された高校再編計画原案に修正を加えた新計画案が提示されました。これは，昨年の発表後，統廃合に疑問や抵抗感がある地元や保護者からの相次ぐ反発で計画策定が1年先送りとなったものですが，この新しい計画案では，統合合や変更の対象となっていた高校について，地域住民の声をかなり多く取り入れられたと聞きます。

再編計画原案との大きな変更点を見ると，課題となっていた彦根市，長浜市，それぞれの高校の統廃合については，2年先送りされて平成28年度となったこと，定時制については，3校のうち2校は一部形を変えて存続し，彦根東高校のみ廃止となったこと，また甲賀市の信楽高校は，分校化の予定が，特色ある独立校として存続されています。

これらは，首長を初めとする地域の方々との意見交換によって練り直されたわけですが，個々の高校のあり方に議論が集中していることから，今回の新計画案は，全県的な高校再編計画原案の本来の目的や趣旨に沿うものとなっているのかどうか，見解をお伺いいたします。

次に，県立高校46校のうち，1学年当たり5学級以下の学校数は21校ありますが，計画案の中で，おおむね6から8学級を標準とする，また，おおむね10年後を見据えた考え方と言及されています。今回の計画案が実行されれば，そのうちの4校が2校に統合されることになりますが，21校のうちのわずか4校です。学校規模においては，今後どのように考えていくのか，高校再編計画の全体像としての目標達成点についてお伺いをいたします。

次に，今回統合されることとなっている彦根西高校と彦根翔陽高校は彦根翔陽高校の敷地内に，また長浜高校と長浜北高校は長浜高校の敷地内で，それぞれ新しい高校が誕生することになります。例えば彦根の両校の場合，学級数は合わせた規模，つまり1学年9学級を維持するとしていますから，狭い敷地に2校の生徒が入ることとなります。グラウンドを初め，その他施設の狭小さはどのように対処していくのでしょうか。

狭小かつ過密状態で，基本コンセプトである魅力ある学校づくりや活力ある学校づくり，あるいは学校行事や部活動などの取り組みを活発に行うことができる学校を実現できるとは考えにくいのですが，この点についてのお考えをお伺いいたします。

次に，統合2校は両校とも新設を望まれていますが，例えば，彦根翔陽高校の本館建物の一部は昭和51年に彦根南高校の校舎として新築され，既に36年が経過しています。耐震化し増築するならば，職員室も手狭で分かれていたり，教室の配置なども非常に使い勝手が悪くなることが懸念されています。長期的に考えれば，新校舎を改築することが賢明な判断だろうと考えます。今回の新計画案によって，再編に伴う施設整備についてのお考えをお伺いし，質問を終わります。

●教育長（河原恵）

県立高等学校再編計画についての4点の御質問にお答えをいたします。

まず，今回の新計画案が全県的な高校再編計画原案の本来の目的や趣旨に沿うものとなっているかとの御質問ですが，高校再編は，社会の変化や生徒の多様化，生徒数の減少など，県立高校やそれを取り巻く状況が大きく変化する中で，将来をも見据えて，子供たちによりよい教育環境を整えていくことを目的に取り組みを進めているものであります。

こうした再編の目的に沿って，それぞれの地域の実情等に配慮しつつ，全県的な視野に立った再編計画に取り組んできたところであり，時代に対応した教育内容に充実を初め，新しいタイプの学校や統合による新校の設置，地域に根ざした学校づくりなどの方策を講じ，魅力と活力ある学校づくりを進めているところでございます。

全県1区制度のもとにあっても，地域によっては，気象や交通の便により多くの子供たちが地元の高校に進学していることなどを踏まえ，高校に入学を希望する全ての子供たちが，どの地域においても学校を主体的に選択できる状況をつくり出していくことが大切です。このような考え方は，県内の子供たち

にとって，真に魅力と活力のある学校づくりとなるように進めているものであり，これまでの高校再編の目的に沿うものであると考えております。

次に，2点目の，学校規模の全体像としての目的到達点についての御質問でございますが，学校規模については，おおむね1学年6学級から8学級を標準としていますが，これはあくまでも標準であり，地域や学科の特性等を踏まえ，必ずしも例外なく6学級から8学級でなければならないと考えているものではありません。

高校再編の目的到達点は，先ほども申し上げましたとおり，社会の変化に対応できる教育課程を充実するとともに，生徒みずからの興味，関心，進路希望等に応じた学習ができたり，学校行事や部活動などの取り組みを活発に行うことができるなど，県内のどの地域においても，本当に行きたいと思える高校を生徒が主体的に選択できる状況をつくり出すことにあります。

したがって，到達点につきましては，そのときそのときの状況や社会の変化に対応しながら，学校規模も含め，子供たちにとって最もよい教育環境を整備するということであり，10年という基本計画の期間を設定しているものの，不断に見直しながら，常によりよいものになるようにすべきものと考えております。こうしたことを踏まえながら，現時点においては，この高校再編計画を早期に策定し，その推進に全力を傾注してまいりたいと考えております。

次に，3点目の，狭小な施設で魅力と活力ある学校づくりができるのかとの御質問についてでございますが，彦根新校につきましては，彦根翔陽高校校地に新たに設置する家庭系列の実習施設や1学年9学級規模の総合学科で多様な学習の展開を可能にする施設・設備の整備，また，長浜新校につきましても，長浜高校校地に1学年8学級規模に対応できる施設等の整備を行い，それぞれの新校で想定される学校規模等に応じた必要かつ機能的な教育環境の整備を進めることとしており，生徒の幅広い学びを保障し，生き生きとした高校生活が送れるよう，魅力と活力ある学校づくりに取り組んでまいりたいと考えております。

次に，4点目の，再編に伴う施設整備に向けた考え方についての御質問にお答えいたします。

滋賀の将来を担う子供たちに魅力と活力ある豊かな教育環境を整えるためには，教育内容や学校規模に応じた施設，設備を確保することが必要です。今回の高校再編計画においても，既存の施設を有効に活用しつつ，魅力的で活発な教育活動が展開できるよう，新たに整備すべきは新たに整備するとのスタンスで進めているところであり，例えば，各学年のホームルームが一つのフロアに配置するようにするなど，生徒が学校生活を送る上での使い勝手や機能性に十分配慮して，再編に伴う施設整備に取り組んでいく考えでございます。

滋賀県議会定例会会議録

2014年（平成26）

【2月定例会議】
●三日月知事の提案説明（2月17日）

議第49号は，滋賀県立高等学校再編計画に基づき高校再編を実施し，学校の教育力の向上と地域全体の学校活力の維持向上を図るため，彦根地域および長浜地域における学校統合ならびに教育環境向上のため長浜高等養護学校の設置場所を移転させること等から改正を行おうとするものでございます。

［一般質問］
○長浜農業高等学校の一クラス減について（自由民主党・颯新の会・青木甚浩，2月24日）

2点目は，長浜農業高等学校の1クラス減についてお伺いをいたします。

皆さんご存じのとおり，長浜農業高等学校は，明治32年，滋賀県立滋賀県農学校として開校をされました。農業本科ほか3科で長農の歴史が刻まれることとなっていくわけですが，昭和18年に農業土木科を新設し，農業技術者の養成。昭和45年には文部省の自営者養成農業高等学校の指定を受け，昭和47年には農業経営科の寮教育を開始いたしました。全国でも珍しく寮教育という先進教育を県立高校として開始した。その中で，国，県，市にも実践的に仕事ができるすばらしい人材を教育したものだというふうに思ってお

ります。平成11年、文部省の自営者養成農業高等学校の指定を返上、寮教育を廃止。平成12年、農業経営科、技術科、農業土木科、生活科学科の募集を停止。同年、生物活用科、ガーデン科、食品化学科、環境デザイン科を設置。平成26年3月、4科の募集を停止されております。同年4月には農業科、園芸科、食品科を設置するものの、実質的には農業土木科を廃止されております。平成27年4月、農業科80名募集を40名1クラスなくす。大変激動の中での長農です。

116年の歴史とともに、全国大会、国体、今の国体じゃございませんが、全国大会で国体、インターハイ、116年の歴史の中で60回という優勝を持つボート部、さらに、平成26年、全国お米甲子園で最高位の金賞を受賞するというすばらしい成績をとっております。また、この議会の世界では、旧伊吹町の出身でございます県議会71代議長の伊夫貴先生も卒業生でございまして、まさに教育は徳体知をしっかりと兼ね備えた私は高等学校だというふうに思っております。

なぜ今、この高等学校、すばらしい学校から1クラス減、80名を40名に絞り込んでいっていくのだろうかなという疑問を持って以下質問をさせていただきます、教育長。

大きく県下で見ますと、6校あった農業高校が今や3校に減っております。県教育委員会として、今後の農業高等学校、農業を学びたいという農業高等学校の滋賀県下の将来展望について、県教委の御意見をいただきたい。

2つ目に、いま言ったんですが、平成27年度から80名を40名に減らした募集である、農業経営科の27年度の希望者数は70名ありました。40名減らされた中で、まだまだ農業を学びたいという子が70名いるんです。30名あふれるんですが、その子たちの農業を学びたいという考え、思いのメンタルは、県教委として1クラス減らした中でどうしていくのかということをお伺いさせていただきます。

すごくだっと圃場整備とかいろんなもんで農業土木ががっと盛り上がってきたときに、農業土木科としてたくさんの先輩方々が出ているんですが、40名に減らすと、80名の中、160名の中では、5つのカリキュラム、6つのカリキュラムで、今、農業土木というもののカリキュラムの中での土木実習はあるんですが、昔のような農業土木科というものはもうないので、しっかりともう一度長農の農業土木科というものを復活していただけるか、

いただけないか、この3つをしっかりとお聞きしたいと思います。どうぞよろしくお願い申し上げます。

●教育長（河原恵）
　長浜農業高等学校についての3点の御質問にお答えをいたします。

まず、1点目の今後の農業高校の将来展望についてでありますが、農業は本県において極めて重要な産業分野であり、農業高校は、将来の本県農業の担い手を育成し、その資質や能力を高めることを目的としているところであります。そのため、今回の再編計画の中で、農業学科においては、地域の特色を生かしつつ、消費者や需要者のニーズに合った農業を展開することや経営の多角化といった6次産業化、大規模経営などの学習を進めることが必要であるといたしたところであります。また、農業学科をわかりやすくするために、学科体系や名称を変更し、農業教育の発展につなげていきたいと考えたところであります。

次に、2点目の長浜農業高等学校で学ぼうとしている子供たちをどうするかについてでありますが、県内高等学校の募集定員については、昨年9月に実施した中学校卒業予定者の第1次進路志望調査や地域ごとの状況などをもとに検討し決定したものです。特に、湖北地域にあっては、卒業予定者数が81名、約5％減少しており、全県の減少が約1％であるのに比べてかなり高い割合となっていたところでございます。また、湖北地域における普通科と専門学科等との割合や、これまでの募集定員の状況等も参考にして検討した結果、長浜農業高校の募集定員を1学級減としたところでございます。

次に、子供たちへの対応についてでございますが、2月5日に実施した推薦選抜や本日から始まる一般選抜の出願、また、出願後の志望変更の状況を注視しながら、個々の生徒にとって望ましい進路選択となるよう、市町教育委員会や中学校の進路指導と連携し、面談による指導をするなど、生徒たちに対して丁寧に対応してまいりたいと考えているところでございます。

次に、3点目の土木科の復活はないのかとの御質問にお答えいたします。

今回の再編計画による農業学科の改編は、生徒の状況や学校の特色をもとに、学科体系を全県的に見直したものでございます。その中で、長浜農業高校は、草花の栽培、加工、

販売やフラワーデザインなど、野菜、果樹、草花の生産全般を学べる園芸科の充実を図ったところでございます。一方、農業土木の分野については、圃場整備などが進んだことから農業土木技術のニーズが変化しており、長浜農業高校においては、平成12年に農業土木科の募集を停止したところでございます。また、今回、学科体系の全県的な見直しにより、農業土木の学習は、造園分野とともに八日市南高校の花緑デザイン科に集約したところでございます。

今回の再編計画は、長浜農業高校に土木科を設置するものとはなりませんが、八日市南高校において県全体の土木技術のニーズに対応した教育を進めてまいりたいと考えております。

○自由民主党・颯新の会・青木甚浩

行政というか、こちらでは農業の後継者を育てていかなあかん、まさに土木技術者、しっかりと育てていかなあかん、こういう動きがある中で、ましてや湖北の基幹産業、農業、今、黒壁とかいろんなことが盛り上がっていますが、基本は、私は公共事業は土木と農業だというふうに思っております。そのうちから1つ農業経営科をなくす、農業土木科をなくす。これは大変厳しい、湖北の子供たちにとって、我々にとって厳しい私は環境だというふうに思うわけです。

八日市南高校に農業土木科、ましてや、これは造園科というところとミックスさせてという、そんなでいいんでしょうかねという疑問が生まれてきます。湖北から八日市まで農業土木、ましてや土木を学びに行く子供がいますか。教育長。あんた、簡単におっしゃいますけど、余呉の山奥から、山奥と言うたら怒られますが、余呉から、今、知事が杉野から出てくるのでも大津まで3時間ですよ。八日市までどうやって行くんですか。自転車で行くんですか。行けませんよ、そんなもん。簡単におっしゃっていただきますけど、湖北の子供たちは今、本当にこの高校再編と1クラス減によって、今、簡単に長浜市の教育委員会、中学校の先生のお話をされましたけど、混乱してまっせ。農業経営科といえば、以前にも僕は卒業生やからはっきりと議場で言わせていただきますが、県立高校の、これは最低と言ったら怒られるんですが、ガイドラインぎりぎりの子供たちが集まるという、この子たちをどうやって救済するんですか。学力的にどうやって救済するんですか。いやいや、

本当に頭をかしげていただいているのは議場の中だけですやん、教育長。どうするんですか。今や、近江高等学校だってレベルが上がって専願しか受けられない、併願は受けれないとみんな言うてますよ。どこへ行きゃいいんですか。というのが、今、湖北の3月10日に行われる入試の子供たちを抱えたお父さん、お母さんの悩みです。しっかりと頭の中に植えつけといてください。

長農というか、高等学校では珍しく、農業単科というか、農業だけの学校として116年間の歴史を持っているわけなんですが、別に圃場整備がもうないから農業土木が要らないんだという問題でなしに、じゃ、別に農業高等学校の中に僕は一般土木科というものがあったかってええんやないかという。だから、これは寮を復活すれば全県からでも日本全国からも寄ってこられるんですよ。立派な寮を持っているんですよ。今、寮、僕はこの間見に行きましたけど、それはクモの巣喰ってえらいもんでっせ。だから、その寮をしっかりと使えば、今、教育委員会が言ってる、全県から生徒を集めるということで全県一区にしたんでしょう。しっかりほんなら全県から集められるように寮を復活して、施設をしっかり持っているじゃないですか。そこで要するに滋賀県の土木技術者を育てていこうという滋賀県教育委員会の考えというものを持ったらいいいと思いますよ。施設はそろっているんですよ。環境はいいですよ、朝は牛が鳴いて、鶏が鳴いて、本当に。いいところで、いい環境の中で勉強するから、すばらしい私は卒業生が生まれるんだというふうに思っております。私も卒業生ですけど。

（中略）

全般、今、長く申しましたが、最終的に私は、もう1回言いますよ、農業経営科の30名オーバーされる子供たちをどうして救済するんだということ、と、今ある施設を利用しながら、農業土木でなしに、単科高校じゃなしに、そこに一般土木科というものを設置できるという、全国から人を集められますよという、そこの答弁を再度いただいて終わりますわ。

●教育長（河原恵）

お答えをいたします。

まず、農業土木の分野についてでありますが、先ほども申し上げましたように、農業土木技術のニーズが変化している中で、また、長浜農業高校においては平成12年に既に農業土木科の募集が停止されている中で、その

農業土木技術の学習をどのようにしていくかということの御提起であったというように思っております。先ほども申し上げましたように、再編が始まったところでありますので、今、農業土木科の部分についての学科を長浜農業にということはできませんが、基礎科目の中に農業と環境というものがございますし、その中で生徒たちに農業土木関連の学習については進めていきたいというふうに考えているところでございます。

次に、子供に対する対応ということでありますが、これにつきましても、先ほど申し上げましたように、81名の湖北地域での生徒の減少の中、湖北全体で普通科と専門学科との割合等、また、これまでの募集定員の状況等も踏まえまして、1クラス40名の減少という形で募集定員を決定したところであります。進路指導につきましてはしっかりとしまして、先ほど申していただきましたような子供たちの心の問題も含めまして、しっかり面談等をしながら丁寧に対応してまいりたいと考えております。
○自由民主党・颯新の会・青木甚浩
　教育長、僕が言っていることがあんまり理解されていないというふうに思っております。将来展望の中でどうしていくんだということを僕は聞きたかったので、別に今回の高校再編によって、再編の中に私は土木科を入れてくれよというようなことを言っているんじゃないんですよ。要するに、湖北の子供たちの将来展望、高等教育を受けるための将来展望の中にどうだということを言っているので、そのためにはこういうものがありますよ、こういう施設がありますよということを言っているんでね、目先だけで物事を考えてそういう答弁をいただくと、またこれは大変なことになりますので、将来展望の中で考えていただきたい。もう答弁は要りませんので、ひとつよろしくお願いします。

○彦根の高校統廃合について（チームしが県議団・中沢啓子，2月25日）
　次に、彦根の高校統廃合についてお伺いいたしたいと思います。一問一答です。最後のほうで知事にお願いするんですが、最初のほうは全て教育長ですので、教育長ということを言わずに質問を続けていきたいと思いますので、よろしくお願いします。知事のときだけ、頭に知事をつけさせていただきます。
　では、2月定例会議の開会日に、（仮称）彦根翔西館高校の増築や耐震工事などの1期目の工事が可決されました。周辺は現状でも狭く、交通安全が気になるところです。生徒、関係者、地域の方々に工事関係の説明が必要と考えますが、どのような説明をされるのでしょうか、教育長にお伺いいたします。
●教育長（河原恵）
　お答えをいたします。
　まず、地域の方々への説明についてですが、今週から2回に分けて、近隣6自治会の全ての御家庭を対象に工事内容の説明会を開催するとともに、都合等で出席いただけなかった御家庭には工事内容を記載した文書を、後日、回覧していただくなど、周知を図ることとしております。
　また、生徒に対しては、全校集会やホームルームを通じて、保護者の方々には文書の配付や保護者会などの機会を通じて、工事内容やスケジュール等の周知を図ってまいります。
　あわせて、工事の実施に際しましては、工事用車両は国道8号から芹川の左岸を通るルートを通行することとし、多数の生徒が利用する近江鉄道彦根口駅側からは通行しないこととするとともに、朝の通学時間帯は工事用車両の通行は行わないこととしております。また、学校の出入り口には常に交通誘導員を配置し、さらに、大型車両が通る際には学校近隣の交差点に交通誘導員を配置することを予定しております。
　これらのことを含め、地域の方々や保護者などの御意見を伺いながら、工事中の交通安全対策に万全を期してまいりたいと考えております。
○チームしが県議団・中沢啓子
　工事の入札不調で完成が28年4月28日の予定です。今議会上程の設置管理条例の附則では、3校が同じ敷地に位置し、生徒数は1.8倍になりますが、4月中の通学や学習、部活動などに影響はないのでしょうか、その対応についてお伺いいたします。
●教育長（河原恵）
　お答えをいたします。
　増築校舎の完成が新校開校後となりますが、完成までの授業日数は14日間となります。この間、実習授業の一部を校舎完成後に振りかえていく必要はありますが、普通教室は全27教室分確保できていることから、学習活動への支障が生じないと考えております。
　また、通学については、朝の通学時間帯に

工事用車両は通行しないこととしていること、および、部活動については彦根西高校のグラウンドも活用することとしていることから、支障等はないものと考えているところでございます。
○チームしが県議団・中沢啓子
　統合新校の設置管理条例のこの2月定例会議への上程はいつごろ決まっていたのでしょうか。上程までのタイムスケジュールをお伺いいたします。
●教育長（河原恵）
　お答えをいたします。
　昨年3月24日、臨時教育委員会において統合新校の校名案を決定したところですが、その際、新校1期生の進路指導が平成27年度当初より具体化することから、関係条例の議会上程についても平成27年2月議会に付議する予定としたところでございます。
　その後、校地や統合方法などについて地域や両校関係者に委員となっていただいている彦根統合新校設置懇話会での御意見を伺いながら検討してきたところでございます。
　こうした検討を踏まえ、正式な校名や校地、また、統合方法を今年度内に決定し、中学生が安心して進路指導を受けられるよう、この2月議会への上程について、1月21日の定例教育委員会において決定させていただいたところでございます。
○チームしが県議団・中沢啓子
　昨年9月に、教育長と知事に西高校PTA、同窓会、後援会の方から滋賀県立高等学校再編計画の一部見直しについて要望書が提出されました。その回答は、いつごろ、どのような形でされたのでしょうか、その対応についてお伺いいたします。
●教育長（河原恵）
　お答えをいたします。
　彦根西高校関係者からは、9月17日に、統合後も彦根西高校の生徒は彦根西高校校舎に通学させてほしいとの要望をいただいたところでございます。
　その際、私からは、統合移行後に彦根西高校、彦根翔陽高校、新校の3校が同じ校地で学習することの教育的効果などについて御説明をさせていただきました。
　その後、御要望について事務局内で協議を重ね、計画どおり再編を実施するほうがよいとした理由を資料にまとめ、昨年11月、懇話会において、その旨、御説明をさせていただいたところでございます。

○チームしが県議団・中沢啓子
　懇話会には西校のPTAさん、同窓会、後援会の方は入っていらっしゃるのでしょうか。
●教育長（河原恵）
　懇話会の中には、議員おっしゃっていただきましたように、西校ならびに翔陽高校の関係者の方が入っていただいているところでございます。
○チームしが議員団・中沢啓子
　3者は全ては入ってはいらっしゃらないと思います。
　その段階で、要望いただいたところにしっかりと返答するのが、PTA、同窓会、後援会は高校にとって大切なパートナーですので、お返事はしっかりさせていただくということが特にこういう内容のときは大事だと思います。要望を提出された方々は今回の上程のこと、そしてまた、そのことに理解をされているのでしょうか。
●教育長（河原恵）
　お答えをいたします。
　彦根西高校関係者からは、9月17日に、統合後も彦根西高校の生徒は彦根西高校校舎に通学させてほしいとの要望をいただいたところです。その際、私からも説明させていただき、西高校PTA、同窓会、後援会の方々に御説明をさせていただいたところであります。
○チームしが県議団・中沢啓子
　今聞いていただいたとおり、西校の方々の要望を聞いた後で検討されています。その後のお返事はなかったと思います。彦根の統合新校の設置管理条例の案の上程について、西校3者の方々に対しては理解していただく努力がちょっと足らないんじゃないかなと思います。懇話会の中でも理解が得られていないという話も仄聞しておりますが、関係者や地域の理解に関してどのように把握されておりますでしょうか。
●教育長（河原恵）
　お答えをいたします。
　懇話会の各委員の皆様へは、教育委員会で上程を決定した後、改めて校名や校地など条例の改正内容や、この2月議会へ上程することについて説明をさせていただきました。関係の皆さんにはおおむね御理解をいただいているところですが、なお、統合方法には反対との御意見もございました。この点につきましては、今後も御理解をいただけるよう説明を重ね、新校の開校に向けて御支持いただけるようにしてまいりたいと考えております。

○チームしが県議団・中沢啓子
　再問というか，ちょっと聞きたいんですが，今，お話に行かれたということなんですが，1月に2月定例会議の上程が決まっていると先ほどおっしゃいました。かつ，2月上旬にはチラシができ上がっていたと聞いています。11月定例議会以降，設置管理条例の内容，附則も含めて懇話会の方々に御説明されたのは大体いつの日程になるのでしょうか。
●教育長（河原恵）
　お答えをいたします。
　先ほども申し上げましたように，教育委員会で正式決定をしましたのが1月21日でございます。その後，先ほど申し上げましたように，校名，校地等，条例の関係につきまして，2月4日だったと思いますが，2月の初めに関係者の皆様方に懇話会の中で説明をし，おおむね御理解をいただいたということでございます。
○チームしが県議団・中沢啓子
　懇話会は開かれていないです。懇話会の方々には御説明には行かれました。
　私がお伺いしたときには，行かれてなかったので，されたほうがいいんじゃないですかというお話をさせていただいて，行かれた記憶があります。
　平成27年度の予算にこの懇話会の予算は計上されていませんが，条例が通れば終わりということであるならば，本当にアリバイづくりみたいな形になってしまうんじゃないかと思って危惧をしています。
　開校に向け，また，開校してからも協力して一緒に生徒のためになる学校になるようにと取り組み，実のある統廃合にしなければならないと思いますけれども，関係者との今後の話し合いの場をどのようにされるのか，お伺いいたします。
●教育長（河原恵）
　お答えをいたします。
　新校の開校に向けて，統合移行期の学校運営に関する具体的な方策などについて，引き続き，地域や関係者の皆様方からさまざまな御意見等を伺いながら，ともに学校づくりを進めていくことが大切だと考えております。
　そのため，開催方法などについて懇話会委員の御意見をお伺いしながら，来年度も懇談の場を持たせていただきたいと考えております。
○チームしが県議団・中沢啓子
　ぜひ，教育委員会サイドでのスケジュール感とか立場だけではなくて，本当に子供たちのため，そしてまた，関係者の方々が胸襟を開いて話せる場になるように，そこはしっかりと努力していただきたいと思います。
　平成24年12月の魅力と活力ある県立高等学校づくりに向けて～滋賀県立高等学校再編計画～は「再編を進めるに当たって」という項目で締めくくられています。それぞれの地域の実情に配慮しながら進めること，混乱が生じないように県民に広く周知しながら進めること，発展的な再編になること，地域ごとの定員を確保すること，教育環境の整備に伴う経費について計画的に予算措置を行うこと，これら5つの留意事項をどのように受けとめておられるでしょうか。
●教育長（河原恵）
　お答えをいたします。
　再編をするに当たっての留意事項につきましては，特に注意を払うべき事項をまとめたものであり，今後も引き続き，留意事項を踏まえながら，より一層丁寧に再編計画を進めていきたいと考えております。
○チームしが県議団・中沢啓子
　統合新校に関して，懇話会の中での議論，統合新校についての課題，子供たちのために魅力と活力のある県立高等学校づくりとして望まれること，どれほどリアルに想像して考えてこられたんでしょうか。自分たちの思い込み，もしくは自分たちの望む方向性に合致することだけに注目してこられませんでしたでしょうか。
　少なくとも現場の先生にはリアルに目の前の生徒と向き合い取り組んでこられたと思いますし，子供たちのためを考えてこられたと思います。今回の条例提案の中で，平成28年度から現翔陽高校の地に3校，新校の新1年生，翔陽高校の2，3年生，西高校の2，3年生が学ぶことについてのメリット，デメリットをどのように把握されているのか，お伺いいたします。
●教育長（河原恵）
　お答えをいたします。
　3校が同一校地で学ぶメリットは，新校と既存2校の生徒が同じ場所で学び，活動することで，両校の伝統や歴史を継承していくことができることであると考えます。また，生徒会活動や部活動などにおいて，先輩，後輩のいる学校環境の中で，日々，3校の生徒が活発に互いに交流することは，生徒にとって教育効果が大きなものになると考えております。

一方，統合移行期において3つの学校が集まることから，各校独自の教育方針を尊重しつつ，学校行事や部活動のあり方，施設使用，環境の変化への対応などについて再編対象校で具体的な調整を行っていく必要があることが課題であると考えております。また，生徒数が大きく増加することから，交通安全についても十分に対応する必要があると考えております。

〇チームしが県議団・中沢啓子

3校同時の時期が2年間，新校舎と旧校舎ができてしまいますが，旧校舎の耐震化と同時に中の塗りかえとかもされるんでしょうか。差が出ないようにされるんでしょうか。お伺いいたします。

●教育長（河原恵）

お答えをいたします。

旧校舎に関する工事につきましては，主として耐震補強のために既設建物の外壁に鉄骨と鉄筋コンクリートを組み合わせた部材により補強することとしております。

一方，内壁，内装等については，特段，老朽化が進んでいる状況にないことから，校舎全体を対象とした中の塗りかえなどの予定はいたしておりません。

しかしながら，御質問のように，3校同時の時期が2年間でございますことから，格差といったものが出ないよう，3校のどの生徒も，今回の増築する新校舎を一度は利用できる教室配置になるよう考えているところでございます。

〇チームしが県議団・中沢啓子

先ほどデメリットというお話がありましたけれども，どのように対応されるんでしょうか。

●教育長（河原恵）

お答えをいたします。

統合移行期の3校の学校行事等につきましては，学園祭などの合同開催を基本に，統合新校開設準備室において調整をしているところでございます。

部活動においては，統合移行期の運動部の練習は合同で行うことで施設面の課題に対応したいと考えております。

また，両校での施設の公平な使用，調整については，両校が円滑に利用できるよう，教育課程や時間割編成の検討を進めております。

また，校地変更に伴う環境の変化への適応については，担任の面談を初め，校内の教育相談等で対応してまいる予定です。

交通安全についても，生徒がより安全に通学ができる方法について検討を始めているところであります。

〇チームしが県議団・中沢啓子

部活動に関しては，それぞれのやりたいというときには，それも選択肢として残るように考えてあげてほしいと思います，西校のグラウンドがありますので。

次に，求める生徒像は，検定や資格の取得を目指すとされています。西校では漢字検定や秘書検定，食物調理検定など9種類の検定に取り組み，また，翔陽高校では簿記コンクール，情報処理競技大会，ワープロ競技大会などで全商，全国大会に出場などの取り組みをされています。統合新校では，さらに検定や資格取得に取り組まれるのでしょうか，お伺いいたします。

●教育長（河原恵）

お答えをいたします。

両校では，現在，経済産業省基本情報技術者試験や日商簿記検定2級，被服製作検定1級など，社会においてすぐに期待される検定や資格の取得に積極的に取り組んでいるところです。

新校におきましても，両校の実績を引き継いでいくとともに，さらに上位の級に挑戦したり，大学進学等に向けてTOEICなどの新たな資格試験も取り入れるなど，教育内容の一層の充実に向けて準備を進めているところでございます。

〇チームしが県議団・中沢啓子

2校の過去5年の主な進路は，国公立大学に61人，私立大学に682人です。新校では大学などへの進学の方向性をどうお考えでしょうか。

●教育長（河原恵）

お答えをいたします。

議員御指摘のとおり，両校では，高校での学業成績や資格取得を評価され，推薦入試等により，毎年，多くの生徒が大学に進学しております。

新校での大学等への進学については，これまでの両校の進学指導に加え，普通科に近い探究系列を3学級程度設け，国公立大学を含めた4年制大学の一般入試にも対応できる教育課程を編成するよう準備を進めているところでございます。

〇チームしが県議団・中沢啓子

超高齢社会に向かう中で，健康に対する取り組みや2020年のオリンピック・パラリン

ピック，2024年の国体開催など，今後スポーツが注目される中で，(仮称)彦根翔西館高校に新たな健康科学系列ができますが，どのような取り組みをお考えでしょうか。
●教育長（河原恵）
お答えをいたします。
健康科学系列ですが，これも現在のところ，仮称でございます。名前を変える可能性があります。
(仮称)健康科学系列は，健康や安全，また，運動に関する基本的な技術と知識を実践的に習得し，健康を科学的に探究する能力を養うことを目的とした系列として設置したいと考えております。
進路については，体育系，教育系，医療系大学等への進学に対応するとともに，アスリートを目指す生徒の入学を想定し，将来，スポーツ界で活躍できる人材育成を視野に入れた教育課程を編成する準備を進めているところでございます。
○チームしが県議団・中沢啓子
今の話ですと，国体も視野に入れた対応を考えておられるということでよろしいでしょうか。
●教育長（河原恵）
お答えをいたします。
平成36年に開催予定の，本県で開催される国体に対しまして，学習内容ということではございませんが，スポーツや健康に関する興味，関心を持つ生徒が多く入学してきてくださることを期待しており，そのような内容で，名前も含め，そこを視野に入れながら，今後また検討していきたいというように考えているところです。
○チームしが県議団・中沢啓子
従来どおりでなく，統合したからこそできる，わくわく・どきどきの学習の取り組みとは具体的にどのようなことでしょうか。
●教育長（河原恵）
お答えをいたします。
まず，統合により学校規模が大きくなることから，多くの選択科目の設置が可能になり，より高い専門性や教養を身につけ，学力の向上を図ることができます。
課題研究においても，増築する新しい施設の中で，生徒の興味や関心に応じて研究を進めることができ，生涯にわたり学習する基盤を養っていくようにしたいと考えております。
また，彦根西高校で実践を積み重ねているペア学習やアクティブ・ラーニングの手法を取り入れることで，学ぶことが楽しくなり，主体的な学びにつなげていくよう取り組んでいきたいと考えております。
さらに，多様な生徒や教師との出会いが共同的な学びを一層活発にしてくれるものと期待しており，学習活動の中で豊かな人間性を形成することができるものと考えております。
○チームしが県議団・中沢啓子
11月定例会議で教育長は，「彦根翔陽高校は運動部活動が活発で，滋賀県の高校スポーツ界をリードする学校です。新校の部活動は，生徒がふえ，部活動が活発になることを活かして，新校の大きな魅力にしたい」と答弁いただきました。それを実現するためには，指導者も大切ですし，(仮称)彦根翔西館高校を部活動のモデル校にぜひしていただきたいと思いますが，そのための取り組みをお伺いいたします。
●教育長（河原恵）
お答えをいたします。
部活動は生徒の心身の発達や仲間づくり，学年を越えた生き生きとした活動や教師との密接な触れ合いなどができる場として，学校生活の中で極めて重要な教育活動であり，学校生活そのものを豊かにするものと考えております。また，彦根西高校と彦根翔陽高校が一体となり，それぞれの伝統を引き継ぎながら多人数の生徒の中で充実した活動を行うことで，大会でも好成績を上げてくれるものと期待しているところであります。
先ほども申し上げました，(仮称)健康科学系列の生徒を中心とした高いレベルの活動を行うことで，本県の高校スポーツ界をリードする魅力のある学校にしてまいりたいと考えております。
○チームしが県議団・中沢啓子
(資料掲示）皆さんの手元に資料を配らせていただきました。
平成26年5月現在，彦根市中学校運動部活動生徒数ではサッカー部には215名，運動部に所属する男子生徒の約14％が所属しています。平成26年度の滋賀の高等学校の男子サッカー部員は2,402人で，男子の運動部員数全体の約17％を占めています。トップは野球部の2,564人，3番目はバスケットの1,411人となります。野球部があってサッカー部がないのは全日制70校の中で4校のみです。西校にはサッカー同好会がありますが，新校にはありません。(仮称)彦根翔西

館高校の部活動について，どのようなお考えでしょうか。

●教育長（河原恵）

お答えをいたします。

新校の部活動については，運動部，文化部ともに彦根西高校と彦根翔陽高校が取り組んできたものを新校に引き継ぐこととし，現在のところ，運動部10部，文化部13部の設置を予定しております。

さらに，統合新校設置懇話会において委員から，9学級規模の新校の部活動数としては，さらに運動部をふやしてはどうかといった御意見をいただいているところでございます。

こうしたことも踏まえ，今後新たに設置する運動部について，現在，検討しているところであります。

新たに設置する運動部については，今，議員が言ってくださいましたような，例えばサッカー部や，彦根で非常に活発ななぎなた部などを候補として，3月の開催予定の懇話会等で御意見を伺いながら早期に決定し，準備を進めてまいりたいと考えております。

○チームしが県議団・中沢啓子

実は，おっしゃったとおり，サッカー部だけの話をしているのではなくて，サッカー部も選択肢の一つとして，新しい高校を考えるときに，新校を思う生徒とか関係者の方々が自由に考えられることを願っているんです。今までサッカー部が選択肢の一つにならなかったのは，多分，グラウンドの狭さもあったんじゃないかなと思います。求める生徒像に部活動を掲げ，1,080名の大規模校としては，それはどうかと思います。

現在，翔陽高校はハンドボール部，陸上部，水泳部が近畿・全国大会に出場されています。11月定例会議でも運動場の狭さについて質問し，教育長は，統合により生徒数がふえるため，運動場面積は狭く，校舎外の練習場所を確保するなども必要であり，部活動が円滑に実施できるよう検討しているところとお答えをいただいております。

細江議員からも「畑や宅地があったりとかします。校地を広げることは可能かなという気がします」という御提案がありました。

また，頑張っておられるハンドボール部は，現在は室内競技です。現在でも体育館が足りなくて，民間の体育館を借りて行われています。1.8倍の生徒数になるのであれば，現在の体育館を耐震化して使用するほうが効率的にも，また，移動のリスクもなくなり，よい

と考えますが，ぜひとも前向きに検討していただきたい。(仮称)彦根翔西館高校の部活動の環境整備についての答弁をお伺いします。

●教育長（河原恵）

お答えをいたします。

部活動の環境整備につきましては，グラウンド面積をできるだけ広く確保していくために一部の校舎を解体するとともに，体育館については校地内の別の場所に建てかえることとしております。これにより，約3,300平方メートルだけグラウンド面積を広げることができると考えております。

また，部活動の練習場所の確保につきましては，平成28年，29年度の統合移行期については，彦根西高校グラウンドを使用することを想定しております。

その後に向けましては，運動部活動に支障を生じるといったことがないように，近傍の施設を活用することも含め，開校までに新たな活動場所が確保できるように進めてまいります。

なお，御質問いただきました，現在の体育館を残し，耐震化をして使用することにつきましては，屋内競技をする上では練習場所が拡大することとなりますが，逆に，グラウンドの面積は狭くなることとなります。

新校の開校については限られた校地の中で進めなければならないことから，その判断については慎重に行わなければならないものの，部活動がしっかりとできるよう，議員の御指摘のことも含め，検討してまいりたいと考えております。

○チームしが県議団・中沢啓子

では，知事にお伺いをいたしたいと思います。

教育長からはさまざまな答弁をいただきました。知事，11月定例議会では，「断腸の思い等々を持たれる方々がいらっしゃるということについても思いを至らせなければならない。魅力と活力ある学校づくりに向けてしっかりと協議をして，お互い，胸襟を開いて協議をして，丁寧に対応する。時間がないから意見が聞けませんでしたということではなくて，しっかり丁寧に対応しながら課題を解決していく。統合して，より魅力と活力のある学校になったと皆さんに実感していただけるような学校づくりに向けて，これはともに頑張ってまいりたい」との力強い答弁をいただきました。思いは私も一緒です。それが何も

解決されないまま、2月定例会議に設置管理条例が上程です。当事者の皆さんの思いを考えると、ここではっきりと「少なくとも運動場面積の対策はする」と、ぜひ御答弁をいただきたいと思っております。

（仮称）彦根翔西館高校の部活動の環境整備について、三日月大造知事の御答弁をお伺いしたいと思います。

●知事（三日月大造）
ありがとうございます。大切な問題、御確認をいただきました。

私は7月に、これまでの決定と経過がある中で県政を引き継ぎ、知事になり、9月でしたか、そういう御要望をお持ちいただきまして、その後、協議、検討いたしまして、私は、3校を統合させていただく、そして、スケジュールも予定どおり進めさせていただくという判断をさせていただき、今般、この2月会議に条例案を提出させていただいております。

ただ、今御指摘いただいたように、説明や意思疎通の不十分さ、こういうものについては改め、また、さらに補ってまいりたいと考えております。

せっかくつくる新校ですので、いろんな関係当事者の方々の思いがきちんと反映できるように、全ての方の全ての御意見が全て反映できるわけではありませんが、少なくともそういう方々の御意見を伺う場は、引き続き、設けるべきではないかということを申し上げ、先ほど教育長から御答弁いただいたように、話し合いの場、懇談の場は引き続き、来年度以降も設けさせていただくこととさせていただきました。

そして、今御指摘いただいたように、部活動のための環境整備、とりわけ、先ほど御指摘いただいたように、健康科学系列の取り組み等も一つの特徴、特色としてつくっていこうということでございます。

いずれにしても、既設の校地、今ある学校の地に新校を開校することから、時期も含めて、非常に苦しい立地環境になると思います。教職員や地域の方々を初め、生徒自身も工夫しながら、みんなで知恵を出し合うことで実りある部活動にしていただきたいと考えておりますし、そういうことが可能になるようなことを我々も取り組んでまいりたいと思います。

その上で、さきに教育長が答弁いたしましたが、運動部活動に支障が生じることがないということだけでなくて、新校の魅力を高めることができるよう、特徴、特色をつくっていけるよう、活動場所の確保について開校までにしっかりと検討し、対応していくことが必要だと考えておりますので、私自身もできる限り部活動の環境整備に全力で協力してまいりたいと存じます。

〇チームしが県議団・中沢啓子
11月議会でも言いましたとおり、総合高校というのは非常に活発な子が多いです。部活動も、今でも彦根翔陽高校は63％の子が運動部に入っているという状況です。9クラスの子が1.8倍になるとかなり本当に多くなると思うんです。それであれば、やっぱり環境を整えるということはすごく大事なことだと思います。子供にどんな姿勢を見せるのか、できない理由を並べるのではなくて、本気で子供たちに、魅力と活力のある県立高校づくりのために努力をして何としてでも実現するんだという姿をぜひ見せていただきたいと思います。子供たちへのメッセージになると思います。決まったことで粛々とやってしまうということではなくて、本当に子供たちがこうやって学生時代を過ごしたいんだ、こんな楽しい学生生活が送れた、そういう高校づくりをぜひ一緒にやっていただきたいと思うんです。

そのために、耳ざわりのいいことだけではなくて、現実をしっかり見据えて、教育者としても、トップとしても、石にかじりついてでも子供たちのために実現する未来をつくるんだ、こうやって未来をつくっていくんだということを見せていただきたいと思います。

体育館の耐震化、活用に関しては今後検討いただくということもありましたし、環境整備については、やっぱり子供たちが頑張ろうとしたときに場所がないというのは非常に寂しいことだと思いますので、ぜひとも子供たちへのメッセージとして、再度、三日月知事の答弁をお伺いしたいと思います。

●知事（三日月大造）
せっかくつくる新校ですし、縁があって、そこで学び合うことのできる生徒諸君でございますので、先ほど私が答弁したとおりなんですけれども、学校、そして、生徒の意欲、希望というものも十分酌み取りながら、もう高校生ですから、自分たちはこうしたいんだという希望を持って、みんなでまとまって、徒党を組んで先生にぶつける、行政にぶつける、親にも言っていく、こういう取り組みも

ぜひ私は期待をしたいと思いますし，そういう活動，行動の延長線上に私たち行政もしっかりと寄り添って改善していけるよう，整備していけるよう，取り組んでまいりたいと思います。
○チームしが県議団・中沢啓子
　滋賀で初めての，長浜と彦根だけでの統廃合となります。さまざまな思いを胸に，その思いを飲み込んで，新校のためにということで，皆さん，御協力もいただいていると思いますし，さまざまな思いを胸にしまって，何とか子供たちのためにとやっていただいていると思います。子供たちの未来のために魅力と活力のある新校になるように，そして，おかげでこんなにすばらしい学校に，彦根翔西館高校になったとみんなで喜べるようにしていただきたいという願いで今回は質問させていただきました。
　まず，教育長にお伺いいたします。
　魅力と活力ある県立高校づくりの決意をお伺いいたします。
●教育長（河原恵）
　お答えをいたします。
　魅力と活力ある県立高校づくりの決意ということでありますが，新校を開校するにつきましては，これまでも申し上げてまいりましたとおり，本県でも初めての大規模な総合学科となることから，多くの仲間とともに学ぶことのメリットを生かし，学校生活も学習活動も，さらにはスポーツや文化の面でも活性化するよう，カリキュラムや教育内容の編成などを進めてきたところです。
　特に学習面においては，多くの選択科目を設けることにより，それぞれの系列の専門性の向上を図り，また，高いレベルでの検定や資格取得とも連動させ，ほかの学校にはない，魅力のある学習ができるようにしたいと思っております。また，地域貢献と生涯学習を教育の柱と掲げていることもほかの学校にはない大きな特徴であります。
　このようなことから，新校で学ぶ生徒たちが地域社会を意識し，地域社会の構成者として，あすを開く人になるよう，地域とのさまざまな交流活動を行っていく予定です。
　さらに，生徒たちには生涯学習を意識した学びも行っていきます。このことで，生涯にわたって学び続けることができ，仲間と協力しながら自己実現を図ることのできる資質や能力を育てていきたいと考えております。
　特に，新たに整備する予定の充実した設備を活用し，また，先ほども申し上げましたアクティブ・ラーニング等の手法も導入し，課題研究や専門教科などの主体的な学びを進めてまいります。
　新校開校まで1年余りとなる今，再編計画の基本的な理念のもと，関係者の御意見をお伺いしながら，「再編してよかった。すばらしい新校となった」と言っていただけるよう，子供たちのために，地域の教育のために，信念を持って開校準備を進めてまいる所存でございます。
○チームしが県議団・中沢啓子
　最後に，知事にお伺いをしたいと思います。
　今の魅力と活力ある県立高校づくりの決意，新校ができますので，新しい子供たちは，ただ伝統を引き継ぐだけではなくて，新校をどうしていくか，つくっていくということも非常に大事なことだと思いますので，最後に，魅力と活力ある県立高校づくり，三日月大造知事の決意をぜひもう一度お伺いしたいと思います。よろしくお願いします。
●知事（三日月大造）
　関係者の皆様方には本当に御苦労，御心配をおかけしていると思います。ただ，新しい学校で学べる，新しい学校に集えるという，こういうこともなかなかないので，前向きにとらえていただけるような環境づくりを我々も努めてまいりたいと思います。
　統合，建設の過程においてはいろいろと御不便もおかけいたしますし，ほかの高校もそうなんでしょうけど，限られたスペースの中で，よそに行って部活動をやったり，また，交代交代で部活動をし合うなどのそういう制約もあるでしょうけれども，いや，そういう過程も含めて，みんなで力を合わせて新しい学校を盛り上げていけるような環境づくりのために，先ほども答弁いたしましたけれども，私たちもしっかりと協力をして，寄り添って取り組んでまいりたいと存じます。

議第49号議案採決（3月16日）
●議長（赤堀義次）
　次に，議第49号滋賀県立学校の設置および管理に関する条例の一部を改正する条例案を採決いたします。
　議第49号議案を文教・警察常任委員長の報告のとおり決するに賛成の方は，御起立願います。
　〔賛成者　起立〕
　御着席願います。起立全員であります。よっ

て、議第49号議案は、文教・警察常任委員長の報告のとおり決しました。

【9月定例会議】
[代表質問]
○高校再編について（自由民主党・颯新の会・青木甚浩、9月22日）

　最後に、高校再編について教育長にお伺いをいたします。
　平成24年12月に県立高等学校再編計画が策定され、この3月には、彦根、長浜における統合新校の名称が決定されるに至っています。地域の高校がなくなることについて、多くの県民の方々から異論が出されているにもかかわらず、将来の生徒数減少等を理由として統合へと決定されたことに、大変大きな失望を受けました。
　多感な青春時代の3年間を過ごした学び舎から、思い出いっぱいに巣立っていった生徒たち、また、校庭から聞こえる笑い声やグラウンドでのクラブ活動のかけ声を、毎日楽しく耳にしていた地域の方々、こうした多くの県民の思いを詰め込んだ高校が地域から消滅することは、地域社会や人々にどれほどの影響を及ぼすのでしょうか。今さら高校再編計画を再考されないとしても、せめてこの高校再編が、地域にとっても生徒にとってもやむを得なかったと、いつかは納得できるものにするのが県の最低限の使命と考えます。そこで、高校再編決定後のこれまでの県の取り組みについてお伺いをいたします。
　今回の高校再編によって廃校となるのは、県内で彦根、長浜の2校だけです。この彦根、長浜いわゆる県東北部は、県南部と違い、京阪神地域から遠く、通学や通勤には不便なこともあり、若者の転出等により人口減少が顕著となっています。そうした中で、地域の活力を維持していくのが大きな課題ですが、どのような場面においても、地域社会にとっての宝は人です。将来を担うすばらしい人材を地域で育んでいくことは、人口減少局面における希望の星であり、地域振興の柱であります。
　そこで、1点目、彦根、長浜両地域において、高校の再編統合が着々と進められていますが、統合高校を初め残された高校群が、より活力に満ちた魅力的な学校となり、地域の子供たちに多様な選択を可能なものとする必要があると考えます。こうした観点において、地域の声に耳を傾けながら地域の共感を得られるような、現在、どのような検討や取り組みが具体的に行われているのか、お伺いをいたします。
　統合後、2校については、悲しいかな、跡地は残ります。かつてにぎやかだった一帯から若人の気配が消え、ぺんぺん草に覆われた風景を思い描くだけでも胸が熱くなります。県は撤退すればそれでおしまいかもしれませんが、現場を抱える地域は逃げることはできません。統廃合の原因とされた生徒の減少、人口の減少、このこと自体が地域におけるさまざまな現実の大きな課題であると認識しなければなりません。
　そこで、2点目に、両校の跡地については、人材育成のための教育施設を初め、地域の活力創造や住民の安心の確保など、立地の特性を踏まえた中で県民の福祉の向上に資するよう、速やかに利活用が図られるべきと考えます。統廃合を敢行した教育長の責任において、今後、どのように利活用し、地域社会に貢献していこうとされているのか、その決意を伺います。
　滋賀の地を愛し、これからも滋賀で育ち、滋賀で働き、滋賀に住み続けようとする若者の期待に応える高校教育、それから高校を支える地域社会の繁栄を願って、質問を終わります。

●教育長（河原恵）
　高校再編についての2点の御質問にお答えいたします。
　1点目の彦根、長浜統合新校を初めとする高校において、地域の声に耳を傾けながら、地域の共感を得られるよう、どのような検討や取り組みが行われているかについてですが、彦根、長浜地域の再編においては、地域の方々の声を踏まえ、中学生が地域内で進学できるよう、また、多様な進路選択を可能とするための学校や学科の配置などを行っているところでございます。
　現在、彦根においては、普通、商業、家庭の系列で編成する総合学科の拠点校として、多様な学びができる新しい学校づくりの検討を進めるなど、魅力と活力ある学校づくりに取り組んでいるところでございます。
　また、長浜においては、グローバル社会に対応する英語教育の充実や、地域の産業や福祉を支える人材育成のための取り組みを進めているところでございます。
　今後も、新校を初め各校において、それぞれの特色を生かしながら、将来を担う生徒の資質と能力を最大限伸ばせるよう、地域の皆

さんとともに学校づくりに取り組んでまいりたいと考えております。

次に、2点目の跡地の利活用についてでございますが、統合による移転後の学校跡地につきましては、多くの学校関係者の思い出が詰まった土地であるがため、その活用に対する地域の方々の関心が強いと認識しております。

現在の彦根西高校と長浜北高校の校地につきましては、平成29年度末までは、彦根統合新校の第2グラウンド等や長浜統合新校校地として、引き続き利用する予定としております。

その後の跡地利用につきましては、教育委員会および県として活用できるかどうか検討し、活用の見込みがない場合は、まずは地元市の御意向をお聞きしていきたいと考えております。

教育委員会といたしましては、地域のことを十分に踏まえるなど、御提案いただいている趣旨を受けとめながら、跡地利用が可能となる時期を念頭に置き、必要な検討を行ってまいりたいと考えております。

【11月定例会議】
[代表質問]
○高校再編による統合新校について（自由民主党・颯新の会・石田祐介，12月1日）

最後に、高校再編による統合新校についてお伺いをします。

魅力と活力ある県立学校づくりを目指し、平成24年12月に滋賀県立高等学校再編計画が策定され、ほぼ2年が経過しました。既に本年度から再編実施計画に基づき、能登川高校の総合単位制高校への改編や長浜北高校総合学科への福祉系列の設置、長浜北星高校定時制課程の総合学科への改編、また、工業高校、農業高校の学科改変などが実施されているところであります。また、平成28年度には、彦根・長浜統合新校が設置されることになっております。

さきの9月議会における我が会派の代表質問において、高校再編に関して、教育長から、「新校をはじめ各校において、それぞれの特色を生かしながら、将来を担う生徒の資質と能力を最大限に伸ばせるよう、学校づくりに取り組む」との答弁をいただいております。

しかし、平成28年度に設置予定の彦根、長浜における統合新校については、中学生や保護者から、統合の対象となる高校の学校説明会や体験入学等で説明は受けているが、具体的なイメージが持てないとか、入学してみないとわからないことへの不安があると聞き及んでおります。また、中学校の進路指導面でも、こうした生徒や保護者への質問に答える資料が欲しいといった意見もあると聞いております。

特に、来年度、統合前のそれぞれの高校に入学する現中学3年生の生徒やその保護者にとっては、3つの高校が一つになって高校生活を送ることになることへの不安、例えば部活動への練習場所や活動方法、学校行事のあり方などについて、また、平成28年度に設置される新校に入学する現中学2年生の生徒や保護者にとって、新校がどのような特色を持つ学校となるのか、どういう位置づけの高校になるのか、これらの詳細な情報がいつごろから明らかにされていくのかが見えないということが、進路選択の不安要素の一つとして挙げられると考えます。

そこで、再編計画を進める上で、こうした生徒や保護者、中学校の進路指導面での不安要素になっていることに対して、どのように対応されようとされているのか、教育長にお伺いいたしまして、質問を終わらせていただきます。

●教育長（河原恵）

高校再編による統合新校についての御質問にお答えをいたします。

長浜、彦根の統合新校においては、平成28年4月の開校に向けて、それぞれの開設準備室を中心に、統合移行期の部活動や学校行事等のあり方、および新校の具体的な教育内容や教育活動の検討を進めてきたところでございます。

現在の中学3年生や保護者からの御質問に対しては、6月以降に開催された中学校の進路担当者会や中学校を訪問しての説明会、8月と11月の一日体験入学や学校説明会などにおいて説明してきたところでございます。

また、部活動の活動場所や学校行事の内容等の詳細については、来年度の早い時期に決定していくこととしておりますことから、今後、そうした予定についてもお知らせをしていきたいと考えております。

統合新校の1期生となる現在の中学2年生には、少しでも早い段階から進路指導ができるよう、今年度中に新校の教育課程の概要や部活動、主な行事予定などを掲載したリーフレットを全員に配布するとともに、新校の

ホームページを開設して，随時，情報を提供していきたいと考えております。
　今後も，中学生の皆さんが安心して進学先を選択し，希望を持って入学することができるよう，中学生や関係者に対し丁寧に説明しながら，新校開設の準備を進めてまいりたいと考えております。

[一般質問]
〇彦根の高等学校の再編について（チームしが県議団・中沢啓子，12月18日）
　次に，彦根の高等学校の再編についてお伺いいたします。
　まず，教育長にお伺いいたします。
　教育の目指すところは，子供たちが確かな学力，豊かな心，健やかな体，滋賀の自然や地域と共生する力という生きる力を育むことが掲げられています。教育は，学校や教育委員会だけではなく，開かれた学校として，保護者や地域，生徒にかかわる多くの人々と協力しながら運営していくものと考えますが，まず，教育委員会として高校にとっての後援会をどのように捉えておられるのか，教育長にお伺いいたします。
●教育長（河原恵）
　お答えをいたします。
　後援会は，生徒の保護者や同窓会員，その他後援会の事業に賛同する方などが会員となり，学校の教育活動の発展と振興，ならびに教育環境の整備等のために必要な援助をしていただいているものと捉えております。
〇チームしが県議団・中沢啓子
　教育長にお伺いいたします。
　では，教育委員会として，高校にとっての同窓会はどのように捉えておられるのか，お伺いいたします。
●教育長（河原恵）
　お答えをいたします。
　同窓会は，卒業生が会員となり，会員と母校との関係を親密にするとともに，母校の向上発展に寄与し，学校を支援していただいているものと捉えているところでございます。
〇チームしが県議団・中沢啓子
　教育長にお伺いいたします。
　教育委員会として，高校でのＰＴＡの位置づけをお伺いいたします。
●教育長（河原恵）
　お答えをいたします。
　高校のＰＴＡは，保護者と教職員が会員となり，学校と家庭の教育に関し相互に理解を深め，生徒の健全な育成に取り組んでいただいている組織と位置づけております。
〇チームしが県議団・中沢啓子
　教育長にお伺いいたします。
　彦根統合新校設置懇話会には，彦根ＰＴＡ連絡協議会会長，彦根翔陽高校と彦根西高校の同窓会長と学校評議員，そして滋賀県立大学人間文化学部の教授，彦根市企画振興部長を委員とされています。これらの委員の方々を委員として選ばれた理由をお伺いいたします。
●教育長（河原恵）
　お答えをいたします。
　統合新校の懇話会の委員につきましては，地域の意見を聞き地域に根差した魅力と活力ある学校づくりに資するため，学識経験者，地域の行政関係職員や中学校の保護者，統合対象校の学校評議員および同窓会関係者に依頼するとしたところでございます。
〇チームしが県議団・中沢啓子
　教育長に伺います。
　改めて，彦根統合新校設置懇話会の位置づけをお伺いいたします。
●教育長（河原恵）
　お答えをいたします。
　懇話会の位置づけでありますが，設置要綱に基づき，地域の意見を聞き地域に根差した魅力と活力ある学校づくりに資するため設置したものであります。新校の開校に向け，統合新校の基本理念に関することや，校名，校歌および校章に関すること，そのほか，学校運営に係る重要な方針に関することについて，開設準備室長の求めに応じ，意見を述べていただく組織として位置づけているところでございます。
〇チームしが県議団・中沢啓子
　では，彦根では，1年4ヵ月後の平成28年度に新校が開校し，1期生が入学する計画になっています。高校再編に向けての進捗状況をお伺いいたします。
●教育長（河原恵）
　お答えをいたします。
　再編に向けての進捗状況についてでございますが，平成25年度に統合新校開設準備室を設置し，統合新校設置懇話会から意見をいただきながら，新校の校名案を決定するとともに，教育理念や教育方針などについて検討してまいりました。平成26年度には，部活動や学校行事のあり方，さらには校歌，校章，校則などの検討を行っており，今年度中には新校の教育課程の概要や部活動，主な行事な

どについて取りまとめ，リーフレットで県内の中学2年生全員にお知らせすることとしております。また，校舎の増築につきましては，設計を完了し，入札を行う準備を進めているところでございます。

○チームしが県議団・中沢啓子

　教育長にお伺いいたします。

　彦根西・彦根翔陽高校再編・耐震改修工事に対する予算の変更の議案が今議会に提案されています。これは，予算が合わず入札不調で変更になったとお伺いをしていますが，工事自体を変更するのではなく，工事は当初の予定どおりの仕様で金額と校舎完成時期の変更と考えていいんでしょうか，お伺いいたします。

●教育長（河原恵）

　お答えをいたします。

　議員がおっしゃったとおり，当初の予定どおりの仕様で予定をしております。

○チームしが県議団・中沢啓子

　期間のほうは，先ほど言ったみたいに，完成時期が変わるということで，平成28年4月以降ということだと説明を受けておりますが，そのときには，現在，工事が残った中で1.8倍の生徒が通うという現段階の計画なんですが，生徒の安全ということに関しては危惧されることはないのかどうかというのがちょっと気になるところなんですが，どうでしょうか。

●教育長（河原恵）

　ただいま申し上げましたように，工事の終了時期につきましては延びるということになります。その中で統合新校の最初の年を迎えるということでありますが，工事等の安全につきましては十分配慮し，安全を第一に運営できるように進めていくこととしております。

○チームしが県議団・中沢啓子

　教育長に伺います。

　そもそも，統合には反対も多くありましたし，タイプの違う2校ですので，統合にはさまざまな課題があると思いますが，その課題をどのように認識されておりますでしょうか。

●教育長（河原恵）

　お答えをいたします。

　統合する両校には学科編成，授業形態，学校行事，部活動などにおいて違いがありますが，両校の伝統やよさを引き継ぎ，新校としてふさわしいものにしていくことが使命であ

り，そのための調整をきめ細かく行うことが大きな課題であると認識しております。また，統合する2校と新校が合同となる統合移行期をどのように運営していくかについても課題と捉えており，さらには，先ほどもありましたように，生徒数がふえる中での交通安全対策や校舎増築工事などへの対応が現在の課題であると認識しております。

○チームしが県議団・中沢啓子

　それでは，それらの課題にどのように取り組むおつもりか，お伺いいたします。

●教育長（河原恵）

　お答えをいたします。

　まず，両校の伝統や歴史を引き継ぎ，移行期を円滑に運営するためには，生徒会活動や部活動なども含め，生徒同士の交流を活発にしながら，それぞれの学校の伝統やよさを引き継ぎ，新しい価値を創造できるよう，必要な準備を慎重，丁寧に進めてまいりたいと考えております。また，交通安全対策については，これまでにいただいている御意見も踏まえ，生徒の安全を第一に考え，万全を期してまいりたいと考えております。

○チームしが県議団・中沢啓子

　教育長にお伺いいたします。

　このようなさまざまなことに関して，地域の皆さんも学校の関係者の方々も結構心配をされています。それで，先日，彦根西高校のPTAと同窓会と後援会の3者から要望書が届けられましたが，どのように受けとめておられるでしょうか。

●教育長（河原恵）

　お答えをいたします。

　彦根西高校関係者からは，9月17日に，統合後も彦根西高校の生徒は彦根西高校校舎に通学させてほしい等の要望をいただいたところでございます。あわせて意見交換もさせていただいたことで，要望の趣旨や理由についての理解も深まりました。また，統合する彦根西高校の生徒を思う気持ちが込められたものであったと受けとめているところでございます。

○チームしが県議団・中沢啓子

　教育長にお伺いいたします。

　その回答というか，県のほうからもいろいろとお話をされていると思うんですけど，それは現実と整合性があって，現場の先生方も納得されて，また提出された関係者の方々も御理解されていると思われておりますでしょうか。

●教育長（河原恵）
　お答えをいたします。
　先ほど，御意見をいただきましたときに，当日，意見交換をさせていただきました。その時間につきましては限られていたこともあり，また，互いの主張が食い違ったり，認識不足と受け取られるところもあるなど，十分に御理解いただけない点もあったかと認識はしております。各学校の教員につきましては，準備室と十分協議をしていることもありまして，一定理解は進んでいるというふうには思っております。
○チームしが県議団・中沢啓子
　なかなか統合というのは難しい話で，さまざまな思いを皆さんお持ちして，何とか子供たちのためにと思われています。一定理解というお話はありましたけれども，多分，おっしゃってこられているということは，言ってこられた方々は，自分の思っていることとか，子供たちのことをこう思う，地域ではこう考えているということがわかっていただけてないと思っていらっしゃるから言ってこられているんだと思うんですよね。懇話会もあり，その中でも発言があったりとかして，その中でもやっぱりなかなか話がかみ合わないというお感じをお持ちなんだと思います。今回，さまざまなことを聞いていますけれども，やっぱりそこにきちんと統合するということに関しては，お互いの立場を尊重しながらしっかりと受けとめて話し合っていくということが非常に大事なんだと思うんですね。時間がないからとか予算が何回分しかないからとかいうことで終わってしまうのではなくて，やはり開校までにしっかりとそういうことをやっていくということが求められると思うんですが，再度お伺いいたします。
●教育長（河原恵）
　お答えをいたします。
　今，議員御指摘がありましたように，十分に議論することは，いろんな課題が明らかになり，また改善すべきところの方向性も決まるものだというぐあいに思っております。まずは議論をし，そして丁寧にお答えをしながら，この新校，魅力ある学校づくり，子供たちのために，よりよいものになるように努力を進めていきたいというぐあいに思っております。
○チームしが県議団・中沢啓子
　先ほどもお話しいただきましたけれども，交通安全についてなんですけれども，教育長にお伺いいたします。
　翔陽高校は，現在でも通学路の安全に対して危惧をされているところです。現在の計画では，28年4月に3校が翔陽高校に同居するという形になり，いきなり通学生の数が現在の600名から480名を加えて1,080名になります。雨の日も，きょうのような雪の日も通学をしますが，交通の安全の確保はできているんでしょうか。
●教育長（河原恵）
　お答えをいたします。
　この件につきましては，先ほどの要望の中でも御指摘をいただいているところでございます。県教育委員会といたしましては，先ほども申し上げましたように，安全を確保することが第一であり，この課題を解決するためにしっかりと取り組んでいきます。そのため，隣接する近江鉄道彦根口駅出口を学校側へ移設し，また，自転車通学については，学校の両端より敷地内へ出入りすることで，学校の前の市道は通行しないこととしたところでございます。
　今後も，改善すべき方策を検討し，安全確保に万全を期してまいりたいと考えております。
○チームしが県議団・中沢啓子
　実は，先日，見てきました。朝と夕方，たまたま雨の降っている日も見ました。おっしゃるとおり，両脇からというのはいいんですけど，危ないと思うところは実はかなり車が通ります。バスも実はあの狭い一方通行でないところを通ります。トラックも通っていました。その中で，ＪＲの踏切と近江鉄道の踏切を2ヵ所越えて来るんですね。そこに，狭いところに，特に朝は8時半にかけて一気に来るという中で車も通るということなので，これが1.8倍になるとなかなか大変だなと思いましたので，ここはぜひひたい今後の検討課題だと私は認識しています。多分認識をしていただいていると思いますので，この話これで。
　次，部活動について，教育長にお伺いいたします。
　（資料提示）これ，図をつくったんですけれども，現在の彦根西高校の運動部の加入率は24.72％，彦根翔陽高校は63.93％です。現在のこの2校の部活動の状況をどのように考えて，今後の統合新校での部活のあり方というのを教育長はどのようにお考えでしょうか。
●教育長（河原恵）

お答えをいたします。
　議員御指摘のとおり、両校の部活動への参加状況には大きな違いが見られます。ただ、運動部におきましては彦根翔陽高校がきわめて高く、文化部におきましては彦根西高校のほうが高くなっているという状況であります。これは学科構成や男女の比率の違いが影響しているのではないかとも考えております。また、陸上部は両校とも全国高校総体、インターハイへ出場するなど、それぞれの部活動が目標を持って取り組んでいるところであります。特に、御指摘がありましたように、彦根翔陽高校は運動部活動が活発で、滋賀県の高校スポーツ界をリードする学校でございます。そのため、新校の部活動につきましては、その伝統を引き継ぐとともに、統合により生徒数がふえ、部活動が活発になることを生かして、新校の大きな魅力としてまいりたいと考えているところでございます。
○チームしが県議団・中沢啓子
　教育長にお伺いいたします。
　部活動、特に運動部というのはスペースが必要になると思います。現在の生徒1人当たりの運動場の面積は、一番広いのは124平方メートルで、平均が約40平方メートルなんです。（資料掲示）皆さんにお配りもさせていただいていると思うんですが、彦根西高校は22平方メートル、彦根翔陽高校は26平方メートルです。統合後の彦根新校は15平方メートルになります。県内で3番目に狭い学校になります。その上、先ほども申しましたとおり、彦根翔陽高校は県内でも運動部員の比率が非常に高く、この比率を、これからも頑張って部活を生かすんだという話になると、部活のスペースが狭くなると思うんですが、新校の部活動のスペースのあり方についての教育長のお考えをお伺いします。
●教育長（河原恵）
　お答えをいたします。
　議員御指摘のとおり、統合により生徒数がふえるため、1人当たりの運動場面積は狭くなることになりますので、工夫をしながら活動していく必要があります。また、活動場所につきましては、現在使用している体育館や運動場等が基本になりますが、校舎外の練習場所を確保することなども必要であり、部活動が円滑に実施できるよう検討をしているところでございます。
○チームしが県議団・中沢啓子
　教育長に再度お伺いします。

懇話会の中でも、部活動は充実していくんだと、新校を県下有数の部活動の充実した学校としてスタートさせるんだということをおっしゃっています。教育基本方針の案の中にも、これは多分懇話会に出された資料だと思うんですけれど、アドミッションポリシー、求める生徒像というところに、最初に、部活動や学校行事、生徒会活動などの生き生き伸び伸びする学校生活、わくわくどきどきする学習活動にみずから積極的に取り組み、秘められた能力を発見し、それを引き出し、伸ばし、みずからの進路希望を実現しようと努力する生徒というのが書いてあります。それだけ重きを置かれている部活動ですので、スペースが狭いということは、環境整備としてはやっぱりもう少し考えていくことが必要だと思います。今後しっかりと御検討いただくということでよろしいんでしょうか。
●教育長（河原恵）
　ただいま議員の御指摘のとおり、教育委員会としましても大きな課題として認識をしているところであり、しっかりと検討をしていきたいというぐあいに考えております。
○チームしが県議団・中沢啓子
　現在でも、ハンドボール部さんだったと思うんですけれども、企業さんの体育館を借りて行われています。自転車で走っていってやっているというのが現在の600人体制の中での状況です。それも加味して、新校、子供たちのためであるということであるならば、しっかりそういうようなこともやった、環境整備ができる新校であってほしいという思いを持っていますが、教育長にお伺いいたします。新校についてのビジョンをお伺いいたします。
●教育長（河原恵）
　お答えいたします。
　彦根新校のビジョンにつきましては、総合学科の拠点校として位置づけた上で、普通、商業、家庭の系列を設け、進学から就職まで幅広い生徒の進路実現に向けた多様な学びができる学校としているところでございます。また、生涯学習、地域貢献、進路実現の3つの学校のミッションとし、幅広い教養と確かな学力、規範意識、社会性、豊かな人間性を備えた地域社会に貢献できるたくましい人間の育成を教育目標と掲げて組み立てているところでございます。
○チームしが県議団・中沢啓子
　今までからもある程度言われてきた言葉に

非常に感じるのは私だけではないと思うんですけれども，教育長にお伺いいたします。統廃合するということは大きな痛みを伴うことです。5クラスから9クラスになるという新校には，ぜひとも魅力ある授業や講師，そして生徒にとっての魅力ある取り組みが必要とも考えますけれども，どのような取り組みをお考えでしょうか。

●教育長（河原恵）
お答えをいたします。
統合新校は，今回の再編計画の一つの柱として，モデルとなるような総合学科の高校にしてまいりたいと考えております。特に，新校には，2つの学校の歴史や伝統を引き継ぎ魅力ある系列や学習内容を設定するとともに，「いきいき，のびのび」をコンセプトにして，地域社会に貢献できるたくましい人間の育成を目指してまいりたいと考えております。また，大規模校の強みや総合学科の特色を生かし，生徒一人一人が自分の興味関心や進路希望に応じて学ぶことができるようにしてまいります。
さらに，先ほども申し上げましたように，部活動も活発に行い，教職員と生徒とのかかわりを通して，生徒にとって魅力ある学校づくりを目指し，新校の開校に向けて全力で取り組んでまいりたいと考えております。

○チームしが県議団・中沢啓子
今までも何度もお伺いをしたお言葉で返していただいたと私は思っています。今回，わざわざ聞かせていただいたということは，それだけではまだ足りないんじゃないかというお声を多く聞くので，ぜひとも，痛みを伴ってまでやる統廃合ですから，そこはしっかりと地域の方々も納得をし，そしてまた，新しい子供たちが入ってきたときに，ああ，こんなすばらしい学校なんやと，またここに入りたいと思えるような学校にしていただきたいと思っています。それは，魅力という形で，もっともっと持っている魅力は当然あるでしょう。でも，統廃合で両方のことをまぜるという形だけでつくっていくのが本当に次の子供たちのためにいいのかどうかというのは，やっぱりもっと魅力的なことを新たにつけ加えるということが必要なんだと思うんです。なので，そこの部分にもっと力を入れて新しいものをつくっていく，その思いでしっかり取り組んでいただきたいと思っているんですが，もう一度，今後の取り組み，これからもしっかりそういう思いで取り組んでいた

だく。先ほどの部活動のことも，統廃合の最初のときから実は部活動の話はありました。人数が少ないので部活動ができないから一緒にするんだというお話があった。でも，実は部活動をやっている子が少ないんだということも後でわかったりとかして，いろいろあるんですが，そういうような思いも含めて，やっぱり環境整備としてしっかり部活動のできる体制も整える，そしてまた，新しく入ってくる子たちが，しっかりとそこで魅力のある授業を受け，そして人格形成ができて出ていけると，そういう高校にするんだという思いを持って今後の取り組みを進めていくということで，再度，取り組みについてお伺いいたします。

●教育長（河原恵）
お答えをいたします。
議員がおっしゃるように，1つには，それぞれの学校の伝統やよさを引き継ぎ，新しい価値を創造していくということが重要であると考えております。総合学科，特に滋賀県における総合学科のリーダー的な存在でもあり，今回の再編によりまして，施設設備につきましてもかなり充実したものを組み立てているところであります。学習におきましても，部活動，特別活動におきましても，また子供たちの交流におきましても，よりよいものになるように，今後も引き続き開校までの間，全力で検討して，よりよい特色のある学校になりますように努力していきたいと考えております。

○チームしが県議団・中沢啓子
モデル校として本当にいい高校になるように今後の取り組みを期待しておきます。
では，知事にお伺いいたします。
このような状況の中で，統合新校が本当に子供たちのこと，地域のこと，考えてわかっていただけているとはまだ言いがたい状況に今はあると思います。生徒数が1.8倍になっても，本当の意味で魅力と活力のある県立高校という形で，ただ数がふえてにぎやかになったことだけが活力とは私は思いません。その中で何ができるのかということがすごく大事なんだと私は思っていますし，周りの方々も，本当に子供たちが輝いて，そこでこんなモデル校として，ここだからできる教育ということがしっかりとできるということが求められているんだと思います。単純に狭い学校に生徒がふえただけ，それでは何の解決にもなりません。また，統合新校，5クラ

スから9クラスになって，ひょっとしたら定員が欠けるんじゃないかみたいな言葉が出るような統廃合ではいけないと私は思っています。こんなに募集定員ふやしたのにまだ多いんだと，ここにこんなに人が来たいと思われるようなカリキュラムなんだと言っていただけるようなものをしっかりと提示していただきたいと思いますし，平成30年には130年を迎える滋賀県初の彦根女学校である彦根の西高校，そして，最後まで自分たちの西校で過ごしたい，閉校式をしたいとおっしゃっています。そしてまた，総合学科としては非常に人気校になっています彦根翔陽高校，一からつくり上げてこられた学校です。タイプの違う2校の統廃合は，署名活動までして，統廃合をしてほしくないという声を振り切って今回統合が決定をされています。その悲しい思いや悔しい思い，決まったことだから関係ないんだということではなくて，真摯に向き合って議論をしていく，そしてできることはやっていく，それが礼儀だと思います。新校がこんなにすばらしい高校になった，みんながこの学校に通いたいと言われるような魅力と活力のある県立高等学校づくりをしてあげてほしいと思います。本当の意味での魅力と活力のある県立高等学校づくりについての三日月知事のお考えをお伺いいたします。

●知事（三日月大造）

中沢議員，多くの方々の思いを代弁されての，またいろんなデータを比較考慮されての，さらに現場御視察いただいての御質問ありがとうございました。私自身は，知事になってから，この議場で初めてこの問題，質疑応答に臨ませていただいております。

課題にしていただきましたこの滋賀県立高等学校再編計画，これは，平成23年ですか，原案を公開されて，その後1年以上の時間をかけて，県民の皆さんや，ほどこそ県議会の皆様方の御意見も伺いながら，慎重に検討してきて案をつくってこられた，今ある再編計画はそういうものだというふうに認識しております。そして，この再編計画は，生徒数が減少する中にあっても，地域の教育力を向上させて，学校の活力を維持向上することで，生徒たちが，子供たちが意欲を持って学習に取り組める教育環境をつくることを目的に進めてもらっております。

私自身もそうですし，皆様方もそう，およそ多くの方がそうだと思うんですが，やっぱり高校生活というのは人生においても極めて大事なものだと思います。そして，在学中，在籍中のみならず，卒業してからも，同窓会の皆様方にとって，俺はここの学校でこんなことをして卒業したと，その後のつながりも含めて大変大事にされるものでもあります。同時に，在学生，卒業生のみならず，地域の方々にとっても，この地域にこの高校，学校があるということが一つのステータスになったり誇りになったりという側面もあります。極めて大事なものである。それぞれが歴史を持ち，特徴を持ち，あるものを1つにして1つをなくすということは，これまたそれぞれの方の思いも乗ってくる。そして，断腸の思い等々を持たれる方々がいらっしゃるということについても思いを至らせなければならない。とりわけ今は極めて大事な時期にあると思うんです。統合に向けて工事はやろうとしているけれども，入札不調で建設が，竣工が2ヵ月おくれる。さあ，これで本当に間に合うのか，話題にしていただきましたけれども，体育部に，運動部に所属する人は多いけれども，運動場のスペースはこれで大丈夫なのか，といった極めて大事な統合に向けての大事な時期にあるということでありますので，私はさまざまな課題もあると思いますが，今話題にしていただきましたように，魅力と活力ある学校づくりに向けてしっかりと協議をして，お互い胸襟を開いて協議をして丁寧に対応する。時間がないから意見が聞けませんでしたということではなくて，しっかりと丁寧に対応しながら課題を解決して，それは長浜もそうだと思うんです。きょうは彦根のことをテーマにしていただきましたが，長浜も同じ，いろんな課題があると思いますので，それぞれの学校が統合して，より魅力と活力のある学校になったと皆さんに実感していただけるような学校づくりに向けて，これはともに頑張ってまいりたいと存じます。

○チームしが県議団・中沢啓子

ぜひ前向きな答弁とともに予算もしっかりとつけて，足りないということで，これはできません，あれはできませんではなくて，やっていただきたいと思います。最後，知事にもう一度お願いします。

●知事（三日月大造）

時間もそうでしょう。そして，財政面，予算もそうでしょう。制約はあるのかもしれませんが，その制約を押しつけて，そして我慢や苦労を強いるというのではなくて，やはりせっかくつくる学校ですので，多くの方々に

とって統合してよかったと思っていただけるその取り組みに私どももしっかりと参画をしてまいりたいと存じます。

[関連質問]
○中沢啓子議員の彦根の高等学校の再編についてに対する知事,教育長の答弁について(自由民主党滋賀県議会議員団・細江正人,12月18日)
　自由民主党滋賀県議会議員団の細江正人でございます。
　大雪気象情報の中,皆さんを遅くしてしまいまして,まことに申しわけございません。中沢議員の彦根の高等学校の再編について関連して質問をさせていただきます。
　直接に関連する学年の生徒やその保護者には知らされてよくわかりますが,女学校から受け継がれている130年の歴史や彦根翔陽高校の伝統をどのように新しい高校に引き継ぐと考えればよいのか,県民,市民によく理解していただくために,答弁の中からもう少しはっきりさせておきたいと思い,お尋ねをさせていただきたいと思って手を挙げてしまいました。
　新校は,変遷の過程のなか,新設校と考えるのか,県民はどちらと理解をすればよいのか,教育長にお尋ねします。それぞれの同窓会は母校を失うのか,新校に移ると考えればよいのか,教育長のお考えをお聞かせください。
　運動場面積など,学校施設基準があるのではないかなと思うんですが,クリアしているのでしょうか。関係しないのでしょうか,教育長にお尋ねします。また,校地や運動場が狭隘であることは明白になりましたが,その解決策として,西高校のグラウンドなど利用を継続するのか,新校のグラウンドの狭隘であることの解決策を,明快な答弁を教育長にお尋ねいたします。
　統合後の校舎増築工事の入札が不調ということになりました。設計の仕様変更などが必要なのではないでしょうか,教育長にお尋ねします。
　知事は,答弁の中で,課題があるがと発言されたように思っております。どのような課題を認識されましたのでしょうか,知事にお尋ねします。その課題は議論だけでは済まされない,課題解決の具体的決意を知事に確認させていただきます。
　以上でございますが,どうぞよろしくお願

いいたします。
●知事(三日月大造)
　細江議員から2問いただきました。
　中沢議員の再編の御質問の最後の答弁だったと存じますが,課題があるがということですが,答弁の確定版をご覧いただければと存じます。私がそのとき申し上げました課題とは,工事の竣工が2ヵ月おくれることとなりました。したがいまして,新校開校時の教育活動が円滑に行えるのかどうかという課題でありますとか,中沢議員のほうから御質疑いただき,それぞれ歴史や特徴の違う,また運動部の活動が活発な,そういう高校の統合に際して,運動場のスペースが大丈夫なのかといったような課題があるというふうな認識をいたしたところでございます。
　そして,その課題は議論だけでは済ませられない,課題解決の決意を確認ということでございますが,そういう課題があります。また,それ以外にもあるのかもしれません。さまざまな工夫をしながら,そういった課題を解決,克服し,再編計画を計画どおり実施に移していけるよう,また,多くの方々にこの統合をしてよかったと感じていただけるよう,私としても,関係者と協力をしながら,できることをしっかりとやってまいりたいというふうに思いますし,教育委員会にも円滑な準備を行うよう,さらに強く求めてまいりたいと存じます。
●教育長(河原恵)
　彦根の高等学校再編について5点の関連質問にお答えをいたします。
　まず,1点目の新校は新設校と考えるかについてでありますが,2校を統合して新たに新校を設置するものであり,条例上も新設校としての扱いで準備を進めているところであります。しかしながら,教育課程や教育内容については,再編統合校でもあり,それぞれの歴史や伝統を踏まえ,それぞれの学校のよさを引き継ぐとともに,新しい価値を付加した学校として準備をしていくものと考えております。
　次に,2点目の同窓会は母校を失うのかについてお答えをいたします。
　同窓会については,最終決定は当該同窓会が判断するべきものでありますが,大津清陵高校や戦後すぐの統合など,これまでの統合の状況を踏まえると,新たな学校に同窓会が引き継がれ,2つの学校は,いずれも新校の前身の学校として母校となるものであり,新

校に移るものと考えます。また、それぞれの学校の学習指導要録、すなわち学籍簿につきましては、新校に引き継がれることになり、卒業証明書や成績証明書は新校で発行することになります。

次に、3点目の、新校の運動場面積などは学校設置基準をクリアしているのかについてでありますが、運動場の面積は学校設置基準に適合しており、法的には問題ありません。しかしながら、グラウンドの面積の少ない他の学校と同様、校舎外の練習場所を確保できないかなどの検討は今後も続けていきたいと考えております。

次に、4点目の、校地や運動場が狭隘であることは明白であるが、その解決策について伺うとの御質問でございます。

校地や運動場が狭隘であり、特に3校が同一校舎で学ぶ平成29年度末までは、部活動の数がふえることもあり、さきの9月議会でも答弁させていただきましたように、現在の彦根西高校の校地を彦根統合新校の第2グラウンド等として引き続き利用する予定をしているところでございます。また、現在の彦根翔陽高校の運動場の面積を拡大できるよう、体育館を移動するなど、建物の位置を変えることで運動場の面積をふやす工夫などもしているところでありますが、より一層工夫できないか、さらに検討してまいりたいと考えております。

次に、5点目の統合後の校舎増築工事の設計の仕様等についてでございます。

設計の仕様につきましては当初の予定どおりですが、積算について、見積もりのとり直しなど、実勢価格を適切に予定価格に反映できるよう見直しをしているところでございます。また、予算額につきましては、解体などを内容とする2期工事に係る予算額を切り離し、後年度に別途予算をお願いすることとしております。そのため、現在計上している予算総額を変更せず、1期工事のみの再入札を実施することとしており、金額の変更はありません。

○自由民主党滋賀県議会議員団・細江正人

知事は彦根翔陽高校のその場所を今までごらんになったことがありましょうか。あの場所は、大変狭隘な近江鉄道と、それから芹川の河川とに挟まれた狭隘なところでございますが、その後方に畑があったりとか、前に住宅があったりとかします。そういう点で、校地を広げることは可能かなという気が

いたしますが、そういう点で、時間と予算がないからということで済ましたくはないというお言葉もいただいたようでございます。そういうことについて、1学年9クラスの学校になるということですから、そう少し校地を広げることも必要ではないかと考えますが、知事のお考えはいかがでございましょうか。

●知事(三日月大造)

まず、現場を見たことがあるかということでございますが、私も近江鉄道から、また、近隣、さまざま訪れた際に、外からではありますけれども拝見したことがございます。ただ、中も含めて見たことがあるかと言われると、それはまだ中は見させていただいたことがございません。

いずれにいたしましても、いよいよ工事が始まって、工事がされながらそれぞれ生徒の皆さんが学ばれる、また、数がふえて多くの生徒が学ぶという状況の中で、安全なのかどうかということもそうですし、さらに、狭いのではないかといったような課題があるということを認識いたしましたので、その課題克服に向けて関係者の皆さんと努力をしてまいりたい、また検討してまいりたいと存じます。

滋賀県議会定例会会議録

2015年(平成27)

【6月定例会議】
[一般質問]
○彦根翔西館高校の開校に関して(チームしが県議団・中沢啓子、7月6日)

では、次に、彦根翔西館高校の開校に関して、全て教育長にお伺いをいたします。

いよいよ平成28年4月に、彦根翔西館高校が開校します。それと同時に、彦根翔陽高校と彦根西高校の2年生、3年生が同じ校舎で過ごすことになります。彦根翔西館高校のパンフレットもでき、中学3年生にもしっかりと知らせることが必要です。まずは、彦根翔西館高校の特徴と中学校等への告知についてお伺いいたします。

総合学科の生徒さんたちは、運動部の所属率も高いので、スポーツ科学系列は注目されることと思います。また、2019年のラグ

ビーワールドカップ，2020年のオリンピック・パラリンピック，翌年の関西ワールドマスターズゲームズ2021，そして2024年オリンピックイヤーの滋賀国体と，ちょうどスポーツ機運が盛り上がっていく時期と重なります。前回お約束していただいたグラウンド，体育館など運動場所の確保，そして指導者の確保に取り組んでいただいていることと思いますが，ぜひスポーツ科学系列の充実に向けた教育長の思いをお聞かせください。

現在，開校に向けて工事中ですが，以前から騒音の影響が危惧をされていました。残念ながら，かなりうるさく，特にテスト期間の配慮をしてほしいなどという声も聞きます。また，耐震化工事によって，騒音や，廊下の窓を覆うことにより窓があけられないため，熱中症のリスクや，暑さにより勉強に集中できないのではということも危惧をされています。工事が始まり，教育委員会にもさまざまな声が届いていると思いますが，授業環境のため，これらの現状にどのように対応されるのでしょうか，お伺いをいたします。

あわせて，統合が決まる前から危惧されていた通学路の安全，特に岡町の交差点から校舎の入り口までは危惧をしています。朝は，お忙しい中，先生が多く立っていただいているようですが，来年度からは1.8倍の生徒が通学することになります。統廃合を決定した責任のある県として，通学の安全対策への取り組みをお伺いいたします。

来年度からは，3校が同じ敷地内で学ぶことになります。その準備に向けて取り組んでいただいていると思いますが，今年度は，関係者や保護者に加えて，生徒の声も聞かれているとのことです。ぜひともできる限り生徒の声を取り上げてほしいと思っています。ただ，新校ができるわけですから，彦根翔西館高校の新しい生徒たちへの新しい息吹も感じられるよう配慮を願うものですが，3校の生徒が気持ちよく，ともに学び，ともに活動する環境整備についてお伺いいたします。

●教育長（河原恵）
彦根翔西館高校の開校に関する5点の御質問にお答えをいたします。

1点目の彦根翔西館高校の特徴と中学校等への告知についてでございますが，まず，新校の特徴については，県下で最大の規模を持つ総合学科として，スポーツ科学系列や家庭科学系列など5つの系列を設け，「いきいき・のびのび」の学校生活と，「わくわく・どきどき」の学習活動をコンセプトに，生徒の未来を実現する学校として開校準備を進めているところでございます。特に，スポーツ科学系列は，競技力の向上や体育系大学への進学を目指すスポーツの拠点にしたいと考えております。また，家庭科学系列は，彦根西高校の伝統を引き継ぐ系列として，フードデザインやファッション造形などの科目を配し，新校の大きな魅力にしていきたいと思います。

次に，中学校等への告知についてですが，6月には新しく作成した新校のリーフレットを県内全ての中学3年生に配布し，学びの特色や学校生活などをわかりやすく紹介いたしました。また，地域の全ての中学校を訪問して生徒や先生方に直接説明するとともに，8月5日には，ひこね市文化プラザにおいて，中学生と保護者を対象にした学校説明会を開催し，彦根西高校と彦根翔陽高校の生徒が新校の授業や部活動などの紹介を行う予定をしております。

また，本格的に進路指導が行われる2学期以降も，引き続き中学校の進路相談会において新校の魅力を説明してまいります。さらに10月には，中学校と保護者を対象に，進路相談と施設案内などを行う個別の進路相談会を実施し，11月14日にはオープンスクールを開催して，学校概要の説明と模擬授業体験を実施するとともに，繰り返し地域の中学校を訪問し，新校の魅力を丁寧に説明することで広く周知に努めてまいります。

次に，2点目のスポーツ科学系列の充実に向けた思いについてですが，スポーツ科学系列は，北のスポーツ拠点校として，多くの生徒の競技力を高め，9年後の国体を初め，スポーツの世界で活躍する人材を育てたいと強く思っております。この系列では，スポーツ科学やトレーニング理論などを学ぶとともに，異なる学年の生徒が一緒に専門競技を学ぶ専攻スポーツを取り入れ，競技力向上につなげる特色ある教育課程を編成することとしております。

そのため，建物の配置を工夫して，300メートルのトラックがとれるようにグラウンドを広くしたり，新しい大きな体育館をつくるなど，充実した教育活動ができるように施設を整備しているところです。また，指導体制の充実を図るため，専門的な教員を配置するとともに，スポーツ系大学との連携により，第一線で活躍するスポーツ指導者から競技技術やコーチングなどを学ぶ機会を取り入れてい

きたいと考えております。
　スポーツ科学系列において充実した教育を行うことで、全国で活躍できる選手の輩出を目指すとともに、効果的な指導方法を開発し、他校へ発信することにより、県全体の高校生の競技力向上につなげてまいりたいと考えておるところでございます。
　次に、3点目の工事の騒音や暑さに対してどのように対応するかについてでございますが、現在、彦根翔陽高等学校においては、本校舎の耐震改修工事および教室等増築工事、体育館改修工事に着手していますが、工事に当たっては、授業環境や学校行事等に配慮したものとなるよう、毎週、学校と工事関係者とが打ち合わせを行っております。また、大きな騒音が発生する工事については、夏季休業期間中や放課後等に集中的に実施するとともに、特に定期考査中については、工程を工夫し、騒音の出る工事を避けるなどの対策を実施しております。こうした対策をしても、なお騒音による影響がある場合は、暑さ対策として、授業や夏期の補習等を冷房施設のあるセミナーハウスや会議室などに変更することや、扇風機の使用などによって対応してまいりたいと考えておるところでございます。
　次に、4点目の通学安全対策への取り組みについてでございます。
　これまで、ハード面の対策として、近江鉄道株式会社にお願いをし、昨年8月から彦根口出口を学校側に移設していただきました。また、ことし5月からは、学校東側の芹川沿いの道路から校内に出入りすることができるなど、車との動線を分けて、生徒が安全に通学できるよう対策を進めてきたところです。さらに、今後、現在の校門を校舎寄りに移設し、車道との間隔を広げることにより、安全に校内に出入りできるよう施設整備を進めてまいります。
　また、ソフト面では、現在、両校において交通立ち番を実施し、生徒の様子や交通の混雑ぐあいなどについての実態把握と通学の安全指導に努めているところです。
　今後、統合により生徒数がふえる来年度に向けて、通学時に生徒が集中しないように、通学路を細かく設定したり、学年ごとに朝学習の時間に差を設け、通学時間をずらしたりするなど、安全な登下校に向けた工夫を検討してまいります。
　また、彦根市においては、議員御指摘の交差点において、隣接地の建物の取り壊しにより、見通しの改善が図られ、さらに、ことし2月からは左折レーンを増設し、有効性の検証が行われると聞いているところでございます。
　今後も引き続き彦根市や関係部局との連携を図りながら、生徒の通学の安全確保に努めてまいります。
　次に、5点目の3校の生徒がともに学び活動する環境整備についてでございます。
　3校の生徒が同じ校舎で学ぶ平成28年度と29年度は、彦根西高校と彦根翔陽高校の伝統を彦根翔西館高校に引き継ぎ、新しい歴史をつくり上げていく大変重要な期間であると認識しております。生徒の皆様には、新しい学びの環境を自分たちで整えるという気持ちで取り組んでほしいことから、今年度設置した懇談会に生徒代表も参加し、PTAや後援会、同窓会などの代表者とともに、移行期の対応と新しい学校のあり方について意見を出していただいているところでございます。
　去る6月25日に第1回の懇談会を開催しましたが、両校の代表生徒から、仲間づくりを大事にしたい、挨拶のできる学校、身だしなみを大切にする学校にしたい、学園祭のステージ発表は引き継いでほしい、部活動の合同練習や大会参加については各部で相談したいなどの意見が出されました。
　両校の生徒には、それぞれの学校の校風や特色を大事にするとともに、両校が互いに刺激し合い、よい関係を築いてほしいと思っております。また、新規入学生には、両校の伝統や両校の生徒の思いを大切にしながら、新しい学校文化を自分たちの力でつくり上げてほしいと願っているところでございます。県教育委員会といたしましても、3校の生徒がともに学び、活動する環境整備に向けて、着実に準備を進めてまいりたいと考えております。
○チームしが県議団・中沢啓子
　ありがとうございます。
　1つ再問をしたいと思います。
　運動場所の確保に関しては、さまざまなことを今御検討いただいているということを聞いておりますので、それに関しては、以前から表を見せてお話をさせていただいていたとおり、面積がもともと少ない、それと体育館が今の1校でも足りていないということに関しては今までもお話しさせていただいていたので、今年度、さまざまな御検討をさらに重ねていただいて、確保に努めていただけると

いうことも聞いておりますので，その件はぜひお願いしたいと思いますが，安全面のほうなんですが，先ほども彦根市さんと一緒に交通安全のことをということで伺っておりました。おっしゃるとおり，私は，岡町の交差点から，ちょうどＪＲを渡って，近江鉄道を渡ってというところが一番狭くて，なおかつ車と自転車が行き交うところなんですね。なので，いろいろな策はしていただいているんですが，そこが3車線になっても，歩道自体が広くならなければ，自転車と，あと徒歩で通学する人たちの安全は，なかなか確保が難しいと思っているんです。なので，ぜひそのあたりは県としても責任を持って，彦根市とも話をしていただきながら少しでも改善をしていただきたいと思います。私が直接見たわけではないんですが，今の状態でも，ちょっと自転車がこけていて車がとまっていたことがあるという話があります。多分，事故まではひょっとしたらなってなかったのかもしれないんですが，それでちょっと渋滞が起きていたということを耳にしておりますので，やはり危険性がある場所だと思うんですね。なので，そこはしっかりと今後，再度，車が3車線になったからいいということではなくて，御検討いただきたいと思いますので，その点に関して再質問させていただきます。

●教育長（河原恵）
再質問にお答えをさせていただきます。
生徒の安全につきましては最も重要でありますし，先ほども申し上げましたように，ハード面，そしてソフト面，両面につきまして，しっかりと対策をとっていきたいと思っております。
先日も，彦根市長様のほうへ開校の御説明に上がりましたときに，交通安全についての意見交換，お話し合いもさせていただきました。そして，さまざまな取り組みをしていただいていることもお聞きしました。今後もしっかりと彦根市様ともお話をさせていただきながら，安全に対応するように取り組んでまいりたいと思います。

【9月定例会議】
［一般質問］
○高校再編と湖北の教育環境について（自由民主党滋賀県議会議員団・川島隆二，9月30日）
湖北における高校再編計画の今後についてですが，県が示した高校再編計画は，この2月議会での彦根翔西館高校と長浜北高校の設置条例におきまして，一つの区切りというふうになりました。ただ，保護者や地元からは，まだそのイメージは湧きにくく，いまだに心配の声を多く頂戴しているところでもございます。そこで今回は，湖北全体の高校がどのように変わっていくのか，確認も含めて以下，教育長および知事にお伺いをいたします。

そもそも今回の高校再編計画は，子供の数が減少することによって少人数の高校がふえ，最適な教育が行えないという理由で始まったものでありました。そこで出てきたのが総合単位制高校の設置それから統合による新しい学校の設置，学科の再編そして総合学科の充実など魅力と活力のある学校づくりを進めるという名目であり，高校再編が行われきたものであります。

ただ，それぞれの地元からは当然異論が噴出いたしまして，特に湖北と湖東では高校が統合されるということから，その声は大きなものがありました。それぞれの地域での反対の声も多く聞かれた中で，紆余曲折を経て今日に至っているわけでありますが，これまでの経緯と進め方について教育長はどのように考えておられるのでしょうか。お伺いをいたします。

あわせて，この計画によって地域にどのような人材を育てていこうという明確なビジョンが形成されていたのかどうか。地域に足りない人材と必要な人材という観点から学科編成をされたというふうに思いますけれども，その意図するところ，また将来像はどういったものでしょうか，教育長にお伺いします。

また，高校再編に伴い，新しく長浜北高校が誕生することとなりますが，長浜で展開されている英語教育を基軸に，実践的な英語力を身につけ，グローバルな視野を広げる教育をしていくことになるとされています。その特色として，少人数クラスでの英語の授業や，英語によるプレゼンテーション，コミュニケーション，ディスカッションの取り組みなどが挙げられております。公立高校としては滋賀県のモデル校となり得るカリキュラムであると聞き及んでいるところでありますが，何も競争相手は公立高校だけではありません。特に英語教育に関しては，私立の高校も非常に特色のあるカリキュラムを組んでおりますので，そことの差別化も必要となってきます。今回の新校のカリキュラムの中で英語教育に関して，私立の高校とは違う特色と

いうものがあればお示しいただきますように, 教育長にお願いします。
　また, 当然英語に力を入れていくということになれば, 進学対象は国内の大学にとどまらず, 海外の大学にも進学しようかという生徒も出てきます。その場合, 高校としてどのような形で支援を考えているのでしょうか。最近は特にアメリカは授業料が高く, 社会問題にもなっていますが, 独自の奨学金制度も含めて, 海外への大学の進学に関しての特色をお示しいただきますよう, 教育長, よろしくお願いいたします。
　そして, ネイティブスピーカーを数多く配置することはもちろんなんですが, 日本人の英語教師もこのことをきっかけにスキルアップをしていかなくてはいけません。文科省の調査によりますと, 日本人の英語教師の7割が文科省の基準に達していないとの結果が出ておりました。これでは幾ら英語教育に力を入れると言っても, 教師のスキルがついてこないようではどうしようもありません。こうした英語教師のスキルアップは, 高校のみならず, 中学校も同様であります。今後の英語教育の重要性は, 長浜北高校だけに限ったことではなく, 滋賀県下で同様に重要なことでもあります。特に英語教師のスキルアップのために, これから何をしていかなければならないのか, 考えていかなくてはなりません。
　滋賀県下の英語教師でどの程度の数が, 文科省の定める英語教師としての最低の基準である英検準1級以上, TOEIC730点以上とっている方がいらっしゃるんでしょうか。また, 小学校から中学校そして高校へと続く英語教育の流れの中で, カリキュラムを含めて, 今後の対策をどのようにしていかれるのでしょうか, お伺いをいたします。
　そして, 虎姫高校でも国際バカロレアの導入に向けた調査研究が行われております。この国際バカロレアとは, 国際的に通用する大学入学資格を取得できるもので, 現在文科省において, 全国で平成30年度までに200校を目標に, 認定校をふやすべく, 日本語でも指導が可能となる共通のカリキュラムの作成をしているところであります。また, 大学でも国際バカロレアを取り入れるところもふえてきており, 2020年から大学入学制度も大きく変わり, これはセンター試験がなくなるんですが, ことから, その重要性は急速に高まっております。この国際バカロレアの導入により, どのように変わるのか, その変化と現状の調査研究の取り組みと今後の見通しについて教育長にお伺いをいたします。
　長浜北星高校では, 長浜高校にあった福祉科が廃止となり, そのかわり福祉系列として設置されました。ただ, 系列となったことで, 当然授業内容やカリキュラムも縮小し, 希望があれば上級学校へ進学, さらに福祉に関する学習を深めるといった, いわば入り口的な福祉教育になると危惧されております。これではなかなか専門的なところや, 介護士, 看護師また保育士の不足といった地元ニーズからすると, 後退していると危惧されるところでありますが, 長浜北星高校のあり方として, 総合学科の名のもと, どれも中途半端になる嫌いがあると思われるのですが, 授業の深みという意味で, そのやり方は今後どのようになるのでしょうか, 教育長にお伺いをいたします。
　あわせて, 長浜北星高校では6つの系列の総合学科, 定時制そして新たに高等養護が加わります。北星高校の敷地は非常に手狭な敷地でありますので, これだけの学科, 定時制, 高等養護というものが加わってきますと, 学校運営の面でも十分な措置が必要と思われますが, どのように対応されるのでしょうか, 教育長にお伺いをいたします。
　また, 長浜農業高校では学科の再編が行われましたが, ここはお米甲子園で優勝したり, 収穫祭を開いたりと地域に密着した取り組みと相まして, 前向きにいろんなことがされております。こうした取り組みとあわせて, 高校レストランの導入も検討されているはずでありますが, 今後の魅力づくりにどのように励まれていくのでしょうか教育長にお伺いをいたします。
　こうして湖北全体の教育環境を見てみると, 果たして統合により1校減ったことがどのように影響を及ぼしていくのか, まだ全体像は未知数であります。また, 現状では北から南へ生徒が流れてしまい, 全体的に教育の質が落ちているというふうに言われております。これからは, 生徒の流出を押しとどめ, なおかつ南から生徒を呼び込むための教育カリキュラムが必要となってまいります。今回の再編は, 湖北の教育環境を今まで以上によりよいものにして, また多くの生徒が湖北で教育を受けたいと思えるようなものでなくてはなりません。それぞれの高校が特色のある教育を施されることによって, ところてん式に北から南, 南から県外へと流れていた生徒

の流出を，一番の川上のところで押しとどめることができるのであります。

●教育長（河原恵）
　高校再編と湖北の教育環境についての8点の御質問にお答えをいたします。
　まず，1点目の高校再編計画に基づく湖北と湖東における高校の統合のこれまでの経緯と進め方ですが，平成20年に県立高校のあり方検討委員会を設置し，県立高等学校の課程や学科，適正な規模，配置のあり方等について報告をいただき，その後，滋賀県産業教育審議会から職業教育のあり方について答申をいただきました。その上で，平成23年7月に計画原案をお示ししました。その後，さまざまな場所において多くの県民の皆様方から御意見をいただき，それらの御意見などを踏まえて，平成24年12月に再編計画を作成いたしました。
　今回の統合は，子供たちへの豊かな教育環境を提供することを第一に，規模の小さな学校が多くを占める地域において，学校の配置バランスや学科の特性，地域性，学びの多様性の確保等を考慮しながら，魅力と活力ある学校を設置しようと進めてきたものであります。
　また，計画策定を進める中で県議会から，県民の声を踏まえて地域にとって最善となる形で行うことや，1年間県民へ説明し，理解を得ることの決議もいただき，関係者の皆様へ丁寧に説明をしてまいったところでございます。この間，私自身，高校再編計画にかかわる中，学校の統合は高校教育だけでなく，地域にとっても大変大きなことであると，改めて受けとめているところであります。
　いよいよ平成28年4月には統合新校が開校することになりますが，これからもそれぞれの地域において地域の関係者の方々や地元自治体の皆様方と連携しながら，魅力と活力ある学校づくりを進めてまいりたいと考えております。
　次に，2点目の計画の意図と将来像についてお答えいたします。
　この再編計画の意図するところでありますが，1つには，学校の教育目標を明確に掲げ，生徒の興味，関心や進路希望等に応じた教育内容を提供できる特色ある学校をつくること，2つ目として，部活動や学校行事が活発で，生徒同士が集団活動を通して成長し合える活力ある学校となること，さらに3つ目として，同じ地域に育った仲間などと力を合わせ，他者と協働できる社会性を身につけた生徒を育てることのできる魅力ある学校となることを目指しております。
　このような中，地域を支える人材を多く輩出できる学校を目指して取り組むことで，将来，地域に根差し，地域の核となる学校，また滋賀の教育をリードする学校となるよう進めていきたいと考えております。
　次に，3点目の私立高校とはどう違うのか，新校の英語教育の特色についてでございます。
　来年4月に開校する新校の長浜北高校では，学校独自の科目としてアクティブ・イングリッシュを設け，全ての学年，全ての生徒が毎週2時間この科目を履修することとしております。
　このアクティブ・イングリッシュの授業は少人数の分割クラスで行い，英語で考え，英語を使ってコミュニケーションが自由にできるようにすることを目的に，表現活動を徹底して行います。生徒の発達段階に応じた教材を準備し，十分な予習を行った上で授業に臨み，予習で得た知識をもとに，先生やＡＬＴと英語だけでやりとりをし，さらにはスピーチやディスカッションなどを通して，生き生きと自分の思いや考えを英語で述べ合うことができるようにいたします。
　このような活動を3年間積み上げることで，実践的な英語力を身につけた，将来，国際社会や地域社会において英語を使って活躍できる人材を育成してまいります。
　また，新長浜北高校では，普通科進学校としての標準的なカリキュラムを編成しながら，週2時間のアクティブ・イングリッシュを実施することとしており，他の学校においても導入可能な英語教育における滋賀モデルとなるものと考えております。
　私立高等学校においても，少人数クラスや表現活動を重視した英語の授業など様々な工夫をされておりますが，全校生徒が3年間系統的に少人数クラスで英語を使い，表現する活動に取り組むところが，新長浜北高校の英語教育の特色であると考えております。
　次に，4点目の海外大学への進学についてでございます。
　新長浜北高校において，実践的な英語力を身につけ，グローバルな視野を広げる教育を行うとともに，海外の大学等を目指す生徒への対応も大切であると考えております。
　このような生徒への支援につきましては，

文部科学省において，官民協働で留学を支援するトビタテ！留学JAPAN日本代表プログラムなどの制度があり，奨学金の貸与を含め，高校生，大学生の留学，進学を支援しているところであります。こうした文部科学省の取り組みを初め，本県にあるミシガン州立大学連合日本センターと連携した情報提供などを行うとともに，県教育委員会として，生徒への海外留学，海外進学に対してどのような支援ができるのかについても研究してまいりたいと考えております。

次に，5点目の県下の英語教員の英検準1級，TOEIC730点以上取得者の割合についてでございます。

平成26年度の文部科学省の調査で，英検準1級またはそれと同等の資格を取得している公立中学校の英語教員の割合は，本県は26.2%で，全国平均28.8%をやや下回っております。一方，公立高等学校の教員については62.8%で，全国平均55.4%を7.4ポイント上回っております。

これまで，本県では教員採用試験において，英語検定やTOEICなどの点数で1次試験における専門科目の試験を免除する措置を講じるなど，優秀な人材確保に努めてまいりました。また，文部科学省では資格取得を全ての英語教員に求めており，本県でも取得率向上に向けた取り組みが必要です。

このようなことから，今後は各校の英語教員の取得状況を詳細に把握し，英語能力試験の重要性の理解を図るとともに，県立学校長や市町教育委員会を通じて，英語教員に対し，資格取得を強く働きかけてまいります。

また，小中高等学校を通じた系統的な英語力の育成を図ることは急務であり，平成32年度より小学校で英語が教科化されることを見据え，研究に取り組んでいるところでございます。具体的には，県内の5つの英語教育強化地域において，小中高等学校が連携し，円滑な接続を図るためのカリキュラムの開発や効果的な指導法の研究に取り組んでおり，研修などを通して資質，能力の向上に努めるなど，さらに充実してまいりたいと考えております。

次に，6点目の国際バカロレアの導入による変化と現状の調査研究の取り組みおよび今後の見通しについてお答えいたします。

まず，国際バカロレアの導入による変化についてですが，国際バカロレアを導入することにより，海外の大学への進学の可能性が大きく広がります。また，高い語学力と課題発見，課題解決能力や論理的思考などを身につけたグローバル人材の育成を図ることができると考えております。

次に，調査研究の取り組みについては，平成26年度から虎姫高等学校を研究指定校とし，バカロレアの教育方針やカリキュラム，指導方法等について調査研究を行っております。具体的には，国際バカロレア機構が主催する3日間のワークショップに2年間で計8名の教員を派遣し，国際バカロレアのプログラムを指導できる教員の養成に取り組んでおります。また，外国人講師——ALTを2名配置するなどして，英語による授業の研究を進めているところでございます。

今後は，指定校の虎姫高等学校と県教育委員会が連携しながら，平成28年度に候補校の申請を行うための準備を進めてまいります。候補校となった後は，国際バカロレア機構による訪問審査等の指導を受けながら，平成30年度を目途に認定校を目指して，カリキュラムの完成と教員の資質向上に取り組んでまいりたいと考えております。

次に，7点目の長浜北星高校総合学科についてでございますが，福祉系列においては，長浜高校福祉科と同様，40人が学習できる施設を整備するとともに，カリキュラムにおいても，介護福祉士の国家資格が取得できるよう，社会福祉基礎，介護福祉基礎，介護実習などの専門科目を設定して，3年間で受験資格に必要となる1,855時間の学習を可能としております。

また，総合学科の特徴を生かし，福祉系大学等への進学を目指す生徒に対しては，介護職員初任者研修修了の資格を得られる生活福祉類型も設けており，生徒の多様なニーズに対応して福祉教育を行うこととしております。

次に，学校運営についてでございますが，施設面では，今回の総合学科の再編により，これまでの工業，商業，福祉の実習施設を4階建ての実習棟に集約する増改築や，高等養護学校の新築の建設に着手しており，施設の配置等を工夫することで，利便性を向上させるとともに，グラウンド等への影響を避けるよう配慮しているところでございます。

また，長浜北星高等学校と高等養護学校については，学校行事や部活動などで生徒交流を行うため，教員を兼務としております。また，定時制課程については，総合学科に改編

したことで，全日制課程との連携をより一層進めることができるなど，平成28年度の高等養護学校併設に向けて準備を進めているところでございます。

最後に，8点目の長浜農業高校の今後の魅力づくりについてでございます。

長浜農業高校においては，これまでの4つの小学科を見直して，農業科，食品科，園芸科の3つの小学科に再編いたしました。

新たな魅力ある学習として，農業科では，従来の畜産や米づくり，野菜づくりに加えて，キノコ栽培や薬用植物栽培，里山保全などの学習を取り入れ，作物の栽培や地域資源活用，さらに地域振興の視点から農業について学習するようにしております。

また，食品科では，従来のハム，ソーセージやパン，ジュースなどに加えて，ジャムやみそなどの農産物あるいは畜産物の加工，貯蔵の技術を学び，広く食にかかわる業務に従事する上で必要な能力と態度を身につけることができるようにしております。

さらに園芸科では，他の農業高校にはない広大な農場や施設整備を活用して，草花栽培やフラワーデザインなどの草花装飾技術や果樹や野菜生産など，園芸を全般にわたって学習できるようにしております。

今後さらなる魅力づくりとして，長浜農業高校を専門高校プロフェッショナル人材育成事業の指定校として，長浜バイオ大学との連携や地域の産業と密着した取り組みを進め，小学科の特色を生かして魅力のある学習になるよう取り組んでまいりたいと考えております。

○自由民主党滋賀県議会議員団・川島隆二

今回のこの高校再編，これは本意をどこに置いたのかということであります。ここをしっかり押さえておかないと，やっぱり地域で不信感が出てくると。いろいろと北高ではあったんですけども，あした質問される翔西館にもいろいろあったみたいですけども，このところなんですよね。

長浜は，これから小学校が恐らく統合に向けて議論されるというふうに思います。小中でどういった教育をしていくのか。これは今，市の教育委員会でも非常に大きな課題でありまして，その小中の次に高校に通学すると。その段階のときに，どういう高校がこの地域にあるのかというのは，やっぱり保護者からすると，今後この地域で子供たちに教育を受けさすことに対してのいわゆるメリット，この地域で受けさせていいのかというように思えるような高校なり教育の環境というものができていかないと，やっぱりどんどん外にと流れていくということでございます。

そういったことからすると，今回のこの高校再編なんですけれども，今，北高，いろいろとカリキュラムをつくったりいろいろやっているんですけれども，教育委員会が，地元の高校それから地元の地域の皆さん，今，非常に子供たち，生徒会なんかもかかわりながらいろいろなことをやられているんですけれども，教育委員会ももっと積極的にそこにかかわっていただきたいというふうに私は思っております。その責任はやっぱり教育委員会にありますので，地域の学校の校長だけに任せる，地域だけに任せるじゃなくて，やっぱり教育委員会もその場に積極的にかかわっていただきたいというふうに思っております。

高校の特色をつくるということ，これは今いろいろと教育長に質問させていただいたのですが，これは非常に大事なことでありまして，ただ，特色をつくっても，そこで教える先生，これがいなかったら，これはやっぱり箱物だけになってしまいますので，この人材育成というのは非常に大事であります。

さっき話ありました北高でありますけれども，それだけのことをしようと思ったら，一定のレベルの英語教師というのが必要になってきます。虎高でもバカロレア，これに熟知したスキルを持っている，バカロレアの資格を持っている教員というのも必要になってくると。そして，北星や農高でもそうなんですけれども，福祉を教える専門の先生，これ，ずっと採用されていないという話も聞きました。それから，農業の専門の先生なんかもそうですね。こういった専門の教員というものを確保していかなくちゃいけないといったところもございます。こういう人材確保，この地域に見合った人材確保というのは，もうちょっとその点のところを，教育長のほうからもう一つ突っ込んだ答えをいただきたいというふうに思います。

それから，英語教師の質の向上なんですけれども，優秀な人材を集めてくると。これは，それでもちろんなんですけれども，やっぱり英語教師の基準，さっき出ましたけど，中学校で26高校で62ぐらい。これから小学校も英語が必修化されるということになると，小学校の先生も，ある程度英語に関してはスキルを持っておかなくちゃいけないということ

になってきます。これは湖北だけに限ってなくて、滋賀県全体もそうですし、全国的もそうなんですけれども、そこで考えると、英語教師のスキルアップというものは、野洲の教育センターありますけども、きのうもあったかな、人材確保の話ありましたけども、ＩＣＴもそうなんですけど、それとは別に英語教師のスキルアップするような、集中的に学べる環境を別につくっていかなくちゃいけないのかなというふうに思っているんですが、その英語教師のスキルアップのところで、教育長、この環境を別につくるといったところをどう考えているのか、お伺いをします。

それと、知事からは、教育の可能性で地域のニーズに見合った人材の育成、これは子供たちを将来地域に根づかすという意味では非常に大事なことであります。きのうも、長浜の人口動態を見ていると、大体19歳で800人ぐらいかな、マイナスになっていると。やっぱり高校を出てそのまま大学で出て行ってしまうと、なかなか長浜に帰ってこないということになります。そういったことからすると、いかに高校の段階で生徒の好奇心をくすぐっていくような、その意欲を満たしてやるような教育環境をつくっていくということが大切であります。

さきの学力テストの結果から見ても、滋賀県の教育が果たして子供の知的好奇心をくすぐるような授業が行われているのかどうか。ここがやっぱりちょっと疑問であります。滋賀県は、既存の概念にとらわれることなく、よそと違ってこういう教育をするんだというようなことを示すことによって、私は他の地域から人口の流入にもつながるというふうに思っております。人口流出というものをとどめるという意味では、教育というのは非常に大きなファクターでありますので、そのことで考えると、一番端っこにある北の教育をきちっとしていくことが、全体の人口流出の歯どめになるというふうにも思っております。

今回のことで、この高校再編ではいろいろと地域に不安感というものがありました。ただ、今回、積極的な取り組みを滋賀県がしていくことによって、教育の底上げにつながるということからすると、地域に愛される高校をこれからも持続していくためには、地域との密接な関係づくり、これをしていかなくちゃいけないというふうに思っております。高校再編に関して、地域からいろんな異論が出ておりましたけど、そこで禍根を残すようなことがないようにしなくてはいけないと。不安を安心に変えるという意味では、ずっとこの幼児教育から始まっているんですけども、小学校、中学校、高校と切れ目のない支援というものが必要になってくるというふうに思っております……。

●教育長（河原恵）
3つの再質問をいただきました。お答えいたします。

まず、教育委員会が新校設置に対してもっと積極的にかかわるべきではないか、こういう御質問でございます。

これまでも教育委員会としまして、私自身も含めてですが、定期的に何度も室長、校長と話をしまして、カリキュラムの問題、今後の学校運営の方向性等につきまして議論をし、方行性を定めながら進めてきたところでございます。また、担当につきましても、常に学校へ足を運び、教育内容をより一層深めるように考えていったところでございます。

新設校を開校するということで、まず、新設校を開校してうまくいくかどうかは、それまでの準備の期間、この期間が最も大切です。もちろん開設してからも力を入れなければならないわけですが、そういう意味で、開設まで全力で私自身も積極的にかかわっていきたいというふうに考えております。

2つ目に、特色ある教育、英語教育等も含めまして、それ以外の農業、福祉も含めましてですが、そういう形をするためには人材育成が必要だというふうに御質問をいただきました。私自身、そのとおりだというふうに考えております。

人材育成につきましては、3つの観点で考えていかなければならないのかなというふうに思っております。1つは採用、そして2つ目は配置、そして育成、この3つだというふうに思っております。

採用につきましては、先ほど御答弁をさせていただきましたように、より一層、例えば英語でありますと、そういう英語でありますとかＴＯＥＩＣ等も含めましてですが、質の高い教員をいかに採用するかということになります。また、今年度から、滋賀大学が初等英語専攻というような形で課程を変更しました。私どもとも話をしましてそういう新しい課程をしました。そういう初等英語をする教員等につきまして、つまり小学校に英語を入れる教員につきましても、いろいろな形で採用方法を考えながら、より一層資質の高い先

生方を採るように努力していきたいと考えております。
　配置につきましては，これも先ほど申し上げましたように，例えばＡＬＴでありますとか，議員もおっしゃったように英語教育に能力の高い，そういう特色ある学校づくりとあわせて配置をしていく。ＡＬＴも２名というような形で現在も配置しているところでありますけれども，そういうことをするということが重要だと思いますし，あわせて，小中高の連携をしながら進めていくという，そういう形で教員同士を連携させて配置をしていくということも重要だと考えております。
　育成につきましては，さまざまな研究をしながら，また専科教員というような形も含めまして，英語また先ほどの福祉，農業等も含めまして，資質向上に全力を尽くしていきたいと考えております。
　最後に，３点目でございます。英語教員の英語力を向上させるための手だてということで，センターとは別のところでという，研究すればという御質問でございました。
　これからの英語教育，それ以外もそうなんですが，特に英語教育は小学校の英語教科化があることもありまして，小学校３，４年生から高学年の５，６年生，中学校，高等学校と，コミュニケーション能力を連続的に，系統的につくり上げていかなければなりません。そういう意味では，英語教育につきましては全く違う組み立てをしながら，より有効な，より機能的ないわゆる研修をしていかなければならないというぐあいに考えております。まずは現在ある県の総合教育センターでそういう研修をしっかりとできるような体制を整え，教員の力をつけていくということで進めていきたいと考えているところでございます。

○魅力ある高校教育について（チームしが県議団・清水鉄次，10月１日）
　魅力ある高校教育について質問します。
　昨日，一般質問で川島議員から，グローバルな視点を持った教育など特色ある科を進めていって，湖北の教育をいかに魅力あるものにしていくかといった質問がありました。また，知事のほうからも，「滋賀の誇りある豊かな環境を生かした教育の充実，そして，全国や世界に飛躍する近江の若鮎としての思い入れを持つ教育」との答弁もありました。いずれも大事な教育の視点であると思っております。

今回，私といたしましては，現在，全県一区制という制度の課題を踏まえ，それをどう克服していくか。また，その制度を生かす方法ということで，地域の教育はどうあるべきか。産業や，そして大学などの連携を深めた教育をどう実現していくかを質問させていただきたいと思っております。
　５点，教育長に質問をいたします。
　平成18年度に全県一区制度になり，ことしで10年目を迎えます。全県一区制度の目的は，多様化する生徒のニーズに対応し，個性や能力を伸ばし，みずから学ぶ意欲を育むとともに，自分に合った高校を主体的に選択できるよう，その選択幅を可能な限り拡大することとなっています。
　平成17年度入学者以前は，県立高校全日制普通科には，大津地域，湖南地域，甲賀地域，湖東地域，湖北地域，湖西地域の６つの通学区域があり，一部調整通学区域への進学を含む措置もありました。保護者の居住する通学区域から高校を選択しており，また，専門学科と総合学科，定時制課程，通信制課程については全県から高校を選択できました。
　平成18年度入学者以降は，県立高校全日制普通科の通学区域をなくすことにより，全ての県立高校を受験できることになりました。
　制度導入後の状況ですが，従来進学できなかった普通科高校への進学者は，制度導入後５年間では５％から６％程度と聞いておりましたが，後の５年間では６％から８％程度と聞いており増加しました。中学校の先生にお聞きすると，今後もさらに増加する傾向にあると言われております。
　この全県一区制度導入により，高校の序列化や学校間格差の問題が明確になったのではないかと思います。県南部地域の高校への生徒流入は加速し，県北部地域の高校が空洞化する懸念や，県立高校として重要な地域に根ざした高校が減少し，地域との関連が薄れていることを心配する声も上がっております。
　県教育委員会として，１つ目として，普通科の全県一区制度の実施以降10年目を迎え，この10年間の総括と検証をする必要があると考えますが，どのようにされるのか，教育長にお伺いします。
　次に，全県一区制度になってから，ここ最近，一般選抜において定員未充足の高校は，平成25年度が118人，平成26年度が55人，

平成27年度は86人となり，二次選抜を行い定員を充足されている高校と，充足できない高校があります。この傾向は，中学校の先生にお聞きすると，さらに増加する可能性があると言われております。

さて，地域によっては，地域外に出る生徒が増加しているという流れから，さまざまな問題が出ています。例えば近年は，受験時に定員に満たない高校は誰でも合格できる高校というイメージになり，中学生の受験に対する気持ちが最後まで高まらないこともあると聞いており，このままでは，定員が見直され，さらに高校再編が進み，結果的には若者が流出する地域になる可能性があります。

県立高校は，常に地域との関係が深くなければならないと思います。私の地元では，安曇川特産のアドベリーの収穫祭において，安曇川高校生が商品開発したアドベリーを使ったお菓子「アドベリームース」，「あど福」を道の駅で展示，販売するなどの取り組みが行われています。どのようにしたら子供たちがこの制度の中で地域内の高校を目指すようになるのか，所見をお伺いします。

次に，魅力ある学校づくりとしての専門性を持ったキャリア教育についてお伺いします。

（中略）

こうした特色ある教育の推進とあわせたキャリア教育の推進については，生徒が自信と誇りを持つためのキャリア教育の制度設計が必要であり，現在の滋賀県の専門学科の取り組みをもっと充実させるべきと考えます。滋賀県の産業の担い手，地域の産業の後継者育成にかかわる専門学科の取り組みについての教育長の所見をお伺いします。

また，専門学科等については，現在，体育学科は草津東高校に，農業学科は湖南農業高校，長浜農業高校に，家庭科学科は大津高校と彦根西高校にあります。また，総合学科では，福祉を学ぶ系列が長浜北星高校にあり，新しく開設する彦根翔西館高校にはスポーツ科学系列が新設されると聞いております。湖西線沿いの専門学科を目指す中学生が通学しやすくするために，県内のバランスをよくし，地域の状況を考慮しながら，新しい専門学科を新設することで，広域的に中学生が学ぶことができる状況を検討すべきと思いますが，教育長の所見をお伺いします。

最後に，県内の大学と高校の専門学科，総合学科，普通科学科の連携についてお伺いします。

ます。

（中略）

また，県内の9つの大学と1つの短期大学は，滋賀県教育委員会と連携協力に関する協定書に基づき，高等学校と大学の円滑なつながりや地域に根ざした特色ある学びの機会を高校生に提供し，広く滋賀県の高校教育の活性化を図るために，大学連続講座を実施されておられます。このことは大変評価しております。

さらに，大学生の知見を高校教育に生かしたり，それぞれの高校と大学が連携し，県内の高校生が県内の大学に進学することなど，県内大学との連携は，高校の魅力を高めるためとともに，地域の特色ある学校づくりにつながるものと考えますが，県内の大学と高校の連携について，教育長の所見をお伺いします。

●教育長（河原恵）

清水議員からいただいた魅力ある高校教育についての5点の御質問にお答えをいたします。

まず，1点目の全県一区制度の10年間の総括と検証ですが，県立全日制高等学校の普通科全県一区制度は，多様化する生徒のニーズに対応し，自分に合った高校を主体的に選択できるようにするとともに，特色ある学校づくりを一層推進することを狙いとして，平成18年度に導入いたしました。

これにより，学習のみならず，スポーツの面も含めて中学生の高校選択の幅が広がり，普通科進学者の5％から8％の生徒が，旧通学区域以外にある高等学校に進学しているところでございます。

一方，地域外への進学により生徒数が減少している地域の普通科においては，どのように魅力ある学校づくりを進め，学校の活力を維持，向上していくかが課題であると認識しております。

全県一区制度につきましては，制度導入後10年が経過したことから，来年度，県立高等学校の魅力と活力ある学校づくりの推進を図る中で，制度の総括と検証をしてまいりたいと考えております。

次に，2点目のどのようにしたら子供たちがこの制度の中で地域内の高校を目指すようになるのかについてでございます。

それぞれの学校で特色ある教育内容に加え，学校行事や部活動，さらには地域に合った特色をつくり，地域の子供たちから，この

学校で学びたいと思われることが肝要であります。
　例えば、学習においては、多くの選択科目があり自分の興味のあることが学べる、高いレベルの検定や資格取得ができる、地元への就職に生かせる学びがある。あるいは部活動では、中学校での部活動を高校でも続けられる、強豪校として全国大会へ出場できるなど、充実した高校生活そのものが子供たちの目的となり、その結果として、進学や就職など目指す進路の実現につながるといった魅力のある学びや活動ができ、子供たちが生き生きと活躍できるステージがある学校が求められております。
　今後、さらに地域との連携や地域産業と結びついた特色ある教育内容の充実により、各学校の魅力を高めるとともに、各学校の特色を中学生や地域の方々にわかりやすく説明し発信することについても、一層工夫してまいりたいと考えております。
　次に、3点目の滋賀県の産業の担い手、地域の産業の後継者育成にかかわる専門学科の取り組みについてでございます。
　本県の専門学科においては、地域や地域産業と連携し、滋賀の産業の担い手として、地域に貢献できる人材の育成に取り組んでいるところでございます。
　　（中略）
　今後も、地域と連携した取り組みを通して、滋賀を支える職業人、地域の産業の第一線で活躍できる人材を育成していく所存でございます。
　次に、4点目の新しい専門学科等の設置についてですが、県立高等学校の専門教育については、専門学科だけでなく、総合学科に専門系列を設置することで、県内各地域において充実を図ってまいりました。湖西線沿線では、大津商業高校に総合ビジネス、情報システムの2科と、安曇川高校の総合学科に建築デザイン、メカトロニクス、ビジネス会計、ビジネス情報の4系列を設置しております。
　今後、湖西線沿線における専門学科等の設置につきましては、生徒や産業界のニーズがあるのかや進路先が確保できるのかを含めて、検討してまいりたいと考えております。
　次に、5点目の県内の大学と高校の連携についてですが、県教育委員会では、県内の大学、短期大学と連携し、平成16年度から、県立高等学校の生徒を対象とした連続講座を実施してまいりました。今年度は、県内9大学、1短期大学で21講座が開講され、32校から278名の高校生が受講し、例えば、「スポーツと心の世界」や「看護の世界を体験してみよう」など、特色ある講座で学びました。
　また、高等学校28校が学校の特色に応じて個別に県内大学と連携しており、例えば、農業高校の生徒が遺伝子工学に関する実験を行ったり、体育科の生徒が科学的なコーチングに関する講義を受けたりしています。また、スーパーサイエンスハイスクール指定校の生徒が、全8回の基礎医学講座に参加していることもございます。
　大学との連携は、生徒の学ぶ意欲を高め、主体的な進路選択に大きな役割を果たすとともに、高校の魅力を高め、地域に根差した特色ある学校づくりにもつながるものと考えており、今後とも、高大連携の推進に努めてまいりたいと考えております。
○チームしが県議団（清水鉄次）
　再質問させていただきます。
　1点目の答弁で、10年間の総括と検証をしていただけるという発言をいただきました。これは非常にありがたいと思っております。ぜひ現場の先生方の意見や地域のいろんな状況を考慮しながら、そういった形で検証をしていただきたいと思います。
　2点目は、県立高校はどうしても地域のつながりが非常に深く、特に地元の中学生の方が地元の高校に行かないことも高校生の皆さんの選択ですし、それによって、また今後いろんな再編も起こる可能性もあると感じております。
　高校側の独自性を生かすことも必要ですし、地域の中学生が地域の高校を目指してほしいんですけれど、特に思うことは、高校生の方は、地元でいえば、最近、南のほうに向かわれる方、そして場合によっては、川島議員の場所やないですけど、湖北のほうに向かわれる高校生もふえまして、当然、逆に琵琶湖の反対側から来られる方もおられます。やっぱり通学の時間というのが非常にウエートを占めているような感じがします。
　家から駅に行かれて、駅の待ち時間、そして電車、そして駅に着かれて学校に向かわれると、非常に通学時間が多くなっております。そうすると、高校6時間受けられて、もうすぐ帰らなあかんという生徒さんがふえていると思います。やっぱり高校生活というのは、勉強だけでなく、さまざまなことの学びとか、また人間関係とか、そういった時間も重要で

はないかと思っておりますので、その点も考慮いただきたいと思います。
　3点目の専門的な技術ですけれど、最近は、幼少のころからいろんな専門的なスポーツとか塾とか、いろんなことを学んでおられる方がふえてまいりました。また、企業も即戦力を求めるような状況になってまいりました。高校から専門性を身につけて、そして、さらにその専門性をまた深く学んだりとか、そうすることによって企業もその生徒さんを求めると。そういうことができる状況を、この専門学科を通じて検討していただきたいと思います。
　それでは、4点目と5点目について質問をさせていただきます。
　全県一区制度になってから、中学生が県内の全ての高校を選択できる状況です。ところが、高校の選択においては、先ほども触れましたけれど、通学方法がある程度学校選択の基準になっているのではないかと思います。
　例えば、体育学科への進学で、将来、体育の先生を目指す中学生にとっては、現在では体育学科は草津東高校にしかなく、到底、湖西線の、特に北部の中学生にとっては通学するのは大変な遠い状況です。そのためにも、県内の中学生が自分たちの目指す専門的な学科等を選択するためには、ある程度通学しやすい高校の学科等の配置が求められると思いますが、教育長のお考えをお伺いしたいと思います。
　そして、現在でも高大連携は進めているとのことですが、滋賀県はご存じのように、大学が10校、短期大学が3校あり、都道府県の人口に対する学生比率は、京都府、東京都、次に滋賀県で、全国3位であり、この状況を高校教育に生かしてはどうかと思います。
　専門性の向上に加えて、高校生にとりましても、大学生と接する機会がふえることによって、人間形成にも大いに役に立つんじゃないかと思います。今後とも県内の各大学との連携を進めるとの答弁をいただきましたが、具体的にどのようなものを考えておられるのか、再度、教育長にお伺いします。
●教育長（河原恵）
　2点再質問をいただきました。
　地域により通学しにくい場所等あるということで、通学しやすい高校の学科等の配置をどのように考えているのかという最初の御質問でございます。
　他の地域の専門学科、例えば湖西地域といことでありますと、それぞれ先ほども申し上げましたような総合学科、専門学科はありますけれども、例えば、議員がおっしゃってくださいましたスポーツでありますとか、また、例えば農業でありますとか、通うのが非常に困難な地域がございます。そういう地域において、どのように専門学科を充実していくべきなのかということにつきましては、検討すべき大きな課題だというぐあいに認識をしております。
　そういう意味で、今後、県全体の魅力と活力ある県立学校づくりを考えていく中で、先ほどの全県一区の検証とともに、地域の中学生のニーズを踏まえ、魅力ある新たな学科等の設置をどのように進めていけばよいかを検討していきたいというぐあいに考えております。
　次に、大学との連携、具体的にどのようなことを想定しながら進めていくのかという御質問でございます。
　先ほどもお答えをいたしましたように、県立高等学校と県内の大学との間の連携につきましては、滋賀県全体で行っている場合もありますし、個別の高等学校が個別の大学と行っているところがあります。特に、滋賀県には非常に多様な学科を持つ大学が多くありますので、それぞれの大学が持つ教育資源を活用して、高等学校の教育をその連携の中で活性化していくということが大変重要であるというぐあいに考えております。
　今後は、それぞれの地域や、その近隣にある大学と高等学校がどのような形で連携できるかということを踏まえながら、高等学校の教育内容の一層の充実や、特色が図れるような大学との連携をそれぞれの学校につきまして検討し、研究をさらに進め、そのような方向に少しでも近づくよう推進をしてまいりたいと考えております。
○彦根翔西館高校の開校に関して（チームしが県議団・中沢啓子、10月1日）
　彦根翔西館高校の開校に関して、知事および教育長にお伺いをいたします。
　（中略）
　さて、彦根翔西館高校は、いよいよ28年度から開校になります。この統廃合については、14年度3月の今後の県立高等学校のあり方について、県立高等学校将来構想懇話会では、当面の間、現状の維持とのことでしたが、国の規制緩和もあり、平成18年度に通学区域全県一区制度が導入されました。その

後,県立学校のあり方検討委員会で議論され,「魅力と活力のある県立高等学校づくりに向けて」として高等学校の再編計画が策定され,多くの反対がありましたが,推進をされました。このような経過だからこそ,生徒と地域にとって,真に魅力と活力のある高等学校になることを望むものです。

知事は,平成28年度から開校する彦根翔西館高校にどのような期待を持っておられるのでしょうか。受験生の皆さんへのメッセージをお伺いいたします。

さて,彦根翔西館高校のオープンキャンパスにも多くの方々が来られたと伺っています。現在さまざまなことが開校に向けて準備されているところですが,来年度は,彦根翔陽高校と彦根西高校と彦根翔西館高校の3校が,彦根翔陽高校の場所に混在することになります。11月には募集定員も決定され,中学生は受験校など進路決定の時期になります。しかしながら,彦根翔西館高校の開校に関しての質問や一部に不安の声も聞きますので,希望を持ち安心して通えるように願って,確認も含めて,細かなこともありますが,以下,全て教育長にお伺いいたします。

以前から質問しておりました運動場の不足の件です。

平成26年度の滋賀の全日制の県立高校の生徒一人当たりの運動場面積は124平方メートルから10平方メートルまでであり,平均は40平方メートル。彦根翔陽高校は26平方メートル,そして彦根西高校は22平方メートル,彦根翔西館高校は15平方メートル,3番目に狭い高校になります。こんなに狭いにもかかわらず,26年度の滋賀県高校別運動部員割合は,総合高校である彦根翔陽高校は63.93%で,10番目に多い学校です。

新校に新しくスポーツ科学系列ができ,国体で活躍できる人材を育てると答弁もいただきました。ぜひとも体育館を残してほしいとの声も聞いておりました。体育科のある草津東は体育館が2つあり,充実した整備があると仄聞しております。あわせて,教える側の人材確保,そして部活の顧問など,専門性やスキルアップなど必要なソフト面の充実が必要と考えます。

スポーツ科学系列の設置に伴い,必要な部品の充実や,平成30年以降の体育館やグラウンドなどの環境整備についての対応と,必要な人材の確保などについて,教育長にお伺いいたします。

128年の伝統のある西高校は,大学の推薦枠もあり,進学に頑張られています。新校は9クラスの大規模校になるのですから,当然,進学を望む生徒もふえると思います。文武両道が望まれます。普通科系列では,大学進学にも力を入れて取り組まれるのでしょうか,お伺いをいたします。

また,既に中学校では進路指導が始まっていますが,生徒の進路指導に当たるのに十分な情報提供はできているのでしょうか。スポーツに特化した系列ができるのですから,能力の高い生徒の確保も考えれば,推薦や特別選抜などにも特徴を持たすことも必要かと考えます。

新校開校に当たり,地域の高校として,中学校との連携は大切と考えますが,特に進路指導について,中学校との連携について,教育長にお伺いをいたします。

今まで取り組んでこられたとは思いますが,新校開校に当たり,調整が必要なことなど統合の具体的な課題も多くあります。例えば,3校同時であり,生徒数が3校合わせて9クラス3学年1,080名に,また,それに伴って教職員の数もふえることになり,大規模校としてのさまざまな課題が出てきます。

2,3年生は,彦根西高校の普通科,家庭科と彦根翔陽高校の総合学科,1年生は彦根翔西館高校のスポーツ科学系列を新設した総合学科と,教育課程がそれぞれ異なり,それに対応して教室や施設,パソコンやタブレットなどの情報機器など備品が数多く必要になるかと思います。

また,生徒や教職員の増加に伴い,保健室や図書館,自転車置き場など生徒が利用する施設や,大きな職員室など教員が利用する施設など,統合によって大きくなった学校に必要とされる施設や備品の確保はできているのでしょうか。教育長にお伺いをいたします。

さらに,入札不調に伴う工事のおくれにより,彦根西高校の校舎を平成28年度当初もしばらくの間使用されると伺っております。また,スポーツ科学系列の設置に伴う教育課程の充実のため,彦根西高校のグラウンドや体育館,武道館を活用されますが,生徒の校地間の移動や,それに伴う安全確保をどのようにお考えでしょうか,お伺いをいたします。

また,以前も西高校から,戦争の時代の生徒さんの絵画が出てきて,御本人に返しますという記事も見ました。専門図書など引き続き利用するものもあるかと思いますが,現

在，両校にあるものを区別し，残したり，処分したりする必要が出てきます。例えば校旗や校章など，両校の伝統を伝えるようなものはしっかりと残すべきであるし，また，単に倉庫に残すのではなく，伝統を引き継ぐような残し方を工夫する必要があるのではないでしょうか，お伺いをいたします。

3校が同じ場所になることについて，生徒の規則などどのように合わしていかれるのか，気になるところです。例えばスマホの扱い方，制服，自転車通学に関してなど，生徒の規則やルールに関しては合していくべきだと考えます。これらさまざまな課題があると考えますが，懇談会の開催状況と，どのような意見が出ているのか，また，その対応を教育長にお伺いをいたします。

先生方は，目の前の生徒の対応，新校の準備など大変だと思いますが，現場で対応される教職員の関係者の皆さんとは共通の目標を持ち，スケジュール感を持ち取り組んでいくことが必要です。教職員や保護者，関係者の皆さんとの対応はどのようになっていますでしょうか。また，どのような意見が出ていますでしょうか，お伺いをいたします。

この統廃合の問題に関しては，彦根市との連携も大切です。彦根統合新校設置懇話会にも委員として参画されていましたし，毎年，滋賀県立高等学校再編計画実施計画に対する意見書や要望書もされています。教育環境の整備，通学路を含めた安全対策など地元の要望をしっかりと受けとめ，誠実な対応と連携をすべきと考えますが，彦根市および彦根市教育委員会からの要望の答え，そして連携について，教育長にお伺いいたします。

準備は幾らしても次々と対応すべきことは出てくると思いますが，来年4月開校することは決まっているので，全体を考え，スケジュールを考えてやっていかないといけないと思います。来年4月から開校するわけですが，現在の課題，そしてまだ対応できていないことは何だとお考えでしょうか，教育長にお伺いいたします。

また，総合学科の卒業生は就職率もいいと仄聞をしております。高校卒業後，自分で自分の方向性を決めて進んでいくことは大変重要です。総合学科では，入学当初から系列の選択など，自分で判断し，選びます。教科ごとに違う教室で異なる同級生とともに学ぶことで，コミュニケーション能力も身につけていくことになります。生徒は，このような中で生きる力を磨き，他者や経験から学びや協働の姿勢を身につけ，自立していくのだと思います。

そして，先生自体が目標を持ち，わくわくどきどきできる好奇心を持ち取り組む姿勢も大切だと考えます。その環境をつくるサポートは教育委員会の役割だと考えます。干渉ではなくて，現場の主体性を大切に，子供たちのために取り組む現場のサポート，特に，この準備の期間と開校して落ちつくまでの期間は大切だと考えますが，教育長のお考えをお伺いいたします。

●知事（三日月大造）

中沢議員，どうぞよろしくお願いいたします。

平成28年度からいよいよ開校する彦根翔西館高校への期待ということでございますが，この間，関係者の皆様方にいろいろと，まだ引き続きそういう部分もあると思いますが，お悩みいただきながらも御協力いただき，今，新校開設に向けて御努力をいただいております。このことに心から感謝を申し上げますとともに，今後も御協力いただきながら，来年4月の新校開校につなげてまいりたい，これがまず1つ。

そして，子供たちにとっては，新しい学校で学べる，新しい学校に集える，新しい学校をつくれる，こういう機会はなかなかないことだと思います。そういう意味では子供たちも大変期待している。不安もあるでしょうけれども，期待していることが多いと思います。そういう子供たちの期待，希望，これを実現してまいりたい，また，努力，活躍を応援してまいりたい，かように考えております。

また，この彦根翔西館高校は，県内最大規模の総合学科の高校として，今回新たに設置をいたしますスポーツ科学系列を初め，探究（普通）系列，家庭科学系列，会計ビジネス系列，情報システム系列と，そういう意味で，非常にこれからの時代を見越した系列カリキュラムを用意しながら，キャリア教育にもしっかりと力を入れて，進路実現，地域貢献，生涯学習というコンセプトに基づいて，学習を指導を展開されます。この新たな学びができる学校をしっかりと応援していきたい。

そして，このリーフレットには，子供たちに向けて，「自分の未知をデザインする」という形で理念を記していただいておりまして，未知をデザインする，いまだ知らないことを真っ白な状態から自分たちでつくってい

こうと，新しい仲間と一緒に新しい場所でつくっていこうという，こういう理念とともに，その過程で，その結果，自分の進む道をしっかりと見つけて，これからの人生を歩んでいってほしいという，そういうことだと思いますので，ぜひ子供たちの力も発揮していただきながら，俺たちの学校，私たちの学校，一緒につくろうという，こういうことをぜひ一生懸命やっていただきたいと思いますし，私を初め，教育委員会，県行政として，そういう子供たちの学びや頑張りをしっかりと地域の皆さんと一緒に応援する，このことのために尽力をしてまいりたいと存じます。

●教育長（河原恵）
平成28年度から開校する彦根翔西館高校への期待についての11点の御質問にお答えをいたします。

まず，1点目のスポーツ科学系列の設置に伴う環境整備と人材の確保についてですが，今定例会議において，彦根翔西館高校のグラウンド等に係る設計変更について補正予算をお願いしており，これを認めていただきますと，体育の授業や部活動でグラウンドを広く多目的に活用することができます。

また，彦根西高校の体育館やグラウンド等も活用し，新校が完成する平成30年度以降も，専門体育の授業や部活動に使用してまいりたいと考えております。あわせて，トレーニング機器など専門体育の授業に必要な備品等が整備できるよう進めてまいります。

人材の確保については，現在，専門体育の授業の競技種目や部活動で強化する競技種目の選定を進めており，その指導者の確保にも努めてまいります。

次に，2点目の普通系列の取り組みについてですが，現在，彦根西高校の普通科および彦根翔陽高校の人間文化系列や環境科学系列は，大学から評価をいただき，推薦入学などにより高い進学の実績を上げております。

この成果を引き継ぎ，新校である彦根翔西館高校に設置する探究系列においても，国公立大学，私立大学への進学に力を入れて取り組んでまいりたいと考えております。

次に，3点目の中学校との連携についてですが，中学校に向けた彦根翔西館高校の学校説明会を8月5日に開催し，中学生や保護者，約1,300人の参加がありました。彦根西高校と彦根翔陽高校の生徒が直接，中学生に学校での活動を説明するとともに，スポーツ科学系列や家庭科学系列などの特色を説明いたし

ました。

また，10月と11月にもオープンキャンパスを行い，公開授業や部活動見学などを通して，中学生に具体的に学校を知っていただく機会を設ける予定をしております。

特に，中学校における進路指導を充実するために，引き続き，教員が中学校を訪問して新校の魅力を伝えるなど，一層連携を図ってまいりたいと考えております。

次に，4点目の必要な施設や備品の確保についてでございます。

現在，400人収容の大教室やホームルーム教室などが入る新校舎の増築を行っております。また，平成28年度からは，自転車置き場の整備等を実施する予定でございます。

図書館と保健室については現在の施設を使用してまいりますが，新たに図書資料室を設けたり，保健室に生徒面談ができるスペースを設けたりすることで，施設の充実を図ってまいります。

備品については，引き継ぐものや新たに必要となるものを整備するとともに，新校舎には情報処理室を4教室設けることから，あわせて，必要となる情報機器の更新や増設ができるよう進めてまいります。

次に，5点目の生徒の校地間の移動や，それに伴う安全確保についてでございます。

スポーツ科学系列の専門体育や一部の部活動については彦根西高校の体育施設を使用することから，生徒が彦根西高校へ移動する際には，例えば昼休憩を長めにとり，余裕を持って移動できる時間を確保することや，芹川沿いの安全なルートを通ることとし，交通安全指導を十分行うことにより安全確保に努めてまいります。

次に，6点目の両校の伝統を伝えることについてですが，両校の貴重な校旗や校章，トロフィーなどの記念品，教材や生徒の作品などは，資料展示室を設けるなどして大切に保管し，新校の生徒にも伝えていきたいと考えております。

また，一部のものをデジタル化し，ホームページに電子資料室を設けるなどして，広く閲覧していただくことも考えてまいります。

次に，7点目の懇談会についてでございます。

今年度については6月と7月に開催し，課題別検討委員会を8月，9月に開催をいたしました。

参加した生徒からは，「学園祭でひこね市

文化プラザでのステージ発表は引き継いでほしい」,「学年を超えて仲間づくりができるように,生徒会の学年縦割り活動は引き継いでほしい」といった意見や,「統合に向けて,生活のルールはなるべく厳しい基準に合わせて,それを守れるようにしたい」などの意見が出されました。

PTAや後援会,同窓会などの学校関係者からは,「生徒指導は不公平感が出ないように,できるだけ統一した方がよい」,「3校が一緒になることについて,保護者が安心できる対応をお願いしたい」などの御意見をいただいております。これらの御意見については,開設準備室で検討し,教育委員会と協議する中,判断し,適切な実施につなげるよう,丁寧に対応してまいりたいと考えております。

次に,8点目の教職員や関係者との対応についてですが,これまでも教職員やPTA,後援会などに対して,新校の教育内容や統合移行期の運営などについて,さまざまな機会を捉えて説明し,意見をいただきながら,開校に向けた準備を進めているところです。

教職員の関係者からは,「工事が行われている間の部活動の活動場所を確保してほしい」,「文化講演会や芸術鑑賞などの行事は3校合同で行いたい」,「通学時の安全確保の対策が必要」などの意見が出されており,これらについては,教育委員会と開設準備室が一緒になって検討を進め,対応しているところでございます。

次に,9点目の彦根市および彦根市教育委員会からの要望に対する答えと連携についてでございますが,彦根市からは,充実した教育環境の整備や通学者の安全確保対策などの要望をいただいております。

充実した教育環境の整備については,スポーツ系列を含む最大規模の総合学科高校として教育課程の充実を図るとともに,現在,施設整備や彦根西高校の体育施設の利用活用などの準備を進めているところでございます。

通学者の安全確保対策については,交通指導の一環としての教員による立ち番を継続するとともに,登校時間をずらすなど,さらなる検討に加え,今後も,学校周辺の道路の管理者である彦根市と協議し,対応してまいりたいと考えております。

次に,10点目の現在の課題や対応できていないことについてですが,大きく3つあると考えております。

1つ目は,教育課程を具体化する中で,各教科の学習計画や教材の準備,部活動や学校行事の取り組み内容を検討し,判断することです。生徒の意欲を高め,能力を最大限に伸ばし,学校生活に夢中にさせるような教育内容の実現に取り組んでまいります。

2つ目は,新校開設後の工事期間中の教育環境の維持です。平成28年4月当初は,増築棟などが引き渡し前のため教室が限られていること,5月以降についても,グラウンド整備工事が継続し,グラウンドの使用範囲が限られていることなどから,授業や部活動の工夫や特別教室の活用,現彦根西高校の施設などの利用で対応してまいります。

3つ目は,安全安心な学校づくりです。工事中はもとより,通学路や校地間の移動の安全確保に取り組んでまいります。これまでもさまざまな課題に対応してきたところですが,校地間の移動における安全確保といった新たな課題も加わるため,関係機関とも連携しながら対応してまいります。

最後に,11点目の子供のために取り組む現場のサポートについてでございますが,彦根翔西館高校は,総合学科高校として多様な科目の需要があり,また,9学級規模の学校として,多くの生徒や教師の幅広い出会い,活発な学校行事や部活動が魅力となる学校となります。

このため,現場の教員には,一人一人の生徒に対するきめ細やかな学習指導や,多様な生徒集団の中で,豊かな人間性や社会性を育成するための教育実践が求められることになります。

教育委員会といたしましても,新校の学校運営が円滑に進むように,教科指導や生徒支援に必要な教員を配置するとともに,充実した校内組織ができるよう支援し,開校後の彦根翔西館高校が地域の核となり,また,本県の総合学科をリードする学校となるよう,開校準備から完成年度に向け継続して力を入れてまいります。

【11月定例会議】
[一般質問]
○県立高等学校の経営方針について(良知会・海東英和,12月7日)

まず,先ほどの清水議員が大切な部分について御質問なさいましたが,再質問するためには,1点目でも触れておかなければならないというふうに議会事務局からも御指導いただきましたので,一部重なるところがござい

ますけれども，御容赦いただきたいと思います。
さて，先日，突然に安曇川高校の普通科1クラスの減ほかが発表されました。9月定例議会では全県一区の総括をすると言っておられた矢先であります。教育委員会はどのような評価，議論をされてこの結論を出されたのか，思わずそういう思いが胸にこみ上げてまいりました。
そこで，再編計画というものを拝見しました。平成24年12月に策定された滋賀県高等学校再編実施計画では，湖西地域の高校については記述が極端に少ないのですが，改めてよく読ませていただくと，湖西地域に書かれていることは他地域全ての地域について書かれていることであり，この地域の高校の将来に向けた独自の文言，展望，記述は一言もないことに気がつき愕然といたしました。一体どんな議論があったのか，教育委員長さんにお伺いをしたいと存じます。
それから，これは教育長に御答弁をお願い申し上げます。
平成20年でしたか，中高一貫教育の検討の折，安曇川高校が対象となっていたというふうに記憶しておりますが，それが見送られた理由はどういうことであったのか。何故に施策が実行しなかったのかについて御説明をお願いします。（発言するものあり）外野から金がないからやと言うていただきましたが，なかったら，なかったんやということを答えてください。
（中略）
それから，地域活性化センターの理事長は，高校は地域の存続に直結するとまで言われていますが，中長期的な視点で地元の自治体と意見交換されているのでしょうか。
次に，充足しない定員の背景には，高島地域から高校進学時に市外の高校を目指す中学生が100人を超える現実があります。その理由はどういうものと受けとめておられますか。高島独自のやや複雑な内容があることも御認識いただきたいと思って御質問をしております。
人口減少も見据え，戦略的な高校教育や再々編について，今まで強い関心を向けられなかった湖西地域の高校について，改めて考える必要があると思いますが，県教委はどのようにお考えですか。
●教育委員長（藤田義嗣）
ただいま質問いただきました県立高等学校の経営方針についての質問のうち，私に対する湖西地域の高校再編計画でどのような議論がなされたのかについてお答えをさせていただきます。
平成24年12月に策定いたしました高等学校再編実施計画につきまして，具体的な編成内容を6項目に掲げ，その主なものといたしまして，統合による新しい学校の設置，また職業系小学科の改編，また定時制課程の見直しなどを検討し，議論をしてまいりました。
湖西地域におきましては，特に高島高校と安曇川高校の2校しかございませんので，統合による新しい学校の設置を考える段階にはなかったということでございます。また，職業系専門高等学校や定時制高校を設置していないことなどから，教育内容として，理数系教育先進校としての提携や新しい英語教育の取り組みの推進など，各学校のさらなる魅力づくりを進めることで，地域全体の教育力の向上を目指すというところに議論をしてまいったところであります。ありがとうございます。
●教育長（河原恵）
県立高等学校の経営方針について，11点の質問にお答えをいたします。
まず1点目の安曇川高校の中高一貫教育についてですが，平成19年3月に，虎姫高校とともに中高一貫教育校の研究指定校として2年間研究を進めましたが，平成20年6月の定例議会において，本県財政の極めて厳しい状況に鑑み，平成21年4月の開校を断念することを答弁したところでございます。
その後，平成24年12月に決定した再編基本計画の中で，新たに中高一貫教育校を設置することは，地域の中学校の学級編成などに及ぼす影響も大きいと考えられることから，当面は既設3校のみとするとしたところでございます。
あわせて，再編実施計画の中で，湖北地域においては，統合新校に，運営実績等を見定めた上で，新校設置後5年を目途に中高一貫教育校の設置を検討するとしたところであり，湖西地域においては，児童数の減少傾向や小規模化が進む周辺の中学校への影響が大きいことから，設置が見送られたと認識しております。
（中略）
次に，3点目の中長期的な視野で地元の自治体と意見交換するのかということですが，募集定員の決定については入学者選抜に関す

る情報であり，公平公正を期するため，事前に地元自治体と意見交換をすることはしておりませんが，発表後は直ちに地元高島市教育委員会に説明し，意見交換をしたところでございます。

また，今後，安曇川高校の総合学科に新たな系列を設置する際や再編計画を策定する場合においては，地元自治体との連携が重要でありますことから，生徒数の推移，生徒の進路志望や進路状況，地元への影響などをもとに，高校のあり方等について，中長期的な視野で地元自治体との意見交換をしていきたいと考えております。

次に，4点目の高島市から高校進学時に市外の高校を目指す中学生が100人以上を超える理由の受けとめについてでございます。

平成27年度の入試においては，高島市の中学校から市外の高等学校等への進学者は，県立の全日制高校に約50人，県内の私立高校に約30人，県外の私立高校に約15人，その他の定時制・通信制高校，高等専門学校，特別支援学校に約20人となっております。その割合は高島市内の中学校卒業者の約25％になります。このことは，平成18年度から実施した普通科通学区域の全県一区制度により，中学生の主体的で多様な進路選択が進んだ結果であると認識しております。

また，その割合は他地域と比較すると低いものの，市外からの流入が少ない地域であることから，市内の高島高校と安曇川高校の教育内容や教育活動の改善を行い，市内，市外の中学生が多く志願してくれる，魅力ある学校づくりを進めていくことが必要であると考えております。

(中略)

次に，7点目の湖西地域の戦略的な高校教育や再々編についてですが，平成24年12月策定の県立高等学校再編計画においては，平成33年度末までのおおむね10年後を見据えた考え方を示した基本計画を示したものであり，具体的な実施計画については，平成25年度からおおむね5年間の内容を示して進めているところでございます。

来年度，彦根・長浜地区の新校が開校し，おおむね5年間の再編が完成した後，後半の検討を行うこととしており，その中で，湖西地域の2つの高校においても，地域の状況を踏まえながら改めて検討することとなると考えております。

〇良知会・海東英和

次に進みたいんですが，少し確認をしたいことがございます。

いわゆる統合の対象としては見なかったということでございますが，そのときの県教委の資料では，平成24年と平成38年，生まれた子供たちの出生数を確認した中で，高島・湖西地域だけが20％近くの生徒減少が明らかになっています。400名という数字が入っています。ここからさっき言わはった25％出ていったら300になります。そういうようなことが既にわかっているにもかかわらず十分議論していないということが，何か後回しになっているんちゃうかいなというふうな思いを持たせる一つの要因ではないかとも思いますし，やはり十分に関心を示していただいて，その他のよさを伸ばしていただくということについて，これからもお心を砕いていただいてお願いしたいというふうに思います。

あと，高校の英語教育の充実ということがたびたび出ましたが，これは県内中でされていることですよね。再編計画のどこの地域のところにも出てきます。ですから，本当にどういう力を入れてくださっているのかがやっぱり地元では伝わってきませんし，安曇川高校の進学クラスといいますか，普通科の2クラスというのは，地域でも最も優秀な子供たちが目指すところでありました。そこが20人も定員割れをする。これは理由があります。県教委は御存じのはずです。何で子供たちが行かないのか。このことはあんまり議場で言うなと言われましたけれど，しっかりとやっぱりそこは考えていただいて，わざわざ雪の中を不便な虎姫さんまで行かなくてもよい受け入れ環境，学校の落ちつき，そういうものをやっぱりつくる努力をしていただきたい。これは地域の願いでございます。

■著者略歴
大橋　松行（おおはし　まつゆき）
1951年　滋賀県長浜市に生まれる
1976年　同志社大学法学部政治学科卒業
1978年　佛教大学大学院社会学研究科社会学専攻修士課程修了（社会学修士）
1982年　佛教大学大学院社会学研究科社会学・社会福祉学専攻博士後期課程単位取得満期退学
2005年　専門社会調査士（第000521号）
2007年　博士（学術：滋賀県立大学）
現　在　滋賀県立大学人間文化学部教授
専　攻　政治社会学，地域運動論，教育社会学

主要著書・訳書・事典
単　著　『生活者運動の社会学―市民参加への一里塚』北樹出版，1997年
　　　　『地域変動と政治文化の変容―滋賀県における事例研究』サンライズ出版，2000年
　　　　『蛍雪の学び舎・癒しの学び舎―変わりゆく定時制高校』サンライズ出版，2003年
　　　　『地域政治文化論序説―滋賀県の政治風土研究』サンライズ出版，2006年
　　　　『体験的国際比較調査論―儒教文化圏の若者意識調査―』サンライズ出版，2008年
共　著　『近代化の社会学』晃洋書房，1982年
　　　　『社会学の現代的課題』法律文化社，1989年
　　　　『近代日本社会とキリスト教』同朋舎，1989年
　　　　『近代の滋賀』滋賀民放社，2002年
　　　　『日本国憲法のすすめ―視覚と争点』法律文化社，2003年
　　　　『教職への道標―現場で役立つ教職概論』サンライズ出版，2004年
　　　　『地域計画の社会学―市民参加と分権社会の構築をめざして』昭和堂，2005年
　　　　『地方自治の社会学―市民主体の「公共性」構築をめざして』昭和堂，2006年
　　　　『変動期社会の地方自治―現場と変化，そして展望』ナカニシヤ出版，2006年
訳　書　『人間社会に関する七つの理論』（トム・キャンベル著，共訳）晃洋書房，1993年
事　典　『滋賀県百科事典』（分担執筆）大和書房，1984年
　　　　『社会学事典』（分担執筆）丸善，2010年

滋賀県の高校改革　―県立高校再編問題の軌跡―

2016年10月20日　初版第1刷発行

　　著　者　大　橋　松　行
　　発行者　岩　根　順　子
　　発行所　サンライズ出版株式会社
　　　　　　滋賀県彦根市鳥居本町655-1
　　　　　　☎ 0749-22-0627　〒522-0004
　　印刷・製本　P-NET信州

©MATSUYUKI OHASHI 2016　　乱丁本・落丁本は小社にてお取り替えします。
ISBN978-4-88325-601-3　　　　定価はカバーに表示しています。